国家哲学社会科学成果文库

NATIONAL ACHIEVEMENTS LIBRARY
OF PHILOSOPHY AND SOCIAL SCIENCES

20世纪婚姻家庭法：从传统到现代化

蒋月 著

中国社会科学出版社

蒋月 1962年出生，浙江人；现任厦门大学法学院教授、博士生导师。西南政法大学法学学士（1984）、法学硕士（1987）。早年任教华东政法大学法律系（1987—1990）。长期从事婚姻家庭法、劳动法与社会保障法的教学与研究。先后受国家公派赴英国伦敦大学学院法学院从事访问研究（2004—2005）、纽约大学法学院从事访问研究（2014—2015）。曾受邀担任中国台湾地区的交通大学科研法律研究所、西南政法大学等机构的客座教授。近年主持完成 3 项国家社科基金项目。先后发表《我国夫妻财产制若干重大问题思考》《改革开放三十年我国离婚法学研究回顾与展望》等重要论文 50 余篇；出版《夫妻的权利与义务》（2001）、《婚姻家庭法前沿导论》（2007）等著作、译著 10 余部。兼任中国婚姻家庭法学研究会副会长，中国社会法学研究会常务理事。

《国家哲学社会科学成果文库》出版说明

为充分发挥哲学社会科学研究优秀成果和优秀人才的示范带动作用，促进我国哲学社会科学繁荣发展，全国哲学社会科学规划领导小组决定自2010年始，设立《国家哲学社会科学成果文库》，每年评审一次。入选成果经过了同行专家严格评审，代表当前相关领域学术研究的前沿水平，体现我国哲学社会科学界的学术创造力，按照"统一标识、统一封面、统一版式、统一标准"的总体要求组织出版。

全国哲学社会科学规划办公室
2011年3月

目 录

自序 …………………………………………………………………… (1)

导论 现代社会与法律现代化 ……………………………………… (1)
  第一节 现代性或现代化之界定 ………………………………… (1)
    一 现代性或"现代化"概念厘定 …………………………… (1)
    二 关于"现代化"的源起与阶段性 ………………………… (6)
    三 现代化的基本内容与表征 ……………………………… (13)
    四 现代化的模式与多元性 ………………………………… (22)
    五 人的现代化和社会现代化 ……………………………… (24)
    六 中国现代化的共识与争议:"西化"与"现代化"之论争 … (27)
  第二节 改革法律传统与法律现代化 …………………………… (37)
    一 法律现代化的界定 ……………………………………… (38)
    二 中国法律现代化的概念 ………………………………… (42)
    三 中国法律现代化的模式和路径 ………………………… (45)
  第三节 婚姻家庭法改革与现代化:本书简述 ………………… (56)
    一 婚姻家庭法现代化的界定 ……………………………… (56)
    二 本书的价值和意义 ……………………………………… (57)
    三 既往相关研究成果综述 ………………………………… (58)
    四 本书研究的对象与内容 ………………………………… (68)
    五 本书的主要研究思路与方法 …………………………… (72)
    六 本书的主要创新之处 …………………………………… (73)

第一编 婚姻家庭法传统与现代化的界定与分野

第一章 传统婚姻家庭法分类研究 ……………………………（79）
第一节 传统婚姻家庭法的基本价值观与制度 …………………（80）
　　一　男尊女卑 ………………………………………………（81）
　　二　大家庭生活与家长专制 ………………………………（82）
　　三　基于传宗接代目的实行包办婚姻及早婚 ……………（84）
　　四　实行一夫一妻多妾 ……………………………………（88）
　　五　亲属制度：以宗亲宗族为本及丧服制 ………………（90）
　　六　家庭关系由家长与家属构成：尊卑有别和长幼有序 …（91）
　　七　家产：同居共财 ………………………………………（94）
　　八　孝 ………………………………………………………（97）
第二节 传统婚姻家庭法价值与制度之批判 ……………………（98）
　　一　强制维护大家族与家长专制 …………………………（99）
　　二　男尊女卑和夫为妻纲 …………………………………（100）
　　三　一夫一妻多妾的婚姻制度 ……………………………（101）
　　四　否认子孙独立的财产权利 ……………………………（101）
第三节 传统婚姻家庭法价值与制度之延续 ……………………（102）
　　一　婚姻制度 ………………………………………………（103）
　　二　家庭制度 ………………………………………………（103）
　　三　亲属制度：父母子女关系及其他亲属关系 …………（104）
　　四　人伦秩序：合理限度内的"孝" ………………………（105）

第二章 婚姻家庭法现代化演变之规律 ……………………（107）
第一节 工商业社会中婚姻家庭的变迁 …………………………（108）
　　一　婚姻家庭观念更新 ……………………………………（108）
　　二　家庭结构趋于简单和规模变小 ………………………（110）
　　三　家庭类型多样化且核心家庭占据绝对多数 …………（112）
　　四　家庭关系由专制等级秩序转向平等 …………………（114）

五　婚姻家庭的功能减少和弱化 ……………………………… (116)
第二节　婚姻家庭法现代化的主要表征 ……………………………… (119)
　　一　婚姻:从包办强迫到自主自由 …………………………… (119)
　　二　婚姻家庭法律关系的价值取向:由从属到平等 ………… (120)
　　三　家庭成员地位变化:各成员权利增多和儿童
　　　　开始"唱主角" ………………………………………………… (122)
　　四　实行一夫一妻的婚姻制度 ………………………………… (124)
　　五　婚姻家庭身份关系与财产关系相分离 …………………… (125)
　　六　亲属关系越来越简单 ……………………………………… (126)
　　七　婚姻家庭法形式多样和结构复杂 ………………………… (127)
　　八　养老模式:家庭赡养和社会养老并举 …………………… (128)
　　九　家庭法公法化 ……………………………………………… (132)
　　十　确定性与灵活性相结合:制定新法或修法越来越
　　　　频繁 …………………………………………………………… (141)
第三节　推动婚姻家庭法律改革的要素 ……………………………… (142)
　　一　社会经济深刻变化:经济模式和结构更新 ……………… (142)
　　二　国家政权结构变化和政治动向 …………………………… (143)
　　三　文化革新与结构变化 ……………………………………… (150)
　　四　妇女运动对传统婚姻家庭法的批判与改革促进 ………… (152)
　　五　科技革命对人类认识的提升及对社会生活的影响 ……… (160)
　　六　人们思想观念的变更 ……………………………………… (162)
第四节　婚姻家庭法的民族性和国际化 ……………………………… (168)
　　一　婚姻家庭法的民族性 ……………………………………… (169)
　　二　国际化及全球化对中国婚姻家庭法的冲击与影响 ……… (172)

第二编　婚姻家庭法改革法案评析

第三章　1910年《大清现行刑律》有关婚姻家庭立法 ……………… (183)
　第一节　制定经过和立法背景 ………………………………………… (183)
　　一　制定经过 …………………………………………………… (183)

二　经济社会发展状况 …………………………………………（184）
　　三　外来文化影响 ……………………………………………（184）
第二节　主要立法改革 ……………………………………………（188）
　　一　立法体例改革：民刑分立 ………………………………（188）
　　二　民事部分的规范 …………………………………………（189）
第三节　立法改革评点 ……………………………………………（190）
　　一　民事改革措施与欧洲大陆诸国相仿 ……………………（191）
　　二　改革婚姻家庭法传统的立法措施少 ……………………（191）
　　三　对后世的影响 ……………………………………………（191）

第四章　1911年《大清民律草案》中的亲属法 ……………（192）
第一节　起草经过和社会背景 ……………………………………（192）
　　一　起草经过 …………………………………………………（193）
　　二　立法的社会背景 …………………………………………（195）
　　三　收回领事裁判权是修律变法的直接动因 ………………（199）
　　四　修法宗旨 …………………………………………………（200）
第二节　主要争议问题 ……………………………………………（201）
　　一　家属主义与个人主义之争 ………………………………（201）
　　二　是否禁止同姓为婚 ………………………………………（202）
第三节　主要立法变革 ……………………………………………（203）
　　一　对宗法与家制有所区别 …………………………………（203）
　　二　家长权既获承认又有所削弱 ……………………………（203）
　　三　家产 ………………………………………………………（205）
　　四　采用亲等制 ………………………………………………（206）
　　五　婚姻半自主 ………………………………………………（207）
　　六　实行法律婚 ………………………………………………（209）
　　七　婚姻效力：夫妻半平等 …………………………………（209）
　　八　创设夫妻财产制 …………………………………………（210）
第四节　立法改革评点 ……………………………………………（211）
　　一　大改革：中国婚姻家庭法现代化的开端 ………………（211）

二　改革偏"从洋"而似有些脱离中国国情 …………………… (212)
　　三　改革不彻底性：保留封建性 ………………………………… (213)
　　四　对后世的影响 ……………………………………………… (215)

第五章　1926年《民国民律草案》中的亲属法 …………………… (218)
　第一节　制定经过和立法背景 ……………………………………… (218)
　　一　起草经过 …………………………………………………… (219)
　　二　立法背景：西方民法学及民法法典化运动的影响 ………… (220)
　第二节　主要争议问题 ……………………………………………… (220)
　　一　家制存废之争 ……………………………………………… (220)
　　二　婚姻制度存废之争 ………………………………………… (221)
　第三节　主要立法改革 ……………………………………………… (223)
　　一　实行婚姻自由 ……………………………………………… (224)
　　二　基本确立了一夫一妻制 …………………………………… (224)
　　三　赋予妻若干权利和对夫权实施一定限制 ………………… (224)
　　四　改进夫妻财产制 …………………………………………… (225)
　　五　采用寺院法亲等计算法 …………………………………… (226)
　第四节　立法改革评点 ……………………………………………… (226)
　　一　改革的价值取向 …………………………………………… (226)
　　二　对立法改革的存疑 ………………………………………… (226)
　　三　对后世的影响 ……………………………………………… (227)

第六章　1930年《民法亲属编》 ……………………………………… (228)
　第一节　制定经过和立法背景 ……………………………………… (228)
　　一　制定经过 …………………………………………………… (229)
　　二　中国社会经济情况 ………………………………………… (231)
　　三　妇女要求男女平等及家庭民主 …………………………… (232)
　　四　外来法律文化影响及婚姻家庭立法的国际新趋势 ……… (233)
　　五　立法原则 …………………………………………………… (234)
　第二节　主要争议问题 ……………………………………………… (235)

一　亲属分类 …………………………………………………… (236)
　　　二　亲属范围及计算方法 ………………………………………… (236)
　　　三　关于夫妻及子女的姓氏 ……………………………………… (238)
　　　四　成婚年龄 ……………………………………………………… (239)
　　　五　亲属通婚之限制 ……………………………………………… (239)
　　　六　夫妻财产制 …………………………………………………… (240)
　　　七　妾之问题 ……………………………………………………… (242)
　　　八　是否应规定家制和家制之本位 ……………………………… (242)
　　第三节　主要立法改革 ………………………………………………… (244)
　　　一　确立男女平等原则 …………………………………………… (244)
　　　二　改革亲属关系的分类与计算 ………………………………… (245)
　　　三　改革家制 ……………………………………………………… (245)
　　　四　实行婚姻自主 ………………………………………………… (248)
　　　五　废除妾制 ……………………………………………………… (253)
　　　六　改革夫妻人身关系 …………………………………………… (253)
　　　七　夫妻财产制 …………………………………………………… (255)
　　　八　改革父母与子女关系 ………………………………………… (257)
　　　九　鼓励亲属独立和互助 ………………………………………… (258)
　　第四节　立法改革评点 ………………………………………………… (259)
　　　一　婚姻自由权获得一定保护 …………………………………… (260)
　　　二　家庭关系开始由从属转向平等 ……………………………… (260)
　　　三　诸多条款规定与中国社会实际明显脱节 …………………… (262)
　　　四　形式上模仿德国、瑞士的民法立法例 ……………………… (263)
　　　五　对后世的影响 ………………………………………………… (263)

第七章　1950年《婚姻法》 ………………………………………………… (264)
　　第一节　制定经过和立法背景 ………………………………………… (264)
　　　一　制定经过 ……………………………………………………… (265)
　　　二　"六法全书"和旧法统被全面废除 …………………………… (268)
　　　三　立法思想深受马列经典作家学说思想影响 ………………… (268)

四　全面继受苏联的法学理论和立法模式 …………………… (271)
　　五　继承革命根据地婚姻立法经验 …………………………… (273)
　　六　妇女解放运动的推动 ……………………………………… (278)
　第二节　主要争议问题 …………………………………………… (279)
　　一　离婚自由之争:离婚是否应附加条件 …………………… (280)
　　二　非婚生子女与婚生子女的地位是否应该平等 ………… (285)
　　三　对妇女特殊照顾的多与少之争 ………………………… (287)
　第三节　主要立法改革 …………………………………………… (288)
　　一　坚持男女权利平等 ……………………………………… (288)
　　二　实行婚姻自由 …………………………………………… (290)
　　三　实行婚姻登记制 ………………………………………… (294)
　　四　改革夫妻财产关系 ……………………………………… (296)
　　五　对妇女实行特殊照顾 …………………………………… (297)
　　六　所有子女地位平等 ……………………………………… (299)
　　七　对军婚实行特别保护 …………………………………… (299)
　第四节　立法改革评点 …………………………………………… (301)
　　一　历史功绩 ………………………………………………… (301)
　　二　立法不足 ………………………………………………… (303)
　　三　法案实施及离婚标准问题争议:正当理由论与
　　　　感情破裂论的论战 ……………………………………… (306)
　　四　对后世的影响 …………………………………………… (311)

第八章　1980年《婚姻法》 …………………………………………… (314)
　第一节　制定经过和立法背景 …………………………………… (314)
　　一　制定经过 ………………………………………………… (315)
　　二　立法背景 ………………………………………………… (316)
　第二节　主要争议问题 …………………………………………… (322)
　　一　主要立法任务之争:反封建思想或者反资产
　　　　阶级思想? ……………………………………………… (323)
　　二　法定结婚年龄之争 ……………………………………… (325)

三　法定离婚理由之争：是否以感情破裂为原则 …………… (325)
第三节　主要立法变革 …………………………………………… (328)
　　一　增补计划生育为基本原则和婚姻义务 ………………… (329)
　　二　保护老人合法权益原则 ………………………………… (330)
　　三　保护人身自由和婚姻自由 ……………………………… (330)
　　四　提高法定婚龄，扩大禁婚亲范围 ……………………… (331)
　　五　法定婚后所得归夫妻共有，增设夫妻约定财产制 …… (332)
　　六　修改离婚程序，将调解设定为裁判离婚的前置程序 … (332)
　　七　确立夫妻感情破裂为裁判离婚的原则 ………………… (333)
　　八　部分修改离婚法律后果配置 …………………………… (337)
　　九　增设家庭成员的权利与义务，鼓励丈夫成为妻家的
　　　　家庭成员 ………………………………………………… (337)
　　十　增设制裁违法行为和强制执行 ………………………… (339)
　　十一　允许民族自治地方制定某些变通或补充规定 ……… (339)
第四节　立法改革评析 …………………………………………… (340)
　　一　对该法案的肯定评价 …………………………………… (340)
　　二　对该法案的主要争议 …………………………………… (342)
　　三　法案之不足 ……………………………………………… (344)
　　四　法案改革效果及影响 …………………………………… (347)

第九章　1991年《收养法》及1998年《收养法修正案》 ………… (349)
　第一节　1991年《收养法》立法背景 …………………………… (349)
　　一　收养需要法律详尽规范 ………………………………… (350)
　　二　社会生活中收养数量较多 ……………………………… (351)
　　三　计划生育政策 …………………………………………… (352)
　第二节　1991年《收养法》 ……………………………………… (352)
　　一　《收养法》的基本原则 …………………………………… (352)
　　二　收养关系当事人的资格 ………………………………… (353)
　　三　成立收养的程序 ………………………………………… (357)
　　四　涉外收养 ………………………………………………… (359)

五　收养的效力 ································· (361)
　　六　收养关系的解除 ····························· (362)
第三节　《收养法》评析 ·································· (365)
　　一　《收养法》总评 ······························· (365)
　　二　立法不足与问题 ····························· (365)
第四节　1998年《收养法修正案》及评价 ················ (366)
　　一　修订背景与主要考虑 ························· (366)
　　二　主要修订内容 ······························· (367)
　　三　对《收养法修正案》的评价 ···················· (373)
　　四　完善建议 ··································· (374)

第十章　2001年《婚姻法修正案》 ······················· (378)
　第一节　修订经过和修法背景 ··························· (378)
　　一　修法经过 ··································· (378)
　　二　修订的原因与理由 ··························· (381)
　第二节　主要争议问题 ································· (382)
　　一　关于法案名称与立法模式 ····················· (383)
　　二　是否增设亲属关系通则 ······················· (386)
　　三　是否应禁止家庭暴力 ························· (388)
　　四　事实婚姻问题之争：结婚形式与婚姻登记主义 ··· (390)
　　五　增设婚姻无效制或婚姻撤销制之争 ············· (393)
　　六　是否存在配偶权之争 ························· (396)
　　七　是否设立夫妻忠实的法定义务之争 ············· (403)
　　八　是否应当规定夫妻互负同居义务 ··············· (409)
　　九　改造夫妻财产制之争 ························· (412)
　　十　判决离婚的法定事由之争：感情破裂或者婚姻
　　　　关系破裂 ··································· (415)
　　十一　离婚自由度之争 ··························· (425)
　　十二　是否应当删除特别保护军婚条款 ············· (428)
　　十三　是否应当设立离婚扶养费制度 ··············· (430)

十四　是否引入离婚损害赔偿之争 ……………………………… (436)
　　十五　亲权与监护之争 …………………………………………… (441)
　　十六　探望权或交往权之争 ……………………………………… (446)
第三节　主要立法改革 ……………………………………………………… (447)
　　一　禁止家庭暴力 ………………………………………………… (447)
　　二　夫妻应当互相忠实并禁止婚外同居 ………………………… (448)
　　三　增设婚姻无效与可撤销制 …………………………………… (449)
　　四　完善夫妻财产制 ……………………………………………… (453)
　　五　法定离婚事由具体化,离婚更自由 ………………………… (455)
　　六　放松对军人配偶离婚权的限制 ……………………………… (457)
　　七　增加限制丈夫请求离婚的法定事由 ………………………… (459)
　　八　引入离婚时经济补偿请求权 ………………………………… (459)
　　九　增设离婚损害赔偿制度 ……………………………………… (462)
　　十　扩大生活困难帮助范围 ……………………………………… (466)
　　十一　增设探望权 ………………………………………………… (467)
　　十二　增设社会救助与法律责任 ………………………………… (470)
第四节　立法改革评点 ……………………………………………………… (471)
　　一　立法改革功绩:禁止家庭暴力以保障人权 ………………… (471)
　　二　立法改革功绩:男女平等由追求形式平等转向
　　　　寻求结果平等 ………………………………………………… (472)
　　三　立法改革功绩:多项制度得到完善 ………………………… (473)
　　四　立法改革不足:未增设亲属关系通则 ……………………… (474)
　　五　立法改革不足:亲子法欠缺未获得修正 …………………… (474)
　　六　立法改革不足:尚未实现性别平等 ………………………… (477)
　　七　立法改革不足:夫妻财产制不完整 ………………………… (479)

第三编　婚姻家庭法改革的未来之路

第十一章　家庭法与家庭政策 ……………………………………………… (485)
　第一节　婚姻家庭法的基本价值取向和功能 …………………………… (485)

一　婚姻家庭关系的特点 …………………………………… (485)
　　二　婚姻家庭法的功能 …………………………………… (487)
　　三　婚姻家庭法的基本价值取向 ………………………… (488)
第二节　性权利与家庭生活权 ………………………………… (489)
　　一　性权利 ………………………………………………… (489)
　　二　家庭生活权 …………………………………………… (493)
　　三　非婚同居是否应该合法化 …………………………… (495)
　　四　同性结合是否合法化的论争 ………………………… (498)
第三节　家庭法与性别平等 …………………………………… (500)
　　一　法律上的男女平等之解释 …………………………… (501)
　　二　关于平等的界定与演进 ……………………………… (503)
　　三　我们更需要男女平等：实质平等 …………………… (505)
　　四　怎样才能达成男女实质平等 ………………………… (507)
　　五　婚姻家庭法性别平等展望 …………………………… (508)
第四节　家庭扶养与社会保障 ………………………………… (510)
　　一　个人自立与家庭保障 ………………………………… (510)
　　二　家庭扶养与社会扶养 ………………………………… (510)

第十二章　立法防治家庭暴力 ……………………………… (514)
第一节　家庭暴力的界定 ……………………………………… (514)
　　一　家庭暴力的界定：区分边界与伤害级别 …………… (514)
　　二　家庭暴力的类型 ……………………………………… (516)
　　三　家庭暴力的界定：主体资格 ………………………… (518)
　　四　家庭暴力的界定：空间范围 ………………………… (524)
第二节　公权力干预家庭生活的正当性和可行性 …………… (524)
　　一　国家干预家庭暴力的正当性 ………………………… (524)
　　二　公权力干预家庭暴力的界限与规范 ………………… (527)
第三节　家庭暴力防治法的性质 ……………………………… (528)
　　一　立法防治家庭暴力：一种突破传统部门法划分理论的
　　　　法律创新 ……………………………………………… (529)

二　防治家庭暴力法属于什么性质之法 ……………………… (530)
　　三　使用"家庭暴力"概念及专门法是否将导致法律评价之
　　　　不公允 ………………………………………………………… (531)
第四节　家庭暴力防治法的立法模式 ……………………………… (532)
　　一　防治家庭暴力系列专门法:英美法传统国家或地区的
　　　　普遍经验 ……………………………………………………… (532)
　　二　防治家庭暴力综合法案:大陆法传统国家和地区的
　　　　经验 …………………………………………………………… (534)
　　三　联合国反家庭暴力的法律实践 ……………………………… (536)
　　四　我国法律实践:分散立法与专门立法相结合 ……………… (537)
　　五　笔者观点:制定家庭暴力防治法 …………………………… (538)
第五节　立法防治家庭暴力的制度建构 …………………………… (539)
　　一　建立民事保护令制度及时保护受害人 ……………………… (539)
　　二　立法规范警察干预家庭暴力的程序 ………………………… (545)
　　三　推广各种宣传教育增进民众对家庭暴力的认知 …………… (559)
　　四　建立家庭暴力防治中心和家暴事件数据库 ………………… (559)
　　五　建立信息通报制度 …………………………………………… (560)
　　六　设立家庭暴力受害人庇护所 ………………………………… (560)
　　七　总结家庭暴力案件教训,完善相关制度 …………………… (561)
　　八　应加强干预家庭暴力的研究 ………………………………… (561)

第十三章　儿童、父母和国家:权利和责任 ……………………………… (562)
第一节　儿童、父母和国家之关系 ………………………………… (562)
　　一　儿童是权利主体 ……………………………………………… (563)
　　二　儿童、父母和家庭的关系 …………………………………… (565)
　　三　儿童与国家的关系 …………………………………………… (567)
　　四　家庭与国家的关系 …………………………………………… (570)
第二节　发展中的儿童权利与儿童法 ……………………………… (574)
　　一　儿童权利的觉醒:立法重点从父母权利到子女权利 ……… (574)
　　二　亲权与公权 …………………………………………………… (576)

三　针对儿童的家庭暴力 …………………………………… (578)
　　四　人工生殖技术与技术辅助所生子女 …………………… (579)
第三节　完善儿童权利保护的立法对策 …………………………… (583)
　　一　增设亲子身份确认制度 ………………………………… (583)
　　二　设立亲权：完善父母照护权和监护权 ………………… (585)
　　三　完善探望权 ……………………………………………… (588)
　　四　增设抚养费给付垫付制 ………………………………… (590)
　　五　制定儿童福利法 ………………………………………… (591)

第十四章　婚姻自由将走向何处 …………………………………… (594)
第一节　婚姻与自由的关系 ………………………………………… (594)
　　一　婚姻是什么 ……………………………………………… (594)
　　二　婚姻自由的价值之规律性 ……………………………… (595)
　　三　婚姻自由是否存在"边界" …………………………… (599)
第二节　结婚自由将走向何处 ……………………………………… (601)
　　一　作为人权的结婚权 ……………………………………… (601)
　　二　结婚自由权：是否结婚之选择权 ……………………… (602)
　　三　结婚自由权：与谁结婚之决定权 ……………………… (602)
　　四　结婚权与隐私权 ………………………………………… (603)
　　五　法定结婚程序之完善 …………………………………… (603)
第三节　离婚自由将走向何处 ……………………………………… (605)
　　一　离婚请求权与离婚自由度：离婚事由立法主义之争 …… (605)
　　二　域外法定离婚理由立法的考察 ………………………… (614)
　　三　不同意离婚是一项权利 ………………………………… (620)
　　四　完善现行离婚理由立法：增设离婚抗辩或阻却
　　　　离婚条款 ………………………………………………… (622)
　　五　完善登记离婚制度 ……………………………………… (626)
　　六　完善诉讼内的协议离婚 ………………………………… (627)
　　七　完善和解制度 …………………………………………… (628)
第四节　完善对离婚时的救济制度 ………………………………… (630)

一　增设离婚扶养费请求权 …………………………………… （630）
　　　二　健全离婚损害赔偿 ……………………………………… （636）
　　　三　删除经济帮助制度 ……………………………………… （637）

第十五章　完善夫妻财产制与家事劳动立法 ……………………… （640）
　第一节　夫妻财产制的定位与功能 …………………………… （640）
　　　一　婚姻财产的家庭角色与功能 ………………………… （640）
　　　二　婚姻财产制的价值取向 ……………………………… （640）
　第二节　完善夫妻财产制的对策 ……………………………… （645）
　　　一　增设夫妻财产制的通则 ……………………………… （645）
　　　二　增设对夫妻对共同财产的权利与义务 ……………… （645）
　　　三　增设财产垫付制 ……………………………………… （647）
　　　四　增设宣告分别财产制 ………………………………… （647）
　　　五　增设调整家庭住所的特别条款 ……………………… （648）
　第三节　规范家庭生活费负担和家务劳动 …………………… （649）
　　　一　增设家庭生活费用负担专门条款 …………………… （649）
　　　二　立法应当明定夫妻双方共同承担家务劳动 ………… （650）
　　　三　扩大经济补偿给付制的适用范围 …………………… （650）

结语　历史对今天的启示 …………………………………………… （652）

主要参考文献 ………………………………………………………… （654）

索引 …………………………………………………………………… （663）

Contents

Preface ·· (1)

Introduction　Modern Society and Law Modernization ··············· (1)
  1　Defining Modernity or Modernization ································· (1)
  2　Reform Legal Tradition and Modernizing Law ····················· (37)
  3　Marriage and Family Law Reform and Modernization: the Study
　　Outlined ··· (56)

PART I　DEFINITION AND DISTINCTION ON TRADITION AND MODERNIZATION OF FAMILY LAW

Chapter 1　Classification of Traditional Marriage and Family Law ··· (79)
  1　Basic Values and Institutions in Traditional Marriage and
　　Family Law ··· (80)
  2　Critique on Traditional Values and Institutions in Marriage and
　　Family Law ··· (98)
  3　Continuation of Traditional Values and System of Marriage and
　　Family Law ·· (102)

Chapter 2　Regularity of Modernizing Marriage and Family Law ··· (107)
　1　Changes of the Marriage and GFmily in Industrial Society ········ (108)
　2　Main Characteristics of Modern Law of Marriage and Family ······ (119)
　3　Major Elements to Promote Law Reform of Marriage and Family ·· (142)
　4　Nationality and International of Marriage and Family Law ········ (168)

PART Ⅱ　COMMENTARIES ON ALL OF FAMILY LAW REFORM ACT FORM 1911 THOUGHT 2001

Chapter 3　Provisions Concerning Marriage and the Family in "the Current Criminal Law Code of Great Qing 1910" ········ (183)
　1　Legislative Background and Process of Making Criminal Law of Great Qing Dynasty 1910 ·· (183)
　2　Major Legislative Reforms ·· (188)
　3　Comments on Law Reform ·· (190)

Chapter 4　Relative Law in the Draft of Civil Law Code of the Great Qing 1911 ·· (192)
　1　Legislative Process and Social Background on Drafting the Civil Law Code 1911 ·· (192)
　2　Debates on Main Issues ·· (201)
　3　Major Legislative Reforms ·· (203)
　4　Comments on Those Law Reforms ·· (211)

Chapter 5　Relative Law in the Draft Civil Law Code 1926 ········ (218)
　1　Legislative Process and Background in Making the Draft of Civil Law Code 1926 ·· (218)
　2　Debates on Main Issues ·· (220)

3	Major Legislative Reforms	(223)
4	Comments on Those Law Reforms	(226)

Chapter 6 Relative law in Civil Law Code 1930 (228)
1	Legislative Process and Background	(228)
2	Debates on Main Issues	(235)
3	Main Measures of Legislative Reforms	(244)
4	Comments on the Main Law Reforms	(259)

Chapter 7 The Marriage Act of P. R. China 1950 (264)
1	Legislative Process and Background	(264)
2	Debates on Main Issues	(279)
3	Major Law Reforms	(288)
4	Comments on those Legislative Reforms	(301)

Chapter 8 The Marriage Act of P. R. China 1980 (314)
1	Legislative Process and Background	(314)
2	Debates on Main Issues	(322)
3	Major Law Reforms	(328)
4	Comments on Those Legislative Reforms	(340)

Chapter 9 The Adoption Act of P. R. China 1991 and Amendments 1998 (349)
1	Legislative Background of the Adoption Act 1991	(349)
2	Adoption Act 1991	(352)
3	Comments on the Adoption Law	(365)
4	The Amendment of Adoption Act 1998 and Comments	(366)

Chapter 10 The Amendment 2001 of Marriage Act 1980 (378)
1	Legislative Process and Background	(378)

2	Debates on Main Issues	(382)
3	Major Law Reforms	(447)
4	Comments on Reforms in the Act	(471)

PART Ⅲ THE APPROACH TO REFORM LAW OF MARRIAGE AND FAMILY IN COMING YEARS

Chapter 11 Family Law and Family Policies .... (485)
  1 Basic Values and Functions of Marriage and Family Law ...... (485)
  2 Sexual Right and Right of Family Life .... (489)
  3 Family Law and Gender Equality .... (500)
  4 Family Support and Social Security .... (510)

Chapter 12 Family Violence Prevention Law .... (514)
  1 Defining Family Violence .... (514)
  2 Legitimacy and Feasibility for Public Authority to Intervene Family Life .... (524)
  3 Nature of Domestic Violence Prevention Law .... (528)
  4 Legislation Mode of Domestic Violence Prevention Law .... (532)
  5 Systems Construction to Prevent Domestic Violence in Law ...... (539)

Chapter 13 Child, Parents and the State: Rights and Obligations .... (562)
  1 Relationship among Child, Family and the State .... (562)
  2 Developing Children's Rights and Children's' Law .... (574)
  3 Suggestions to Improve Current Law of Child Support .... (583)

Chapter 14 Where Freedom of Marriage is Going on .... (594)
  1 Relations between Marriage and Freedom .... (594)

2　Where will Freedom to Marriage Go ……………………………… (601)
  3　Where Will Divorce Freedom Go ………………………………… (605)
  4　To Improve Reliefs on Divorce …………………………………… (630)

**Chapter 15　Improvement of Matrimonial Property Regime and
　　　　　　　Regulating Family Affairs Labor** ……………………… (640)
  1　The Statues and Functions of Matrimonial Property Regime …… (640)
  2　Legislative Measures to Improve Marital Property Regime ……… (645)
  3　Regulating Family Living Burden and Housework ………………… (648)

**Conclusion　An Enlightenment from A Family Law History for
　　　　　　　Today** ……………………………………………………… (652)
References ……………………………………………………………… (654)
Index …………………………………………………………………… (663)

自 序

20世纪的中国，实施了一场持续百年的、艰巨的、创造性的法律改革运动，即法律现代化。中国追求现代化，始于努力"变法修律"图强。1898年，清朝光绪皇帝接受康有为、梁启超等人建议，实行"新政"；同时，中国法制现代化事业开始萌动。在中国实行现代化的迂回曲折又漫长的过程中，法律发挥了先导作用。

按照史学家说法，"变"有三个级度：一曰十年期的时尚之变；二曰百年期的缓慢渐变；三曰"激变"或"剧烈脱节"，根本地摇撼或震动乃至颠覆原本最坚实、核心的信念或价值观，怀疑或告别过去，以无可遏止的创新冲动奔向未来。[①] 自1840年以来的中国，三次灾难性的战争打破了闭关锁国和骄傲自满，国门被迫打开；传统的以自我为中心的中国经历了痛苦的自我反省，认识到了对社会进行改造的必要性，重新评估和组织自己，改革和革命成为社会主调。无论是革故鼎新的自下而上的数次大革命，还是缓慢的、自上而下的断断续续的改革，终引起了社会空前巨变，从古代转入近代进而渐渐地现代化，由农业社会转向工业社会。当"发展经济"成为家喻户晓的概念，毫无疑问，社会关系同时经历着深刻变迁，中国文化承受了亘古未有的冲击和改造。中国独特而自成一统的传统法律体系（包括婚姻家庭法规则）不得不重新评估：在适应社会近代化过程中，哪些具有普遍适用性而在现代社会仍有其价值？哪些则因不能助推现代化而应扫进历史的储藏柜？面对西方文化传统和法律体制的挑战、输入、影响，我们应从中借鉴哪些法律价值观、制度经验、技术以推进本国法律改革，促进法律转型，同时，促进

[①] 转引自周宪、许钧《现代性研究译丛总序》，[英]马丁·阿尔布劳《全球时代》，高湘泽、冯玲译，高湘泽校，商务印书馆2011年版，第1页。

社会转向现代化？这些是法学研究应当严肃回答的重大课题。

在20世纪，中国婚姻家庭法经历了百年改革，发生了翻天覆地之巨变。婚姻家庭，作为社会的基础结构和制度，既是传统的主要载体，又是个体放松的私人生活空间，守旧与变革之争激烈上演，从未停止。婚姻家庭法记载着20世纪百年婚姻家庭制度的变迁。其间，婚姻家庭法发生了怎样的改革？本书以百年间中国婚姻家庭立法改革为基点，探讨何谓婚姻家庭法现代化以及怎样实现该领域的现代化。回顾性地考察研究了20世纪百年中国婚姻家庭法发生的改革，力图回答为什么在这个或那个时期会发生这场或那场婚姻家庭法改革？为什么立法改革措施是这些而非其他？它们是如何产生的？评析每一次婚姻家庭立法改革，总结每一部婚姻家庭法案的得失，从而尝试揭示、解释婚姻家庭法演变规律。研究近代婚姻家庭法变迁，探索不同历史阶段上的婚姻家庭法的各种理论问题和实践问题，作者总是尽可能地置于当时社会阶段之内、社会环境之中予以观察和衡量，尽管难免以今观昔，以便更客观地评判现时社会中的婚姻家庭法理论问题争议，找寻到更妥帖地解决现实中的婚姻家庭法问题的良方。法律是因时代、方式、需要等变化而变化的产物。以史为鉴，可以知得失。从长远看，今日的法制建设取得的每项进步，都是从过去通往未来之路上的一个阶段；今天的许多问题，通过历史这面镜子可以找到答案。既往百年的婚姻家庭法改革中蕴藏着许多对我们今日极为宝贵的智慧，能帮助我们更好地了解今日法律的意义、问题、弊端以及未来的发展趋势。婚姻家庭法现代化是中国人在国情之下实行的法律变革运动的重要部分，有其特殊历史运动轨迹和独特发展道路。如何处理好婚姻家庭法变革与社会发展、传统与现代化、本土化与国际化、制度建设与意识改良等关系，是婚姻家庭法现代化过程中必须回答的重大课题。

  历史既是延续的，又是不断改变着的。中国婚姻家庭法现代化，既要从本国婚姻家庭法优良传统中汲取营养，又应借鉴外国的、域外的婚姻家庭法的有益经验。我国婚姻家庭法改革不宜损害或抛弃本民族五千余年历史形成的主要文化价值观；全盘抄袭模仿西方的现代化，将难持久、生根。同时，应积极借鉴其他国家婚姻家庭法现代化的经验，并使之与本国的传统和现实相结合。在全球化成为沛然潮流、知识经济与全球竞争加剧的当代，婚姻家庭法发展呈加速趋势。婚姻家庭法现代化是社会现代化中的一部分，是一个不断精进的历程。通往婚姻家庭法现代化的道路漫长而艰难，必须审慎谋划。完善婚姻家庭法，在经济持续快速增长、社会加速变迁的21世纪，能够推动中国婚姻家庭法现代化，更好地满足社会发展，增进社会进步。

不是只有当代人才遇到传统与现代化之间如何合理衔接与成功过渡的问题。古往今来，人类社会任何一个阶段的发展，任何一种社会变化，都充满着挑战和危机。从传统到现代化，不是非此即彼的对立。在世界各个国家、民族，这个道理或现象都是显而易见的。在20世纪初的中国，传统曾被认为与理性、进步、自由等所有现代价值是对立的，甚至被视为社会现代化进步之阻碍。现代化经验渐渐成熟后，传统的价值才重新获得重视。今日的发展是建立在昨日基础之上，但今日终究非昨日。现代化是在吸收了传统中具有生命力的营养后，对传统的异化。采用从传统到现代的二分法，解释婚姻家庭法百年历程，即使是提纲挈领式的论述，也非一人之力所能够圆满达成。本书仅仅是走马观花般游走了一番。

法律是人心和现实关系的反映。法律改革当然就是人心思变的结果。20世纪后半叶以来，全球化已经快速地在解构各种根深蒂固的传统了。伴随着局部地区的残酷冲突和战争的同时，在科技、信息、金融、贸易、投资、交通、旅游、移民、疾病等所有与人类生活休戚相关的方面，全球化浪潮已势不可当，人类第一次真正地体验到"地球村"的感觉。首先，是强势的资本自由地游走全世界，将发达国家的价值观、生活方式和文化传播到世界各地；其次，全球化似乎加剧了现代化进程，催促经济尚不发达的国家和地区日夜兼程追赶现代化步伐。这种背景下，仅从传统到现代化的线性逻辑似乎已不足以说明婚姻家庭法中种种错综复杂的现象。不过，越是如此，越有必要探讨如何认识、理解和诠释立法的传统与现代化问题。因为今天看起来是"现代化"的东西，明天就可能变成了传统，而社会快速发展，更加快了这种代际转换的速度和频率。

研究中，笔者时常受到家庭法与家事习惯之关系问题的困扰。婚姻家庭法是与民间习惯联系最为紧密的法律，深受本民族习惯的影响。因此，各国和地区在制定或大幅度修改本国或本地区婚姻家庭法时，常会先行习惯调查，并将习惯规范作为重要考虑。习惯是反复实行而形成的事实。良好的习惯固然要尊重，甚至上升为成文法条款，但不合理的习惯，则应当舍弃。习惯本身也有变迁，会进化。法律应当发挥其为法的积极功能，毅然舍弃不合理的习惯，引导社会走向合理的、正当的方向。制定家庭法时，固然会尊重习惯而将其成文化，"但将不符合公平正义的习惯成文化，则徒然成为恶法"。[①] 因此，研究百年婚姻家庭法改革时，探讨家庭法变迁与家事习惯之间的关系，似乎是一个绕不过去的问题。然而，这个问题本身又是大而复杂的，非短时间所能完成。本课题研究，受制于结题时间，选择仅将讨论范围限于"制定法"改革，故不得不先将习惯法抛开。

诚如以"现代化"来解释发展中国家近代化的历史变迁，虽广泛流行但仍有争议一样，用"婚姻家庭法现代化"来解释婚姻家庭法在20世纪百年的演变，难免仁者见仁、智者见智。本书讨论的话题，内容多，时间跨度大，问题涉及的背景广泛，探讨难度大，本书存在一时难以克服之不足是无疑的。

感谢国家社会科学基金对本项研究的支持和出版资助。2009年，我申报了"中国婚姻家庭法的传统与现代化研究"，获批准国家社科基金立项（批准号09BFX039）。完成该项目任务的压力，使我不得不放下其他有兴趣的选题和事务，而专心于该项目研究。本书正是该研究的结题成果。鉴于自我对本成果的欢喜及终评获得"优秀"评价，2014年春季，本书稿申报"国家社科成果文库"，有幸获得入选。在此，一并感谢曾对本成果进行客观评审的各位匿名专家，谢谢你们的公正评判，谢谢你们指出的成果之优点和不足，谢谢你们的建议。

感谢我工作的厦门大学及其法学院。我能够长期衣食无忧地做学术，主要得益于在这所著名学府有个法学教授职位，有一份稳定收入；同时，天天面对求知的莘莘学子，让我时时有不能误人子弟的紧张，自觉应专心于学问的精进。

感谢我国台湾地区"中华发展基金会"和位于台湾新竹的交通大学。得益于该基金会的资助和交通大学的周到安排，本人应邀于2009年9—10

[①] 林秀雄：《台湾百年来收养制度之变迁》，台湾"法学会"《台湾法制一百年论文集》，台湾"法学会"1996年版，第614页。

月在台湾讲学交流之机,收集到诸多有价值文献,有益于本书框架构成和若干重要观点的形成。感谢交通大学科技法律研究所的诸位同仁,在我访问研究期间对我的关心和帮助。

感谢我的几位学生:何丽新教授是我的同事,曾是我的博士生,本书的课题论证之始,包含她的贡献。浙江工业大学之江法学院的雷春红博士、汕头大学法学院的熊金才博士,他们根据本课题研究计划,分别撰写并独立署名发表了各自的相关论文,并各自先后完成了婚姻家庭法领域的博士论文。

特别的感激献给我的家人。在我心目中,父亲和母亲都是白玉无瑕般的好人。父母双亲勤劳善良、通情达理。专注于工作甚至将工作放在首位,是父母遗传给我的良好品德之一。始终记得某日老父亲看似不经意地跟我说起:他第一次在新华书店见到女儿撰写的著作时,认为我终于长成了他希望的女儿;言谈间满脸的慈祥和微笑传递给我的信息足以温暖我一生。尽管父母亲已不会看到这部著作出版,但我仍要把这数十年来心中的感激说出来、写下来:谢谢父母的生养、教育、关心、支持、理解和包容。我丈夫和孩子对我工作的理解和支持,是我多年来努力工作的动力之一。在家中随处堆放着我的书籍资料,餐桌经常被当作书桌,他们都容忍了。非常感谢!

蒋 月
2014 年 9 月 23 日
于厦门大学

导　论
现代社会与法律现代化

研究婚姻家庭法现代化，首先必须界定现代化、法律现代化和婚姻家庭法现代化三个基本概念，了解现代化的源起及其规律性。

第一节　现代性或现代化之界定

一　现代性或"现代化"概念厘定

关于现代化的含义，各种解释不一。有关现代化的讨论，为时已久。政治学、经济学、历史学等不同社会科学同时进行着现代化研究，有关现代化的定义、途径、公共政策等方面的观点自然不尽相同。世界各国在纷异的传统价值和制度之中，已形成一种现代化的共同形态。"人的现代成就提供发展人类福利的史无前例的机会，也提供人类自我毁灭的工具。"[1] 为了保护自己，人类必须了解"现代化"的意义，支持符合公共福利的价值和制度。

（一）"现代化"的定义

"现代化"，亦称近代化，在英文中，这两者是同一个词"modernization"。19世纪时，人们更多使用"近代化"；而从20世纪开始，人们更常使用"现代化"。现代化是指在整个社会及文化背景中，工艺、经济、文化、政治、家庭等人类社会生态和生活各个方面的综合性的重大变化。独立、发展和现代化三句口号，早已传遍世界。

现代化、"现代性"（modernity）两词，是由"现代的"（modern）这个

---

[1]　[美] C. E. 布拉克：《变迁是现代生活必要条件》，[美] 威纳尔编《现代化》，林清江译，（台北）商务印书馆1978年第6版，第1页。

词语引申而来的。在英文中,"modern"总是与"ancient"(古代)相对应的。还有人使用"the Modern Age"来表示"现代时代"。[①] 中国台湾学者劳思光认为,"modern"这个词又源自拉丁文"modernus"。早在5世纪的欧洲,就已经开始流行使用"Modernus"这个词。当时基督教在欧洲大盛,欧洲人使用该词,意在与古代互别,用"Modernus"表示自己所处的时代,而将罗马及其他非基督教的早期社会划入古代。此后,在不同历史阶段,这个词都被人用来指说话者所处的时代。[②]

1. 现代化是世界性的全方位历史大变革

这种观点认为,现代化是人类历史发展的必经阶段,是全球性的共同经历。近代以来的世界史,是以工业化、全球市场为支柱的现代化运动。

美国著名学者、普林斯顿大学历史学教授布拉克(C. E. Black)提出,现代化"是指科学革命以来,人类智识不断增进,传统社会制度逐渐演化,以达应现代功能,并加强对环境控制的一种变迁的过程"。[③] 这个解释指出了现代化的发起时间,强调的是整个社会的变革与适应。中国台湾学者苏云峰将"现代化"定义如下:"现代化是一个开放自主的社会,在一个相互交流与竞争的国际环境中,不断增进知识,以增强对环境的控制、利用及保护能力,使传统政治、经济社会制度及思想价值逐渐演化与调适,以适应现代功能的连续互动过程。"[④] 美国罗格斯大学教授丹尼尔·雷纳(Daniel Lerner)认为,多数研究现代化的学者谈到现代化时,更多地把它作为一个概念(concept)、一种路径(approach),或者是进行"现代化分析"(modernization analysis)、"现代化思考"(modernization thinking),他们批评将现代化

[①] [英]马丁·阿尔布劳:《全球时代:超越现代性之外的国家和社会》,高湘泽、冯玲译,高湘泽校,商务印书馆2001年版,第5页。

[②] 劳思光:《远景与虑境——论中国现代化问题与后现代思潮》,刘述先主编《中国思潮与外来文化》(第三届国际汉学会议论文集·思想组),"中研院"中国文哲研究所2002年版,第2页。

[③] [美]C. E. 布拉克:《现代化的动力》,郭正昭等译,(台北)环宇出版社1972年版,第7页。转引自苏云峰《从理论到实际:清季现代化运动的面面观》,"中研院"近代史研究所编《中国现代化论文集》,"中研院"近代史研究所1991年版,第32页。

[④] 苏云峰:《从理论到实际:清季现代化运动的面面观》,"中研院"近代史研究所编《中国现代化论文集》,"中研院"近代史研究所1991年版,第32—33页。

视为一种理论（modernization theory）的所谓"现代化理论学家"。[①] 法国学者彼特·麦克菲（Peter McPhee）认为，"现代化，与其说是一个真正的理论，不如说是为现在尚处于自给自足状态的群体提供的一个未来预言、一种教条式描述。显然，在20世纪50年代，现代化曾发展成为对欧洲殖民地上发生的自由解放战争的反革命回应。现在，现代化是作为货币主义之下的享受主义而受到学术青睐的。现代化已与现世的民族优越感和扭曲的过去平行之存在，是对现代性的正确路线的假设"。[②]

美国历史学家 L. S. 斯塔夫里阿诺斯提出，现代化是一场将传统农业社会与正在经历现代化进程的社会分离开来的、决定世界命运的冲突，它是因为此前的文艺复兴、宗教改革、经济扩张、资本主义出现、国家建设和海外企业的兴起而引起的科学、工业、政治领域的一系列改革，而这些改革塑造了人类从17世纪至现在的历史；而且现代化还在以更快的速度发展。[③] 罗荣渠提出，"广义而言，现代化作为一个世界性的历史过程，是指人类社会从工业革命以来所经历的一场急剧变革，这一变革以工业化为推动力，导致传统的农业社会向现代工业社会的全球性的大转变过程，它使工业主义渗透到经济、政治、文化、思想各个领域，引起深刻的相应变化"。[④]

按照这种观点，现代化是一个全球性过程。它从欧美发端以后，迅速向全球扩散，最终席卷全球每一个民族国家和地区。

2. 现代化被解释为经济欠发达国家和地区追赶发达国家和地区发展之趋势

这种观点最狭义地定义了现代化，将现代化解释为着眼于经济发展和技术提升，核心是用工业化来改变落后局面的过程。或者说，将现代化等同于工业化。丹尼尔·雷纳（Daniel Lerner）提出，现代化是"发展中国家呈现

[①] Michael Gasster, *The Modernization Debate: A Historical Perspective*，"中研院"近代史研究所编：《中国现代化论文集》，"中研院"近代史研究所1991年版，第3页。

[②] Peter McPhee, "The French Revolution, Peasants, and Capitalism", *American Historical Reviews*, 94：5 (December 1989) 1279 – 1280, 转引自 Michael Gasster, *The Modernization Debate: A Historical Perspective*．"中研院"近代史研究所编：《中国现代化论文集》，"中研院"近代史研究所1991年版，第5页。

[③] ［美］斯塔夫里阿诺斯：《全球通史》（下），董书慧、王昶、徐正源译，北京大学出版社2005年第7版，第370页。

[④] 罗荣渠：《现代化新论》，北京大学出版社1993年版，第17页。

出越来越多的发达国家的共同特点的过程"。①

罗荣渠提出,"狭义而言,现代化又不是一个自然的社会演变过程,它是落后国家采取高效率的途径(其中包括可利用的传统因素),通过有计划地经济技术改造和学习世界先进,带动广泛的社会改革,以迅速赶上先进工业国和适应现代世界环境的发展过程"。②

根据此种解释来观察发展中国家和地区,它们目前大都处于加速现代化过程之中,并以全面实现现代化为其终极目标。

3. 现代化主要是价值观念、生活方式的变化

按照这种观点,现代化是一种划时代的变化,标志着一种断裂,另一个时代以其占压倒性优势的面貌和形态取代前一个时代。借助于身处新时代所具有的位置优势,人们能够将对那个既往的时代作出评价。也有人称这种观点是韦伯的思想传统。③

现代化是现代这个历史概念和现代化这个社会历史过程的总体性特征。现代化不仅是一个客观的历史巨变,而且是无数"必须绝对地现代"的男男女女对这一巨变的特定体验。"进入现代,不但是形形色色的民族国家和社会,而且是千千万万男女个体"。④ 它允许每个人与这个世界一起去经历冒险、成长、变化、强大、欢乐,但同时又可能摧毁人们所拥有的、所知道和所认同的一切。因此,我们被卷入永不会停止的分裂与革新、抗争与矛盾、含混和痛楚中。"成为现代就是成为这个世界的一部分"。"现代化把人变成为现代化的主体的同时,也把他们变成了现代化的对象"。人们在改变世界的同时,自身也改变了!⑤

在笔者看来,上述现代化定义都是合理可信的,它们之间的不同仅在于所强调的侧重点有异。现代化首先是社会经济、政治等领域变迁,然后引起

---

① Daniel Lerner, "Modernization", *International Encyclopedia of the Social Sciences* (New York: Macmillan, 1968), X, p. 386. 转引自 Michael Gasster, *The Modernization Debate: A Historical Perspective*。"中研院"近代史研究所编:《中国现代化论文集》,"中研院"近代史研究所1991年版,第1页。

② 罗荣渠:《现代化新论》,北京大学出版社1993年版,第17页。

③ 董正华编著:《世界现代化进程十五讲》,北京大学出版社2009年版,第36页。

④ 周宪、许钧:《现代性研究译丛总序》,[英]马丁·阿尔布劳《全球时代:超越现代性之外的国家和社会》,高湘泽、冯玲译,高湘泽校,商务印书馆2001年版,第2页。

⑤ 同上书,第3—4页。

人们生活方式的改变、价值观的改变，而价值观的变化反过来促进社会经济政治法律等领域的进一步改革。因为现代化是价值观和生活方式的变化，中国自近代以来对现代化的体验，总是伴随着激进与保守、进步与倒退、惶恐与向往之争议。由于不同国家或地区的现代化有先后之别，发展较慢的国家和地区的确呈现出向现代化国家学习、效仿、追赶的事实。

（二）现代化与近代化

近代化与现代化，基本上是同义词。自从资产阶级建立国家后，人类历史由古代转入近代。从此以后的社会，亦称近代社会。

现代化，既在很多方面可裨益于人类福利，又在很多方面是一种破坏性历程。它摧毁了产生很多人类价值的传统生活形态，也导致一连串地区及世界性战争、政权和国家崩溃；它摧毁了个人自给自足的农业文明及传统家庭生活形态，并引起人口膨胀，使人口增加量有超过食物增加量的危险；导致大众社会代替了传统社会，个性及品质泯灭于方便解决公共事务的大众兴趣及行政过程中。[①]

在中国，1840年鸦片战争后，古代社会终结，社会进入近代。由此开始的社会发展，亦称近代化。从清末变法图强开始，中国社会寻求的就是现代化。尽管有研究对近代化与现代化两个词作了一定区隔，但在中外多数学者的认识与表述中，这两个词是被视为同义语而使用的。

在本课题研究中，不区分"现代化"与"近代化"，将两者作为同义词使用。

（三）现代化是人类社会发展的必经阶段

"现代化"是人类社会历史发展过程中的一个阶段。"从正面看，现代化是知识累积与创新的成果，是社会追求合理化、普及化和持续进步的过程。"[②]

发达国家的现代化，使得欧洲进入一个新的历史阶段，而且，这种新文化努力改变着世界。"现代文化已使得政治、经济及社会结构脱离旧有的历

[①] [美] C. E. 布拉克：《变迁是现代生活必要条件》，[美] 威纳尔编《现代化》，林清江译，（台北）商务印书馆1978年第6版，第1页。

[②] 苏云峰：《从理论到实际：清季现代化运动的面面观》，"中研院"近代史研究所编《中国现代化论文集》，"中研院"近代史研究所1991年版，第41页。

史阶段。"① 现代文化的出现，是欧洲文化史中的巨变。现代化的世界不是传统的社会。"无论新阶段的文化及生活有多少弊病和缺点，世界已进入这个阶段，历史已无法逆转。"②

（四）现代化不是地域文化之间的冲突问题

如果将"现代化"看成另一个地域的文化，那么，我们看不见人类整个历史情境和社会情境的根本改变，我们只会看见文化的差异与冲突。

现代化的发生，"对近代欧洲而言，是开放社会的产物；但对于19世纪的东亚社会而言，则主要是西方冲击的产物。被西方打开门户的东亚国家中，日本较能顺利地采取开放政策，所以追上了西方；而清末中国则一直在接纳与排拒之间争论了数十年，虽有一些成绩，但比起日本来是非常失败的"。③

20世纪之初，中华文明开始走出传统，与世界接轨，从交流中学习，从曲折中成长，获得新生。"从民族本位化的时代，跃进世界性现代化的新阶段，以清末以前与清末以后，勉予区分。"④

二 关于"现代化"的源起与阶段性

人类生活日趋复杂，人与人之间的关系日益密切，同时，人类又缔造了高度复杂的社会组织。现代化使得传统社会改变，现代知识及工艺极大地改变了传统的生活方式。在传统社会，结构封闭严密，社会的组成分子大部分是居住在孤立乡镇的农民，他们贫穷、不识字，很少接触中央政治当局；农民的生活方式可能经历数世纪之久而未改变。在现代社会中，三分之二以上的人口居住在城市，识字极为普遍；健康情形大为改进；四海为家的人群组合标准代替了由种族、教条、家庭、阶级所施予的限制。个人的地位依赖于个人的成就，而非传统的地位。人类的活动处处与法律发生关系。

---

① 劳思光：《远景与虑境——论中国现代化问题与后现代思潮》，刘述先主编《中国思潮与外来文化》（第三届国际汉学会议论文集·思想组），"中研院"中国文哲研究所2002年版，第4页。
② 同上。
③ 苏云峰：《从理论到实际：清季现代化运动的面面观》，"中研院"近代史研究所编《中国现代化论文集》，"中研院"近代史研究所1991年版，第42页。
④ 潘维和：《中国近代民法史》，（台北）汉林出版社1982年版，第74页。

（一）人类从何时开始现代化

对此，学术上主要有四种不同判断：一称开始于 11 世纪；二说源起早于 15 世纪；三曰发起于 15 世纪中叶；四谓 18 世纪中期 19 世纪初才算开始现代化。不过，多数人的观点是把人类现代化进程的开始界定在工业革命之后。这种观点符合学术上把人类历史划分为古代、中世纪和近现代的史学观点。在资本主义经济居社会经济成分主流、资产阶级建立国家之前，要说人类已开始现代化，既不能证明，也是多数人难以接受的。因为"近代史之开始及欧洲民族正式兴起，普遍溯自 15 世纪之末。世人多以为此后历史，乃民族之历史，而民族史之开始，即为近代史之开始"。[①] 由此观之，现代化先发端于欧洲，亚洲社会效法欧洲而开始现代化运动，晚于欧洲大约二三百年。

1. 现代化发端于 11—12 世纪

C. E. 布拉克（C. E. Black）博士认为，"所谓现代，可见诸 12 世纪西欧希腊科学复兴之后的知识扩展。开始的时候，其扩展速度缓慢。15 世纪之后，其速度加快。人类对于自然的奥秘，渐能了解；又能将这种知识运用于人事方面。在 20 世纪之中，这种扩展速度特别迅速。专业领域的学理知识，往往在一代之间，即遭推翻。这种知识的成长过程正与日俱增，未来的人类生活改变，必较过去为大"。[②] 运用知识于人事的一项重要结果，是政策决定的综合。在私人事业方面，交通、电信、商业、教育，日渐扩充，一国之内的电信，朝发夕至，国际交流体系，也渐次组成。在公共事业方面，政府渐渐负担以前为省、县、部落、家庭所担负的功能，日趋中央集权化。美国芝加哥大学社会学教授马克·格兰特（Marc Galanter）博士认为，"欧洲法律，在 11 世纪接受罗马法以后开始现代化"。[③] 照此推论，欧洲社会的现代化至少在 11 世纪就已开始。

这种观点确有一些道理。从法律史角度考察，早在 1215 年 6 月，英国

[①] ［英］巴克：《民族性》，王世宪译，（台北）商务印书馆 1971 年版，第 167 页。
[②] ［美］C. E. 布拉克：《变迁是现代生活必要条件》，［美］威纳尔编《现代化》，林清江译，（台北）商务印书馆 1978 年第 6 版，第 3 页。
[③] ［美］马克·格兰特：《法律的现代化》，［美］威纳尔编《现代化》，林清江译，（台北）商务印书馆 1978 年第 6 版，第 87 页。

国王被迫签署了《大宪章》。该宪章是世俗国王在与教皇、贵族斗争中妥协之产物，但其毕竟在历史上首次对封建王权给予明确限制，要求皇室放弃部分权力，尊重司法，王权受到法律限制。其第 61 条规定，由 25 名贵族组成的委员会有权随时召开会议，具有否决国王命令的权力；可以使用武力，占据国王的城堡和财产。其第 63 条宣告："英国教会享有自由，英国臣民及其子孙后代，将如前述，自余等及余等之后嗣在任何事件与任何时期中，永远适当而和平，自由而安静，充分而全然享受上述各项自由……"[①] 这些都是以往从未有过的法律规则。虽然大宪章几经修订，删改很大，但是，到 1272 年，大宪章已成为英国既定法律，纵使国王也难以推翻。[②] 大宪章是英国建立宪政的历史过程之开端。从法律意义上讲，称之为现代社会之开始，也非差强人意。

2. 现代化发端于 15 世纪之前

英国、美国都有学者持此观点。英国学者马丁·阿尔布劳提出，"对于宣告现代时代的开始来说，最有决定性的事件是 1492 年美洲的发现。与此相似的具有划时代意义的事情，是 1945 年将原子弹投放到日本，这一事件标志着现代时代之即将终结"。这两个事件之间发生的故事，是一个旨在扩大人类对空间、时间、自然和社会的控制的方案之故事。这个方案的主要代理人，是依靠并通过拥有资本的、军事的组织来起作用的民族国家。它赋予人民生活和世代更替以鲜明的式样。[③] 美国历史学教授 C. E. 布拉克博士认

---

① See *The Great Charter*, 百度文库, http://wenku.baidu.com/link?url=3Pxuybhf89COnaHeiZM0wzZvAWOFjScQ8UmKAsWp58h5bPJX2GwfjJgvcG6vHQmVdsSEHSσ9_sFOnZJsysJIoEl5lGwxyc86oCiaq7zB6Ua, 访问日期：2014 年 1 月 2 日。

② 英国《1215 年大宪章》，是英格兰国王约翰在英格兰的封建贵族挟持于 6 月 10 日被迫签署的，以换取贵族在同年 6 月 19 日重申效忠约翰。在贵族离开伦敦返回各自封地之后，约翰立即宣布废弃大宪章，教皇英诺森三世亦训斥大宪章为"以武力及恐惧，强加于国王的无耻条款"，教皇否定了任何贵族对权力的要求，称这样做破坏了国王的尊严。随后，英国陷入内战。1216 年 10 月 12 日，皇室大臣以亨利名义再次发出大宪章，但包括第 61 条等部分条款被删去。同年 10 月 18 日，约翰病死，9 岁的亨利三世即位后，战事终结。1217 年，亨利三世再次发布大宪章。1225 年，18 岁的亨利亲自签发仅剩有三十七条的大宪章。到亨利三世于 1272 年逝世时，大宪章已成为既定的英国法律。日后的国王亦难以像约翰一样将它完全推翻。亨利三世的儿子，爱德华一世在 1297 年 10 月 12 日发布最后一次修订的大宪章，作为"肯定法案"的一部分。

③ [英] 马丁·阿尔布劳：《全球时代：超越现代性之外的国家和社会》，高湘泽、冯玲译，高湘泽校，商务印书馆 2001 年版，第 7 页。

为，至少从 15 世纪以来，人类生活发生重大改变，日趋复杂并相互关联，通常被称为"现代化"。

中国学界也有人持此观点。刘旺洪认为，"法制现代化是全球性的法制发展浪潮，发端于西方中世纪中晚期。伴随着西欧中世纪晚期商品经济的复苏，城市化运动的兴起，市民阶级的不断壮大，由宗教改革、文艺复兴和罗马法的复兴等构成的波澜壮阔的启蒙运动的蓬勃开展，近现代法制的基本精神和制度要素在中世纪社会的内部得以孕育和逐步成长"。① 中国台湾学者苏云峰考察比较了多方观点后认为，"现代化开始的时间，早于 15 世纪以前"，"至少经历从 1500 年至 1648 年间的长期竞争冲突与痛苦之后，才得到的。开始时仅为西欧地区的一小部分人，后来其他欧洲的另一部分人跟进，17 世纪传播到东欧与北美洲，到了 19 世纪才向东方推进，但到了 20 世纪，仍有很多人在抗拒或根本不知现代化为何物呢"②。

3. 现代化发端于 16 世纪

C. E. 布拉克指出，现代化的发起时间是从 1543 年哥白尼（Nicholas Copernicus）发表《天体论》（*On the Revolution of the Celestial Spheres*）到 1683 年牛顿（Newton）发表《数学原理》（*Principia of Mathmatics*）的科学革命，即 16 世纪的西欧，其动力是科学革命与知识累积，及由此而引起的变化；此变化使人类对自然界的了解与认识大大增强，增强了控制和运用自然的能力，为人类社会谋取福祉，并进而改变传统社会制度，使之能适应新的社会需求。③

4. 现代化发起于 18 世纪

历史学家中持这种观点者较多，他们认为 18 世纪前后的世界是两个不同世界，大多以 18 世纪中叶为界，区分为旧时代与现代社会。

法国历史学家保尔·芒图在其经典著作《18 世纪产业革命》中指出，直到 18 世纪中叶，西欧生产仍然受手工工场制度的支配；接近 1760 年时，

---

① 刘旺洪主编：《比较法制现代化》，前言，法律出版社 2009 年版，第 2 页。
② 苏云峰：《从理论到实际：清季现代化运动的面面观》，"中研院"近代史研究所编《中国现代化论文集》，"中研院"近代史研究所 1991 年版，第 32 页。
③ 同上。

大工业时代才开始。① 奇波拉在《欧洲经济史》第三卷导言中明确断言，18世纪中叶前后的世界是两个不同世界，此前的世界，不论处于哪个阶段，都似曾相识，但是，历史巨变使得来自前一个世界的人不能理解后一个世界。② 美国杜克大学经济学教授斯宾格勒（J. J. Spengler）博士认为，18世纪末19世纪初，"西方世界在经济及工业革命以后，慢慢增加国民平均产值，才算开始现代化"。③ 美国历史学家L. S. 斯塔夫里阿诺斯谈到17—18世纪发生在欧洲的科学革命和工业革命时，指出：

> 人类物质文化的变化在过去的200年中比在此前5000年中发生的变化都还要巨大。18世纪人类的生活方式与古代埃及和美索不达米亚人相比并没有什么本质区别……但是，今天，金属和塑料制品补充了石材和木材；铁路、汽车和飞机取代了牛马和骡子；蒸汽、柴油、核动力船只取代了风力和人力；多种合成纤维与传统的棉布、羊毛和亚麻竞争；电力取代了蜡烛，成为只需要轻轻按动开关就源源不断的能源。这些伟大的变革都源自科学和工业革命……事实上，也正是凭借着科学及与之相关的技术，才使得19世纪的欧洲对世界的支配成为可能。④

中国台湾学者劳思光也认为，在18世纪以后的欧洲，渐渐将文艺复兴以后的文化称为现代化；原本不特指某种特定事物的"modern"或"modernus"两个词专用于此一用途。⑤

主张现代化始于18世纪的观点，主要有以下两方面的理由：

（1）英国开始的工业革命及其工业化导致社会生活的一系列巨变。"工

---

① [法]保尔·芒图：《十八世纪产业革命》，陈希秦等译，商务印书馆1997年版。
② 转引自董正华编著《世界现代化进程十五讲》，北京大学出版社2009年版，第75—76页。
③ [美] J. J. 斯宾格勒：《现代化的障碍》，[美]威纳尔编《现代化》，林清江译，（台北）商务印书馆1978年第6版，第197页。
④ [美]斯塔夫里阿诺斯：《全球通史》（下），董书慧、王昶、徐正源译，北京大学出版社2005年第7版，第477—478页。
⑤ 劳思光：《远景与虚境——论中国现代化问题与后现代思潮》，刘述先主编《中国思潮与外来文化》（第三届国际汉学会议论文集·思想组），"中研院"中国文哲研究所2002年版，第2页。

业化是现代化的核心。"① 这种观点认为，现代化主要是18世纪英国工业革命导致机器大工业的出现和以此为基础建立的现代工矿企业制度带来的工业化运动催生的。18世纪后期到19世纪中叶，英国爆发了"工业革命"，带动工业全球扩张，这种强大趋势延续至今而没有发生逆转，为现代世界奠定了基础。与此同时，社会秩序随着经济发展而改变。工业革命"是一场触及社会各个领域、影响现代世界至深至远的历史突变"。② 英国历史学家阿诺德·汤因比③等人使用"革命"一词来表述英国诞生蒸汽机和动力织机等各种经济技术及运用这些技术后引起的生产力和生产关系的变化，"毁灭了一个旧世纪，创造了一个新世界"，使英国与其过去相分离，"是人类从一个世界进入另一个世界的起点"。贡德·弗兰克承认，"工业革命是一个前所未有的事件。……西方从此不再承续其原先的边缘地位。全球经济中断了，转而进入一种以工业为主的方向，西方在整个世界经济体系中的地位也发生了变化"。④ 赫伯特·巴特菲尔德更赋予给人类社会带来根本性改变的科学革命以极高评价及地位，"所谓的科学革命……使得自基督教兴起以来的一切都变得黯然失色。与之相比，文艺复兴和宗教改革运动都仅仅具有插曲式的意义，仅仅是中世纪基督教世界体系中发生的内部更替。……科学革命作为整个现代世界和现代思想的起源如此赫然显现，以至于我们通常对欧洲历史时期的划分已经成为一种时代错误，成为一种障碍"。⑤ 在所有地方，技术革命不会仅仅是一场技术革命，它还是经济革命、思想革命和政治革命，故科学革命引导人类进入现代社会。

（2）18世纪法国大革命改变了世界。1789年开始的法国大革命，是启蒙思想的伟大实践，是典型的资产阶级政治大革命。革命者高喊民主、自由、平等的口号，大革命扫荡了封建贵族的各种特权，恢复自由贸易，扩大商品市场，奖励技术发明与创新，积极促进法国工业发展。在农村，农民成

---

① 董正华编著：《世界现代化进程十五讲》，北京大学出版社2009年版，第75页。
② 同上书，第77页。
③ 阿诺德·汤因比（Arnold Toynbee，1852—1883），英国著名历史学家，他是最先开始工业革命历史研究的。他的一系列讲座使得"工业革命"一词变得流行起来。
④ 贡德·弗兰克：《白银资本》，刘北成译，中央编译出版社2000年版，第454—455页。
⑤ 转引自［美］斯塔夫里阿诺斯《全球通史》（下），董书慧、王昶、徐正源译，北京大学出版社2005年第7版，第477页。

为拥有土地所有权的自耕农，等等。"法国大革命旨在消除封建主义的封建社会。"最终，资产阶级政权建立。1789年8月11日的一项法令明确宣布："国民议会彻底废除封建统治。"① 美国国际关系学家克里斯托弗·希尔指出，资产阶级革命是指推翻封建国家的革命，否则，就决不曾有一个资产阶级革命。②

英国工业革命引导出世界经济新模式，法国大革命则诞生政治权力新架构，二者结合，引导出现代观念、价值、制度并流行于世的新世界。

概言之，现代社会的主要特征之一，是源自西欧的现代制度传遍世界。③ 苏俄、日本、土耳其和中国，晚至18—19世纪之间，因为国防原因，接受现代改革，直至19世纪末叶，他们才实施较为彻底的现代化措施。"发展最早的国家，没有敌手，成为政治影响的中心，又在多方面成为其他社会的楷模。受现代思想及制度影响较晚的国家，不仅发展较难，较不安定，尚达观各类楷模的压力，产生无法达成目标的感觉。"④ 现代制度传遍世界之后，势必造成民族主义及相互依赖的两种矛盾趋势。一方面，独立国家愈来愈多，传统的政治行为形式能以不同的方式和态度沿袭下来；在快速变迁的过程中，秩序、意志、制度须由国家担负。另一方面，许多因素使得各种社会相互依赖，这些因素包括交流工具的改进、现代理念与制度的普及，贸易服务交换领域的拓广，千万移民的迁徙，国际团体的形成，地区和社会经济的分化。现代化不仅改变了社会内部关系，也影响着国家与国家之间、社会与社会之间的关系。

(二) 关于现代化的阶段性

关于现代化的进展，中国台湾学者苏云峰提出了如下四阶段论：

1. 前现代时期（Premodern period）

这是指转向现代化的启动之前、又与现代化转变时期紧密相连的时期。

---

① 转引自［美］哈罗德·J. 伯尔曼《法律与革命——西方法律传统的形成》，贺卫方、高鸿钧、张志铭、夏勇译，中国大百科全书出版社1993年版，第49页。
② 同上。
③ ［美］C. E. 布拉克：《变迁是现代生活必要条件》，［美］威纳尔编《现代化》，林清江译，（台北）商务印书馆1978年第6版，第3页。
④ 同上书，第4页。

2. 转型时期（Transformation period）

它是指处于向现代化转变过程中的时期。

3. 现代化时期（Modern period）。

它是指社会已经实现现代化的时期。这个时期的社会，是多元社会。一方面，社会价值观多元化、理性化，宽容异议；另一方面因为大规模式工业建设而出现环境污染、社会疏离等问题。

4. 后现代化时期（Postmodern period）

检讨实施现代化以后的政策，发展高技术含量的精密工业，并采取有效措施抑制污染环境的工业，提升文化与精神品质，发展服务行业，才能为进入后现代化做好准备。

据美国普林斯顿大学社会学教授吉尔伯特·罗兹曼（*Gilbert Rozeman*）等人的研究及预测，中国从1864年开始洋务运动，经社会主义建设，直到2000年为止，中国可能停留在第二个阶段转型时期。其理由是，在城市化、普及教育与工业成长等方面，中国尚落后于日本、俄罗斯大约五十年。[①]

笔者以为，苏云峰的四阶段论以及中国当前还处于向现代化转型时期的判断，基本上是可接受的。

三　现代化的基本内容与表征

在全球范围，现代化进程有其共性，各国现代化进程也定有其丰富多彩的个性。观察西方现代社会，现代化是以市场经济、民主政治、理性文化为其构成要素或必备条件的，呈现出个体性、多元性、合理性和契约性等特征。"世俗政治权力的确立和合法化，现代民族国家的建立，市场经济的形成和工业化过程，传统社会秩序的衰落、社会的分化与分工，以及宗教的衰微与世俗文化的兴起，这些进程深刻地反映了现代社会的形成。"而"工业化、城市化、阶层化、世俗化、市民社会、殖民主义、民族主义、民族国家

[①] Gilbert Rozeman ed., *The Modernization of China*, New York: The Free Press, 1981, p. 461, 转引自苏云峰《从理论到实际：清季现代化运动的面面观》，"中研院"近代史研究所编《中国现代化论文集》，1991年3月，第41页。

等历史进程，就是现代化的种种指标"。① 陈弘毅认为，"现代性与个人主义、多元主义、合理化和市场化之间有着密不可分的联系"。② 现有欧美发达国家现代化进程的图式是不是现代化的标准范式？对这个问题的认识，从一开始就存在争议，至今尚无一致结论。但是，分析发达国家的现代化进程，对于发展中国家实现现代化的参考，是极具价值的。

由启蒙运动引导的欧美等西方国家的现代化，可以概括为市场经济、民主政治、公民社会和个人自由等要素。

（一）市场经济

市场经济，不仅意味着各种工农业产品、文化产品的商品化，更包括通过市场流动配置资源、资本、劳动力等基本生产要素。产品、服务的生产、销售由自由市场的价格机制引导，市场透过产品和服务的供给和需求产生复杂的相互作用，进而达成自我组织的效果。市场是一个权力分散和有效率的系统，它能够激励和引导人们努力生产，能够促进实践与发明。一个竞争的市场向生产者传递着反映消费者价值观的信息。"市场范围内的每种资产，都可以由金钱所标定的单一尺度来计量。所有可交易的货物和服务，都能标明价格，它们的价值都能成为可比的：一本书等于十个面包或两打啤酒。市场价格计算的标准解释了它的分配问题，也解释了如何对待其他制度的问题。"③ "利益引导资源从生产率较低的用途中撤出，流向生产率较高的用途，生产者的动力在于用成本最小的方法生产出消费者所需要的产品，对任何个人来说，并不要求他估价什么是对社会或制度有利的；即使他仅仅是追求自己的经济自我利益，他也会自动地为社会福利服务。"④

市场经济的基础是自由交换。工业化之前，社会生产力不发达，社会分工不发达，产品短缺，没有足够多的剩余产品用于交换，人们对市场的需求也有限。工业革命的成功使得西方国家有发达的工艺能力利用自然资源，建立起雄厚的经济基础。

---

① 周宪、许钧：《现代性研究译丛总序》，[英]马丁·阿尔布劳《全球时代：超越现代性之外的国家和社会》，高湘泽、冯玲译，高湘泽校，商务印书馆2001年版，第3页。
② 陈弘毅：《权利的兴起：对几种文明的比较研究》，《外国法译评》1996年第4期，第12页。
③ [美]阿瑟·奥肯：《平等与效率》，王奔洲等译，华夏出版社1999年第2版，第13页。
④ 同上书，第48页。

市场经济的发展导向经济现代化。在现代化国家里,生产力不断提高,物质产品大量增加,人们生活不断富裕,并利用物质财富增进大多数人享受富裕的物质生活,从而有更多精力和时间投入其他层面生活的追求。

"社会需要有市场。"①"从国家统制经济转向市场经济的过程,不仅仅是经济现代化的过程",而且是必然涉及社会政治领域和思想观念的转变,因为在这一过程中必然解决政治权力与市场的切分问题。② 如何对待自由与平等、效率与公平的关系,是否应该对富人多征税等,都是有激烈争论的问题。

在如何对待市场及其竞争问题上,有两种不同的经济学理论:自由市场经济学、凯恩斯主义经济学。自由放任主义主张让自由市场自行其道是更适当而更迅速的方法,将能省去任何由政府运作所造成的效率不彰;主张政府对于民间经济(如价格、生产、消费、产品分发和服务等)的干预越少,将使经济运作更好(更有效率);故反对政府对经济的干涉,反对政府征收除了足以维持和平、治安和财产权以外的税赋。英国经济学家亚当·斯密在其名著《国富论》中提出著名的论断:市场是一只看不见的手,将能指引人们借着争取各自的利益来达成公共的利益,由于赚钱的唯一方法是自愿的交易行为,因此获取他人金钱的唯一方法便是给人们想要的东西。一个人不可能借着向农夫和肉贩诉诸兄弟之情而获得一顿免费晚餐,相反地,一个人必须借着诉诸他人的利益,支付他们劳动的代价才能从他们身上得到东西。自由市场经济学在政治上表现为保守主义。而凯恩斯主义经济学主张国家干预,主张采用扩张性的经济政策,通过增加需求促进经济增长,即扩大政府开支,实行财政赤字,刺激经济,维持繁荣。与凯恩斯主义经济学观点相适应的社会政策是福利国家主义。"社会拒绝把自身变成一架支付一定量钱币便可换取一切东西的巨型售货机",社会还有诸多金钱无法标明的价值,准确地说,它们不能用金钱来购买。③ 由此获得的利益远远超过任何由此付出的经济代价。

---

① [美]阿瑟·奥肯:《平等与效率》,王奔洲等译,华夏出版社1999年第2版,第13页。
② 董正华编著:《世界现代化进程十五讲》,北京大学出版社2009年版,第37页。
③ [美]阿瑟·奥肯:《平等与效率》,王奔洲等译,华夏出版社1999年第2版,第13页。

这两种经济学理论不存在孰优孰劣问题，它们是针对市场经济发展不同阶段的特性所作的各有侧重的解释。在资本主义经济初期，对经济效率的追求被置于最高位置，故强调个体自由、企业自由；而资本主义获得极大发展后，市场经济的缺陷充分暴露，不受约束的市场经济像一匹脱缰野马，锈蚀社会公平，引发新的社会矛盾和冲突，而唯有国家有能力协调不同利益群体之间的重大利益冲突，国家干预在人们的期待中降临。

（二）民主政治

民主，顾名思义，是人民当家做主。从体制上讲，民主政治包括三个基本要素：一是国家主权属于全体国民，所谓天下者，天下人之天下；二是政权与治权相区分；三是公民自觉，国民意识到自己作为政治存在，是权利和义务的主体。在民主政治之中，人是自由的、平等的，享有人权的。

现代使用"民主"一词，包含下列意思："第一，由全体公民按多数裁决程序直接行使决定权的政府形式，通常称为直接民主。第二，公民不是亲自行使政治决定权，而是通过选举推选出代表行使政治决定权，并向选举人负责的形式，称为代议制民主。第三，在以保障全体公民享有某些个人或集体权利为目的的宪法约束范围内，行使多数人权利的政府形式，称为自由民主或立宪民主。第四，任何一种旨在缩小社会经济差别的政治或社会体制，可称为社会民主或经济民主。在19世纪和20世纪，通过普选自由产生的代议制议会，成为民主政体的主要机构。在西方，民主还包括公职竞选、言论和出版自由及法治。"[①] 因此，现代国家深受传媒的影响。传播和交通及其组织融合起来。现代传播工具提供客观而永久的记录；传播信息特别迅速，在事情发生后的数分钟内，传遍全世界；能够使人更广泛地领会没有直接经验的生活方式；甚至还可协调私人之间、区域之间、国际之间的人际关系和生活。因此，现代传播对于人们的思想方式影响极大。

而公民平等，是实行民主政治的前提。"平等是一切人类同胞所具有的权利，这些人同样具有知觉—感情—认识，他们被置于同等条件下：享受与他们的需要相联系的同样的财富，并在任何情况下都不受支配，不受控制。

[①] 《大不列颠百科全书》中文版第11册，（台北）丹青图书有限公司1987年版，第5页。

平等被认为是一切人都可以享受的权利和正义。"①

自从1789年法国大革命提出"自由、平等、博爱"口号以来,人类社会的每一场大变革,都与这三个词所表达的价值相关。卢梭提出人类平等理论,阐明人人平等的唯一理由,就是他们都是人,指出公民平等是人们自然平等的一种形式和必然结果。② 从此,平等逐渐成为人类社会的一种信念、原则、信仰。诚如19世纪法国哲学家皮埃尔·勒鲁指出,平等是现代社会的基础,"现在的社会,无论从哪一方面看,除了平等的信条外,再没有别的基础";甚至可以说,"我们信仰人类平等","平等是一项原则,一种信仰,一个观念,这是关于社会和人类问题的并在今天人类思想上已经形成的唯一真实、正确、合理的原则"。③ 人类对平等的信仰一旦被取消,任何国家都可能唯有专制主义,即某种权力、某种统治才能建立起一种制度。自由是人的生存权利,博爱是人的本性所充满的感情,平等是相亲相爱、互相帮助。这三个词相互联系,不可分割;平等则在其中占据主导地位,只有平等,才能有个人的自由和权利;只有平等,才能有人与人之间的博爱。"权利的分配强调平等,甚至不惜以公正和自由为代价。"④ 应统一地对待人们不同的出身、能力、兴趣和爱好等。"所以政治的目的首先就是在人类中实现自由。使人自由,就是使人生存",让人能够按其思想表现自己;"缺乏自由,那只能是虚无和死亡","人没有自由就不能生存"。皮埃尔强调,如果问他为什么要获得自由,他会回答说"因为我有这个权利;而我之所以有这种权利,乃是因为人与人之间是平等的","人的本性原是平等的"。"我们仍有更充分的理由说,平等是自然万物的萌芽,它出现在不平等之前,但它将会推翻不平等,取代不平等。"平等是人类社会的"准则和理想"。"如果人们不能平等相处,又怎能宣布人人自由呢?如果人们既不能平等,又没有自由,他们又怎么能以兄弟般的情谊相亲相爱呢?"⑤

---

① [法]皮埃尔·勒鲁:《论平等》,王允道译,肖厚德校,商务印书馆1988年版,第272—273页。
② [法]卢梭:《论人类不平等的起源与基础》,高煜译,广西师范大学出版社2009年版。
③ [法]皮埃尔·勒鲁:《论平等》,王允道译,肖厚德校,商务印书馆1988年版,第6、69、68页。
④ [美]阿瑟·奥肯:《平等与效率》,王奔洲等译,华夏出版社1999年版第2版,第8页。
⑤ [法]皮埃尔·勒鲁:《论平等》,王允道译,肖厚德校,商务印书馆1988年版,第12—15页。

皮埃尔·勒鲁认为,"人与人之间的平等,公民之间的平等,这是一个概念的两个不同侧面。……一部分人享有权利,另一部分人却没有权利,这是一种特权制度,这样又确立了人的两种截然不同的种类和状况,并由此会派生出……人们之间的等级和差异";"特权多少不等的各个阶层,彼此重叠,一个压在一个上面,它们时时企图推翻高于自己的阶层,而且为了其自身利益,也时时刻刻压迫着低于它的阶层"。这就产生了各种各样的斗争、对抗,为了从这些等级中的某一个低等级上升到另一个高等级,改善自己的境况和待遇,"这就成为人类活动的目的,因此,引起种种革命"。①"公民不仅是一个表现的人,也是一个与别人建立实际上相对联系的人。"

自由、平等、博爱是一个整体,各个词则反映人性的三个不同侧面。自由是表达人自己的本性之尊严,博爱是表达他或她与他人之间的联系。"博爱是一种以向人们灌输他们的共同起源和团结精神来巩固结社的感情,在结社中人们都是自由和平等的。博爱是一种连结自由(或每个人的权利)和平等(或一切人的权利),并表现出它们实质上的一致性的纽带。"② 自由是人的生存权利,博爱是人的本性所充满的感情,平等是兄弟般的相亲相爱、互相帮助。其中,平等占居着主导地位,只有平等,才能有个人的自由和权利;同样,也只有平等,才能有人与人之间的博爱。这三个词是相互联系、不可分割的;只有当它们结合在一起,才构成一个完整学说。

(三)公民社会

公民是一个政治概念。③ 公民,表示每个人都是政治的存在,是权利和义务的主体。权利不可让渡,不可抛弃;义务不可逃避,不可代替。"每一个人,作为一个人应拥有种种权利,可以确切地说,每个人都潜在地拥有跟其他人同等的权利。"④"要确立政治权利的基础,必须达到人类平等;在此以前则没有权利可言。"

"人类生命就是产生于人和社会的相互共存的认识、感情和知觉:如果

---

① [法]皮埃尔·勒鲁:《论平等》,王允道译,肖厚德校,商务印书馆1988年版,第75页。
② 同上书,第272页。
③ 有观点认为,在中国近代化之前,中国以往的民,是天民,每一个都是作为道德存在;或者说民是子民,是皇帝的下属或附属,不是独立存在之人。
④ [法]皮埃尔·勒鲁:《论平等》,王允道译,肖厚德校,商务印书馆1988年版,第65页。

取消其中一个部分，生命就会停止。""由人到社会，由社会到人之间，存在着一种相互渗透，通过这种渗透，两者互相交融，不断地表现着差别。""人和社会就像我们的身体和照出自己形象的镜子一样，既有差别，又有各自的独立性。""要使人和社会正常存在，人必须在社会里成为一个完整的人。社会也必须成为一个完整的社会。"①

公民社会的核心是民主。民主是按照平等和少数服从多数原则共同管理国家事务的政治制度。在民主体制下，人民拥有超越立法者和政府的最高权力，全体公民直接或通过他们自由选出的代表来行使权力和组成政府履行责任。大众广泛地有效地参与政治、社会决策，公民享有较充分的知情权和自由表达意见的权利；对政府及其官员的问责制，定期地选任高级公务人员。民主化是现代化的题中应有之义，是现代化在政治领域的基本要求和最重要目标。成熟的现代社会必然是民主社会。当然，在世界各国的现代化进程中，也常能看到民主缺失的情形。

（四）个人自由

对于任何人，自由主要是"在自我表现形式下生存的权利、行动的权利、根据基本性别和主要官能而自我发展的权利，而要充分行使这种权利，就一定要摆脱人压迫人、人剥削人的局面"。② 18 世纪法国杰出思想家、资产阶级法学理论的奠基人之一孟德斯鸠指出，自由是要能够行使自己的意志，至少自己相信是在行使自己的意志；"在一个有法律的社会里，自由仅仅是：一个人能够做他应该做的事情，而不被强迫去做他不应该做的事情"。或者说，"自由是做法律所许可的一切事情的权利"。③

个人自由，在西方也称个人主义或个体原则，是指尊重个人、尊重个性、尊重个体的意思。个体既可以指自然人个人，也包含团体、国家。"每一个人各有他的性向、兴趣、才能；每一个团体和机关部门各有它的职责和工作目标，每一件事情和它的性质，都应该顺着性质的不同，来完成它自己的本性。一方面，它不受干扰、不受限制，可以自由发展；另一方面它也不

---

① ［法］皮埃尔·勒鲁：《论平等》，王允道、肖厚德校，商务印书馆 1988 年版，第 103 页。
② 同上书，第 272 页。
③ 孟德斯鸠：《论法的精神》（上册），张雁深译，商务印书馆 1982 年版，第 188、154 页。

能违背自己的本分，不能逾分，不能越轨"，从而"各归自己、各当其他、各尽其性、各得其所"。① 人们享有迁徙自由。人口由乡村迁徙到都市，是现代最为显著的自然现象。剩余劳动力大量由农村及小城镇移入城市，三分之二以上的人口生活在都市。人们生活有更多的选择和机会。儿童能够期待较长寿命和幸福生活；人们有更多的机会学习技能和发展才智，人类享受到更多个人生活的方便和服务，产品、收入和职业的增加使得人们在时间安排、工作选择、游戏等方面享有更多选择。而免于疾病、教育普及、个人生活方便的增加、职业选择自由等是科学和工艺发展的结果，同时又成为科学和工艺变迁的基础。

当然，都市人口膨胀、生活期望提高，使生活趋向复杂化。一方面，现代人常常仅注意职业及直接的家庭关系，很难与其他阶级、阶层和团体的人融合。另一方面，许多人在现代环境中适应困难，因为他们缺乏资源去发现有意义的个人生活。个人很难找到完全适合的制度、风俗、习惯、明确而适当的社会职责及形态。

个体自由使得社会上每个成员的生命力得以施展和发挥。

(五) 多元化

多元化，又称多元主义或多样化，是指承认对同一问题持有多种价值观。社会是由多元的社会群体和个人构成。社会成员对某些社会价值和规范的共同取向，或者因为所受经济条件和其他社会环境相同或相似而有共同价值取向，形成特定族群。世界之所以多元是因为人与人之间、不同事物之间，不同价值之间存在差异性，而且很多时候这种差异性无法得到统一。人类社会中，不同价值能够共存，不存在某种特定的价值在任何时候都始终且永远地优先于其他价值之价值。

"在一个有活力的社会中，各种关系的网络必须建立在人的动机和人的利益的广阔基础上。物质所得（在绝大部分情况下）是推动经济活动的众多动机之一"，所以"经济仅仅是社会一个方面"，并且必须被"嵌入"社会之中；社会中还有其他关系，有安排人们相互关系的其他机制。② 这些多

---

① 蔡仁厚：《儒家思想的现代意义》，（台北）文津出版社1987年版，第8页。
② ［美］阿瑟·奥肯：《平等与效率》，王奔洲等译，华夏出版社1999年第2版，第12—14页。

样化的机制把社会联结在一起。现代化社会,一定是自由开放的社会,承认多元的价值,使社会各方面都能够依着其个性而获得存在及发展。人与人之间,彼此相通而不相疑。

应当承认,多元主义是平和的、善良的,具有更大亲和力与包容性。20世纪以来,价值多元化是现代化行进中非常突出的现象,它为"人的自由而全面的发展"提供了重要平台。

关于世界各文明、各个国家和民族,能否开展独具自身特色的现代化,是有争议的问题。西方学术界有一种普遍观点,它站在西方中心的立场来审视现代化,认为,"由启蒙运动导引的西方现代化是人类文明中绝无仅有的现代性",将席卷西方以外各地区。[1] 这种唯以西方甚至美国马首是瞻的现代化论,虽符合迄今为止人类社会实践的事实,但肯定并非符合人类现代化的全部。与之稍有不同的另一种观点则是"轴心文明"的设想,[2] 它将世界各大文明视为轴心文明,认为南亚、东亚、中东及希腊,大约在公元7世纪都出现了全面深入批判人的现实世界的"突破性"的思潮,以及经济、政治、社会和文化各层面的大变革。[3] 而现代化是否标志人类进入了第二个轴心文明时代?其中,有人认为,只有基督教能够在现代化中脱颖而出,并在现代化中扮演积极角色,[4] 而且判定儒家的"突破性"最弱。[5] 杜维明主张,即使"东亚、东南亚、南亚、拉丁美洲和非洲各地都应发展出各具文化特色

---

[1] 杜维明:《轴心文明与多元现代性》,刘述先主编《中国思潮与外来文化》(第三届国际汉学会议论文集·思想组),"中研院"中国文哲研究所2002年版,第39页。

[2] "轴心文明"的设想,最早由德国思想家耶斯伯士(Karl Jaspers,1883—1969)于20世纪40年代提出,他认为大约公元前800年至公元前200年为轴心时代。1975年春季,美国文理学院学报《代达罗斯》(Daekalus)出版专刊,讨论"轴心文明"课题。此后这一概念在欧美学术界,特别是比较宗教及跨文化研究领域,已是司空见惯的术语。引自杜维明《轴心文明与多元现代性》,刘述先主编《中国思潮与外来文化》(第三届国际汉学会议论文集·思想组),"中研院"中国文哲研究所2002年版,第35—36页。

[3] 杜维明:《轴心文明与多元现代性》,刘述先主编《中国思潮与外来文化》(第三届国际汉学会议论文集·思想组),"中研院"中国文哲研究所2002年版,第36页。

[4] Robert N. Bellah, "Religious Evolution", in Beyond Belief, *Essays on Religion in A Post-traditional World*, New York: Harper & Row, 1970, pp. 32 - 33, 转引自杜维明《轴心文明与多元现代性》,刘述先主编《中国思潮与外来文化》(第三届国际汉学会议论文集·思想组),"中研院"中国文哲研究所2002年版,第36页。

[5] 杜维明:《轴心文明与多元现代性》,刘述先主编《中国思潮与外来文化》(第三届国际汉学会议论文集·思想组),"中研院"中国文哲研究所2002年版,第37页。

的现代性",建构"和而不同"的大同世界,也无法绕过轴心文明重新建构多元现代性的阶段。① 持轴心文明观点者,自以为其有霸权论说的危险,但轴心文明是多元多样的。② 还有主张多元现代性的观点。有人因担忧现代化导致的"铁笼",而批判现代性的观点。

四 现代化的模式与多元性

现代化模式,不应该仅有一种。从人类近代之前的实践看,各地区、各民族形成了各自独特的文明,这些文明彼此交流不多,相互影响少。因此,若说现代化只有欧美国家创设的一种模式,不合乎逻辑,尽管人类迄今已有的现代化实践只有欧美模式一种。若说现代化模式仅有唯一一种,岂不意味着人类的发展道路"越走越窄"了?这不符合人类整体的长远利益。因为只有多元,才可能丰富,才有更多可选择性。

(一)现代化的模式类型

现代化模式可以划分为两大类:早发内生型模式、后发外生型模式。

1. 早发内生型模式

早发内生型现代化,是指现代性因素产生于内部,而非借助外来力量启动的现代化。这种现代化模式具有三个方面突出特点:一是自发性,这些国家现代化早期阶段,至多仅具有一些模糊的价值取向,既没有明确的现代化目标,也没有完整的现代化纲领;二是渐进性,其现代化过程相对是渐进式地、缓和地进行的,尽管国家也经历革命性变革;三是自下而上式的,先由民间开始,并由民间主导,政府作用有限。③ 英国、法国、美国等属于此种类型。

2. 后发外生型模式

后发外生型现代化,是指社会现代化不是自身社会内部现代性因素不断累积之结果,而是有意识地积极回应外部现代性威胁或挑战而不得不为之的

---

① 杜维明:《轴心文明与多元现代性》,刘述先主编《中国思潮与外来文化》(第三届国际汉学会议论文集·思想组),"中研院"中国文哲研究所2002年版,第40页。

② 同上书,第37页。

③ 参见孙立平《后发外生型现代化模式剖析》,中国社会科学杂志社《中国社会科学文丛·社会学卷》上册,中国政法大学出版社2005年版,第277—278页。

趋向现代化的改革过程。除英、美、法等早期现代化国家以外，其他国家和地区的现代化几乎都属于这一类型。该类模式国家的现代化具有下列突出特点：一是起始时间明确，往往可具体到某届政府；二是本国与先行现代化的国家之间存在巨大发展差距，本国人民物质生活相当贫困；三是目标明确，政府、人民自觉将现代化作为摆脱落后、实现生存和发展的重要手段，政府是现代化的组织者和主要推动者。所以，后发外生型现代化国家在推行现代化之初，往往伴随着深刻的政治变革。中国的现代化，当然属于"后来者"，故迫切需要了解"先行者""同行者"如何推进其现代化，以便为自身现代化提供更多借鉴。

某种现代化模式不可能具有唯一性。有观点主张现代化模式存在成功模式与失败模式之别。[①] 笔者则以为，一国或地区在推进现代化过程中，某个时期在某些方面或领域改革的受挫或不顺，不宜称之为现代化的"失败"。社会进步有时是勇往直前式的，有时则是迂回曲折式的。评价现代化程度或效果，应当观其长远，尽可能客观。

(二) 现代化的普遍性与特殊性

在不同国家或地区现代化过程中，现代化一定具有普遍性，即现代性的基本特征、现代化的演进方向是基本一致的。如此，"后来者"仿效借鉴"先行者"经验教训才有可能，也才能有"世界现代化"。特殊性，是指不同国家或地区因其历史传统、文化环境及国情不同，推进现代化的路径具有多样性。

充分了解其他国家或地区的现代化模式，才能借鉴其成功经验，避免重蹈其失败覆辙。成功地进行现代化的国家都有下列共同点：其一，善于借鉴他国的制度、经验和教训，并按照自己国情进行改造、创新，形成一套适合自身历史传统和现实国情的独特发展模式。其二，妥善处理传统与现代之间的关系。在现代化浪潮之前，正视传统中的不足，对传统实行改造，去其糟粕，留其精华，特别是通过挖掘传统中现代性因素来推动现代化。这是必然选择。其三，大力推进以工业化为核心的经济发展，提升综合国力，以此作

[①] 刘金源：《现代化：纵横交错的世界图景——读钱乘旦主编多卷本〈世界现代化历程〉》，《光明日报》2010年3月20日第6版。

为政治和社会转型的基础。其四，正视现代化过程中产生的各种矛盾和冲突，尽可能通过协商、改良方式在内部实现自我化解。其五，抓住一切有利国际机遇，利用自身优势在一两个领域快速脱颖而出。①

五 人的现代化和社会现代化

现代人是从原来历史中诞生出来的一代新人，他们接受了祖先的教诲，但是，他们不照着他们祖先的意志推论！他们感到自己不仅是出生地国家的公民，而且是这个国家的主人翁。他们的头脑中装着人这个头衔、有关人的权利！② 而社会所有发展的主要目的，是使所有人能够获得适当的生活水平。

（一）什么是现代人

现代人，首先是人。他们是人，这种资格表明了一切。"在过去，人总是被一些别的资格所掩盖，而今，人的资格则是首要的。"③

> 古人无法设想一个没有主人、没有奴隶、没有教士、没有贵族和没有国王的社会。……现代人……认为自己就是自己的主人。他们觉得自己就是自己的贵族，自己就是国王。正因为这样，他们才成其为人。……他们既非国王，亦非臣民，他们是人……人，这种资格在他们眼里表明了一切。任何东西都不能限制和束缚这种资格。它适用于各个时代、各个地点以及所有的世世代代和所有的民族。④

1. 现代人是独立的人

现代人是一个个独立的个体，不属于任何人。既不依附他人，又不是他人的依附。在此之前，人从来没有如此完完全全地做人！

2. 现代人是平等之人

平等可以理解为每个人对自己个人的、个体的和自私的感情，同时又最

---

① 参见刘金源《现代化：纵横交错的世界图景——读钱乘旦主编多卷本〈世界现代化历程〉》，《光明日报》2010 年 3 月 20 日第 6 版。
② 参见［法］皮埃尔·勒鲁《论平等》，王允道、肖厚德校，商务印书馆 1988 年版，第 253 页。
③ ［法］皮埃尔·勒鲁：《论平等》，王允道、肖厚德校，商务印书馆 1988 年版，第 254 页。
④ 同上。

积极肯定地承认他人的权利。换言之，一个人以他作为人而享有权利，同样承认具有人的资格的其他人享有相同的权利。

3. 现代人具有新的情怀：把人类视为一个整体

"一个人，若不和其他人一道组成社会，则无法获得精神、道德、物质上的生存。"① 到了现代，人类第一次意识到过去被分割成许许多多小溪一样的所有民族和居住在世界各地的人们，是一个整体，每个民族或国家只是组成这个伟大整体的一部分。

4. 现代人的特质

"人类必须在思想、感情和行动方面有所改变，才能称得上是真正的现代人。"② 依美国加州大学社会学教授阿历克斯·英格尔斯（Alex Inkeles）博士的定义，现代人须具有区别于传统人的相应品质。

（1）具有"愿意接受新经验，乐于更新和变迁"的心灵状态、心理特质和内在意愿。③ 比较而言，传统人墨守成规，比较不能够接受新观念、新感情、新行为。

（2）在意见方面，一个现代人不仅对于直接环境，同时对于较为广阔环境中的问题，能够形成意见，提出主张。越是传统社会的人，所感兴趣的事情越少，而且大多数偏向对直接环境中的事物；即使他们对其他事情有所主张，在表达时也更加慎重。换言之，一个人的意见愈民主，其人就愈现代化。民主注意到歧异意见，现代人承认这种意见的差异，不怕它损害自己的意见，不将社会地位高低作为去考虑接受或排拒他人意见的判断标准。

（3）现代人的品质中，有关时间方面的，越是趋向于现在及将来的，越是现代化，具有有计划地、有组织地处理生活事务的能力和方式。守时、规律及处理事务井井有条的，更为现代化。

（4）讲究效能。现代人相信个人能够从事学习，控制环境，实现其目标，达到其目的，而不为环境所控制。

（5）可靠性。现代人相信其环境是可依赖的，环境中的人们或组织能

---

① [法]皮埃尔·勒鲁：《论平等》，王允道、肖厚德校，商务印书馆1988年版，第259—260页。
② [美]阿历克斯·英格尔斯（Alex Inkeles）：《人类的现代化》，[美]威纳尔编《现代化》，林清江译，（台北）商务印书馆1978年第6版，第76页。
③ 同上书，第77页。

够履行其义务和责任。相信人类的约束形成的规律的世界，不相信命运，不依赖个人特殊品质决定事物。

（6）尊严。越是现代人，越能够顾及他人的尊严，尊重他人。

（7）对科学及工艺有更大的信心。

（8）现代人赞同公平分配原则。根据贡献而不是其他标准来决定报酬。①

诚然，关于什么是现代人，形成现代人的因素是哪些？答案并不统一，主要有三方面理由。"第一，人类由传统品质转变为现代人品质，常需要放弃渊源悠久的思想和情感方式；如此一来，似乎也放弃了原则本身。其次，形成'现代人'品质，常常不是人人具有的中性特征，而是欧洲人、美国人，或西方人的特征。他们驱使他人符合这种形式。第三，许多现代化的特征，不适合接受者的生活及环境。"② 有趣的是，对于"现代人"与"传统人"的区别，各方面的意见是相似或接近的。

（二）人的现代化与社会现代化之关系

现代化，是由现代人及其所置身的外部社会环境现代化两方面共同构成的。以人本身而言，所谓现代人，其态度、价值观、情感是具有现代特质的；从有关环境方面而言，现代化的外部环境可以归纳为都市化、教育普及、大众传播、工业化、政治化，这些因素都是影响现代人的环境特征。

每个人都有个性和共性，而人的特质就是理性。"理性乃是社会化和尊重他人行为的源泉。"人性是个性和社会性的混合，个性体现为个人主义倾向，社会性体现为集体主义倾向，尽管这两种成分在其个人生活的各个阶段并非同时发生作用或者并非同时发生等量的作用。个性是每个个人都有实现自我和发展个人的冲动，驱使其从事那些旨在发展其能力和促进其个人幸福的有目的之活动。同时，人仅凭其个人努力，无力实现他所珍视的价值。"人需要社会交往，因为它使其生活具有意义，使其避免陷于孤寂之中"；

---

① 阿历克斯·英格尔斯把现代人品质的区分为九种。笔者合并了阿历克斯·英格尔斯的观点中第三种品质（时间性）和第四种品质（计划性）。参见［美］阿历克斯·英格尔斯《人类的现代化》，［美］威纳尔编《现代化》，林清江译，（台北）商务印书馆1978年第6版，第77—79页。

② ［美］阿历克斯·英格尔斯：《人类的现代化》，［美］威纳尔编《现代化》，林清江译，（台北）商务印书馆1978年第6版，第75页。

追求安全的欲望促使人类去寻求公共保护，以抵制对一个人的生命、肢体、名誉和财产所为的非法侵犯；在现代社会，还要求公共帮助。同时，人是理性的动物，有一种与生俱来的理性能力，能够使个人在自我之外构设自己，并意识到合作及联合努力的必要。没有这种理性能力，人就将在非理性的、自私自利抑或受本能支配的大旋涡中茫然失措。①"人性并不是一系列稳固确定的、自相一致的特征，而是一些经常发生冲突的基本倾向。这些倾向所取的发展方向和它们于个人生活中的能动力量，会因伦理教育和行为限制而受到决定性的影响。"②

现代化的一个必要条件，是适应每年都在变化的环境。这意味着，既要适应革新的事物，又要指引个人和国家的发展。例如，某些职业、专业、工业有在短期内遭淘汰的压力，如果没有广泛的教育基础和个人的学习能力，职业的转移就很困难。个人的才智一定要配合职业的需要，才有发展的机会。增加国家生产力的革新，对多数人而言，是个新机遇，但对某些个人也可能是伤害、灾害。

六 中国现代化的共识与争议："西化"与"现代化"之论争

中国历史走到近代，必须经历一场近代化历程，即主要由农业社会迈向工商业化社会的过程。从19世纪后期开始，中国认识到，不现代化，就不可能生存于现代世界，甚至自取灭亡。迄今为止的现代化努力，已经历了四个阶段：第一阶段，从1840年第一次鸦片战争后先进分子开始寻求真理至19世纪末戊戌政变失败；第二阶段，从辛亥革命、民国成立到1949年；第三阶段，从1949年至1978年；第四阶段，从1978年实行改革开放以后至今。③从始至今，中国面临的最重大问题就是如何现代化。要现代化，就"不可能完整地、一丝不动地保持几千年传统的那一套思想、学问、知识或

---

① [美]埃德加·博登海默：《法理学：法律哲学与法律方法》，邓正来译，中国政法大学出版社1999年版，作者致中文版前言，第6—8页。
② 同上书，第8页。
③ 此粗略归纳是参照了下列研究成果：中国社会科学院资中筠在《中国现代化的后发困境》一书中主张中国现代化努力从19世纪中叶开始迄今已有4次；杨振宁、饶宗颐等编著：《中国文化与科学——人文讲演录》，江苏教育出版社2003年版，第54—55页。

各种理论,也不可能再在中国古代传统里边生活了"。① 因此,在中国现代化过程中,始终伴随着"中学与西学之争"这个最重大的文化和思想困扰。换言之,是"内生现代化"还是"移植现代化"？所谓中学,是指中国几千年留传下来的传统文化,包括思想体系、意识形态和政治社会制度；西学则是指1840年鸦片战争以后从西方传入中国的各种思想、文化、知识、价值观、科学技术和政治社会制度。要了解中国现在面临的问题及主要矛盾,欲看清未来应当走的路线,最简捷有效的路径,是深刻反省至少170年左右的中国近代史。

(一)"西化"与现代化的释义

"西化"与"现代化"是两个联系密切的概念。"西化"(westernization)或"西方化",是指向欧美以外的地区学习西方文化或者接受西方文化的影响之现象或过程；西方化可能是指西方文明完全取代各种本土文化。据劳思光先生考察,在日本和中国开始接触西方文化的时候,"西化"一词常出现在各种文献中,出现频率远高于"现代化"一词。②

与"西化"概念相关联的词语还有"西洋""西学""西俗",等等。从晚清开始,中国学习西方文化时,习惯于将欧美文化称为"西洋文化",流行"西化"概念。事实上,当时的日本也如此。"现代化"是后来才逐渐流行的词语。

中国晚清开始学习西方文化时,并无"现代化"或"现代文化"之概念,而仅仅意识到中西方之差异或对立。③ "从十九世纪中叶,中国的封建主义文化与西方的资本主义文化形态之间产生了鲜明的文化势差,前者腐朽与封闭,后者先进与开放"。④

但是,渐渐地,随着学习借鉴西方经验的实践发展,开始产生"西化"与"现代化"的争议,且分歧越来越大。一种观点认为,现代化基本上是

---

① 何兆武:《中学与西学》,费孝通、[法]德里达等编《中国文化与全球化——人文讲演录》,江苏教育出版社2003年版,第175页。
② 劳思光:《远景与虚境——论中国现代化问题与后现代思潮》,刘述先主编《中国思潮与外来文化》(第三届国际汉学会议论文集·思想组),"中研院"中国文哲研究所2002年版,第2页。
③ 同上书,第3页。
④ 刘可:《清末西学输入与中国的现代化》,许启贤、黄晋凯等主编《传统文化与现代化》,中国人民大学出版社1987年版,第307页。

全盘西化。按照这种观点，中国传统文化——儒家文化中，"不具备通过自我更新、自我调节而产生现代文化的否定性因素"，中华民族在心理上又以"天朝上国"自居，盲目排斥异质文化的进步影响。① 另一种意见则不同，认为可以将学习追赶西方科技、经济发展速度及其成就，与社会管理制度、核心文化价值体系作适度分离，如果说前者是相同的，后者可以是相异的。

刘旺洪认为，"随着资本主义国家对外经济扩张、军事侵略和文化渗透，欧美先进的近现代法制理念和制度开始向全球传播，在相当长的时期里，'西方化'就成了现代化的名词，学习和效法西方成为第三世界国家推动本国现代化的重要价值追求。20 世纪 60—70 年代以来，随着世界民族运动的发展，大部分殖民地国家逐渐脱离了西方殖民统治，开始寻求自己的现代化之路"。②

人们在说"西化"时与说"现代化"时所透露出来的现代性和现代文化的基本态度有着显著区别。由于"西化"不仅仅是非西方国家按照自己特殊的生活方式选择适用西方的某些思想和技术，而且可能使西方文化价值观取代本土文化成为主流，所以，对"西化"的争议从一开始就极大。至今，中国主流意识形态都不认同"西化"。从 20 世纪 30 年代开始，中国官方开始使用"现代化"一词，并提倡"现代化"；逐渐地，实现现代化成为中国社会的共识。

（二）从"西化"到"现代化"之演变：兼及"西化"与"现代化"之争

中国从晚清开始现代化。早期的现代化努力，范围涉及军事、文化、政治、经济、教育、思想、科学、技术等方面。③ 从晚清时期开始学习西方时，中国只想学习西方的科学与技术，并无"现代化"或"现代文明"的概念。何兆武认为，从思想或文化的角度考虑，近代一百余年来，中国的问题很可能就是中国始终没有妥善处理好自己与外界特别是与西方的关系，不是自高

---

① 刘可：《清末西学输入与中国的现代化》，许启贤、黄晋凯等主编《传统文化与现代化》，中国人民大学出版社 1987 年版，第 307 页。
② 刘旺洪主编：《比较法制现代化研究》，法律出版社 2009 年版，前言，第 2 页。
③ 苏云峰：《从理论到实际：清季现代化运动的面面观》，"中研院"近代史研究所编《中国现代化论文集》，"中研院"近代史研究所 1991 年版，第 40 页。

自大就是自卑，心态总是在不正常的两极之间摇摆，盲目排外或者崇洋媚外。假如能够把这个关系摆好，近代许多的曲折和痛苦的经验有可能避免。他表示，某种情况偶然在某个国家出现，并不意味着这种学问是天生注定属于某一个民族的特质，而不适宜于别的民族。①

1. 从晚清"中体西用"到"五四"提倡"民主"与"科学"

借用中国台湾学者劳思光等人的研究，这个时期的现代化努力，可以概括为三个阶段，即洋务运务时期、改制运动时期、五四运动时期。②

（1）洋务运动是中国走向现代化的开端。1840年鸦片战争以后，中国面临内外双重危机，国内吏治腐败，官逼民反，局部战乱不断；外国传教士、商人等在其本国政府洋枪洋炮的保护下，迫害中国的信仰，掠夺中国的财富。至19世纪60年代，这种情势发展到极点。中国朝野知识分子纷纷要求自强救亡：对内实行内治，整肃吏治、财政等弊端；对外即所谓洋务。③深知西方国家"船坚炮利"的厉害，认为洋人确有可学之处，清政府于1864—1895年间推行洋务运动，要学习西方国家的军事技术，以摆脱其军事压力。当时官方推行洋务运动的指导思想是"习夷长技"和"以夷制夷"，"重点在外交与军事工业，教育方面只注重培养与军事工业有关的基层科技人才，及与外交有关的翻译人才而已"。④故洋务运动是以制夷为目的。⑤

---

① 何兆武：《谈中学与西学》，费孝通、[法]德里达等编《中国文化与全球化——人文讲演录》，江苏教育出版社2003年版，第169—171、178页。

② 劳思光：《中国文化路向问题的新检讨》，东大图书公司1993年版。转引自劳思光《远景与虚境——论中国现代化问题与后现代思潮》，刘述先主编《中国思潮与外来文化》（第三届国际汉学会议论文集·思想组），"中研院"中国文哲研究所2002年版，第7页。

③ 石锦：《清末自强观的内容、分野及其演变——1840—1859》，石锦《中国近代社会研究》，（台北）李敖出版社1990年版，第258—259页。

④ 苏云峰：《从理论到实际：清季现代化运动的面面观》，"中研院"近代史研究所编《中国现代化论文集》，"中研院"近代史研究所1991年版，第40页。

⑤ 当时的中国，对于洋务的主张不一。一是认为当时的英法美诸国仍为文化低落的蛮夷者，从根本上否定有"兴洋务以对外"的必要。二是主张洋务，他们虽不承认西洋文化优于中华，但仍认为洋人确有可学之处。在主张洋务的人士中，又有三类方案：方案之一，认谓自强以内治为本，当务之急亦在内治，安内即所以攘外；方案之二认为自强以内治为本，洋务为末。然而迫于时势，乃重点于洋务。方案之三虽主张内治为本、洋务为末，但二者应同时举办，双管齐下。引自石锦《清末自强观的内容、分野及其演变——1840—1859》，石锦《中国近代社会研究》，（台北）李敖出版社1990年版，第259—267页。

当时的中国，尚未意识到现代化问题。从文化层面观察，当时国人仅意识到中西文化的差异甚至对立。一般知识分子只注意到提倡"西学"。换言之，当时仅从地域观念上看待外来文化的冲击，就中西两方面来立论，并未意识到社会历史阶段的分割。"中国人当时既未了解这个冲击中国文化的外来文化实在代表一种文化史的阶段，自然不能正视所谓'现代化'及'现代性'了。于是，洋务运动虽在实际上是中国走向现代化的开端，但是，清末的中国人普遍地只看见中西之异，而不见传统与现代之别"。① 正因为如此，当时中国人心目中只有"西化"或"西学"问题，即使饱学之士张之洞也认为"今欲强中国，存中学，不得不讲西学"，才会谈"中体西用"，将"西学"作为寻求中国社会进步的工具而已。

洋务运动的失败，使国人渐渐认识到仅仅学习西方的技术成果，收效极微。中国学习了西方的技术后，社会变化不大。于是，社会上出现了进一步改革制度和思想观念的要求。到民国初年，讲求部分意义的"西化"扩大为全面意义的文化改造。

关于清代现代化运动，与日本相比较，可谓是失败的。② 根据中国台湾学者苏云峰的研究，失败原因可归结为如下8个方面。第一，中国幅员辽阔，政府能力不足。在列强联合侵扰与压迫下，清政府疲于奔命，难以作出妥善的应变措施。第二，以慈禧太后为首的顽固派的反对与阻碍，使洋务派无决策权。后期，虽然地方督抚张之洞等人有一些影响力，但都须小心翼翼地观察中央旨意。第三，保守思想、传统制度的阻碍。官僚主义横行，企业衙门化、贪污、浪费、因循守旧、推诿、不学无术、夜郎自大、税制腐败等。第四，财政困难。缺乏资金从事行政改革以兴经济投资。第五，现代化领导阶层自身的现代化知识不足，对西方认识不深，拟订的现代化政策不正确，现代化程序错误。第六，教育制度改革太迟。受科举时文之害，未能大规模培养现代人才，所学到的仅及西学之皮毛而不及根本。第七，政治独

---

① 劳思光：《远景与虚境——论中国现代化问题与后现代思潮》，刘述先主编《中国思潮与外来文化》（第三届国际汉学会议论文集·思想组），"中研院"中国文哲研究所2002年版，第3页。

② 日本和中国同在1860年开始学习西方。日本当时以天皇为领导核心，说维新就倾全力维新，社会矛盾不大，未曾发生"革命"，快速地完成工商业化，在经历帝国主义之后，也快速地民主化，成为世界上引人瞩目的经济大国。

裁、思想专制，未能容纳留学归国者带回来的专长与价值观念。第八，外国顾问多数素质不良，既不了解中国，也非诚心诚意帮助中国，只顾自己及本国利益，以致未能将现代科技传输给中国。[1]

（2）"改制运动"。这个时期转而开始寻求制度层面的现代化。现代化指导思想是"中体西用"，改革范围扩大到政治制度、轻重工业、经济贸易及教育文化等层面。康有为讲"自强"之学，他意识到，只学技术，不可能成功，不能达成"自强"的目的，因为国人原先学习的西方技术文化，事实上有其制度层面的基础，故康有为主张学习制度，要改革中国的政治制度。不过，在价值观念上，康有为仍是坚持中国传统的。

这个时期的现代化政策，与第一个时期相比，"采用更开放的态度，故所引起的政治社会紧张，亦比第一个时期更高"。[2] 戊戌变法、立宪运动，都是政治现代化的努力，是与洋务运动相连续的过程。

到了孙中山先生革命时，他较彻底地主张民主政治，明确提出了"民权"口号。但是，有人以为，孙中山虽然在政治实践上是革命领袖，但其对自由主义及代议政府的理论根据及其精神取向并无深刻了解，在思想上，仍属于改制阶段的代表人物。[3]

进入改制阶段，是要放弃旧体制或旧秩序，建立新的社会机制。这种全面系统的改革，是大破大立，必须进行观念大改革，必须有观念和信念的动力。仅仅是"应付需要"，缺乏正面的新观念基础，是无法创建新的社会整合。革命行为虽可初步造成新社会，但要有新整合，必须进入思想观念大改革。

（3）新文化运动。新文化运动是中国近代史上的思想解放运动。在北洋政府执政统治时期，军阀势力利用封建传统思想禁锢人们的头脑，推崇作为封建专制制度精神支柱的孔孟之道，借以维持自己的统治。严酷的现实引发当时先进分子的反思。他们认为，辛亥革命由于忽视了思想文化战线上反

---

[1] 苏云峰：《从理论到实际：清季现代化运动的面面观》，"中研院"近代史研究所编《中国现代化论文集》，"中研院"近代史研究所1991年版，第41页。

[2] 同上书，第40页。

[3] 劳思光：《远景与虑境——论中国现代化问题与后现代思潮》，刘述先主编《中国思潮与外来文化》（第三届国际汉学会议论文集·思想组），"中研院"中国文哲研究所2002年版，第8页。

对封建主义的斗争，致使革命的成果遭到严重破坏；欲完成改造社会的历史使命，必须"冲决过去历史之网罗，破坏陈腐学说之囹圄"。陈独秀认为，"中国的辛亥革命之所以失败，就是在于中国缺乏像西欧那样的从文艺复兴到启蒙运动的思想革命。没有，就要补上；不补上，革命就不能成功；成功了，也不能巩固"。[①] 1915 年 9 月，陈独秀在上海创办《青年杂志》（1916 年起改名《新青年》），标志着新文化运动的兴起，启蒙思想家陈独秀、李大钊、胡适、鲁迅、吴虞、钱玄同、刘半农、易白沙等是《新青年》的主要撰稿人。随后，《每周评论》《晨报》《京报》等报刊积极提倡新文化、新思想。新文化运动的基本口号是民主和科学。提倡民主，就是反对封建专制，要求平等自由，争取实现西方式立宪共和制；提倡科学，就是反对迷信和盲从，介绍科学知识，主张以科学法则判断一切。中国的启蒙思想家们认为，只有民主和科学才能"救治中国政治上、道德上、学术上、思想上一切的黑暗"。

新文化运动标志中国人民的新觉醒。这是一场向西方寻找真理的运动，它提倡资本主义新文化，反对封建主义旧文化的斗争。不仅要求学习西方的"坚船利炮"，学习西方的政治制度，而且要求学习西方的文化思想、伦理道德，即意识形态的一切领域。[②] 从政治思想、伦理道德、科学、文学、艺术、教育各个方面，猛烈轰击"孔家店"，对蒙昧主义进行坚决斗争，使广大青年从沿袭数千年的孔孟教条束缚中解脱出来。但是，当时的中国，是半殖民地半封建社会，十分落后；西方列强反对中国发展资本主义，故资本主义发展不充分。受经济政治条件限制，中国的资产阶级带有先天软弱性，力量不够强大。入侵中国的西方列强也绝不允许中国建立资产阶级专政的资本主义社会。因此，启蒙思想家们的主张并不能够立即在中国实现。然而，这场运动毕竟打破了长期禁锢人民思想的封建牢笼，震动了中国的思想界，启发了人民群众的民主主义觉悟，冲击了统治中国两千多年的封建专制制度和传统观念，为适合中国社会需要的新思潮传播开辟了道路。

[①] 彭明：《"五四"新文化运动的反思》，许启贤、黄晋凯等主编《传统文化与现代化》，中国人民大学出版社 1987 年版，第 342 页。

[②] 同上书，第 341 页。

(4)"五四"运动。1919年5月4日,在北京爆发中国人民彻底反对帝国主义、封建主义的爱国运动,史称"五四运动"。"五四"运动是中国旧民主主义革命转入新民主主义革命的转折点。

1919年1月,第一次世界大战的战胜国在巴黎召开"和平会议"(即"巴黎和会")。中国作为"战胜国"之一,派出了5人代表团出席巴黎和会。在全国人民舆论的压力下,中国代表团向和会提出了几项合情合理的正当要求:第一,取消外国在中国的某些特权,即废除势力范围,撤退外国军警,裁退外国邮政电报机关,撤销领事裁判权,归还租借地,归还租界,关税自主。第二,取消日本帝国主义同袁世凯订立的企图灭亡中国的"二十一条"。第三,归还在第一次世界大战期间被日本抢占的德国在山东侵占的各项权益,将胶州湾租界地、胶济铁路及其他权益直接归还中国。但是,操纵巴黎和会的列强以种种荒谬理由拒绝中国提出的维护国家领土主权的正义要求。原先被德国在山东强占的领土、铁路、矿山及其他一切特权,都归日本继承。

巴黎和会上中国外交失败的消息传到国内,群情激愤,中国人的怒火爆发了。5月3日晚,北京大学等十几所学校学生代表千余人,聚集在北京大学法科礼堂,作出4条决定:一、联合各界一致斗争;二、急电参加巴黎和会的中国代表,坚持拒签和约;三、通电各省于5月7日举行示威游行;四、定于5月4日齐集天安门举行学界大示威。

5月4日下午,数千人在天安门前集会,游行示威。高呼"外争国权,内惩国贼"等口号,要求政府拒绝在和约上签字,惩办亲日派官僚曹汝霖(签订"二十一条"时的外交次长,时任交通总长)、陆宗舆(签订"二十一条"时任驻日公使,时任币制局总裁)和章宗祥(时任驻日公使)。北京国民政府出动武装军警镇压。为抗议政府镇压和营救被捕学生,从5月5日起,北京各大专学校的学生实行总罢课。北京学生的爱国活动得到同情和支持,商人罢市、工人罢工,且罢市罢工风潮遍及各地城镇,发展成为全国性的反帝爱国运动。在全国人民的强大压力下,北京政府被迫于6月7日释放被捕学生;于10日罢免亲日派卖国贼曹汝霖、陆宗舆、章宗祥三人的职务。这是"五四"运动的初步胜利。其后,为促成拒绝在和约上签字,北京大学教授陈独秀、高一涵等人继续努力,各地学生团体和社会知名人士等纷纷响应。中国代表团未出席巴黎和会在28日举行的和约签字仪式。"五四"运动所提出的直接斗争目标基本实现。

"五四"运动不仅直接推进了知识界的普遍现代化，而且唤醒了中国社会各种利益集团，大家或多或少地察觉到中国要进入一个新的历史发展阶段。"五四"运动时期，中国社会结构并未改变，传统家族社会在结构上未彻底改变，但可以看到，传统政治秩序已不能重生，传统小农经济及手工业机制在以租界为中心的外来经济势力的冲击下渐渐趋弱。除了少数守旧分子以外，大家都在谈"进步"或"改良"。

"五四"运动以后，"现代化"渐渐成为中国社会的共识。

2. 从新民主主义到"社会主义现代化"

北伐战争后，中国爆发第一次国内革命战争。国民政府在经济上推行工业化，曾兴建了一些工业建设，推行"新生活运动"。在政治、经济、教育、金融、新闻等方面中国初具现代国家的雏形。但是，在政治上，蒋介石压制民权，在政权稳定后走向了独裁。

1937年抗日战争爆发，日本侵略中国，打断了中国现代化进程。中华民族到了存亡关头，无力顾及现代化。8年抗战结束后不久，第二次国内革命战争爆发，内战期间无暇顾及现代化。从1937年到1949年，中国社会发展又落后了一个历史阶段。

1949年新中国成立以后，确立了现代化战略目标。1954年9月，国务院总理周恩来在全国人大一届一次会议上所作的《政府工作报告》中，首次提出了"四个现代化"，"如果我们不建设起强大的现代化的工业、现代化的农业、现代化的交通运输业和现代化的国防，我们就不能摆脱落后和贫困，……"1956年9月，"四个现代化"的奋斗目标写进了由中共八大制定的《党章》总纲中。[1] 1964年，周恩来在全国人大三届一次会议上所作的《政府工作报告》指出："要在不太长的历史时期内，把我国建设成为一个具有现代农业、现代工业、现代国防和现代科学技术的社会主义强国，赶上和超过世界先进水平"；并宣布了实现四个现代化目标的"两步走"设想：

---

[1] 1957年2月，毛泽东在《关于正确处理人民内部矛盾的问题报告》中，对现代化战略目标的提法有变化，称为现代工业、现代农业、现代科学文化三个现代化。

第一步，用十五年时间，建立一个独立的、比较完整的工业体系和国民经济体系，使中国工业大体接近世界先进水平；第二步，力争在20世纪末，使中国工业走在世界前列，全面实现农业、工业、国防和科学技术的现代化。1975年1月，周恩来在全国人大四届一次会议上所作《政府工作报告》中重审国家要"实现农业、工业、国防和科学技术的现代化"。

从全国人大一届一次会议至四届一次会议这二十多年的时间里，我国逐渐确立了中国社会主义建设的战略目标——"四个现代化"，即工业现代化、农业现代化、国防现代化、科学技术现代化，并且为此做了努力。但是，在此期间，我国从总体上处在为建立一个独立的比较完整的工业体系和国民经济体系而奋斗的阶段，大力促进生产，打下了重工业基础。只可惜，1958年至1976年间，"一切以阶级斗争为纲"，社会陷入大乱，完全舍弃了现代化，导致中国社会第三次落后。而20世纪60年代至80年代，恰逢世界产业革命之后又一次重要革命——信息革命期间，工业化国家再次借助科技推力获得了突飞猛进的发展。

自1978年实行改革开放以来，中国开始第四次走向现代化的努力。"现代化"重新成为中国社会政治、经济和文化发展的目标。1978年第五次全国人民代表大会提出来的工业、农业、国防和科学技术现代化，即提高工业机械化和自动化程度，对农业实行全面技术改造，相应提高国防的技术力量；广泛发展科学事业，积极应用现代科学技术成果。社会主义现代化建设大体分"三步走"。第一步从1981年到1990年国民生产总值翻一番，解决人民的温饱问题；第二步从1991年到20世纪末，国民生产总值再翻一番，人民生活达到小康水平；第三步到21世纪中叶，人均国民生产总值达到中等发达国家水平，人民生活比较富裕，基本实现现代化。

中共第十四次代表大会进一步提出，要在20世纪90年代初步建立起社会主义市场经济体制；20世纪末国民生产总值比1980年翻两番，实现第二步发展目标；同时，也对实现第三步战略目标提出初步设想。中共第十五次代表大会又将第三步目标进一步具体化：到21世纪的第一个十年，实现国民生产总值比2000年翻一番，使人民的小康生活更加富裕，形成比较完善的社会主义市场经济体制；再经过十年的努力，到建党一百周年时，使国民经济更加发展，各项制度更加完善；到新中国成立一百周年时，基本上实现现代化，建成富强、民主、文明的社会主义国家。中共第十六次代表大会提出，中国的国内生产总值到 2020 年力争比 2000 年翻两番，综合国力和国际竞争力明显增强。

总体观察，实行改革开放以后，现代化努力的追求集中在经济、科技领域，在政治、文化等领域将如何现代化，讲得不多。事实上，这个时期，"西化"与"现代化"之争始终没有停息。

总之，唯有尊重知识、广开门户，与世界现代化国家和地区进行政治、经济、思想、文化、科技等广泛交流，吸收他人之长，克服自身之短，才能找到适合中国的全面现代化之路，实现富国强民。

诚如现代化运动正在改变人类，现代化也已经并在继续极大地改变中国。

第二节 改革法律传统与法律现代化

"法律是一个民族文化的重要部分。"[①] 中国传统法律是传统文化的一个有机组成部分。考察历史演变轨迹，可见时代有古今之别，文化有新旧之异。然而今从古来，新由旧生。"每一个时代都应该要开新，但不能为了开新之故，就截断传统，而移花接木，偷梁换柱。任何一个社会也都必须应变，但不能为了应变之故，便抛弃常道，而脱序越轨，散塌失度。对于传统，自当深切反省，以定其因革损益；但不可截然割断，以阻绝源头活水。盖文化之发展，总是前有所继，后有所开。"[②] 从 1840 年爆发第一次鸦片战争开始，在反清的内忧中，在西方列强威逼利诱的外患之下，中国社会开始向近代转型。再经过近半个世纪的积累、聚焦，才有中国法律的近代化。1902 年，清廷命沈家本、伍廷芳为修订法律大臣，设修订法律馆，并始译介欧美国家法律，拟订中国新式法律体系和法律运行机制。此为中国法制现代化的正式开始。20 世纪，是中国法制现代化的一百年。自从现代化运动

[①] [美] 埃德加·博登海默：《法理学：法律哲学与法律方法》，邓正来译，中国政法大学出版社 1999 年版，作者致中文版前言，第 5 页。

[②] 蔡仁厚：《儒家思想的现代意义》，（台北）文津出版社 1987 年版，自序。

导入中国以后,国人的法律意识、价值、信念和期待均已经发生重大变化,截然不同于既往。其中,婚姻家庭法在充满着矛盾、斗争中,在迂回曲折中,或缓慢前行,或急剧地向前冲。有数千年沉积和沿袭的婚姻家庭制度,经历了漫长而深刻的革命,形式依旧,内容已全然不同。

一 法律现代化的界定

法律现代化是以现代社会的价值观和经验去评价、改造传统的法律文化与制度,剔除糟粕、留存精华,特别是注入工业社会的核心法律价值观和制度经验,重构法律体系的过程。现代社会的"现代的变迁过程影响每一件事情,却不能为人所控制。一方面,它是自然发展的过程,另一方却是史无前例的决定性过程。无人能避免这种过程,每个人都要关心它"。[①] 如果说经济现代化过程,是多数人如何利用物质福利的问题,那么法律现代化,则是如何更好地承认每一个人的存在,促进其发展,推进机会公平,更合理分配利益。

(一) 什么是法律现代化

什么是法律现代化,有多种定义。芝加哥大学社会学教授马克·格兰特(Marc Galanter) 博士认为,法律现代化是指19世纪以来工业社会中法律制度的特色。[②] 法律现代化,是世界各地法律的重大改变。在18、19世纪之间,新法律领域日渐增多,"规范社会生活的,已经不是市场压力、习俗及非正式的控制力量或命令,而是法律"。[③] 在此期间,西方国家建立了国家的法律体制。其他比较贫穷的国家,则在尽量采用外国法律。第二次世界大战及西方国家的统治结束之后,除了19世纪形成的民法及不成文法外,非西方国家又建立了新的法治形式;在独立之后,实施法律改革。在任何国家,法律制度的发展、膨胀、融合,有某些共同的趋向。"法律应用在广阔的空间、种族及阶级领域;地区法代替了个人法,一般法代替了特别法,成

[①] [美] 阿历克斯·英格尔斯:《人类的现代化》,[美] 威纳尔编《现代化》,林清江译,(台北) 商务印书馆1960年版,第83页。

[②] [美] 马克·格兰特:《法律的现代化》,[美] 威纳尔编《现代化》,林清江译,(台北) 商务印书馆1960年版,第85—86页。

[③] 同上书,第85页。

文法代替了非成文法。个别责任代替了共同责任。世俗的动机及技术代替了宗教的约束及感召,技术的专长代替了道德的直觉。法律的制定与实施,由地方的权责,转移到代表中央权力的专业人员手上。"[①]

马克·格兰特博士认为,现代法律具有统一性、一致性和普遍性。法律现代化是指法律具有下列11个方面特质:第一,现代法律的规制是一致的,应用方法相同。不论个人的宗教、种族、阶级、世袭地位、地区或性别,都适用同一规章。法律所承认的,不是个人在本质上的区别,而是在一般生活中功能、情况及成就的区别。第二,现代法律是牵涉特别案件的。双方之间关系决定个人的权利和义务;世俗的功能或情况决定个人的权利和义务;法律不根据个人天赋的价值或荣誉,不根据案件之外或者与案件无关的因素(如年龄、阶级、宗教、性别等)来决定法定的权利和责任。第三,现代法律的规范具有普遍性。法律的应用,是可以预期的,每一次都一样。现代法律制度以一般理性人为标准,制定行为规则,适用于全国。地方及其利益依赖地方法表达,要经过立法者及专任法官,才能够订成法律。第四,法律制度分成若干层次。法院是现代法律制度中最有影响力的工具,法院有固定程序,上级法院监督下级法院,上级法院订定的规章和标准,下级法院必须执行;法院判决,不管地方意见如何,都可以用强制力执行。检察有一定程序;地方行动符合全国标准。第五,整个法律体系的组成制度化。现代法律制度的明显趋势,是以正式的法典代替地方通俗的法律。处理各种案件均依照明文规定,以使求取统一。对每个案件的处理,都形成书面记录。第六,这种制度是合理的。运用程序有明确规定;规章的价值是能够达成特定的目的。第七,现代法律制度由专业人员运用。执行法律的专任人员,其任职的条件是熟悉法律,而不是具有其他专长。专业的法律学者、警察、检察官和其他专家,代替以前的庄园主或宗教权威人士。第八,整个法律制度日渐技术化,日渐复杂。专业律师代替过去时代介于法院与一般人员之间的中介人。第九,法律制度可以按照实际需要予以修正,以适应社会变化;并避免了改变习惯法的困难。第十,法律制度具有政治性。国家对于法律纷争有绝

[①] [美]马克·格兰特:《法律的现代化》,[美]威纳尔编《现代化》,林清江译,(台北)商务印书馆1960年版,第83页。

对的裁决权。法庭接受国家约束与监督。第十一，在人员及技术方面，法律权利的行使和其他政府功能不同。立法、司法、行政各自独立。①

（二）法律现代化的源起

马克·格兰特博士认为，"欧洲法律，在11世纪接受罗马法以后开始现代化"。② 18世纪末，这种发展日渐迅速；19世纪传遍欧洲。"世界各地法律现代化的基础，大部分在19世纪奠定。"③ 大部分地区，很多国家采用欧洲法律，故其现代的法律经验，仅仅较欧洲稍晚而已。"欧洲和其他地方的发展，都应该视为世界法律制度普遍现代化的阶段。"④

西方"现代法治基于良法，魂系权利与义务之对应与均衡，又有民主和自由为车之两轮、鸟之双翼，加之严格的权力制约和责任政府制度为保障"。⑤ "近代欧美各国立法之基础，均以个人为本位，根本上以个人为法律之对象。虽至20世纪之初，立法趋向转变，法律对象由个人移至社会，然多数仍因袭守旧，以个人为社会本位之旧观念，认天赋人权为立法之基础。"⑥

（三）传统法律与现代法律之关系

任何一种类型的法律或法律体系，都是特定社会条件下特定社会关系的产物。法律从来都不是静止的、孤立的，它与一个民族所处的自然环境、经济条件、文化背景有着难分难舍的关系，与人性、政治、经济、道德伦理、教育等因素产生互动作用。中国传统法律的形成及发展，与中国传统社会的政治、经济、文化相一致。⑦

1. 法律传统的演变有各自的规律性

法律是人心和现实的反映。自从法律存在以来，它就一直表达着人们相

---

① ［美］马克·格兰特：《法律的现代化》，［美］威纳尔编《现代化》，林清江译，（台北）商务印书馆1960年版，第86—87页。
② 同上书，第87页。
③ 同上书，第87—88页。
④ 同上书，第88页。
⑤ 俞荣根：《前言》，俞荣根、龙大轩、吕志兴编著《中国传统法学术论——基于国学视角》，北京大学出版社2005年版，第6—7页。
⑥ 杨幼炯：《近代中国立法史》，商务印书馆1936年版，第372—373页。
⑦ 马小红：《礼与法：法的历史连接》，北京大学出版社2004年版，前言，第1页。

信与期待的事项。法律历史,是一种重要的思想体系。传统法律的诞生及其演进,都有各自规律,中国传统法律亦然。

"中国古代法律在漫长的发展过程中,既有内在的连续性,又有因时因事而异的可变性或转化性,这二者并不是矛盾的。相反,没有可变性的法律传统是僵死的,不可能形成不同历史阶段的特殊风貌。"① "诸法合体""压抑诉讼"几乎是世界上各种古代传统法律的共同特征。

近代以来法律改革过程中,由于中国发展晚于西方,国人习惯于将中国古代法与西方国家已经现代化的法律相比较,从而感觉西方法律优于中国固有法。

2. 法律现代化是与传统法相对而言的

在每一个社会中,现代与传统都是混杂交织在一起的,每一种法律制度都含有现代及传统的特质。"传统"与"现代"是相对的两个概念,两者不可能截然分开。法律现代化,是与传统法相比较而言的变化。传统法律无论是其形式、价值观、内容都呈现出其独有的特征。"现代法律的形成是一种必然的过程。"② 无论在哪个国家或地区,现代法律都在成长。原有的法律被瓦解,传统的法律在不断地融入新的法律中,而其中不适用的部分在消失。

> 传统决不意味着腐朽、保守;……传统是历史和文化的积淀,只能更新,不能铲除,失去传统就丧失了民族文化的特点,就失去了前进的历史与文化的基础。我们需要从固有的法律传统中,……科学地总结和吸收有价值的因素。③

对传统的反思越深刻、越彻底,越能准确地进行法律现代化,这需要人们主观和客观的努力。现代化的过程并不一定产生现代化的法律。现代社会也存在许多阻碍法律现代化的因素和方法。现代社会牵涉很广,常会引起新

---

① 张晋藩:《中国法律的传统与近代转型》,法律出版社1997年版,前言,第1页。
② [美]马克·格兰特:《法律的现代化》,[美]威纳尔编《现代化》,林清江译,(台北)商务印书馆1960年版,第92页。
③ 张晋藩:《中国法律的传统与近代转型》,法律出版社1997年版,前言,第2页。

的分歧、差异现象，使利益更加分化，使人际关系更加复杂，社会环境更加复杂，从而可能使法律更加分化。即使是人口流动与集中、城市化、大众传媒强势等促使法律现代化的因素本身，也可能阻滞法律发展。

在本质上，法律是一种折中的事物。法律包含了原则和权力。一方面，法律要形成一种原则，为所有相关的人所接受；另一方面，法律又要为较大集体的权力所接受。现代法律制度的特色在本质上不一定都是好的。

"历史的经验证明：固守传统不可能实现现代化。无论对传统文化还是外来文化，都有取舍的问题，其标准是有利于社会的进步和符合国情。"①

现代化是法律发展的方向，也仅仅是发展过程中的一个阶段，而非终极目标。

二 中国法律现代化的概念

自从1840年鸦片战争失败，中国社会开始告别封建时代，转入近代社会，其中，中国固有的法律，"沿着西方近代法制的路径"进行转型。新中国成立后，特别是实行改革开放国策之后，中国法律加速了现代化速度。

（一）"近代化"与"现代化"：概念辨析

近代社会以来的中国法律，究竟是称之为现代化还是近代化，学术界的意见不统一。根据历史断代，法学界有些学者将清末开始的自上而下的修律变法改革，称为中国法制近代化的开端。例如，朱勇等人提出，"中国法律近代化，……最终体现为由国家最高统治者发动，通过自上而下的行政程序推行的全方位法律改革"；"就时间而言，中国法律近代化，始自清末改革，完成于南京国民政府'六法体系'的确立"。② 换言之，确立"六法体系"之后的中国法律发展，则为现代化。

中国法律现代化的进程，是否应当区分阶段性以及如何区分阶段，不同学者有不尽相同的判断。朱勇先生认为，中国法律近代化进程，从20世纪初开始启动到南京国民政府大规模开展立法活动而"迅速形成中国第一个现

---

① 张晋藩：《中国法律的传统与近代转型》，法律出版社1997年版，前言，第4页。
② 参见朱勇主编《中国法制史》第十五章"传统与变革：中国法律近代化"，法律出版社1999年版。

代法律体系——六法体系"，就基本结束了。①

笔者以为，国民政府时期全面立法，仅初步建立了"我国第一个形式上现代化的法律体系"，② 其中诸多内容尚有待于后来继续现代化。

本书使用"法律近代化"与"法律现代化"不作区分。从历史阶段划分角度看，中国从无近代与现代之间的明确区分。

(二) 中国法律现代化的时间界定：始于近代法律改革运动

近代伊始，西方法律思想入侵，源远流长的中华法系遭到西方国家近代法律的冲击，被迫实施改革。清末，清朝政府迫于国际压力和国内现实需求，实施多方面改革。在教育制度上，废除科举、开设新学、设立学堂、提倡留学，极大地解放了人们的思想。当时先进知识分子推崇西方的民主、自由、平等思想，将这些新思想和新观念输入中国，矛头直指封建专制制度。清末光绪年间筹备立宪、修订法律，是中国法律现代化的开端；③ 先刑事法，后民事法；在立法技术上亦力求现代化。④ 20 世纪是古代封建传统法制向现代化转型的一百年。百年法律改革历程，以 1949 年中华人民共和国成立为界，恰好可将之区分为前后两个 50 年，即两个阶段：1901 年至 1949 年是古代传统封建法律向近代资本主义法律转型；1949 年至 2000 年转向社会主义法律。⑤

20 世纪初，沈家本领衔修律，仿照大陆法系国家分别制定了刑律、民律、商律、诉讼法和法院编制法等部门法，首次打破了中国延续 2000 余年的传统法典编纂体例。⑥ 在 1902 年（光绪二十八年）清廷下诏参酌外国法

---

① 朱勇：《〈中华民国立法史〉序言》，谢振民编著《中华民国立法史》，张知本校订，中国政法大学出版社 2000 年版，第 1 页。

② 张生：《〈中华民国立法史〉校勘说明》，谢振民编著《中华民国立法史》，张知本校订，中国政法大学出版社 2000 年版，第 1 页。

③ 邱远猷：《孙中山、辛亥革命与中国法律近现代化》，中南财经政法大学法律史研究所编《中西法律传统》第 1 卷，中国政法大学出版社 2001 年版，第 1 页。

④ 潘维和：《中国近代民法史》，（台北）汉林出版社 1982 年版，第 100 页。

⑤ 有学者称 20 世纪前 50 年为近代化，后 50 年为现代化。例如邱远猷：《孙中山、辛亥革命与中国法律近现代化》，中南财经政法大学法律史研究所编《中西法律传统》第 1 卷，中国政法大学出版社 2001 年版，第 1 页。近代化、现代化这两个概念，既是世界性的，又可以是中国式的。为避免混淆，本书不区分近代化与现代化，而统一称之为现代化。

⑥ 张晋藩主编：《中国民法通史》，福建人民出版社 2003 年版，绪论，第 2 页。

律改定律例而变法之前，中国固有法律制度，延续了数千年，且"有非常健全之发展，很灵活地适应和控制这个时期的社会。最可注意者，它和很多其他文化系统不同，而始终维持非常高度的纯一性（Homogeneity），所受异族文化影响，微乎其微，所以在中国许多文化产物中，都有各种时期或朝代之特色，而中国的法律系统，是始终维持其一贯性"。[①] 中国古代法律体系是由若干部门法，如刑法、民法、行政法、诉讼法所构成的，是诸法并存的，也是民刑有分的。[②] 古代法律传统，"以人伦为本位，法律以理性为前提，尚礼仪，重王道，王道不外乎人情，凡法之所禁者，必为礼所不容；重家族的地位"，"尚矜恤，慎刑罚，刑期于无刑"，故被称为具有6大主义：理性主义、礼治主义、家族主义、矜恤主义、集体主义、泛文主义。中国古代法律的基本内容则是以维护宗法为基础的封建制度，是维护等级、特权之法。所谓等级、阶级、特权，就是一种区分，它把一国人口分离、区隔成为多种人民，赋予某些部分人口种种权利，而其他人口则不享有权利或者仅享有少数的权利。中国古代法律维护皇权、家长权、夫权、男权，贬低民权、家属、妻子、妇女。

1911年，辛亥革命推翻了中国延续两千余年的君主专制制度，成立中华民国，建立了资产阶级民主共和政府。1927年，南京国民政府在成立以后，依据近代西方资产阶级法律学说，借鉴西方工业先进国家法律实践经验，在中国实施全面法律改革，分门别类地制定法典，先后颁布了一系列崭新的法律。1929年南京国民政府分别公布《民法典》的总则、债编、物权编；公布《公司法》《票据法》《海商法》《保险法》4种民事特别法；1930年公布亲属编、继承编；1935年公布《刑法典》《民事诉讼法》《刑事诉讼法》。这些法律，"大部分都是以西方的成规——尤其是欧洲的制度为根据。这一方面固然可说是因为相信变法改律确属强国之道，另一方面也是因为西方列强以修订法律为交还法权的条件，而不得不如此"。[③] 经过这场急剧、

[①] 徐道邻：《中国法制史论略》序言，转引自潘维和《中国近代民法史》，（台北）汉林出版社1982年版，第100页。

[②] 张晋藩主编：《中国民法通史》，福建人民出版社2003年版，绪论，第3—4页。

[③] 马汉宝：《儒家思想法律化与中国家庭关系的发展》，"中研院"编《国际汉学会议论文集——民俗与文化组》，"中研院"印行，1981年10月，第176页。

全面的改革，中国固有的法律传统被深刻地改变了。

经过法律改革，我国从君主专制转向民主共和；由主权在君到主权在民；从人治转向法治，由君权至上转向法律至上；从身份等级特权转向法律面前人人平等；由行政司法不分转向司法独立；从保护封建经济转向保护资本主义经济；由诸法合体到诸法并存，试图建立"六法"体系。

三　中国法律现代化的模式和路径

（一）法律现代化的模式类型

国内外学者对法律现代化类型的归纳，有不同观点。有的观点以法制现代化起源为依据，将法律现代化区分为内源式和外源式。[①] 有的以法律现代化动力作为划分的依据或标准，把法律现代化区分为内发式、外发式和混合式三种模式。[②] 还有学者从不同角度对法律现代化进行更多元的类型划分，有学者以传统向现代转型的方式为依据，把法律现代化划分为"变异型、传统与现代断裂型和制度重构型三种"模式；有的以法律价值取向为依据，把法律现代化划分为权利本位和权力本位两种模式；有的以法律现代化的价值合理性与形式合理性关系为依据，把法律现代化划分为形式合理型、价值合理型、价值合理与形式合理并重型。[③]

何勤华等人将法律现代化归纳为两种主要模式：原创型和仿生型。前者以英国、法国、德国为代表；后者则以美国、日本和中国为典型。原创型法律现代化，是指突破或超越自身法律体系中的基本价值观和体系而获得全新发展，从而使法律进入另一个时代。仿生型，则是指在借鉴他人法律经验为主的基础上实现法律改革，在价值取向、基本原则、制度设计、体例结构、法律方法和技术等方面模仿他人法律，而实现法律创新并进入新阶段的模式或路径。仿生型的法律现代化模式与路径，必然离不开对传统法律文化与外来法律文化之关系的认识。诚如对传统社会的认识与追求社会现代化的模式

[①] 吕世伦、姚建宗：《略论法制现代化的概念、模式和类型》，《法制现代化研究》第1卷，南京师范大学出版社1995年版。转引自刘旺洪主编《比较法制现代化研究》，法律出版社2009年版，第29页。

[②] 吕世伦、公丕祥主编：《现代理论法学原理》，安徽大学出版社1997年版，第549页。转引自刘旺洪主编《比较法制现代化研究》，法律出版社2009年版，第29页。

[③] 参见刘旺洪主编《比较法制现代化研究》，法律出版社2009年版，第31—34页。

与路径有不同观点,法律如何实现现代化,甚至是否应该现代化,在学术上都是有争议的。但是,中国在清朝末年找寻通向现代化良方时,在内忧外患的煎逼之下,选择了走激烈改革的道路,开始法制改革,仿效大陆法国家法制模式而于此,中华法系的传统律令体制戛然中断。

走"仿生"之路国家的法律现代化大概都以法学翻译为起点。"法学近代化是充分吸收外来法学成就的结果",① 至少法学翻译在仿生型国家的法学近代化进程中作出过非常重要的贡献。② 日本明治维新后,大规模地翻译、移植西方法律,走上了"脱亚入欧"道路。日本法学是以法学翻译为起点实现了现代化。

(二) 中国法律现代化的路径:学习借鉴欧美

中国法制的近现代化,走的是学习欧美的路线,③ 即"我们是以西方近现代法律术语、法律价值取向和法律思维方式来释读、解构中国古代法,来建构中国近现代法"。④ 19世纪中叶鸦片战争以后,社会剧变使中华法系受到西方法律文化的猛烈冲击,最终"选择改制更法的方式,移植大陆法系国家的法制,从而开始了中国法制现代化的历程"。⑤ 俞荣根进一步解释,"近百年来,我们实际上以西方法律理论和制度为坐标来推进中国法律的近代化和现代化";⑥ "力图把自己涵化在西方今天的法文化话语体系中去。一定意义上可以说,是以'今西'之法的是非为是非"。⑦ 的确,中国传统法律发生了脱胎换骨的变化,始于移植新法,会通中西法制。1902年,清朝政府设修订法律馆,命沈家本、伍廷芳为修订法律大臣,开始翻译欧美国家法律,并拟订中国的《刑律》《民商律》《诉讼律》《审判编制法》等新型法

---

① 参见何勤华《法学近代化论考》,何勤华《法律文化史谭》,商务印书馆2004年版,第297页。
② 屈文生:《一座新的宫殿——〈欧陆法律史概览〉译余剩语》,[英]梅特兰等《欧陆法律史概览》,屈文生等译,上海人民出版社2008年版,第4页。
③ 俞荣根:《前言》,俞荣根、龙大轩、吕志兴编著《中国传统法学术论——基于国学视角》,北京大学出版社2005年版,第4页。
④ 同上书,第8页。
⑤ 张晋藩:《序一》,中南财经政法大学法律史研究所编《中西法律传统》,中国政法大学出版社2001年。
⑥ 俞荣根:《前言》,俞荣根、龙大轩、吕志兴编著《中国传统法学术论——基于国学视角》,北京大学出版社2005年版,第5页。
⑦ 同上书,第8页。

律。留洋学习欧、美、日本的法律，成为学子间的时尚，法政学堂设立，法政期刊出版，法学著译争鸣，沟通中西的法学，渐渐发达。由此，"以五刑、十恶、八议、官当、刑讯、尊卑良贱有别、行政司法合一为主要特征，且'民刑不分，诸法合体'的中国法律传统，在极短时间内仓促地退出历史舞台，取而代之的是一个又一个令国人颇感生疏的新式法律体系和法律运作机制。一套又一套从前被认为'大逆不道'、'不合国情'的法律观念——'民主'、'自由'、'平等'、'法治'、'契约自由'、'无罪推定'、'制约权力'、'权利神圣'，等等，随着新型法律制度的推行一起被带给了人民，使人民的心灵深处渐渐发生革命"。①

当然，中国法制的现代化，是一个漫长的、复杂的、充满保守与创新、前进与倒退的斗争过程。②

回顾我国近代以来婚姻家庭法的变迁史，可以发现，我国近现代婚姻家庭法倡导和坚持的价值观，基本上来自西方工业社会。男女平等、一夫一妻制、婚姻自由、保护妇女、儿童等弱势人群，都诞生于西方法律体系之中，在近代中国早期法律改革时期被引入。在当代，被引入我国婚姻家庭法的，包括反对家庭暴力、提倡以感情为婚姻基础、无过错离婚、离婚损害赔偿等，同样来自西方法或西方社会。从1950年《婚姻法》到2001年婚姻法修正案，构成现行婚姻家庭制度的内容中，几乎已看不到中国传统法的影子了。从婚姻家庭法角度观察，婚姻家庭法的现代化与西化之间，并无明显区别。

（三）法律现代化模式之论争

自19世纪后期开始学习借鉴西方近现代法律经验以来，在对待中西法律文化的关系上，晚清时期就产生了守旧与图新之争。实质上，这就是法律现代化模式之争。自"戊戌变法"以来，"国人对中西文化传统，特别是中

---

① 《二十世纪中华法学文丛》编委会：《二十世纪中华法学文丛总序》，［美］孟罗·斯密《欧陆法律发达史》，姚梅镇译，中国政法大学出版社1999年版，第2页。

② 张晋藩：《序一》，中南财经政法大学法律史研究所编《中西法律传统》，中国政法大学出版社2001年版。

西法律传统的态度分歧巨大",① 其中最根本的是主义之争。

1. 西方法律价值中心主义及其评价

这种观点基本上持西方法律文化一元论，即西方法律，是世界上最好的，西方法律中有什么，我们就学什么。这种观点也被称为"泰西主义"。②这种唯西方法律论的观点，否定中国传统法律，认为中国传统法律一无所处。在晚清时期开始的论争中，"图新派接受了西方学说，改变了他们的法律价值观念，积极从事变法修律"；甚至有少数人的立场是持"拿来主义"倾向。③ 这种意见在后世一直存在。"过去，我们对中国法制基本上是全盘否定的。我们的法制史教科书基本上是中国古代法制的总批判书，似乎过去几千年的法制文明一无是处。"④ 从"五四"运动以来，毛泽东倡导"破旧立新""破私立公"，我们一度彻底否定传统，试图推动全新的文化与价值。因此，自"五四"运动以后，较少人关注中国传统文化，提到传统，我们总持鄙夷态度，将其与封建礼教、社会停滞论视为同义语。

（1）西方对中国法律的普遍批判。这种批判集中在两个方面：一是批判中国法律未能与宗教、道德、习惯区分开来；二是批判中国无专业法官、律师、辩护人。

早在18世纪中叶，法国启蒙思想家孟德斯鸠在著作《论法的精神》中，评述中国的政治和法律时，就有明确的批评。他主张，法律和风俗是有区别的，法律主要规定"公民"的行为，风俗主要规定"人"的行为；风俗与礼仪同样是有区别的，风俗主要是关系内心的动作，礼仪则主要调整人外表的动作。但是，在中国立法者眼中，这三者是混淆的，道德也与之相混淆。而且，在法律、风俗、礼仪、道德四者中，道德更具主导性和代表性。因此，"所有这些东西都是道德。所有这些东西都是品德。这四者的戒规，就是所谓礼教"。统治者制定了最广泛的"礼"的原则，"文人用之以施教，

---

① 中南财经政法大学法律史研究所编：《中西法律传统》，中国政法大学出版社2001年版，发刊词。
② 同上。
③ 张晋藩：《中国法律的传统与近代转型》，法律出版社1997年版，前言，第4页。
④ 曾宪义：《序二》，中南财经政法大学法律史研究所编《中西法律传统》，中国政法大学出版社2001年版。

官吏用之以宣传"。而中国人把"整个青年时代用在学习这种礼教上，并把整个一生用在实践这种礼教上"。他认为，这种礼即法、礼即风俗的道德化倾向，对内，隐饰了人的邪恶一面，强化了人与人之间的依赖关系，营造了社会生活的平静；对外，可以抵御征服者的同化，因为征服者的风俗、习惯、法律、宗教都不是一个东西，要同时改变中国人上述四个方面较难。这就是历史上"中国并不因为被征服而丧失它的法律"，相反，"改变的一向是征服者"。① 孟德斯鸠尖锐地批评，"这个政府与其说是管理民政，毋宁说是管理家政"。② 他认为，中国实际上实行的是多妻制，"在多妻的场合，家庭越失去单一性，法律便越应该把那些支离分散的部分团结在一个共同的中心"，即"单纯地对家庭的依恋"，③ "财产越多，就越有能力把妻子严禁在深闺里，并防止她再进入社会"。④

20世纪初，德国社会学家马克斯·韦伯认为传统中国的法律是落后的。他在其论著中写道，"中国的官吏是家产制国家的官吏，他们是非专业性的士大夫所出任的官吏，是受过古典人文教育的文人，他们接受俸禄，但没有任何行政与法律的知识，只能舞文弄墨，诠释经典；他们不亲自治事，行政工作是掌握在幕僚（师爷、胥吏）之手"。⑤ 他在另一论著中提道，"中国的法官——典型的家产制法官——以彻底的家长制度来审案断狱，也就是说，只要他是在神圣传统所赋予的权威余地下，他绝对不会根据形式的规则，也就是不考虑涉案者为何人，来加以审判。情形大多是相反，他会根据被审者的实际身份以及实际的情况，亦即根据实际结果的公平与妥当来加以判决"。⑥ 韦伯认定，中国的裁判是一种"所罗门式"的"卡地裁判"，不像伊

---

① ［法］孟德斯鸠：《论法的精神》，张雁深译，商务印书馆1982年版。
② 同上。
③ 同上。
④ 同上。
⑤ 林端：《韦伯论中国传统法学——韦伯比较社会学的批判》，（台北）三民书局出版公司2003年版，第27—28页。转引自陈惠馨《传统个人、家庭、婚姻与国家——中国法制史的研究与方法》，（台北）五南图书出版股份有限公司2006年版，第50页。
⑥ ［德］韦伯：《中国的宗教：儒教与道教》，简惠美译，（台北）新桥出版公司1996年修订版，第232页。转引自陈惠馨《传统个人、家庭、婚姻与国家——中国法制史的研究与方法》，五南图书出版股份有限公司2006年版，第50页。

斯兰教那样有一本神圣的法典为依据。[1]

（2）中国学者对本国法律传统的批判。近代以来，中国学者基本上将传统法制"视为皇权统治的工具，与现代法制背道而驰"，不少人主张应全盘移植西方的法律制度。[2]忻剑飞认为，在"中国传统文化中，并没有近代西方文化意义上的法律，即使一些名义上的法律，也是早被道德浸透了的，不大有正义、平等、自由的内涵，有的只是刑和罚的意义，至多也请一点'公正'罢了"。[3]

中国台湾学者陈惠馨认为，到清末民初之际，中国的法律已"显得落后不已"。[4]欧陆国家自16世纪以来配合着科技、天文、医学等领域的重大发展与突破，逐渐发展出现代法律体系。这个法律体系"在宪法中强调政府权力分立、保障人民基本权利的宪法体系；在刑法上强调罪刑法定主义；在民法上，强调人人生而平等，并享有同样的权利能力，并有缔约的自由等权利价值"。[5] 相反，中国传统的法律制度价值体系，以《大清律例》为例，它强调三纲五常内涵，"使得清朝的社会成为一个关系僵化的社会，在这个法律文化的社会下，一个人没办法发展自己的天赋，一切的生活都因循着三纲五常的传统进行"，社会因此变得停滞不前。[6] 由于这个法律体系设计得缜密，使得其在发展两千年之后，"没有能力去面对社会变迁所带来的新挑战"；在面对时代变迁时，或因为有其他的选择可能出现而受到挑战时，"竟失去了回应与修改的能力，进而转变成为看似无用或无效果的法律体系"。[7] 陈教授在解释清末民初中国变法运动时，指出"仔细分析当年清朝政府之所以决定学习西方的法律制度，其主要原因，应该不是在于法律的实

---

[1] ［德］韦伯：《中国的宗教：儒教与道教》，简惠美译，（台北）新桥出版公司1996年修订版，第232页。转引自陈惠馨《传统个人、家庭、婚姻与国家——中国法制史的研究与方法》，（台北）五南图书出版股份有限公司2006年版，第50—51页。

[2] 刘增贵主编：《第三届国际汉学会议论文集历史组：法制与礼俗》，"中研院"历史语言研究所2002年版，编者序，第6页。

[3] 忻剑飞：《世界的中国观》，（台北）博远出版有限公司1993年版，第220页。

[4] 陈惠馨：《传统个人、家庭、婚姻与国家——中国法制史的研究与方法》，（台北）五南图书出版股份有限公司2006年版，第63页。

[5] 同上。

[6] 同上。

[7] 同上书，自序，第4页。

效性问题，也就是传统法律文化与法律教育与法律的落后之间能否彼此配合的问题，其主要问题乃在于传统中国法律制度的价值体系对社会发展的影响"。因清朝政府在与西方诸强的战争中节节败退，"不得不希望，透过变更自己的法律制度来改变社会的体制"。① 虽然陈教授本人也认为，传统中国法律体系与西方现代法律体制，由于存在着不同层次的法规范体系的差异，"以至于对任何想对于两个体制中，哪一个体制较好或较坏的比较，都将有所困难"；"传统中国法律体制在近百年来趋于没落的发展，是任何法律体制的共同命运？还是他自己的独特的命运？是需要被进一步研究的"，② 不过，她对传统中国法律体系基本上是持否定立场的。

通常认为，传统中国法律体系与西方现代法律体制，是两种设计完全不同的法律体制。它们之间的差异主要有两个方面：一是有关规范形式体系的设计；二是有关法规范价值内涵之设计。"19世纪以后，各国正式把中国学当作一门学科来研究。"③ 与西方社会的法律传统相比较，④ 自近代以来，中国法律传统深受质疑和批判。可以说，19世纪末和20世纪百年来，无论西方社会还是中国国内，对于中国传统法律的看法，虽然也有肯定的观点或方面，但基本上是负面的。

事实果真如此吗？现代化真能远离传统而自创全新的一个自我吗？

有学者批评"泰西主义"过分夸大了西方法律传统的优点或好处，疏忽或掩盖了其中的缺陷；同时伴随"革命主义"，把国家失败、落后的责任统统归于祖先及其文化产品的束缚，轻易否定了数千年的文明探索及其成

---

① 陈惠馨：《传统个人、家庭、婚姻与国家——中国法制史的研究与方法》，（台北）五南图书出版股份有限公司2006年版，自序，第4页。
② 同上书，第73页。
③ 忻剑飞：《世界的中国观》，（台北）博远出版有限公司1993年版，第23页。
④ 关于西方由岁月而来的法律传统，伯尔曼总结为下列四个方面：第一，在法律制度（包括立法、裁判及其过程中所产生的法律规则和观念）与其他类型制度之间有鲜明的区分。虽然法律受到宗教、政治、道德和习惯的强烈影响，但通过分析，立刻可以将法律与它们区别开来。第二，在西方法律传统中，法律的施行被委托给一群特别的人们，他们或多或少在专业基础上从事法律活动。第三，法律职业者，无论是在英国或美国，都在一个高级的独立的学术机构中，接受专门的培训。这种机构有自己的职业文献作品，有自己的职业学校或其他培训场所。第四，培训法律专家的法律学术机构，与法律制度有着复杂的和辩证的关系。这种学术描述该制度，法律制度通过学术专著、文章和教室里的阐述，获得概念化和系统化，并由此得到改造。参见伯尔曼著《法律与革命：西方法律传统的形成·导论》，贺卫方等译，中国大百科全书出版社1993年版，第9页。

果，使人们对中国法律传统弃如敝屣，从而误导国人。① 然而，实际上，在近代化之前，所有国家的法制与中国古代法制的价值观基本是相同或相似的。俞荣根质疑西方法律价值中心主义观，批评这种观点是"西化论、苏化论乃至形形色色的历史虚无主义、法律虚无主义和'文化大革命'中走向极端的'砸烂'论的深层文化观念"。值得庆幸的是，中国古代法律"一无是处"的观点"已不再时兴"了。②

不过，从婚姻家庭法角度观察，对"泰西主义"的批判观，显然与该领域在20世纪百年的改革路线图不相符合。

2. 坚守中国法律传统而将中国古代的法制纳入近现代西方法律话语体系中重新诠解

晚清时期，守旧派把以儒家法律思想为主的传统法律文化，视为中国几千年"相传之国粹，立国之大本"，不允许变革体现传统法律文化的"祖宗之成法"。③ 沈家本认为，西方法治学说、罪刑法定、审判方式，乃至陪审、服役、罚金等制度，中国皆"古已有之"。④ 甚至还有人将中国古书中的"宪""成宪"解释为宪法。⑤

什么都是中国古已有之的这种观点，是明显有些牵强附会的。早在20世纪30年代，李景禧就批评中国古代已有现代法制中的种种之观点，是"欧洲在法学上有什么，中国就有什么"，实在"穿凿附会，莫此为甚"。"伟大的中国，不惟有一般的法学，并且有专门的民法、行政法、诉讼法、国际公法等。在学理上则有注释法学派"；并且是"远非他国能企其项背"。⑥

---

① 中南财经政法大学法律史研究所编：《中西法律传统》，中国政法大学出版社2001年版，发刊词。
② 俞荣根、龙大轩、吕志兴编著：《中国传统法学述论——基于国学视角》，北京大学出版社2005年版，前言，第6页。
③ 张晋藩：《中国法律的传统与近代转型》，法律出版社1997年版，前言，第4页。
④ 李贵连：《沈家本传》，法律出版社2000年版，第368—372页。
⑤ 陈汉章：《古有宪法考》，《中央大学》半月刊1930年第1卷第6期。转引自俞荣根、龙大轩、吕志兴编著《中国传统法学述论——基于国学视角》，北京大学出版社2005年版，前言，第5页。
⑥ 参见李景禧《读〈中国法系的权利思想与现代〉有感》，《法律评论》1936年第1卷第47期。转引自俞荣根、龙大轩、吕志兴编著《中国传统法学述论——基于国学视角》，北京大学出版社2005年版，前言，第5页。

俞荣根认为，沈家本的"古已有之"说，"主要不是一种学术见解"，而是"想减轻法制改革的阻力，类同于康梁的'托古改制'"。①

3. 欲提出和形成中国自己的法律话语体系

自20世纪20年代以来，有不少学者致力于提出和形成中国自己的法律话语体系。② 梁启超早就评论说，"舍西学而言中学，其中学必为无用；舍中学而言西学，其西学必为无本"。③ 张晋藩提出，中国法制是中国国情下的产物，既要从数千年法律传统中借鉴，又要关注和研究西方法律传统，"择善而从，丰富自我"，从而"创造符合新时代中国要求的法治国模式"，而不是简单地袭取西方的模式。④ 张晋藩认为：

> 中国近代法律的转型是在民族危机四伏的背景下的，是以全盘西化为价值取向的。因此，在转型过程中既缺乏理性地对待中国法律传统中跨越时空的民主性因素，同时也缺乏理性地分析西方法律与中国国情的适应性。以致中国法律虽然走向近代化了，但却丧失了中华法系的自主性与创新性。⑤

邓正来则质疑西方"现代化范式"论，提出"中国法律理想图景"论纲。他批评"中国主流法学所关注的或所主张的乃是源出于西方经验世界的法律理想图景"，未加批判地把"西方法律理想图景"误作中国自己的法律理想图景，不切实关注中国现实世界，"更无法将中国的现实世界置于当下的世界结构之中做'问题化'的理论处理"；不研究"中国法律理想图景"，

---

① 俞荣根、龙大轩、吕志兴编著：《中国传统法学述论——基于国学视角》，北京大学出版社2005年版，前言，第5页。
② 同上书，第6页。
③ 梁启超：《西学书目表·后序》，《饮冰室合集（一）·文集1》，中华书局1936年影印本，1989年版，第129页。转引自俞荣根、龙大轩、吕志兴编著《中国传统法学述论——基于国学视角》，北京大学出版社2005年版，前言，第6页。
④ 张晋藩：《序一》，中南财经政法大学法律史研究所编《中西法律传统》第1卷，中国政法大学出版社2001年版。
⑤ 张晋藩：《中国法律的传统与近代转型》，法律出版社2009年第3版，前言，第5—6页。

甚至连研究的必要性都被这种"图景误置"的做法给消解了。①

随着西方式法律改革试验在一些第三世界国家的相继受挫或破产，人们对20世纪60年代法律现代化理论模式开始怀疑、质难和批判性反思。许多学者日益认识到，西方法制只不过是人类法律文明体系中的一个系统，是西方社会生活条件的法律表现。诚然，它体现了人类法律文明的某些共通性因素，但它并不是世界法制现代化进程中的唯一的标准模式。非西方社会的法律应当反映各民族各国家各地区的社会条件、经济因素、民族精神及其现实需要，因而必然要形成具有自身特色的法制现代化模式和法律发展道路。②

（四）对中国法律传统批判的反思

"对一个人的行为，可以从好的一方面去解释，也可以从恶意的角度去批评。对一件事，更可以由不同的方向去认识。一人一事即已如此，何况面对一种文明？"③无论中外，学者对中国法律传统的批判，虽然多数符合实际，但也存在一定的误解与偏见。

1. 关于批判中国法律传统的标准

对于中国传统法律之批判，大多是以基于罗马法以来的西方法律传统为标准。伯尔曼就说，西方法律传统是由罗马法发展来的特征而已，当代许多非西方文化的文化都不具有这些特征；11世纪之前通行于西欧日耳曼民族中的法律秩序，也没有表现出这些特征。在同时期的法兰西或英格兰以及欧洲其他地区，亦都没有下列两种明确的区分：一是法律规范与诉讼程序的区分；二是法律规范与宗教的、道德的、经济的、政治的或其他准则、惯例的区分。12世纪罗马法未复兴之前，欧洲许多地方也不设专职的律师、法官。在教会方面亦是如此，教会法一向与神学

---

① 邓正来：《中国法学向何处去——建构"中国法律理想图景"时代的论纲》，商务印书馆2006年版，第81页。
② 南京师范大学法制现代化研究中心：《总序》，刘旺洪主编《比较法制现代化研究》，法律出版社2009年版。
③ 龚鹏程：《中国传统文化十五讲》，（台北）五南图书出版股份有限公司2009年版，第368页。

合为一体。①

2. 反思的基础：法律具有时代性

法律具有时代性，而非亘古不变的真理。法律是人心和现实的反映。中国法律传统，是过去时代的产物。用当代人的眼光和价值去分析数百年甚至数千年前祖先们的生活，当然感觉是"落后、愚昧"，认为"不重视人权，无平等可言"。而在当时，深受现代人批判的法律是鲜活生动、富有生命力的，在建立和维护社会秩序过程中发挥了其应有作用。

当然，法律是变化的。

迄今为止，中国法制现代化的自我话语体系似尚未创制完成。笔者认为，中国法律经过模仿、借鉴而实现现代化，是历史已经做出的选择。西方社会因为科技革命等原因早中国之先进入了现代化阶段，其中法律功不可没。中国晚西方近百年始开始现代化努力，仿效西方法律经验，这不丢人！人类法制文明发展进程中，"一方面，不同民族的法制文明不断地形成和强化自己独有的风格特色，并刻意保持这种特殊性、民族性"；另一方面，各民族的法制文明不可避免地受到他民族法制文明的影响，因而不同程度地、不断地吸收别的民族的法制文明的某些特质，在使固有特殊性、民族性发生变化的同时，形成新的特殊性、民族性。② 实际上，一国或民族将他人法律经验融入自身的法制中之后，旧的传统被改造的同时，势必形成新的传统。在开放的时代，只要坚持主体性，借鉴只是为我所用，"保持传统"与"追求会通"之间并无严重矛盾。

20世纪的中国文化，是传统文化变迁基础上的现代化。现代化使得我们所有能够想象得到的地方或领域，都受到了重大影响，衣、食、住、行、人际关系、政治、经济、语言、文字、哲学思想、教育、音乐、雕塑、建筑、人生观、宇宙观、文学、艺术、医药及科学技术，没有一个方面不受到现代化的巨人影响而发生变化。

---

① [美] H. J. 伯尔曼：《法律与革命：西方法律传统的形成·导论》，贺卫方等译，中国大百科全书出版社1993年版，第9—10页。

② 中南财经政法大学法律史研究所编：《中西法律传统》第1卷，中国政法大学出版社2001年版，发刊词。

第三节　婚姻家庭法改革与现代化：本书简述

婚姻家庭法作为调整婚姻家庭关系的基本准则，既依赖于整个社会发展进程，又对社会发展产生重要推动作用或制约力量。婚姻家庭法近代化的过程，就是确立婚姻自主自由原则的历史过程，是夫与妻之间、父母与子女之间的人身依附关系不断削弱而走向平等，个人尤其是女性走向独立的历史。①

一　婚姻家庭法现代化的界定

婚姻家庭法的现代化，是指婚姻家庭法抛弃传统的男尊女卑等级观念、包办强迫的婚姻制度，实行婚姻自由、一夫一妻、男女平等的婚姻家庭制度的法律现象。婚姻家庭法现代化，是伴随着近代社会承认个体独立、个体自由的价值观而在婚姻家庭法领域发生的一场深刻、漫长的革命。

（一）时间界定

在西方社会，婚姻家庭法现代化是随着资产阶级建立国家后以民事契约论为基础实行自由婚姻而初步完成的婚姻家庭制度建设。从法国于1804年《拿破仑法典》宣布婚姻为民事契约，及至1900年《德国民法典》制定公布，以个体独立、契约自由为基础的婚姻制度，取代了此前的婚姻制度。

在中国，则从1911年《民律草案》制定开始，婚姻家庭法规则从价值取向、规范形式等方面开始发生深刻变化。法律开始一定程度上承认个体独立，婚姻从包办强迫转向半自主；继而后续立法承认和实行婚姻自由、倡导男女平等。

（二）价值取向：婚姻家庭关系由从属转为平等

婚姻家庭关系由从属转向平等；由个体依附转向个体独立；婚姻由包办强迫转为实行自主自由婚姻；实行一夫一妻制度。

清末民初，中国受欧洲国家个人主义和男女平等思想影响，逐渐抛弃固有社会中"妻以夫为天"、夫妻一体主义的价值观，承认已婚妇女具有独立

---

① 参见沈大明《勘校说明》，［日］栗生武夫《婚姻法之近代化》，胡长清译，沈大明勘校，中国政法大学出版社2003年版，第3页。

人格，否定"三从四德"。

（三）法律形式：制定专门的婚姻家庭法规范

立法机构依照法定程序制定专门的婚姻家庭法规范，从亲属法到婚姻家庭法案；婚姻家庭法规范条款越来越多。

（四）主要内容包括直接订定缔结婚姻家庭关系的条件、程序和法律后果等

私人生活关系受到越来越多的重视，婚姻家庭法直接明定结婚、离婚的条件、程序和法律效力；家庭成员的地位、相互之间权利与义务等。而传统的婚姻家庭法，主要是对违律行为的处罚规则；人们该怎么做，更多地遵从礼。

二 本书的价值和意义

婚姻家庭法现代化是中国人在本国国情下实行的一场法律变革运动，有其特殊的运行轨迹和独特发展道路。促成婚姻家庭法发生重大变革的因素有哪些？传统婚姻家庭法与现代婚姻家庭法之间的主要区别是什么？婚姻家庭法现代化与西化之间是什么关系？婚姻家庭制度改革与意识改良之间如何实现互动？本书研究正是试图回答婚姻家庭法现代化过程中的这些重大问题。

1. 深入思考中国婚姻家庭法现代变迁的规律性

联合国提出，一国现代化程度的高低，除了经济成长外，尚应包括社会变迁因素。婚姻家庭法现代化是不断精进的过程，通往婚姻家庭法现代化的道路漫长而艰难，既有世界发展潮流的推动，又须审慎地主动谋划和努力。妥善处理婚姻家庭法的民族性与国际性的融合。找到一条既能保持中华自我本色又融入时代发展的适合道路。

2. 总结婚姻家庭法律优秀传统，为未来发展和创新寻找原动力

传统是一个动态系统。每个民族或国家人民的思想、行为有其特定性。文艺复兴运动是推动欧洲随后数百年突飞猛进的动力之一，唐宋变革催生盛世。探求中国婚姻家庭法传统，古为今用。

3. 完善婚姻家庭法，更好地发挥法律调整社会生活的作用

经济持续快速增长使获得财富变得容易，这改变了人们的许多观念。在工业化、城镇化过程中，我们需要扬弃农业社会形成的某些已不符合当代社会核心价值体系的婚姻法传统观念和规则，改良、增添具有时代特色的新规则。

21世纪，社会加速变迁，推动着中国婚姻家庭法现代化，以更好地满足社会发展，增进社会进步。

4. 促进婚姻家庭法学的进步与繁荣

20世纪的一百年间，我国的婚姻家庭制度发生了革命性变化，相关法律的价值观、制度规则等早已面貌一新，从中已看不清"从前的模样"。认真总结婚姻家庭法百年变迁，梳理其中的进步与不足，探讨未来改革可能的走向，是婚姻家庭法学中基础研究的任务之一。本书对于扩宽婚姻家庭法学的视野，推动该学科发展，是有益的。

简言之，在21世纪之初，中国历史似乎已走到了另一个节点，此时回望20世纪的百年，对于未来中国社会现代化建设，除了感慨万千，更有警醒、启发。

三　既往相关研究成果综述

从1900年到2001年，我国婚姻家庭立法进程大致可划分为下列四个阶段：一是从1900年至1929年，清朝实施变法图强，引西方法律观念入我国婚姻家庭律条之中；二是1930年至1949年，《中华民国民法》"亲属编"颁布实施到中华人民共和国成立之时；三是1949年到2001年，中华人民共和国成立到2001年《婚姻法》修正案实施；四是2002年至2010年对20世纪百年婚姻家庭法及2001年《婚姻法》修正案的研究。一百年间的婚姻家庭法学研究，大致也可区隔为四个对应阶段进行观察。在每一个阶段中，婚姻家庭立法研究主要包括下列三类：一是法学研究；二是历史学研究；三是社会学研究。相关著作、论文，分别从不同角度阐述、分析和研究不同时期的婚姻家庭立法及其相关问题或因素。总体看，中国内地学界对20世纪一百年间婚姻家庭法现代化之研究成果较少。[①] 20世纪初期，公开出版的婚姻

[①] 对于20世纪婚姻家庭法改革，西方国家的学术研究成果丰富。例如，《婚姻革命》（罗素，1941）；《非婚姻家庭》（米兰·波萨纳茨，1990）；《家庭导论》（罗斯·埃什尔曼，1991），《20世纪的英国家庭法》（斯蒂夫·克莱特尼，2003）等，还有诸多婚姻家庭法论文，对20世纪特别是后50年中两性关系、婚姻法领域的重大而突出问题进行了深入研究总结。工业化国家的婚姻家庭法经历多次变革，获得了重大发展。婚姻家庭法融进了宪法精神和人权观念，坚持男女平等，反对歧视，非婚同居制度化，立法承认和保护同性结合；未成年人权利保护受到空前重视，婚姻家庭法与社会保障法相互渗透，适应身份关系安定性弱化的新发展，较好地应对了非婚同居普遍化、高离婚率、"少子化"现象，使婚姻家庭法更适应现代家庭生活。

家庭法研究成果主要是教材、释义、译著，论文数量极少。20世纪50年代以后，研究婚姻家庭法传统和立法改革的成果仍不多。既有研究成果偏重婚姻法解释研究。与国外同期研究比较，对社会发展过程中重大的婚姻家庭法问题的宏观把握、前瞻性研究不足，研究深度有待开拓。2000年以后，才出现若干直接研究"婚姻家庭法现代化"的著作和论文，显然，对于20世纪百年婚姻家庭法变迁的讨论，还有待深入。

（一）第一阶段：1900年至1929年

20世纪初期，中国社会历经磨难而激烈动荡，政治经历曲折多变，各种社会思潮不断冲击传统文化，多种社会改革相继实施，中国社会急剧转型。封建婚姻家庭制度代表着沿袭数千年的传统，又与人们生活密切相关，成了最先、最多受到批判的对象。这方面的主要成果有，王培槐著的《大中华法制度》（中外通讯社1923年版）；陈顾远著的《中国古代婚姻史》（商务印书馆1925年版）、赵凤喈著的《中国妇女在法律上之地位》（商务印书馆1928年版），以上两部著作是婚姻家庭法学的主要贡献之作。

（二）第二阶段：1930年至1949年

胡长清著的《中国婚姻法论》（法律评论社1931年版），包括绪论和本论。绪论共六章，包括婚姻之语源、意义、性质、种类、婚姻制度的沿革及立法学说等；本论共五章，包括婚姻、结婚、婚姻之普通效力、夫妻财产制、离婚等。同年，胡长清翻译日本学者栗生武夫著作《婚姻法之近代化》（法律评论社1931年版）。该译作在梳理罗马亲属法、中世纪欧洲各国法律及日本近现代法律中有关婚姻的各项内容基础上，重点研究了近代大陆法系各国对习惯法、罗马法和教会法等的扬弃，较全面地阐述了近代欧洲、日本等国法律规范婚姻、夫妻关系、家庭等的内容，反映出进入近代后，婚姻形式、程序、夫妻的人身关系和财产关系等发生的巨大变化。此译作令人认识到，婚姻法近代化的历程，实际上是"一部婚姻自由、婚姻自主原则不断确立的历史，是一部夫妻间的人身依附关系不断削弱，个人尤其是女性不断走向独立的历史"。[①] 另外，还有一些著作，如宗惟恭著的《民法亲属浅释》

---

① 沈大明：《勘校说明》，［日］栗生武夫《婚姻法之近代化》，胡长清译，沈大明勘校，中国政法大学出版社2003年版，第3页。

（上海法学编译社1932年版）；杨鸿烈著的《中国法律发达史》（商务印书馆1933年版）；李谟著的《民法亲属新论》（上海大动书局1934年版）；胡长清著的《中国婚姻法论》（上海商务印书馆1935年版）。① 赵凤喈著的《中国妇女在法律上之地位》（商务印书馆1937年版），虽非亲属法专著，但其有关妇女在婚姻家庭法上的地位的研究与亲属法有直接关联，其论述也有独到之处。还有杨幼炯著的《近代中国立法史》（商务印书馆1936年版）；黄右昌著的《民法亲属释义》（上海法学编译社1937年版）；陈东原著的《中国妇女生活史》（商务印书馆1937年版）。陈顾远著的《中国婚姻史》（商务印书馆1937年版）认为，"婚姻为社会现象之一，而又是法律现象之一，社会学家及法学家均甚重视其问题"，这部著作可视为社会学和法学相结合的作品。谢振民编著了《中华民国立法史》（正中书局1937年版）。赵凤喈著的《民法亲属编》（国立编译馆1945年版）是部定大学用书，此后亦再版数次，体例基本按国民政府民法亲属编编次，参考了外国婚姻家庭法及我国历代律例的有关规定。瞿同祖著的《中国法律与中国社会》（商务印书馆1947年版）是这个时期重要的法律史和社会学著作，书中有两章专题讨论家族、婚姻。

20世纪前半期，以胡长清、赵凤喈、陈顾远为代表的婚姻家庭法学者建立了中国婚姻家庭法学理论的基本体系，② 该体系内容由下列各项构成：婚姻家庭的概念、性质、意义，中国婚姻家庭制度的历史沿革，亲属法的名称、编制、渊源及亲属法的性质、立法学说，婚姻制度、亲子关系、监护制度、扶养制度、家、亲属会议制度。在内容上既有偏重于对民国民法亲属编的诠释，又有偏重于中外婚姻家庭制度的比较研究。值得肯定的地方有两点：第一，学者们对民法亲属编的注释法学已经达到较高水平，其冷静、客观的科学态度和严谨扎实的治学风格，堪称后世之楷模。第二，研究方法注重比较。在横向方面，对如英、美、法、德、瑞士、日本、苏俄等法例，"苟有能补救我之缺陷者，或其制较我为优良者，则尽力征引，期供国内同好者探讨之资，且企为司法界作补充解释之备"。于纵向方面，对中外古代

---

① 此书是前述同名著作的再版。
② 马忆南：《二十世纪之中国婚姻家庭法学》，《中外法学》1998年第2期。

婚姻家庭法时加引论,尤其对我国固有旧制与习惯更详为论列,为的是"一方使读者得明某种制度变迁之迹,一方期在数典而不忘祖"。值得称道的是,这个时期学者们所引述的外国婚姻家庭法,已不似清末沈家本等人仅限于日本、德国等大陆法系国家,而是扩大至英美法系和苏联社会主义法系。[①]

20世纪30年代已有人翻译了英国、美国、苏联的婚姻家庭法,但未正式出版。上海生活书店1934年出版了《苏联婚姻法》(郑竞毅著),中华书局1935年出版了英国罗素的《婚姻与道德》(李惟远译),商务印书馆1935年出版了德国缪勒利尔的《婚姻进化史》(叶启芳根据英译本转译)。这些都使得中国婚姻家庭法学能够在更加宽阔的视野和更加理性的精神中发展,从而走向与国际接轨的道路。

这个时期的亲属法学虽然著述颇丰,然而其写作模式基本相同,以注释法学和比较法学为特征。在体例上几乎都遵循民法亲属编的体系;内容大多局限于对民法亲属编的解释、分析和评价,对亲属法历史沿革的铺陈,再引述日、德、瑞士、法、俄等外国法加以比较。故而在学术思想上并无大创建。

(三) 第三阶段:1949年至2001年

中华人民共和国成立后,中央政府宣布废除国民政府时期的"六法",于1950年颁布实施《中华人民共和国婚姻法》,确立男女平等、婚姻自由和一夫一妻制的婚姻家庭制度。虽然1966年至1976年发生十年"文化大革命",法制被废,但1950年《婚姻法》仍然得以继续实施。只是,在当时以政治斗争为中心的特定历史环境中,婚姻家庭立法研究被搁置,研究成果极少。1978年中国实施改革开放政策后,特别是随着中国大学实施公开招考改革后,中国培养了一批又一批的婚姻家庭法中青年学者,他们精力旺盛、学术活跃,发表的研究成果越来越多。

以1980年《婚姻法》颁布为界线,可以将此时期进一步划分为下列两个相对独立的阶段:

1. 1949年至1980年

这个时期出版了数部婚姻家庭法著作,发表了一定数量的论文。例

[①] 马忆南:《二十世纪之中国婚姻家庭法学》,《中外法学》1998年第2期。

如，马起的著作《中国革命与婚姻家庭》（辽宁人民出版社1959年版）是这一时期的代表作。该书全面深刻地分析了中国革命与婚姻家庭的关系，揭示了中国婚姻家庭制度在共产党领导的革命斗争中逐步演化、变革的轨迹和发展规律。马起的这部著作是比较有特色的。另一部代表作是中国人民大学法律系民法教研室杨大文、刘素萍等人于1958年编写的《婚姻法基本问题》，其体系结构大致按1950年《婚姻法》的体例编排，总论部分论述了婚姻法的立法背景，《婚姻法》颁布对中国婚姻家庭制度改革和妇女解放的重要意义等；分论部分分别对婚姻法的结婚、离婚、家庭关系等制度进行了注释分析。该书是当时大学法科学生的婚姻法教材。

中国人民大学法律系民法教研室编写的《婚姻家庭制度讲义》（1963年）是新中国最早公开出版发行的婚姻家庭法教材。它是在1958年《婚姻法基本问题》的基础上写成的，起初在校内油印，试用了几年后正式出版。据作者回忆，这本书当时是按专著要求撰写的，参考的外国资料主要来自苏联、东欧等社会主义国家。该书阐述了婚姻家庭制度的本质和发展规律，回顾了中国婚姻家庭制度改革的历史；特别总结并给予高度评价新中国成立前革命根据地的婚姻立法（包括《中华苏维埃共和国婚姻条例》和《中华苏维埃共和国婚姻法》，抗日战争、解放战争时期地区性的婚姻条例等）；论述了1950年《婚姻法》的立法精神、任务、作用、基本原则；重点阐述论证了婚姻法所建立的几项具体制度，包括结婚制度、家庭关系和离婚制度。这部教材基本建立了中国社会主义婚姻家庭法学的理论体系，这个体系一直延续到20世纪80年代。[①]

值得特别关注的是围绕三件事而展开的三次集中的婚姻法大讨论。一是1950年《婚姻法》制定前后，围绕该法涉及的婚姻自由等主要问题展开的争论及其表达各方观点的成果。二是始于1957年的围绕司法审判中裁判离婚究竟应持"正当理由论"还是"感情破裂论"而发生的争论。三是1980年《婚姻法》颁布之前，围绕该如何修订婚姻法而发生的学术讨论。

[①] 马忆南：《二十世纪之中国婚姻家庭法学》，《中外法学》1998年第2期。

2. 1981年至2001年

1980年9月10日第五届全国人民代表大会第三次会议通过了新的婚姻法。这个时期，婚姻家庭法研究，主要围绕如何理解该法案中增设的制度、如何借鉴域外法相关经验完善该法案、如何建立完整规范的婚姻家庭法律制而展开，取得了明显进步。

（1）探讨近代以来的中国婚姻家庭制度与法变迁、婚姻家庭及其相关权利的著作。这个时期，出版了多部研究近代以来的中国婚姻家庭制度与法的著作，其中以史学研究成果为多。陈功的著作《家庭革命》（中国社会科学出版社2000年版）讨论了20世纪百年间家庭变动，以20世纪60年代作为分水岭，认为此前，家庭变动相对缓和，此后家庭发生剧烈变动，并围绕"以前的家庭是什么样""变动后的家庭是什么样"两个问题，阐述了全球家庭变动的一般趋势、婚姻家庭观念的变动、世界人口老龄化、妇女运动、独生子女、生育观念与行为、科技对家庭伦理道德的挑战、保护家庭等问题。该书关于"家庭：从传统走向现代""生育革命：要不要孩子"等判断，颇有新意；提出的未来家庭将何去何从等问题，引人深思。然而，该书不是系统地探讨家庭变迁，仅仅描述了若干现象，甚少论及导致现象之间转换的原因，作为社会学成果，书中讨论完全未涉及法律。汪玢玲著《中国婚姻史》（上海人民出版社2001年版），依据历史资料，比较系统地论述了我国从原始社会到近现代社会的婚姻。

（2）大量研究当代婚姻家庭法的论文。这个时期发表的研究当代婚姻家庭法的论文较多，主要从立法形式及制度完善角度探讨婚姻家庭法问题，其中多篇婚姻家庭法专题的博士学位论文，[①] 值得特别关注。这个时期的研究论义，既关注制度完善，又关注基础理论问题讨论。

探讨的基础理论问题，主要涉及婚姻家庭法的地位与立法体例、身份行为、婚姻自由、婚姻家庭法现代化等。新中国成立后，婚姻家庭法是独立法律部门，与民法并列而存，是当时法学界的通说观点。[②] 然而，改革开放

[①] 这些博士学位论文，后来多以同名或相近名称的专著形式公开出版发行。
[②] 例如，中央政法干部学校民法教研室编著：《中华人民共和国民法基本问题》，法律出版社1958年版，第19—20页。

后，随着1986年《中华人民共和国民法通则》颁行，将民法的调整对象确立为"平等主体的公民之间……的财产关系和人身关系"，规定了公民婚姻自由权、婚姻家庭受法律保护等条款，部分学者据之认定"以立法形式宣告了婚姻家庭法回归民法"。学者围绕婚姻家庭法在法律体系中的地位及立法体例问题，发表了不少研究成果。杨宗仁的《婚姻家庭法应纳入民法体系》一文认为，将婚姻家庭法纳入民法体系，不会导致婚姻家庭关系"商品化"。[1] 曹诗权发表了多篇论文，例如，《完善我国婚姻法的立法选择》[2]、《中国婚姻法的基础性重构》[3]、《中国婚姻家庭法的宏观定位》[4]、《我国婚姻法的宏观立法思路与具体方案之重构》[5]、《中国亲属法的法文化源流和形式特点》[6]，都主张将婚姻家庭法定位为民事特别法，使亲属法回归民法。与此同时，仍有部分学者坚持婚姻家庭法独立法律部门之观点。[7] 关于身份行为的研究著作有张学军的《身份登记制度研究》[8]。巫昌祯的《婚姻家庭法学四十年》（1989年）、马忆南的《二十世纪之中国婚姻家庭法学》（1998年），分别回顾了新中国成立后40年间、20世纪90余年间婚姻家庭法学的发展。焦淑敏《论离婚自由权》（2001年）认为离婚自由不仅是一项民事权利，而且是一种基本人权。新中国婚姻家庭法取得了很大成就，但不足也明显存在（杨大文，1998年）；学者主张将婚姻家庭法编入民法典，填补立法空白，完善缺陷之处，逐步实现婚姻家庭法从传统到现代化的转变（马忆南，2001年），等等。

这个时期发表的研究民法现代化的成果，对本书有一定启发。主要有韩世远的《论中国民法的现代化》[9]、李双元的《中国民法现代化的几个问

---

[1] 杨宗仁：《婚姻家庭法应纳入民法体系》，《学术交流》1992年第5期。
[2] 曹诗权：《完善我国婚姻法的立法选择》，《法律科学》1994年第2期。
[3] 曹诗权：《中国婚姻法的基础性重构》，《法学研究》1996年第3期。
[4] 曹诗权：《中国婚姻家庭法的宏观定位》，《法商研究》1999年第4期。
[5] 曹诗权、陈小君：《我国婚姻法的宏观立法思路与具体方案之重构》，《江苏社会科学》1997年第4期。
[6] 曹诗权：《中国亲属法的法文化源流和形式特点》，《法商研究》1997年第3期。
[7] 例如，任国钧：《婚姻法通论》，中国政法大学出版社1988年版，第13—14页。
[8] 张学军：《身份登记制度研究》，《法学研究》2004年第1期。
[9] 韩世远：《论中国民法的现代化》，《法学研究》1995年第4期。

题》。① 何勤华、戴永盛主编《民商法新论》② 也在第一章第三节中讨论了"民法与民法学的现代化"。程宗璋的《关于民法与现代化的思考》③ 和夏利民的《民法基本问题研究》④ 也探讨了民法现代化问题。

(四) 第四阶段：2002年以后⑤

1. 对婚姻家庭法变迁或现代化的专题研究

从2002年开始，关于婚姻家庭法近代化、现代化的研究突然间增多，既有研究20世纪某部婚姻家庭法案的，又有探讨近代婚姻家庭法转型的。其中，王新宇的博士学位论文《民国时期婚姻法近代化研究》(2005年)、⑥ 张志永的《婚姻制度从传统到现代的过渡》(2006年)、⑦ 许莉的著作《〈中华民国民法·亲属编〉研究》(2009年)、⑧ 金眉著的《中国亲属法的近现代转型——从〈大清民律草案·亲属编〉到〈中华人民共和国婚姻法〉》(2010年)⑨ 等，是研究20世纪百年婚姻家庭法律具有代表性的研究成果。学者认为，婚姻制度变革根本上受社会生产方式制约，并具有广泛性和深刻性（张志永，2006年）；有人甚至提出18世纪以来中国家族就开始向现代转向（冯尔康，2005年）等；张希坡著的《中国婚姻立法史》(人民出版社2004年版)，系统地介绍了中国古代婚姻家庭制度、近代婚姻家庭制度改革、新中国婚姻立法。肖爱树的《20世纪中国婚姻制度研究》(知识产权出版社2005年版)，以清末以来政府制定和颁布的婚姻法为研究对象，兼及民间婚姻礼俗的重要内容，考察这一时期婚姻制度变革过程，呈现了国人婚姻观念和婚姻生活的基本风貌，对20世纪婚姻制度变革与社会发展变迁之间

---

① 李双元：《中国民法现代化的几个问题》，《法学家》1997年第4期。
② 何勤华、戴永盛主编：《民商法新论》，复旦大学出版社1999年版。
③ 程宗璋：《关于民法与现代化的思考》，《内蒙古工业大学学报》(社会科学版)2000年第1期。
④ 夏利民：《民法基本问题研究》，中国人民公安大学出版社2001年版。
⑤ 2001年婚姻法修正案实施后，对该法案及其建立的制度之研究，包括对该法案文本的解读、质疑、批评、研究等，仍在本课题讨论的2001年婚姻法改革范围之内，故仍将其纳入本课题资料文献。故本课题并非简单地以2001年为资料收集截止时间。以下同。
⑥ 王新宇：《民国时期婚姻法近代化研究》，博士学位论文，中国政法大学，2005年。
⑦ 张志永：《婚姻制度从传统到现代的过渡》，中国社会科学出版社2006年版。
⑧ 许莉：《〈中华民国民法·亲属编〉研究》，法律出版社2009年版。
⑨ 金眉：《中国亲属法的近现代转型——从〈大清民律草案·亲属编〉到〈中华人民共和国婚姻法〉》，法律出版社2010年版。

的互动关系有所揭示。可惜该著作后半部未能延续前半部的讨论风格。王新宇较详细地研究了从清末亲属法草案开始,到民国北京政府、南京政府时期的亲属法,分析了中国婚姻法近代化的初始进程。许莉则从立法背景、具体制度分析、实施效果、与清末民初亲属法草案及《中华苏维埃共和国婚姻条例》的比较,以及中国台湾地区对亲属法的修改等方面,探讨了我国婚姻家庭法近代化的规律性。王歌雅的《中国近代的婚姻立法与婚俗改革》(法律出版社2011年版),讨论了在中国近代特殊的历史背景下,婚姻立法经历了由传统到现代、由家族本位向个人本位过渡与转化之历程;在中西婚姻法制观念、婚俗文化之间的碰撞中,中国传统婚姻法律文化在近代的传承和嬗变,认为中国近代的婚姻立法与婚俗改革是渐次完成的;近代婚姻立法和婚俗改革以婚姻伦理思想的变革为观念基础;其特定的价值内涵为男女平等、婚姻自由、一夫一妻、适当保护妇女的权益。

总体看,前述研究都在一定程度上论证了中国婚姻家庭法的近代化或现代化,肖爱树的著作虽对20世纪的婚姻制度进行了一定的研究,名称也与本书十分接近,但实际上,既有研究在时间跨度上,均未能实际涵盖20世纪全部时间;在研究视角主要不是着眼于"立法改革",更没有探讨历史立法改革的动因、争议问题、改革措施、改革效果等问题,故而其探讨的完整性、深度尚有不足。

伍治良的博士学位论文《中国民法现代化研究》(武汉大学,2004年),对民法现代化的界定,笔者不敢苟同,故未予借鉴。

2. 讨论具体问题或某项制度的研究

性权利是婚姻法规制的基本对象之一。郭卫华的《性自主权研究——兼论对性侵犯之受害人的法律保护》(中国政法大学出版社2006年版)是第一本系统论述性权利的国内原创著作,它将性自主权定位为人格权,提出该权利内容由拒绝权、自卫权、承诺权、选择权、性纯洁保持权、性生理载体完整权、专一权、性艺术表现权构成;讨论了性自主权的民法救济途径等问题,对本书研究有所启示。

探讨婚姻自由问题。张学军的《论离婚后的扶养立法》(中国人民大学2003年版),讨论了夫妻离婚后的经济责任。夏吟兰的《离婚自由及其限制》(中国政法大学2007年版),讨论了个体离婚自由与婚姻配偶双方之间利益平衡问题，对婚姻自由度进行了较系统研究，提议我国婚姻法增设离婚障碍制度。该文是十余年来婚姻自由问题研究上具有一定开拓性的成果，颇有启发意义。

关于父母子女关系法。曹诗权的博士学位论文《未成年人监护制度研究》（中国人民大学，2002年）、张学军的《试论继父母子女关系》[1] 等较深入地讨论了父母与未成年子女、继父母与继子女关系的法律规范。

关于非婚同居问题。王薇的博士学位论文《非婚同居法律制度比较研究》（西南政法大学，2008年）较深入地比较分析了美国、英国、法国、荷兰、比利时、丹麦、挪威、瑞典、澳大利亚九国法律对于非婚同居问题的立场和规范，总结了从惩罚、否定、歧视到有限承认、平等保护的价值观变动脉络；认为对自由主义的张扬、对法律道德主义的批判、对正义价值的追求及对功能主义家庭观的肯定，是非婚同居能够制度化的理化基础，归纳了与婚姻并行的同居登记制、与婚姻并行的同居不登记、次于婚姻的同居登记制、次于婚姻的同居登记制四种法律调整模式，主张中国应选择同居不登记制来建构非婚同居法律制度，既区别于婚姻，又实施法律规制，既尊重非婚同居者的意志自由，又对可能出现的不公平提供救济。何丽新的博士学位论文《我国非婚同居制度化研究》（厦门大学，2009年）在实证调查研究基础上分析了现行法律的立场，提出两性关系多元化发展合乎人类社会性关系的演变历史规律，非婚同居作为家庭形态之一，应当纳入家庭法调整；主张立法应当优先保护婚姻，设置约束力弱于婚姻的同居伴侣关系调整非婚同居；论文借鉴域外非婚同居立法实践经验，建议制定单行法，"实行同居伴侣登记的身份模式，并结合事实伴侣制，合理有效地规制非婚同居"。[2] 这两篇论文对法律肯定和保护非婚同居正当性的探讨，也给本书研究一定启发。

关于同性结合问题。国内对于同性性倾向、同性结合的研究，开始于20世纪80年代中期。起初，主要是社会学、医学领域上的研究、调查，之后逐渐有法学论文发表。何东平的硕士学位论文《同性结合法律问题研

---

[1] 张学军：《试论继父母子女关系》，《吉林大学学报》（哲学社会科学版）2002年第3期。
[2] 何丽新：《我国非婚同居制度化研究》，博士学位论文，厦门大学，2009年，第17页。

究》,① 是中国内地探讨同性结合问题最早的硕士学位论文,在当时环境下,不仅新颖,而且着实称得上是一种突破。熊金才的博士学位论文《同性结合法律认可研究》(厦门大学,2010年)从法价值、宪法学、性学、法经济学、法社会学角度探讨同性结合之合理性、可行性;评述、分析、驳论反对同性结合的主要观点,认为那些主张同性结合将影响人类繁衍、将有损子女利益、违背性伦理之观点均难以成立;将国外同性结合法律认可模式归纳总结为伴侣模式、婚姻模式、互助契约模式、互惠关系模式、民事结合模式五种类型,认为各种模式各有所长、各有所短;针对中国同性恋群体要求权利的呼声,提出渐进式改变现有公共政策立场,最终得出以伴侣模式法律认可同性结合为宜的结论。该文是中国内地首次"全景式"探讨此问题的长篇大论。

四　本书研究的对象与内容

本书是以法律文本为主要研究对象,狭义地局限于国家立法机关依立法程序议决的法律案;原则上不讨论行政机关颁行的相关条例、规定以及地方立法。中国历史上最早两个民律草案中调整婚姻家庭的有关条款,虽非正式颁布实施的国家立法,却因具有特殊历史意义,也被纳入本书研究对象中。本书梳理了我国婚姻家庭法自清朝末年开始实施现代转型改革以来发生的巨大变化,总结婚姻家庭法传统与现代之间的异动,探讨婚姻家庭法现代化变迁的规律性,更好地满足经济社会发展需要,提高人们生活质量。

除导论和结语外,本书正文由三编构成,依次为婚姻家庭法传统与现代化的界定与分野、婚姻家庭法案改革评析、婚姻家庭法未来改革之路,每编又包括若干章。

(一) 导论:现代社会与法律现代化

中国的现代化,始于清朝末年"变法图强"。肇始于19世纪末20世纪初的社会大变革,引导中国传统社会向现代社会转型。百年间,中国社会发生急剧变动,婚姻家庭发生的变化,是众多具有重要社会意义的现象之一。孕育法律的社会母体发生重大变迁,法律必将随之发生相应的变化。社会变

---

① 何东平:《同性结合法律问题研究》,硕士学位论文,厦门大学,2006年。

迁本身是推动婚姻家庭法律改革的主要因素，而婚姻家庭法改革，又极大地推动了社会改革及其进程。中国婚姻家庭法现代化是中国社会现代化的重要组成和推进器。婚姻家庭法处在社会生活表层，是社会变迁的显示器，在社会发展的每个重大阶段上，婚姻家庭法改革的呼声总是很强烈。中国婚姻家庭法从传统到现代化的转型，意味着价值体系的巨大创新。

（二）第一编：婚姻家庭法传统与现代化的界定与分野

本编包括第一章、第二章。

第一章分类研究了中国的婚姻家庭法传统。在20世纪，传统通常被认为与理性、进步、自由等所有现代价值是对立的，甚至认为任何传统都是人类进步的阻碍。现代化经验渐渐成熟后，传统的真正价值才被缓慢地发现，稳定的传统与现代化之间的建设性关系得以建立。婚姻家庭法传统是婚姻法发展的经历，是创新的根基。必须承认，每个民族或国家人民的思想、行为有其特定性。文艺复兴运动是推动欧洲随后数百年突飞猛进的动力之一，中国唐宋朝的变革曾催生古代的盛世。总结婚姻家庭法律优秀传统，为未来发展和创新寻找原动力，古为今用。本章试图重新发现中国人既往婚姻家庭生活经验中的、在当代仍值得肯定的价值，从中找到现代化的动力和方向。通过比较借鉴域外法，为中国婚姻家庭法现代化找到新营养。

对作为继承对象和改革对象的婚姻家庭法传统进行再审视，分类研究、评判。作为当代学者，在回顾婚姻家庭法传统，观察实施改革以后的立法时，显然可以看到哪些传统在近现代社会仍具有生命力，而哪些传统已被扬弃；传统婚姻家庭法中的哪些价值观、内容可能与现代化存在冲突。社会变化和发展推动婚姻家庭法变革，而我国婚姻家庭法存在某些不符合时代发展要求的内容。

第二章探讨了婚姻家庭法现代化变迁之规律。本章讨论了婚姻家庭法现代化的表征及其动因；认为在工业化、城镇化过程中，应扬弃农业社会形成的某些已不符合近代社会核心价值体系的婚姻法传统观念和规则，改良、增添具有时代特色的新规则；引入较早实现近代化国家的婚姻家庭法的主要价值观。联合国提出，一国现代化程度的高低，除了经济成长外，尚应包括社会变迁因素。在清末民初时期，中国因民族危机深重，为图强而变法修律，义无反顾地走上了学习、模仿西方工业化国家婚姻家庭法之路，而割裂了婚姻家庭法的固有传统。当然，婚姻法现代化是一个循序渐进的过程。

催生和促成婚姻家庭法现代化转型的要素，包括工商业社会中婚姻家庭法结构性变化；人际关系弱化，财产关系强化；大规模人口流动，性关系自由、婚姻自由度大增，婚姻稳定性大减；个人财产与家庭利益、社会经济的多重复杂关系。

婚姻家庭法现代化的目标、判断标准和主要表征。经过20世纪百年变革，中国婚姻家庭法与制度完成了下列转型：婚姻缔结由父母包办转向由当事人自主自由，婚姻解除由夫权离婚转向自由离婚；婚姻形态由传统一夫一妻多妾制转向一夫一妻制；家庭关系由从属转向平等，男女平等、夫妻平等、父母子女平等、兄弟姐妹平等、父系亲与母系亲平等；保护人权；性别平等；儿童权利优先。

婚姻家庭法的民族性和国际化。域外婚姻家庭法对中国婚姻家庭法具有影响，因此应借鉴域外法有益经验，找寻使中国婚姻家庭法的民族性与国际化有机结合的合理路径；保持婚姻家庭法民族传统与国际趋同性之协调；促进民族交流，消除民族隔阂；鼓励中国各民族之间通婚，鼓励中外通婚。

（三）第二编：婚姻家庭法案改革评析

以20世纪婚姻家庭法改革为主要对象，全面评述20世纪百年中国婚姻家庭立法改革法案，包括1910年《大清现行刑律》有关婚姻家庭法、《大清民律草案》、《民国民律草案》、1930年《民法亲属编》、1950年《中华人民共和国婚姻法》、1980年《中华人民共和国婚姻法》、2001年《婚姻法》修正案，共计七次国家婚姻家庭立法改革。研究每一次重要婚姻家庭法改革的背景、改革争议、改革重点，追溯、总结得失。自1900年至2001年的百年间，中国婚姻家庭法变化很大。一方面，每隔20—30年，就至少发生一次婚姻家庭立法改革；另一方面，每次立法改革幅度都很大，改革后的婚姻家庭法律发生了很大变化。系统考察诸次重大立法变革的背景、举措及其结果，客观解析相关婚姻家庭制度；结合经济社会发展而不断变化的社会生活，探讨婚姻家庭法的功能和作用，理解现行婚姻家庭法对中国社会发展所起的促进或阻碍作用。本书注重的是重大立法改革及其变化，而不是琐碎的差异，进而力图探寻引发这些变化的基本要素、改革变化的主要特点及所体现的基本精神。第二编包括第三章、第四章、第五章、第六章、第七章、第八章、第九章、第十章。

清朝末年婚姻家庭法改革：第三章、第四章。自从清朝末年修律变法以来，1910年《大清现行刑律》中有关婚姻家庭立法，第一次民刑分立，开启了中国婚姻家庭法近代化改革序幕。《大清民律草案》中的亲属法开始近代婚姻家庭法律变革，实行婚姻半自主、法律婚、夫妻半平等，创设了夫妻财产制，家长权受到一定削弱。从此，中国婚姻家庭法变革的百年历程，深受欧陆法、英美法的影响。

民国时期婚姻家庭立法：第五章、第六章。在中国法制史上，民国时期一向被视作传统与现代的分水岭。1911年，《大清民律草案》制定完成，虽未及颁行，但后来实际上有部分被加以援用；在辛亥革命成功建立中华民国之前的法典及其他典籍有关婚姻家庭制度的规范，可称"旧制"。从1902年（光绪二十八年）到1926年（民国十四年）前后二十年间，中国婚姻家庭法实现了从古代法向现代法的转型，在立法上，将以往数百年乃至数千年的婚姻家庭法远远地甩在后面，而快速演变与发展。如果将这改革头二十年作为一个阶段，则该阶段的婚姻家庭立法，无论"革故"或"求新"都明显地不彻底。

中华人民共和国婚姻家庭立法：第七章、第八章、第九章、第十章。将1949年后新中国的婚姻家庭立法视为现代化改革的另一个阶段，这个时期的婚姻家庭法反封建可谓彻底，但向现代化的转型似并未全部完成。

将21世纪的头年纳入一并研究，是考虑到2001年第一次修订1980年《婚姻法》，对原法案作了较大改革，故研究对象的时间跨度稍略地越过了20世纪，超过百年。在外来法影响来源上，增加了苏联法。

（四）第三编：婚姻家庭法改革的未来之路

婚姻家庭法经过百年改革，又走到了另一个十字路口。向左转，向右转，还是往前直行？本编各章分专题讨论儿童权利保护、家庭法与社会政策、防治家庭暴力立法、婚姻自由、性权利与家庭生活权等问题，探讨婚姻家庭法改革面临的新挑战，探讨进一步完善婚姻家庭法的主要路径和对策，以利于将来立法完善。第三编包括第十一章、第十二章、第十三章、第十四章、第十五章。

第十一章探讨了家庭法与家庭政策。我国独生子女政策推行以来，婚姻家庭结构发生了重大变化。中国快速进入老龄化国家，养老面临新问题。婚姻家庭法如何安排家庭养老、育幼，使之与社会养老合理衔接。在养老功能社会化背景下，讨论了国家、婚姻、家庭、个人之间关系的处置及各自利益的合理分配，家庭扶养与社会扶养，社会救助之政府责任等问题。另外，对性权利、个人生活方式选择权、家庭生活权进行了论述。

第十二章探讨了立法防治家庭暴力问题。20世纪70年代以来，基于人权保护理念，公权力介入私人领域生活特别是干预家庭暴力，成为婚姻家庭法的国际新趋势。探索了中国立法在反家庭暴力上应当如何作为。界定了家庭暴力概念。分析了公权力干预家庭暴力的正当性和可行性。讨论了家庭暴力防治法的性质。探讨了家庭暴力防治法的立法模式。构想了家庭暴力防治的制度与内容。

第十三章题为"儿童、父母和国家：权利和责任"，探讨了儿童、家庭、国家三者之间的关系，分析儿童法的发展与发展中的儿童权利，指出儿童权利保护中存在的主要问题及原因，探索提出解决问题之方案。分别论述了社会保障与儿童抚养，未成年子女利益与父母责任，将父母对子女的权利转变为父母对子女的义务、责任，建立以未成年子女为中心的父母子女关系法等问题。

第十四章题为"婚姻自由将走向何处"。探讨了婚姻家庭法的定位与价值取向、婚姻家庭法的任务与目标。探讨了结婚自由将如何走向、结婚权与隐私权、婚姻与家庭的关系、离婚法重大改革、离婚法重心的变化、法定离婚理由改革、离婚程序、离婚后果。非传统婚姻形式的合理性与障碍评估等问题。从婚姻家庭法的基本价值、功能、人权等角度，探讨了中国在追求工业化、城镇化过程中，立法如何应对婚姻家庭关系的变化；如何对待在工业化国家已获得承认和保护的非传统家庭生活方式问题。

第十五章题为"完善夫妻财产制与家事劳动立法"。讨论了夫妻财产制的定位、功能和价值取向。探讨完善夫妻对共同财产的权利与义务；分析分割夫妻共同财产、分配家事劳动承担与贡献肯定的规则。

五 本书的主要研究思路与方法

20世纪，中国婚姻家庭制度发生了实质性改革，婚姻由不自由到自由，家庭关系由从属到平等。中国肇始于20世纪初的社会变革，引导了传统社会向现代社会转型。婚姻家庭法直接调整个体行为、家庭关系，像是社会变迁的"显示器"或晴雨表。在社会发展的每个重大阶段上，改革婚姻法的呼声总是很强烈。经过百年改革，中国婚姻家庭法的基本价值体系得以重构，制度建设比较齐全，可谓基本上完成了从传统向现代化的转型。中国婚姻家庭法现代化是中国社会现代化的重要组成和推进器。

（一）基本研究思路

从立法背景、立法思路、立法价值、内容框架、立法模式等宏观层面探讨婚姻家庭法的传统与创新，兼顾研究具体婚姻法律制度存在的问题和面临的挑战。立足于弘扬优秀婚姻家庭法传统，促进婚姻家庭法现代化，提炼出中国婚姻家庭法传统与现代化之论纲。

以1900年至2001年百年为观察期间，研究评析历个法律文本，重点研究1949年至2001年间的三个《中华人民共和国婚姻法》法案及其司法解释作为主要法律文本，探讨婚姻家庭法传统在立法现代化转型过程中，有哪些优良传统得以保留，哪些不合时宜的价值观和法律规则被抛弃？婚姻家庭法现代化有哪些重要标志或特征？未来婚姻家庭法建设还存在哪些重要问题？探讨婚姻家庭法如何更好地满足社会利益调整需求。

（二）主要研究方法

本书主要采用文献研究、历史研究、比较研究等方法。

1. 历史观察法。在每一次大的社会变革时期，婚姻法律传统与创新如何此消彼长、相互促进，新政策对人们婚姻观念、婚姻行为所起的作用。

2. 文献研究方法。检索近代化以来我国婚姻家庭立法资料、研究文献，客观评判婚姻家庭法演变过程。

3. 比较研究方法。一是我国婚姻家庭法改革法案之间的纵向比较；二是研究借鉴英国、日本等若干国家家庭法在20世纪的改革发展，取长补短。

六　本书的主要创新之处

本书讨论20世纪百年婚姻家庭法改革，关注婚姻家庭法变革及其本质问题，深入论述该领域法律改革的背景、新旧法律规则之间的关系，揭示站立在法律背后的因素，探讨未来可能的重要法律改革问题。其中，主要有六个方面创新。

（一）分类检审中国婚姻家庭法传统及其价值

以现代社会价值观衡量，传统婚姻家庭法是否仍有合乎时代的价值观、规则？在既往，婚姻家庭法传统被视为几无是处，被直接地、整个抛弃。然而，传统在生成当时，是新鲜的革新之举；在形成后相当一段时期内，其定是鲜活的、生动的、积极的，而不是"腐朽的""没落的"！随着我国社会由古代转入现代，传统婚姻家庭法中诸多价值观、规则，因为否定个体尊严与价值、性别歧视而被扫进了历史垃圾堆，但是，婚姻制度、家庭制度、传宗接代意识等，在剔除了男尊女卑、扬男贬女的性别偏好、视女性为生育工具等消极因素后，显然地具有积极一面，它们是人类社会生生不息的动力和实现机制。事实上，在当时农村社会生产力水平及自然条件下，若没有被后世狠批的传统婚姻家庭制度及其建立起来的秩序，就没有现代的中国。

（二）系统梳理1900年至2001年百年间婚姻家庭法改革的基本脉络

本书全面系统地论述了1900年至2001年百年间中国婚姻家庭立法变迁，着重探讨每一次重要立法改革，包括生成原因、争议问题、改革措施等。此前，虽然有学者发表过题为《20世纪婚姻家庭制度》的研究成果，但并非系统地论述百年改革历史，故尚未见同类研究成果发表。

（三）归纳出婚姻家庭法从古代向现代变迁的规律及基本特征

婚姻家庭法的变迁是对社会生活变迁的"晴雨表"式反映，其本身又促成社会进一步变迁。现代婚姻家庭法的基本特征，是婚姻由包办强迫到自主自由，家庭关系由从属到平等，家庭角色地位变化，儿童开始"唱主角"，公平、人权观渗入婚姻家庭，家庭法公法化等。这些识别标准相互渗透，互相影响，自成一定体系，简练地呈现了中国婚姻家庭法百年改革的效果。

而促成婚姻家庭法向现代转型的动力，则是经济社会的深刻变化，国家政权结构演变，文化革新、妇女运动的导入和推进，科技革命对人类认识的进步以及人们婚姻家庭思想观念的变更等。

（四）揭示中国婚姻家庭法现代化实为与工业化的欧美国家婚姻家庭法的趋同化

中国自从清末开始实施改革以后，婚姻家庭法中，除了继续采用婚姻制度、家庭制度这两项传统的基本制度的外壳,关于婚姻的价值观、家庭关系的价值观已经全然不同于中国固有法之定位。我们自近代以来倡导和实施的婚姻自由、一夫一妻制、男女平等、保护妇女儿童合法权益等基本原则,均来自西方工业化国家和地区。显然,20世纪初,中华民族内忧外患,民族危机深重,被迫实行改革时,环顾四周,唯有欧美工业化国家国力强盛,遂学西方。从学习、借鉴、引入个体自由到婚姻自由,从倡导人人平等到男女平等,从婚姻家庭法与刑法相分离到制定单独婚姻家庭法案,自从社会开始近代化进程,婚姻家庭法就走上了"西化"之路,且已无回头可能。或许,也可以说,现代婚姻家庭法中的绝大多数价值观、规则是人类普遍共同的体验、需求,只是西方国家早先发现并以法律形式书面化而已。

本书提出了下列问题:现代婚姻家庭法的哪些部分是体现中华民族文化独特的精神价值和内涵?婚姻家庭法未来将有怎样的走向?

(五)将婚姻家庭法改革与社会变迁联系起来考察

社会变迁是促使、促成婚姻家庭立法改革的主要原因和背景,这是立法变革的内在机制。立法者或者决策者只是顺势利用某个或大量社会事件,推动将立法变革内在需求改为行动。

在20世纪,立法者通过深思熟虑的行动来促进变革或者顺势而为,运用立法手段取得了各种不同婚姻家庭法改革成就。同时,每一次婚姻家庭立法改革的完成,都标志着社会的变迁。

近代以来,在中国经济社会转向现代型发展过程中,婚姻家庭法的现代化改革几乎成为社会改革的"急先锋"。每一次婚姻家庭立法改革,既是对此前社会变迁的反映,又标志着新的社会变迁之开始。

这使得研究婚姻家庭法的视野有所放大。

(六)探讨了未来婚姻家庭法改革的完善对策

本书讨论了家庭法与家庭政策,探讨了性权利、家庭生活权、家庭法与性别平等、家与家庭住宅、家庭扶养与社会保障问题,指出了现行法对家庭关系规制之不足,提出了若干完善对策。专节讨论了立法防治家庭暴力,认为立法应当界定家庭暴力,强调及时制止暴力最重要,论证了公权力干预家庭暴力的正当性和可行性;提出家庭暴力防治法是综合法,主张我国尽快制定专门法案干预家庭暴力,提议引入民事保护令等域外法上防治家庭暴力的成功法律经验。专题讨论了儿童、家庭与国家，提出了儿童是权利主体、父母和国家均是义务主体的基本观；分析了现行儿童权利保护的不足，提出了制定"儿童福利法"等完善对策。提出了"婚姻自由向何处去"问题，讨论了作为人权的结婚权、是否结婚之选择权、与谁结婚之选择权、结婚权与隐私权，提出了完善结婚程序的立法对策；讨论了"离婚自由将走向何处"，关于离婚自由之适度、不同意离婚之权、阻却离婚条款与离婚障碍制，提出了完善法定离婚理由之建议；主张加强离婚救济，完善离婚损害赔偿制、增设离婚扶养费给付请求权。基于夫妻财产的功能，应完善夫妻财产制，基于性别平等考虑，应更加客观地承认家事劳动的价值与贡献，完善家事劳动立法。

当然，任何对法律发展历史所做的探索研究都必然带有研究者个人色彩。

第一编

婚姻家庭法传统与现代化的界定与分野

第一章
传统婚姻家庭法分类研究

中国自秦统一以来,社会形态经历数种,政治变迁,朝代更迭无数,然而,农业社会不曾被改变,以宗法为基础的家族制度,数千年中始终持续存在,构成中国社会的重心,家族组织为国家结构中的基石,不曾动摇。故不仅中国社会以家族为本位,甚至有学者评议"中国立国,以家族制度为中心"。[①] 家族法在整个法律体系中占有重要地位。直到19世纪中期,中华民族发展衰落后,受到外族欺侮,而自清末开始改革固有传统,中国文化承受了亘古未有的冲击,发生空前巨变。中国传统的法律(包括婚姻家庭法规则)同样遭遇了巨大改变。众所周知,20世纪以来,传统,通常被认为与理性、进步、自由等所有现代价值是对立的,甚至认为任何传统都是人类进步的阻碍。因此,在婚姻家庭法律改革中,抛弃传统的价值观、规则越来越多,改革者抛弃的态度也越来越坚决、义无反顾。自从1978年开始实行改革开放政策后,工商业发达,农村经济结构动摇,家族制度渐见松弛。不过,社会渐渐积累了现代化经验后,传统的价值才又被缓慢地重新发现。传统法律中有哪些价值观和成分在现代社会仍具有普遍适用性?哪些内容在现代社会已无积极意义和价值?婚姻家庭法传统与现代化之间相互关系该是怎样的?这些是法学研究必须回答的课题。婚姻家庭法传统是婚姻家庭法发展的经历,是改革创新的根基。虽然婚姻家庭法传统中,多数价值观,已被现代社会所抛弃,但是,不可否认,有些价值观、规则、制度仍具有现代意义,甚至在某种程度上体现中华民族的精神价值和文化内涵。

[①] 杨亮功:《中国家族制度与儒家伦理思想》,"中研院"《国际汉学会议论文集·思想与哲学组》(下册),"中研院"编印,1981年10月,第946页。

第一节 传统婚姻家庭法的基本价值观与制度

传统，顾名思义，是前人传后代，代代相传，世代相继，是指由历史沿传下来的、具有一定特色的文化、思想、道德、风俗、心理、艺术、制度等。[①] 传统主要由下列四个方面构成：一是传统的价值观念系统，是不同传统发展方向的决定因素，具有协调不同要素的功能；二是精神心态，它是传统发展中的活跃因素，具有生生不息的功能；三是知识系统；四是语言符号系统。后两者是传统发展的条件和材料，具有工具功能。传统的价值指向决定传统内在精神心态，精神心态则会从人的内心深处对其作出回应；而精神心态能够影响传统思维的性格、特质和模式，知识和语言符号系统则能够影响传统思维的加工进程，乃至结果。[②] 中国古代法律是上下承继数千年，由其法规范、法制度、法思想、法文化构成的独特法律体系。自19世纪末开始，它被国外学界誉为"中国法族"或"中华法系"。[③] 中华传统法律采刑民不分的编纂形式，且重刑轻民。有关人、物、债、婚姻、家庭、继承、田土、户婚等的民事法律规范，分散在法典的某些篇章之中，与刑法、商法、行政法、诉讼法规范混合在一起。例如，汉朝《九章律》中的"户律"规定内容主要是婚姻家庭、财产继承、所有权、钱债等民法事项。唐朝唐律中的《户律》亦具有民法性质。自汉武帝独尊儒术以后，儒家三纲五常的伦理学，不仅构成了汉律的思想理论基础，而且在实践中起着调整婚姻家庭关系的民事法律之作用。"由汉迄唐，婚姻家庭制度以确保父权和夫权为基点，贯穿封建宗法制度的原则和精神，严格维护尊卑伦常秩序。"[④] 之后，唐代制定了全面调整封建婚姻家庭制度的法律。1368年颁布《大明律》计30卷共460条，其中《户律》七卷、《户役》篇15条、《田宅》篇11条、《婚

[①] 张立文：《中国传统文化及其形成和演变》，许启贤、黄晋凯等主编《传统文化与现代化》，中国人民大学出版社1987年版，第23页。

[②] 同上书，第28页。

[③] 俞荣根、龙大轩、吕志兴编著：《中国传统法学述论——基于国学视角》，北京大学出版社2005年版，第1页。

[④] 张晋藩主编：《中国民法通史》，福建人民出版社2003年版，绪论，第12页。

姻》篇18条、《仓库》篇24条、《课程》篇19条、《钱债》篇3条等,这些无疑是民法。清代《户部则例》虽与行政法混合在一起,但更具有民事单行法规的性质。直到20世纪初,沈家本主持变法修律,仿照法国、德国、日本的法律体系,分别起草独立的刑法典、民法典、诉讼法典,才改变了诸法合体、民刑不分的固有法传统;从此,以罗马法及其衍生之法律体系为标准,形成近代中国法。整个古代婚姻家庭法的最大特点是没有平等,只有专制。

一 男尊女卑

在古代中国,宗法制度所确认的"尊尊""亲亲""长长""男女有别"的等级秩序,是奴隶制"礼"的核心,也是法律制度遵循的原则。男尊女卑,夫权统治。支配一切男女关系的理论,始终以女卑于男的主观见解为核心。古人传统的思想,是"男女之别,男尊女卑,故以男为贵"。[①] 据此,古人认为,女人始终处于男人意志和权力之下。男女两性的家庭地位与这种等级差异的社会地位相一致。

(一)妇女终生处于从属于男性之地位而无独立意志

在以男性为中心的宗法制度下,"三从四德"要求妇女终身从属于男性。家庭中,父与母、夫与妻、子与女、兄弟与姐妹等,由于性别不同,地位极不相同,男尊女卑达到了无以复加的地步。按照礼与法的规定,家庭中的家长权、财产所有权、继承权都归男子享有;主张"妇女从人者也,幼从父兄,嫁从夫,夫死从子"。[②] 按照宗法制,女子出嫁是脱离父宗而加入夫宗的行为,从此以夫家为家,已婚妇女的一切均与夫家发生联系。例如,已婚妇女参加夫家的经济活动,劳力属于夫家,参加夫家的祭祀活动。她与娘家虽仍保持着固有的亲属关系和称谓,但相互关系已由亲变疏,"三从主义"之下,断然不可能有男女平等。

要求妇女恪守"四德",即要求妇女在思想、言行、仪表和家事劳动等

[①] 《晏子春秋·天瑞》,转引自瞿同祖《中国法律与中国社会》,中华书局2003年第2版,第112页。

[②] 参见《礼记·郊特牲》,转引自瞿同祖《中国法律与中国社会》,中华书局2003年第2版,第112页。

方面严守妇道。妇女自从出生到死亡都从属于男子管束之下，充当家庭奴隶和传宗接代的工具。

（二）男主外而女主内的家庭分工形成女性从属于男性的固定结构

古代家庭分工原则，是"男不言内，女不言外"，[①] 即男主外、女主内。所称"内"，是指家庭内务，包括育婴、烹饪、浣洗、缝纫、清洁，也包括服侍男性。主妇率领女眷们承担家内的工作。但是，家庭财政权和家事管理权均由家长掌控，女子是被排斥在家长之外的。在家长与主妇、父亲与母亲之间意志发生冲突时，家长权、父权是最高的。

（三）夫妻关系的结构：夫权统治

"夫为妻纲"是古代中国夫妻关系立法的指导思想。丈夫集夫权、父权和家长权于一身，夫妻是统治与被统治的关系，已婚妇女的人身权和财产权受到极大限制。

妇女从出嫁时起，对其的管束就由父权移交给夫权，即夫代替昔日之父角色，妻从属于夫。在夫妻关系上，实行夫妻一体主义，妻之人格为夫所吸收。夫为尊长，妻为卑幼，夫对妻有教令及惩戒权，即为夫权。夫惩戒妻，如不逾越适当范围，则不受刑罚；反之，妻若辱骂丈夫，即会被处罚。

（四）以"出妻"为主要方式的专权离婚

我国古代婚姻家庭制度下，离婚受到严格限制；离婚权主要属于丈夫和男家，妇女处于无权地位。例如，按照封建法律规定，离婚方式虽有出妻、义绝、和离、呈诉离婚四种，但是，实际上，"出妻"是最主要的离婚方式。

"出妻"，即休妻，是丈夫单方面决定结束婚姻而驱离妻子回娘家的专权离婚。

二 大家庭生活与家长专制

父权家长制大家庭、家族和宗族集团是封建社会的基本组织细胞。中国古代社会长期以小农业和家庭手工业牢固结合的自然经济为基础，其伦理思

[①] 参见《礼记·内则》，转引自瞿同祖《中国法律与中国社会》，中华书局 2003 年第 2 版，第 113 页。

想，是以家族制度为基础，家族制度作为中国社会的重心，始终未曾动摇。① 在中国传统社会中，家庭是最小、最基本、最不可分割的基本单位。中国人看重家庭，人际关系靠血缘关系来维系，通过人与人之间关系来处理人与物之间的关系。因此，在封建法律体系中，调整以父权为核心的家族成员之间权利义务关系的法律，占有十分重要的地位。这类法律的任务，是维护家长、族长的特权，巩固封建家长制家庭。②

(一) 维护大家庭稳定

传统家庭，既是自给自足的经济单位，又是生活共同体，不仅是生产单位、分配单位，承担着生产、分配的功能，而且是生育单位、生活单位、教育单位，承担着组织生活、后代教化的功能。家庭通常是几代同堂，人口众多。在当时较低生产力发展水平之下，家庭成员之间相互依存程度深，家庭结构稳定。维持家庭秩序的规则是道德规范、家法、国家法相关规定。

例如，《唐律》第155条规定，"诸祖父母、父母在，而子孙别籍、异财者，徒三年"。换言之，"凡祖父母、父母在世，而子孙另立户籍、分割家财的，处徒刑三年。别立户籍、分割家财不必同时具有，以下有关的条文

---

① 欧洲社会，从古到今，除了罗马帝国时代以家庭为中心，其他时代的国家，或为个人主义，或为国家团体本位主义，皆各有所偏，而非以家族为社会中心。因此，欧洲文化与中国有大不同。首先，在古希腊，以斯巴达、雅典为代表，前者实行军国社会主义，后者实行个人主义，皆缺乏家族观念。在斯巴达，教育由国家负责，儿童自8岁起，即住公家营房，接受体格训练。18—20岁，实行作战专业训练，其后10年，去前线服兵役。30岁时成为一个完全公民，但住公家营舍，以训练其他儿童。斯巴达实行强迫结婚，妇女及少女均必须接受体育训练。故斯巴达的家庭，被压倒在国家战争利益之下。雅典朝向实行个人主义。教育由家庭父母负责。不过，实际上，雅典的家庭对男孩影响很少。雅典法律规定，父母对儿子不尽教育责任，儿子依法可以不供养年老的父亲。此种权利义务观念，说明家庭观念缺乏。其次，古罗马是以家庭为中心，罗马家庭生活习惯与中国有许多相似之处。在组织和习俗上，罗马的家长持有种种权力，不仅是全家财产的所有者，其妻子、孩子及奴隶有义务完全服从于家长。家长对他们的权利包括：(1) 惩罚权；(2) 生与死的权利；(3) 出卖或当作负债的抵押品；(4) 订婚或使之结婚、离婚的权利；(5) 对家庭财产的任何处置权。中世纪的欧洲，经基督教统治千余年，实行神本主义，崇拜独一无二的上帝，以将来更大的愉快取代现实。直到15世纪，欧洲发生文艺复兴运动，反对中世纪传统和极权，倡导人本主义，要求从极权主义恢复到个人主义，引发民主政治之兴起。1689年英国建立了民有与民治的政府。1787年美国颁布《独立宣言》，宣称人人生而平等。经过数百年自由平等运动，直到19世纪的国家主义。西方整个历史，很少以家族为重心。故中国与西方有一点根本不同，西方承认个人与社会为两个对立的本位，而中国采折中立场，以家族为社会生活的重心，避开个人与社会之冲突。

② 参见张晋藩《中国法律的传统与近代转型》，法律出版社1997年版，第114页。

中也如此"。① 该条惩治非法另户、分割家产的违法犯罪之立法，其主旨是通过户籍制度保障大家庭结构稳定，通过限制分割家财而为大家庭生活创造所需的经济基础。

（二）实行家长专制

家长制是家庭范围内的专制主义。在传统家庭中，承认父权夫权，维护封建家长专制。家长与家庭成员之间的关系，是父权、家长权为中心，妻子、儿女依附于丈夫、父亲。国家制定了保护"君为臣纲""父为子纲""夫为妻纲"的法律。

家长专制，漠视子女利益。家政统于家长，是历代法律规定的家庭关系的基本准则。家长对外代表全家承担社会义务并行使权利，对内统领家属从事生产、组织消费。家长对家属拥有家长权，实行家长专制。家长权是家长对家属享有的一切权力的总和，主要内容有，统领家属和家庭财产支配权、主婚权、教育家属权、对家属的惩戒权等。子女、卑幼要绝对服从家长，卑幼不经家长而私自擅用本家财物，须受法律处罚。漠视子女利益达到了"父为子纲""父要子亡，子不敢不亡"的地步。

例如，《唐律》确认封建家长制度。家长被赋予对卑幼的主婚权和教令权。《唐律》第188条规定，"诸卑幼在外，尊长后为定婚，而卑幼自娶妻：已成者，婚如法；未成者，徒尊长。违者，杖一百"。即"凡卑幼离家在外，尊长后来为其定婚，而卑幼自己娶妻：已经成婚的，婚姻认定其合法；未成婚的，服从尊长之定婚。违反此制度的，处杖一百"。② 唐律规定家长对家内财产的支配权。卑幼对尊长唯有应尽的义务。夫妻在家庭中的地位不平等，妇女已嫁从夫，夫为妻纲。到宋代，更强调家长对家庭成员的严密控制。

三 基于传宗接代目的实行包办婚姻及早婚

在古代中国，婚姻是以宗族、家族或父母为本位，传宗接代、奉祀祖先是婚姻的目的，男女本人的意愿不受重视。为了人丁兴旺，实行早婚。

---

① 钱大群：《唐律疏义新注》，南京师范大学出版社2007年版，第399页。
② 同上书，第452页。

(一) 婚姻的目的：传宗接代

在中国古代，婚姻是以传宗接代、承继祖业为目的。"昏礼者，将合二姓之好，上以事宗庙，下以继后也。"为了维护家族主体利益，"门当户对"是成立婚姻的重要条件，"父母之命""媒妁之言"是缔结婚姻的合法形式；婚姻当事人双方的意愿不构成其中的任何条件。历代封建法律规定，嫁娶皆由祖父母、父母主婚；祖父母、父母俱无者，由其他近亲尊长主婚；成立婚书和收受聘财是定婚的法定方式。"在整个古代，婚姻的缔结都是由父母包办，当事人则安心顺从。古代所仅有的那点夫妇之爱，并不是主观的爱好，而是客观的义务；不是婚姻的基础，而是婚姻的附加物。"[①] 婚姻目的始终不涉及男女本人。只需二姓的家长同意其子女结婚，经过一定仪式，婚姻便告成立。

(二) "父母之命"和"媒妁之言"是古代成立婚姻的唯一合法形式

由父母、祖父母等尊亲属行使主婚权，决定当事人婚嫁。男女结婚，从选择对象、订婚到嫁娶操办，都须由父母包办，媒妁居中活动。所谓"男不自专娶，女不自专嫁，必由父母"。婚姻缔结不是出于男女当事人自愿。

"直系尊亲属，尤其是男性的直系尊亲属，有绝对的主婚权。他们的意思可以命令他的子女与任何一定的人结婚，社会和法律都承认他在这方面的威权，予以强有力的支持，不容子女违抗"。[②]

(三) 门当户对和婚姻论财，是成就婚姻的主要条件

在等级森严的古代社会，父母下命、媒妁传言的实际依据是门当户对和婚姻论财。家势门第不同的男女之间，存在着不可逾越的通婚障碍。豪门望族与士庶之间等级不同，不得通婚；即使在统治阶级内部，婚嫁也有很深的门第之见。"凡婚嫁，无不以财币为事，争多竞少，恬不为怪也。"聘娶婚往往成为变相的买卖婚。

(四) 男女当事人无婚姻自由

既然婚姻是家族、家庭实现其利益的手段，婚姻便不可能由男女当事者本人做主。相反，当事人只能安心顺从接受家长安排的婚姻。

[①] 《马克思恩格斯全集》第 21 卷，人民出版社 1965 年版，第 89 页。
[②] 瞿同祖：《中国法律与中国社会》，中华书局 2003 年第 2 版，第 108 页。

《唐律》详列婚姻的成立、限制以及离婚各条。关于婚姻成立，规定以尊长同意为最重要条件，强调婚书、聘财。关于婚姻的限制，以门第匹配为主，主张"人各有偶，色类须同，良贱即殊，何宜配合"。① 禁止同姓为婚，禁止监临官娶其所部百姓为妻妾。在离婚方面，承袭汉律丈夫休妻的"七出""三不去"和"义绝"之法；同时规定"若夫妻不相安谐而和离者，不坐"之条。允许纳妾，但不得"以妾为妻"，以维护宗法嫡庶秩序。

（五）实行早婚

根据《礼记》规定的男女成年标准来推算，古代嫁娶年龄的一般标准是男 20 岁、女 15 岁。古代成婚的年龄，各朝代有异。春秋时期，齐桓公下令："丈夫二十而室，妇人十五而好。"② 男子 20 岁加冠，女子 16 岁及笄，即可结婚。西汉惠帝曾下令："女子年十五以上至三十不嫁，五算。"③ "五算"就是罚按五倍缴纳对成年人的人头税。在唐朝，"男十五、女十三以上，得嫁娶"。唐太宗贞观元年（627 年）发布《令有司劝他庶人婚聘及时诏》规定："男年二十，女年十五以上，……并须申以媒媾，命其好合。若贫窭之徒，将迎匮乏者，仰于其亲近，及乡里富有之家，衰多益寡，使得资送。"④ 玄宗开元二十二年（734 年）"诏男十五、女十三以上得嫁娶"。⑤ 明朝太祖洪武元年（1368 年）规定，"凡庶人娶妇，男年十六，女年十四以上者并听婚娶"。

实际生活中，盛行早结婚，特别是女性的结婚年龄普遍很低。实际婚龄，一般为男子十五六岁，女子十三四岁。宋代曾有"凡男年十五，女年十三，并听婚嫁"的规定。《后汉书·班昭传》中就记载：班昭"年十有四，执箕帚于曹氏"。

实行早婚，既是当时社会政治、经济的需要，也是封建家长制包办婚姻的必然。在古代农业社会中，生产力水平低下，生产、生活环境艰苦，人的

---

① 《唐律疏议》卷一四《户婚》，中华书局 1983 年版。转引自张晋藩主编《中国民法通史》，福建人民出版社 2003 年版，绪论，第 12 页。
② 《韩非子·外储说右下》。
③ 《汉书·惠帝纪》。
④ 《唐大诏令集》卷 110。
⑤ 《新唐书·食货一》。

平均寿命短，地广人稀。为了增加人口繁殖，鼓励早生后代，多生后代，历朝历代均鼓励早婚早育。①

为促进人口出生和解决男子婚配问题，有些朝代甚至强制女性出嫁。例如，越王勾践曾规定："女子十七不嫁，其父母有罪；丈夫二十不娶，其父母有罪。"②在晋代，女子到了一定年龄必须嫁人，否则官府要强行给她找对象。《晋书·武帝纪》记载，司马炎就曾要求，女孩子到17岁了，如果父母不将闺女嫁出去，那么地方官府就要给她找老公，逼其强行嫁人。到了南北朝时，还出现了如果女孩适龄不出嫁犯法的规定，不及时出嫁家里人都要跟着坐牢，这就是《宋书·周朗传》中说的，"女子十五不嫁，家人坐之"。强迫婚嫁，既是出于增加社会人口的考虑，又客观上减少男子单身不婚现象，也有社会安定的考虑。

（六）嫁娶实行六礼程式

法律以成立婚书和收受聘财为定婚的要件。早在西周时期，便设定了婚姻成立的严格程序，须"父母之命、媒妁之言"，合"六礼"（纳彩、问名、纳吉、纳币、请期、亲迎）程式。③从此以后，嫁娶程序上，秦、汉、魏晋南北朝、隋、唐、宋、元、明、清历朝历代均沿用之。

> 媒往来议亲时自是代表婿父（家长）的，媒人决没有代表新郎前往女家求婚的。纳采时使者说某（婿父之名）使某（媒人自称）纳采，问名时说某（婿父名）将加诸卜请问名，纳吉时说某使其告吉，纳征时说某官（指女家家长）以伉俪之重加惠某官（婿父），某（婿父）率循典礼，有不腆之币，敢请纳征，请期时说某（婿父）使某请吉日。可见，凡程序均以主婚人名义启始和进行。女家亦由家长出面。最后，亲迎，新人本人不得不出场，却仍是承父命而去、而为。④

---

① 据《梁书·张缅传》和《周书·城冀传》，梁高祖第4个女儿富阳公主和北周高祖女儿平原公主都是11岁出嫁的。更早的还有在6岁就结婚的，汉昭帝8岁继承皇位，娶"年甫六岁"的上官安女为皇后。
② 《国语·越语上》。
③ 张晋藩主编：《中国民法通史》，福建人民出版社2003年版，绪论，第6—7页。
④ 瞿同祖：《中国法律与中国社会》，中华书局2003年第2版，第110页。

四　实行一夫一妻多妾

一夫一妻多妾制，实际上就是一夫多妻制，它是中国古代存在时间最长的婚姻制度之一，一直持续到新中国成立之前。在此期间社会体制虽几经变换，但一夫多妻制的婚姻制度没有真正被改变。一夫多妻制长期存在，最直接地影响了中国古代社会人口数量的增长，同时对中国古代的政治、经济、文化也都产生了多方面的影响。在旧制下，夫妻关系向来不平等。妇女"既嫁从夫"，"夫者妻之天也"，"妇人，伏于人也"。这不仅是中国礼教要求，更为历代律例所采纳。故数千年来，夫妻间只有命令服从关系，无平等可言。

（一）实行一夫一妻，又允许纳妾

立法维护婚姻不并存妻之原则。妻只能有一个。凡有妻更娶妻者，构成犯罪，应受刑事处罚。《唐律》第177条规定，"诸有妻更娶者，徒一年；女家，减一等。若欺妄而娶者，徒一年半；女家不坐。各离之。"《唐律疏议》称，"一夫一妇，不刊之制。有妻更娶，本不成妻。详求理法，止同凡人之坐"。用白话文表示，"一夫一妻，是不变之制"；"凡有妻重又娶妻的，处徒刑一年；女家减一等处罚。如欺诈非法而重娶的，处徒刑一年半；女家不处罚。都令离异"。有妻子再娶妻，后娶者不具备妻的身份，"在情理与法制上充分推究，只依一般人的关系处置"。①

但是，除妻之外，男性可以合法地拥有妾或媵。媵是地位低于妻而略高于妾之人。五品以上的官可以有媵。立法惩治妻媵妾乱位以及以婢为妻妾之行为，以维护封建婚姻家庭中妻妾的地位秩序。《唐律》第178条规定，"诸以妻为妾，以婢为妻者，徒二年。以妾及客女为妻，以婢为妾者，徒一年半。各还正之"。即"凡把妻作妾，把婢作妻的，处徒刑二年。把妾及客女作为妻，把婢作妾的，处徒刑一年半，都改正还原"。② 在唐朝，主人对婢女及部曲的女儿即客女，事实上有自由占有之制度。按照《唐律疏议》解释，"妻，是与夫相齐，恩爱匹配为夫妇。妾可通过买卖取得，地位、身

---

① 钱大群：《唐律疏议新注》，南京师范大学出版社2007年版，第435页。
② 同上书，第436页。

份与妻悬殊。婢是贱类，原就与良人不属同类。如把妻作为妾，把婢作为妻，违背了原先的婚约，就有损夫妻间公认的正道"，颠倒了上下尊卑的经典礼制规则。①

(二) 婚姻高度稳定

在传统社会，人们社会交往少，人际关系单纯；男女双方婚后，夫妻通常能够白头到老。一方面，只要妻子能够生儿育女，恪守妇道，胜任家务，丈夫不会提出离婚。另一方面，妇女，无论婚前或婚后，在社会上、家庭中均没有独立地位，也无权利，已婚妇女是夫家的家属，纵然婚姻不如意，也极少提出离婚。

例如，《唐律》第189条规定，"诸妻无七出及义绝之状，而出之者，徒一年半；虽犯七出，有三不去，而出之者，杖一百。追还合。若犯恶疾及奸者，不用此律"。译成白话文就是，"凡妻子无七出与义绝之情状，而予休出的，处徒刑一年半；虽然犯有七出之条，但有三不去之情状而仍予休出的，处杖打一百。追回仍为妻子。如妻犯有恶疾及奸行的，不适用此律条"。②《唐律疏议》说，"夫妻之道，恩义情深只求生死相守。一旦结为夫妇，终身不再分离。所以妻无七出及义绝之情状，不该休弃"。所谓可以休妻的七种情形，依令是指"一是无儿子，二是淫荡，三是不侍奉公婆，四是弄口舌，五是偷盗，六是忌妒，七是有恶疾"。③ 恩义断绝的情形，是指"殴打妻子的祖父母、父母及杀妻子的外祖父母、伯叔父母、兄弟、姑、姐妹，或者是夫妻的祖父母、父母、外祖父母、伯叔父母、兄弟、姑、姐妹自己相互杀害，以及妻子打骂丈夫的祖父母、父母、杀伤丈夫的外祖父母、伯叔父母、兄弟、姑、姐妹，及与丈夫的缌麻以上亲属或与妻子的母亲相奸，及要害丈夫的，即使遇赦，都依法强制离异"。若无七出及义绝的情形之一，擅自休弃，非法，处徒刑一年半。"三不去"的情形，一是指曾为公婆服过丧；二是娶时卑贱后来显贵；三是指娶时有陪嫁归家无财物。④

---

① 钱大群：《唐律疏议新注》，南京师范大学出版社2007年版，第436页。
② 同上书，第453页。
③ 同上。
④ 同上。

五 亲属制度：以宗亲宗族为本及丧服制

中国传统法律思想，是以儒家学说为其主流。儒家以天道思想说明人类社会的秩序，认为社会组织关系是支配关系；国家的形成是家族的扩大形态，即由个人而家族，由家族而国家，在此过程中，以家之机能为核心。[①]故《大学》上载："所谓治国必先齐其家者，其家不可教而能教人者，无之，故君子不出家而成教于国。"[②] 因此，家是与政体联系在一起的。从横向关系分析，人际关系是三纲，即君臣、父子、夫妻；君支配臣，父支配子，夫支配妻。

(一) 将亲属区分为宗亲、外亲和妻亲

我国奴隶社会、封建社会实行宗法统治，主要以宗亲、宗族为本，以男子为中心，内外有别，将亲属分出宗亲、外亲和妻亲。宗亲是指出自同一祖先的男系血亲及其配偶，宗亲还包括未出嫁之女即"在室之女"。宗亲也叫宗族，范围包括男系的九族，上数四代，下数四代，连同自己加在一起，总称九族，古代所谓的"株连九族"就是指这个范围。外亲是指与女系血统相联系的亲属，也叫女亲，包括与母亲血统有关的亲属，如外祖父母、舅、姨及其子女等，和与本宗出嫁女及其后代有关的亲属，如女婿、妹夫等。妻亲是指以妻子为中介联络的亲属，如岳父母、妻的兄弟姐妹。

(二) 丧服制

封建法用丧服等级表示亲属关系的亲疏远近，凡服所及者，礼和法均认其为亲属；凡所不及者，礼、法均不认其为亲属。丧服分五等，《礼记·大传》上记载："四世而缌，服之穷也，五世袒免，杀同性也，六世亲属竭矣。"

丧服五等具体如下：

第一等斩衰，为三年之服。丧服用最粗的麻布缝制，不缝下边。儿子及未嫁女为父母丧、妻为夫丧均为斩衰之服。

[①] 戴东雄：《论中国家制的现代化》，"中研院"《国际汉学会议论文集·民俗与文化组》，"中研院"1981年版，第147页。

[②] 《大学》第九章。

第二等齐衰。丧服用稍粗的麻布缝制，缝下边。由仅次于斩衰亲属的人穿戴。它细分有杖期、不杖期、五月、三月之别。一年之服称为期。杖期与不杖期之别在于服丧者是否持杖，即哭丧棒。如夫为妻（父母不在时）丧为齐衰杖期之服；孙为祖父母丧、出嫁女为父母丧为齐衰不杖期之服；曾孙、曾孙女为曾祖父母丧为齐衰五月之服；玄孙、玄孙女为高祖父母丧为齐衰三月之服。

第三等大功，为九月之服。这种丧服用粗熟布缝制。如妻为夫之祖父母丧、公婆为儿媳丧、兄弟为出嫁姐妹丧为大功服。

第四等小功，为五月之服。这种丧服用稍粗的熟布缝制。如侄为叔祖父母丧、妻为夫之伯叔父母丧等均为小功之服。

第五等缌麻，为三月之服。这种丧服是用细熟布做的。如己身为族伯叔父母丧、为妻之父母丧均为缌麻之服。

除以上五等外，其余远亲皆为无服亲，即袒免亲，祭奠时只着素服，用尺布缠头，无守孝期。如己身为族兄弟之妻丧、夫为妻的兄弟姐妹丧均为袒免。

丧服制度反映了以男性为中心的封建宗法制度的需要，它维护的是族权、家长权和夫权三位一体的封建婚姻家庭制度。

六 家庭关系由家长与家属构成：尊卑有别和长幼有序

依中国旧法，一家只设一个家长，其他均为家属。一家之中，以家长为首，一切家政皆属家长统摄。家长，对内统率家属，总摄家政，家属的人格为家长所吸收，所有家属皆无法律行为能力；对外，家长负公法上的义务。

（一）家长的产生

家有一位权威家长维持家属之间的伦常秩序。维持家族生活秩序，强调尊长卑幼，以孝顺友爱之义理，促进家族和睦团结。儒家信人性本善，家族生活有父慈、子孝、兄友、弟恭等伦常礼教。这些伦常礼教扩展适用于国家，成为社会行为规范。《大学》上载有"孝者所以事君也，弟者所以事长也，慈者所以使众也"；"一家仁，一国与仁；一家让，一国与让"。[①] 以家

---

① 《大学》第九章。

庭关系为基础构成社会关系，形成稳定的社会秩序。孔子家语说，"天无二日，国无二君，家无二尊"。基于"子以父为天"之思想，家长吸收家属之人格，父子关系犹如君臣，子绝对服从之义务。

依律例及习惯，家长之顺位采尊长主义，以家属中最尊长者为最优先。担任家长的顺位是以男性优先于女性，尊长优先于卑幼。古代社会，妇女受"三从"限制，对外无行为能力。庶男优先于嫡妻之长女。即使妇女最为尊长，但只要家属中有适当男尊长时，她仍不得担当家长。唯全家无男性尊长时，女性尊长始能担任家长，直至有适当男性适任家长时为止。此外，经验和才干有时也可成为考虑家长资格的因素。

家长年龄无严格限制。未成年男丁也可以承继家长资格。不过，家长过于年幼，因缺乏辨别能力或生活经验，需要有辅佐，辅佐人故通常由其母亲或同居之叔伯担任。

(二) 家长享有家长权

家长权，通常可以划分为对外责任、一般家政权、教令权、家产管理权。

(1) 一般家政权。家是家属共同生活的团体，家内生产、消费及日常生活，应听从家长指挥。家属应受家长统领，由家长分设授事，男性家属从事耕田或其他家业，女性家属则任炊事、纺织、洗衣等。家长制定家规，以作为全体家属的行为规范。家内纷争，由家长裁决。

(2) 教令权。教令权是家长权中最主要的内容。凡尊长均有教导、管束卑幼的权利。如果卑幼不听从尊长教导，尊长可惩戒之。唐《斗讼律》规定，"诸子孙违反教令及供养有阙者，徒二年"；"祖父母、父母有所教令，于事合宜，即须奉以周旋，子孙不得违犯……"[1]《唐律》"骂殴父祖及父祖杀子孙"条规定，"诸骂祖父母、父母者，绞；殴者，斩。过失杀者，流三千里；伤者，徒三年。若子孙违反教令，而祖父母、父母殴杀者，徒一年半；以刀杀者，徒二年。故杀者各加一等。过失杀者，各勿论"。[2] 白话文即为"凡骂祖父母、父母的，处绞刑；殴打的，处斩首。过失致死的，处

---

[1] 钱大群：《唐律疏议新注》，南京师范大学出版社2007年版，第758—759页。
[2] 同上书，第715—716页。

流刑三千里；过失致伤的，处徒刑三年。如子孙违反教令，而祖父母、父母因此被殴打致死的，处徒刑一年半；因此用金属利器杀死的，处徒刑二年。故意杀死的，比上述罪罚加重一等。如果属嫡母、继母、慈母、养父母杀子女的，分别加重一等处罚。属因违犯教令而过失杀的，都不论处"。可见，教令权很强大。当然，此处所称祖父母、父母的教戒、命令，须合乎事理；若教令违法的，则子孙不奉行无罪。

（3）对卑幼婚姻的主婚权。父母、祖父母作为家长，对家属卑幼的婚姻，享有绝对的支配权；卑幼则唯命是从。清《户律附例》内记载，"嫁娶皆由祖父母、父母主婚；祖父母、父母俱无者，从余亲主婚，其亡夫携女适人者，其女从母主婚"。唐户婚律规定，"诸嫁娶违律，祖父母、父母主婚者，独坐主婚"。① 即凡违律嫁娶，祖父母、父母主婚的，只处罚主婚者。

尊长的主婚权因其与卑幼亲疏远近不同而有异。唐《户婚律》规定，"若期亲尊长主婚者，主婚为首，男女为从。余亲主婚者，事由主婚，主婚为首，男女为从；事由男女，男女为首，主婚为从"。即"如属期亲服尊长为违律嫁娶者主婚的，以主婚者为首罪，结婚男女为从罪。其余亲属为之主婚的，犯罪由主婚而起，主婚者处首罪，结婚男女为从罪；犯罪由结婚男女而起，男女为首罪，主婚者为从罪"。②

（4）卑幼出养决定权。卑幼家属出养或出嗣，由其父母、祖父母或伯叔父母、兄长等尊长为立约人。若是死后立嗣的，因收养人已死亡，由其妻、父母、兄弟等为立约人。

（5）对外责任。唐令记载，"诸户主，皆以家长为之"。家长以户长资格代表全家申报户口、缴交租课，不使田地荒芜；有违背时，由家长负刑事责任。家人共犯时，同居家长独坐，卑幼无罪。

（三）子女从属于父母

中国固有法上的亲子关系，具有下列四个特点。

（1）固有亲子法，以奉仕父母、家及宗族为其根本，而现代亲子法则以父母保护教育子女为核心。

---

① 钱大群：《唐律疏议新注》，南京师范大学出版社2007年版，第463页。
② 同上书，第464页。

（2）亲子关系以男子为中心，女性则不大重要，与现代法男女并重不同。

（3）亲子关系以教令及惩戒为其重要内容。子女应孝顺父母，听从其教令。惩戒子女非致死，则勿论。

（4）亲子关系受尊长权所限而形成不同层次。上一层的亲子关系优于下层的亲子关系。若祖父母在，则父母对子女行使教令权时，应听从祖父母指挥。反之，现代家庭法上，亲权本于亲子关系，亲权的行使不受任何第三人的干涉。[①]

七 家产：同居共财[②]

在我国，自古以来，家庭生活实行同居共财，家产归家属共同共有。

（一）同居共财与共同共有

唐、明、清历代立法规定，在祖父母、父母生存父母之丧期间禁止子孙别籍异财。唐《户婚律》规定，……"若祖父母、父母令别籍者，徒二年，子孙不坐"。[③]

（二）家产的管理权

在传统法上，家长对内统领家属，总摄家政。凡家中事务均由尊长统筹办理。为管理家务，法律和习惯都承认家长有管理家产的权力。《清律》（户役、卑幼私擅用财条）辑注，"卑幼与尊长同居共财，共财总摄于尊长，而卑幼不得自专也"。

对夫而言，妻是被列入卑幼，故妻对家产的管理，须由作为家长之夫授意，不得违背夫的意志而擅行。《礼记·内则》上载，"子妇无私货，无私蓄，无私器，不敢私假，不敢私与，家事统于尊也"。

祖业农地使用、收益和家属个人副业收入，均列入有产，由家长保管。

[①] 戴炎辉：《中国法制史》，（台北）三民书局1971年版，第250页。转引自陈惠馨《传统个人、家庭、婚姻与国家——中国法制史的研究与方法》，（台北）五南图书出版股份有限公司2006年版，第209页。

[②] 本目论述参考戴东雄《论中国家制的现代化》，"中研院"《国际汉学会议论文集·民俗与文化组》，"中研院"1981年版，第162—164页。

[③] 《户婚律》子孙别籍异财条。

家长为管理家务所负担的债务，家长在世时，由家长从家产中偿付；家长死亡后，即使无家产，仍由子偿还。反之，子孙私自举债，家长有权否认并拒绝清偿。故有法谚称，"父债子还，子债父不知"。①

卑幼不遵从家长意见，擅自私用家产时，依唐、明、清律，依据"卑幼私辄用财"条处罚。例如，《清律》（户役，卑幼私擅用财条）规定，"凡同居卑幼，不由尊长，私擅用本家财物者，十两笞二十，每十两加一等，罪止杖一百"。

(三) 家产的处分权

家产的处分权，基于家长系直系尊亲或旁系尊亲而有所不同。家长是直系尊长时，对其子孙，握有身份上的支配权，其如何管理家产，卑幼不得过问。家长对动产、不动产皆有处分权。但是，若家长是由旁系尊长担任，其教令权受到相当多限制，对不动产无处分权；家长如因处分家产而侵占卑幼利益时，卑幼亦有权告官请求纠正。

历朝历代的法条和文献中，均无父祖自由处分家产的规定。不过，依据法律赋予家长的家长权，作为直系尊长的父祖，以自己名义将家中土地卖给第三人时，不论其是否经过全体卑幼同意，均属无瑕疵的法律行为。②纵然儿子不同意家长实施的土地卖买，也无权向第三人或父亲提出异议。事实上，历朝历代，均未有父祖因变卖土地而与子孙涉讼的实例。因为中国古代社会有"子以父为天"的思想，子的人格完全被父吸收。通常子孙不得告言父祖，如有违反，无论是告实或告虚，均列入十恶之不孝。依《唐律》，对之处以绞刑；依清律，告实的，处杖一百徒三年，诬告的，处以绞刑。

旁系亲属为尊长时，不得自由处分家产。根据历代立法和习惯，兄弟中如有人擅自变卖土地的，其他兄弟，有权撤销该卖买。

父母死亡后，兄弟、叔侄继续同居共财的，家产为兄弟、叔侄之共有。

---

① 参阅《民商事习惯调查报告录》第四编第十章第十二节。转引自戴东雄《论中国家制的现代化》，"中研院"《国际汉学会议论文集·民俗与文化组》，"中研院"1981年版，第162页。

② 关于直系尊长为家长时对家产的处分权，在学说上有不同解释。台湾学者戴炎辉认为，家产既为父祖子孙共同所有，其处分自应征得全体人同意；但因父祖有强力的教令权，且子孙不得告言父祖，致子孙不得告争。日本学者滋贺秀三则主张，父祖在，家产系父祖个人财产。转引自戴东雄《论中国家制的现代化》，"中研院"《国际汉学会议论文集·民俗与文化组》，"中研院"1981年版，第163页注释85。

此时，长兄为家长，诸弟不能擅自处分，违者以卑幼私辄用财处罚。对此，唐律、明律、清律的规定均相同。兄长的教令权受限制，故兄长为家长时，不享有家产处分权。处分家产，须得全体兄弟一致同意，如能发生效力。如未能征得全体兄弟同意而径行处分的，其他兄弟可争告家长兄弟，请求撤销该处分。例如，南宋《名公书判清明集》（违法交易）载有，"兄弟未分析，则合令兄弟共同成契"。该集（争讼）记载，"诸祖父母、父母已亡，而典卖众分田宅，私辄费用者，准分法追还，令元典卖人还债"。

（四）家产的分割权

分割家产，也称分居、分财、析产、分家。分家是指人和物同时分开的行为。分析家产，如奉祖父母、父母之命，则历代立法不禁止。唐律承认直系尊长有权分割财产。《清律附例》规定，"祖父母在，子孙不许分财异居，其父母许令分析者，听"。① 可见，父子同居之家，必须从父母意见，如能分财。如诸子请求分析，父亲有权拒绝。

分割家产时，依房数均分，与每房的子孙多寡无关。例如，甲育有三个儿子，长子又育有三个儿子，次子育有一个儿子，幼子育有两个儿子；所有人在一起共同生活、共同生产、共同消费。无论诸子均为家产的积累作出了贡献还是其中某人无贡献，不论诸子的子女数量多少及是否对家产积累作出了贡献，甲的家产由其三子（通常称三房）均分。

如果父母死亡，旁系同居之家，任何兄弟均可以随时请求分割财产，家长无权拒绝。我国自古以来，兄弟分家时，家产由兄弟平分。唐户令（应分条）规定，"诸应分田宅及财物者，兄弟均分。……兄弟亡者，子承父分。兄弟俱亡，则诸子均分……"旁系家长分析家产时，应依法令所定的应分份额，不得擅专；若违背法令而侵害应分人的利益，家属有权告官纠正。分析家产不平的告争，不乏其例。

父祖在世时自己分析家产，是否受兄弟均分规则拘束呢？通说认为，直系尊亲属可以自由指定定各卑幼的应分份额，这是基于直系尊亲属对卑幼有教令权，即使不依法定应分份额分析家产，卑幼亦不得告官。《清律》（户役、卑幼私擅用财条）规定，家产分割不均之禁止，只适用于家祖死亡后，

---

① 《清律户役斗》别籍异财条附例。

由其他尊长分析之情形，不能适用于父祖之分析。从民间习惯看，父祖分析家产时，还会受到道义的影响，特别是其不愿在其死亡后，因分析家产不公而引发诸子反目，故父祖分析家产仍遵守均分原则。

此外，父母通常不与诸子共同均分家产。家产分析时，自古有父母"养老分"或"赡养"之财产。如留下特定土地时，则称为养老田或养老地。养老分之比例，由父母自定，法律不加干涉。

八 孝

中国古代法认为，百善孝为先。善待父母称作孝。已经有违犯，就叫作"不孝"。[1] 为了尊孝、护孝，对不孝行为，实施严厉惩处。不孝，是中国历史上久远的重大罪名之一。

《唐律疏义》规定，"不孝"为"十恶"之七，即"告罪、咒骂祖父母、父母，及祖父母、父母在世，另立户口、分割家产，或者对父祖供养断缺；在父母的丧期内自我做主嫁人娶妻，或者玩赏罚音乐歌舞，脱去丧服穿吉庆之服；听知祖父母、父母亡故，隐瞒不公开表示哀痛，诈说祖父母、父母死亡"。子孙对祖父母、父母为求得偏爱而厌魅、诅咒的，处流二千里[2]。

按照《唐律疏义》解释，"祖父母、父母在世，子孙的赡养应无限地周到，外出亲禀，返家面告，家事处置没有擅自作主的道理。而分割家产及另立门户，实际已无尽孝之意，名分及亲情都由此沉沦，情义及节操都由此丧失，以制度与礼法衡量，罪大不能宽容。另立门户与分割家产，两种行为并不要求同时具有才构成犯罪，只要犯有其一，都以十恶论罪"。[3] 《礼记》说，"孝子对尊亲的赡养，要让亲人内心快乐，顺其心意，提供饮食等生活之需而尽心养护"。所以，按《唐律疏义》，如能提供赡养而不提供致使断缺的，祖父母、父母告发，才追究治罪。

"在父母丧期内，自己作主出嫁或娶妻，都是属于《户婚律》中分首从

---

[1] 钱大群：《唐律疏义新注》，南京师范大学出版社2007年版，第33页。
[2] 对一般人实施厌魅，列入"十恶"之"不道"，而对一般人实施诅咒，不在"十恶"范围内。
[3] 钱大群：《唐律疏义新注》，南京师范大学出版社2007年版，第34页。

论罪的情形。如果是主婚人为之，则结婚的男女就不构成"不孝"。称"自己作主嫁娶"是为了区别主婚人与犯十恶之人。

依《礼记》，"听到亲人亡故，以大声号哭回应来报之人，哀哭毕才询问死亡原因"。父母亡故，子女理当是伤痛至极。如果子女隐瞒不表示悲痛，或者出于某种需要另行择日举哀，在传统法上，是构成犯罪。

在中国历史上，卑幼对尊长尽孝，有很多事例记载。为子女或为媳妇者，常有冒着牺牲健康甚至生命的危险，去侍奉父母或公婆的。最家喻户晓的，是割股疗亲、卧冰得鱼、尝粪知病等故事。此类不平凡孝行，自有其至为感人之处。"人与人之间，情爱的情达，无边无涯。这原是道德崇高本质的所在，不该加以厚非"。然而，"此种事你究竟不是一般人所应效法，不宜作为普遍推行人伦之道的榜样或模范"。[①]

第二节 传统婚姻家庭法价值与制度之批判

几千年来，以家庭为基础的社会并没有太大改变，尽管政治变迁极大。迄今为止，作为基本社会制度的婚姻制度、家庭制度仍为人类普遍坚守，不过，其规范体系中的定位、人际关系的价值观已然被彻底改变。常言道，对于古今中外文化，都应该是"取其精华，弃其糟粕"。这就必须回答下列两个问题：一是什么是精华、什么是糟粕？二是划分的依据或标准是哪些？区分精华与糟粕很不容易，因为每个人可以有不同标准；不同时代也可能有不同标准。而且，精华与糟粕之间存在相互转换的可能性，在不同条件下，精华或糟粕可能发挥不同作用，精华与糟粕之间是否存在一条绝对清晰的、明确的界线？也不能断然而论。对婚姻家庭法律传统的认识，因为引用不同文献，注意到不同层面的状况，对同一个社会发展阶段中同一个问题，在观感和理解上就有所差异，甚至截然不同。观察者各执一端，诠释各异。因此，分类研究婚姻家庭法律传统，是一种更能客观反映婚姻家庭法历史的可行路径。

[①] 马汉宝：《儒家思想法律化与中国家庭关系的发展》，"中研院"《国际汉学会议论文集·民俗与文化组》，"中研院"编印，1981年版，第181页。

家庭关系从尊卑到平等是古代家庭法与现代家庭法之间的最大区别。中国传统文化的思想内核是群体意识，传统婚姻家庭法也不例外。婚姻家庭法传统中，最大糟粕是不承认个人及其独立价值，是不平等、专制。古时候，"人们热爱过自由，但没有追求过平等"。① 支持这种认识的古代文献比比皆是，且为大家所熟知。近代以来，家庭关系强调人权观念，双方当事人各自履行责任和义务时，应该受到人权的规范和约束，不应该使其做到不合情理或违反其基本人权之程度。在现代，强调凡人在根本上均具有同等的价值与尊严，法律面前人人平等，应给予同等重视和待遇。父母子女之间、夫妻之间、兄弟姐妹之间等家庭关系，也应以此为基础。以下的价值观与制度应该被扬弃。

一　强制维护大家族与家长专制

在封建社会里，旧律采用大家族主义，凡同居有服者，皆家属。一方面，父母在，家产由家长掌管，家庭同居共财；另一方面，男子被允许纳妾，且无妾人数限制，故家庭成员的人数较多，大家庭共同生活的情形普遍。将家族与宗法结合在一起，使家属全体成为单一体。为了维护大家庭制度，强制家属共同生产、共同消费、共同蓄产，家产属于全家共有。为力求公平，同桌吃饭成了我国家族生活的本质要素。② 考虑个人需求太少，更谈不上尊重个性。

借用英国著名法律史学家梅因的话，古代社会，人与人之间关系，局限于家族，各成员均有其特定的身份，而整个社会的秩序，即以此身份关系为基础而建立。故不论在政治经济或社会方面，均以家族为单位，个人当不能有其独立的地位，从而也不能有其独立意思的表达。"人"的一切关系都是被概括在"家族"关系中的，甚至法律的拘束力也只及至各"家族"而不是个人。③ 这就是古代法。

然而，随着社会日渐进步，家族日渐解体，家族依附逐步消灭，代之而

---

① ［法］皮埃尔·勒鲁：《论平等》，王允道，肖厚德校，商务印书馆1988年版，第76页。
② ［日］滋贺秀三：《中国家族法原理》，创文社1967年版，第73页。转引自戴东雄《论中国家制的现代化》，"中研院"《国际汉学会议论文集·民俗与文化组》，"中研院"1981年版，第148页。
③ ［英］梅因：《古代法》，沈景一译，商务印书馆1959年版，第95—96页。

起的是个人义务的增长,"个人"不断地代替"家族"成为法律考虑的单位。"不断地向一种新的社会秩序状态移动,在这种新的社会秩序中,所有这些关系都是因'个人'的自由合意而产生的"。① 个人成为政治经济社会各方面的独立单位,任何关系的发生,均以个人之意思为依归。

在古代法下,"家父"就是立法者,制定家法,作为家族中每一个人的行为准则。② 孩子们就像被紧紧裹套在父亲所穿大衣内的某个物件,身体不可能不变形,思想不可能独立,又如何能开辟出自己的生活出路呢?

二 男尊女卑和夫为妻纲

中国古代婚姻家庭法规范家庭关系,最主要的要求就是尊卑观念:父尊子卑、夫尊妻卑、长尊幼卑,以及子顺父、妻顺夫、弟顺兄等人与人之关系要求。法律要求卑幼的,远超过要求于尊长者。如有违反者,则将受到法律制裁。例如,《唐律》规定子孝的义务受刑法强制,"诸詈祖父母、父母者,绞";③ "诸祖父母、父母在,而子孙别籍异财者,徒三年";④ "子孙违犯教令,及供养有缺者,徒二年"。⑤ 而祖父母或父母以子孙不孝或者违反教令而殴杀的,则罪刑甚至轻。至于夫妻相犯,一般从尊长卑幼之法,妻犯夫重,夫犯妻轻。这种依靠刑法来强制执行,自然产生许多不近人情之处,不合天理之果。

支持这种观点的古代文献很多。"夫为妻纲,妇者,顺也,服也,事人者也"。⑥ "夫有再娶之义,女无二适之文"。⑦ "妇有七去:不顺父母,去。无子,去。淫,去。妒,去。有恶疾,去。多言,去。盗窃,去"。⑧

按照这种旧观念,妇女作为一个人,不能跟男人得到同样对待。这种旧观念提倡和要求建立一种妇女低男人一等、受奴役基础之上的婚姻关系,夫

---

① [英] 梅因:《古代法》,沈景一译,商务印书馆1959年版,第96页。
② 同上书,第95页。
③ 《唐律·斗讼》第28条。
④ 《唐律·户婚》第6条。
⑤ 《唐律·斗讼》第47条。
⑥ 《白虎通·嫁娶篇》。
⑦ 《女诫》。
⑧ 《大戴礼·本命篇》。

妻不是平等，而是不平等；不是和睦，而是不和！在如此古怪的关系中，爱情是什么呢？是不要平等和地位一致的爱情？果真如此，则只能说缺乏对爱情意义的了解，只能说很少懂得爱情！

从近代提倡男女平等以来，这种不尊重妇女作为一个人的平等地位和权利的规则，否认妇女作为配偶是与丈夫平等的旧观念，不仅是过时了，而且是愚蠢的！前述旧思想虽然不像要求妇女裹小脚而摧毁妇女身体的自然结构与和谐，但同样将毁掉妇女们独立的、正直的思想和灵魂。

三 一夫一妻多妾的婚姻制度

一夫多妻制是男性占据社会绝对主导地位的产物，是男女不平等的婚姻制度。中国传统法律，向来认妾制；对纳妾人数，曾经有等级上的限制，但清末时期，法律已不再设限。唐宋法律规定，"依令，五品以上有媵，庶人以上有妾"。[①] 明朝《户律·婚姻·妻妾失序》规定，"其民年四十以上无子者方听娶妾。违者笞四十"。然而，清末沈家本修律时，谓"则年轻，有子娶妾，非所禁矣"，[②] 删去了前述纳妾者年龄要求。在古代社会，男人们以多妻为荣，只要经济条件许可，男性依赖权力和财产就不停娶妻纳妾，直到老。同时，一人多娶就会导致有人无妻可配，引发男人之间的不平等。天下之男无妻者众多。

婚姻的进化是社会进化的标志。人类进入近代社会以后，普遍实行严格的一夫一妻制。对于保障妇女享有平等地位、保障儿童身心健康，是必要的。

四 否认子孙独立的财产权利

传统家产制，不承认子孙的任何财产权利，有可能引起成年子孙的反感，促使他们产生离家独立的想法，或者因为全家共同收入共同消费，导致子孙养成得过且过心理，自暴自弃。因为没有经济独立作为基础，个体不可能真正地实现人格独立。一个生活需要仰仗他人资助和支持，没有他人给予

---

① 《宋刑统》，中华书局1984年版，第346页。
② 《沈家本未刻书集纂》，中国社会科学出版社1996年版，第348页。

的经济供养，就连日常生活都难以维持的人，如何谈得上保持人格独立、思想独立呢？

受个人主义影响后，这种家产统归家长管理的制度，当不能满足家庭成员独立需求，也容易因家庭成员之间物质利益分享不均引发冲突。

必须强调，每个时代都是平等的！古代中国婚姻家庭法遵循那些在现代人看来缺陷明显乃至不可理喻的规则，是当时经济社会各方面条件综合作用的结果。它不意味着祖先愚笨与现代人聪明之程度。没有经过既往数百年的努力，就没有现代社会！人类逐渐地、艰辛地、不停地从阻塞它的障碍中走出来，走向平等、走向自由。"人类必须经过连续性教育的各个阶段"；"人类要达到平等阶级，必须先经历三种可能的不平等：1、家庭等级制度，2、国家等级制度，3、所有制度等级制度"。① 法国哲学家皮埃尔·勒鲁指出，"人类的本性产生三样东西：家庭、国家、财产"。这三样东西本身"是好的，但是它已经变坏了，并给人类造成不幸福。其结果是给人类带来三种奴役形式"。② 家庭等级或等级家庭，是指错误地扩大了的家庭对于人的天赋自由的限制；国家的等级或等级国家，是指错误地扩大了的城邦或国家对于人的天赋自由的限制；财产等级或等级财产，是错误地扩大了的财产对于人的天赋自由的限制。③

第三节 传统婚姻家庭法价值与制度之延续

无论是现代化国家地区的婚姻家庭法还是仍处于追求现代化过程中的我国婚姻家庭法，传统并未被全面否定或抛弃，而是在坚持传统基本框架的基础上，注入了诸多新的价值观，使原有制度得以被改造，也创设了若干新制度，丰富了婚姻家庭法；已增补了许多与传统法律价值观不同的法律原则、条款和规定，定位个体为主体，无论是享受权利还是承担义务，均不例外。换言之，传统婚姻家庭法中，婚姻、家庭、亲属这三大基本制

---

① ［法］皮埃尔·勒鲁：《论平等》，王允道译，肖厚德校，商务印书馆1988年版，第246页。
② 同上书，第248页。
③ 同上书，第247—248页。

度仍是延续至今的现代婚姻家庭制度,所不同的是现代社会插入其中的价值观已不全然于既往。近代以来,我们在批判、否定落后传统价值观、制度乃至意识形态时,习惯于用"封建主义"一词来表示对过去的废弃、憎恨和割除,但是,必须看到,婚姻家庭法传统并没有全然离我们远去!婚姻家庭法虽然是社会政治、经济、道德伦理等发展中的反映和结果,但又具有独立性,通过价值观替换而被注入新内容,婚姻家庭制度可以适应新的社会需要,甚至旧有形式服务于新的目的后,变得与过去的"旧我"不同了。事实上,吸收传统法律的精华,如同借鉴外来法律先进经验,同样重要,同是保持法律活力的基本路径。有学者甚至直言,"我国当代民事立法所存在的一大缺陷是,过多地注重吸收国外的法律,强调与世界接轨,而忽视了本国的民间习惯"。[1]

一 婚姻制度

进入近代社会或现代社会的人们,仍在适用婚姻制度。尽管缔结婚姻关系的目的已有所改变,缔结婚姻、解除婚姻的条件和程序已发生变化,但是,作为一种建立和规范两性关系秩序的制度,婚姻制度仍具有生命力。

关于夫妻关系,古代法中男尊女卑、夫为妻纲的价值观,当然要不得,但是,古代夫妇朝夕相处,也非永远凶神恶煞的,而有举案齐眉的;夫不能随便殴打妻。[2] 至于夫妻同居协助,共同维持家庭生活,在现代社会,仍不过如此。

二 家庭制度

在现代社会中,家庭仍是普世价值观,家庭制度仍是建构社会秩序的基本制度之一。"在包括现代市场经济在内的社会里,家庭对一半以上的经济

---

[1] 周子良、李锋:《中国近现代亲属法的历史考察及其当代启示》,《山西大学学报》(哲学社会科学版)2005年第6期,转引自法制现代化网:http://www.modernlaw.cn/1/6/11-18/3226.html,访问时间:2012年8月23日。

[2] 《睡虎地秦墓竹简法律问答》规定,即使妻悍,夫也不能随便打她,打了,就要治罪。

活动承担着责任"。① 在现代家庭制度中，区别于传统家庭制度之处，仅仅是家庭成员之间关系是平等的，而不是从属的；其他方面的区别甚小。

在中国传统法律中，家的重要性极其突出，立法重视家庭作为社会的基本组成部分在维护社会稳定中的重要作用，注重维护和促进家庭成员之间的互助与和睦，维护家庭中的亲亲关系和家庭和睦。在现代社会中，这些规定仍不失其积极价值。因为自从近代开启以来，国人在心理上已抛弃具有家长专制色彩的大家庭制度，希望建立小家庭生活，同时，人们期待保有传统大家庭有的亲亲精神，愿意家庭成员之间和睦共同生活。现代的婚姻家庭法重视规范家庭成员之间的财政责任，凡受扶养权（包括抚养、扶养、赡养）受到侵犯，立法设定了救济，然而对其他方面的关系显然重视不够，例如，对家庭成员之间的"互敬""互爱"，没有规定。有鉴于此，未来婚姻家庭法在保留其民族特性方面，是应该有所思考、有所作为的。

对于大部分中国人，家是他们精神之家园、心灵之归宿。然而，我国当代婚姻家庭立法中，"轻家庭、重婚姻"现象十分明显。② 未来，可以考虑更重视家庭关系调整，促进友善、和睦与充满亲情的家庭生活。

三 亲属制度：父母子女关系及其他亲属关系

在当代社会，亲属团体仍担负着特殊的职能与任务；特别是在抚育儿童事务上，父母仍是最基本责任承担者。

人类进入近代社会以来，随着个人主义开始崛起，家族制度渐趋衰落，是不可避免的，家庭制度也已有所弱化，国家和社会接替了从前由家庭、家族完成的大部分责任。亲属团体、家庭成员的身份已经日趋简单化。但是，家庭、亲属团体仍有其存在的必要性。

亲属生活总是需要一定规则调整的。就这一点而言，观察亲属制度随着时代进步而不断嬗迁变化之中，其基本法则似乎未有改变。中国古代法上亲属制度严密而复杂。民国时期颁行民法典亲属编，勇断实施改革，废弃掉原

---

① ［美］加里·斯坦利·贝克尔：《家庭论》，王献生、王宇译，商务印书馆1998年版。
② 巫昌祯、夏吟兰：《民法典婚姻家庭编之我见》，《政法论坛》2003年第1期，第30页。

有全部宗法遗规，不留余存。宗法制度自无再存续的任何理由。包括婚姻家庭法改革在内的若干社会改革运动成功地改变了宗法中国，"个人从宗族、宗法中解放出来"了。[①] 不过，基于血缘、婚姻而自然成立的亲属关系，本于天性或爱总是应能各尽其道的。但是，亲属关系，需要有相应的立法建立基本制度加以规范。

亲属制度应是婚姻家庭法中的最基本制度。对亲属关系的规制应该成为立法的重点内容。然而，我国现行婚姻家庭法未构建起完备的亲属制度。"重建中国当代亲属制度已成为学界的共识"。[②] 应该致力于建设平等、和睦、文明的亲属关系，引导亲属之间平等互助、相亲相爱。

四 人伦秩序：合理限度内的"孝"

保留孝的合理成分，剔除其违背情理的强制乃至"以长欺弱"的极端，使之合乎不同辈分的亲属之间相互尊重，则仍是现代社会之秩序规则。过去的孝，强调晚辈敬重长辈，而不考虑长辈对晚辈的尊重。这显然不妥。但是，现代社会倡导人人相互尊重，不是否定和排斥晚辈对长辈的敬重，否则，人将不人！因此，长辈应当尊重晚辈，晚辈应当尊重长辈。如此，亲属关系将更加和睦温顺。

为了尽子女孝心，可以有更合情合理且合法有效的做法，即强调"合法"。

认真审视婚姻家庭法传统，清楚地看到婚姻制度、家庭制度、亲属制度作为基本婚姻家庭制度，从古至今都是结构社会的基本制度，其内容大都相同或接近；人伦秩序也是任何一个社会必须具备的，故可谓近现代社会没有抛弃基本的传统制度。传统婚姻家庭法区别于现代法之处，是其中的价值观，前者对适用对象的要求基本上是单向的，卑亲应孝敬尊亲，长辈则无须尊重晚辈；而现代法上，同一价值观是双向的，男女平等、父母子女之间平等。当然，男尊女卑等家庭成员之间不平等、包办强迫婚姻、

[①] 金眉：《中国亲属法的近现代转型——从〈大清民律草案·亲属编〉到〈中华人民共和国婚姻法〉》，法律出版社2010年版，自序，第3页。

[②] 同上书，第95页。

夫权、家长专制等不符合现代要求的传统内容，不仅已经被淘汰，而且不应重拾。

文化是无处不在、无时不在的。"人是文化的存在物，任何人都只能存在于一定的文化状态之中，没有什么超文化的人"。[①]

[①] 易中天：《中国文化与中国人》，费孝通、[法]德里达等编《中国文化与全球化——人文演讲录》，江苏教育出版社2003年版，第114页。

第二章
婚姻家庭法现代化演变之规律

婚姻家庭法由传统法转型成为现代法，不是随机发生的，而是为了满足当时社会和可预见的未来社会之需要。婚姻家庭法的现代化，不是单一的、孤立的法律现象，而是与其他领域法律现代化齐头并进的。20世纪百年间，中国由农业社会逐渐转入工商业社会，社会经济发生了深刻变革，工业化、城市化随着时间推移而加速。[①] 其间，婚姻家庭法结构性变化、人身关系弱化、财产关系强化；大规模人口流动，性关系自由、婚姻自由度大增，婚姻稳定性大减；个人财产与家庭利益、社会经济呈现的多重复杂关系。婚姻家庭法必将随着中国社会现代化而走向现代化。本章试图回答推动婚姻家庭法由传统法转变为现代法的基础、依据、因素和理由；阐述传统婚姻家庭法与现代婚姻家庭法之关系；探讨婚姻家庭法现代化的判断标准和目标。婚姻法现代化是一个循序渐进的过程。变迁是永远的，没有止境的，这是基本规律。同样，法律是处在不断发展之中的。法律的现代化，不是单一的社会现象，而是社会变迁发展进入了现代化阶段的重要组成部分。

[①] 我国居住在城市、镇的人口数量占全国总人口的比例，1964年为18.4%；1982年为20.6%；1987年为37.1%；1990年为26.23%；1995年为28.85%；2000年为36.09%。其余人口则居住在农村。引自《中华人民共和国国家统计局关于一九八二年人口普查主要数字的公报》，黑龙江省人民政府：http://www.hlj.gov.cn/zt/system/2010/10/18/010107666.shtml；《中华人民共和国国家统计局关于1987年全国1%人口抽样调查主要数字的公报》（1987年11月），中华人民共和国国家统计局：http://www.stats.gov.cn/tjgb/rkpcgb/qgrkpcgb/t20020404_16770.htm，《中华人民共和国国家统计局关于1995年全国1%人口抽样调查主要数据的公报》（1996年2月15日），http://www.stats.gov.cn/tjgb/rkpcgb/qgrkpcgb/t20020404_16776.htm；《第五次全国人口普查公报》（第1号），中华人民共和国国家统计局：http://www.stats.gov.cn/tjgb/rkpcgb/qgrkpcgb/t20020331_15434.htm，访问时间：2011年3月10日。

第一节　工商业社会中婚姻家庭的变迁

婚姻家庭随着社会变迁而不断变化，婚姻家庭的变迁本身又构成社会变迁的重要组成部分。"自古以来的家庭史都只是一种永不停歇的分化运动，各种各样的功能最初是错综复杂、混沌不分的，后来它们逐渐分离开来，自成一体，各个成员根据不同的性别、年龄和依赖关系分散在家庭社会的各个领域，来行使自己的专门职能。这种家庭内部的劳动分工，绝对不是附带的和次要的现象，相反，它决定了家庭发展的全部。"[①] 社会意识发生转变，经济关系多样，社会阶层构成变化，价值观更新；家庭处于这种巨大变革之中，并对此作出适应性反应，婚姻家庭的观念、结构、功能、人际关系等许多方面都发生了激烈变化。婚姻制度、家庭制度的改革反映、推动了婚姻家庭变迁的要求和结果。

一　婚姻家庭观念更新

婚姻家庭观念改变，是婚姻家庭发生变迁的最先表现，是导致婚姻家庭行为改变的前提。

（一）婚恋观念开始改变：注重当事人的意愿和感受

择偶的核心问题包括两方面：婚配对象是由谁选择、谁被选择？而可供选择的答案只有两种：当事人不享有自由或者当事人享有自由。[②] 在传统观念中，择偶是由当事人的双亲来决定的，父母或尊长从自己所处的社会阶级或阶层、经济因素、亲属关系、归属团体等方面考虑决定取舍，简言之"门当户对"。近代以来，人格独立、个人尊严等价值观被引入中国后，个体争取独立自由的社会思潮使青年人认识到其本人意愿在择偶过程中的重要性，争取个体自由的社会运动使父母等强势群体逐渐改变传统立场，开始关心、尊重子女的择偶意愿、利益。

[①] [美]埃米尔·涂尔干：《社会分工论》，渠东译，生活·读书·新知三联书店2000年版，第84页。

[②] 陈功：《家庭革命》，中国社会科学出版社2006年版，第54页。

（二）提倡男女以感情为基础缔结和维持婚姻

既然婚姻渐渐成为当事人自己的事务，以什么标准择偶和维持婚姻，理当服从当事人内心的意志。在其中，两情相悦，由婚姻的附加突然间转变为缔结婚姻的基础。

（三）家长和长辈的权威有所削弱

传统上，男人、父亲、丈夫是一家之主，是家庭经济收入的主要贡献者；妇女则在男性庇护下生活，服从男性的支配和管理，即所谓"男主外、女主内"的合作模式。孩子们在尊长的教导下生活、被训练，服从家长和长辈亲属的领导。所以，家长、长辈享有绝对权威。

现代社会中，随着机器生产、工商业发展，男女的传统的分工角色开始变得模糊。年轻人从学校教育、社会劳动中获得知识和经验，从职业劳动中获得收入，对长辈的经济依赖、生活依赖均减弱了。家长、长辈亲属的权威下降了。

（四）性开始被客观地认识，贞操观开始转向开明

在我国传统意识中，性是十分忌讳之事。长久以来，国人对于性知识的了解，以往主要是经验性的，相信"无师自通"；"性"是只能做而不能说或书写的。近代百余年来，这一禁忌才被逐渐打破。20世纪70年代实行改革开放政策后，中国大陆地区持续受到西方文化影响，国人不再谈性色变，严肃的学术研究开始探讨性问题；以性为主题的中文图书流行于市场；"社会正面临着如何以法律建立秩序、以理性约束本能的挑战"。[1] 但在开放之初，主流观念仍错误地认为，男女之事还是封闭保险，在性问题上不唤醒青少年为妙，讲清楚了性知识会引发青少年好奇心，甚至诱发性罪错。更极端的认识是，以为只要对犯有性罪错的青少年实施性教育，就够了。直到1980年后，才开始在学校教育中开设"青春期教育"这门学科。[2] 20世纪90年代后期，才在小学高年级开设"青春期教育"课，讲授新生命诞生、

---

[1] 张哲瑞：《自序》，张哲瑞律师事务所编著《裸露的权利》，（台北）五南图书出版股份有限公司2008年版，第4页。

[2] 1980年，上海市率先在中学开设"青春期教育"，当时属于大胆之举。当时不称为性教育，认为"性教育"一词太直白、太露骨了。

青春期发育、性生理器官保健知识；大学开始开设性心理等课程。① 尽管当时开设这类课程的目的，是为了"防止学生早恋"，被视作预防孩子们青春冲动而"筑坝防洪之沙袋"。

20世纪80年代以后，随着计划生育推行，避孕、堕胎突然变得流行、普及，人们认识到，对性、性行为，成年人有权在法律允许范围内自主决定。性需求、性行为，不仅是生育后代的生育行为，事关重大公共利益，而且作为个体本能的一部分，是有利于维护健康和愉悦身心的，是人的正常需求。性被成功地"去污名化"了，而回归其本质。

（五）传宗接代意识有所减弱

传统上，家庭"无后"被视为最大不孝；"断子绝孙"是对一个人、一个家庭的最恶毒诅咒。但是，随着生育知识的传播，随着一夫一妻制的严格执行，一部分夫妻因为客观原因不可能生育出后代的事实，得到了客观的认识和理性承认。特别是20世纪60年代以后，随着个人解放的社会思潮的流行，越来越多的年轻人为充分享受个人自由，选择不生育。丁克家庭现象的出现，是传宗接代意识减弱的典型例证。

二　家庭结构趋于简单和规模变小

20世纪百年，我国家庭经历了从传统的、规模较大的父系父权家庭转向家庭结构趋简、家庭规模变小的变迁过程。家庭结构变动是制约家庭规模的重要因素。"家庭结构的复杂化将导致家庭规模的扩大；反之，家庭结构趋于简单将使家庭规模变小。而家庭结构的复杂化或简化既受自然因素的作用，……也受社会因素的影响。"② 家庭规模逐渐缩小了，几代人共居的大家庭减少，由父母和未成年子女组成的核心家庭越来越多。工业化过程中，交通运输服务越来越发达，人口流动增加，地理距离不再是阻隔人们交往的障碍，家庭结构趋简；大家庭制度渐渐衰落。

---

① 1997年，上海的高校才坦然地开设性心理、性伦理等课程。参见曹奕、徐佳、潘高峰《性教育别再遮遮掩掩》，《新民晚报》2000年6月28日第7版。

② 王跃升：《十八世纪中国婚姻家庭研究》，法律出版社2000年版，第324页。

(一) 家庭人口数量减少，大家庭减少

家庭人口数量的变化，是家庭变化的重要标志之一。[①] 20 世纪中，随着逐渐承认个人独立，家庭成员相互关系的亲密度降低，特别是男女平等观念的传播，一夫一妻制的贯彻，一个家庭中共同生活的人数减少。原来被计入家庭成员的奴仆或家佣，不属于家庭成员。

家庭户均人口数清晰反映了家庭人口规模下降的过程，尽管其中有一定起伏。"家庭人口数是考察家庭规模的一个最基本的指标"。[②] 官方的人口调查统计显示，家庭户均人口数量，1911 年为 5.17 人；20 世纪 40 年代末为 5.17—5.38 人（其中 1947 年为 5.35 人）；[③] 1953 年为 4.33 人；[④] 1982 年为 4.4 人；[⑤] 1987 年为 4.2 人；[⑥] 1990 年为 3.96 人；[⑦] 1995 年为 3.70 人；[⑧] 2000 年为 3.44 人。[⑨] 在 20 世纪百年间，户均人数从 5 人左右下降到 3.5 人左右，说明家庭规模缩小了一半。

(二) 家庭人口流动性增强

在近现代社会，越来越多的人口脱离农业、农村，进入城镇居住、工作。家庭成员到劳动市场寻找工作，家庭共居的人数减少，旁系亲属关系渐

[①] 五城市家庭研究项目组：《中国城市家庭——五城市家庭调查报告及资料汇编》，山东人民出版社 1985 年版，第 5 页。
[②] 同上书，第 4 页。
[③] 马侠：《家庭规模和结构的发展变化》，许涤新主编《当代中国的人口》，中国社会科学出版社 1988 年版。
[④] 邓伟志、徐新：《当代中国家庭的变动轨迹》，《社会科学》2000 年第 10 期。
[⑤] 这是 1982 年全国人口普查期间，1% 人口抽样调查的数据。《中华人民共和国国家统计局关于 1987 年全国 1% 人口抽样调查主要数字的公报》（1987 年 11 月），中华人民共和国国家统计局，http://www.stats.gov.cn/tjgb/rkpcgb/qgrkpcgb/t20020404_16770.htm，访问日期：2011 年 2 月 10 日。
[⑥] 《中华人民共和国国家统计局关于 1987 年全国 1% 人口抽样调查主要数字的公报》（1987 年 11 月），中华人民共和国国家统计局，http://www.stats.gov.cn/tjgb/rkpcgb/qgrkpcgb/t20020404_16770.htm，访问日期：2011 年 2 月 10 日。
[⑦] 《第五次全国人口普查公报》（第 1 号），中华人民共和国国家统计局：http://www.stats.gov.cn/tjgb/rkpcgb/qgrkpcgb/t20020331_15434.htm，访问日期：2011 年 3 月 14 日。
[⑧] 《中华人民共和国国家统计局关于 1995 年全国 1% 人口抽样调查主要数据的公报》（1996 年 2 月 15 日），中华人民共和国国家统计局，http://www.stats.gov.cn/tjgb/rkpcgb/qgrkpcgb/t20020404_16776.htm，访问日期：2011 年 3 月 14 日。
[⑨] 《第五次全国人口普查公报》（第 1 号），中华人民共和国国家统计局：http://www.stats.gov.cn/tjgb/rkpcgb/qgrkpcgb/t20020331_15434.htm，访问日期：2011 年 3 月 14 日。

渐淡化。年轻人结婚后组成新家庭，离开长辈，独立门户生活。在越来越多的情形下，成年个人与原家庭分离了。特别是在中下社会阶层人口的家庭，迫于生存压力和谋生要求，使得家庭成员实施更多分离行为。

三 家庭类型多样化且核心家庭占据绝对多数

此处借用"五分法"，① 将家庭划分为下列五类：（1）单人家庭，是指统计时只有一个人生活的家庭。（2）核心家庭，是指一对夫妻（含一方死亡、离婚的情形）及其子女组成的家庭。未生育子女而仅有夫妻两人的家庭，也计入核心家庭。（3）直系家庭，或称主干家庭，是指成员之间有两代以上关系而且每代只有一对夫妻（含一方已故或离婚）组成的家庭。（4）复合家庭，是指有两对或两对以上夫妻（含一方已故或离婚）组成的家庭。（5）残缺家庭，主要指父母均已故而由未婚兄弟姐妹组成的家庭。②

中国社会自秦汉以来至明、清，小家庭始终居于主导地位，是多数中国家庭史学者的共识。③ 根据王跃升的研究，18世纪后期，中国社会中，核心家庭达57%，④ 是占绝对优势的家庭类型；直系家庭次之，占30%；其他家庭类型合计占13%左右。⑤

费孝通在江苏省太湖附近的农村地区的调查显示，不同类型家庭所占比例参见表2-1。

---

① 在人口学和社会学上，对家庭结构的分类方法有多种。著名社会学家费孝通在研究中，以家庭结构为依据，把中国家庭划分为下列四种类型：（1）不完整的核心家庭，它是指核心家庭中原有配偶一方死亡或离开的，或是父母双方的未婚儿女组成的家庭。（2）核心家庭，它是指一对夫妻及其未婚子女组成的共同生活单位，这种西方人所称的核心家庭，在中国一般称之为"小家庭"。（3）扩大的核心家庭，它是指一个核心家庭与其他成员共同生活，这些"其他成员"是不能独立生活的人，大多数人的配偶已死亡，是与已婚子女共同生活的鳏父或寡母，也有些人是关系较远的其他亲属，甚至是没有亲属关系的人。（4）联合家庭，或称"大家庭"。它是指婚后的儿、女继续与父母在一起共同生活，几个核心家庭重叠。几个兄弟成婚后不另立门户单过的，则几个同胞兄弟各自的核心家庭联合在一起组成大家庭生活。
② 王跃升：《十八世纪中国婚姻家庭研究》，法律出版社2000年版，第252页。
③ 同上书，第250页。
④ 王跃升的研究中，核心家庭的统计包括了一夫一妻多妾及未婚子女共同生活的家庭。
⑤ 王跃升：《十八世纪中国婚姻家庭研究》，法律出版社2000年版，第253页。

表 2-1　　　　　　　　江村不同类型家庭分布情况　　　　　（单位:%）

	1936 年	1981 年
不完整的核心家庭	27.6	18.1
核心家庭	23.7	39.0
大于核心家庭的家庭	38.4	21.6
联合家庭	10.3	21.3
合计	100.0	100.0

资料来源：费孝通：《论中国家庭结构的变动》，中国政法大学民法教研室编《婚姻家庭问题论文选编（下）》，1983 年，第 366 页。

在 1936 年时，扩大家庭的数量居第一位，略高于 1/3；其次是不完整家庭，超过 1/4；最少是联合家庭。当时全国家庭的平均人数是 4—6 人，"大家庭并不通行"。[1] 到了 1981 年，核心家庭占居首位，达到 39%。农民生活改善后，其寿命延长，不完整家庭（破裂了的核心家庭）的比例从 27.1% 下降到 18.1%，扩大的核心家庭由 1936 年时 38.4% 下降到 21.6%。

20 世纪 80 年代，费孝通先生对北京某街道的一个住宅区调查结果显示，不完整家庭占 15.20%；核心家庭占 56.14%；扩大的核心家庭占 10.54%；联合家庭占 18.12%。可见，在城市和乡村，四种结构类型家庭的比例是接近的，换言之，城乡有着类似的发展趋势。[2]

"累世同居是传统的理想家庭模式，直系大家庭在中国历史上长期占据统治地位。在工业化、城市化和经济发展的动力作用下，伴着家长制的削弱与瓦解，联合家庭已失去了存在的现实基础而逐渐趋于消失。主干家庭则保持着相对稳定，基本保持在 20% 左右，并有下降趋势。"[3] 1990 年，全国人口普查结果表明，城市家庭中，三代户占 15.4%；农村的同比略高些。而核心家庭则逐步得到巩固和扩大。20 世纪 50 年代核心家庭占各类家庭总数的比重为 50%，70 年代上升为 58%，1987 年上升至 71.34%，1990 年时达

---

[1] 费孝通：《论中国家庭结构的变动》，中国政法大学民法教研室编《婚姻家庭问题论文选编（下）》，1983 年版，第 366 页。
[2] 同上书，第 367 页。
[3] 邓伟志、徐新：《当代中国家庭的变动轨迹》，《社会科学》2000 年第 10 期。

到77.12%。① 显然,核心家庭不仅成为趋势,而且已占主流。

丁克家庭的比例逐年上升。1982年人口普查资料显示,当时夫妻家庭仅占全国总户数的4.78%;在1990年人口普查中,一对夫妇户占6.5%。②

四 家庭关系由专制等级秩序转向平等

从古代到现代,"平等这个词概括了人类迄今为止所取得的一切进步,……它代表着人类已经走过的全部历程的结果、目的和最终的事业"。③婚姻家庭当然包含在该历程之中。借用C.拉希(Christopher Lasch)所言,"仅仅根据家庭规模或结构来刻画家庭特征是不够的,……必须将家庭情感特征的变化作为一个重要的方面来加以考察,注意探索家庭情感变化与特定社会中经济、社会和政治活动变化之间的关系"。④ 1994年,中华人民共和国国务院发布的《妇女状况白皮书》宣告"中国家庭的人际关系发生了历史性变化,以夫权和家长制为代表的传统家庭关系已逐步被平等、民主、和睦的现代家庭关系所代替,在中国城乡家庭中,夫妻之间、公婆与媳妇之间的关系是平等的,……由夫妻双方共同承担家务劳动的家庭,已占中国家庭的绝大多数"。⑤

(一)夫妻关系由夫尊妻卑向夫妻平等合作过渡

夫妻关系是家庭关系的基础,夫妻关系由以丈夫为中心转向夫妻双向交流。妇女从事职业劳动后,促进了夫妻各自经济独立。

夫妻协商共同决定生育。在传统家庭中,生儿育女是妻子的天职。妇女,因为未受教育或受教育极少,更缺乏生育的科学知识,无法也无权决定生育。生育,妇女听天由命,听其自然。特别是受宗法观念制约,未生育儿子的妇女之家庭地位低下,甚至因丈夫休妻而被迫接受离婚的结果。新中国成立后,特别是实行计划生育政策后,随着生育知识的广泛宣传,人们的生育观念发生了变化。

---

① 张建、陈一筠主编:《家庭与社会保障》,社会科学文献出版社2000年版,第185页。
② 邓伟志、徐新:《当代中国家庭的变动轨迹》,《社会科学》2000年第10期。
③ [法]皮埃尔·勒鲁:《论平等》,王允道、肖厚德校,商务印书馆1988年版,第256页。
④ 转引自[美]马克·赫特尔《变动中的家庭跨文化的透视》,浙江人民出版社1988年版,第59—60页。
⑤ 中华人民共和国国务院新闻办公室:《中国妇女的状况》(1994年6月),中国经济网:http://www.ce.cn/xwzx/gnsz/gdxw/200810/26/t2081026_17186170.shtml,访问日期:2011年10月12日。

（二）父母子女关系由父母专制转向父母子女平等

近代以来，随着人格独立、人人平等观念的宣导和普及，父母与子女两代人之间的关系，渐渐从尊长享有绝对权威、幼卑处于绝对服从之状态，向尊幼相互尊重、平等相待过渡。尽管迄今为止，事实上的父母子女关系并未全部实现平等，但平等的父母子女关系已占居主导地位。其中，子女自主决定自己的婚姻问题，摆脱了父母的决定或支配，是典型的转变。

（三）家庭权威特别是父权削弱

在20世纪之前，中国家庭是一个以丈夫的夫权和父亲的父权为家庭权力结构顶点的金字塔结构。在这个结构中，丈夫、父亲身居支配地位，手中掌握家庭大权，而妻子、孩子及其他家庭成员都服从于夫权和父权。丈夫、父亲是权力和责任的来源。然而，到了20世纪，随着父亲离开家庭到工厂、公司就业，渐渐丧失了对子女经济训练的职责。在儿童成长的大部分时间里，母亲是儿童所能见到的主要成年人，母亲承担起子女早期生活照料和教育的主要责任，她与子女之间因此建立起更亲密的感情关系。母亲角色在儿童社会化过程中，取代了父亲，成为重要责任人。母亲对子女的事务也具有了较大决策权。在传统家庭中，凡涉及子女重大利益的事务，均由父亲决定，近代以来，母亲渐渐参与到子女事务决策之中，与父亲共同协商决定未成年子女事务的处理。父母子女关系由尊卑关系转向平等代际关系。

家庭，由于其功能和作用的改变，家庭成员之间在传统社会环境中的多种复杂关系，在工商业社会中渐渐都减弱了，主要剩下彼此感情依赖关系。

（四）妇女受到更多尊重

20世纪初期，已有大批中国妇女接受教育后，走出家庭，进入社会谋生，还有少数上层社会妇女"从事以女权主义为中心的社会活动"。[①] 妇女自身扩大了视野，摆脱了经济上对男性的依赖，赢得了更多的社会尊重，同时提升了她们在家庭中的地位，为她们摆脱男子的支配与压迫创造了条件。随着男女平等观念的输入及宣导，特别是深受近代西方文明熏陶的新式知识分子对男尊女卑的抨击，男女平等意识渐渐产生并普及开来。

到20世纪30年代，男女平等上升为法律原则，以父权、夫权为主导的

---

① 肖爱树：《20世纪中国婚姻制度研究》，知识产权出版社2005年版，第108页。

男尊女卑的传统家庭结构渐渐解体，代之以平等家庭成员关系。

（五）儿童地位上升

随着个人独立观念的输入和传播，子女的地位得到提升。在社会生活中，未成年人获得了独立的地位，成为一个独立的社会群体。渐渐地，在家庭中，子女与父母等长辈亲属之间的关系趋于平等。近代教育，使儿童能够接受学校教育，小小年纪拥有了知识和技能，有些甚至超越了其父母。而社会向工商业转型过程中，从事农业的父母的生产经验和技艺，对于决意经商或在城市生活的未成年人也未必用得上。父母的权威下降是必然的。

（六）社会民主对家庭民主的影响

随着社会引入民主概念，民众的民主意识渐渐得以培养。这对于个体在家庭中的观念、思想和行为肯定会产生一定影响。

五 婚姻家庭的功能减少和弱化

传统中国的家庭作为社会的中心，承担了大部分的社会功能，如经济、宗教、教育、娱乐，等等。然而，经过20世纪百年演变，特别是改革开放以后，经济变革和社会发展导致家庭功能重大变化。社会化大生产部分替代了家庭生产；学校教育部分地接替了家庭的教育责任；娱乐功能主要转由大众传媒和商业机构承担；生育功能弱化。

（一）家庭逐渐失去生产功能而渐成为较纯粹的消费单位

经济活动渐渐与传统家庭分离。在工业化之前的社会，经济活动与传统的家庭混合而无显著分化。在农业社会，生产大多集中在血缘团体中。自给自足的农耕占最重要地位，其他工业只是农耕的补充，并且附属于家族及乡村。在某些社会中，职业地位由大团体所决定，交易关系也由传统的家族及社区义务所决定。但是，随着制造业及工厂制度的兴起，经济活动与家庭渐渐分离，个人更多地通过劳动力市场而受雇于人，渐渐与自己的家庭、其他家庭成员分开。家庭不再是生产单位，家庭成员离家工作。

在农村，20世纪50年代后，土地收归集体所有，建立了集体生产按劳分配制度。家庭不再是主要的生产单位，家庭成员分别按照各人参加集体生产劳动的劳动量获得报酬，共同供应家庭成员的消费需要，个人对家庭的贡献在很大程度上由"工分"计算，家长虽仍保持着一定的财务支配权，但已不能不承认独立参加生产劳动的家庭成员的自主权。

1978年以后,农村实行家庭联产承包责任制,虽然表面上看起来为"大家庭"重生提供了大环境,但是,已经习惯于独立自主的家庭成员,已不适应数代人在一起共同生活的模式了。

(二)家庭渐渐卸下"职业教育"的重任

在现代社会,随着国民教育体系的建立和发展,教育职业化,并且越来越专业化。儿童进入学校接受教育。家庭不再承担培训年轻人从事社会劳动本领的任务。教育训练的功能转移给了学校教育制度。工商业社会需要的技能,不是家庭所能培养的。随着学校教育发达,小家庭从儿童发展的早期开始,就失去了对儿童的约束力。

国家在教育、培训和扶助青少年方面的作用日益扩大。公共教育体系、培训体系越来越完善。当然,父母和家庭对子女的人格形成和人性培育具有无法替代的影响,公共教育并不能完全取代家庭教育的功能。

(三)家庭的"自给自足"与保障功能明显弱化了

传统的家庭作为社会单位具有很强的自我保护、自我修复功能。几代人居住在一起,保证家庭成员无劳动能力或者丧失劳动能力后,能够从家庭内的资源中获得依靠。而在经济活动与家庭渐行渐远的历史背景下,"家庭丧失很多早期功能,成为更专门化的机构";[①] 家庭活动渐渐集中在情感的满足及社会化方面。老年人的养老、社会安全等,需要创立新的制度来解决。美国加州大学社会学教授 M. J. 斯梅尔瑟(M. J. Smelser)甚至认为,"发达的'都市—工业'市场情况和广大的血缘制度是不相容的"。[②]

年轻人能够自由选择伴侣。在传统社会,婚姻多数由长辈安排,结婚当事人本人的兴趣及感情并不重要。因此,结婚的基础是实用的利益结合。大家庭衰退和亲权改变后,年轻人一旦成年就获得了完全独立,他们能够自由选择伴侣。

20世纪后半期,随着国家福利和社会保障制度的建立,个人的人生风

[①] [美]M. J. 斯梅尔瑟:《社会关系的现代化》,麦龙·威纳尔编《现代化》,林清江译,(台北)商务印书馆1960年版,第60页。

[②] 同上书,第61页。

险在很大程度上可以依赖社会保障得到化解。血亲家庭、血亲群团对个体的支持系统变小变弱。"家庭成员由互负无限责任转为有限责任。"①

（四）家庭的服务能力减弱了

在工商业社会中，社会分工自发又自然。在工厂里，每个工种界限分明；在商业中，分工同样明确。这种变化的结果，是大大改变了工人在经济活动中的关系。雇员的服务得到现金报酬，又在市场中将所得消费在所需要的货物和服务上。他的所得及福利日渐依赖薪水，而不再依赖亲戚及邻居，不再依赖传统的家庭支持系统了。

家务劳动部分转由机器和社会服务承担。

（五）生育功能弱化

中国传统的宗法观念和"多子多福"的人生观，极大地强化了家庭的生育功能。然而，随着工商业化程度发展，人们受教育程度提高，特别是国家计划生育政策的实施，不仅使得生育不再是家庭私事而成了国家大事，而且家庭生育实际地明显削弱了。

新中国成立初期1949—1964年的15年间，我国人口从5亿增加到7亿，每增加1亿人平均用时7年半。从1964年到1974年，是我国人口高速增长时期，10年间人口由7亿增加到9亿，每增加1亿人所需时间缩短为5年。从1978年以来，每增加1亿人口所需的时间又延长到7年多。20世纪70年代以后，我国"人口出生率、自然增长率、妇女总和生育率有了明显下降，人口出生率由70年代初的33‰下降到80年代的21‰，妇女总和生育率也由6‰下降到2.3‰左右，人口出生率基本稳定在18‰—23‰"。② 我国人口的自然增长率的变动，从1987年19.68‰下降到1998年9.53‰，清楚地呈现出生育功能明显下降趋势。

---

① 廖奔等：《爱的困惑》，国际文化出版社1988年版，第160—161页。转引自陈功《家庭革命》，中国社会科学出版社2006年版，第49页。
② 国家统计局：《新中国50年系列分析报告之十五：控制人口增长成绩巨大　坚持基本国策任重道远》，中华人民共和国国家统计局：http://www.stats.gov.cn/tjfx/ztfx/xzgwsnxlfxbg/t20020605_21432.htm，访问日期：2012年5月5日。

第二节　婚姻家庭法现代化的主要表征

进入20世纪以后，婚姻家庭法的价值观、结构和内容等发生了巨大变化，在某种程度上可以说，婚姻家庭制度已经发生了重大变化。是否承认个人的价值并赋予其独立地位，是否以此为法律规制的主要对象，是古代法与近代或现代法之间的最本质区别。"现代法制，有财产权与身份权之分，其性质显然不同。"中国过去社会的组织及法律制度，亦受家族主义思想影响，所谓伦常关系，亦即身份关系，层级相属，个人仅为家族之构成分子，不能有其独立之地位。法律的中心观念，在使个人尽其特定身份上应尽之义务，是之谓义务本位之法律。近代文明渐进，民智渐开，社会进化，家族渐形解体，个人乃有自我之感觉，权利观念，亦即油然而生。义务之负担，必须出于独立自由之意思，各立于平等地位。唯有自由、平等两个基本概念之上方能建立。"法律之基本任务，亦即由使人尽其义务而转向保护权利，为使权利之内容能实现，方有义务之履行"，此乃权利本位的法制。[①]

一　婚姻：从包办强迫到自主自由

婚姻自由作为基本观念、法律原则，源于西方国家。从1791年《法国宪法》规定"法律视婚姻为民事契约"，决定婚姻当事人双方意志自由、地位平等，到1804年《法国民法典》第146条规定，"未经双方同意，不得成立婚姻"，这是婚姻自由原则首次在民法中以基本权利形式出现。此后，1900年《德国民法典》《瑞士民法》《日本民法》等大陆法传统国家的民事立法，以及在英国、美国等普通法传统国家的民事立法中，婚姻自由思想逐渐得到了越来越多的国家婚姻家庭法的认同、承认和保护。

婚姻自由包括结婚自由和离婚自由两方面。

（一）缔结婚姻：从包办强迫结婚到自主自愿结婚

既然婚姻是一种民事契约，其缔结权就应当由当事人本人掌管、行使，任何人不得干涉或强迫，这是结婚自由。

[①] 参见潘维和《中国近代民法史》，（台北）汉林出版社1982年版，第104页。

（二）解除婚姻：从禁止离婚或特权离婚到夫妻双方自愿离婚

离婚同样应当由当事人本人自主自决。与结婚自由权不同，离婚自由权的实现，由于文化和传统原因，受到了立法更多限制。离婚自由权是一种民事处分权，是婚姻当事人根据自己对婚姻现状和前途的预估而决定解除婚姻的权利。

1930 年南京国民政府的《民法》亲属编规定，婚姻得因当事人的自由意志而建立，夫妻双方自愿亦可离婚（第 1409 条、第 1050 条）。

二　婚姻家庭法律关系的价值取向：由从属到平等

在 20 世纪的中国，随着男女平等原则的导入及实行，对子女权利的重视，传统的以父权为主导的家庭结构日趋瓦解，代之以家庭成员之间的平等关系；妇女、子女地位的提高，导致两性关系日趋平等；在法律上，父母子女关系各方居于平等地位。"现代文明国家的民法，无不以确立个人之人格观念为初基。"[1] 中国自清末变法第一次民律草案开始，即承认人之价值和意义。在法律上，婚姻家庭关系的价值取向由从属转向平等，这一变迁，是众多具有重大社会意义的现象之一；其中医学进步、独生子女政策推行、社会保障制度建设对家庭的变迁影响甚大。

（一）父权为主导的家庭结构日趋瓦解

在传统社会中，基于家庭或家族关系的家庭（家族）成员之间的相互扶助曾经是个人获得他人援助的主要方式。然而，近代社会，基于私人关系的帮助在整个援助体系中逐渐式微，而公共服务渐渐发达。福利国家的出现，使得援助服务在公共机构中具有越来越大的作用，它使人们在人生的不同阶段能够得到经济支持，在患病时能得到护理和治疗。公共卫生服务、养老金制度的推广以及医学进步，是推动上述变化的主要动力。同时人均寿命得到了大大的延长，几乎实现了产前零死亡率、婴儿零死亡率以及女性在分娩期间的零死亡率。

这些事件大大影响了家庭的结构，使传统的家庭成员的相互扶助的功能逐渐边缘化，同时家庭作为满足其家庭成员的精神和情感需要的功能逐渐凸

---

[1] 潘维和：《中国近代民法史》，（台北）汉林出版社 1982 年版，第 106 页。

显出来。[1]

(二) 基于父母子女关系平等而限制父母权利的条款增多

几个世纪以来，家庭作为社会单位具有自我保护的功能，在传统的家庭中，几代人住在一起，这样能保证家庭成员在丧失劳动能力之后也能够从家庭内部的资源即有收入者那里得到依靠；而家庭的这项功能在20世纪中后期已经式微了。上下数代人在一起居住生活的大家庭已经很少了。家庭规模正在逐渐减小，并且在历史上第一次出现了核心家庭（Nuclear Family）这种新的典型模式：[2] 核心家庭只包括父母及其未成年子女。今天，家庭的规模仍在缩小，"家庭"一词甚至包括单亲家庭（即一个子女和父或者母），甚至一个人也可以组成一个家庭。

(三) 两性关系日趋平等

在20世纪，推进两性关系平等的因素有许多。如避孕观念的流行和生育率的持续下降，以及较高入学率和经济福利国家"负责任"的生育观念的传播。此外城市化过程即更多的人离开农村迁入城市也导致了家庭规模的逐渐缩小：购房成本的压力使得人们不得不购买面积较小的住宅。

事实上，影响家庭变迁的超越法律的因素很多。这些因素从20世纪开始逐渐对社会实践产生影响，并将在21世纪的立法改革中找到了自己的位置。如果说就家庭开始发生演变这一点而言，整个欧洲经历了大致相似的演变，但是在具体的时间和速度方面则存在着国与国之间的重大差别。大多数欧洲国家是在20世纪60年代、70年代和80年代进行的改革，而斯堪的纳维亚国家则早在1909年就已经开始了此项立法的改革。到了1910年，葡萄牙已经推出了令人惊讶的"创新"规则，而随后的萨拉萨尔政权只是做了部分修改。1917年俄国革命时也曾进行过类似的立法。如果对比20世纪初家庭法的基本情况，就更能体会到20世纪下半叶欧洲各国推行的家

---

[1] 这种判断是相对的，但是这个趋势是确定的。在城市，年轻父母除了继续依靠自己的父母照料孩子外，流行聘请从农村或小城镇来的家政工照料孩子、承担家务；即使是经济上不宽裕的家庭也开始流行聘请来自农村或者小城镇的家政员工来照顾丧失自我照顾能力的家庭成员；所有这些在一定程度上都与公共福利政策相关。

[2] 传统上的家仆消失，是导致家庭规模变小的另外一个因素。家仆虽然不是狭义上的家庭成员，但是在过去家仆一直被认为是家庭的成员之一，因为家仆的所有生活都在所寄宿之家庭中。

庭法改革浪潮的意义了。20世纪初，欧洲各国的家庭法的大致情况如下：夫妻法律地位的不平等；大量存在的非婚生子女与婚生子女的法律地位的不平等；在部分允许离婚的国家中，离婚事实上很难实现并且常常代价不菲；同居现象在大部分情形中被忽视；较大量的法律规则用来规制家庭财产的归属、管理、使用、收益、处分，而调整家庭成员之间关系的法律规定非常少。

在上述改革和此前社会变迁的影响下，家庭内部结构发生了变更，丈夫和妻子之间在家庭权威上的差异已经被消除。事实上这也对应了公法领域的发展趋势——民主政治成了一种流行的政府制度，同样在家庭中，夫妻在法律上最终取得了平等地位。

（四）非婚生子女取得了和婚生子女同等的法律地位和权利

在实践中，传统意义上的婚姻与子女合法性之间的联系已被打破：父母结婚与否不再是孩子取得合法地位的唯一途径。在生育后代之时，可以自愿选择是否让其传承父系，同时可以在孩子的姓氏及财产的继承方面决定只限于父母之一方还是来源于父母双方。

离婚，在现实中变得容易。

三 家庭成员地位变化：各成员权利增多和儿童开始"唱主角"

父母子女关系法在20世纪经历了根本性的变革，儿童摆脱了作为其父母附属或"家庭财产"的地位，一跃上升，成为与其父母具有平等法律地位的家庭成员。从这个意义上讲，20世纪是儿童的世纪。特别是在20世纪的最后20年，中国法律体系中保护儿童利益的条款增多。

（一）赋权家庭成员的条款越来越多

婚姻家庭法中，赋权条款越来越多，且赋权对象是家庭成员，特别是家庭中的弱势成员。根据美国经济学家阿瑟·奥肯的观点，权利具有下列五个方面显著特征：第一，它们的获得与行使无须任何货币费用；第二，权利是广泛分配的，每个人都可以享有，并不考虑人们能否谨慎行使或者是否善于行使，不遵守经济学上的比较利益原则；第三，权利的分配与各种刺激或奖励、处罚不同；第四，权利的分配强调平等，甚至不惜以公正和自由为代价；第五，权利不能买卖。①

（二）未成年人拥有独立的法律地位

在此之前，儿童似乎仅存在于他们与父母之间的关系之中，从未正式登场，即未成年人自身的权利鲜有被重视。可喜的是，20世纪80年代以来，未成年人的自主及其同意显得越来越重要。这种将儿童的地位与父母权联系起来的法律制度发生了改变，家长虽然仍肩负着保护、抚养及教育子女的责任，但应以子女利益最大化为己任，这大大改变了传统的家庭内部等级关系，使得家庭内部等级能与法律实际要求保持一致。法律发展到20世纪，儿童终于与其家长"平起平坐"——他们的法律地位平等。

（三）父母子女关系法从"以亲为本位"发展到"以子为本位"

如今，子女已经成为独立的个体，而不再是父母和法律保护的利益对象，而是独立的权利人并且其权利应当得到承认与鼓励。这一潮流无可争议地得到一致的认同，未成年人参与决定自己人生的重大事件具有合法性——这一原则或多或少地在参与统计的国家中被立法确立，其中的事件包括：在哪儿生活，由父母哪一方来监护子女，学校及宗教信仰的选择，医疗，避孕，是否终止妊娠，以及父母不同意的恋情。

在《儿童权利公约》（1989年）中可以找到一项十分重要的标准化的国际规则，即当发生利益冲突时，未成年人的利益必须优先保护。1996年制定的《斯特拉斯堡欧洲人权公约》确认了儿童有权参与对其生活有影响的事件的决定；在2000年5月29日通过的第1347/2000号理事会条例（现在由2003年11月27日通过的新的理事会条例所替代了），将规定的重心从"家长的权力"转移到"家长的责任"上，并且许多国家也通过立法或者制定判例来确认这一转变。

（四）儿童利益优先原则

这个趋势正呈现出进一步发展的迹象，但是在有些问题上尚属趋势，并没有获得完全的"胜利"，这主要表现在未成年人的权利与家长的法律地位发生冲突的案件中。在一些案件中，家长的利益与子女的利益发生严重冲突，而要同时保护两者已然不可能。例如，某人是其母亲通过接受精子捐献的方

---

① ［美］阿瑟·奥肯：《平等与效率》，王奔洲等译，华夏出版社1999年第2版，第6—9页。

式被生育下来的——这在一些欧洲法律体系中是被允许的,现在他/她希望知道他亲生父亲的身份。在这一案例中,未成年人知道父母是谁的知情权——这也是被国际规则确认了的,① 与家长保护其隐私的权利便发生了冲突。这一冲突可以通过若干途径解决,一些国家允许寻找生物学意义上的家长;而另一些国家则不允许。上述情况均包含了对冲突利益的优先顺位的评估问题:一方面,孩子有权利知道他的父母是谁;另一方面,家长有保护其隐私的权利。当孩子被授予追寻其生物学父亲的权利时,说明孩子的知情权优先于家长的隐私权,因此在这种情况下其法律地位优于其家长这一点也非常明确。

四 实行一夫一妻的婚姻制度

一夫一妻制是指一名男性与一名女性互为夫妻共同生活的婚姻制度,也称"单偶婚""个体婚";在该婚姻存续期间,夫妻任何一方均不得有婚外性交。同时普遍实行离婚自由,允许配偶在对方生存期间终止婚姻关系。一夫一妻制,成为迄今最多数的国家和民族实行的婚姻制度。在一夫一妻制为法定婚姻制度的国家和地区,有婚姻的当事人与第三人结婚,或同时与二人以上结婚者,将触犯刑法上的重婚罪,受到刑事责任追究。②

近代以来,严格的一夫一妻制成为人类社会最流行的婚姻制度。这种制度既能满足成年人的性本能,又保障每个人能够有性伴侣;既能有效克服持续性竞争而引发社会冲突、浪费社会资源,又能保证后代血缘清白。人类社会不仅选择了一夫一妻制婚姻,而且逐渐形成了要求性伴侣在一定时期内排他性的性心理和性文化。人类社会还没有出现替代一夫一妻制的性结合模式。③

对于一夫一妻制可能存在的弊端,人类在近代找到了离婚自由作为救治方案。一夫一妻婚姻作为终身结合,也被批评为"过于禁锢和压抑人性",④不过,离婚作为配偶一方健在时终止婚姻的途径,特别是在离婚自由成为普

---

① 参见联合国《儿童权利公约》第7条。
② 例如,1979年《中华人民共和国刑法》(2011年修正案)第258条规定,"有配偶而重婚的,或者明知他人有配偶而与之结婚的,处二年以下有期徒刑或者拘役"。
③ 尽管非婚同居,在若干国家和地区已经成为合法的性结合制度,同性结合也已经合法化了,但它们都是以一夫一妻制为效仿榜样,把获得与一夫一妻制婚姻同等地位作为争取目标。
④ 杨遂全:《性竞争与基本人权、配偶权的保障》,李银河、马忆南主编《婚姻法修改论争》,光明日报出版社1999年版,第285页。

遍价值观以后，婚姻当事人的基本人权保障似觅到了"良方"。

五　婚姻家庭身份关系与财产关系相分离

在婚姻家庭法上，身份关系与财产关系的分离，自近代资本主义经济发达而开始，并呈愈益明显的趋势。在过去，身份关系与财产关系密不可分，两者并无显著分化。当时的法律原理，"对于两者无显然的区别。至社会的生产关系发达之后，财产关系遂由亲属共同生活关系分离，而显示其有独立的存在"。[①] 近代个体意志、个体自由受到越来越多的尊重和保护，个体的私有财产利益相应地得到越来越多的承认。

（一）身份关系与财产关系相分离

婚姻家庭法是调整人身份关系的法律。身份关系，是指人与人相互之间的关系。故这类法律，大致以社会习俗为基础，经由对各种身份关系的评估，然后确定是予承认，以维持并发展此身份关系，或者不予承认，以否认或不赋予相应身份。故有学者称身份关系具有"事实在先"的特质，"先有身份关系，而后法律予以规律；非先有法律，然后成立身份关系。从而身份行为亦仅具有'宣言的性质'而已"。[②]

在中国，"近代自由思想，先发达于财产关系之上，遂建立平等主义，并采取个人意思自治之原理。此风一长，又波及身份关系。故身份关系，亦以个人意思自治为其根本原则，提高妻及卑幼之地位，排除夫及尊长过分的支配或干涉"。[③]

（二）对个体的尊重而致尊重个体的财产

没有财产，就没有自由。在近代以来的社会生活中，人是以一个个鲜活生动的生命个体的样式存在的。私人所有权对于人的生存、对于个体自由意志而言，均是必不可少的。没有财富，一切自由都是空洞虚幻的。如果一个人连基本的生存都得不到保证，所谓的人格权、自由权，都欠缺根基。黑格尔认

[①] 戴炎辉、戴东雄、戴瑀如：《亲属法》（修订版），（台北）顺清文化事业有限公司2009年版，第2页。
[②] 同上书，第4页。
[③] 同上书，第2页。

为,"从自由的角度看,财产是自由最初的定在,它本身是本质的目的"。[①]

（三）强调家庭成员人格独立而不得不承认个体私有财产的独立性

在什么范围内,配偶一方的财产能够为另一方共享,很大程度上取决于对婚姻的认识。虽然婚姻作为夫妻双方的共同体,以当事人双方的婚姻财产为经济基础,夫妻在共同生活中也必然形成一定的共同财产利益,但是,不同时期的婚姻立法,对于婚姻财产的界定和处置是有很大差异的。在夫妻一体主义的古代,夫妻的个人财产极少,甚至只有家庭财产而无婚姻财产（例如中国古代）。而从近代社会开始,个体人格独立,不论婚否。为保障个体人格独立,法律承认个体拥有独立财产权。

随着自由主义的发展,人类物质财富极大丰富,个体对私有财产的欲望越来越强烈,个体之间的利益分割越来越明显而突出。婚姻也不例外。规范婚姻当事人财产权利和责任的条款越来越多。

要求当事人承担的财产责任,法律也事无巨细详加规定。因为法律价值的普及,人们相信,若法无明定,则不成义务。为此,法律基于维持婚姻家庭的考虑,基于公平考虑,不得不为婚姻当事人定明各种财产责任。

（四）调整婚姻财产关系的法律规范越来越多

婚姻家庭法中,调整财产关系的条款越来越多,占了婚姻家庭法中较大篇幅。

六 亲属关系越来越简单

亲属关系包括多种类型:夫妻关系、亲子关系、兄弟姐妹关系、其他亲属关系。近代以来,亲属之间利益依赖关系日渐松散,彼此的密切程度、情谊关系越来越生疏,有些亲属关系变成仅仅是观念上的存在。

（一）夫妻关系

夫妻关系是因结婚而产生的身份关系。通常情形下,父母子女关系及其他亲属关系皆由夫妻关系而生,故它是最基本的亲属关系。

但是,随着婚姻自由的实行,近代社会倡导以爱情为基础缔结婚姻、维持婚姻,夫妻关系之变,成为常态化。离婚法越来越宽松,离婚日益变得普

[①] ［德］黑格尔:《法哲学原理》,范扬、张企泰译,商务印书馆1982年版,第54页。

遍又流行，夫妻关系的终止变得轻而易举。个体对婚姻的依赖大大降低了，夫妻关系简单化。

（二）亲子关系

亲子关系，是以父母保护、教养未成年子女为主要内容。

近代以来，推行父母子女平等的价值观，即使是年幼子女，其人格与父母是平等的。父母子女关系变得简单了。子女成年后，虽有赡养扶助父母的义务，但实际上，寻求独立、自由的成年子女与父母之间的关系，如一般亲属关系。

（三）兄弟姐妹关系

近代社会中，未成年的兄弟姐妹，依赖父母照管，通过父母这一联络，彼此血亲关系较为亲近。而成年的兄弟姐妹，基本上以个人之间的感情为基础建构彼此关系。

（四）其他亲属关系

其他亲属关系，无论是祖孙关系，还是其他亲属关系，无论是血缘亲还是姻亲，由于相互交往减少甚至完全没有，亲属关系渐渐徒有其名，有些甚至仅仅成为观念上的亲属存在。

七　婚姻家庭法形式多样和结构复杂

（一）婚姻家庭法法案已非单一

除了单行的婚姻法、家庭法或婚姻家庭法，还制定有相关的其他法案。不仅在英美法传统国家和地区，同时实施中的婚姻家庭法案多，而且在大陆法传统的国家和地区，实施中的婚姻家庭法基本法案也不止一个。

（二）离婚及与离婚有关的条款增多

在夫妻"白头到老"的时代，婚姻当事人对婚姻的付出通过终身陪伴得到基本回报。然而，如果夫妻离婚，当事人为对方的付出和对婚姻的奉献，如果没有设立相应制度给予救济，将会因离婚而付之东流。因此，随着离婚率增高，关于因婚姻所得利益的分配成为越来越重要的问题。

1. 规定离婚及其法律后果的条款数量越来越多

1950年《婚姻法》规定离婚及其法律后果的条款共9条，即第17条至19条、第20条至22条、第23条至25条。1980年《婚姻法》规定离婚及其法律后果的条款共 10 条，即第 24 条至 33 条。2001 年《婚姻法修正案》规定离婚及其法律后果的条款 14 条，即第 31 条至第 42 条、第 46 条至第 47 条。

2. 调整离婚及其法律后果的事项越来越多

2001 年《婚姻法修正案》既规定法定离婚原则、离婚理由，又规定离婚后子女抚养、财产分割；而且设立了离婚损害赔偿请求权、离婚后生活困难帮助请求权、离婚补偿请求权。

八　养老模式：家庭赡养和社会养老并举

在任何时代，老人赡养，不仅是由当时社会生产力的水平所决定，而且受到建立在这种生产力水平和生产方式基础上的赡养观念的制约。赡养观一经形成，就会对老人赡养乃至整个家庭生活产生重要影响。[①] 诚如马克思指出，"人们按照自己的物质生产的发展建立相应的社会关系，正是这些人又按照自己的社会关系创造了相应的原理、观念和范畴"。[②] 20 世纪百年间，老年人口占总人口的比重不断增加，1982 年为 4.89%；1987 年为 5.46%。[③]

赡养，不仅是指对老人物质需求的满足，而且包括亲情的温暖和精神慰藉。农业社会时期，单个家庭必须承担起其所有成员的生、老、病、伤、残、死等所有风险和保障，"养儿防老"观念根深蒂固。但是，随着社会由农业社会转向工商业社会，特别是进入老龄化社会后，传统的家庭赡养模式已不能完全满足老年人的实际需求了，新生的社会养老模式逐渐部分地取代家庭赡养。因为随着平均预期寿命提高，家庭规模缩小，人口迁徙频繁，养老责任越来越重。然而，客观上巨大的生存竞争和工作压力，使得子女想孝顺、赡养父母，变得不那么容易实现，公共政策推行的社会养老模式渐渐得到了人们的认可和接受。

---

① 仇立平、郑晨：《试论我国城市家庭的老人赡养》，刘英、薛素珍主编《中国婚姻家庭研究》，社会科学文献出版社 1987 年版，第 354—355 页。

② 《马克思恩格斯选集》第 1 卷，人民出版社 1972 年版，第 108 页。

③ 《中华人民共和国国家统计局关于 1987 年全国 1% 人口抽样调查主要数字的公报》（1987 年 11 月），中华人民共和国国家统计局：http://www.stats.gov.cn/tjgb/rkpcgb/qgrkpcgb/t20020404_16770.htm，访问日期：2011 年 3 月 12 日。

(一) 家庭赡养

家庭赡养是传统的养老模式。在我国历史上，家庭赡养观以"孝"为核心。在我国进入工商业社会过程中，人们由于受传统观念影响，也因为社会养老体系的不完善，养老时首选家庭赡养。按照中国传统观念，有儿子的老人进敬老院养老，其子女会被指责为"不孝"，老人和子女都会被人议论。

现实中，家庭赡养的分类通常有下列三类情形。

1. 老人独居

老人与子女分别居住，子女定期看望老人，并给予必要帮助。也有社会学家称之为"空巢家庭"。处于这种情形下的老人，需要具有一定的生活自理能力。单居老人，随着高龄化加深及身体健康状况下滑，容易遭遇越来越大的生活困难。更为重要的是，因为时间和距离间隔，特别是传统观念影响，老人感受到的亲情和家庭温暖少，甚至会产生被冷落、被遗弃之情绪，因而导致精神痛苦。

2. 老人与子女共同居住

这类老人儿孙同堂，容易享受到天伦之乐。这类老人遇到的问题，通常是服务子女家庭而欠缺行动自由。为子女买菜做饭、做卫生、照顾孙子孙女，日复一日地以子女一家为中心而生活。

3. 轮流赡养

有两个以上儿子的老人，子女们为平均分担赡养责任而协商约定以接力式承担定期的赡养责任，而在不同子女家轮流居住。对于多子女家庭，子女轮流赡养是社会上普遍采用和认可的赡养老人的方式。这种养老方式的优势，是老年人能与每个儿子共同生活一定时间，不使某个儿子负担过重；缺点是老人不得不经常搬迁，更换居住地甚至居无定所，有可能"忽略了被赡养老人内心的感受"，容易使老人产生"自己是子女们的累赘"的自卑心理，因而受到伤害。[1] 笔者倒不认为，"轮流赡养实际是家庭赡养功能弱化的一种客观表现"，"难脱'推卸'之嫌"，[2] 不过，轮流赡养并非适合所有老人，而是

---

[1] 刁志华、周惠明：《老人的归属》，《人民法院报》2001年7月18日第5版。

[2] 同上。

必须具备两个条件：一是所有子女都具有赡养能力，而且均能及时履行赡养责任，否则，容易发生子女之间相互推诿、扯皮现象。事实上，某个子女不及时履行某个阶段赡养责任，下一阶段轮值者拒不接受老人，以致老人无人赡养的纷争，在农村地区时有发生。二是老人行动尚便。如果老人年事已高，行动不便，生活难以自理，经常更换生活环境是其无法承受之重。

由于经济基础弱，[①] 推行独生子女的计划生育政策，家庭规模缩小，青壮年劳动力外出谋生，家庭的保障功能显著弱化，家庭的养老负担越来越重。特别是在农村，以农村家庭自我保障的养老方式，已越来越令人忧虑：老年能否安度？借鉴工业化国家和地区的经验，中国在实行市场经济体制后，也着手改革养老政策，建立和完善了社会养老保障体系。

（二）社会养老

养老是人类社会任何阶段都存在的生活内容，但是，世界范围内的老龄化趋势则是在20世纪始出现的。[②] 随着家庭小型化、社会老龄化，仅由家庭供养老人已不能完全胜任。工业化国家创立了社会保障制度，其中包括社会养老的经验。社会养老基本上也有两种模式：一是依靠养老金居家养老；二是进入社会福利院或者老年公寓居住养老。随着经济社会发展，人们养老观念的转变，特别是少子化趋势发展，社会养老是大趋势，特别是入住养老院养老，将使老年人生活更有保障。

1. 居家养老

这种方式不同于传统的家庭赡养模式，在于老年人依靠自己的养老金或社会救助金实现经济独立，子女基本上不需要承担经济责任。对于拥有住房（无论是自有房或者承租房）的老人，居家养老是一种比较理想的养老模式。老人生活在年轻时的生活环境中，不脱离老环境、老邻居、老伙伴，精神生活比较丰富、愉快。如果社工队伍、志愿者队伍进一步扩大，社区的养老设施和相应服务得以改善，居家养老仍是比较理想的养老模式。

2. 入住社会养老机构养老

无论入住社会福利院或老年公寓，老年人都能过上稳定的晚年生活。

---

① 2001年前后，我国农民的人均年纯收入仅有2000元左右。
② 陈功：《家庭革命》，中国社会科学出版社2000年版，绪论，第7页。

在这种养老模式下，老年人在一起共同生活，容易实现所需的社会交流、人际沟通，容易获得理解，可以享受到专业护理，遇到困难，有职业工作者帮助排解，能让老年人生活有尊严。子女有空闲时，经常去看望老人，让老人感受到亲情的温暖。这种模式，对于比较开明的老人和亲自照料有困难的子女来说，是挺适当的。当然，养老机构是收费服务，所以，支付能力是一大约束因素。只有具备较好经济条件的老人，才有可能入住养老机构。

老年人入住养老院养老，不意味着老年人不享有亲情或子女关爱，更不会丢子女的面子，而是社会福利，是老龄化社会适合老年人的社会福利安排。

然而，我国养老机构和养老床位都太少，远远不能满足老年人入住需求。社会养老服务处于发展初期，公立的养老床位数很少，私立养老机构数量有限，且服务质量不足以令人放心。权威资料显示，1990年，中国大陆地区"城乡各种福利院达40583个，床位达78.0万张，收养人员59.9万人"。[①] 与老年人口数相比，无论收养人员数量或床位数都是杯水车薪，虽然当时号称"乡镇敬老院的覆盖率已达52.6%"，但这仅仅是指一乡一个敬老院。截至2000年年底，"全国城乡各种福利事业单位4.0万个；床位113万张，比上年增长3.9%；收养85.4万人"，其中国有社会福利单位拥有床位22.1万张，占总数19.6%；集体所有制福利单位拥有床位87.8万张，占总数77.7%；民办福利单位拥有床位3.1万张，占总数2.7%。全国每万人口平均拥有福利床位仅9张；每千名65岁及以上老人平均拥有老年收养性福利机构床位10张。[②] 截至2010年年底，全国各类老年福利机构39904个，床位314.9万，收养老年人242.6万人。[③] 而根据全国历次人口普查，60岁以上老年人占全国总人口的比重，2005年为11.03%；2006年为11.3%；

---

① 《1990年民政事业发展统计报告》，中华人民共和国民政部网站：http://cws.mca.gov.cn/article/tjbg/200801/20080100009430.shtml，访问日期：2010年12月30日。该数字包含了收养儿童的福利院及其床位数。

② 《2000年民政事业发展统计报告》，甘肃省人口与计划生育网：http://www.gsjsw.gov.cn/html/dczltjsj/11_34_04_65.html，访问时间：2012年9月14日。

③ 《2000年民政事业发展统计报告》，中华人民共和国民政部网站：http://www.mca.gov.cn/article/zwgk/mzyw/201106/20110600161364.shtml，访问时间：2011年10月26日。

2007年为11.6%；2008年为12%；2009年为12.5%；2010年为13.26%，其中65岁及以上人口11883万人，已占总人口的8.9%。① 可见，与老年人口数相比，社会养老设施极不完善，想入住社会养老机构养老的老年人，还没有较大的选择余地。

九 家庭法公法化

20世纪后半期，家庭组织和社会结构均发生了重大变迁，身份行为带来的社会问题愈来愈严重，故各国立法加强国家对身份行为的监督。② 家庭法引入公平、人权等理念，增设保护人权条款，加强保护弱者，并开始与其他部门法相互渗透，部门法之间的界限变模糊了，身份法出现公法化的趋势。

（一）人权观念进入婚姻家庭法

人权"是指做人的那些必须的条件"，③ "人们仅凭其作为人就享有的这些权利，而不论其在国籍、宗教、性别、社会身份、职业、财富、财产或其他任何种族、文化或社会特性方面的差异"。④ 人权具有平等性，是每个社会成员所应得的。恩格斯曾指出："一切人，或至少是一个国家的一切公民，或一个社会的一切成员，都应当有平等的政治地位和社会地位。要从这种相对平等的原始观念中得出国家和社会中的平等权利的结论，要使这个结论甚至能够成为某种自然而然的、不言而喻的东西。"⑤ 尊重人权，"是普遍的最低限度的道德标准的要求"。⑥ 人应当"被作为一个其自身具有内在价值的

---

① 《2000年民政事业发展统计报告》，中华人民共和国民政部网站：http://www.mca.gov.cn/article/zwgk/mzyw/201106/20110600161364.shtml，访问时间：2011年10月26日。

② 戴炎辉、戴东雄、戴瑀如：《亲属法》（修订版），（台北）顺清文化事业有限公司2009年版，第2页。

③ 罗隆基：《论人权》，刘见军编《北大传统与近代中国——自由主义的先声》，中国人事出版社1998年版，第145页。

④ ［美］A. J. M. 米尔恩：《人的权利与人的多样性——人权哲学》，夏勇、张志铭译，中国大百科全书出版社1995年版，第2页。

⑤ 《马克思恩格斯选集》第3卷，人民出版社1972年版，第143页。

⑥ ［美］A. J. M. 米尔恩：《人的权利与人的多样性——人权哲学》，夏勇、张志铭译，中国大百科全书出版社1995年版，第7页。

个人来看待";①"人不能被仅仅当作手段"。② 20 世纪上半叶，人类经历了两次世界大战的空前劫难。为免后人再遭当代人类两度身历惨不堪言的战祸，国际社会深刻反思历史，诞生了人权运动，以促进和保障人权为首要目标，并以国际法律文件形式昭示各国人民。现代国家"在国际环境中不再是一个自由的主体，甚至在国内事务中也不是没有限制的。相反，它的行为自由被大量的国际法律文件所限制，这些法律文件对一个国家政府的政策选择起着非常实在的限制作用"。③

自 1945 年以后，保护人权与和平发展两大主流价值引导着人类社会前行。从 1948 年联合国通过《世界人权宣言》后，维护人权和人性尊严，倡导人权理念，成为国际社会的共同关切的焦点。到 1960 年通过《消除一切形式种族歧视国际公约》《公民权利和政治权利国际公约》《经济、社会和文化权利国际公约》，1970 年《消除对妇女一切形式歧视公约》，再到 1989 年《儿童权利公约》，国际人权法体系形成。联合国还设立国际监督机制，要求成员国定期报告实施情况，向有关国家提出改进建议。④ 加入国际人权公约的国家和地区，都应当履行国际人权义务，改革其国内法以满足《世界人权宣言》等国际人权公约的准则性规范和要求，积极回应联合国机构的询问和建议。⑤ 大量的国际条约将人权价值和意识渗透到许多国家的国内法中。

同时期，婚姻家庭法发生的改变或者发展，超过了以往数百年人类婚姻家庭生活与法律缓慢变迁之总和。引发和促成这些"翻天覆地"变化的因素多种多样，经济发展和物质财产极大增长；妇女运动进步和妇女解放程度的提高；宗教影响进一步削弱等，而人权观念的倡导、流行和人权保护运动的积极推动是其中一个基本因素。人权运动介入家庭法领域，人权保护原则

---

① ［美］A. J. M. 米尔恩：《人的权利与人的多样性——人权哲学》，夏勇、张志铭译，中国大百科全书出版社 1995 年版，第 154 页。

② 同上书，第 153 页。

③ Murray Hunt, *Using Human Rights Law in English Courts*, Oxford, Hart Publishing, 1998. pp. 5 - 6. 转引自［加］丽贝卡·瓦恩散科·亨特《加拿大的国际人权义务对国内法律程序的影响》，程味秋等编《联合国人权公约和刑事司法文件汇编》，中国法制出版社 2000 年版，第 379 页。

④ 杨诚：《略论国际人权法的体系与贯彻》，程味秋等编《联合国人权公约和刑事司法文件汇编》，中国法制出版社 2000 年版，第 37 页。

⑤ 同上书，第 38—39 页。

越来越多地融进婚姻家庭法中，促进婚姻家庭法进一步变革；近代之初确立的婚姻家庭法中的诸多价值观和制度规范受到质疑，婚姻家庭法被修正，家庭暴力被明文禁止，无过错离婚法普遍流行，儿童权利保护受到空前重视，非婚同居制度化，同性结合合法化，公平合理的价值观渗透到婚姻家庭内部的利益分配中。

婚姻家庭法与人权观念融合，呈现出公法化的特征，主要表现为下列几方面：男女平等，尊重每一个家庭成员的生命权、健康权和人格尊严，坚持家庭成员平等原则，反歧视原则，尊重个人自由，保障个人结婚及组织家庭生活的自由，生育权是人权，保障儿童福利。

（二）平等原则

近代以来，人人平等是人与人关系的最基本准则。法律力求确认和支持所有人的价值是同等的要求，每一个人都应当无区别地获得承认，不因特殊情形或者个人的偏向而有差别；"禁止不公正地利用别人或者剥夺别人的公正机会"。[①] 人人生而平等在资产阶级革命胜利后普遍地被确立为宪法基本原则，似乎更多地指向公共生活领域。在私人生活领域，所有家庭成员一律平等，是第二次世界大战后才得到切实贯彻执行的社会普遍价值观。《世界人权宣言》第6条、第7条规定，"任何人在任何地方均有权被承认在法律上的人格"；"法律面前人人平等，并有权享受法律的平等保护，不受歧视"。某种现象被认定为触犯平等保护原则时，或是将法律保护范围扩大到原先被认为被歧视的社会群体，或取消对原先受到偏爱的社会群体的优待，以实现平等。

平等价值引申到婚姻家庭法领域，使得大幅度修正有违男女平等原则之条款显得十分必要。20世纪70年代以来，许多国家和地区频繁修正婚姻家庭法或者制定相关新法，以保障每个家庭成员在法律面前获得一视同仁。

（三）反歧视原则

反歧视原则，是指反对和消除一切形式的基于性别、社会出身、财产、种族、受教育程度等而作出的任何区别、排除、限制等，承认并保证所有人在政治、经济、社会、文化、公民或任何其他方面享有的人权和基本自由。

[①] ［美］迈克尔·D. 贝勒斯：《法律的原则——一个规范的分析》，张文显、宋金娜等译，中国大百科全书出版社1999年版，第423页。

《公民权利和政治权利国际公约》第 26 条规定，"所有人在法律面前平等，并有权受法律平等保护，不受歧视。在这方面，法律应禁止任何歧视，并保证所有人得到平等的和有效的保护，以免受基于种族、肤色、性别、语言、宗教、政治或其他见解、国籍或社会出身、财产、出生或其他身份等任何理由的歧视"。反歧视，是从平等原则发展出来的对平等的更深层次解释。加拿大法官罗萨丽·阿贝拉认为，"平等在演进过程和实质内容上是发展的，某个时期认为平等的价值判断或标准，随着社会发展可能会被重新判定为'不平等'。……什么构成不利的歧视，随时间、信息、经历和洞察力而异"。[①] 歧视违反了权利平等和尊重人格尊严的原则，会阻碍相关人群与其他社会成员在平等条件下参加本国的政治、社会、经济和文化生活，妨碍社会、家庭和其个人的发展。《消除对妇女一切形式歧视公约》典型地传达了反歧视价值。人人都有资格享受《世界人权宣言》所载明的一切权利和自由，不得有任何区别。任何人不受任何歧视，不采取任何歧视人的行为或做法，采取一切适当措施，消除任何个人、组织或企业歧视妇女，采取适当措施，修改或废除构成歧视妇女的现行法律、规章、习俗和惯例。反歧视原则融入婚姻家庭领域，为人们的个人生活方式和家庭生活多样化选择提供了依据，少数人群体的权利受到法律保护，引发传统的婚姻家庭法律价值观发生重大改变。非婚同居、同性结合等与传统婚姻家庭价值背道而驰的家庭生活的新模式在反歧视原则下获得了社会承认。

（四）防治家庭暴力：平等尊重生命权、健康权和人格尊严

人的人格尊严、健康权、生命权必须受到尊重。"生命是每个个体的人基本的、主要的所有物。它是一切活着的人所共同具有的东西。"[②] 每个人本身应当被看作个体独特的目的。任何人都不是别人实现利益的手段。《世界人权宣言》第 3 条规定，"人人有权享有生命、自由和人身安全"。《公民权利和政治权利国际公约》第 6 条规定，"人人有固有的生命权。这个权利受法律保护，

---

① [加]凯瑟琳·E. 马霍尼：《加拿大对待平等权利与法院里的性别平等的方法》，[美]丽贝卡·J. 库克：《妇女的人权——国家和国际的视角》，黄列译，中国社会科学出版社 2001 年版，第 486 页。

② [美]J. P. 蒂洛：《伦理学理论与实践》，孟庆时、程立显等译，北京大学出版社 1985 年版，第 152 页。

不得任意剥夺人的生命"。是否生存的决定权由每个人本人掌握。婚姻家庭法必须尊重每一个家庭成员的生命权、健康权和人格尊严。无论父母对于子女或是子女对于父母，或者家庭其他成员之间，不论长幼、性别、健康状况、价值观或者其他任何情形，人人均应尊重另一个人的生命、健康和人格尊严。1947年《日本宪法》第24条对此人权原则的反映直接明了，"婚姻仅以两性的自愿结合为基础而成立，以夫妇平权为根本，必须在相互协力之下予以维持。关于选择配偶、财产权、继承、选择居所、离婚以及婚姻和家族等有关事项的法律，必须以尊重个人的尊严与两性本质上平等为基础制订之"。①

在家庭领域，促进人的独立和自我责任意识。为了保障私人领域的人权，家庭暴力作为侵犯私人领域人权的最普遍现象，越来越多的国家和地区积极利用公权力介入以求解决。家庭暴力在古今中外普遍存在。但是，自人权观念引入婚姻家庭法后，家庭暴力不再被视为外人不介入的"家务事"，而是渐渐地被视为社会问题。迄今，越来越多国家和地区立法明确禁止家庭暴力，并且规定了公权力干预的措施与路径，为受害人提供救济和帮扶。

20世纪70年代以来，英国、美国、加拿大等工业化主要国家和地区将发生在家庭中的暴力，与在公共生活中的暴力问题同等对待，积极依赖公权力进行治理。法律确认"婚姻不是配偶一方违背另一方意愿实施攻击的许可执照"，废弃了普通法曾经长期施行的"大拇指"规则。② 防治家庭暴力取得了良好成效。在英国，1976年以前，《反殴打与侵害法》赋予家庭暴力受害人向民事法庭申请保护令的权利，由法庭发布停止骚扰令或驱逐令，判令某人实施或不得实施某一特定行为。为了更好地保护受害人，英国于1976年通过《家庭暴力与婚姻诉讼法》，赋予警察逮捕违反民事法庭发布的制止家庭暴力判令之当事人的权利。"这标志着社会对家庭暴力的态度发生了根本变化。"③从20世纪90年代开始，"警察局成立了家庭暴力专职工作部门，专门为受到

---

① 张萍：《日本的婚姻与家庭》，中国妇女出版社1984年版，第127页。

② 大拇指规则，是指普通法允许丈夫殴打妻子，只要丈夫使用的棍棒不粗于其拇指。Stephen M. Cretney, Judith M. Masson, Rebecca Bailey-Harris, *Principles of Family Law*, London: Sweet & Maxwell, 2003, p. 232.

③ [英] 伊丽莎白·伍德克拉夫特：《运用法律机制，制止家庭暴力》，中国法学会、英国文化委员会编《防治家庭暴力研究》，群众出版社2000年版，第202页。

家庭暴力伤害的妇女提供支持";① 也尝试多种干预模式和政策。英国《1996年家庭法》②扩大了申请保护的受害人范围;法院下达"居住令""互不妨害令"时必须附加逮捕权,除非法院认定无须逮捕施暴者,妇女和儿童就可以得到充分保护;"警察有正当理由怀疑某人违反了该命令的,则无须授权,便可将其逮捕",并"在逮捕后24小时内将被捕人移送相关司法机关"。③施暴者违反法庭命令再次施暴的,将可被判处监禁。在美国,从20世纪70年代起,各州相继在相关制定法中增设调整家庭暴力规定或者另行制定防治家庭暴力法,建立禁止令制度,强制警察干预和制止暴力,保护受害人。④美国于1984年制定《家庭暴力防治救助条例》后,各州大肆修订法律,授权警察在有正当理由足以认为嫌犯触犯了家庭暴力罪时进行逮捕,改变了以往"法不入家门"传统,形成了以逮捕施暴者为主要响应策略的严厉政策,只要被害者提出告诉,就必须逮捕嫌疑人。警察还有义务护送被害人到医疗或是庇护机构,协助受害人申请民事保护令。20世纪90年代制定的被誉为两性平权立法的里程碑的《妇女暴力侵害条例》,要求美国政府拨付更多资金防治家庭暴力,授权受害者在联邦法庭提出诉讼,并赋予执法人员权力跨州追缉施暴歹徒。在加拿大,政府从1981年开始鼓励警方干预家庭暴力,执法人员必须对家庭暴力案件做出反应。21世纪初,加拿大多个省颁布《家庭暴力法》和《紧急状态保护令》,妇女受到暴力威胁时,随时可向警察求救;即使未获得当事人允许,警察也可破门而入并带走施暴者。家庭暴力行为严重者,将受到刑事指控。如果罪名成立,施暴者会被判进监狱服刑。⑤

(五) 增设家庭住所权

家庭成员主要是因为人与人之间的关系原因而聚集到一起,而不是因为

---

① [英] 玛利安·海斯特:《家庭暴力·英国调研概览》,中国法学会、英国文化委员会编《防治家庭暴力研究》,群众出版社2000年版,第50页。

② 该法案不同章节的生效时间并不统一,第四章"家庭住所和家庭暴力"已于1997年10月1日起生效。

③ Family Law Act 1996, Article 47 (2) (3) (6) (7), Mika Oldham, *Blackstone's Statutes on Family Law (2004—2005)*, Oxford: Oxford University Press, 2004, 357-358.

④ 周月清:《婚姻暴力——理论分析与社会工作处置》,(台北)巨流图书公司1996年版。转引自陈明志《警察机关执行家庭暴力防治工作问题之研究——以台北市政府警察局为例》,硕士学位论文,(台北)"中央警察大学",2002年,第21页。

⑤ 中国台湾地区自1999年6月开始施行"家庭暴力防治法"。

家庭传统功能的作用而相聚在"家"这个处所。

（六）生育权被列入基本人权

生育权是生育自由发展的结果。生育作为人类延续的基本途径，其历史与人类自身同样长。但是，在人类原始社会阶段，人们对生殖知之甚少，生育是人的本能不加节制地交配活动的结果。进入私有制以后，人类虽已有能力在一定程度上控制生育，但生育更是一种家族责任、社会责任，对妇女而言，生育是其义务。第二次世界大战后，随着国际社会对生育问题的重视，生育作为权利，进入了法律视野。1968年，人类首次宣布享有"负责地决定子女数量及其出生间隔的基本人权，有获得有关教育和信息的权利"。《消除对妇女一切形式歧视公约》将生育权界定为男女均享有的相同权利。1974年《世界人口行动计划》提出生育权的主体是"所有夫妇和个人"。1984年，联合国国际人口与发展会议通过的《墨西哥宣言》、1994年国际人口与发展会议通过的《国际人口与发展会议行动纲领》中，均将生育权视为基本人权。

生育权是一项公民应享有的基本权利，特别为育龄男女平等地行使。生育权是指所有夫妇和个人都享有自由负责地决定其子女的数量和间隔以及为此目的而获得信息、教育与方法的基本权利；夫妇和个人在行使这种权利的责任时，应考虑他们现在子女和未来子女的需要以及他们对社会的责任。首先，生育是人自主选择的行为。人们通过性行为获得性满足和情感满足的同时，决定繁衍后代，这是人身自由权的一部分。人有权利用自身的机理实现人口再生产。其次，生育是人们寻求个体"长生不老"的替代品。个体通过生育后代，将自己的遗传基因代代相传。最后，生育是一种社会行为。人类生存首先是人口的再生产，否则，人类就将不复存在。生育，本质上应由个体自我控制和管理。欧洲人权委员会将生育权解释为个人享有的权利。[①]同时，生育还关系到家庭利益、民族利益、国家利益。生育权的概念一经产

[①] 援引自冯·奥斯特维克（Van Oosterwijck）案件：比利时人冯·奥斯特维克接受过变性手术，但其出生证相关记载未能获准修改。比利时政府认为，冯·奥斯特维克所接受的手术剥夺了他自己的生育能力，使其无法实现建立家庭的权利。但是，欧洲人权委员会认为，比利时当局未准许冯·奥斯特维克修改其出生证明，是对其建立婚姻和家庭之权利的剥夺。转引自廖雅慈《人工生育及其法律道德问题研究》，中国法制出版社1995年版，第31页。

生，不仅成为应有基本人权之一，构成人口计划与优生体系的权利基础，而迅速渗透到婚姻家庭法领域。

平等生育权特别是妇女的生育决定权受到了普遍尊重。妇女因天然的生理结构和功能，在生育上客观地处于某种优势地位。特别鉴于否定传统文化中歧视妇女立场的必要，当代法律特别强调妻子享有生育决定权。丈夫不得强迫妻子生育，妻子单方终止妊娠不构成对丈夫生育权的侵害。夫妻在生育利益上发生不可调和的冲突时，夫妻任何一方均可寻求离婚救济。然而，生儿育女毕竟是多数人的合理需求，"家里该有个孩子"是社会主流文化肯定的生活常规。由于受传统意识的影响，男性的"传宗接代"意识似乎更强烈些。因此，最近数十年来，城市人中自愿选择不生育的夫妻对数增多，这在很大程度上得益于妇女生育决定权普遍受到尊重的现实。

(七) 保护弱者利益

儿童、妇女、老人是婚姻家庭中的弱者。特别是对于儿童群体，[①] 在人类社会长期生活中，公共政策更多是从"解决问题"角度给予注意。值得庆幸的是，20世纪初以来，儿童作为权利主体被认识，国际社会开始普遍地关注儿童权利保护，儿童最大利益成为一切儿童事务的至高准则。

自1924年，国际联盟第五届大会通过日内瓦《儿童权利宣言》，提出保护儿童权利的五项基本原则。1959年联合国大会《儿童权利宣言》，第一次认真具体描述儿童的要求和资格。1989年联合国日内瓦大会通过《儿童权利公约》(*The Convention of the Rights of the Child*)，确立了保护儿童基本权的原则，创造性地列举出儿童群体应享有的生存权、成员权、受照顾和受保护权、社会参与权、享有文化和教育权、社会保障权等最基本人权的目录，为保护儿童权利提供更多制度性路径。《儿童权利公约》在世界范围内产生了巨大影响，被视为儿童权利保护的试金石，成为促进各国和地区儿童权利保护和儿童福利立法的重要力量和参考。

对儿童的尊重和保护是儿童人权保护的基本原则。儿童出生后，父母、监护人不仅应当在18年内提供其需要的必要生活照料和抚养，而且应当提

[①] 采用国际通行概念，所称儿童是指18岁以下的未成年人。

供充分的保护和培养。只有心智健全的儿童才能成长为国家和社会的栋梁。儿童福利成为重要的社会课题。不能因成年人情绪波动而伤害儿童，造成儿童人格、价值观的扭曲。

"儿童最大利益原则"成为世界各国保护儿童权利的基本准则。《儿童权利公约》第3条第1款规定，"关于儿童的一切事务，不论是公立或私立社会福利机构、法院、行政当局或者立法机构，均应以儿童最大利益为首要考虑"。其后，许多国家修改本国或本地区的家庭法和儿童保护法，将儿童最大利益引入其婚姻家庭法中，不仅消除了对子女的一切形式的歧视或不平等待遇，而且家庭法以子女利益为中心，督促父母履行职责以保障子女权利的实现。《德国民法典》用父母照顾责任取代了过去曾经使用的"亲权"概念。第1626条规定，"父母有照顾未成年子女的义务和权利"；"在抚养和教育时，父母应考虑子女不断增长的能力和子女对独立地、有责任感地实施行为的、不断增长的需要"；"在通常情况下，跟双亲的交往属于子女的最佳利益"。①在儿童权利受到普遍尊重的今天，"'亲权'这样的字眼在德国法律术语中甚至是被禁止使用的"。②英国《2002年收养与儿童法》第1条规定，收养儿童应当以儿童的终身幸福为最高考虑；法院、收养机构作出任何有关儿童收养的决定，都必须适用儿童最大利益原则。③英国法院认为，福利并非只是经济社会或宗教上的利益，它也包含使儿童快乐的所有重要元素。④

（八）家庭越来越"开放"

在20世纪以前，家庭是一个被视为封闭而独立的私人生活天地。然而，从19世纪开始的资产阶级国家法律，承认包括已婚妇女在内的全体妇女人格独立、与男子平等，妇女开始走出家庭，进入职业场所，有了社会工作；随着儿童教育职业化及儿童进入学校就学，家庭成员与外部的联系日益增多、增强，联系越来越多样，隔开家庭与社会之间的高墙渐渐消失。与从前

---

① 陈卫佐注：《德国民法典》，法律出版社2004年版，第441页。
② 同上书，译者注第57。
③ *Adoption and Children Act 2002*, edited by Mika Oldham, *Statutes on Family Law 2004 - 2005*, 13th ed, Oxford University Press, 2004, pp. 451 - 452.
④ ［英］L. B. 科增：《家庭法简明案例》（第二版，影印版），武汉大学出版社2004年版，第141页。

相比,这个时期的家庭显得"开放"很多。

(九) 婚姻家庭法与其他部门法之间的界线开始模糊

在有些领域,婚姻家庭法不断扩张,其影响力不断增强,开始侵入传统上的其他法律部门。例如,家庭暴力防治法综合了民事、刑事、行政的法律规范。

十 确定性与灵活性相结合:制定新法或修法越来越频繁

从国际范围观察,与过去相比,家庭明显从单一模式发展到日益灵活的多元模式:如今,被承认并纳入监管的家庭模式有多种,除了传统家庭模式外,还有同居家庭、一人家庭。家庭内部的人际关系也多元化,特别是父母子女关系的类型也不再单一:自然血亲的父母子女关系、继父母子女关系、养父母子女关系等。未来,随着个体自由和意志得到更多尊重,现代家庭法将会继续由确定性(少变甚至一成不变的模式)向灵活多变的家庭法转变,社会生活中,人们之间越来越多元化的相互关系也将在家庭法中得到反映。

从我国国内观察,制定或修订家庭法的频率明显加快了。1900年到2001年的百年间,从1911年制定《大清民律草案》到1930年国民政府制定《民法亲属编》,从1950年公布《中华人民共和国婚姻法》到1980年修改《婚姻法》,再到2001年公布《婚姻法修正案》。如果说前三次立法皆因政权更迭而催生的话,那么,最近50年的后两次,显然是为了适应快速发展变化了的社会并跟上时代步伐。

综上所述,经过20世纪百年,婚姻家庭法律制度发生了显著变化。"任何持续存在的社会生活都不可避免地会形成一种限制形式和组织形式。法律就是这些组织中最稳固、最明确的形式。""社会成员联系得越紧密,就越能维持彼此之间以及群体内部各种不同的关系。因为如果他们很少见面,就不会形成一种相互依赖的关系,或者说这种关系很短暂,很微弱。另外,这些关系的数量是与规定它们的法律规范的数量成正比的。"[①]

[①] [美]埃米尔·涂尔干:《社会分工论》,渠东译,生活·读书·新知三联书店2005年版,第28页。

第三节　推动婚姻家庭法律改革的要素

推动法律改革的最基本的稳定的动力是社会变迁。而法律改革的价值取向、改革力度及方向在很大程度上取决于推动法律改革的动力和条件。"任何一种制度在实施了一段时期以后，没有不退化变质的，这不仅因为它没有在适当的时候发生改变，从而使自己变得顽固不化，而且也因为它只是朝着单一的方向发展，从而使自己变得面目全非。这样一来，它已经再也没有能力胜任自己的职责了，因此，我们应该试图在根本上改造它，而不是在整个历史中去否认它，破坏它"。[①] 美国著名法学家庞德指出，如果说，19世纪的法律历史在很大程度上是一部有关日趋承认个人权利——这些权利常常被视为"自然的"（或天赋的）和绝对的权利——的记录，那么，在20世纪，应该用更加广泛地承认人的需要、要求和社会利益这方面的发展来重写法律历史。[②] 在20世纪百年中，在中国社会改革和法律变革中，有个一以贯之的现象：每一次社会大变革开始，婚姻家庭法总是被最先制定或修订的法律。这是因为婚姻家庭法总是要反映社会变革的需求，适应社会改革的结果，维护社会变革的成果，同时又促进社会变革的发生。

一　社会经济深刻变化：经济模式和结构更新

从19世纪中叶开始，三次灾难性的战争[③]打破了中国人的闭关自守和骄傲自满，中国被迫敞开国门，接受西方的商人、传教士、领事和炮舰。随着西方列强对中国市场的争夺，中国与西方的贸易增多，催生了官僚资本主

[①] ［美］埃米尔·涂尔干：《社会分工论》，渠东译，生活·读书·新知三联书店2005年版，第26页。

[②] 转引自［美］埃德加·博登海默《法理学：法律哲学与法律方法》，中国政法大学出版社1999年版，第147页。

[③] 1839—1842年中英战争：中国政府试图强行禁止鸦片交易，英国则欲清除中国设置在贸易往来上的障碍，故史称鸦片战争。战败的中国与英国签订了《南京条约》，将香港岛割让给英国，并开放五个对外通商口岸。该条约是此后签署的一系列不平等条约中的第一个。1856—1858年中国与英国、法国的战争，是欧洲人逼迫中国作出更大让步以实现其贸易扩张，而与中国不满不平等条约承认给外国人太多特权之间的矛盾冲突引发的。战败的中国被迫在1858年和1860年签订了更多不平等条约。1894—1895年中日甲午战争后，中国被迫签订了《马关条约》。

义。商品需求量增加，商品交换范围日益广泛，商品交换经济得到了发展。

20世纪初期，随着萌芽的民族资本主义的生长，中国经济的形态开始发生变化。

20世纪30年代以后，在政治革命、经济变动的社会大背景下，《中华民国民法·亲属编》颁布实施，从法律和社会关系上标志着现代婚姻家庭制度的初步建立。

1949年中华人民共和国成立后，实行社会主义公有制，中国经济形态发生了翻天覆地的深刻变化，生产力获得了大发展。经济基础变了，婚姻家庭法必然随之变革。

1978年实行改革开放政策后，我国社会的经济成分、组织形式、就业方式、利益关系、分配方式都发生了深刻改变。首先，打破计划经济体制，实行市场经济，突破了单一公有制模式，形成了国有、集体、个体、私营、外资等不同所有制经济，并同在市场中竞争发展的态势。其次，经济利益主体多元化，各种行业协会、个体劳动者协会、商会、消费者协会以及大量的联合会或研究会，几乎覆盖社会生活的各个领域或行业。再次，就业方式以劳动者经由劳动市场自主择业为主。在计划经济时期，国民到了劳动年龄，由国家包分配工作。实行市场经济后，逐步形成了劳动部门介绍就业、劳动者自主择业、自由创业等多种就业方式。这就要求赋予劳动者个人极大的流动自由。最后，从利益关系和分配方式看，平均主义的分配制度基本被打破，按劳分配为主、多种分配方式并存，形成了劳动、资本、技术、管理等要素参与分配的制度。一切合法的收入，包括劳动收入和非劳动收入，均得到法律保护。

与这种经济环境相对应，人的个体意识觉醒，自主意识、竞争意识、效率意识、开放意识、创新意识、民主意识、法制意识等滋生、普及、流行。自由、平等、公平的价值观受到推崇。

二 国家政权结构变化和政治动向

"立法的趋势一直是受着国家政权结构和政治动向的直接影响。"[①] 在20

---

① [英] 梅特兰等：《欧陆法律史概览：事件、渊源、人物及运动》，屈文生等译，上海人民出版社2008年版，第231页。

世纪百年内，从我国先后颁布的规范婚姻家庭关系的六部主要法案。可以清楚地看到，每个政治时期，政权结构和政治动向直接影响着婚姻家庭立法及其改革。同时，必须注意到，政治因素对婚姻家庭立法的影响可以在短时间内见效，但对社会实际生活的影响，却非朝夕之间能够奏效的；婚姻家庭生活变迁是渐进式、缓慢的，这是规律，任何时代概莫能外。

（一）清末时期

1911年《大清民律草案》编纂及完成，是清朝在民族危机中实施政治改革的结果。

1900年，清朝政府决定实行新政改革，参酌外国法律，改订律例。1840年鸦片战争之后，中国社会的经济关系、阶级结构、政治结构、法律制度、国际地位都发生了前所未有的重大变化，清朝在急剧地衰落中。甲午战争失败，中国陷入被帝国主义列强瓜分的绝境。英法联军入侵中国，八国联军攻占北京。在国家处于"岌岌乎不可以支月日"的危难时刻，有识之士为救国救民，提出多种方案，要求因时更法；其中维新派提议借鉴日本经验，积极变法维新，继受外国法律，西学东渐，维新图强。清政府终于接受维新派的主张。1900年，清廷决定实行新政改革。从此，中国开始了变律为法，走上了继受欧陆法之路。

1902年，清廷指派沈家本、伍廷芳，将一切当时施行的律例按照交涉情形，参酌各国法律，细心考订，妥为拟议，务期中外通行，有裨治理。1907年4月，民政部奏请速定民律，陈述了公法私法之分野、民法的作用、中国民法传统的欠缺等诸条理由，提出"推行民政，澈究本源，犹必速定民律，而膈良法美意，乃得以挈领提纲，不至无所措手""斟酌中土人情政俗，参照各国政法，厘定民律，会同臣部奏准颁行，实为图治之要"。其后，沈家本、俞廉三、英瑞作为修订法律大臣，妥慎修订，奏明办理。1908年10月，沈家本奏请批准，聘用日本法学博士，制定包括《大清民律草案》在内的各部法律。《大清民律草案》中的亲属编、继承编，由修订法律馆会同礼学部起草，其中亲属编由章宗元、朱献文起草。1910年12月，民律草案初稿完成，共五编1569条。这是中国民法史上第一部按照欧陆民法原则和理念起草的民法典。其后，历时8个月，反复详核，逐条添加按语，说明立法理由。1911年9月5日，由俞廉三、刘若曾等复核上奏《大清民律草案》，世称"第一次民律草案"。

《大清民律草案》第一次打破了中华法系诸法合体的立法传统，引进西方民法典的立法理念和编纂技术，将欧陆民法规则与中国社会相结合，形成完整的民法体系和民法规则，开启了中国民法法典化改革之路。

（二）民国时期

民国开国之初，尚未及考虑制定民法。司法部颁行《中华民国暂行民律草案》，其基本体例和条款与《大清民律草案》无异。

北洋政府执政后，宣称援用清末的民商事法律。司法机关继续援用大清现行刑律中民商事部分，作为民事基本法。"前清现行律关于民事各条，除与国体及嗣后颁行成文法相抵触之部分外，仍应认为继续有效。"[①] 北洋政府认为《大清民律草案》存在下列三大缺漏，故予废弃：其一，仿于德国、日本，偏重个人利益，而此时应以社会为本，故该法不足以应时势之需；其二，该法多继受外国法，于本国固有法源，未及措意，此等得失，未可置之不顾；其三，亲属、继承规定，与社会情形悬隔天地，适用极感困难。[②] 遂决定修订新的民律。

1.《民国民律草案》

迫于收回领事裁判权的政治压力，1914年，北洋政府法律编查会开始修订民律草案，至1926年《民国民律草案》全部完成。《民律亲属编草案》共七章1915年编成。1918年，法律编查会改称修订法律馆，继续修订民律。1925年，起草完成总则编、债编和物权编；1926年完成亲属编、继承编。《民国民律草案》共五编计1522条，史称"第二次民草"。

《民国民律草案》与《大清民律草案》相比较，主要有下列变化：其一，在总则编削弱个人主义色彩，弱化私权观念；增加对外国法人的规定，以适应通商需要；其二，将债权编改称为债编，以示保护债双方当事人利益；其三，在物权编中删除仿照德国制定的土地债务，重新规定中国固有的典权制度；其四，在亲属编中，更多地因袭封建礼教的内容，扩大家长权，

[①] 司法部：《司法公报》第三次临时增刊，1915年10月30日。
[②] 参见北洋政府修订法律馆总裁江庸《五十年来中国之法制》，转引自张国福《中华民国法制简史》，北京大学出版社1986年版，第161页。

强化封建包办婚姻制度；其五，在继承编中，增加了宗祧继承规定等。可以说，与《大清民律草案》对亲属、继承的规定相比较，《民国民律草案》的规定是有所倒退。

《民国民律草案》虽未颁布，但曾被参酌采用。该草案完成之年，北洋政府因发生北京政变，国会被解散，该草案未及公布。1926年11月18日，《民律案总则编债编准暂行参酌采用令》规定，总则编、债编由司法部正式参酌采用，物权编、亲属编和继承编由各级法院作为条理予以采用。1927年8月12日，南京国民政府规定《民国民律草案》仍作为条理适用。至民法典生效时，才停止适用。

2.《中华民国民法》

南京国民政府成立之初，设立法制局，负责起草及修订法律，着手制定民法典。当时认为，民法总则、债编、物权各编，加上民间习惯及历年法院判例，暂时可以维持民事审判活动，但是，关于亲属、继承的习惯、判例，因其沿袭数千年来的宗法社会传统，与当时国民革命政纲之间存在激烈冲突，也与当时世界发展潮流背道而驰，遂决定立即先行起草民法的亲属编和继承编。1928年10月，亲属编、继承编草案完成，呈送国民政府审议。

1928年12月立法院成立，再次开始制定民法。时任立法院院长的胡汉民呈请中央政治会议制定民法。1929年1月29日，立法院设立民法起草委员会，指定傅秉常、焦易堂、史尚宽、林彬、郑敏秀为委员，起草民法。当时国民政府尽速起草民法，除要满足社会民事生活需要外，也是为撤销领事裁判权创造条件。

国民党中央政治会议决定制定民法典，并确定立法原则，分编草拟、分期公布的程序。历时三年，民法典中各编相继完成立法程序。该民法典共计五编，包括总则编、债编、物权编、亲属编、继承编，计1225条。各编都有施行法，与各编同时公布实施。其中，亲属编于1930年12月26日公布，继承编于1931年5月5日公布。该民法典，以大陆法系的德国、法国、瑞士、苏俄、日本国的民法，特别是德国、瑞士民法中的多项制度和条文为主要参考，吸收了北洋政府、南京临时政府的民事立法经验和成果，又保留了中国固有法律中的某些传统，注重中国民事习惯，形成了完整的民法典体系和内容。梅仲协赞誉称之"采德国立法例者，十之六七，瑞士立法例者，十之三四，而法、日、苏联之成规，亦尝颉取一二，集现代各国民法之精英，而弃其糟粕，诚巨制也"。[①]

北伐战争后，第一次国内革命战争爆发。国民政府在经济上推行工业化，在社会上倡导"新生活运动"。在政治、经济、教育、金融、新闻等方面现代国家的雏形初具。

从1937年到1949年，因接连的战争，中国社会发展落后了一个历史阶段。1937年因日本侵略中国，抗日战争爆发。中华民族到了存亡关头，无力顾及现代化。中国现代化进程被迫中断。"八年抗战"结束后不久，第二次国内革命战争爆发，无人顾及现代化。

（三）中华人民共和国成立以后

1950年《婚姻法》是共和国成立之初，为解放生产力和重建生产关系而急就章的重大法案。1949年2月22日，时任中国共产党中央委员会委员、中央法律工作委员会主任的王明起草了一份文件，代表中共中央下发各根据地，要求在司法审判工作中废除国民党的六法全书。这份文件经过毛泽东、周恩来的修改，同意下发全党执行。这份文件就是《关于废除国民党的"六法全书"与确定解放区的司法原则的指示》。该指示的核心观点如下：第一，"废除国民党的'六法全书'，人民的司法工作以人民的新的法律作依据"。第二，"在人民的新的法律还没有系统地发布以前，则应该以共产党的政策以及人民政府与人民解放军所发布的各种纲领、法律、命令、条例、决议作依据。"第三，"司法机关应该经常以蔑视和批判国民党'六法全书'及其他一切反动法律、法令的精神，以蔑视和批判欧美日本资本主义国家的一切反人民的法律、法令的精神，来从事法制建设"。1949年3月，以董必武为主席的华北人民政府的训令《废除国民党的"六法全书"及其一切反动法律》和同年9月的《中国人民政治协商会议共同纲领》第17条，也都重申了中共中央的这一立场。但是，民众的婚丧嫁娶总得继续。所以，制定婚姻法就成为新中国成立后一件大事。

1954年9月，时任国务院总理周恩来在全国人大一届一次会议上所作

---

① 梅仲协：《民法要义》，中国政法大学出版社1998年版，初版序，第1页。

的《政府工作报告》中，首次提出了"四个现代化"的思想。从全国人大第一届一次会议至第四届一次会议的二十多年里，中国共产党和国家逐渐确立了中国社会主义建设的战略目标"四个现代化"，即工业现代化、农业现代化、国防现代化、科学技术现代化，并且曾为此做了一定努力。但是遗憾的是，在此期间，我国总体上是处在为建立一个独立的比较完整的工业体系和国民经济体系而奋斗的阶段，再加上自1957年反右斗争扩大化以后，实行逐渐膨胀起来的"一切以阶级斗争为纲"的指导思想的干扰，淡忘了"现代化建设"这回事。长达十年的"文化大革命"期间，忙于政治斗争，社会陷入大乱，法律虚无主义盛行。所幸，成年人口的婚总是要结的，《婚姻法》的实施不曾中断。

1976年10月粉碎了"四人帮"。1977年8月召开了共产党第十一次全国代表大会，大会宣布"文化大革命"结束，要求动员一切积极因素，团结一切可以团结的力量，欲在20世纪内把我国建设成为"伟大的社会主义强国"而奋斗。1981年6月27日至29日，中国共产党第十一届中央委员会第六次全体会议一致通过了《关于建国以来党的若干历史问题的决议》，彻底否定了"文化大革命"。为了清除1975年《宪法》中的"左"倾的因素，恢复被破坏的民主与法制原则，适应新时期的需要，适时地向全国提出建设社会主义现代化强国的任务，国家决定修改1975年《宪法》。1978年3月5日，第五届全国人民代表大会第二次会议通过了1978年《宪法》。该《宪法》删除了关于"全面专政"的规定，强调发扬社会主义民主，保障人民参加民主管理；恢复了检察机关的设置，增添了1954年《宪法》中规定的关于国家机关的某些职权，以及公民的某些权利和自由。然而，由于当时条件的限制，1978年《宪法》没有能够完全摆脱"左"的指导思想的影响，仍存在着许多问题，在其通过并公布实施后不久，就不得不两次进行局部修改，以适应现实生活的需要。

1978年，中国共产党第十一届三中全会拨乱反正，决定实行改革开放政策。首先，停止使用"一切以阶级斗争为纲"的口号。其次，执政党和国家把工作重点转移到"社会主义现代化建设"上。最后，提出要发扬社会主义民主，健全社会主义法制。"现代化"重新成为中国社会政治、经济和文化发展的目标，中国开始第四次为走向现代化的努力。1979年12月，邓小平把四个现代化解释为下列具体目标，到20世纪末，争取国民生产总值达到人均约

1000 美元，实现人民生活达到小康水平；到 21 世纪中叶，人均国民生产总值达到中等发达国家水平，人民生活比较富裕，基本实现现代化。

在我国启动重新融入世界格局的进程中，法律作为社会利益调整的工具重新受到关注。为了纠正婚姻家庭领域"左"倾的思想意识（例如，1950 年《婚姻法》实施后期司法审判实践中长期实际执行的离婚"正当理由论"），"巩固和发展社会主义婚姻家庭制度"，国家决定修改 1950 年《婚姻法》。1978 年成立了修改婚姻法小组，到 1980 年 9 月全国人大第五届第三次会议通过《婚姻法》，历时仅两年。该法实行以"夫妻感情确已破裂"的离婚原则，是在婚姻关系上进一步解放个人的改革。

1982 年 12 月 4 日，第五届全国人大第五次会议通过了新《宪法》。1980 年 5 月，邓小平在中共中央政治局会议上表示，"中央将向五届人大三次会议提出修改宪法的建议"。[①] 根据中共中央的建议，同年 9 月，第五届人大三次会议决定修改宪法，并成立了以委员长叶剑英为主任的修改小组。当时，中共党内外，对如何修改宪法存有不同认识和意见，其中包括是实行"一院制"还是"两院制"，是实行"三权分立"还是"实行人民代表大会制度"等。[②] 宪法修改工作实际上主要由彭真主持，重大问题则请示邓小平定夺。1982 年 4 月 22 日，宪法草案提交五届人大常委会第二十三次会议审议。26 日，会议决定公布宪法修改草案，交全民讨论。两天后，《人民日报》授权发表宪法修改草案全文。同年 12 月 4 日，五届全国人大五次会议审议通过了新宪法。该宪法规定了"禁止非法剥夺或限制公民的人身自由"，"公民的人格尊严不受侵犯。禁止用任何方法对公民进行侮辱、诽谤和诬告陷害"等。

1986 年 4 月 12 日，第六届全国人民代表大会第四次会议审议通过了《中华人民共和国民法通则》。同日，时任国家主席李先念签署主席令公布该法，并指定该法从 1987 年 1 月 1 日起施行。新中国成立后，先后在 1954 年、1963 年两次起草民法典，但均半途而废。1979 年，第三次开始起草民法典工作。彭真同志提出从中国实际出发，先制定一部概括性的民事基本法律的主张确定了该法案制定的基调。《民法通则》规定了民法的基本原则、

[①] 刘荣刚：《1982 年宪法的制定过程及其历史经验》，《当代中国史研究》2005 年第 1 期。
[②] 同上。

公民（自然人）制度、法人制度、民事法律行为和代理制度、民事权利制度、民事责任制度、诉讼时效制度和涉外民事关系的法律适用制度。它诞生于我国政治和经济体制改革大潮中，具有浓厚中国特色。

2001年《婚姻法修正案》，是在实行市场经济近十年后颁布的。1993年11月，中共第十四届三中全会通过了《关于建立社会主义市场经济体制若干问题的决定》。该决定从原先的计划经济转而实行社会主义市场经济，提出"坚持以公有制为主体、多种经济成份共同发展的方针，……建立全国统一开放的市场体系，实现城乡市场紧密结合，国内市场与国际市场相互衔接，……建立以按劳分配为主体，效率优先、兼顾公平的收入分配制度，鼓励一部分地区一部分人先富起来……建立多层次的社会保障制度，为城乡居民提供同我国国情相适应的社会保障……"[①] 从此，市场经济的规律不断冲击着诸多传统价值观，中国经济社会的深刻变革。人口大规模地流动，新旧观念不断冲撞，个人利益获得了更多褒扬，国人的婚姻家庭关系由"强硬"变"软弱"，由"很少生变"变成"容易生变"，开始呈现"脆弱化"的特质。由此引生了婚姻家庭领域一系列新问题。修改1980年《婚姻法》被提上议事日程。

三 文化革新与结构变化

新文化运动是中国近代史上的思想解放运动。在北京国民政府执政时期，军阀势力利用封建传统禁锢人们的思想，推崇作为封建专制制度精神支柱的孔孟之道，借以维持自己的统治。当时先进分子认为，辛亥革命忽视了思想文化上反对封建主义的斗争，致使革命的成果遭到严重破坏；欲完成改造社会的历史使命，须"冲决过去历史之网罗，破坏陈腐学说之囹圄"。陈独秀指出，"中国的辛亥革命之所以失败，就是在于中国缺乏像西欧那样的从文艺复兴到启蒙运动的思想革命。没有，就要补上；不补上，革命就不能成功；成功了，也不能巩固"。[②] 1915年9月，陈独秀在上海创办《青年杂志》（1916年改名《新青年》），标志着新文化运动的兴起，陈独秀、李大钊、胡适、鲁

[①] 参见《中共中央关于建立社会主义市场经济体制若干问题的决定》第一部分。
[②] 彭明：《五四新文化运动的反思》，许启贤、黄晋凯等主编《传统文化与现代化》，中国人民大学出版社1987年版，第342页。

迅、吴虞、钱玄同、刘半农、易白沙等启蒙思想家是它的主要撰稿人。随后，《每周评论》《晨报》《京报》等报刊积极提倡新文化、新思想。新文化运动的基本口号是民主和科学。提倡民主，反对封建专制，要求平等自由，争取实现西方立宪共和制的国家；提倡科学，反对迷信和盲从，介绍科学知识，主张以科学的法则来判断一切。中国的启蒙思想家们认为，只有民主和科学才能"救治中国政治上、道德上、学术上、思想上一切的黑暗"。

新文化运动促进了中国人的思想解放，唤醒了人们对国家、民族命运的关注。中国向何处去，成为当时国人广泛谈论的议题。它是一场向西方寻找真理的运动，提倡资本主义新文化，反对封建主义旧文化。不仅要求学习西方的"坚船利炮"，学习西方的政治制度，而且要求学习西方的文化思想、伦理道德，即意识形态的一切领域。[1] 从政治思想、伦理道德、科学、文学、艺术、教育各个方面，坚决批判蒙昧主义，促使广大青年从沿袭数千年的孔孟教条束缚中解脱出来。但是，当时的中国，是半殖民地半封建社会，资本主义发展不充分。受经济、政治条件限制，中国的资产阶级带有先天软弱性，力量不强。因此，启蒙思想家们的主张不能够在当时的中国实现。然而，这场运动打破了长期禁锢人们思想的封建牢笼，震动了中国的思想界，启发了民众的民主觉悟，冲击了统治中国两千多年的封建专制制度和传统观念，为新思潮在中国社会的传播开辟了道路。

"五四运动"促进了中国人民的觉醒。先进青年看清了国家命运、腐败黑暗的社会现状，他们以救国救民、改造社会为己任，积极探索拯救中国的道路。"五四运动"后，各地青年纷纷成立社团，传播新思想的刊物大量涌现。五四新文化运动，正是要求进行价值观念的更新换代。事实上，原有秩序，在政治、经济及社会方面步步失效，呈现解体现象。"五四运动"以反封建、反专制为目的，以民主、科学为口号，要求中国社会实行深刻的全面改革。知识分子普遍地认识到中国需要"进步"，他们在各个领域传播这种思想和意识。这种思想观念的价值转变，逐渐被不同阶层的社会大众普遍接受，社会大众在不知不觉中肯定全面改革的必要。"五四运动"不仅直接推

---

[1] 彭明：《五四新文化运动的反思》，许启贤、黄晋凯等主编《传统文化与现代化》，中国人民大学出版社1987年版，第341页。

进了知识界的现代化，而且唤醒了中国社会各种利益集团，大家或多或少地察觉到中国要进入一个新的历史发展阶段。"五四运动"时期，中国社会结构并未改变，传统家族社会的结构未被彻底改变，但可以看到，传统政治秩序已不能重生，传统小农经济及手工业机制在以租界为中心的外来经济势力冲击下渐渐趋弱。除了少数守旧分子以外，大家都在谈"进步"或"改良"。五四运动以后，"现代化"渐渐成为中国社会的共识。

总之，时代不断进步，传统文化需要不断创新、发展，人们的思想、知识也要与时俱进。中国近代以来，既要学习西方的文化，又要坚持自己的优良传统。学习西方先进东西的目的，是改造、丰富、发展中国。

四　妇女运动对传统婚姻家庭法的批判与对改革的促进

妇女运动作为持续推动婚姻家庭法不断变革的重要社会力量，"通过向社会注入男女平等的新观念，树立男女平等的新行为规范，提倡男女平等的新生活方式，实现对'人'的改造，不仅是对男人，也包括女性自身，由此促进人的近代化"。[1] 在数千年古代社会中，男尊女卑、男外女内的性别秩序和社会礼制下，男性占统治地位，女性地位不断下降，终被束缚在家庭中，成为男性的附庸。妇女解放是直接颠覆女性以家庭为唯一依归之父权的论述，"把妇女从被压迫、被剥削、被奴役的，从男女不平等的地位中解放出来，实现政治的、经济的、文化教育的、社会的和家庭中的平等权利"。[2] 一方面，妇女运动透过理论陈述影响人们的思想，传统的法律立场、价值观及其表达不断受到女性批判，努力推动修改法律或制定新法，从法律上改造家庭内部结构。另一方面，妇女运动鼓励妇女外出工作寻求自主，并推动两性工作平等法保护妇女在职业场所的平等权。随着经济转型，越来越多的妇女走出家门，拥有一份工作，养家糊口。女性经济独立及经济能力的提升，直接挑战父权家庭结构。妇女解放是伴随着资本主义经济发展，伴随着天赋人权、自由、平等、博爱等在资产阶级革命中被提倡的价值观而被提出来

---

[1] 郑永福、吕美颐：《中国妇女通史·民国卷》，杭州出版社2010年版，第18页。
[2] 全国妇联妇运史研究室编：《新民主主义革命时期中国妇女运动史》（试用教材），未刊稿，1986年7月，第2页。

的，迄今已经历了三个发展阶段（或称三次大浪潮）。① 而诞生于 20 世纪 80 年代的女性主义法学思潮②直接以性别为观察和价值检验的基点，检视传统

---

① 第一个阶段：18 世纪末开始的妇女运动，主要致力于争取财产权和选举权，也可称之为妇女争取自由阶段。这一阶段以玛丽·沃斯通克拉夫特（Mary Wollstonecraft）的《女权辩护》（*A Vindication of the Rights of Women*，1792）为代表，主张女性享有与男性平等的基本权利，以争取女性在法律上、政治上及教育上与男性相同的平等权利为主要诉求，希望女性有机会平等地参与公众生活。约翰·穆勒在《论妇女的屈从地位》（1869）等文中指出，"一个性别法定地从属于另一个性别——其本身是错误的"，是人类进步的主要障碍之一，他强调从法律上保护女性的权利以达到男女平等。马克思主义和社会主义女性主义理论根据历史唯物主义思想，客观论述妇女地位。恩格斯的《家族、私有制和国家的起源》（1884），是最重要的马克思主义妇女理论文献。指出要使妇女摆脱家庭奴隶的地位，必须鼓励妇女参加社会生产，从私人领域进入公共领域，同时，家务劳动应该进入劳动市场，实现其社会价值。在这一阶段，女性终于争取到财产权和选举权。第二阶段：20 世纪 40 年代中期第二次世界大战结束后，特别是 20 世纪 60 年代民权运动时期，妇女与追求种族平等的有色人种结盟，追求社会立法、性别平等主流化。法国的波伏娃在其《第二性》（1947）中提出石破天惊的著名论断"女性不是天生的，而是生成的"，女性作为一种社会性别是由特定文化建构的，为立法反性别歧视提供了理论支持。贝蒂·弗里丹著的《女性的奥秘》（1963），是妇女运动第二次浪潮的重要文献；米利特《性的政治》（1970）试图揭开男尊女卑的机制。第三个阶段：始于 20 世纪 70 年代，妇女重新发现以往的平等本身就包含歧视。提出了"社会性别"概念，猛烈地批判对妇女的暴力等各种社会现象和既有制度，推动"社会性别平等"主流化。美国女权主义者卡罗尔·吉利根、凯瑟琳·麦金侬（Catharine MacKinnnon）建构了妇女遭受压迫的"宏大"理论，批评法律的中立性实际上是被社会性别化了的利益之表达，其反性别歧视的研究论著对女权运动特别是法律领域的女性主义产生了深刻影响。吉利根的《不同的声音》（1982）重新评价女性模式，批判既有制度。

② 与"女性主义"理论相对应，女性主义法学也相应地划分为不同流派。（1）自由女性主义法学预设个人是理性的个体，认为只要为女性争取到平等机会，有朝一日即可消除男女间的社会地位之差异，实现男女平等的社会；它隐而未现的个人主义立场，倾向于将性别歧视视为一种个人问题，在策略与思考上，认为可以透过个人能力的提升，实现性别平等。自由女性主义法学是女性主义法学中最早的流派。它单纯坚守朴素的自由主义论述，被其他女性主义法学流派批评为"一种强调形式上或机会上平等的论述"。（2）本质论法学流派主张，男性与女性在本质上有所不同，解决女性之道，不应该迎合以男性为样本的标准，而应该积极发展出属于女性特质的文化，因此也被称为"文化女性主义"。本质论的代表人物是心理学者卡洛·吉力根（Carol Gilligan）。她认为，女性往往是在自己与他人间具体的互动中，建立起自己以及价值的认同；而男性则根据其抽象于他人存在的权利观与自主观，发展出自己的价值观，其自我认同也先验于集体的认识与道德观而存在。因此，女性对于周遭人事脉络，具有独特的关照能力，格外重视亲密感的特质，具有重视人际间温暖与亲密的独特伦理观。本质论十分强调差异，也可称为"差异理论"。自由主义女性主义者争取机会平等以求取平等待遇的策略，在本质论者看来，只是再次复制了以男性特质为中心而发展出来的传统文化，抹杀了女性独有的美好特质。与其在男女间寻求一种单一的标准，倒不如运用女性特质，倾听各种社群的"不同声音"，以建构一个较平等的社会。（3）激进女性主义法学以宰制论为基础，格外强调女性作为一个受压迫的集体，以及在追求平等待遇时所遭遇到的结构限制，力求依靠意识觉醒的方法，唤起女性对于身为女性集体所处困境的意识，以及积极对抗父权无所不在的宰制。这个流派的代表人物是激进女性主义者凯瑟琳·麦金侬。它拒绝陷入"差异"是否"真实存在"之争议，而着眼于救济不平等的结果：正因为女性与男性作为两人群体经验，往往处于如此不公平的结果，这个结果本身就是不平等存在的最有力的证据。参见雷文玫《建立女性在法律体制里的主体地位——美国女性主义法学、贝尔及我国妇运》，[美]朱蒂思·贝尔《法律之前的女性》，官晓薇、高培桓译，（台北）城邦文化事业股份有限公司 2000 年版，导读，第 19—24 页。

的法学理论、法律体系与女性之间的关系。它既结合法理学与法学方法研究，致力于暴露法学规范如何在中性客观的伪装下，以男性为中心之本质；又结合与诉讼、立法等与实证法有关的法学研究，致力于凸显女性在现行法律体系下，在参政、家庭、工作、人身安全等各个议题中所遭遇的困境。女性主义法学思潮，直接解剖法律诉求"平等""性别中立"等价值，批判传统法律制度与其他制度相同，皆是社会中广泛存在的性别歧视的重要因素。[①] 这就为推动法律中的性别平等提供了基本路径。

中国的妇女解放运动则是在半殖民地半封建社会条件下，受西方文化输入影响而萌生并开始的。中国妇女运动的过程和路径与西方女权运动惊人相似，从要求受教育权、婚姻自由、男女平等到追求经济独立、独立财产权，发动参政运动，要求政治参与，再到法律形式上平等，进而谋求法律实质平等。所不同的，仅仅是在时间上，中国开始妇女运动晚西方大约一百年。

(一) 戊戌变法时期对父权社会结构、传统法律的批判：妇女解放运动的序幕

甲午战争失败后，维新派发动资产阶级政治改良之"戊戌变法"，妇女解放与挽救国家危亡结合在一起，成为变法主张的组成部分，由此，中国的妇女运动拉开大幕。西方社会中有关天赋人权、自由、平等、博爱、个性解放等观念已被引入中国，男女平等思想开始冲击"男尊女卑""女子无才便是德""三从""七出"等中国传统的两性伦理观。

维新志士和受西方文化影响的人鼓吹男女平等思想，对妇女觉醒起了催化剂作用；妇女担当的家庭角色"贤妻""良母"的标准和内涵已有所变化。康有为率先主张男女平等，在其《大同书》中详尽论述了妇女受到的种种压迫，指出了妇女所处的奴隶地位。他认为，"男女同为人类，同属天生"，压制妇女，是"损人权，轻天民，悖公理，失公益，于义不顺，于事不宜"；提出男女应当平等，妇女可以与男子一样上学、选举、应考、为官，妇女可以有婚姻自由，自行择配，应从法律上删除种种"从夫"规条，要废除缠足、细腰等摧残妇女的旧俗。康有为在《变法通议》中提出大力发

[①] 王晓丹：《性别与法律》，黄淑玲、游美惠主编《性别向度与台湾社会》，(台北) 巨流图书股份有限公司 2007 年版，第 164 页。

展妇女教育，促成妇女解放的观点。其理由有四：一是可以除"分利"之害，女子不受教育，便不能就业，要依靠男子养活，只能"分利"，不能"生利"；二可以除无才之累，女子受教育，了解天下大事，能开阔视野，开拓心胸，女子智力不低于男子，通过教育将妇女智力开发出来，则"往往有男子所不能穷之理，而妇人穷之；男子所不能创之法，而妇人创之"；三可以兴母教；四可以益胎教。梁启超主张学习美国和日本，主张妇女解放，男女平权。梁启超认为，妇女教育、妇女解放关系到富国强兵。1898 年，在戊戌变法运动的高潮中，梁启超发表了《倡设女学堂启》，提出了对女性的新要求"上可相夫，下可教子，近可宜家，远可善种"。[①] 这种变被动为主动、变消极为积极的女性新要求，既要求妇女有家庭责任感，又要求她们有社会义务观。谭嗣同猛烈批判"三纲五常"，揭露封建社会男女不平等。他指出，片面要求妇女守贞节，男子却可以妻妾成群，这极不合理。他在其代表作《仁学》中提出，应当实现人与人之间的平等，包括男女之间的平等；要改变夫妇间的主奴关系，使妇女不失"自主之权"，就要让妇女与男子一样有受教育的权利，使妇女做一个独立、平等、自立之人。[②]

在这个时期，为实现男女平等主张，维新派提出将"不缠足""办女学"这两种关系到妇女身体解放和精神解放的重要改革措施作为突破。维新派切实地推动了这两项改革的实施，兴办了若干新式女子学校。这是中国资产阶级试图把妇女从封建桎梏下解放出来的最初尝试。加之，女留学生增多，使妇女第一次亲身感受到参政的重要性。然而，妇女群体并没有觉醒，接受并追随男女平等呼声的妇女人数很少，即使是当时社会先进人士公认的"贤妻""良母"新形象，也"没有跳出男主外女主内的传统范式，……潜意识中仍然没有跳出男尊女卑的圈了"。[③] 故当时已有人向女界呼吁："勿以贤妻良母为主义。"[④] "真正导致女性觉醒并自觉地参与政治活动应是戊戌变

[①] 李华兴、吴嘉勋编：《梁启超选集》，上海人民出版社 1984 年版，第 51 页。
[②] 全国妇联妇运史研究室编：《新民主主义革命时期中国妇女运动史》（试用教材），未刊稿，1986 年 7 月，第 14—15 页。
[③] 郑永福、吕美颐：《中国妇女通史·民国卷》，杭州出版社 2010 年版，第 3 页。
[④] 张枬、王忍之编：《辛亥革命前十年间时论选集》第 3 卷，生活·读书·新知三联书店出版社 1977 年版，第 484 页。

法失败以后的事。"[①] 故维新派推动的妇女解放仅仅"是近代妇女解放运动的序幕"。[②] 戊戌变法虽然失败,但是解放妇女的思想和行动仍影响和启发着后人。

(二) 中国妇女运动第一波浪潮:辛亥革命时期的妇女运动

从辛亥革命开始,妇女作为群体第一次觉醒,妇女解放运动成为社会改造运动的一部分。部分社会上层妇女,效法欧美女权运动,争取男女平等,争取妇女参政。她们自办报刊,呼喊妇女解放,主张家庭革命,革除夫为妻纲、父为子纲;要求婚姻自由;争取工作权,要求经济自立;鼓吹妇女参加革命,享有政治上民主权利,妇女开始追求政治参与、政治平等,形成了妇女解放的强大舆论。孙中山将男女平权作为民权主义的一部分而倡导,"全国男女的政治地位,都是一律的平等"。1904年,孙中山创设的同盟会在日本东京成立,宣布男女同胞一切平等,主张改革缠足恶习,取消蓄养奴婢,鼓励妇女参加革命,支持妇女参政。先后有何香凝、唐群英、秋瑾等200余名知识女性宣誓加入同盟会。[③] 她们加入以推翻清朝帝制、建立民国为目的的革命组织同盟会,不仅标志着妇女参政,而且是从事革命。在政治上资产阶级民主革命兴起后,许多思想进步的男青年,成为妇女解放的同情者和赞成者。金天翮在其提倡女权的划时代著作《女界钟》[④] 中明确提出,"20世纪是女权革命的时代,女子应争回她一切的权利",强调应当恢复妇女享有下列六项基本权利:"(1)入学之权利,(2)交友之权利,(3)营业之权利,(4)掌握财产之权利,(5)出入自由之权利,(6)婚姻自由之权利";主张把妇女教育培养成具有高尚道德的人、摆脱压制的自由之人、思想发达之人、改造风气的先觉之人、体质强健之人、德性纯粹的模范国民、热心公益之人、坚贞节烈的革命之人。[⑤]

---

① 郭松义:《中国妇女通史·清代卷》,杭州出版社2010年版,第533页。
② 全国妇联妇运史研究室编:《新民主主义革命时期中国妇女运动史》(试用教材),未刊稿,1986年7月,第18页。
③ 郑永福、吕美颐:《中国妇女通史·民国卷》,杭州出版社2010年版,第22页。
④ 全国妇联妇运史研究室编:《新民主主义革命时期中国妇女运动史》(试用教材),未刊稿,1986年7月,第19—20页。
⑤ 转引自罗琼《妇女解放问题基本知识》,人民出版社1986年版,第59—60页。

"这些主张带有妇女解放纲领的性质。"①

这个时期，不仅涌现出了秋瑾、何香凝、金天翮等妇女运动的先驱者和杰出代表，而且出现了妇女组织、妇女团体，有组织地推动妇女解放与政治革命相结合。其中1912年4月8日在南京成立的女子参政同盟会是当时最大的妇女参政团体，最具政治意义。该组织成立大会上通过了11条奋斗纲领：（1）实行男女权利平等；（2）实行普及女子教育；（3）改良家庭习惯；（4）禁止买卖奴婢；（5）实行一夫一妻制度；（6）禁止无故离婚（指原定自由结婚者）；（7）提倡女子实业；（8）实行慈善；（9）实行强迫放脚；（10）改良女子装饰；（11）禁止强迫卖娼。② 女子参政同盟会要求修改1912年《中华民国临时约法》第5条，因为该条规定"中华民国人民一律平等，复曰无种族、阶级、宗教之区别"，而未列明无男女区别。从此，中国妇女运动有了实现妇女解放的纲领主张，有知识妇女参与、组织的队伍，有受到广大妇女推崇的领袖人物，形成了持续多年的第一波浪潮。中国妇女的素质发生了一定变化。

然而，女子同盟会的要求被参议院否决。1912年7月同盟会改组成国民党时，删除了原同盟会政纲中有关男女平权条款。8月25日国民党成立大会上，女党员抗议删去男女平权条文，仍遭到当时领导者的坚决拒绝。1913年11月13日，女子同盟会被内务部勒令解散。辛亥时期盛极一时的妇女运动转入沉寂。

（三）"五四运动"时期的妇女运动及其对封建婚姻家庭制度的批判

在反帝反封建的"五四运动"前，妇女运动又恢复、活跃、发展起来，着眼于妇女人格独立，即个性解放、个人自由和自主自立。"五四运动"前后，西方各种社会思潮陆续被引介到中国，持各种不同观点的人们关注着、研讨着妇女解放问题。当时专门的妇女刊物有十余种。许多报刊载文论述妇女问题，集中讨论的议题包括应不应该提倡妇女解放、妇女解放应从何着手、争取达到什么目标等；揭露和批判封建宗法制对妇女的歧视和压迫，反

---

① 全国妇联妇运史研究室编：《新民主主义革命时期中国妇女运动史》（试用教材），未刊稿，1986年7月，第19—20页。

② 转引自罗琼《妇女解放问题基本知识》，人民出版社1986年版，第60—61页。

对重男轻女的封建传统,把争取女权与争取人权联系起来,妇女争取男女平等。① 1918 年,《新青年》出版了 19 世纪挪威剧作家易卜生专号,其中译作《傀儡家庭》中的主人公娜拉不愿做丈夫的玩物,毅然离家出走,其名言就是"总而言之,我是一个人"!以此宣告启发中国妇女争做独立的人,把"人的发现"推广应用于妇女身上,发现了"妇女也是人",妇女发现了"我也是人",赶紧着要从精神、物质两方面做"人"应当做的事。

"五四"时期全民思想启蒙的成果之一,是承认国民不分贵贱男女,均有个体尊严和独立人格,女子是民国之国民,是"完完全全的人"。② 基于救亡图存的压力,作为个体的价值和作为群体的价值,妇女第一次认识到与男性同等之地位。

关于妇女该如何寻求解放以及解放的目标是什么,当时有两种不同意见:一是在当时社会制度下,鼓励妇女与男子争平等,改变从属地位,提倡妇女从贤妻良母的圈子里走出来,与男子同样地承担改良社会的责任。为此,妇女应争取男女教育平等,求学问,争取就业,达到经济自立;也有人主张应从改革家庭切入,反对包办婚姻,反对家庭虐待。二是初步接受马克思主义思想的知识分子认为,中国妇女解放问题,应与劳动问题联系起来、应从改革当时不合理的社会制度入手。这些崭新的见解,不同观点之争论,启发了人们的思想,打开了国人的视野,不仅从理论上引导妇女解放,而且直接推动妇女投入争取解放的实际斗争。③

与此同时,仍有部分人从所谓妇女要尽"母职"角度,不同意妇女走入社会;甚至有人公然维护封建传统,企图把妇女继续禁锢在家庭里。

(四)新民主主义革命时期的妇女运动

新民主主义革命,是指中国人民以结束半殖民地半封建社会统治和建立人民民主专政政权为目标的反对帝国主义、封建主义的革命。1922 年《中国共产党第二次全国代表大会宣言》及《妇女运动决议》指出,新民主主义革命时期妇女运动的任务,是引导妇女参加反帝反封建革命,争取"废除

---

① 罗琼:《妇女解放问题基本知识》,人民出版社 1986 年版,第 68 页。
② 《女子与共和的关系》,《星期评论》第 7 号,1919 年 7 月。转引自郑永福、吕美颐《中国妇女通史·民国卷》,杭州出版社 2010 年版,第 4 页。
③ 罗琼:《妇女解放问题基本知识》,人民出版社 1986 年版,第 69—70 页。

一切束缚女子的法律,女子在政治上、经济上、社会上、教育上,一律享受平等权利";"妇女解放是要伴着劳动解放进行的",等等。在中国共产党领导下,妇女运动突破了主要局限于上层妇女小圈子的活动,发展到广大女工、农妇中,扩大到劳动妇女中,渐渐发展成为声势浩大的革命群体运动。

(五) 社会主义时期的妇女运动

1949年3月24日,中国妇女第一次全国代表大会在北平召开。大会通过了《中国妇女运动当前任务的决议书》,号召全国妇女把反对帝国主义、封建主义、官僚资本主义的革命进行到底,积极参加新中国的建设,争取男女平等、妇女解放。大会一致通过成立中华全国民主妇女联合会。

1949年9月中国人民政治协商会议通过《中国人民政治协商会议共同纲领》。这部被誉为"大宪章"的文件,确定了男女平等的政策。第6条规定,"中华人民共和国废除束缚妇女的封建制度。妇女在政治的、经济的、文化教育的、社会的生活各方面,均有与男子平等的权利。实行男女婚姻自由"。从此,我国妇女享有与男子平等的所有权利。1950年5月1日公布的《中华人民共和国婚姻法》,宣告"废除包办强迫、男尊女卑、漠视子女利益的封建婚姻制度。实行男女婚姻自由、一夫一妻、男女权利平等,保护妇女和子女合法利益的新民主主义婚姻制度"。

1980年《中华人民共和国婚姻法》颁布实施,坚持男女平等、保护妇女等弱势群体利益又有所发展。

20世纪80年代开始,在引介、评述西方女权主义理论及研究的基础上,中国妇女/性别研究发展成为专业领域,为全面检审现行法律和其他公共政策中的男女平等提供理论支持。从20世纪90年代起,妇女与法律的研究被导入法学研究之中,法学基本理论、劳动法、婚姻家庭法领域出现了诸多成果。例如,王行娟的《妇女法律咨询电话的分析》(1996年),李明舜主编的《妇女权益法律保障研究》(2003年),周安平的《性别平等的法律进路之批判》(2004年),郭慧敏主编的《社会性别与劳动权益》(2005年),陈苇、冉启玉的《公共政策中的性别分析——〈婚姻法〉的社会性别分析及其立法完善》(2005年),谭琳等主编的《社会性别平等与法律研究和对策》(2007年),李傲的论文《美国有关性别歧视的判例研究》(2008年),陈明侠等编著的《性别与法律研究概论》(2009年),北京大学法学院编著的《中国妇女权利状况考察》(2009年)等研究成果，影响较大。

性别平等是一个既简单又复杂的问题。性别平等革命，是一场最漫长且迄今尚未取得完全胜利的革命。无论规划或做什么，都应当考虑性别平等，性别平等又涉及政治、经济、文化、劳动、婚姻家庭等各个领域。绝大多数法律人士认为，法律是性别中立的；[①] 如果说法律是有性别的，仿佛在说法律本身是不公平的，是可忍孰不可忍？妇女/性别研究者、妇女运动者已经在借鉴西方女性主义法学经验的基础上，开始检审中国法律，发现仅有法律上的形式平等是远远不够的，必须追求实质平等，而中国现行法律中，即使是形式平等，也并未完全做到，结果平等则更未达到。从联合国1948年《人权宣言》到1979年《消除对妇女一切形式歧视公约》，男女平等是当代社会普世价值。男女平等是中国的基本国策之一，《宪法》规定"公民在法律面前一律平等"。然而，性别平等在社会各个领域遭遇到诸多障碍与困难，事实上的男女平等远未实现。婚姻家庭法的改革，很大程度得益于妇女运动的推动和发展。

五 科技革命对人类认识的提升及对社会生活的影响

在人类历史中，技术变革都深深地影响了人们的生活。[②] 第一次工业革命和第二次工业革命带给人们生活的影响是迅速、全面而深刻的。第一次工业革命开发了蒸汽动力、电、汽车发动机之类的新能源，制造了节省人力的机器。第二次世界大战引发了多项技术突破，包括核能、取代劳动力的机器、航天科学、基因工程、信息革命（积累信息和传播信息）、新农业革命等重大技术突破，其意义是如此深刻，"值得将它们归类为第二次工业革命"。[③] 这两次工业革命对它的发源地——欧洲大陆和世界其他地区均产生了深远影响。先行工业化的国家凭借"坚船利炮"打开了一个又一个国家大门、市场，不仅使得全球贸易成为可能，形成全球经济，而且输出文化、

[①] 王晓丹：《性别与法律》，黄淑玲、游美惠主编：《性别向度与台湾社会》，(台北)巨流图书股份有限公司2007年7月，第159页。

[②] ［美］斯塔夫里阿诺斯：《全球通史》（下），董书慧、王昶、徐正源译，北京大学出版社2005年第7版，第771页。

[③] 同上书，第760—762页。

价值观、制度。婚姻家庭法作为规范人类私人生活的最基本规则,当然因极大受到科技革命影响而发生改变。

(一)科技革命和工业化对社会政治、经济的影响

科技革命和工业化全面地改变了社会生活。"物质生活的生产方式制约着整个社会生活、政治生活和精神生活的过程。不是人们的意识决定着人们的存在,相反,是人们的社会存在决定着人们的意识。"[①]

科技进步和工业革命引起人口增长。这是因为,农业生产效率提高后,能够养活更多人口;而医学进步,改进了公共卫生条件,提高了人抵御疾病、自然灾害的能力,人口死亡率下降。

工业革命引起了城市化浪潮。随着工业革命的开展和工厂制度的建立,大量人口涌入新的工业中心。而技术和医学上取得的重大进步能够保障城市人口实现其生存。"这是人类历史上一个巨大的社会变化,因为城市居住意味着一个全新的生活方式。"[②]

科技革命和工业革命极大地促进了社会财富的增长。科技革命和工业革命极大地推进经济发展,生产率不断提高,创造出源源不断的财富增长。尽管不同的社会阶级或群体在这种财富暴涨的过程中受益程度有显著差异,但在经济繁荣之下,绝大部分人生活水平还是提高了。

工业革命引发对原材料、劳动力、消费市场等需求的极大增长,先行工业化的国家渴望获得其他国家和地区的物质资源和人力资源;工业化产生的巨额资本积极寻找其投资的市场,故随着技术输出和资本输出,文化输出如影随形,西方的思想、价值观、政治制度、法律制度影响到全世界。

经济革命和政治革命是息息相关、并行发展的。"在很大程度上可以说是经济革命决定着政治革命,因为它产生了一个有新利益、有使其利益合理化的新意识形态的新阶级。"[③]

---

① 《马克思恩格斯选集》第2卷,人民出版社1995年版,第32页。
② [美]斯塔夫里阿诺斯:《全球通史》(下),董书慧、王昶、徐正源译,北京大学出版社2005年第7版,第495页。
③ 同上书,第507页。

（二）科技革命对两性关系的直接影响

两性关系受到技术发展的深刻影响，[①] 不仅因为技术革命改变了人们的思想意识、行为习惯、生活方式、社会结构等，而且因为技术发展直接改变着两性之间的关系。

农业社会时代，妇女将大部分时间投入家中，抚养孩子和从事家务劳动，不能为家庭食物需求作出直接贡献，使她们未获得与为家庭提供食物的男人同等的地位。第一次工业革命为妇女提供了进工厂从事有薪工作的机会。参与经济活动，不仅使妇女实现经济独立，改变了对男性的经济从属关系，而且开阔了眼界，获得了了解自己潜能的机会，从而产生了更大追求。当然，"新的地位给妇女们带来好处的同时也给她们带来了一些不利"，其中之一就是职业劳动妇女要同时承担家庭内外工作的双重压力。

医学技术发展为妇女提供了控制其生育功能的手段，妇女的人生因此而不同。避孕成为可能后，妇女不再因传统意义上的设定而受到限制，并摆脱了"自然意志"对男女社会角色的定义。对于母亲的角色，妇女们可以接受，也可以拒绝。计划生育使妇女可以在生养子女后重操旧业或是干脆另谋新职。[②]

公共教育向妇女开放，使她们能够接受与男子们相同的教育。妇女们学到了知识、技能、科学、艺术等。妇女赢得了选举权；其后，又赢得了被选举权。

六　人们思想观念的变更

社会存在决定社会意识。生产力发展水平和生产关系的变化，必然导致社会结构变化。这些必然不可避免地引起人们思想意识的相应变化。总体看，越往后发展，人们的思想活动具有更多的独立性、选择性、多变性和差异性，社会意识和社会价值呈现出日益多元化趋势。

（一）清末民初

20世纪初，先进知识分子特别是留学归国的知识分子，作为社会新生

[①] ［美］斯塔夫里阿诺斯：《全球通史》（下），董书慧、王昶、徐正源译，北京大学出版社2005年第7版，第775页。

[②] 同上。

力量，将西方社会的民主、自由、平等观念引入中国，引导着社会变革。"由于中国社会自夏朝以来一直是家国同构的宗法社会，由于家庭问题在社会问题中的突出位置，更由于婚姻问题是家庭问题的基础，所以，这些以改造国家、改造社会为己任的新式知识分子，几乎没有人不把目光投向婚姻制度的变革。"① 他们抨击封建专制的同时，抨击传统婚姻制度，引发了颠覆传统婚姻制度的社会思潮。

针对传统纲常的不合理性，他们指出：依据科学，父子关系是生理上的遗传关系，而无尊卑之义理；夫妻关系是生理上的结合关系，没有尊卑之分。从社会角度看，人各有自由，并非他人的附属物。"父人也，子亦人也，故父子平等"；"夫人也，妇亦人也，故夫妇平等"，② 倡导父母子女关系、夫妻关系都应当平等。猛烈抨击集中体现男权主义的"三从四德"，认为"要提倡真正的女权，定要把四千年来三纲三从的邪说破坏得干干净净，然后女子才有见天日的希望"。③

提倡争取妇女人格独立、受教育权利和经济自立，以摆脱对男子的依附。诚如世界各国妇女运动规律一样，中国妇女在诸项权利中首先获得的是接受正规教育的权利。1907年（光绪三十三年）清政府正式颁布女学章程《女子师范学堂章程》和《女子小学堂章程》，将女子教育正式列入学制，妇女接受学校教育首次获得了合法地位。1912年9月至1913年8月，南京临时政府制定了"壬子癸丑学制"，男女在初、中等教育的学制上趋于一致，妇女受教育权获得进一步延伸。"五四"时期，高等教育开始向女性开放，北京大学率先开放女禁。其后，历届政府发布一系列教育令继续肯定妇女的受教育权。妇女走进学校接受教育，不仅改了"女子无才便是德"的传统，而且为妇女争取男女职业平等从而实现经济独立创造了条件。

在这个时期，"婚姻革命"是民主主义知识分子的重要口号。他们认为，婚姻应该是人世间最纯洁、最神圣的"爱力之燃烧点"；推崇西方近代

---

① 肖爱树：《20世纪中国婚姻制度研究》，知识产权出版社2005年版，第87页。
② 李石曾：《三纲革命》，《新世纪》1907年第11期。转引自肖爱树《20世纪中国婚姻制度研究》，知识产权出版社2005年版，第88页。
③ 丁守和主编：《辛亥革命时期期刊介绍》第3册，人民出版社1983年版，第402页。转引自肖爱树《20世纪中国婚姻制度研究》，知识产权出版社2005年版，第89页。

社会以来实施的婚姻系民事契约之法律婚,"一则结婚离婚,均可自由,兼可再嫁;二则行一夫一妻制;三则男女同受教育,男女同入交际场"。① 为此,必须改变"男尊女卑""夫唱妇随"的不平等夫妻关系;废止"指腹为婚""抱中论婚"的陈规陋习;破除"媒妁之弊""男女不相见之弊""早聘早婚之弊""聘仪奁赠之弊""婚姻专制之弊""重婚纳妾之弊"及"父母专制之弊"。②

改变传统贞操观,倡导男女对贞操应一视同仁。女子贞操问题,是新文化运动中最引人注目的问题之一。传统上,节大约"是丈夫死了决不再嫁,也不私奔,丈夫死得愈早,家里愈穷,她便节得愈好。烈,可是有两种:一种是无论已嫁未嫁,只要丈夫死了,她也跟着自尽;二种是有强暴来污辱她的时候,设法自戕,或者抗拒被杀,都无不可"。③ 早在辛亥革命时期,出于对妇女的怜悯和同情,先进分子已开始对传统节烈观提出异议,进行抨击。到了新文化运动时期,先进知识分子对该问题的认识,又大大向前迈进了一步。1918年5月,《新青年》刊载周作人翻译的日本学者《论贞操》,否定封建要求妇女恪守所谓贞操的旧观念。其后,鲁迅、胡适等人发表了一系列文章,严肃尖锐地批判封建的贞节观。"贞操是男女相待的一种态度,乃是双方交互的道德,不是偏向于女子一方面的。"④ 鲁迅批评道:"男子们要求他们的妻子替他们守节,他们自己却公然地嫖妓、纳妾,公然吊膀子";社会舆论对"再嫁的妇女倍加歧视,而再娶的男子,多妻的男子却一毫不损失他的身份",这是极不平等的。"既然平等,男女便都有一律应守的契约。男子决不能将自己不守的事,向女子特别要求";"节烈这事,是极难、极苦,不愿身受,然而不利自他,无益社会国家"。⑤ 胡适谴责指望别人做烈女的议论是"全无心肝的贞操论",是畸形道德观,"罪等于故意杀人",那

---

① 张楠、王忍之主编:《辛亥革命前十年间时论选集》第2卷(下册),生活·读书·新知三联书店1963年版,第961页。转引自肖爱树《20世纪中国婚姻制度研究》,知识产权出版社2005年版,第92页。
② 陈王:《论婚姻之弊》,《觉民》1904年第1—5期,转引自肖爱树《20世纪中国婚姻制度研究》,知识产权出版社2005年版,第91—92页。
③ 鲁迅:《我之节烈观》,《鲁迅全集》第一集,人民文学出版社1957年版,第150页。
④ 胡适:《贞操问题》,《胡适文存》第四卷,亚东书局1928年版,第75页。
⑤ 鲁迅:《我之节烈观》,《鲁迅全集》第一集,人民文学出版社1957年版,第109、114页。

些褒贬节烈的武断条规，"是野蛮残忍的法律"。① "以讨论贞操问题为契机，有关妇女的其他社会问题，如教育平等、婚姻自主、社交自由、经济独立、废除娼妓、解放奴婢等，一一被提了出来。"② 新文化运动倡导以承认和尊重"个人独立自主之人格，勿为他人之附属品"的新道德，拥护个人的自由权利与幸福，谋"个性之发展"。③

极力宣传婚姻自由，反对传统的包办婚姻。指出结婚自主权属于谁？"曰：结婚主权，乃应属于结婚之男女自身，此理由极简单。盖结婚为男女自身之事，故当以男女自主为正也"；结婚为恋爱之结合，故必由子女自主之。④ 也有文章明确提出，已成年子女，对于婚姻有完全自由抉择权，应订婚自由、离婚自由、再婚自由。⑤ 1915 年 1 月，鲁迅在《新青年》上发表《随感录四十》中，转引了一个青年的诗作，控诉包办婚姻带给年轻人的苦恼和不幸：⑥

> 我是一个可怜的中国人。爱情！我不知道它是什么……我年十九，父母给我讨老婆……可是这婚姻，是全凭别人主张，别人撮合，把他们一日戏言，当我们百年的盟约。仿佛两个牲口，听着主人的命令……

民国期间，个体独立、男女平等的新观念的传播越来越广泛，由知识阶层推广到全社会，内涵包含了教育平等、职业平等、参政权平等等具体要求。当然，究其认识程度、认识角度，是有所不同的。

经过思想解放大潮冲击、科学和民主洗礼后，妇女问题成为令人瞩目的社会问题，先进妇女、拥护新文化运动的男性，同声呼吁"妇女解放""男女平权"。受到新思想的鼓励，部分青年男女开始反抗旧式婚姻制度。有的

---

① 胡适：《贞操问题》，《胡适文存》第四卷，亚东书局 1928 年版，第 77、82 页。
② 郑永福、吕美颐：《中国妇女通史·民国卷》，杭州出版社 2010 年版，第 51 页。
③ 陈独秀：《东西民族根本思想之差异》，《新青年》第 1 卷第 4 号。
④ 恽代英：《结婚问题之研究》，《东方杂志》第 14 卷第 7 号，1917 年 7 月 15 日。转引自郑永福、吕美颐《中国妇女通史·民国卷》，杭州出版社 2010 年版，第 52 页。
⑤ 《婚姻自由》，《妇女杂志》第 6 期第 2 号，转引自郑永福、吕美颐《中国妇女通史·民国卷》，杭州出版社 2010 年版，第 52 页。
⑥ 《新青年》第 6 卷第 1 期。

要求解除父母包办订立的婚约，有的要求离婚，有的抗婚而离家出走，有的自杀。

20世纪20年代以后，"新女性""新妇女"成为一种具有时代特色的妇女代名词。妇女要做"有利于社会的新女性"，有思想、有追求、具有谋生的一技之长，在生活各方面区别于传统的家庭主妇。

生育观念和生育制度的改革，也深刻地影响着女性、影响着婚姻家庭与法的变化。在中国传统上，生育与性一直是一片充满神秘感的荒原。历朝历代普遍认同的生育观主要包括下列三种基本认识倾向：一是认为"不孝有三，无后为大"，强调生育的目的是传宗接代；二是对添丁增口怀有强烈愿望，追求"多子多福"；三是有明显的性别偏好，重男轻女。而传统生育制度，则基于自然经济、宗法制度和儒家文化，一直处于自发无序状态。因此，中国历史上推行久远的人工控制生育的方法主要是吃药打胎、重力堕胎、溺婴。近代以来，西方人口学说的引进与传播、科学避孕技术的出现、新法接生的推广，才使中国解决人口和生育问题有了新的契机。民国时期，人口与生育受到了特别关注，提出了"生育革命"话题。20世纪20年代，西方有关利用科学避孕手段控制生育[①]的办法被引入中国。留学法国的张竞生，回国后曾上书时任广东省省长陈炯明，希望政府提倡节育，但未果。1921年，他北上到北京大学任教，开设了性学课程《美的人生观》，讨论性、节育，传授科学避孕知识。1922年，世界节制生育运动创始人美国的山格夫人（M. Sanger）应邀访问中国，在北京大学发表《生育限制的过去、现在和未来》《生育制裁的什么与怎样》专题演讲，指出节育应是政府参与的一项活动，特别强调节育对女性的意义，并在大庭广众之下介绍科学避孕方法，轰动一时。她打破了中国社会原先对"性"所抱持的玄秘、黑暗之风气，使国人了解"性"事是可以科学地讨论的，从而使中国的节育运动第一次成为公开运动，激发了更多人对节制生育的关心。[②] 留学美国归国的杨崇瑞博士，[③] 十分重视节制生育问题，宣传节育知识，1928年在北平创办

---

① 早在19世纪初，西方就研制出了利用科学避孕手段控制生育的办法。
② 参见郑永福、吕美颐《中国妇女通史·民国卷》，杭州出版社2010年版，第470—476页。
③ 杨崇瑞（1891—1983），是中国最早的妇产科博士之一。1917年毕业于北京协和医学堂；1925年赴美国约翰霍普金斯医学院进修；1927年归国服务。

了中国人自办的接生婆讲习所，培训接生婆；1929 年创办北平国立第一助产士学校，培养助产士。

20 世纪 30 年代，节育运动进一步发展。上海于 1930 年 5 月成立了"节制生育研究会"；北平于 1932 年成立了"节制生育指导所""妇婴保健会"。上海出版了《优生》杂志，北京《晨报》刊行《人口副刊》，还有些报纸开辟"节育通讯""节育须知"专栏，或者刊登相关文章；潘光旦的《中国之家庭问题》和《优生学概论》、刘雄的《遗传与优生》等一批有影响的研究成果相继问世，向人们介绍生育知识和节育方法，提倡优生优育。同时，部分医院开始提供节育服务。杨崇瑞当时已提出"限制人口数量，提高人口素质"的意见。到 1935 年，全国公立私立的助产士学校已达 130 余所，一批批经严格训练的专职助产士服务民众，也成为推广新法接生的主力。

南京国民政府时期，新法接生被纳入卫生署的"妇婴卫生"工作系列，为产妇提供产前检查、接生和产后服务。地方政府对待妇婴工作和新法接生技术，行动积极，取得令人称道的成绩。此外，还有相当多的私人诊所开展新法接生业务。从而使得多数城市妇女、部分农村妇女受益于新法接生。与此同时，在共产党领导的边区和解放区，边区政府大力提倡新法接生。有条件的地区开展新法接生普及工作，开设助产训练班，边区医院和卫生所提供新法接生服务。这些科学生育实践，大幅度降低了"产褥热"发病率和母婴死亡率，有利于革除生育陋习。[①] 当然，科学生育、科学接生知识的普及，是一个渐进的过程。在小城市和广大农村地区，旧式接生方式甚至妇女自助接生仍较普遍，妇女在生育过程中受到伤害的情况还很严重，母婴死亡率还相当高。[②]

（二）新中国成立之后

新中国成立以来，社会思想观念发生了重大变迁。"人们的观念、观点和概念，一句话，人们的意识，随着人们的生活条件、人们的社会关系、人

[①] 参见郑永福、吕美颐《中国妇女通史·民国卷》，杭州出版社 2010 年版，第 481—494 页。

[②] 民国时期，我国农村的婴儿死亡率、产妇死亡率分别停留在 20%、15% 的高水平。参见程之范主编《中外医学史》，北京大学、中国协和医科大学联合出版社 1997 年版，第 129 页。

们的社会存在的改变而改变"。①

1949年新中国成立后，中国实行社会主义公有制。政权性质和所有制关系的根本性转变，要求而且必然引起人们思想观念的大变革。公有制、按劳分配、计划经济等观念深入人心。不过，当时的中国，在一定程度上教条式地对待苏联社会主义模式和经典论述，总的来说就是比较"左"倾、僵化和禁锢。在婚姻观念上，国人表现出浓厚的政治色彩、阶级色彩；过度地控制人的生理需求、经济需求，使婚姻、家庭均存在一定程度上国家化之倾向。

1978年开始实行改革开放政策之后，经济大发展、生活大变样、体制大变革，当然引发中国社会思想观念发生重大变迁。十一届三中全会以来，随着我国改革开放的深入和社会主义市场经济的发展，在确立公有制和按劳分配为主体的同时，承认其他所有制形式和分配形式的合理存在；承认合法的私有财产，允许适度的财富差别，经济社会生活各个方面都发生了深刻变化。改革开放以来出生并成长的年轻人，受到传统束缚少，个体独立性强，敢于"自我认定"，自我意识已经潜移默化到生活的各个方面。相对于他们的父母辈，他们视野开阔，对自身以外、中国以外的外部世界的了解较多，知识经验相对增多、认知能力和思维能力相对发展，富有个性与创造力，对于自我和他人都有较高要求。国家实行市场经济，实行自主择业，他们需要寻找工作，需要靠自己奋斗，巨大的社会竞争压力使他们把绝大部分时间放在了工作上，投入私人生活的时间相对少。

婚姻、家庭重新回归世俗化、私人性。前述社会大环境导致人们婚姻家庭观念变化。人们择偶时考虑职业、收入等经济因素，对容貌、身材等生理因素的考虑不断增大，对文化素质的要求越来越高。对于社会人际关系，特别是两性关系交往，他们的要求较高，更加注重"相互尊重""相互理解"，甚至"心心相印"，选择条件比较苛刻。

第四节 婚姻家庭法的民族性和国际化

在当代，探讨婚姻家庭法的发展，必须面对婚姻家庭法的民族性和国际

---

① 《共产党宣言》，《马克思恩格斯选集》第1卷，人民出版社1995年版，第72页。

性这两个问题，也可以说，这是同一个问题的两个不同面向。因为在开放的环境下，民族性与国际性是存在互通可能的，某些价值或习惯原为外民族的文化，逐渐被本民族人接受或共认之后，演变成了本民族文化的组成部分；只有在完全封闭的环境下，民族的，才是某个民族绝对原创的，不掺杂外来因素。所以，本节讨论下列疑问：婚姻家庭法中的民族性是天生固有的吗？此民族性将来趋向怎样？何谓国际性？婚姻家庭法的国际化是受到哪些力量而形成的？婚姻家庭法国际性的未来路线和动向如何？

一 婚姻家庭法的民族性

（一）什么是民族性

民族是由建立在物质基础之上又具有精神上结构者。民族性由物质和精神两个方面要素构成。物质基础是民族性的基础，精神层的结构则是民族性的内在要素；两者相互影响，且不能截然分开。民族性之于一个民族，犹如性格之于一个人的关系。一个民族的民族性为世人所公认。民族性之表现于个人身上，与表现于全民族身上，大有区别。[①] 孟德斯鸠指出，"人类受多种事物的支配，就是：气候、宗教、法律、施政的准则、先例、风俗、习惯。结果就在这里形成了一种一般的精神。在每一个国家里，这些因素如果有一种起了强烈的作用，则其他因素的作用便将在同一程度上被削弱"。[②] 他认为，中国人的一般精神是建筑在初民的自身向内行为之基础上，而且宣传和教育又一再强化这种精神，甚至把法律和礼仪与之拴在一起，成为注重内省修养的"礼教"。按照他的观点，"礼教构成了国家的一般精神"。[③]

1. 构成民族性的两大要素

构成民族的物质基础又包含三种要素，即种族、环境和人口。一个民族的人，其身体外貌上可按人类学的各种标准加以辨别，这是构成民族的基础材料。环境要素是指民族的领土，包括土地之上的气候及土地之下的资源。人口是指领土之上的人口数量、分布密度等。

---

① ［英］巴克：《民族性》，王世宪译，（台北）商务印书馆1971年版，第371页。
② ［法］孟德斯鸠：《论法的精神》，许明龙译，商务印书馆2007年版。
③ 同上。

精神要素是指一个民族人民的思想与精神力量。此精神上的结合体，如同细如丝网的精神线索，将一个民族社会中的各个分子团结在一起，将每个人的精神联结在一起。① 精神要素大致也可区分为下列四种：第一，法律和政府。它利用一个民族各分子对于社会团体及社会行动所具有的共同观念，以齐整人民的行为。第二，宗教。第三，文字及文字所生文学。文学表现一个民族追求真理与爱美的情感，抒发民族情感。第四，教育。这条精神线索是指以共同的教育制度，不仅陶冶人民的智力，而且团结全民族各分子的精神，促成一个民族趋于某种共同理想。法律、政治、宗教、教育、文学，既是民族的创造物，又是民族之创造者。人类创造出这四种伟大事物，这四种事物同时创造人类。②

一个民族的物质基础中除人口以外的三要素直接与该民族的种属有关，间接影响一个民族的性格、发展之可能性。而一个民族的人民在此可能性之上选择其发展方式和发展方向。一个民族的物质基础可由某种思想影响而发生变化。民族性中的物质要素和精神要素相互混淆。

2. 民族性格

民族性的形成与表现，与个人性格有相似之处。一个人精神之生长，是在其天赋本质基础之上开始发展的。此本质，一部分与因身体构造与身体特征而决定的气质有关，一部分与遗传的本质和遗传的倾向有关。个人的本质形成一种固定形式，一方面，须多方遵从社会纪律，另一方面须层层行使其精神上的某种自由意志，使其本质渐渐形成一种固定的形式，即所谓性格。③

(二) 婚姻家庭法的民族特色及未来走向

婚姻家庭法中的民族性，如同婚姻家庭法本身，必受到时空、环境之影响而有所变化。"民法中最具有民族性、习俗性的，当属亲属法。夫妻关系、父母子女关系，无不受其民族、习惯之影响而各有传统。因此，各国制定亲属法时，常将习惯规范列为首要考虑，期使法律与社会相结合。实施与习惯

---

① [英] 巴克：《民族性》，王世宪译，(台北) 商务印书馆1971年版，第4—5页。
② 同上书，第5—6页。
③ 同上书，第7页。

不同之亲属法，只会徒然造成法与社会脱节的现象。"① 频繁的经济、文化交流的结果，将大幅度降低各民族习惯的民族色彩，也必然影响其法律规范的内容和特质。婚姻家庭法的民族性，是必须重视的问题。实际上，面对这个问题，既要认清楚现在的"我"与过去的"我"的关系，又要认识现在的"我"与将来的"我"之关系。

1. 婚姻家庭法的民族特色

婚姻家庭法是具有强烈民族传统特色的法律领域。各国或地区的婚姻家庭法是各国固有法，而非继受法，因为特定人口族群所处的社会环境、风俗人情、生活方式等，对婚姻家庭法有重大影响，婚姻家庭法通常是本民族传统文化的主要载体之一。然而，现代化运动中，工业化、城镇化、都市化的工商业社会共同模式在很大程度上同化了不同民族、国家的生活环境和生存方式，加之国际交流越来越便捷、频繁，各国和地区的现代婚姻家庭法规范已极少保有自己的传统特色了。

中国的婚姻家庭法已经全面西化。自从清末民初被动或主动承接西方文化影响以来，从1950年《婚姻法》开始，不仅每一部婚姻家庭法案中的基本价值，包括男女平等、婚姻自由、一夫一妻、保护妇女利益、保护儿童利益等均来源于西方国家，而且基本上已经无法在其中找到源于本民族传统的制度或条款了。② 在现行《婚姻法》中，还有什么条款或者哪些条款是我们民族自有的、特有的，回答这个问题变得困难极了。如果说，中国传统上就有婚姻制度、一夫一妻制、有离婚制度、家庭制度，则要说近代以来实行的婚姻自由制度、一夫一妻制、家庭制度在内容上已大大不同于以往。

2. 婚姻家庭法民族性之未来走向

任何民族的婚姻家庭法、习惯都会演变和发展。诚如英国法官丹宁勋爵所言，"如果我们不做任何前人没有做过的事情，我们就会永远待在一个地方，法律将停止不前，而世界上其他事情将持续前进"。③ 那么，如何改革呢？不外乎两种观点：

---

① 林秀雄：《台湾百年来收养制度之变迁》，台湾"法学会"编《台湾法制一百年论文集》，"台湾法学会"印行，1996年11月，第614页。
② 1930年《中华民国民法亲属编》第六章"家"等规定，还保留有一定的本民族特色。
③ ［英］丹宁勋爵：《法律的训诫》，杨百揆等译，法律出版社2000年版，卷首语。

（1）法律是一定社会生产力和生产关系的反映，它只能随着社会发展而改变。以自由和公平为法律的终极目标，凡不适合当代社会的需要和见解的法律规则，就应当使用现代社会模式对它们实行改造，使之与当代人的观点和需要相适应，而不能死抱住传统或过去的法律规则不放，相反，发现已有规则或价值观不当或错误时，就应该及时修正或完全抛弃。持这种意见者，推崇激烈的法律改革，或者说法律革命。婚姻家庭法也不例外。

（2）婚姻家庭法应当保持和体现适度的民族特质。法律的确应该随着社会变化和时代发展而作相应调整，使之能够满足规范社会生活的要求，但是法律应当是尽可能确定的。婚姻家庭法是民族文化的重要载体，若没有自身特色，则该民族又将如何区别于其他民族？全世界的婚姻家庭法"千篇一律"，不是值得鼓励的现象。

无论是自创的新规还是吸取外来法律经验而形成的规则，经历时间长了，或许就成了民族自有的价值观。不过，如此说来，总感觉有些底气不足。当代社会发展潮流之中，普遍流行"以实力论英雄"观点，经济社会发展慢的国家或地区，主动地或被逼着学习、吸取发展快的国家和地区的法律经验，以期快速地成长。

二　国际化及全球化对中国婚姻家庭法的冲击与影响

（一）什么是国际化及全球化

"文化有民族性，也有时代性、共同性、互补性，这是中西法律文化交融的基础。"① 国际社会思潮和立法潮流对民族性施加影响，由来已久。只是在人类社会进入近代以前，自耕自足的小农业经济无国际交流的迫切需求，加之地理的区隔，不同民族人之间的交流困难重重，"法律世界相互联系的发展过程十分缓慢，缓慢得几乎使人难以看出其发生的变化"；到了20世纪，"我们运用立法手段取得了各种不同的成就，而且我们习惯于通过深思熟虑的行为来促进变革"。② 从20世纪下半叶开始，随着全球化运动的推

---

① 张晋藩：《中国法律的传统与近代转型》，法律出版社1997年版，前言，第3页。
② ［英］S. F. C. 密尔松：《普通法的历史基础》，李显冬、高翔、刘智慧、马呈元译，中国大百科全书出版社1999年版，引言：绪论，第7页。

进，国际性影响民族性更成为这个时代的特点之一。

1. 什么是全球化

关于全球化的定义，众说纷纭。对全球化概念的界定，大致有如下几种。从信息通信角度看，全球化被认为是地球上的人类可以利用先进通信技术，克服自然地理因素的限制实施信息自由传递。从经济角度看，全球化被认为是经济活动在世界范围内的相互依赖，特别是形成了世界市场，资本超越了民族国家的界限，在全球自由流动，资源在全球范围内配置。从制度角度看，全球化是现代性的各项制度向全球扩展。从人类共同命运看，全球化被认为人类在环境恶化、核武器威胁等共同问题下达成了共同的认识。[1] 罗宾·科恩（R. Cohen）和保罗·甘乃迪（P. Kennedy）合著的《全球社会学》中归纳了六种对"全球化"的理解：时空概念的变化；文化互动的增长；世界所有居民都面临的共同问题之增加；相互联系和相互依存之增强；跨国行为体的发展和跨国组织网络的扩展；全方位的一体化。[2] 人们通常把全球化看成是一个近代才出现的现象，学界更普遍认为全球化是从西欧开始的。[3] 从20世纪末开始，全球化成为最热门的词汇之一。"全球化"这个词本身是一个崭新的名词，尚没有一个公认的内涵和明确的外延。[4] "全球化"一词大约在20世纪60年代进入英语世界的日常生活，然后，借助英语国家的强势地位和英语词组合的便利，从20世纪80年代后期开始逐渐侵入其他语言文明，特别是发展中社会，在某种程序上，成为开放性和世界性的标志。[5] 不过，对全球化的争论，从其诞生之初就存在。各种个体、群体、各个国家或地区，由于在全球化进程中的位置、受冲击程度、各自传统背景等情况不同，各自从不同角度看待全球化。但是，不管争议结果如何，人类显然已进入了一个相互联系和依存日益密切的时代。对于居住在地球各个角落的个体、群体，时间和空间关系正在发生根本性改变。自身的每一步选择不

---

[1] 杨雪冬：《全球化》，（台北）扬智文化事业股份有限公司2003年版，第13—21页。
[2] R. Cohen & P. Kennedy, *Global Sociology* (London: Macmillan, 2000)。转引自杨雪冬《全球化》，（台北）扬智文化事业股份有限公司2003年版，第1页。
[3] 杨雪冬：《全球化》，（台北）扬智文化事业股份有限公司2003年版，第4—5页。
[4] 同上书，第1—2页。
[5] 同上书，序。

仅影响自己，也可能影响到他人甚至人类整体生存空间的存续。

全球化是一个多向度的过程，包括社会、政治、经济、文化、军事等诸多领域的变革。生产力的发展特别是其中的知识积累和技术发展，是推动全球化进程的根本动力。知识的积累、普及，提高了人类的认识能力，开阔了视野，使胸怀包容度增大。运输工具和通信工具的不断革新缩短了空间距离，直接导致生产成本下降，人类活动范围扩大，相互交往深入，想象空间增大，人们的时空观念因此改变。

民族国家作为全球化的推动者，在全球化进程中，既有共同的使命，又面临着各自不同的挑战。全球化进程中，经济因素是最基本的动因。其一，经济全球化。经济全球化就是资本在全球追逐高额利润所产生的一系列现象，既包括原材料、人员和资本的跨国流动，又包括各类统一市场的形成。跨国公司是资本扩张的载体，是经济全球化的集中载体。其二，以电脑技术为核心的信息技术和航空技术为基础的远程运输工具的改进，为资本跨国流动提供了强大的物质保障。其三，政治力量有目的地干预。国家不仅加强了彼此之间的经济联系和团结，一方面，从全球变暖、环境危机开始，大家意识到许多东西是人类命运与共的，迫使大家不能再"你疆我界"，另一方面，国家支持资本海外扩张，以扩大自己的政治影响力和控制范围。其四，福利国家制度的建立和凯恩斯式宏观经济政策的普遍采用，为资本壮大提供了较好的社会基础。① 其五，多种跨国经济组织，如WTO、世界银行、国际货币基金组织等国际力量影响力不断增大，成为全球化活动规则的主要制定者和全球治理的执行者。其六，互联网的出现，"是全球一体化的最后一道工序"，它造就了一个新世界、新时代。这个新的文明时代，由信息革命的网络世界产生和构成，万维网（www）轻易地把所有人联系在一起。② 其七，联合国作为与全球化相应的政治制度，其影响力不断扩大，俨然成了世界新秩序的代表。国家的主权不再至高无上，"列国时代已经渐渐过去，共同意识、共同秩序正逐渐出现"。③

---

① 杨雪冬：《全球化》，（台北）扬智文化事业股份有限公司2003年版，第31—34页。
② 许倬云：《从中国历史看世界未来》，费孝通、[法]德里达等编《中国文化与全球化——人文演讲录》，江苏教育出版社2003年版，第138页。
③ 同上。

2. 全球化与不同文明之间的关联

不同文明之间相互影响，取长补短，不仅可行，而且是必要的。"每一种文明，在价值取向上都有向世界开放和扩展的价值，并且在实际的发展过程中一直追求着这种价值"。[①]全球化，加速了不同文明之间传播、了解、交流、对话的进程。不过，在实际推进中的全球化过程中，经济发展快、社会稳定的国家或地区所代表的文明，显然地拥有了更多话语权，其传播速度更快、传播范围更大，成为某种"强势"文明，对经济发展慢的国家和地区拥有的固有文明产生了更大的攻击性、冲破力、改造力。从整体看，以最先工业化的欧美国家和地区为代表的工业文明，已侵入世界大多数人口居住区，并成为流行潮。

法律，作为社会利益调整的基本规范和社会管理的基本手段，是工业文明的一部分。后发现代化的国家和地区，无一例外地学习、借鉴欧美法制经验以改造其固有法律传统。中国也如此。或许，等到后发工业化国家或地区的发展赶上或超过原生型工业文明的国家或地区时，世界会再次呈现出几大或更多类型的文明并驾齐驱之态。

（二）婚姻家庭法的国际交融

现代化过程中，最重要的一点，是现代化较早的国家或社会，由传统王国的前哨地位，转为世界最大的影响中心。它们不仅是现代化的创始者，是"传教士"，又是侵略者，将现代理念与制度传遍四方，也摧残了被输入地区的传统文化和制度。较现代化的社会，成为其他社会的辅导者，既带给它们现代化的利益，又带给它们不可避免的问题。[②] 虽然传统的国际关系形式，如联盟与战争、征服与殖民、文化传播与宣传，仍然存在，但都有了新的意义。与日俱增的相互依赖性，使得处理社会之间各种关系的过程，如外交、会议、国际法等更为系统化。"现代理念与制度充分发展所需要的资源、技能无法来自个人政治组织的社会。能够不与邻国发生关系，单独运用其资源及技能，推展现代化者，要属罕例。"[③] 婚姻家庭法的每一次修法或者改

---

① 杨雪冬：《全球化》，（台北）扬智文化事业股份有限公司2003年版，第6页。
② ［美］C. E. 布莱克：《变迁是现代生活必要条件》，［美］威纳尔编《现代化》，林清江译，（台北）商务印书馆1960年版，第6页。
③ 同上书，第5页。

革，都可以看到域外法的影响。

近代以来，对中国影响最大的外来文化是西方文化。以基督教为基础的西方文化对以儒家典范学说为中心的东方社会的影响，是近代社会的一大现象。而从20世纪30年代以后，苏联的意识形态和制度建设也对中国社会产生了深刻影响。

1. 西方文化的基本价值及其影响

西方社会，以基督教的自由、平等、博爱观点为基础，并将这些基督教理想世俗化了。在这些基督教价值的基础上，发展出了一整套被称为"西方综合"的世俗观念和价值：即个人主义、理性主义、科学主义与进步观念的结合。[①]

在西方式的现代化转化为一种全球的或者普遍的、具有巨大影响的过程中，西方文化不仅伴随着西方科技和工业走向全世界，而且它本身又变成了一种现代化的推动力。"在这个综合工程中，不仅地球的一半被欧洲殖民化，而且'单向度的进步秩序'被强加于世界与其他众多民族之上。"[②] 联合国教科文组织"世界普遍伦理计划"的哲学家金丽寿批评说，"这一综合在人们的思想和事务中具有如此重要的地位，以致使许多国家和社会一致把西方化当作保证未来生存的唯一途径。在现代化的旗帜下，他们抛弃了熟悉的真理、价值和生活方式，把西方化的程度看作衡量他们进步与退化的标准"。[③]

2. 当代婚姻家庭法的共性和相异性

粗略地观察，就可以发现：当代世界各国的婚姻家庭法，就整体而言，对婚姻家庭关系的规定，相同和相似多于相异。这些共性与相似性，表现为：在一个较完整的家庭法律制度规范家庭成员之间关系的框架下，以一对夫妻及其未成年子女组成的核心家庭成为主要家庭类型；夫和妻享有平等的权利和义务；配偶任何一方都享有离婚请求权；子女无论是长幼或性别，无

---

① ［德］卜松山：《中国和西方价值：关于普遍伦理的跨文化对话的反思》，陈晓阑、刘述先主编《中国思潮与外来文化》（第三届国际汉学会议论文集思想组），"中研院"中国文哲研究所2002年版，第85页。

② 同上。

③ 同上书，第85—86页。

论是婚生还是非婚生,其法律地位同等;家庭法脱离宗教而成功转型为世俗法。

同时,比较各个法系的婚姻家庭法律制度后,可以发现,不同国家和地区的婚姻家庭法仍存在明显差异。1900年,当德国已相当果断地围绕着夫妻及其子女组成的核心家庭对《德国民法典》中的家庭法进行组织和编制时,亚洲国家的家庭法才刚刚迈开其现代化的步伐,中国的婚姻家庭法改革大幕也刚刚拉开一条缝。普通法系中的美国,在夫妻关系的解释更倾向于合同性,夫妻之间拥有更大的自主权。在欧洲、美洲,大多数国家和地区的法律已承认非婚同居并已形成了规范的法律制度,实行全面的法律调整,部分国家的立法部分地调整非婚同居现象;部分国家和地区的立法已承认同性结合并赋予其法律地位。然而,在亚洲,尚无一个国家或地区的法律赋予非婚同居以合法地位,更不要说承认同性结合了。对于辅助生育问题的规制,在有些国家和地区,辅助生育,包括代孕都是合法的,只要当事人不利用辅助生育牟利(例如商业代孕)。但在有些国家,辅助生殖技术的利用受到严格限制,如中国大陆地区,仅不孕不育夫妻才被许可利用辅助生殖技术生育后代。伊斯兰国家的家庭法独具特色。

世界各国婚姻家庭法下的婚姻家庭生活,则呈现出更多差异。各国经济社会发展阶段或进程差异显著,实际婚姻家庭生活当然各具特色。在20世纪的西方工业化社会中,婚姻家庭及其法律进入了又一个发展新阶段,学者用"新家庭"这个概念来概括自1900年《德国民法典》实施以来百年间发生的婚姻家庭领域的一系列重大变化:各种类型的家庭同时并存,"家庭关系的流动性、可拆分性和互换性均增强;在法定统计形式之外的看得见的家庭行为、现象增加了,家庭内部的权力结构和经济关系中的态度和行为模式改变了。伴随着这些变化而来的新家庭,不再是能够被现代工业化社会称为典型的单一模式下的家庭"。① 而亚洲社会,除了少数国家和地区外,其社会万象更接近西方工业化国家50年甚至80年前的模样。此外,婚姻家庭纠纷的解决机制不尽相同,离婚案件数量、结离婚之比不同;加上心理因素影

---

① Harry D. Krause, Linda D. Elrod, Marsha Garrison and J. Thomas Oldham, *Family Law: Cases, Comments, And Questions*, 5th ed, West, A Thomson Business 2003, pp. 1-2.

响,婚姻家庭法看似简单,实际上更加复杂了。

3. 全球化背景下婚姻家庭法的相通与融合

西方文明对人类的最大贡献之一,是基本人权观。根据这一观念,每一个人与生俱来就享有一些基本权利,如生命权、自由权、追求幸福权等。这些权利与生俱来,是天赋人权,不是任何人所给予的,也不能被任何人任意剥夺。17、18世纪的自然法学思想,在18世纪中叶资产阶级建国以后,制定宪法时,开始将这些权利规定进宪法,上升为法定权利。到了19世纪后,更日益受到部门法的保障。受到个人基本人权观念的影响和规范,不仅是人类社会从古代到近现代演变的最大人文成果,也是婚姻家庭法从古代到近现代变革的最深刻的思想和社会基础。

每一个国家或地区的家庭法根植于其民族传统之中,这是无争议的事实。同时,各地的家庭法也受到其他国家或地区家庭法的影响或侵入。现代化进程较慢或启动较晚的国家和地区,在全球化环境下,面临着来自经济社会发展更快地区的压力,这种压力或困难在于:既接受工业化国家和地区的经济发展模式及物质财富丰沛的生活方式,又不想承认和接受其社会的一系列价值观和制度;既要保有自己特色,又要融入国际社会这个"大家庭"。处于不同发展阶段、不同文化类型中的国家和地区,却必须在同一片天空下交流、合作,在同一个国际市场中竞争,判断胜负的标准只有一套。

那么,随着全球化日益发展,未来家庭法是否有标准化、一体化的可能呢?对这个问题的认识,肯定会有分歧乃至争议。欧洲是最具典型性的地区。欧洲一体化进程中,创建欧洲统一的家庭法体系的设想——建立适用于各国的欧洲家庭法体系的呼声不小。2001年9月,欧洲家庭法委员会(CEFL)成立,就是以制定统一的家庭法的基本原则为己任的。虽然,通过十余年努力,该委员会的工作取得了一些成效,不过,距离统一欧洲家庭法,似乎还很遥远。从这个例子推论,要使传统相异性更大的欧亚家庭法趋同,困难是可想而知的。

尽管如此,婚姻家庭法的国际融合,是一个看得见的、确定的趋势。美国法学家埃德加·博登海默提出,"一个法律制度是否必须被视为仅是某一特定生产和分配制度的反映呢?我以为,任何值得被称为法律制度的制度,必须关注某些超越特定社会结构和经济结构相对性的基本价值。在这些价值中，较为重要的有自由、安全和平等"。有关这些价值重要性的排序可能会因时因地不同，这取决于一个法律制度的性质[1]。

---

[1] ［美］埃德加·博登海默：《法理学：法律哲学与法律方法》，邓正来译，中国政法大学出版社1999年版，作者致中文版前言，第5页。

第二编

婚姻家庭法改革法案评析

第三章
1910年《大清现行刑律》有关婚姻家庭立法

中国近代的婚姻家庭亲属立法，始于清朝末年。1902年，清王朝下令设立修订法律馆，主持修订旧律及翻译外国法律，经过多年修订，先后完成了若干法律的修订和法典编纂。在大量保留旧法律内容的基础上，新设内容基本上抄袭德国、瑞士、日本等资本主义国家的法律。1910年（即宣统二年），清朝政府颁行《大清现行刑律》。这部法案是在修改原有大清律例基础上制订的，仍是诸法合体，其中包括婚姻家庭法规范。这些婚姻家庭规定，封建味浓重，许多条款是唐、宋、明、清各代律例的翻版。不过，在该部法律中，立法第一次实行民刑分立，婚姻、家庭、继承和其他单纯民事的规定中，不再有刑罚条款。

第一节 制定经过和立法背景

《大清现行刑律》是一部诸法合体的封建法案，是颁布新刑律之前的过渡法典；但是，它取消了六律总目，实行民刑分立。

一 制定经过

清朝末年，外侮侵犯，海禁大开，中国政府不得不与列强缔结不平等条约，每损及法权。1902年（光绪二十八年），经交涉，英国、日本、美国同意放弃其领事裁判权，允许依据中国律例审断商事争议。同年4月6日，清廷明发谕旨，"现在通商交涉，事愈繁多，著派沈家本、伍廷芳将一切现行律例，按交涉情形，参酌各国法律，悉心考订，妥为拟议，务期中外通行，有裨治理"。① 此时，伍廷芳尚在国外任职，由任刑部左侍郎的沈家本编纂新律。1903年（光绪二十九年），沈氏奏请将大清律交刑部先行删节，以备过渡之需。

1904年（光绪三十年）4月1日，沈家本等正式修订大清律例。历时四年，至1908年（光绪三十四年），大清律例修订完竣，共删除345条。综计篇目30，律文共389条，例文1327条，附禁烟条例12条，秋审条款5门165条，名曰"大清现行刑律"。1910年（即宣统二年）4月7日，《大清现行刑律》奉上谕，"著即刊刻成书，颁行京外，一体遵守"。

此律颁行仅一年余，清朝被推翻，民国成立。

二 经济社会发展状况

自从1840年爆发第一次鸦片战争之后，西方文化不断冲击中国传统文化，民族资本主义在外国资本主义的刺激和封建势力压制下艰难诞生、成长，中国逐步沦为半殖民地半封建社会。清朝末年，随着西方民主思想输入中国，中国社会要求变革旧制的呼声高涨，反清运动此起彼伏。为了维护封建政权，清政府不得不实施一系列改革措施。一方面，政府放松了对工商业发展的限制，采取了一系列刺激民族工商业发展的举措，为民族资本主义经济发展提供了空间，一定程度上促进经济较快速地发展；另一方面，随着西方列强的军事入侵和经济入侵，中国自给自足的小农经济开始解体，大量农民和手工业者破产，被迫进入城市成为廉价劳动力，这使民族资本主义的发展赢得共同的市场和充足的劳动力。无论是官僚买办资本主义还是民族资本主义，都导致了一个新阶级——资产阶级的崛起。资产阶级迫切要求在政治上实行改革，体现他们的意愿，为资本主义发展创造更好的条件。因此，旧封建律法已不能满足新生的社会需求。

三 外来文化影响

在西方列强坚船利炮攻击下，中国被迫结束闭关锁国政策，国门大开。

---

① 转引自谢振民编《中华民国立法史》（下），张知本校订，中国政法大学出版社2000年版，第741页。

伴随着西方文明在中国的传播,各国的商品如潮水般涌入中国市场。

(一)西方文化在中国的传播途径

西方文化在中国的传播,主要通过下列四种途径:西方传教士宣传、设立新式学堂、归国留学生的宣传、① 大量译介西方著述。

1. 西方传教士的宣传

近代来华的西方传教士,是打破中国法文化封闭状态的先遣小分队。② 自1840年以后,传教士作为西方列强侵入中国的先锋,越来越多地涌进中国。③ 这些传教士自认为是西方文化的代表者和传导者,起初只是单纯地传播基督教,后来也传播欧洲的科学技术知识;自称要"把中国人的思想开放起来",④ 要使中国人从专制主义思想的禁锢中获得某种自由。从19世纪60年代开始,一部分传教士拥有专业知识和专门技能,专职从事文化教育,他们在中国创办报刊、翻译西方书籍,介绍西方思想,其中包括法律思想;设立学校、医院、慈善机构、文化出版机构等,向中国输入西方先进的科技、文化和新思想;培养了一批区别于旧式文人的知识分子;特别是在20世纪初期创设的十几所教会大学,造就了一批人才,他们中许多人后来活跃在海内外学术、科技和宗教界,成为中坚力量。⑤ 传教士们把伏尔泰、卢梭、孟德斯鸠、狄德罗等人的学说及法律改革思想介绍给中国,宣传人权观念、平等观、法治观等,这些在中国要求进步、要求认识外部世界、向西方寻求救国真理的知识分子中引发了很大的共鸣,起到了思想启蒙作用,是中国的变法维新运动的"理论先导"。⑥

2. 设立新式学堂使妇女有接受教育的机会

新式学堂的设立培养了中国近代改革的全新力量兴办女学,妇女有机会受教育,中国第一所女子学堂,是1844年外国传教士在浙江宁波创设的女

---

① 参见任晋霞《民国南京政府时期的婚姻立法变迁考察》,硕士学位论文,东北师范大学,2009年,第5—6页。
② 张晋藩主编:《中国法律的传统与近代转型》,法律出版社1997年版,第348页。
③ 在中国的新教传教士,1876年为473人;1889年为1296人;1910年超过5000人。参见[加拿大]许德美等《中外比较教育史》,上海人民出版社1990年版,第65页。
④ 《同文书会章程》,《出版史料》(京)1988年第2期。转引自张晋藩《中国法律的传统与近代转型》,法律出版社1997年版,第349页。
⑤ 顾长生:《传教士与近代中国》(增订本),上海人民出版社1995年版,第458页。
⑥ 张晋藩主编:《中国法律的传统与近代转型》,法律出版社1997年版,第349—350页。

子学塾。1851年，外国传教士在上海又创办了裨文女校。郑观应则是率先倡办女学的第一个中国人。

兴办女学，不仅使妇女有受教育机会，而且事关国家民族长远利益。1904年，清政府颁布实施《奏定学堂章程》。1905年，清政府将女学归入家庭教育法。1907年颁布实施《奏定女子小学堂章程》和《奏定女子师范学堂章程》，从此，中国妇女获得了受教育的机会和权利。

1904年，蔡元培在上海创办爱国女校，这是中国人创办的第一所女子学校。他强调用新文化知识和爱国思想培养学生。不久，务本女校、城东女校和以职业教育为目的之蚕桑学校等相继于上海创办，其中还有女性创办的女校。在其他省市，也相继出现女校。加上外国传教士在我国创办的教会女校，女校发展较快。1907年，清政府官办京师女子师范学校，培养小学教师和蒙学院（即幼儿园）保育员。[①]

3. 中国留学生回国后对西方文明的大力宣传

从1872年开始，清政府派遣学生出国留学，派大员出使他国。出国人员还有跟随父母出国而在国外读书的中国儿童，其中包括女童。这些满脑子装着封建礼教和"祖宗成法"的国人，置身于资本主义世界，见到外国公职人员一夫一妻生活，妇女公开参加社交活动，青年恋爱自由、婚姻自由，起初是被惊得目瞪口呆，后来渐渐适应，穿上洋装，进洋学堂，学习完全不同于四书五经的知识。特别值得一提的是，1908年，清政府派出了第一批三名女留学生。[②] 海外见识与生活，不仅让中国人开阔了视野，增长见识，而且促进他们思考已沿袭了数千年的婚姻家庭之改革。

康有为、梁启超、谭嗣同、严复等人，都是改革婚姻、家庭的倡导者。他们改革婚姻家庭的主张，主要有下列三方面。

（1）不缠足。[③] 维新派们尖锐批评缠足陋习。1882年，康有为发起并由

[①] 辛亥革命后，京师女子师范学校改名为北京女子高等师范学校，是中国第一所女子大学。

[②] 邓伟志、张岱玉编著：《中国家庭的演变》，上海人民出版社1987年版，第171页。

[③] 女子缠足，起源于五代十国时期的南唐，李后主见其宫女用帛缠足后，纤巧弯曲如新月，穿着素袜在金制的六尺高莲花上跳舞，飘飘然如水仙乘波，便下令全国女子都要缠足。宋太祖灭了南唐，却保留并推广这一残害妇女的做法。以致后来，"三寸金莲"竟然成了女性美的重要标志，女性脚大，婚嫁都难。

其弟康广仁主持在广东成立了中国第一个"不缠足会",倡导女子不缠足。此后不久,上海也出现了"不缠足会"。1887年,梁启超在其《变法通议》中论道:"毁人肢体,溃人血肉,一以人为废疾,一以人为刑戮,以快其一己之耳目之玩好"。他起草了《试办不缠足会简明章程》,规定入会者的女儿均不缠足;所生男子,不准娶缠足之女;已缠足者,在八岁以下,一律放足。严复进一步指出,女子敷粉缠足是"坐食待毙";禁缠足,是妇女自立、自强的前提,而妇女的自立、自强,又"为国政至深之根本"。1903年,中国不缠足会出版《不缠足报》,宣传不缠足。

(2) 倡导妇女受教育。梁启超在1897年《变法通议》中论述到,保国、保种、保教为天下三件大事。教,包括男,也包括女,男女各半。而男子之半,又出于妇人,因此,妇女教育是保教、保种乃至保国之必须。梁启超认为,"天下积习之本,则必自妇人不学始"。"天下大本"有二:正人心,广人才。这二者都要从"蒙养"开始,"蒙养之本,必自母教始;母教之本,必自妇学始。妇学实天下存亡强弱之大原也"。梁启超强调,女子只有通过教育,才能学得谋生能力,进而取得经济独立。严复也于1898年指出,"人之学问,非仅读书,尤宜阅世";强调要读今天之书,知当世之事;他反对将"压制妇妇,待之以奴隶"的《列女传》《女戒》之类当作女学教材。

(3) 主张婚姻自由,实行一夫一妻制。严复留学英国后,认为,婚姻是一个人的终身大事,必须由自己做主,绝不能像"探筹抓阄"似的,任父母之命,媒妁之言;提出"男女自行择偶"和妇女参加社交活动,"实为天理之所宜,又为将来必行之俗"。康有为、梁启超等也都主张婚姻自由,倡导不纳妾。

(4) 主张妇女经济独立和人格独立。康有为、梁启超、严复等人主张,妇女要在经济上独立,寻求谋生之道;如果一切依赖丈夫,妇女就不能有独立人格。他们提倡妇女社交公开,提倡开展性教育。

维新派将西方资本主义国家的婚姻家庭视为典范,尽力倡导改革中国的婚姻家庭,但又悲叹问题由来已久,改革非一朝一夕之力所能达成,只好慢慢来。

4. 大量译介西方著述

从19世纪中期,出洋学习欧美的学子将西方著述引入中国,并翻译成中文在国内出版。自从中日甲午战争之后,中华民族危机四伏,传统文化因无法解释或应对现实危机而逐步受到怀疑、挑战,迫使部分中国知识分子不得不放下传统的经学古籍,向外寻求"解药"。译介西方著述的风气大盛。严复、林纾、梁启超等人努力翻译了一系列西方政治、经济、生物、文艺等领域的书籍。这些译介书籍,经过各类报刊、新兴学堂的介绍、宣传,并经一批知识分子的阐析,发挥了政治启蒙和思想启蒙作用。这些译介书籍输入西方新观念,引发了多种社会思潮,如进化论思潮、民主与科学思潮,对引导价值观改革,催生中国现代思想,起到思想启蒙作用。同时,这些译介书籍使当时的政治家们视野大开,欲变法图强,为现实政治改革提供了理论的准备。有资料称,据不完全统计,仅20世纪上半叶,"法学译著如火如荼",全国各出版机构出版发行的法律和法学著译及资料多达6000余种,总印行数多达数百万册。① 可见,西方著述对中国文化转型的影响。

(二) 影响中国的西方文化

从清朝末年开始,西洋法律思想侵入中国,中国法始继受欧美法影响。而在清末变法之前,中华法系受异族文化的影响是"微乎其微"的。② 1902年(光绪二十八年),清廷下诏参酌外国法律改订律例,开始主动承接西洋文明的影响。

在当时,西洋文化不同于中国传统价值的最大之处,是个人独立与自由。由于产业革命、人权运动,个人主义思想勃兴,个人地位受到重视,社会强调分工合作,个性得到发展。自从法国颁行民法典以后,契约自由遂成为19世纪各国民法的基础。清朝光绪变法不可能不受之影响了。

第二节 主要立法改革

一 立法体例改革:民刑分立

中国固有法,以成文法典辅翼礼教,礼教所不能藩离者,而后以法律;且

---

① 20世纪中华法学文丛编委会:《二十世纪中华法学文丛总序》,[美]孟罗·斯密《欧陆法律发达史》,姚梅镇译,中国政法大学出版社1999年版,第2页。
② 徐道邻:《中国法制史论略》序言,转引自潘维和《中国近代民法史》,(台北)汉林出版社1982年版,第100页。

历代法典偏重于刑事法，旁及行政法，所谓"出乎礼，入乎刑"。历代法典中，有关民事内容的规定极少，例如户役、婚姻、田宅、钱债，既多涵盖于礼制，法律所明定者，亦无非是私法违制加以刑罚；① 无形式上的民事法规范。②

当时立法采用民刑分立的模式，已突破了延续数千年的中国固有法模式。立法技术是立法精神的表现形式之一，立法技术服务于立法精神。在中国古代，虽无现代意义的正式民法法典，但"自有其另一形成的民事法法源"。③ 古代民法统摄于德礼之中，而事违制之处罚兼赅于刑事法法典之内。以现代法律观念衡量，这种立法体例极大地限制了民法的法源、解释、效力及发展等。民刑分立，显然是一项重大的立法改革。

二　民事部分的规范

民事规范部分，其主要内容与前朝相关立法并无大的区别；其中，婚姻家庭规范，仍肯定宗法制度、纳妾、立嫡，规定了"七出""三不去"等内容。④

（一）服制图

继续保留丧服总图、本宗九族五服正服之图、妻为夫族义服图、妾为家长族服之图、出嫁女为本宗降服之图、外亲服图、妻亲服图、三父八母服图。

（二）服制

斩衰三年条，齐衰杖期条，齐衰不杖期条，齐衰五月条，齐衰三月条，大功九月条，小功五月条，缌麻三月条。

---

① 潘维和：《中国近代民法史》，（台北）汉林出版社1982年版，第39、73页。
② 关于中国古代是否存在民事法，有四种明显不同的学术观点。(1) 肯定说认为，中国古代法中有民事法，礼即民法，民事法与刑事法并立。梅仲协是肯定观的代表人物，他主张"礼是世界上最完备之民事法规民法规范"。(2) 否定说认为，中国古代法中一切法规均属刑法及行政法，无民法。王伯琦即为否定说之代表，他提出"民事上之关系，不外乎身份上之关系及财产上之关系二种，此种关系，在纯粹之农业社会，殊少发展之可能"。(3) 民刑合一说认为，中国古代法中，民刑不分，民事法与刑事法法典合一；历代成文法，内容以刑罚规定为重，但民事规范亦存在其中。中外法学家中持民刑合一说者为多数。(4) 民法与礼合一说。认为中国古代法中，存在民事法，但民法并无专典，而是被包含在礼之中，民事法与礼者二者合一。这种观点也是实质意义民法说之一。参见潘维和《中国近代民法史》，（台北）汉林出版社1982年版，第46—52页。
③ 潘维和：《中国近代民法史》，（台北）汉林出版社1982年版，第10页。
④ 参见谢振民编著《中华民国立法史》（下），张知本校订，中国政法大学出版社2000年版，第742—743页；潘维和：《中国近代民法史》，（台北）汉林出版社1982年版，第11—12页。

(三) 名例

给没赃物条，称期亲祖父母条，称日者以百刻条，称道士女冠条。

(四) 户役

立嫡子违法条，附条例六则；收留迷失子女条，别籍异财条，条例1则；卑幼私擅用财条，条例2则。

(五) 田宅

欺隐田粮条，条例2则；盗卖田宅条，条例5则；典卖田宅条，条例3则；弃毁器物稼穑等条。

(六) 婚姻

男女婚姻条，条例3则；典雇妻女条，妻妾失序条，逐婿嫁女条居，丧嫁娶条，条例1则；父母囚禁嫁娶条，尊卑为婚条，条例1则，取亲属妻妾条，娶部民妇女为妻妾条，娶逃走妇女条，强占良家妻女条，僧道娶妻条，出妻条，条例2则；嫁娶违律主婚媒人罪条，条例2则。

(七) 犯奸

犯奸条，亲属相奸律注条，纵容妻妾犯奸条，卖良为娼条，条例1则。

(八) 斗殴

妻妾殴夫条，殴祖父母父母条，条例1则。

(九) 钱债

违禁取利条，条例1则；费用受寄财产条，条例2则；得遗失物条。

(十) 户部则例

户口"民人继嗣"项3条；"田赋开垦事宜"项24条；"坍涨拨补"项5条；"收厂征租"项20条；"寺院田壮"项4条；"撤佃条款"项8条；"滩地征租"项11条。

第三节　立法改革评点

至清末光绪年间，中国法制变化，开千古未曾得有之新局，"揭开中国法制现代化之光辉灿烂之新序幕"。[①] 法制整体是如此，婚姻家庭法规范也

---

① 王伯琦：《近代法律思想与中国固有文化》，第16—20页。转引自潘维和《中国近代民法史》，(台北) 汉林出版社1982年版，第80页。

不例外。开始接受西方法律文化，实施对传统法律的改革，其意义重大。这种从"源头上"开始的改革，其影响之大远远胜过对规范具体问题的措施或条款之革新。

一 民事改革措施与欧洲大陆诸国相仿

19世纪初开始至20世纪初百余年间，欧洲大陆诸国相继编纂、制定民法典，并以此民法典为民法的主要法源。例如，1804年法国《拿破仑民法典》，1900年《德国民法典》，1907年《瑞士民法典》和1911年《瑞士债法》等。中国在1911年实施法律改革，刑民分立，制定专门的民事法规范，这应是一个良好的开端。与"早起"制定民法典的欧洲国家相比，虽然晚了百年，但尚不算太晚。

二 改革婚姻家庭法传统的立法措施少

在婚姻家庭法领域，本次改革，如前所述，主要体现在形式上，而非实质内容上。对传统婚姻家庭关系，立法几乎没有实质性改革措施。

三 对后世的影响

《大清现行律》[①] 中关于民事部分，经参议院议决，大总统教令，司法部颁布，大理院判解确认，法院一直适用至民国民法典正式颁行。故在性质上或实务上，《大清现行律》可谓我国那个时期的实质民法。

《大清现行律》中有关民事部分的规定实施至1929年（民国十八年）10月，被称为现行律之民事有效部分；至1936年民法公布施行，始废止。换言之，在国民政府于1926年公布民国民法典之前，中国虽拟定了多个民律草案，但均未正式颁行，未实施任何一部正式的民法典。这既是受制于民事立法改革迟缓，也与开始变法改革之初未制定民法典，而仅仅是在一部综合性法典中将民事法律规范独立制定的模式有关。

[①] 该律中的刑事部分，"几全未施行"。

第四章
1911年《大清民律草案》中的亲属法

中国近代婚姻家庭立法，从清朝末年开始。清末，受到西方个人主义思潮影响，特别是欧洲大陆法律思想传入中国，我国开始改革延续数千年的传统婚姻家庭制度。1911年《大清民律草案》设亲属编，计143条，分为七章：第一章通则；第二章家制，包括第一节总则、第二节家长与家属；第三章婚姻，包括第一节成婚之要件、第二节婚姻之无效及撤销、第三节婚姻之效力、第四节离婚；第四章亲子，包括第一节亲权、第二节嫡子、第三节庶子、第四节嗣子、第五节私生子；第五章监护，包括第一节未成年人之监护、第二节成年人之监护、第三节保佐；第六章亲属会；第七章扶养之义务。该亲属法专编是中国婚姻家庭法近代化尝试的开始。[①] 该草案接受欧陆法律的某些价值观，萌发了独立人格观念，尝试赋权妇女；关于婚姻家庭法的规范，在形式上已具备近代意义上亲属法的特质。然而，婚姻家庭制度作为数千年社会组织之基础和基本细胞，欲从根本上实施平等改造，在当时的中国既不可能被认识到，也不具备可行性，故改革幅度很大，但并不彻底，封建色彩仍较浓厚。不过，必须肯定，中国婚姻家庭法由此开始启动从传统向现代化过渡的漫漫历程。

第一节 起草经过和社会背景

从1840年鸦片战争后，西方列强强迫清朝政府签订了一系列不平等条

---

① 杨大文、龙翼飞主编：《婚姻家庭法学》，中国人民大学出版社2006年版，第33页。

约,践踏中国的领土、主权和独立,掠夺中国的资源。从此,中华民族与外国资本主义侵略者之间的矛盾,成为最主要的社会矛盾。西方列强带给中国人的灾难和困苦,激起了中华民族的强烈反抗,民众对清政府的不满及斗争加剧。清朝不得不实行新政和修律,借此延续其统治,收回治外法权。《大清民律草案》就是此历史背景下的产物。1911年(即宣统三年)起草完成的《大清民律草案》,其第四编"亲属",内有通则、家制、婚姻、亲子、监护共五章。这是中国第一部独立的民法典草案,但因清朝崩溃而未及颁行。

一 起草经过

1911年《大清民律草案》,大体以日本明治二十九年民法为蓝本,并参考了德国和瑞士民法。① 1907年(光绪三十三年),清廷民政部奏请速定民律,理由如下:

> 查东西各国法律,有公法私法之分,公法者,定国与人民之关系,即刑法之类是也。私法者定人民与人民之关系,即民法之类是也……各国民法,编制各殊,而要旨宏纲,大略相似。举其荦荦大者,如物权法,定财产之主权;债权法,坚交际之信义;亲族法,明伦理之关系;相续法,杜继承之纷争,靡不缕析条也,著为定律。……中国律例,民刑不分,而民法之称,见于尚书孔传。历代律文,户婚诸条,实近民法,然皆缺篇不完。……因时制宜,折衷至当,非增删旧律,别著专条,不足以昭书。②

该奏是制定近代民法的意见书。圣旨批复准许"如所议行"。③

1907年(光绪三十三年),清廷遂指派沈家本、俞廉三、英项为修订法

---

① 李贵连:《二十世纪的中国法学》,北京大学出版社1998年版,第192页。
② 转引自谢振民编著《中华民国立法史》(下),张知本校订,中国政法大学出版社2000年版,第743—744页。
③ 《光绪朝东华录》(五),中华书局1958年版,总第5682—5683页。转引自张晋藩主编《中国民法通史》,福建人民出版社2003年版,第1115页。

律大臣，参考各国成法，体察中国礼教民情，会通参酌，妥慎修订。同年10月27日，开馆办事；酌设二科，分任民律、商律、民事刑事诉讼律的调查起草。庆亲王奕劻等在《奏议覆修订法律办法折》中提出，"拟请仿照各国办法，除刑法一门，业由现在修订法律大臣沈家本奏明，草案不日告成。应以编纂民法、商法、民事诉讼法、刑事诉讼法诸法典及附属法为主，以三年为限，所有上列各草案，一律告成"。①

为完成修法重任，一方面广购各国最新法典及参考书，分头翻译，派员调查各国当时法制成例，重金聘请外国法律专家，方便随时咨询；另一方面，调查中国各省习惯等，斟酌编辑。为加快立法起草，延聘日本法学博士志田钾太郎、松冈义正专任起草民律。参照各国法例，依据调查所得资料，斟酌各省报告，详慎草订。

1910年（宣统二年）年底，民律草案初稿完成，包括总则、物权、债权三编。因全书浩繁，文义艰深，又详加校定，逐条诠解理由，以期明晰。亲属、继承两编，则由礼学馆负责起草编订，章宗元、朱献文主编亲属；高种、陈录主编继承。1911年（宣统三年）8月，《大清民律草案》共五编，完全脱稿，奏请内阁核定，并提交资政院审议。此即大清民律草案，是中国第一次民律草案。大清民律草案"大体仿德、瑞、日三国民法法例"而拟定。②

《大清民律草案》第一编总则，共八章计323条，依次为法例、人、法人、物、法律行为、期间及期日、时效、权利之行使及担保。第二编债权，共八章计654条，依次为通则、契约、广告、发行指示证券、发行无记名证券、管理事务、不当利得、侵权行为。第三编物权，共七章计339条，依次为通则、所有权、地上权、永佃权、地役权、担保物权、占有。第四编亲属，共七章计143条：第一章总则。第二章家制，其第一节总则；第二节家长与家属。第三章婚姻，包括四节，依次为婚姻之要件；婚姻之无效及撤销；婚姻之效力；离婚。第四章亲子，包括五节，依次为亲权、嫡子、庶

---

① 《光绪朝东华录》（五），中华书局1958年版，总第5746页。转引自张晋藩主编《中国民法通史》，福建人民出版社2003年版，第1115页。

② 潘维和：《中国近代民法史》，（台北）汉林出版社1982年版，第123页。

子、嗣子、私生子。第五章监护，包括两节，分别为未成年人之监护、成年人之监护。第六章亲属会。第七章扶养之义务。第六编继承，共六章计110条，依次为通则、继承、遗嘱、特留财产、无人承认之继承、债权人或受遗人之权利。

因1911年10月，清王朝被辛亥革命推翻，该民律草案未及颁行。

二 立法的社会背景

20世纪初期的中国，是半殖民地半封建国家。在整个社会经济生活中，小农业和家庭手工业相结合的自给自足的自然经济，仍占据主导地位，同时，资本主义经济已经有了明显增长。教育制度的改革，培养了百万计的新式知识分子，他们是民族资产阶级利益的代表，民主主义知识分子倡导民主、自由、平等、博爱的呼声不断。在如此社会经济、政治和文化环境下，男女平等、婚姻自主的要求日趋普遍。经济社会环境变化催生新法。

（一）经济基础变化：民族资本主义诞生并有了较明显的发展

商品经济和民族资本主义的诞生是制定民律草案的经济原因。1840年鸦片战争以后，中国海禁大开，外国资本主义的经济侵略，破坏了中国固有的自然经济结构，农产品的商品化催生商品经济。[①] 商品交换不断增多，集市兴起。随着商品交换的日益频繁，交换区域日益扩大，商品交换规模扩大，商品交换的场所即市场，也从偶然的集市、庙会等小型市场，逐步地发展为较为固定的、规模较大的市场，即城市，初步形成市场交换体系。于是，一个新的职业阶层或阶级出现了——商人，他们在乡村和城市从事着有一定规模的商业交易。

19世纪70年代，在洋务运动中诞生了中国民族资本主义。甲午战争[②]之后，尽管受外国资本主义压制和清政府的限制，民族资本主义发展缓慢，但仍获得了明显发展。民族资本涉足的行业包括工矿企业、水电等重工业，

[①] 张晋藩主编：《中国民法通史》，福建人民出版社2003年版，第1105页。
[②] 甲午战争以1894年7月25日（清光绪二十年，日本明治二十七年）丰岛海战的爆发为开端，到1895年4月17日《马关条约》签字结束。按中国干支纪年，时年为甲午年，故称甲午战争。这场战争以中国失败告终。中国清朝政府迫于日本军国主义的军事压力，签订了丧权辱国的不平等条约——《马关条约》。它给中华民族带来空前严重的民族危机，大大加深了中国社会半殖民地化的程度。

更主要的是纺织、食品、卷烟、造纸、火柴、玻璃等轻工业。民族资本主义的发展主要基于下列三方面因素：其一，"庚子事变"后，随着西方列强侵略加深，自然经济日益解体，国内市场不断扩大，破产的农民和手工业者大量增加，其中部分人被迫离乡而流入城市，成为廉价劳动力，形成了满足民族资本主义发展所需的劳动力市场。其二，清政府推行新政期间实施一系列发展民族工业的政策，在很大程度上刺激并推动了民族资本主义的发展。其三，从1903年拒俄运动开始，接二连三的反帝爱国运动，在一定程度上遏止了外国资本主义侵略的势头，为民族资本主义发展赢得了一定发展空间。1905—1908年间，民族工业出现了一个兴盛高潮。[1] 这种新生的生产力与生产关系，已非原有的户律所能包容和调整的，故迫切要求获得保护，从而提出了制定新法的要求。

民族资产阶级在民族资本主义的催生之下而产生，并快速成长。他们高扬民主、自由、平等的旗帜，力图打破封建专制，希望参与政权治理，要求在法律上体现其愿望和诉求。资产阶级的早期代言人，改良派思想家大声呼吁，"要求制定民律以便恤商、护商，发展民族资本主义"。

（二）社会阶级结构变化：清末教育制度改革培养了新式知识分子群体

资本主义生产关系的发展，带动阶级结构的改变。在地主、农民、手工业者外，出现了代表商品经济和资本主义经济的人口群体：商人阶层、资产阶级、无产阶级、作为中西方经济联系的买办阶层、知识分子。这些新生的阶层和阶级，要求进一步削弱对地主、坊主、行邦主等人身依附关系，争取更多自由。他们迫切要求确认和保护他们的人身关系和财产关系。这是制定民律草案的社会基础。

城市的出现和发展，加快了社会成员流动。这种基于商品和劳动力交易而产生的社会关系，冲击着传统的等级制度和秩序。

特别值得一提的是，清末政府被迫实施教育制度改革，初步确立了中国近代教育制度。为了维护摇摇欲坠的统治，经诸多封疆大吏和驻外使节上书建言请求变法图强，1901年1月29日，清政府发布变法上谕，教育改革成为既定国策推行全国，其中首要任务是求才。为此，清政府相继实施设立学

---

[1] 肖爱树：《20世纪中国婚姻制度研究》，知识产权出版社2005年版，第81页。

堂，废除八股，改革科举、罢武科，废除科举，提倡留学等重大改革措施。1904年颁布实施的《奏定学堂章程》，确立了包括各级各类学校的整齐划一的学制，规定了门类比较齐全的近代课程，要求按学生程度编班，并实行按班级授课制。这是中国最早颁布实施的近代新学制。[①] 其中，1905年清政府宣布废除科举制，这是清末教育改革的关键之举。此举切断了士子童生追求功名利禄的唯一途径，改变了家庭对子女教育的安排，孩童不得不走进新式学堂，青年怀着忐忑不安的心情出国留学。

1907年开始女子教育被纳入学校教育系统。1904年"癸卯学制"，没有对女子接受教育作出安排。随着推行教育改革及开放女子教育的社会舆论压力不断加大，1907年，清政府颁布实施《奏定女子小学堂章程》和《奏定女子师范学堂章程》，开放妇女受教育的机会。尽管清政府实施女子教育旨在培养贤妻良母和女教师，但是，这一举措打破了中国千百年来"女子无才便是德"之传统观，它对于男女两性关系改善具有深远意义，是男女平等上的重大进步。

新式知识分子群体在一定程度上改变了中国社会的结构，成为民主主义革命的中坚力量。受新式教育的毕业生进入政治、教育、军队、警察、媒体、工业、商业等领域后，他们的思想观念侵入各界。由于早年经历和新式文化熏陶，新式知识分子更易接受新思想，对社会现实有强烈不满，抱有改变腐败、黑暗、专制的封建统治之大志，有强烈的参政意识。特别是留学归国的知识分子，接触了西方社会改革的经验，更加推崇社会改革。

民主主义知识分子认为，男女平等是天赋的权利，要求实行男女平等、婚姻自由。在20世纪初民族国家的严重危机时刻，为了唤醒广大妇女的独立意识和爱国热情，许多有识志士纷纷撰文要求改变"男尊女卑"传统，破除媒妁之言，实行自由婚姻、一夫一妻制，改造不平等的夫妻关系。这场婚姻革命，不仅要求赋予妇女与男子平等，而且要求妇女与男子共同担负起社会义务。把妇女的权利与义务统一起来，将妇女解放、男女平等的思想与民族民主革命实践相结合，不仅是当时中国社会的现实，而且是近代以来中国妇女运动的重要特征之一。

---

① 它为民国以后学制的修订打下了良好基础。

(三) 外来文化影响

清政府实施此次法律改革是为摆脱统治危机而采取的自救行为,[①] 故《大清民律草案》既坚持"三纲五常"为数千年传统之国粹而不可草率实行变革,又不得不革新,大量吸收了西方民法中的个人本位法学思想,仿效大陆法传统的民法编纂方法。

1. 《大清民律草案》引入西方婚姻家庭立法理念

《大清民律草案》中的婚姻律条,对西方立法理念有所效仿。故强调"不宜墨守故常,致失通变宜民之意",欲"只可采其长,益我所短",[②] 故婚姻家庭法在一定程度上引入了西方近代以来的观念,反映民族资产阶级对个体自由、婚姻自由、男女平等的要求。

2. 在立法形式上仿效西方,设亲属编作为独立一编

近代以来,西方国家的婚姻家庭法在形式和内容上都发生了重大变化,国家法律体系逐渐形成了若干有其独立调整对象和范围的部门法。传统大陆法系各国大多沿袭罗马法模式,将婚姻家庭法纳入民法典,称之为"亲属法"。例如1804年《法国民法典》、1900年《德国民法典》。而英美法系中,判例法是其重要法律渊源,遵循先例是英美法的重要原则。上级法院的判例对下级法院具有拘束力。在英美法国家和地区,婚姻家庭法是由一系列判例、单行法组成的。

《大清民律草案》引入德国民法和日本民法的编纂体制,单独制定完整的民法典,它的编纂完成,标志着诸法合体、民刑不分的中华法系之固有传统开始解体。该草案将亲属法规定为其中独立一编,从根本上改变了《大清律例·户律·婚姻》中民刑合一、以惩罚为主的婚姻法律规范。

3. 在内容上,将中西婚姻法律熔于一炉

亲属法的内容,是家族本位法律传统与反映个人本位的西方近代法律价值的大杂烩。一方面,它坚持宗法制度下体现纲常伦理的律义,在法条中继续保留有关父权、夫权的支配地位的规定。例如,亲属仍按传统区划分为宗

[①] 肖爱树:《20世纪中国婚姻制度研究》,知识产权出版社2005年版,第100页。
[②] 故宫博物院明清档案部编:《清末筹备立法档案史料》(下册),中华书局1979年版,第887页。转引自肖爱树《20世纪中国婚姻制度研究》,知识产权出版社2005年版,第100页。

亲、外亲和妻亲；实行同姓不婚；结婚须由父母允许；实行宗祧继承等。另一方面，吸收西方国家民法的法律理论、原则、制度和法律术语。规定婚姻当事人具有一定的婚姻自主权，当事人无结婚之意思的婚姻为无效婚姻；夫妻在结婚前可订立特别财产契约；夫妻不相和谐而两愿离婚者得行离婚；采用亲等制规定禁止结婚的亲属范围；妻子在夫妻关系中的地位有所提高，妻于寻常家事仅为夫之代理人，而丈夫对于此项代理权有限制的权利；丈夫对夫妻共同财产及妻子的财产享有管理、使用、收益的权利，等等。

三 收回领事裁判权是修律变法的直接动因

收回领事裁判权是中国近代修律变法并采用法典形式的直接动因。大清民律草案立法同样不出其右。[①] "清廷立法，表面是追求近代化，但收回治外法权才是最终目的，因而婚姻立法，也不免带有这种政治色彩而急功近利。法律内容如何裁量，考虑更多的是列强如何评判，而非是否合乎本国事实。这也是为什么大肆调查民商事习惯以后，在立法却没有使之与外国先进法律得以有机结合的原因之一。"[②]

1843年（道光二十三年），清政府与英国续订《中英五口通商章程》第7条关于"领事裁判权"的规定，首开外国人在华享有领事裁判权的恶例。此后，法国、美国、俄国、德国等18国通过逼迫中国签订不平等条约取得在华领事裁判权。这些资本主义侵略者强加给清政府的不平等条约，遭到中国民众反对。中国政府和民众一直致力于收回丧权辱国的领事裁判权。

1902年（光绪二十八年），清政府在上海与英国谈判续订通航条约时，率先达成下列有条件收回领事裁判权之协议："中国深欲整顿本国律例，以期与各西国律例改同一律，英国允愿尽力协助以成此举。一俟查悉中国律例情形及其审断办法及一切相关事宜，皆臻妥善，英国即允弃其治外法权。"[③] 此后，美国、日本、葡萄牙先后与中国达成同类允诺。该允诺是西方列强力图扶植清政府作为工具之权宜，但是，客观上顺应了中国人民要求收回法外

[①] 张晋藩主编：《中国民法通史》，福建人民出版社2003年版，第1145页。
[②] 王新宇：《民国时期婚姻法近代化研究》，博士学位论文，中国政法大学，2005年，第9页。
[③] 《光绪朝东华录》（五），中华书局1958年版，总第4919页；转引自张晋藩主编《中国民法通史》，福建人民出版社2003年版，第1106页。

法权的强烈愿望,"推动了修改律例的活动,成为制定《大清民律草案》的契机"。① 当时修订法律大臣伍廷芳就明确表示,"臣等奉命修订法律,本以收回治外法权为宗旨……庶将来颁布新律,可以推行无阻,而收回治外法权,其端实基于此矣"。②

四 修法宗旨

本次修法秉持下列四个方面宗旨,即"注重世界最普遍之法则""原本后出最精确之法理""求最适于中国民情之法则""期于改进上最有利益之法则"。时任修订法律馆编修在为《大清民律草案》告成而上的奏折中,称由如下:③

> 一、注重世界最普遍之法则。瀛海交通,于今为盛,凡都邑巨埠,无一非战之场,而华侨之流寓南洋者,生齿日益繁庶。按国际私法,向据其人之本国法办理,如一遇相互之诉讼,彼执大同之成规,我守拘墟之旧习,利害相去,不可以道里计。是编为拯斯弊,凡能力之差异,买卖之规定,以及利率时效等项,悉采用普遍之制,以均彼我,而保公平。

> 二、原本后出最精确之法理。学术之精进,由于学说者半,由于经验者半,推之法理,亦何莫不然。以故各国法律,愈后出者,最为世人注目。义取规随,自殊剿袭。良以学问乃世界所公,初非一国所独也。是编关于法人及土地债务诸规定,采用各国新制,既原于精确之法理,自无凿枘之虞。

> 三、求最适于中国民情之法则。立宪国政治,几无不同,而民情风俗,一则由于种族之观念,一则由于宗教之支流,则不能强令一致。……人事法缘于民情风俗而生,自不能强行规抚,致贻削趾就履之

---

① 张晋藩主编:《中国民法通史》,福建人民出版社2003年版,第1107页。
② 《光绪朝东华录》(五),中华书局1958年版,总第5413—5414页。转引自张晋藩主编《中国民法通史》,福建人民出版社2003年版,第1106页。
③ 转引自谢振民编著《中华民国立法史》(下册),张知本校订,中国政法大学出版社2000年版,第744—745页。

诮。是编凡亲属、婚姻、继承等事，除与立宪相背酌量变通外，或本诸经义，或参诸道德，或取诸现行法制，务期整饬风纪，以维持数千年民彝于不蔽。

四、期于改进上最有利益之法则。文子有言，'君者盘也，民者水也，盘圆水圆，盘方水方'。是知匡时救弊，贵在转移，拘古牵文，无裨治理。中国法制历史，大抵胼贩陈编，创制盖寡。即以私法而论，验之社交，非无事例，征之条教，反失定衡，改进无从，遑谋统一。是编有鉴于斯，特设债权、物权详细之区别，庶几循序渐进，冀收一道同风之益。

第二节　主要争议问题

清末修律是中国传统法制转向西方式资本主义法律的变革开端，故其中婚姻家庭立法起草过程中，必须存在不同价值观、不同立法传统之间的冲突。

一　家属主义与个人主义之争

在婚姻家庭法究竟是继续保留传统而采用家属主义，还是放弃传统而采个人主义？在起草过程中，曾发生争论。

（一）主张个人主义观

个人主义意见坚持认为，中国不适合家属主义，主要有如下三大理由："家人在共同生活之下，养成依赖性，长游惰之风，阻上进之路，减少生产，增加消费，此及于经济上之恶影响也；重家轻国，勇于私斗，怯于公战，此及于政治上之恶影响也；集素昧平生、情感违异之人，强相结合于一室，变起萧墙，纠纷莫解，此及于社会上之恶影响也。"[①]

（二）主张家属主义观

坚持家属主义的观点认为，个人主义不符合中国国情。个人主义是西方社会的产物，而"西方依赖他人之心思甚少之原因，实由工商业发达，人人

[①] 郁嶷：《家制余论》，《法律评论》1930年第365期。

皆有自食其力之路，至国家救济，贫民保险制度，均极发达，故人民自无须依赖他人"。① 而"矧自农业经济论之，耕作单位之小家庭，于种种方面实优于个人主义耶。以我地大物博，今后政策亦必重农。则对于大多数农民，生活基本上家庭尚不宜破坏也"。

采用家属主义，不是为了保护家长权利，相反，家长实际上是忍辱负重的角色。甚至认为，"我国家制以男系的家庭制度而兼个人主义之精神，家长权与亲权、夫权并立其特色也。家长对于家属生计、教育职业之筹书及未成年人无能力人之保护，皆负全责。俗语喻以为子女作为马牛者，盖几乎只有义务而无权利。此人伦道德，涵濡已深之所致也"。②

多数立法者认为，家属主义具有数千年的历史传统，是国人生活的习惯之一；当时阶段，18 行省皆盛行家属主义，故应采家属主义，摒弃个人主义。③

《大清民律草案》起草说明称，编纂一国法典，必须是实际与理论兼顾，不能用理论长短来衡量法律之优劣；法律采用个人主义，必须是社会先于法律而以个人主义为本位，但这与中国当时社会所不符。"中国今日之社会实际情形，一身之外，人人皆有家之观念存"，"而家长、家属等称谓散见于律例中颇多……数千年来；惯行家属制度之习尚，是征诸实际"。④

对于采取何种主义，立法当局解释斟酌如下，"个人主义与家属主义之在今日，孰得孰失，固尚有研究之余地，而我国家庭制度，为数千年来社会组织之基础，一旦欲根本推翻之，恐窒碍难行，或影响社会太甚"。⑤

这场法学论战，终以家属主义为胜而告终。

二 是否禁止同姓为婚

当时，对于同姓为婚，有赞成与反对两种不同主张。⑥

---

① 台湾"司法行政部"：《中华民国民法制定史料汇编》，1976 年，第 817 页。
② 《三五法学社对于民法亲属编先决各点意见书（亲属）》，《法律评论》1930 年第 350 期。
③ 张晋藩主编：《中国民法通史》，福建人民出版社 2003 年版，第 1128 页。
④ 台湾"司法行政部"：《中华民国民法制定史料汇编》，1976 年，第 816—817 页。
⑤ 谢振民：《中华民国立法史》，中国政法大学出版社 2000 年版，第 786—787 页。
⑥ 潘维和：《中国近代民法史》，（台北）汉林出版社 1982 年版，第 120 页。

修订法律大臣于1910年（宣统二年）1月已奏限制同姓为婚，采折中观点。奏曰：

> 谕：御史崇芳奏同姓为婚，未可驰禁一折，着修订法律大臣覆具奏。寻奏，折衷众说，当以同宗为断，凡受氏殊者不在禁限。似请同姓为婚一条，仍照宪政编查馆之议删除。至原奏所称同姓莫辨各节，查后条本有娶同宗无服之律，毋庸过虑。惟律文简易，每易误会。拟于娶亲属妻妾律文同宗无服之亲句下，增注：同宗谓同宗共姓，不论支派之远近，籍贯之同异皆是，二十一字，以示限制。从之。①

第三节　主要立法变革

作为中国第一部近代意义上的民法典，《大清民律草案》在立法技术、内容上都有值得肯定的地方，即使是被认为最保守的亲属、继承两编，与传统制度相比较，仍有一定进步。②

一　对宗法与家制有所区别

《大清民律草案》认识到宗法与家制是建立在不同基础上的。将宗视为系统关系，将家视为实际组织。家庭关系不再渗入宗法。民律草案规定，以户籍为标准，凡同一户籍的人为一家，统摄家政者为家长，家长对其家属有扶养义务；反之，异籍者，即不属一家，家长对之无扶养义务。

二　家长权既获承认又有所削弱③

虽然立法仍采用家长权，维护家族主义，但为因应时势变迁，家长权有所削弱，家属已经从以往强有力的家长权中求得了一定解脱。"家长及家属一节者，先规定家长之资格，继以家长之权利，次及于家属，不言家属义务

---

① 转引自潘维和《中国近代民法史》，（台北）汉林出版社1982年版，第120—121页。
② 许莉：《〈中华民国民法·亲属〉研究》，法律出版社2009年版，第26页。
③ 本目论述参考了戴东雄《论中国家制的现代化》，"中研院"《国际汉学会议论文集·民俗与文化组》，"中研院"1981年版，第159—160页。

者，以家长权利，其对面即家属义务存焉故也。"这种转变，主要表现在下列四个方面：

1. 家长只有统摄一般家政的权利

《大清民律草案》第 1324 条规定，"家长，以一家中最尊长者为之"；第 1327 条规定，"家政统于家长"。依习惯，凡日常家务之处理及共同财产之管理应在家政的范围内。[①] 家长对家属有妨害家内和平秩序之言行，可以斥责制止。大理院判例认定，"家政应有所统属，凡家属关于家事之行为，均应受家长之监督"。[②]

2. 仅允许父母对未成年子女行使亲权

与旧律法上尊长权相比较，亲权内容"有相当大之不同，尤其在惩戒权上"。[③]《大清民律草案》规定，父母行使亲权，在必要范围内，可亲自惩戒其子或呈请审判衙门送入惩戒。显然，父母的权利受到了明确的限制。

3. 尊长主婚权受到极大削弱

这个时期，尊长依法仍享有主婚权，但主婚人已不能违反男女当事人本意，专断行使其主婚权。《大清民律草案》第 1328 条规定，结婚须由父母允许。继母或嫡母故意不允许者，子得经亲属会之同意而结婚。大理院判例认定，"婚姻之当事人本为男女两造，若有主婚权之人许婚，已在男女本人成年之后，得其同意者，此后谈婚约自不得反于本人之意思，由主婚权人任意解除"。[④] 并表示，"子女苟与离婚权人一面有嫌怨或其他情势，事实上难得其同意者，则该子女如已成年，亦应许其自行定婚，该主婚权人不得以未经同意为理由，而就其已成立之婚姻主张撤销"。[⑤]

[①] 戴东雄：《论中国家制的现代化》，"中研院"《国际汉学会议论文集·民俗与文化组》，"中研院"1981 年版，第 159 页。

[②] 大理院判例六年上字第 852 号，判例全书，第 210 页。转引自戴东雄《论中国家制的现代化》，"中研院"《国际汉学会议论文集·民俗与文化组》，"中研院"1981 年版，第 159 页。

[③] 戴东雄：《论中国家制的现代化》，"中研院"《国际汉学会议论文集·民俗与文化组》，"中研院"1981 年版，第 159 页。

[④] 大理院判例七年上字第 972 号，判例全书，第 221 页。转引自戴东雄《论中国家制的现代化》，"中研院"《国际汉学会议论文集·民俗与文化组》，"中研院"1981 年版，第 160 页。

[⑤] 大理院判例十五年上字第 962 号，判例全书，第 229 页。转引自戴东雄《论中国家制的现代化》，"中研院"《国际汉学会议论文集·民俗与文化组》，"中研院"1981 年版，第 160 页。

4. 关于立嗣表意对嗣子意见有所尊重

草案基于人格独立,对年满十五岁的嗣子,其意思有所尊重。男子出为嗣子者,须经父母同意,无父母者,须经直系尊属同意。年在十五岁以下出为嗣子者,由其父母代为允许。《大清民律草案》第1394条还规定,嫡母、继母非经亲属会同意,不得为出嗣之允许。大理院判例承认,"为人子者,出继他人为嗣,其父母如尚生存,必得其同意而后可"。①

三 家产

为顺应时代潮流,顾及个性,《大清民律草案》和大理院判例均承认家属特有财产。受西方传来的个人影响,如果继续采用绝对家产制,完全不承认家属个人的私有财产,年轻人已不能全部接受,故对家属共财关系有所放松。《大清民律草案》第1330条规定,"家属以自己之名义所得之财产,为其特有财产"。大理院判例裁定,"特有财产之制,本为法律所不禁,凡家属以自己名义所得之财产,即为特有财产,除经当事人同意外,不得归入公产一并均分"。② 另一个判例又认为,"为人妾者现行法例上,既认为家属之一人,则其得有私产,自毋容疑。此项私产与公产有别,不能并入"。③ 此处所谓特有财产,如家属由职业、工作而得的财产及其他因赠与或遗赠所得的财产。这对家属个人财产的承认,尽管并不彻底,但不能不说是观念上的一大进步。

关于家长对家产的管理和处分,原则上一如既往。大理院判例仍认为,"本家财产本非卑幼所有,若不得尊长同意私擅处分,其处分行为乃无权行为,依法非经尊长之追认,不生效"。④ 但家属已有权处分本人特有财产。大理院判例表示,"……同居卑幼不由尊长,私擅用本家财物者……固为法

---

① 大理院判例四年上字第471号,判例全书第265页。转引自戴东雄《论中国家制的现代化》,"中研院"《国际汉学会议论文集·民俗与文化组》,"中研院"1981年版,第160页。
② 大理院判例五年上字第475号,判例全书,第209页。转引自戴东雄《论中国家制的现代化》,"中研院"《国际汉学会议论文集·民俗与文化组》,"中研院"1981年版,第165页。
③ 大理院判例四年上字第2052号,判例全书,第209页。转引自戴东雄《论中国家制的现代化》,"中研院"《国际汉学会议论文集·民俗与文化组》,"中研院"1981年版,第165页。
④ 大理院判例八年上字第148号,判例全书,第211页。转引自戴东雄《论中国家制的现代化》,"中研院"《国际汉学会议论文集·民俗与文化组》,"中研院"1981年版,第165页。

所不许；惟细释律意，此项规定本所以维持家庭共同生活之关系，故其所禁止者，本系处卑幼与外人处分行为足使家产外溢而言。若家属中之一人，以自己私有之财产让与他人者，其所处分既非家财，即不在应禁之列。又或一家之中，遗产共同继承人就应受分配之财产，互相让与其受分权利者，虽经处分而财不外溢，亦与卑幼私有本家财物有别，除别有法律上原因外，不得即指为无效"。①

四 采用亲等制

《大清民律草案·亲属编》采用寺院法亲等制，改变了中国历史上依靠服制确定亲属关系的传统，尽管它仍在较大程度上保留传统的宗法观念，在丧事上沿用中国传统丧服制。

（一）亲属分类、范围和亲等

《大清民律草案》以宗法观念为基础，兼采西方亲等制计算方法，确定直系亲与旁系亲，以及法定的亲属范围。

第1318条规定，"凡己身或妻所从出或从己身所出者，为直系亲；非直系亲而与己或妻出于同源之祖若父者，为旁系亲"。"亲等者，直系亲从己身上下数，以一世为一亲等，旁系亲从己身或妻，数至同源之祖若父，并从所指之亲属，数至同源之祖若父，其世数相同，即以一方之世数；不相同，从其多者以定亲等"。

关于亲属范围，第1317条按照宗法观念规定如下：亲属者是指四亲等内之宗亲、夫妻、三亲等内之外亲和二亲等内之妻亲。"父族为宗亲，母族及姑与女之夫族为外亲，妻族为妻亲"。但是，"亲等应持之服，仍依服制图所定"，即丧葬事务，仍保留适用服制以体现亲属与亡故者之间的亲疏远近关系。

（二）关于亲属关系的发生与消灭

按第1322条规定，"由婚姻或承嗣而生之亲属关系，于离婚或归宗时即解销"。

---

① 大理院判例四年上字第1459号，判例全书，第208页。转引自戴东雄《论中国家制的现代化》，"中研院"《国际汉学会议论文集·民俗与文化组》，"中研院"1981年版，第165页。

五 婚姻半自主

草案直接规定成婚条件、离婚事由、离婚程序，既赋予婚姻当事人一定自主权，但又不是完全由本人做主，故"不具备完全的婚姻自由权利，只能算作婚姻的半自由"。[①]

（一）婚姻成立

草案规定，结婚年龄分别为男18岁、女16岁；在法定亲属范围内，[②]不得相互通婚。有配偶者，不得重婚；因奸而被离婚者，不得与相奸者结婚。

1. 法定结婚年龄

《大清民律草案》第1332条设立了法定成婚年龄，这对于防范早婚及由此产生的弊端，有积极意义。中国传统上素有早婚习俗。[③] 清末修律，认为早婚有害于男女双方身体健康；体格尚未发育成熟的男女所生子女必多羸弱；家庭羸弱子女多，必多羸弱国民；婚姻乃男女终身大事，男女须有立身治家的知识，年岁未及的男女，知识、谋虑有限；一个连自己都尚需父母教育之人，难有能力教养子女。草案借鉴西方立法经验，设立了成年年龄，成婚年龄与之相适应，但女性仍早2岁。

2. 结婚半自主

结婚须由父母允许。草案第1338条规定，"婚姻须由父母允许。继母或嫡母故意不允许者，子得经亲属会之同意而结婚"。但第1341条规定，"当事人无结婚之意思"的婚姻，属于无效婚姻。这些规定表明，立法上，以婚姻当事人共同生活的意思表示为婚姻成立的要件，父母对子女婚姻问题的权

[①] 肖爱树：《20世纪中国婚姻制度研究》，知识产权出版社2005年版，第107页。
[②] 第1317条规定，亲属如下：（一）四亲等内的宗亲；（二）夫妻；（三）三亲等内的外亲；（四）二亲等内的妻亲。
[③] 在古代农业社会，以一家一户为生产单位，家庭需要及时补充劳动力；在宗法私有制下，需要有血缘关系的财产继承人，这是早得子、多生子的思想意识和现象产生的经济社会根源。此前，清朝政府规定，男子16岁，女子14岁，达到结婚年龄，可以自便。这项法令，继承了宋朝、明朝立法，已有数百年历史。社会上层、贫困家庭甚至虚岁十四五岁之人就成亲。清朝的皇帝、皇后是早婚的典型，顺治帝14岁大婚，康熙帝更早在12岁就完毕婚事，雍正帝的孝圣皇后13岁结婚，乾隆帝算晚婚，大婚时也才17岁。帝后的婚龄之早，表现了皇室、贵族、官僚等社会上层家庭婚龄的一般情况。

利仅限于"允许"而非"主婚"。这从根本上改变了中国传统上嫁娶皆由家长主婚之定律。① 祖父母对孙子女、父母对子女婚姻的干预程度有所弱化。

3. 禁婚亲

根据第 1334 条规定,"在本律规定之亲属范围内,不得结婚。但外亲或妻亲中之旁系亲,其辈分同者,不在此限。"禁婚亲范围内的亲属,即使亲属关系解除,仍不得结婚。

草案规定"同宗者,不得结婚"(第 1333 条),与以往禁止同姓通婚相比,② 显得更合理,可视为一种进步,因为同宗,可能具有较近的血缘关系,同姓者相互却不一定是近血缘关系。

4. 设立婚姻无效及撤销制

草案第 1341 条规定,凡当事人无结婚意愿的,或者未经户籍呈报的婚姻,无效。

凡违反禁止规定缔结婚姻的,得申请撤销婚姻。撤销婚姻的事由,包括下列八种情形:未达及结婚年龄;同宗结婚;禁婚亲属之间结婚;重婚;妇女离婚未逾十月而再婚;相奸者结婚;未经父母允许而结婚;因诈欺或胁迫而结婚。

(二) 离婚半自由

实行过错离婚。夫妻一方严重违反义务时,另一方有权要求离婚。离婚权利属于对配偶一方不良或不法行为作出的反应,准许离婚是对过错行为的惩罚。根据第 1362 条,凡夫妻一方具有下列情事的,另一方有权提起离婚:(一)重婚;(二)妻与人通奸;(三)夫因奸非罪被处刑;(四)对方谋杀;(五)受不堪同居之虐待或重大之侮辱的;(六)妻虐待夫之直系亲属或重大之侮辱的;(七)受夫直系亲属的虐待或重大侮辱的;(八)受对方恶意遗弃的; (九)一方逾三年以上生死不明的。前项(一)、(二)、

---

① 例如《大清律例·户律·婚姻》规定,"嫁娶皆由祖父母、父母主婚;祖父母、父母俱无者,从余亲主婚;其夫亡携女适人者,其女从母主婚"。

② 同姓不婚,是一个历史很久的传统禁忌,从周朝时即如此。姓的起源,原是血属的一种标志。在最初,同姓之间,都有血缘关系,故在此团体以内,禁止发生性关系,而构成一外婚单位。所谓合二姓之好,便是此意。男女之间,最重要的是辨姓,它决定性关系能否成立。同姓不婚,除了伦常关系外,还有生物上的理由。古人都相信同姓结合,子孙后代不会繁荣,甚至有灾疾之虞。参见瞿同祖《中国法律与中国社会》,中华书局 2003 年第 2 版,第 98 页。

(三)，相对方事前知晓并同意的，即丧失离婚请求权；事后知晓的，也应在六个月内起诉；但无论知情与否，造成离婚原因的事实发生超过十年的，不得呈诉。

离婚须由夫妻一方向法院申请，经过法官裁判才能实现。

六　实行法律婚

实行法律婚，取代仪式婚。《大清民律草案》亲属编仿照欧陆法上的法律婚，实行户籍注册制，非经注册不发生婚姻的效力。亲属编第四章第一节对婚姻要件作出了明确规定，第1339条规定，"婚姻从呈报于户籍吏，而生效力"。对于未达法定结婚年龄和未经父母允许的结婚申请，第1340条规定，"户籍吏不得受理其呈报"。非向户籍吏呈报的婚姻，为无效婚姻（第1341条）。申请离婚也须向户籍吏提出。

结婚和离婚须经法定程序之改革，打破了中国自古实行数千年的聘娶婚传统，"标志着我国仪式婚向法律婚转变的法制建设的开始"。[1] 长期以来，由婚姻而生的家庭是社会的基本细胞，被视为国家安宁和社会稳定的基础。不过，对于该"基础"的建设和调控，传统上主要交由家长管理。所以，中国古代实行聘娶婚，只需依礼而行，当事人及其家长均无须向政府报备或提出申请。《大清民律草案》则将缔结婚姻的行为，认定为民事行为，赋予了当事人一定自主权。故婚姻关系成立，不但关系到婚姻当事人之间的人身关系和财产关系，而且对后代健康、财产继承权、第三人利益乃至社会道德伦理，都有很大影响，立法对婚姻行为提出明确要求，特别设定程序，将原先交给家长自主的权力收回，反映了国家公权对婚姻的干预。仪式婚向法律婚的转变，是婚姻制度上的一大进步[2]。

七　婚姻效力：夫妻半平等

社会上认同男女平等的新意识在《大清民律草案》婚姻律条中有所反映，"并与宗法制度下的夫权意识纠缠在一起"，在夫妻关系上形成了"夫

---

[1] 肖爱树：《20世纪中国婚姻制度研究》，知识产权出版社2005年版，第105页。

[2] 同上。

妻半平等"原则。[①] 草案亲属编第三章第三节专门规定"婚姻效力",内容涉及同居、监护、家庭费用负担、家事代理、夫妻财产制。[②] 与《大清律例》相比,妻子的法律地位有所提高,被赋予了某些权利,使夫不如原先那么"尊威",妻不再像原先那么"卑贱";但夫妻远不平等,甚至使用"平等"一词评价夫妻关系都显得高估了。

在夫妻人身关系方面,借鉴西方法的经验,列项作具体规定。

夫妻有同居义务。"夫须使妻同居,妻负与夫同居之义务"(第1350条);"关于同居之事务,由夫决定"(第1351条)。

明定夫妻扶养及家庭生活费用负担。"夫妻互负扶养之义务"(第1352条)。"由婚姻而生一切之费用,归夫担负。但夫无力担负者,妻担负之"(第1356条)。

关于监护。"妻未成年时,其监护人之职务由夫行之"(第1353条)。

首设日常家事代理权。"妻于寻常家事,视为夫之代理人。前项妻之代理权,夫得限制之。但不得与善意第三人对抗"(第1355条)。

八 创设夫妻财产制

法律明定了夫妻财产制,实行法定夫妻财产制,允许契约财产制。立法第一次明文承认已婚妇女享有独立财产权

(一)法定夫妻财产制

采用联合财产制为法定夫妻财产制。所谓联合财产制,是指男女婚前婚后财产归各自所有,但合并在一起,交给其中一方管理,管理方承担全部家庭费用开支责任。草案第1358条规定,"妻于成婚时所有之财产及成婚后所得之财产,为其特有财产。但就其财产,夫有管理使用及收益之权。夫管理妻之财产,显有足生损害之虞者,审判厅因妻之请求,得命其自行管理"。这是中国立法第一次明文确认已婚妇女的财产权。

(二)契约财产制

允许夫妻签订契约财产制。"夫妇于成婚前,关于财产有特别契约者,

[①] 肖爱树:《20世纪中国婚姻制度研究》,知识产权出版社2005年版,第108页。
[②] 对夫妻财产制,另设要点讨论。

从其契约"（第1357条）。鉴于前述已婚妇女享有独立财产权，故草案赋予妇女订立、撤销夫妻财产契约的权利。"夫妻间所订立之契约，在婚姻中各得撤销之。但不得害及第三人之权利"（第1354条）。

显然，这些夫妻财产制条款，背离中国婚姻传统，其贯彻执行效果令人生疑。然而，正因为其与婚姻传统相距之遥远，足见当时改造力度之大。

第四节　立法改革评点

《大清民律草案》是一部糅合了资本主义和封建主义的民法草案，是一部半殖民地半封建社会性质的民法。[1] 早在1919年，法律人江庸才系统研究了《大清民律草案》后批评称，"其一，《大清民律草案》的总则、财产法部分多继受于德、日民法典，采个人主义立法本位，对中国传统法律的精华未予采取；其二，该草案亲属法及身份继承制度，基本因袭中国传统宗法礼制，又与中国社会的发展不相适应。《大清民律草案》的财产法部分在形式、内容方面与身份法制迥然相异，只是通过法典化的形式将二者机械地统合在一起"。[2] 借用此语来评价其中婚姻家庭法，同样是合适的。一方面，它大幅度地改造了中国传统的婚姻家庭制度，在婚姻家庭领域发动了一场深刻的婚姻家庭革命；另一方面，受时代局限，它继续推行宗法制度，默许纳妾、区分嫡子与庶子等，保留了诸多封建婚姻家庭陋习。

一　大改革：中国婚姻家庭法现代化的开端

《大清民律草案·亲属编》受到西方近现代社会中男女平等、个人独立、婚姻自由等基本价值的影响，引入婚姻家庭法的某些原则和制度。

在中国立法史上，第一次承认婚姻是当事人本人的终身人事，赋予当事人本人一定的婚姻自主自决权。

采用寺院法亲等制计算亲属之间亲疏远近，与中国传统服制相比，其合

---

[1]　于语和、郑晓辉：《〈大清民律草案〉——外国法与本土法混合的产物》，何勤华主编《法的移植与法的本土化》，法律出版社2001年版，第185页。

[2]　转引自张晋藩主编《中国民法通史》，福建人民出版社2003年版，第1148—1149页。

理性大大增加。

废除了传统法律中公开的一夫一妻多妾制，基本确立了一夫一妻制。《大清民律草案·亲属编》第 1335 条规定，"有配偶者，不得重婚"。这是一个很大的进步。

在男女两性之间关系上，从"男为天""夫为天"的传统价值，开始向男女平等转向。

《大清民律草案·亲属编》肯定家长在家庭中的重要地位和作用，但与以往宗法制大家庭中的族长、家长相比较，该草案中的家长已不再是父权、夫权统治的象征，而只是一个家庭生产和生活的组织者。家族本位的宗法家长制开始被动摇；确认亲权，确定亲属间相互独立和相互帮助的精神，增进了亲属间的互助和独立。

二 改革偏"从洋"而似有些脱离中国国情

"在晚清法律的近代化过程中，西方的法律文化是指导晚清修律的精神支柱和理论基础。参与修律的西方和日本法学家，又是反映西方法律嫁接在中国法制根株上的冰人。……在这个历史实践中，充分显示了新思想和被新思想所武装。曾经鼓噪一时的中体西用论的社会基础削弱了，影响缩小了，相反，西学中用已被越来越多人所理解和接受。"[①] 诚如德国学者所言，清政府"由于希望尽快改革，没有更多时间根据国情吸收外国法的积极因素以制定出真正切合本国实际的法典，而只能主要地依赖外国法典"。[②] "当时一切变法措施，不得不尽量舍己从人，以期符合外人的希望。中国法系，原被推为世界五大法系之一，有其固有的优点，至此遂不得不完全割爱。在那个时候，因为一心一意，以收回法权为念，固有其不得已的苦衷，未可厚非，但及今检讨，似不免有矫枉过正的地方。"[③]

---

① 张晋藩：《中国法律的传统与近代转型》，法律出版社 1997 年版，第 473—474 页。
② [德] 诺尔（K. W. Noerr），《法律移植与 1930 年以前中国对德国法的接受》，李立强、李启欣译，《比较法研究》1998 年第 2 期，转引自王新宇《民国时期婚姻法近代化研究》，博士学位论文，中国政法大学，2005 年，第 19 页。
③ 谢冠生：《1967 年"司法"节致辞》，（台北）《"司法"专刊》第 190 期，第 6 页；转引自张晋藩主编《中国民法通史》，福建人民出版社 2003 年版，第 1107 页。

婚姻家庭法是最代表一国传统的法律领域，其改革任务尤其艰巨。《大清民律草案·亲属编》既保留家长制，承认宗法制，又引入了与中国传统的重要价值观截然相反的男女平等、婚姻自由，对于当时绝大多数国民而言，还很难接受这些西方价值观。故也有学者批评《大清民律草案》中的亲属法规定，与社会情形悬隔天地，适用极为困难。①

三 改革不彻底性：保留封建性

该亲属法草案以"求最适于中国民情之法则"为由，保留了相当多的中国传统法律的内容，贯穿着中国旧有的家族主义和宗法伦理精神。建立在封建家长制、家族制度基础上，规定了亲属关系的宗法原则，承认家长权，以父权、夫权为支柱；不承认家族成员的独立人格和平等地位。承担亲属法起草任务的礼学馆在其奏折中明确表示，"人事法缘于民情风俗而生，自不能强行规抚，致贻削趾就覆之诮。是编凡亲属、婚姻、继承等事，除与立宪相背，酌量变通外，或本诸经议，或参诸道德，或取诸现行法制，务期整伤风纪，以维持数千年民彝于不敝"。② 有学者评价该亲属法草案"基本上只是引用了近代西方资本主义法律结构形式及其相关法律术语，实质上还是采取家族主义原则，沿袭了中国封建婚姻法的大量内容；而且就立法目的而言，并非适应社会发展需要，而是为了满足政治目的"；③ 还有人甚至评价这些"婚姻家庭规定与前朝诸律一脉相承"。

（一）继续实行宗法家长制度

首先，在指导思想上，采取家属主义，不取个人主义。其次，贯穿宗法家长制原则。例如，第一章通则关于亲属分类，将亲属区分为宗亲、外亲、妻亲，亲等关系采用服制图来计算；第二章规定，家长"以一家中之最尊长者为之"（第1324条）；"家政统于家长"（第1327条），这些条款内容与此前的大清现行律例的有关规定相同。最后，规定结婚由父母允许；两愿离婚，如果男未满30岁、女未满25岁，须经父母允许。

---

① 谢振民编著：《中华民国立法史》（下），张知本校订，中国政法大学出版社2000年版，第748页。
② 同上书，第745页。
③ 王新宇：《民国时期婚姻法近代化研究》，博士学位论文，中国政法大学，2005年，第20页。

(二) 承认男尊女卑：维护父权和夫权

男女不平等，主要体现在夫妻家庭地位、夫妻人身关系、夫妻财产关系、父母子女关系上均不平等。

夫妻人身关系不平等，仍一定程度上呈现男尊女卑、夫为妻纲。首先，将妻列为限制行为能力人。草案规定，"满二十岁者为成年人"（第10条）；"达于成年兼有识别力者有行为能力，但妻不在此限"（第9条）。既然妻子是限制行为能力之人，故立法赋予丈夫限制妻子人身自由的权利。其次，夫享有同居事务决定权。"关于同居之事务由夫决定"（第1351条）。再次，妻子的行为，若"不属于日常家事之行为，须经夫允许"（第27条）；"妻得夫允许独立为一种或数种营业者……前项允许夫得撤销或限制之"（第28条）。"夫未成年时，对于其妻之行为，非经行亲权人或监护人之同意，不得擅行允许"（第29条）。只有在遇有下列情形之一时，才无须经夫同意："夫妻利益相反；夫弃其妻；夫为禁治产人或准禁治产人；夫为精神病人；夫受一年以上徒刑，在执行中者"（第30条）。最后，"妻于寻常家事视为夫之代理人，前项妻之代理权夫得限制之"（第1355条）。

夫妻财产权显示夫大妻小。"妻于成婚时所有之财产，及成婚后所得之财产为其特有财产。但就其财产，夫有管理使用权及收益之权，夫管理妻之财产显有足生损害之虞者，审判厅因妻之请求得命其自行管理"（第1358条）。

在因过错导致离婚上，立法要求轻于夫而重于妻。例如，规定"妻与人通奸者"，即行离婚；但于夫，则须因"奸非罪，而被处刑者，妻才可以请求离婚"（第1362条）。

(三) 婚姻半自主

立法者认为，"婚姻为男女终身大事，若任其自由结合，往往血气未定，不知计及将来，卒贻后悔……况家属制度，子女于成婚后，仍多与父母同居，则姑媳间之感情，亦宜先行筹及"。因此，草案第1338条规定"结婚须由父母允许"。显然，法律不信任青年男女能够处理好自己的婚姻问题，不认为青年男女能对自己的婚姻问题、婚姻行为负责任。当然，这与民事行为能力年龄有关。

（四）承认纳妾，未彻底实行一夫一妻制

草案没有明定丈夫可以纳妾，但是，其第四章第二节关于嫡子的条款与第三节关于庶子的条款，这表明，草案默认纳妾的合法性，客观上承认妾的合法地位。

（五）重申嫡庶之别，将子女区分为嫡子、庶子、嗣子、私生子

亲子关系上，草案第四章将子女区分为嫡子、庶子、嗣子、私生子，各设专节规定。草案规定，"妻所生之子为嫡子"（第1380条）；"非妻所生之子为庶子"（第1387条）。按法律馆解释，"吾国社会习惯于正妻外置妾者尚多，故亲属中不得不有嫡庶子之别"。

（六）赋予亲权人对子女的惩戒权

"行亲权之父母，于必要之范围内可亲自惩戒其子，或呈请审判衙门送入惩戒所惩戒之"（第1374条）。此规定与大清律例一致。

（七）离婚父母对子女的监督权，以父监护为原则

根据草案规定，父母离婚时，只有在子女不满5岁或审判官认为有利于孩子监护时，离婚母亲才能获得对子女的监护权；否则，除非夫同意，妻不能获得对子女的监护权。

（八）立嗣合法，允许宗祧继承

《大清民律草案》中，立嗣合法，仅非同宗辈分相当之人，不得为嗣子，这与大清律例相同。草案虽无兼祧的完整规定，但规定，"独子不得出为嗣子，但兼祧者不在此限"（第1393条）。这表明，宗祧继承仍受到草案承认和保护。

简言之，该亲属法草案先进法律体系外壳之中，包裹着原有的"父为子纲""夫为妻纲"的传统内核。不过，"这并不是立法者之过"，男女平等、婚姻自由，在当时中国社会还没有被普遍认同，更不会成为普世价值追求，不要民众，就是立法者，也依然是以传统价值观评判和约束自己的行为的。[①]

四　对后世的影响

《大清民律草案》虽为草案，并未颁布实施，但它毕竟是中国民事立法

---

① 参见王新宇《民国时期婚姻法近代化研究》，博士学位论文，中国政法大学，2005年，第20页。

向现代化转型的最初尝试,第一次在法律形式上打破了中华法系固有立法传统,首次制定了基本符合中国国情又兼采西方法律理念和技术的民法典;且其曾在民国时期被援引适用,故对后世的民事立法有较大影响。其中,婚姻家庭法条款草案同样对后世的婚姻家庭立法产生了不可低估的影响。

(一) 个人权利的启蒙教育

"晚清制定民法的过程,也使得人们在法观念上受到一次实际的启蒙教育。"在长期封建专制统治下,重公权,轻私权,国人缺乏私权观念,尤其是在利用法律维护个人权益方面,官府设置了种种障碍。"通过制定民法,用统一的民法典的形式来保护私权,无疑提高了广大民众的权利意识。"①

(二) 为婚姻家庭法的近代化奠定了初步基础

《大清民律草案·亲属编》,虽然没成为正式法案,但其作为全面改革婚姻家庭法的第一次尝试,为后世婚姻家庭立法奠定了基础。特别是其"注重世界最普遍之法则"和"求最适于中国民情之法则"的立法宗旨,对中华民国时期婚姻家庭及亲属法的制定,产生了直接影响。②

有学者评价甚高。称《大清民律草案》"为中国婚姻法律的近代化奠定了初步基础,成为其后民国初期'第二次民草'亲属编形成与发展的条件",③成为民国时期制定婚姻家庭法的参考模板,还有称之"奠定了后来民国时期民法亲属篇的立法基础"。④

国民政府初期曾援用清末、北洋政府与广州军政府的法律。1927年8月12日,国民政府令"暂准援用从前施行之实体法、诉讼法及其他一切法令",宣布凡从前施行之各种实体法、程序法及其他切法令,除与中国国民党党纲、主义或与国民政府法令抵触者外,一律暂准援用。

(三) 确立了继受大陆法系的法制之路

这次立法活动,确立了继受大陆法系法制之路,使中国法制纳入大陆法

---

① 张晋藩主编:《中国民法通史》,福建人民出版社2003年版,绪论,第24页。
② 周子良、李锋:《中国近现代亲属法的历史考察及其当代启示》,《山西大学学报》(哲学社会科学版) 2005年第6期,转引自法制现代化网:http://www.modernlaw.cn/1/6/11-18/3226.html,访问时间:2012年8月23日。
③ 肖爱树:《20世纪中国婚姻制度研究》,知识产权出版社2005年版,第101页。
④ 郑永福、吕美颐:《中国妇女通史·民国卷》,杭州出版社2010年版,第236页。

体系之中。首先，这次民法典草案，"大陆法系民法尤其是德国民法的编纂体例及法律概念、原则、制度和理论被引入中国，对现代中国的民事立法和民法理论产生了深远的影响"。[①] 其次，它打破了延续几千年的中华法系传统，开创了中国民法现代化之路。这次立法，抛弃了几千年的诸法合体、重刑轻民的传统；由于西方法制的影响，"使民事法律取得独立的地位并成为主要的决定性的法律渊源"。[②] 最后，催生了中国近代的法律教义与法学研究。[③]

[①] 梁慧星：《民法总论》，法律出版社2007年版，第19页。
[②] 余能斌、李国庆：《中国民法法典化之索源与前瞻》，《法学评论》1995年第1期。
[③] 参见张玉敏主编《新中国民法典起草五十年回顾与展望》，法律出版社2010年版，第11页。

第五章
1926年《民国民律草案》中的亲属法

中华民国成立后，从袁世凯于1912年3月10日在北京宣告成立中华民国北京政府至1928年6月北京政府最后一届内阁垮台，共计17年时间，史称北洋政府时期。[①] 北洋政府承袭清朝的民事法律，使之继续被援用，史称民事有效部分。1925年起草完成《民国民律草案》，世称"民初民律草案"，其中包含亲属编。该亲属法草案，无论是立法形式还是内容，均与《大清民律草案》中的相应条款相近，这说明，清末已启动的婚姻家庭立法现代化在继续而未中断。由于发生北京政变，国会被解散，该草案未能正式通过及颁布。[②] 1926年11月，当时政府司法部通令各级法院将该草案作为条例援用，故该《民国民律草案》实际上起到了统一民事司法的作用。故该草案及其亲属立法对当时司法及其后民事立法都有较大影响。

第一节 制定经过和立法背景

北洋政府执政之始，法律机关起草民国法律是当务之急。但是，立法需

[①] 因为中华民国北京政府的总统、总理基本上是由原来的北洋军人或官僚担任，政权把持在北洋军阀手中，故也称北洋军阀统治时期。

[②] 辛亥革命成功后民国建立，对于立法的影响，在思想上或政策上，最明显者实为立法机构及立法程序的革新。而清末立宪运动对此贡献甚多，因彼时设资政院为中央议会的基础，设有咨询局为地方议会的基础。到中华民国临时政府成立，元年即设参议院，才有两院制的国会。凡立法均应经国会通过。1925年（民国十四年）7月1日，国民政府成立；1928年（民国十七年）设立五院，立法院是其中之一。由此，立法蓬勃发展，民事法律法规次第修订颁行，形成中国近代立法第一个高潮。参见潘维和《中国近代民法史》，（台北）汉林出版社1982年版，第86页。

要时日。1912年3月间，北洋政府司法部曾提请临时大总统咨由参议院认可援用《大清民律草案》。4月3日民国参议院议决："民律草案，前清时并未宣布，无从援用。嗣后凡关民事案件，应仍照前清现行律中规定各条办理。"① 1914年，大理院也通过判例明确表示，"民国民法法典尚未颁布，前清之现行律，除制裁部分及与国体有抵触者外，当然继续有效。至前清现行刑律，虽名为现行刑律，而除刑事部分外，关于民商事之规定，仍属不少。自不能以名称为刑律之故，即误会其为已废"。②

一 起草经过

中华民国成立后，设法典编纂会，草订民法、商法、民刑事诉讼法。1914年（民国三年）2月，政府撤法典编纂会，设立法律编查会，隶属司法部。1915年，法律编查会将《大清民律草案》中"存在问题最大的亲属编重加修订"，③ 编就民律亲属编草案，共七章。在该亲属法草案中，章目大致与大清民律草案的亲属法草案相同，唯将第一章总则改为"通则"，第二章家制只设立总则一节，第五章第一节未成年人之监护区分三款，即监护之成立、监护之职务、监护之终止，并增设第三节保佐。

1918年（民国七年）7月，政府设修订法律馆。1921年10月，华盛顿会议举行，中国代表提出收回领事裁判权之要求；大会决议由各国派员来华调查司法后再做决定。中国政府遂责成司法部赶速进行司法应行改良各事，并饬修订法律馆积极编纂民刑各法典。该馆"详参前清民律草案，调查各省民商事习惯，并参照各国最新立法例"，④ 于1926年完成民律草案起草。这是中国第二次民法草案，亦称"民初民律草案"。⑤ 该草案句括总则、债、

---

① 转引自张晋藩主编《中国民法通史》，福建人民出版社2003年版，第1148页。
② 大理院判例上字第308号。
③ 张晋藩主编：《中国民法通史》，福建人民出版社2003年版，第1149页。
④ 谢振民编著：《中华民国立法史》（下册），张知本校订，中国政法大学出版社2000年版，第747页。
⑤ 潘维和：《中国近代民法史》，（台北）汉林出版社1982年版，第86页。

物权、亲属、继承共五编。[①] 其中，亲属编由高种总纂，共七章343条，依次为总则、家制、婚姻、亲子、监护、亲属会、扶养。

然而，适值政变，法统废弃，国会迄未恢复，此草案未能经立法机关决议，自然未经行政机关公布，故不是正式民法典法案。

二 立法背景：西方民法学及民法法典化运动的影响

在那个时期的工业化国家中，民法不仅为法治国家所必备，而且法典化民法是在欧洲大陆最普遍流行的完善的法律形式。[②] 自从1804年法国颁布民法典开始，至20世纪初，工业化国家相继制定、颁布并实施其民法典。亚洲的日本也于1898年颁布实施民法典。

中国社会在急剧转型时期，为革新固有法律，创制一个既能够满足社会急速变迁的需求，又能应付各国调查团来华调查的法律体系，初步了解了西方国家法律发展经验的中国法律家，"无不主张采用民法法典化的方式来实现民事法律的现代化"。[③]

当时的法律家把日本民法作为学习的重点。一方面，中国与日本文化相近，语言文字相通；另一方面，日本民法继受了德国民法，立法技术已经成熟。

第二节 主要争议问题

一 家制存废之争

在中国，家制由来已久，主要以父系、父权、族外婚、长子继承为特征。[④] 中国传统社会是以男系血统为中心的宗法社会，强调男性血缘关系的延续和伦理秩序的建立。家本位之下，家庭单个成员不能成为独立的主体，

[①] 有文献将《大清民律草案》称为"第一次民律草案"，将1926年民国民律草案称为"第二次民律草案"或"民律二草"。然而，笔者以为，这种表述容易引起误解。因为，此前，1915年法律编查会就已试出一个民律草案了。

[②] 张晋藩主编：《中国民法通史》，福建人民出版社2003年版，第1146页。

[③] 同上书，第1145页。

[④] 陶希圣：《中国古代之氏族与家族》，《台湾中央大学法学院季刊》第1卷第3期，1931年印行。

家庭成员的独立人格被家制吸收。

家制存废，关乎社会基本构成单位是传统的以家庭为本位还是转向现代的以个人为本位。在宗法废除之后，家制存废问题，成为传统与现代之间博弈的焦点之一。

《大清民律草案》明确设定家制，"亲属法既采家属主义，不采个人主义"。其原因在于"以家属制度之社会，采用个人主义之法律，则可谓两背"；"在中国宜从家之实际组织上着眼，即从家长、家属之关系上着想，其系统上之关系"。

在这场争论中，传统观点占据了上风。1926年《民国民律草案亲属编》继续保留家制，规定与《大清民律草案》相同，并专设家产一节。草案起草说明书阐明设置家制的理由，是仿效《瑞士民法》。然而，"瑞士之家制，纯为家产而设，故不标题曰家，而曰家属的共同生活，家长之权义，仅及于家产而止。是即所谓家长者，即为管理家产之人，所谓家属者，即为对于家产应受家长处分之人"。[①] 家制之设定是以共同生活为本位，社会组织以家为单位。家制之下，家庭成员必然听命于家长，男性成员之间的平等都做不到，男女平等更缺乏制度支持。因而，也有批评称，该草案"欲恢复前清民法草案"。

在民国时期历次草案中，只有1926年草案设定家产内容，其他草案均无涉猎。

二 婚姻制度存废之争

"五四"运动时期，国人反对强制婚姻、主张婚姻自由的呼声日益高涨。部分人（特别是青年人）对于婚姻深感困惑：一方面，不满当时的婚姻制度，未婚的，害怕订婚；已订婚的，希望解除被迫订立的婚约；已婚的，试图离婚摆脱不幸婚姻。另一方面，迫于家庭压力、经济困难等而无法付诸行动。在讨论传统婚姻制度过程中，形成大致两派观点：革新派与废止派。

---

① 胡长清：《家制论》，《法律评论》1930年第367、368期。

(一) 革新派观点

认为传统婚姻制度虽然有很多弊端，但可以从多方面加以改革，使之新生。在中国传统婚姻制度下，绝大多数婚姻中没有爱情，一般人不知晓什么是爱情。但是，"五四"运动之后，大中城市青年渐渐认识到婚姻中不能没有爱情，诚如鲁迅所言"人之子醒了；他知道了人类间应有爱"；[①] 而年长者或社会保守势力却要维持以前的无爱婚姻，因此冲突不可避免。革新观点者全面批判包办婚姻的种种弊端。

1928年，英国医学博士T. H. 范·德·弗尔德（T. H. Vian De Velde）就表示，"婚姻——至少在人类文明中——经常是失败的，这一点几乎是不容置疑的。婚姻……在实际生活中，它却往往成了令人苦痛的地狱。……那么，是不是我们应废除婚姻？许多声音吵着嚷着要废除它，但他们并没有指明另一条更好的路来。……更有许许多多的人捍卫着……婚姻制度"，因为婚姻是社会组织中不可缺少的成员，对于儿童利益，婚姻更是绝对必要的，它为妇女所得到的爱和要求的爱提供了唯一庇护场所。"在婚姻中，人们可能会遭受许多苦难。没有婚姻，人类就会遭受更多的苦难。"[②]

按照这种观点，如果能够实行婚姻自由，由当事人本人选择配偶对象，配偶双方了解对方，并以爱为基础缔结一夫一妻的婚姻，婚姻的不幸和痛苦将大大减少。

(二) 废止派观点

对当时包办强迫、买卖婚姻制度及黑暗落后的专制家庭制度，深感失望乃至绝望，转而向往一种超越现实的生活；受无政府主义和绝对自由观点的影响，不承认任何法律约束，主张废除婚姻制度和家庭制度。

早在1912年，国内的无政府主义者就公开成立"心社""鸣鸣学舍"，对外标榜社会革命，对内宣称"本着绝对自由原则"建设"良心上的新道德"，主张不婚、不称族姓等。他们认为，从重男轻女到一夫一妻，由婚姻而来的夫妻、父子、家族、遗产制度、婚姻不可离异性，都是不自由、不平等的表现；人类进步"必自废绝婚姻制度实行恋爱自由"；希望中国超越西

[①] 鲁迅：《随感录四十》，《新青年》第6卷第1号。
[②] [英] T. H. 范·德·费尔德：《理想的婚姻》，吴真缔译，民族出版社1989年版，第3—4页。

方,一跃而达到"自由结合"阶段。①

其理由如下:

1. 婚姻制度是社会进化的障碍

这种观点提出,"家庭是万恶之源"和"进化的障碍"。认为有了家庭,才产生婚姻制度,必有夫妻关系;既有夫妻关系,便不免生出种种不平等,歧视妇女;有了婚姻制度,便有父子名分上的牵扯和家庭的压迫;强调若不废除婚姻制度,就没有光明和快乐的日子。②

2. 婚姻制度不适合自由人格

这种意见主张个人绝对自由,认为婚姻制度不适合自由的人格。按照这种观点,个人应是绝对自由之个体,不受政治、权力、宗教或者形式等束缚,认为即使以真正恋爱为基础的结婚,不仅由于恋爱持续之困难,而且特定人独占特定人的爱和性,使得个人因某种特定形式而不得不附属于他人,是不合理的,故到了废止婚姻制度、解散小家庭的时候。③

废除婚姻家庭的观点,主张男女恋爱自由,自由性交,儿童一律实行公育,财产归公,老人进公共养老院等。

显然,这种废除婚姻家庭的意见,与古希腊哲学家柏拉图④在著作《理想国》中阐述的设计一脉相承,不仅在当时的中国社会,就是在当代社会,仍不可能被多数人接受。

第三节 主要立法改革

与前两次草案相比较,本次民律草案亲属编虽仍坚持亲属立法传统,保留了家制及家长特权等,家族主义色彩明显,但是,具体内容仍有一定改革,在一定程度上承认个体意识自治、身份关系的平等性。

---

① 逸民:《辛亥革命后中国人婚姻家庭观念的变迁》,《中华文化论坛》2003年第1期,第87页。
② 参见施存统《废除婚姻制度》,转引自逸民《辛亥革命后中国人婚姻家庭观念的变迁》,《中华文化论坛》2003年第1期,第87页。
③ 同上。
④ 柏拉图(Plato, Πλτων),生卒时间约为公元前427年—前347年,是古希腊伟大的哲学家,也是全部西方哲学乃至整个西方文化最伟大的哲学家和思想家之一,他和老师苏格拉底、学生亚里士多德并称为古希腊三大哲学家。

一　实行婚姻自由

该《民国民律草案·亲属编》第 1107 条规定，"男女两情愿者得自由结婚"。这与以往亲属法草案总规定"结婚须得父母同意"相比较，更大程度上肯定和承认自由意志。"结婚是具有高度人身属性的法律行为，并且涉及个人的法律地位，所以结婚对人的能力有强制性的要求"。[①]

《民国民律草案·亲属编》第 1099 条规定："男未满十八岁，女未满十六岁者，不得成婚。"

二　基本确立了一夫一妻制

《民国民律草案·亲属编》第 1102 条规定："有配偶者，不得重婚。"这是直接否定传统法律中公开的一夫一妻多妾制。

三　赋予妻若干权利和对夫权实施一定限制

20 世纪 20 年代，妇女就业人数不断增加，男女平等的呼声日益高涨，妇女在法律上地位有所提高。相应地，在婚姻关系中，妻子被赋予工作权等多项权利，虽然丈夫仍对妻子享有支配权，但受到了某些明文限制。

（一）关于夫妻同居

《民国民律草案·亲属编》规定，"夫须使妻同居，妻有与夫同居之义务"（第 1119 条）；"关于同居有其他共同生活事务，由夫主持。但妻得陈述意见或以行为实行协助"。又规定，"前项前段情形如系夫滥用职权，至妻受有侮辱或损害之虞者，妻无遵从之义务"（第 1120 条）。立法首次干预"夫滥用职权"。

（二）关于日常家事代理权

草案第 1123 条规定，"妻于日常家务，视为夫之代理人。妻如滥用前项权利，或无行使权利能力时，夫得限制或撤销之"。但是，"前项权利之限制或撤销，妻如证明其为不当时，得呈请法院撤销之"。

[①] ［德］迪特尔·施瓦布：《德国家庭法》，王葆时译，法律出版社 2010 年版，第 44 页。

（三）妻子享有工作权

已婚妇女享有工作权。尽管妻子为一种或数种营业者，"得夫允许"，但是"在其营业范围内，对于一切营业事务，有自由处决之权。前项允许，夫得撤销或限制之。但其撤销或限制，不得与善意第三人对抗"（第1125条）。

四 改进夫妻财产制

该草案关于夫妻财产关系的规定，较之以往有所改善，妻子的法律地位有所提高。

（一）法定财产制

承认已婚妇女独立财产权，设立妻子特有财产制度，实行联合财产制。草案第1135条规定，"妻于成婚时所有之财产及成婚后所得之财产，为其特有财产"。

草案赋予妇女对其特有财产的处分权。"在夫管理期内，妻欲处分其特有财产，夫无正当理由不予允许，而妻能证明其处分为有利益者，无须经夫允许"（第1144条）。尽管已婚妇女享有的处分权还受到夫权约束，但这毕竟是由法律文件第一次明文肯定，是一个明显进步。特别是赋予已婚妇女遗嘱自由权，"妻不经夫允许，得自立遗嘱"（第1128条），这是此前的中国法律中从未有过的全新规则。

虽然对于妻子的特有财产，"夫有使用、收益之权"，但草案也明文限制丈夫的管理权、收益权，"夫于管理开始时，须即开具特有财产清册，交付于妻，并因妻之请求，有定期开具清册及随时报告管理情形之义务"（第1138条）。同时，要求"夫管理特有财产，负与自己事务同一注意之义务"（第1139条）。"夫以妻之名义借债，或让与特有财产，或以其特有财产供担保或增加重大负担者，须得妻之同意"（第1141条）。

（二）契约财产制

草案第1132条规定，"夫妇财产关系，于成婚后不得变更。但废止原定契约，改依法定财产制，或依法定原因管理人有变更者，不在此限。夫妇之一方，管理他之一方财产，如因管理失当或受破产宣示，显有足生损害之虞者，他之一方，得向法院请求准其自行管理"。

（三）财产清算

"在管理终止时，夫或其继承人，须即清算交代，将所管财产交还"（第1145条）。

五 采用寺院法亲等计算法

《民国民律草案·亲属编》采取了寺院法的亲等计算方法。其第1056条规定与《大清民律草案·亲属编》第1318条规定基本相同。

第四节 立法改革评点

虽然在《民国民律草案》完成之前，凡民事案件，民国准援引《大清现行律》中各条规定办理，看起来婚姻家庭法现代化进程，从《大清民律草案》退回到继续坚持固有法之立场，但是，《民国民律草案》有关婚姻家庭法规定表明，援引前清律只是无法可依时的一种权宜之计，已经开启的法律改革大幕并未撤下。应该说，民国民律草案在向现代化进发历程上，继续往前迈出了一步。

一 改革的价值取向

该草案的起草者们自认是代表着人类社会的发展要求变革亲属法，顺应世界潮流，吸收了欧陆近现代民法中自由、平等、权利等思想，对中国传统的法律制度实行大胆改造，力图反映当时先进价值观的追求，故在怎样平衡中国传统法律与世界潮流发展趋势问题上，煞费苦心。

该草案改变了包办买卖婚姻和早婚早育的陈规，确立了婚龄的限制标准和一定的婚姻自由精神。

二 对立法改革的存疑

《民国民律草案·亲属编》保留着明显的封建色彩。

（一）宗法性

该草案采用家属主义，而不采个人主义。为维护中国传统，在婚姻及亲子章之前，先规定家制。

采用中国传统男系宗法主义原则，依据法律传统的丧服图，将亲属区分为宗亲、夫妻、外亲及妻亲四种。

规定同宗不得结婚。

实行妻从夫姓。民国时期，聘娶婚仍是主要形式，男娶女嫁；妻因婚姻而入夫家，成为夫家的家属。亲属法草案规定妻冠夫姓，强调妻有冠夫姓的义务。由此，夫妻所生子女必然从父姓。

（二）男女不平等

草案虽然专款规定夫妻财产制，其内容较详密；夫妻未订立财产契约者，即适用法定财产制，但是，当时妇女尚无完全行为能力，也无财产继承权，夫妻财产制立法更像是一种姿态。

应该说，《民国民律草案》封建味甚浓，不是当时立法者订定不出"更先进"的法律草案，而是在于缺乏"去封建性"的社会事实基础。若立法者仅图一时之快意，不顾中国社会现实，强行草订更西化的法条，恐怕不是最糟，只会更糟！

三　对后世的影响

该民法草案亲属法关于家制的规定，较大程度上影响了1930年《中华民国民法·亲属编》相关立法。在1930年《中华民国民法·亲属编》中，设有家制专章规定。

第六章
1930年《民法亲属编》

1930年12月26日，南京国民政府公布《中华民国民法·亲属编》（简称《民法亲属编》）。这是中国第一部正式颁布并实施的单行婚姻家庭法，"在法律形式上实现了中国的婚姻家庭法从古代型到近现代型的转变"；[①] 它不仅在当时中国社会发展中起不可替代的作用，而且对后世产生了深刻影响，是中国婚姻家庭立法史上一个历史转折的标志，具有举足轻重的地位。该亲属编共七章，第一章通则，定义何谓亲属；第二章婚姻，规定结婚要件、婚后夫妻身份效力、夫妻财产制及离婚；第三章父母子女，将子女划分为婚生子女、非婚生子女和养子女，规定父母保护教养子女及管理子女财产的权利；第四章监护，分别规定对未成年人的监护和禁治产人的监护；第五章扶养，规定一定范围的亲属互负扶养义务；第六章家，规定家长家属之关系；第七章亲属会议，规定亲属会议的组成及召开办法。1931年1月24日，国民政府公布《民法亲属编施行法》共15条。

第一节　制定经过和立法背景

婚姻家庭立法，其价值取向和具体制度设计，取决于当时社会的政治结构、经济发展和文化认同等因素构成的社会大环境。关于《中华民国民法·亲属编》的立法背景及经过，可从"二十世纪二三十年代中国社会政治经济情况的变化""配合收回法权运动的需要""'五四'运动前后女子要求男

[①] 杨大文、龙翼飞主编：《婚姻家庭法学》，中国人民大学出版社2006年版，第35页。

女平等""制定新的亲属法是国民党党纲党章的要求"和"二十世纪二三十年代国际亲属法立法新趋势"五个方面给予阐析。

一 制定经过

1928年，南京国民政府决定制定民法法典。同年夏季，国民政府设立法制局，着手草订各重要法典。当时认为，以"民法总则、债权、物权各编，有民间习惯及历年法院判例，暂时尚足供司法者之运用，惟关于亲属、继承、习惯及判例皆因袭数千年宗法之遗迹，衡之世界潮流，既相背驰"，[①]也不符合当时执政的国民党的政纲，遂决定先行起草亲属法、继承法两编。燕树棠担任亲属法起草人，罗鼎负责起草继承法。历时5个月，亲属法草案完成，共七章计82条，继承法64条。与此前几次民律草案中亲属编相比，本次草案"不为传统因袭之观念所束缚"，[②] "承认男女平等、增进种族健康、奖励亲属互助而去其依赖性"三原则，最大革新是废除了家制。草案公布后，引起社会关注，其中选择个人主义本位是否妥当以及废除家制的利弊，引发较大争议。也有学者评价该草案"实为我国立法上之一大进步"。[③]然而，该草案未及呈请公布施行，法制局即奉命结束。

1928年12月，中央政治会议第168次会议决议民法总则编立法原则共19条，抄录如下：[④]

> 一、民法所未规定者，依习惯，无习惯或虽有习惯而法官认为不良者，依法理。原案无"或虽有习惯而法官认为不良者"十三字，审查案增入。（说明）法律无明文规定者从习惯，各国民法大都相同。所谓习惯者，专指善良之习惯而言，以补法律之所未规定者。但各国判例，法院承认习惯之效力有数条件，其中尤以合于情理者为最要。我国自民

[①] 谢振民编著：《中华民国立法史》（下册），张知本校订，中国政法大学出版社2000年版，第749页。
[②] 胡长清：《新亲属法草案之特色》，《法律评论》第7卷第3号。
[③] 谢振民：《中华民国立法史》，中国政法大学出版社2000年版，第753页。
[④] 转引自杨幼炯《近代中国立法史》，商务印书馆1936年版，第374—378页。

国成立以来，亦有此判例。兹为唤起法官注意起见，拟将此要件定为明文，故于原案无习惯三字之下增如上文。

二、民法各条应分别为两种类：（一）必须遵守之强制条文，（二）可遵守可不遵守之任意条文（同原案）。凡任意条文所规定之事项，如当事人另有契约或能证明另有习惯者得不依条文而依契约或习惯，但法官认为不良之习惯不适用之。凡任意条文于各本条明定之。原案第二项或习惯三字之下，无"但法官认为不良习惯不适用之"十四字，审查案增入。

三、失踪人，失踪满十年以上者，法院得为死亡之宣告。失踪人为七十岁以上者，得于失踪满五年后为死亡宣告。失踪人为遭特别灾难者，得于失踪满三年后为死亡宣告。

四、二人以上同时遇难而死，无证据足以证明其死亡之先后时，即推定其为同时死亡。

五、足二十岁为成年。

六、未满七岁之未成年人，无行为能力，七岁至二十岁为有限制行为能力人。

七、对于心神丧失及精神耗弱之人，法院得宣告禁治产。

八、姓名权受侵害者，被害人得请求法院禁止之。

九、同时不得有二处以上之住所。

十、外国法人之认可，依法律之规定。

十一、法律行为必须依方式者，宜定其方式，但种类不宜过多，所定方式不宜烦琐。

十二、法律行为虽依法定条件应认为有效者，如乘他人之危急或其他特定情形显失公平者，法院得撤销之。

十三、以侵害他人为主要目的而行使权利者，其权利之行使为不法。

十四、因避免不法侵害所为之行为，不得认为不法，但以不超越相当程度者为限。因避免紧急危险而损害或毁灭他人之物者，其行为不得认为不法，但以不超越相当程度者为限。

十五、为保护自己权利起见，对于他人之自由或财产施以相当制裁之行为，不得认为不法，但以舍此以外无他方法并事后即请求司法之援助者为限。

十六、享受权利之能力不得放弃。

十七、自由不得抛弃。契约上自由之限制，不得违背公共秩序或善良风化。

十八、不于法定期间行使权利者，其权利因时效而消灭。法定时效期限，不得以契约延长及减短之，并不得预先抛弃时效之利益。

十九、最长时效期限，拟定为十五年，定期结付之债权，拟定为五年，关于日常交易之债权，拟定为二年。

关于亲属、继承两编，时任立法院院长胡汉民、副院长林森以"因关系到国民党党纲及各地习惯甚大，非详加审慎，诚恐多所格，提请由中央政治会议制定原则"。嗣经中政会第 220 次会议讨论，并经决议交法律组审查。第 236 次会议决议亲属编立法原则，于 1930 年 7 月 26 日发交立法院遵照起草。该院民法起草委员会为慎重起见，特先商同院统计处制定调查表多种，发交各地征求习惯，复就前北京司法部之习惯调查报告书妥为整理，并将各种重要问题分别交付该会委员、顾问、编修等，比较各国法制详加研究。1930 年秋初始着手起草；同年冬，两法草案先后完成。亲属编七章计 171 条，于同年 12 月 3 日经该院第 120 次会议全部通过。呈由国民政府于同月 26 日公布，以 1931 年 5 月 5 日为施行日。1931 年 1 月 24 日公布亲属编施行法计 15 条，与亲属编同时施行。①

二　中国社会经济情况

婚姻家庭，作为亲属共同生活的团体，每每随政治、经济、宗教的各种条件之演变而改变。20 世纪初的中国，自然经济日益解体和民族资本主义的兴起，使得婚姻家庭法等民事立法具备了向近代转型的经济环境。

自明清以来，随着商品经济发展，已经萌芽的民族资本主义经济在外国资本和买办资本的夹缝中顽强生长，经济生活日益活跃，土地流转增多；各

---

① 杨幼炯：《近代中国立法史》，商务印书馆 1936 年版，第 374—380 页。

种经济交易主体的身份自由、平等要求日渐增长；雇工增多；自然经济开始动摇。新生的社会阶层要求建立新的法律制度，以实现或保护他们的不同利益。这就滋生出最具传统特色的婚姻家庭法向现代转型的内在动力。

三　妇女要求男女平等及家庭民主

受西方文化影响的知识群体，一方面，批判传统婚姻家庭制度及伦理观的不公平，另一方面，将欧美国家提倡男女平等和婚姻自由的经验引入中国，将西方女权主义思潮传入中国，呼吁在婚姻家庭领域引入男女平等观念。中国开始兴起女权运动。国人的婚姻观发生变化，为婚姻家庭立法引入男女平等、婚姻自主的价值观奠定了思想基础。

（一）男女平等的启蒙和接受

清末民初以来，西方文化首先对中国知识界产生了重要影响。早期"五四"新文化运动，在宣传民主、科学、平等、自由的同时，批判中国传统伦理，包括"三纲五常""三从四德"，揭露男女不平等、婚姻不自由的社会现实。这些新思想启蒙了当时的国人，特别是青年和妇女。

对封建婚姻家庭制度的批判，是女权运动的重要内容。婚姻问题的讨论开始成为社会关注的热点。有关妾制、新性道德、爱情定则的讨论，引起了社会广泛关注。胡适、鲁迅等人指出，千百年来维护男性特权的贞操观践踏女性的人格，漠视女性的生命，给妇女造成极大的精神惨苦和生活痛楚；而男性却可以纳妾、可以公然嫖妓，这是最不公平的事。"节烈这事是极难、极苦，不愿身受，然不利自他，无益社会国家，于人生将来又毫无意义的行为，现已失去了存在的生命和价值。"[①] 在当时，这些反传统的新观点有振聋发聩的功效。国人逐渐接受了婚姻家庭领域的民主观，深信婚姻自由和民主是一条线上的，在民主之下的婚制一定是自由的[②]。

受新思想、新文化的影响，平等自由的婚恋观已为国人所接受。根据陈利兰的《中国女子对于婚姻的态度之研究》，肯定男女平等的，占受访总数

[①] 参见胡适《贞操问题》，《新青年》第 5 卷第 1 号；鲁迅《我之节观》，《新青年》第 5 卷第 2 号。

[②] 陆秋心：《婚姻自由和德谟克拉西》，《新妇女》第 2 卷第 6 期。

的98%；反对男女平等的，仅占2%。① 未婚的青年学生，大多数主张自由结婚制，男学生都认可妻子可以在社会上服务，主张女子教育不单是培养贤妻良母，也要以造就健康国民为目的。② 这就为亲属立法以男女平等、婚姻自由为基本原则奠定了社会思想基础。

（二）执政党党纲之男女平等要求

男女平等是时任执政党国民党党纲的基本要求。1924年4月，国民党第一次全国代表大会发布宣言，包括国民党党纲。其中，对内政策第12条宣称，"于法律上、经济上、教育上、社会上确认男女平等之原则，助进女权之发展"。由此，正式确立了男女平等原则。③

1926年1月，国民党第二次全国代表大会通过《妇女运动决议案》，特别提出在法律和行政两方面实行下列原则，改革传统婚姻家庭制度："一、制定男女平等的法律。二、规定女子有财产权和继承权。三、严禁买卖人口，保护女性和儿童。四、反对多妻制和童养媳。根据结婚离婚绝对自由的原则，制订婚姻法，保护被压迫而逃婚的妇女，对再婚妇女不得蔑视，反对司法机关作出男女不平等的判决。五、根据同工同酬、保护女性及儿童的原则，制定妇女劳动法。"④ 由此，立法理当贯彻执政党党纲要求。

1927年2月，武汉国民政府司法部根据国民党中央执行委员会、国民政府委员会临时联席会议第16次会议决议，专门发布了有关继承权的公告："财产继承权应以亲生子女及夫妇为限"，子女中，女儿的地位与儿子相同。⑤ 性别平等作为法律原则和行政原则，在当时中国社会是具有革命性意义的。

四　外来法律文化影响及婚姻家庭立法的国际新趋势

立法移植外国立法经验，究竟是兼采大陆法、英美法两派之长，还是仿

---

① 李文海主编：《民国时期社会调查丛编》（乡村社会卷），福建教育出版社2005年版，第224—225页。转引自许莉《〈中华民国民法·亲属编〉研究》，法律出版社2009年版，第51—52页。
② 参见陈鹤琴《学生婚姻问题之研究》，李文海主编《民国时期社会调查丛编》（乡村社会卷），福建教育出版社2005年版，第1—33页。
③ 参见张生《中国近代民法法典化研究》，中国政法大学出版社2004年版，第200页。
④ 参见汪玢玲《中国婚姻史》，上海人民出版社2001年版，第422页。
⑤ 同上。

效德日立法为主？虽有争论，但最终以采用欧洲大陆法系的思想、立法技术为主。

(一) 西方法律文化影响

一方面，欧陆国家是法典化的制定法体例，方便外国立法者在较短时间内学习、仿效。而英美法以判例法为主，体系庞杂、零散，内容分散，对于外国立法而言，仅仅学习了解就难度很大。故清末变法修律，就确定以学习欧陆国家特别是德国法为主的路径。另一方面，中国的邻国日本在近代以来借鉴德国法经验实施法律改革，经济发展，国家昌盛，是中国人身边的仿效西方的成功例子。因为地缘政治和近代中日两国特殊关系，使得"以夷制夷"的思想在国人中流行。因此，这次立法，主要是学习借鉴日本法、德国法相关制度和立法技术。

(二) 国际婚姻家庭立法新趋势

在20世纪之前，西方资产阶级法律，虽宣称人生而平等，但其婚姻家庭法中，仍是男女不平等，即男尊女卑。妇女虽被赋予权利，但是，妇女享有的权利明显少于男性；妻子的家庭地位低于丈夫，妻子的婚姻家庭权利少于丈夫。

20世纪初，工业化国家开始又一轮婚姻家庭法改革潮流，其最大特点是追求平等，男女平等、长幼平等。无论法国、英国，都实施一系列立法改革，削弱丈夫的权利，更多地赋予妇女权利。从法律上确立男女平等原则成为当时国际性潮流。

这种潮流影响到中国当时正在酝酿中的法律改革。这股婚姻家庭法的立法改革趋势，也是南京国民政府制定《民法亲属编》的"动因之一"。

五 立法原则

当时立法政策与立法精神，强调应以"三民主义为最高原则"。法典编纂，"以适应社会环境为第一要义，而环境之适合，又在立法者之能否以一贯的立法政策与精神为衡量，观察社会之环境，以决定人民对于法律之需要。否则，法典就仅仅是法典，与人民的生活没有任何密切的关系"。[①]

[①] 杨幼炯：《近代中国立法史》，商务印书馆1936年版，第372页。

"三民主义之立法精神，其目的在求整体民族、民权及民生问题之总解决。故三民主义之立法，可谓为谋解决整个民族、民权及民生问题而立法。其立法之根本精神，既迥异于我国往昔之法律思想，尤与欧美之法律观念有别。就我国方面言之，历代制礼立法，完全立于家族制度基础之上"。①"三民主义之立法，以整个社会为单位，认定社会之生存关系为连带关系，既不偏重于个人之自由，忽视社会全体之利益，又不能分化社会以任何阶级为单位。故三民主义之立法原则，实为社会进化之规则，而以生存之目的为基础。自古以来一切社会现象，皆为人类生存之状态，一切社会之关系，皆为人类生存之关系。社会生活，既演进不已，则生存状态亦继续推移，维持生存之条件既生变更，则要求生存之方式，亦不得不为之转换。然其生存方式之转换，实大有关于法律意义之确定"。"三民主义立法之主要精神，即在求整个社会之民族、民权、民生三大问题之总解决，以求适应人类社会之生存关系"。②"三民主义之立法精神，建立在权利与义务观念之上。当时之法律，乃权利本位之法律，权利义务之观念，完全为个人主义之产物。"③

　　综合而言，"三民主义之立法原则是，以社会共同福利为目标，以达到中国自由平等为效用，于畅遂民族生存、国民生计、社会生活、民众生命各种错杂关系中，而企图国民人格权、生存权、劳动权之确实保障。故第一方针应谋社会之安定，第二方针应谋经济事业之保养与发展，第三方针应求社会各种实际利益之调节平衡"。④

第二节　主要争议问题

　　当时，有关亲属立法争议集中在下列9个方面：亲属分类、夫妻及子女姓氏、亲属范围、成婚年龄、亲属通婚限制、夫妻财产制、妾之问题、家制是否应规定、家制本位问题。为此，当时执政的中国国民党中央政治会议第236次会议专门研究，并订定立法原则送交立法院，为立法争议问题定调。

---

① 杨幼炯：《近代中国立法史》，商务印书馆1936年版，第372页。
② 同上书，第373页。
③ 同上。
④ 同上书，第374页。

一 亲属分类

中国以往亲属组织，以宗法为中心，将亲属划分为宗亲、外亲和妻亲。清末及民国成立后的历次民律草案，仍"可谓因袭旧制"，仅增设夫妻为独立一种亲属类型，① 即将亲属区分为四类，依次为宗亲、外亲、妻亲和夫妻。1928年国民政府法制局起草的亲属继承法草案，推翻旧制，"仿一般通行之法例，以血统与婚姻二者定亲属之关系；即有血统关系者谓之血亲，由婚姻关系而生者，谓之姻亲"。②

此次立法，亲属应当如何分类始为合理呢？

（一）将亲属划分为血亲、姻亲

鉴于亲属的发生，是基于血统、婚姻两种原因，确定"亲属应分为配偶、血亲、姻亲三类"；血亲、姻亲进一步区分为直系、旁系。认为传统分类法"系渊源于宗法制度"，考虑到立法当时的情形，"有根本改革之必要"。③ 如此分类，不独出于自然，且与世界法制相合。④

既然亲属分类，改采新的分类及名称，"则其定义如何，自非以明文定之，不易明了"。所以，立法还专门规定对新的亲属名称给予了相应定义。

（二）不赞同血亲、姻亲之分类

这种观点认为，在我国社会中，多数人认同夫妻为至亲。赵凤喈认为，"法律为规定社会事实者。立法虽不能求其一一合于社会之实情，但亦不可徒务理论之脍炙人口，而离开社会以立法"。他批评"民法亲属之系统，而遂屏夫妻于亲属之外皮，诚属有悖于国情"。⑤

二 亲属范围及计算方法

人类亲属关系的发生，有血亲、姻亲的区别。最后决定，"亲属不规定

---

① 赵凤喈：《民法亲属编》，（台北）正中书局1970年第13版，第4页。
② 同上。
③ 中国国民党中央政治会议第236次会议通过《亲属法先决各点审查意见书》第一点，1930年7月23日送交立法院。转引自赵凤喈《民法亲属编》，（台北）正中书局1970年第13版，第245页。
④ 同上。
⑤ 赵凤喈：《民法亲属编》，（台北）正中书局1970年第13版，自序，第2页。

范围，而规定亲属之定义及亲等之计算方法"。①

（一）关于亲属范围

"血亲、姻亲之范围，原难确定。"② 以血亲而言，"由父母而祖，推而上之；由子女而孙，推而下之。既有血统相连，虽辈数辽远，谓之非亲属，不可得也。直系如此，旁系亦然"。③ 以姻亲而言，"其无确定之范围，犹如血亲"。④

法律所以要规定亲属范围，是因为亲属相互之间有时会发生法律上的关系。然而，这种法律关系不可能无限制，仅能规定适当亲属，才能相适用。"各种法律关系，其情形各有不同，即规定之范围，亦应随之而异。则虽强为概括之规定，而遇有特种法律关系，例如民事上之亲属禁止结婚、亲属间之扶养义务及继承权；刑事上之亲属加重及亲属免刑等类，仍以分别规定其范围，为合于实用。故亲属之范围，无庸概括规定……"⑤

（二）关于亲属计算

为了确定血亲、姻亲关系的远近，特别是有关法律关系的，有必要规定亲属关系的计算方法。从西方法律传统看，亲等计算方法有罗马法与寺院法之别。中国自《大清民律草案》以来，均采用寺院法计算亲等，系因"其与昔日宗亲服制图相对勘，凡五等服以内之宗亲，可以寺院法四亲等包举之而无遗，故自前清民律草案以迄最近各种草案，均以寺院法计算亲等"。⑥ 此次立法，应采何种方法为当，则争论较大。有人主张罗马法计算方法，有人赞成沿用寺院法计算方法。

罗马法的计算方法，直系亲从己身上下数，以一辈为一亲等。旁系亲从己身上数至同源之人，再由同源之人下数至所计算之亲属，以其总辈数为亲等之数。寺院法之计算方法，直系亲与罗马法同，但旁系亲则否。盖从己身

---

① 国民党中央政治会议第236次会议通过《亲属法先决各点审查意见书》第三点，1930年7月23日送交立法院。转引自赵凤喈《民法亲属编》，（台北）正中书局1970年第13版，第247页。

② 同上。

③ 同上。

④ 同上。

⑤ 同上。

⑥ 国民党中央政治会议第236次会议通过《亲属法先决各点审查意见书》第三点，1930年7月23日送交立法院。转引自赵凤喈《民法亲属编》附录，（台北）正中书局1970年第13版，第249页。

数至同源之人，再从所指之亲数至同源之人，其辈数相同者，以一方之辈数为定之，辈数不相同者，从其多者为定数。此旁系亲计算与罗马法相异。"世界各国用罗马法者居多。罗马法之计算，血统之远近定亲等之多寡，合于情理。寺院法源于欧西宗教遗规，其计算亲等，不尽依亲疏之比例，如两系辈数不同，从其多者定亲等之多寡，则辈数较少之系，往往不分尊卑，同一亲等，于理不合，……两相比较，自以依罗马法之计算为合理"。"今亲属分类既从根本上改革，分为血亲与姻亲两大别'已与所谓服制图者不生关系，自应择善从，改用罗马法"。①

三 关于夫妻及子女的姓氏

以往中国，夫妻合为一体，妻之人格为夫所吸收，谈不上姓氏权。夫在，妻固冠以夫姓；夫死，妻未再嫁的，仍冠以夫姓。此时立法，国民党主张以男女平等为信条，但"中政会议议定亲属法继承法原则时，关于夫妻子女间之姓名问题，大感困难"。② 先假定下列六项办法进行研究：③ 第一，夫妻均以协定之姓（夫姓、妻姓或第三姓）为姓，子女亦从之。第二，夫妻各用本姓，子女并用父母之姓。第三，夫妻各用本姓，子从父姓，女从母姓。第四，妻从夫姓，子女从父姓。第五，夫从妻姓，子女从母姓。第六，妻冠以夫姓，子女从父姓。

决策者经研究，认为前述规则均各有短长。前述第一、二、三项的优点是其符合男女平等的要旨，但是，各项均有其不足。按第一项，夫妻既有选择姓氏自由，子女结婚，亦同样享有此自由，"则其结果，恐有代易其姓之弊，则姓之所以为姓者仅矣"。按第二项，子女并用父母两姓，原无不可，然而子女的子女，"即有二字以上之字为姓，每递下一世，即增其字数，世无穷，而姓之字数增多亦无穷"，恐难实行。按照第三项，则兄弟姐妹各有其姓，"未免奇异"。如果按第四项，妻不保有本姓，专从夫姓，似有所偏

---

① 国民党中央政治会议第236次会议通过《亲属法先决各点审查意见书》第三点，1930年7月23日送交立法院。转引自赵凤喈《民法亲属编》附录，（台北）正中书局1970年第13版，第249页。
② 赵凤喈：《民法亲属编》，（台北）正中书局1970年第13版，第94页。
③ 国民政府立法院秘书处编：《立法专刊》第四辑，1931年1月，第5页。转引自赵凤喈《民法亲属编》，（台北）正中书局1970年第13版，第94页，注三九。

颇；第五项设计，也存在相等偏差，均不足取。按第六项，妻子得以保存本姓，丈夫不必改姓，实际执行容易。至于子女之姓，"因别无完善之办法，故拟仍从父姓"。夫入赘妻家后，冠以妻姓，所生子女从母姓。[①]

遂采折中办法，[②] 确定下列三个原则，送交立法院起草：第一，以妻冠夫姓，夫入妻家时冠妻姓为原则，但得设例外之规定。第二，子女从父姓。第三，赘婿之子女从母姓，但得设例外之规定。[③] 当时拟定者强调，在夫妻姓氏和子女姓氏上，欲求男女完全平等殊无圆满办法，"若关于姓氏，必使铢两悉称，殊属难能，惟法于可能范围内，企合于平等之旨而已"。[④]

四 成婚年龄

成婚年龄系指允许结婚的最低年龄限度；不达此最低年龄者，应绝对禁止其结婚。各国规定的成婚年龄，因为气候、风俗不同，相差较大。当时绝大多数国家，男性成婚年龄略高于女性。惟奥地利规定男女一律为14岁；苏联民法规定男女一律为18岁，结婚年龄似有追求平等之义。

"然男女身体之发达，有迟早之别，乃出于生理之自然，无取乎以人力强济之平"。折中各国制度，建议规定"男十八岁，女十六岁为成婚年龄"，符合"我国国情，亦尚适宜"。[⑤]

五 亲属通婚之限制

我国传统上，凡宗亲皆在禁止通婚之列，无所谓范围；但对于外亲、妻亲，禁婚亲的范围较窄。该次立法，禁婚亲范围究竟如何订定？

直系血亲禁止通婚，中外通例。直系姻亲是否禁止通婚？多数国家也是禁止通婚的，但当时的美国的几个州及苏联是例外。旁系血亲与旁系姻亲如何禁婚，各国禁止范围不同。与外国法相比，在我国旧律中，旁系亲禁婚范

---

① 谢振民编著：《中华民国立法史》，张知本校订，中国政法大学出版社2000年版，第780页。
② 赵凤喈：《民法亲属编》，（台北）正中书局1970年第13版，第94页。
③ 国民党中央政治会议第236次会议通过《亲属法先决各点审查意见书》，1930年7月23日送交立法院。转引自赵凤喈《民法亲属编》，（台北）正中书局1970年第13版，第245—246页。
④ 谢振民编著：《中华民国立法史》，张知本校订，中国政法大学出版社2000年版，第780页。
⑤ 国民党中央政治会议第236次会议通过《亲属法先决各点审查意见书》第四点，1930年7月23日送交立法院。转引自赵凤喈《民法亲属编》附录，（台北）正中书局1970年第13版，第249页。

围"甚为狭小"。① 酌情中外法制，立法者认为，应当"对于我国向不禁止者，仍不禁止"；"对于我国禁止过广者，缩小其范围"。② 例如，旁系血亲及旁系姻亲辈分不相同者，不问远近，均禁止通婚，但设置书面限制，以救济适当情形。并参照多数国家立法例，对姻亲通婚进行限制，在姻亲关系解除后，仍适用。此外，对于因其他原因而应当禁止通婚的，例如收养人与被收养人、监护人与被监护人等，也仿效外国法例，在其法律关系存续期间，禁止通婚；但法律关系终止后，不再禁婚。

最后，《亲属法先决各点审查意见书》第五点建议，下列亲属，不得相互通婚："一、直系血亲及其直系姻亲；二、旁系血亲及旁系姻亲之辈分不相同者；但旁系血亲在七亲等以外，旁系姻亲在五亲等以外者，不在此限。"③

六 夫妻财产制

我国旧律从无夫妻财产制，配偶之间更没有订立财产契约的事例。但是，近代以来，随着西方法律思想传入中国，法律上确立夫妻财产法律制度之思想逐渐发展。因此，亲属编是否应当订定夫妻财产制？哪些夫妻财产制度适合中国？各方意见不一。

（一）主张规定夫妻财产制的观点

这种观点主张，我国亲属立法"自当顺应潮流，确定数种制度，许其约定择用其一。其无约定者，则适用法定制度"。④ 各国民法关于夫妻财产制之规定，皆因其国情而异；种类不一……"规定甚详，标准不一"。⑤ 当时各国夫妻财产制立法，大致有下列五种类型：统一财产制、共同财产制、联合财产制、奁产制、分别财产制。考察了各种夫妻财产制的内容、特点及当

---

① 国民党中央政治会议第236次会议通过《亲属法先决各点审查意见书》第五点，1930年7月23日送交立法院。转引自赵凤喈《民法亲属编》附录，（台北）正中书局1970年第13版，第250页。
② 同上。
③ 同上。
④ 国民党中央政治会议第236次会议通过《亲属法先决各点审查意见书》第六点，1930年7月23日送交立法院。转引自赵凤喈《民法亲属编》附录，（台北）正中书局1970年第13版，第252页。
⑤ 同上。

时主要采用国家，立法者认为"各国采用某种制度时，往往参以别种制度"。① 经评估各种夫妻财产制后，认为凡财产制均"利弊互见"。立法当时最推崇《瑞士民法》对于夫妻财产制的规定。

1. 关于法定夫妻财产制

立法者认为，《瑞士民法》中的"联合财产制"，"既便于维持共同生活，复足以保护双方利权，折中得当；于我国情形，亦称适合，故拟采之，定为通常法定制"。遇有特定情形，可仿效《瑞士民法》等相关规定，将分别财产制定为非常法定财产制。例如，一方破产时，可参照《瑞士民法》第182条规定，当然改行分别财产制。如果夫妻中一人因债务被强制执行而不能清偿时，可参照《瑞士民法》第183条规定，法院因他一人之申请宣告改行分别财产制。②

2. 关于约定财产制

约定财产制，拟以下列三种为限：共同财产制、统一财产制、分别财产制。"约定财产制所以限于法定种类者，盖恐配偶间任其自由订约，漫无标准，则人各异其制，而第三人与之交易殊感困难，在社会上亦觉不便也。"③

关于夫妻财产制，在约定之后，婚姻关系存续期间，是否可以变更改用其他财产制呢？这一问题，似应加以规定。考察各国规定，有的禁止变更，有的允许变更，也有折中为有条件变更。《亲属法先决各点审查意见书》第六点建议，仿效瑞士、挪威、英国，"采用折中办法，许双方另订契约而加以相当条件"。④ 例如，须经法院许可；不得害及第三人之权利，等等，以免发生流弊。

（二）对夫妻财产制立法之异议

在中国旧律中，从无夫妻财产制规定，配偶之间，更无订立财产契约者。赵凤喈认为，中国地域辽阔，风土气候因南北而迥异，适合都市的法律，未必适合农村，能畅行于农村的，又未必适合都市。"夫妻财产制，即

---

① 国民党中央政治会议第236次会议通过《亲属法先决各点审查意见书》第六点，1930年7月23日送交立法院。转引自赵凤喈《民法亲属编》附录，（台北）正中书局1970年第13版，第254页。
② 同上书，第254—255页。
③ 同上书，第255页。
④ 同上。

使在中国都市中，亦罕有采行之者；而民法对此之规定则反复不厌其详，是亦有轻重倒置之嫌。"①批评夫妻财产制在当时中国社会"无大实用者"，在其撰写的亲属法教科书中，对此也"仅作一简单说明"。②

最后，肯定观点占据上风。中国国民党中央政治局委员会就《亲属法先决各点审查意见》第六点中向"立法院"提出夫妻财产制的立法原则如下：

> 各国民法关于夫妻财产制度规定甚详，标准殊不一致，我国旧律向无此规定，配偶之间亦未订有财产契约。近年来，人民之法律思想逐渐发达，自当顺应潮流，确定数种制度。③

七 妾之问题

当时社会上，纳妾之风仍然存在。纳妾的人也非个别。妾具有什么地位？亲属法是否应当规定妾之问题呢？如若立法不规定，妾所生子女之地位是否受到影响？

讨论结果，认为妾之制度，亟应废止。"法律不容承认其存在，其地位何如，无庸以法典及单行法特为规定。至其子女之地位，例如遗产继承问题及亲属结婚限制问题等，凡非婚生子女均与婚生子女同，已于各该问题分别规定，无须另行解决也"。④

八 是否应规定家制和家制之本位

家制是中国传统上的基本社会组织之一。但是，家制与家长权紧密相连，习惯上，注重家长权利，漠视家长义务，唯男子有为家长之资格。因此，家制明显不仅与个人主义原则不符，也有违男女平等原则。立法是否继承承认家制，有所争议。

---

① 赵凤喈：《民法亲属编》附录，（台北）正中书局1970年第13版，自序，第2页。
② 同上书，自序，第3页。
③ 转引自戴炎辉、戴东雄、戴瑀如《亲属法》，（台北）顺清文化事业有限公司（2007年修订版），第135页。
④ 国民党中央政治会议第236次会议通过《亲属法先决各点审查意见书》第七点，1930年7月23日送交立法院。转引自赵凤喈《民法亲属编》附录，（台北）正中书局1970年第13版，第255页。

关于家制之存废，孰得孰失？"学者之主张，亦意见纷歧，莫衷一是"。① 归纳起来，主要有三种立场：维持、废除、折中。主张维持家制的，以黄右昌为代表。主张采取个人主义观点的，以郁嶷、胡长清为代表。胡适等人则持折中观点，认为"吾国之弊，在姑妇妯娌之不能相安，又在于养成倚赖性。西方之弊，在家疏弃父母，两者皆非。执中之法在于妇婚后，即兴父母析居，而不远去时相往来，如金君之家是其例也"。②

争议家制是否保留，主要源于两方面：一方面，中国以往几千年来实行家制，且成为社会组织的基础，影响深远。故从清末变法以来，"历次民律草案间有鉴于国内固有之习惯，将家制特设规定，且侧重于家长之权力"。③然而，历史上的家制，始终与家长专制结合，不尊重家庭成员个体。受到西方个人主义影响后，年轻人对于传统家制多有抵触。另一方面，近代以来西欧列国，盛行个人主义，"其民法虽有亲属关系规定，而少有家制之明文；若瑞士、日本民法均规定家制，乃少数法例"。④ 是否保留家制，孰得孰失？故引发争论。

法制局亲属编草案采取个人本位，曾完全摒弃了家制。但是，国民党中央会议，综合各方意见，采纳维持家制的观点，最后决定，"家制应设专章规定之"。⑤ "我国家庭制度为数千年来社会组织之基础，一旦欲根本推翻之，恐窒疑难行，或影响社会太甚，在事实上似以保留此组织为宜；在法律上自应承认家制之存在……"

本次亲属法继续承认家制，但剔除了家制中不合时代的因素，以维持全家共同生活为目的，且在"以家人之共同生活为本位"⑥ 的前提下，强调家制的重点是设置家长的义务，"并明定家长不论性别"，兼顾社会心理及世

---

① 赵凤喈：《民法亲属编》，（台北）正中书局1970年第13版，第5页。
② 胡适：《藏晖室记卷六——一个模范家庭》，转引自赵凤喈《民法亲属编》，（台北）正中书局1970年第13版，第5页注四。
③ 赵凤喈：《民法亲属编》，（台北）正中书局1970年第13版，第5页。
④ 同上。
⑤ 国民党中央政治会议第236次会议通过《亲属法先决各点审查意见书》第八点，1930年7月23日送交立法院。转引自赵凤喈《民法亲属编》附录，（台北）正中书局1970年第13版，第256页。
⑥ 同上书，第257页。

界趋势。① 《亲属法先决各点审查意见书》第九点建议，"一、家制之规定，应以共同生活为本位，置重于家长之义务；二、家长不论性别"。②

第三节 主要立法改革

南京国民政府《中华民国民法·亲属编》改革中国婚姻家庭制度，在立法价值原则上确立男女平等原则，实行婚姻自主。贯彻这两个基本价值观上的革新，改造整个婚姻家庭制度，重大改革主要有：亲属组织改革、家制变更、确立男女平等原则、废除妾制；③ 其中"有若干推翻旧制之改革"。④ 事实上，亲属编的改革措施还涉及其他诸多方面。本节从确立男女平等原则、改革亲属分类、家制变更、"婚姻制度""夫妻关系"、父母子女关系等方面分析《民法亲属编》之变革，肯定南京国民政府在封建传统与西方先进立法精神对立的困境中所做的立法改革努力。

一 确立男女平等原则

一方面，重男轻女的习惯，由来已久；反映在法律上，男女之间待遇差别显著，历经数千年而不破。中国若不采取革命手段彻底改革，将难以达成平等目的。另一方面，人类进入近代社会，妇女解放，成为各国共通的问题。故当时执政的国民党对内政策确定男女平等原则。民事立法特别是亲属立法当然也期待予以贯彻。

为此，《民法总则编》将男女平等确定为原则。删除以往特别限制女子行为能力的所有条款，赋予妇女（不论婚否）对其个人财产的完全处分权；对于其他权利和义务，"亦不因男女而有轩轾"。⑤

《民法亲属编》贯彻男女平等原则。主要体现在下列4个方面：首先，

---

① 国民党中央政治会议第236次会议通过《亲属法先决各点审查意见书》第八点，1930年7月23日送交立法院。转引自赵凤喈《民法亲属编》附录，（台北）正中书局1970年第13版，第257页。
② 同上。
③ 赵凤喈：《民法亲属编》，（台北）正中书局1970年第13版，第4—6页。
④ 同上书，第4页。
⑤ 谢振民编著：《中华民国立法史》，张知本校订，中国政法大学出版社2000年版，第756页。

不限制已婚妇女的行为能力。以往法律规定妻为限制行为能力之人,此次立法对此予以否定。其次,结婚和离婚的条件上男女平等。旧律及历次草案关于离婚条件,均宽于夫而严于妻,此次亲属法则否。再次,亲权以父母共同行使为原则。历次草案关于亲权行使,均以父为先,仅父不能行使亲权时,始得由母亲行使之。此次亲属法赋予父母双方平等行使亲权的权利。最后,否定夫权。历次亲属法草案中,在一定限度内,仍承认夫权存在,此次亲属法则无夫权的明文规定。①

二 改革亲属关系的分类与计算

《民法亲属编》采用配偶、血亲、姻亲的亲属分类法。仿效各国通例,以血统关系及婚姻关系作为亲属分类的标准,体现男女平等。首先,凡有血统关系的亲属,概称血亲,不再有宗亲、外亲之区别。依此规定,父亲的父母是血亲,母亲的父母同为血亲,伯叔兄弟及其子孙为血亲,姑、姨及其子女同为血亲。其次,由婚姻所生的亲属,概称姻亲。姻亲进一步划分为下列三类:血亲的配偶;配偶的血亲;配偶的血亲之配偶。

这个改革亲属分类的立法小措施,对于已延续几千年来的将亲属分为宗亲、外亲、妻亲三类的中国社会而言,却可谓是一项大大的社会革命。有学者称之为"以和平方法从法制上为社会革命"。②

亲属计算,从历次民律草案采用寺院法计算法,改采罗马法亲等制,不规定亲属范围。

三 改革家制

当时立法欲革新宗法遗制,既不采取祭祀或身份(宗祧)继承,又不采用宗干及家长权制度,而以个人权利与义务的亲属关系为骨干。③ 但是,家族主义总是与个人独立人格精神相抵触,故家制是否应列入民法,在当时

---

① 谢振民编著:《中华民国立法史》,张知本校订,中国政法大学出版社2000年版,第794页。
② 赵凤喈:《民法亲属编》,(台北)正中书局1970年第13版,第5页。
③ 国民党中央政会议第236次会议权决于1930年7月23日送交立法院有关继承先决各点审查意见书。转引自戴东雄《论中国家制的现代化》,"中研院"《国际汉学会议论文集·民俗与文化组》,"中研院"1981年版,第149页。

曾引起立法与学说上的激烈争议。① 后来，《亲属法审查意见书》第八点决策决定，"我国家庭制度为数千年社会组织之基础，一旦欲根本推翻之，恐窒疑难行，或影响社会太甚，在事实上，似以保留此种制度为宜。在法律上自应承认家制之存在，并应设专章详定之"。② 不过，对家制实行了较大改革。

（一）重新定义"家"

对"家"的界定，立法上有形式主义与实质主义两种不同立法例。《日本民法》采用形式主义，规定：凡隶属于同一个户籍者，即谓之家。《瑞士民法典》采实质主义立法，规定：惟经营共同生活的亲属团体谓之家，是否同一户籍，再所不问。

此亲属法第六章"家"，仿效《瑞士民法典》，规定以永久共同生活为目的而同居之亲属团体，谓之家。其第1122条至第1128条作了系统规定。

（二）家长与家属

家，不论家属有无亲属关系，均是以永久同居为目的的共同生活体。家长与家属应互负扶养义务。家庭生活费用由家长负担，但其他家属也应按其资力补充负担家庭费用。

家设家长，家长由亲属团体推定；没有推定的，以家中最尊长者为之，尊卑相同者，以年长者为之；年长者或最长者不能或不愿管理家务时，由其指定家属一人代理。家长的职责是管理家务；但家长得委托家属管理一部分家务。此时，管理与其说是家长的权利，不如说是义务。"家长管理家务，应注意于家属全体之利益"（第1126条）。

家作为家属共同生活的组织，为维持其秩序，立法赋权家长单独或会同家属共同制定家规。《民法》第1128条规定，对于违反家规的家属，家长可以制裁，但制裁方法，如果家长不具有亲权人身份的，对家属无身体上的惩戒权，至多令已成年的或尚未成年而已结婚的家属由家分离。

---

① 赵凤喈：《民法亲属论》，会文堂新记，1946年，第4页。转引自戴东雄《论中国家制的现代化》，"中研院"《国际汉学会议论文集·民俗与文化组》，"中研院"1981年版，第149页。

② 国民党中央政党会议第236次会议权决于1930年7月23日送交立法院有关继承先决各点审查意见书。转引自戴东雄《论中国家制的现代化》，"中研院"《国际汉学会议论文集·民俗与文化组》，"中研院"1981年版，第149页。

原则上，家庭无公有财产存在。家属的财产归各自所有；家长对家属个人财产不享有任何权利。家属之间财产关系，基于彼此身份而发生，例如夫妻、父母与子女。

（三）家制的基本特点

民法亲属篇依此原则，设立家专章。与旧时的家制相比较，此时的家制已有了较大改变。具有下列三个特点：

（1）以个人主义为出发点。传统的家组织分化为家长与家属、夫与妻、父母与子女之间的关系，分别规定各自的权利与义务。

（2）在家长与家属关系中，家长以负担义务为出发点。家长的任务仅仅是维持家庭秩序，对家属不再享有惩戒权。财产归家属自己享有，不归属于家庭共有，且家长对家属的个人财产无管理、使用和收益权，唯父母对未成年子女的财产管理除外。

（3）设立家长时坚持男女平等，否定重男轻女传统。《亲属法审查意见》第九点表示，"我国习惯注重家长之权利，而漠视其义务。又唯男子有为家长之资格，而女子则无之，殊与现在情形不合，故于维持家制之中，置重于家长之义务，并明定家长不论性别，庶几社会心理及世界趋势两能兼顾"。[①] 只要受到家属推举，女性即能担当家长。

（四）设立亲属会议：实行家内民主，限制家长权

《亲属法》设"亲属会议"专章，明定"亲属会议"的组成及职责。亲属会议由5人组成，非有3人以上开会，非得半数者同意，不得做出决议。亲属会议成员组成，包括：直系血亲尊亲属、三亲等内旁系血亲尊亲属、四亲等内之同辈血亲。家属不服亲属会议决议的，可以在3个月内向法院提起申诉，家长也受亲属会议约束。

尽管亲属会议仍带有"宗亲会"特色，但是，其职责、形式等都已区别于以往由家长、族长主持的宗亲会。

[①] 国民党中央政党会议第236次会议权决于1930年7月23日送交立法院有关继承先决各点审查意见书。转引自戴东雄《论中国家制的现代化》，"中研院"《国际汉学会议论文集·民俗与文化组》，"中研院"1981年版，第150页。

四 实行婚姻自主

"1911年辛亥革命后,维新之士多信奉自由主义,倡导自主婚,都市人士尤争相率行。现代民法因时势之所趋,自不得不以明文承认自主婚。"[①] "结婚乃男女之契约行为,依法定条件而生夫妻之身份关系。"[②] 亲属编立法实行自主婚,与中国自周代以来盛行聘娶婚的旧制相比较,是一个巨大进步。

(一) 婚约由当事人自行订定

婚约,是指男女双方允许将来结婚的契约,其为婚姻的预约,而非正式的婚姻契约。参照《德国民法典》第1297—1302条、《瑞士民法典》第90—95条规定的内容和精神,《民法亲属编》第972—974条规定婚约,这些规定与中国旧制规范大有不同,故为革新。

1. 婚约应由男女当事人自行订定

婚约不仅以当事人合意为成立要件,而且强调婚约还须由当事人本人自行订定,不得由他人代理。这既是婚约的特性,与以往我国父母代订婚约之习俗相左。父母代订婚约不得生效。《亲属编施行法》第4条特别明示,在民法亲属编颁行之前由父母代为订立的婚约,亦属无效。不过,最高法院规定"为顾全社会上以往事实起见,父母代子女所订之婚约,子女成年后表示同意者,亦生拘束力"。[③]

2. 订婚当事人须达法定年龄

1930年《民法》第973条规定,"男未满十七岁,女未满十五岁者,不得订定婚约"。自从《民法亲属编》颁行之后,凡订婚当事人未达到法定订婚年龄的,即使事先征得法定代理人同意或者事后征得法定代理人承认,婚约均不能生效。

在旧制聘娶婚下,由父母主婚,当事人年龄无关紧要,故甚至有"指腹为婚"为胎儿订婚的。此事为现代思想所不能容忍。故订婚当事人年龄规定

[①] 赵凤喈:《民法亲属编》,(台北)正中书局1970年第13版,第56页。
[②] 同上书,第66页。
[③] 最高法院1932年上字第359号。

3. 未成年人订婚应征得法定代理人同意

此乃生效要件。未成年人订立的婚约，经其法定代理人承认，始生效力。

4. 婚约之效力

婚约不得向法院请求强制履行。当事人有正当理由，均可请求解除。因婚姻自由及债权人不得就债务人身体请求强制执行，为近代法之重大原则。此为借鉴《德国民法典》第1297条和《瑞士民法典》第91条。

但是，婚约当事人一方，无正当理由任意违反婚约的，对于另一方因此所受损害应承担赔偿责任。根据《民法》第978—979条规定，损害赔偿，既包括财产损害赔偿，也包括精神名誉损害赔偿。

（二）实行结婚自主

1. 关于结婚的实质条件

结婚实质条件中，除结婚合意，其余条件，无论明定结婚最低年龄还是限制近亲通婚，均有助于增进种族健康。[1]

（1）当事人须有结婚合意。婚姻成立须以男女当事人之合意为第一要件。因为"近代法例，视婚姻之缔结为契约关系"。[2]

（2）当事人须达法定年龄。1930年《民法》第980条规定，男满十八岁女满十六岁为结婚之最低年龄。这一年龄被认为，与"我国气候风土，颇为适当"。[3]

我国法制史上，结婚年龄自古以来，多有变迁。法律规定结婚年龄，既是使当事人具有自由表示意思的能力，又考虑到当事人身体健康状况能够承担婚姻生活之职。由于气候、民俗、营养等因素差异，各国法律对于结婚年龄规定不尽相同。我国近代大抵以男届十六岁、女届十四岁为定则。此次立法乃仿近代法例，并作一定折中予以规定。早婚习惯，应当力求废除。依该法定婚龄，娃娃亲、童养婚等早婚恶习，已不合法，故其对早婚习俗有一定

---

[1] 谢振民编著：《中华民国立法史》，张知本校订，中国政法大学出版社2000年版，第795页。
[2] 赵凤喈：《民法亲属编》，（台北）正中书局1970年第13版，第67页。
[3] 同上书，第69页。

抑制作用。

(3) 须非一定范围之亲属。1930年《民法》第983条规定,直系血亲不得相互结婚;旁系血亲,不问辈分是否相同,八亲等以内的,不得相互结婚,但表兄弟姐妹不在此限。直系姻亲不得为婚;旁系姻亲,辈分不相同的,五亲等内不得通婚;辈分相同的,不在禁止之列。

禁止一定范围的亲属之间通婚,是古今中外通例。近代以来,禁止近亲通婚之理由,一般公认有两方面:其一,根据优生学,血统相近者为婚,其子孙衰弱,甚至不育;其二,道德观念上,同居的亲属间如果有性关系,将不易维持家庭和平秩序。我国传统地将亲属间为婚视为禽兽。

(4) 非有配偶者。中国虽实行一夫一妻婚姻制度,但是,妻之外有妾,是一种非常特殊的现象。然而,按照男女平等原则,一男可有二女,一女却不得有二男,"是违背男女平等最显著之事实";① 而且有时,妾地位卑微,常受正妻虐待,故本次立法,废除了妾制。有配偶者,无论男女,均不得再婚。

(5) 非相奸者。为维持善良风俗,1930年《民法》第986条规定,"因奸经判决离发或受之宣告者,不得与相奸者结婚"。罗马法、我国旧律均曾禁止相奸者结婚,近代法例也多遵此旨而规定。故此条规定,被认为是"守中外之成规"。②

(6) 女子再婚应逾六个月期限。

(7) 非在监护关系存续中。

2. 结婚仪式

本次亲属立法对于结婚形式要件,采事实婚主义,即从习惯。③ 1930年《民法》第982条规定,结婚仪式构成有两个要素:一是公开仪式;二是二人以上证人。公开仪式,是指结婚仪式公开,一般非特定的人均可共见。④ 证人则是须当时在场亲证,并愿负证明责任之人。⑤

---

① 赵凤喈:《民法亲属编》,(台北)正中书局1970年第13版,第6页。
② 同上书,第75页。
③ 谢振民编著:《中华民国立法史》,中国政法大学出版社2000年版,第799页。
④ 司法院1933年2月18日院字第859号。
⑤ 司法院1937年7月24日院字第1702号。

3. 违法行为之制裁

当事人结婚，欠缺法定任一条件或者违背法定限制，将受到民法或刑法上的制裁。民法上的制裁，根据1930年《民法》第988条规定，适用婚姻撤销或无效。刑法上的制裁，包括重婚处罚、欺诈缔结无效或可撤销婚姻之处罚。

(三) 实行离婚自由

中国自古有离婚制度，但是，离婚几乎是丈夫的专权。加之，以往有纳妾之制，调剂配偶之间失和，家族亲情往往阻止夫妻离异，故在一般社会中，离婚之事不多见。[①] 然而，1911年辛亥革命之后，受西方个人主义影响，家族主义渐趋崩溃，离婚案件渐增。[②] 如果对离婚限制过多，恐引发夫妻之间更严重的冲突；如果离婚过于自由，则社会家庭将无安宁之日。为化解夫妻严重矛盾，保障子女健康，力求避免发生严重家庭悲剧，法律设定离婚制度实行调控。

表1　　　　　　　　　　　全国婚姻争议案件

年度	婚姻关系案件受理数（件）	离婚案件结案数（件）
1934	—	565
1935	5184	791
1936	6216	774

资料来源：司法行政部编：《1936年司法统计》（下册），第106页。转引自赵凤喈《民法亲属编》，（台北）正中书局1970年4月第13版，第106页表一。

1. 解除婚姻的程序与方式：两愿离婚和裁判离婚

立法同时允许两愿离婚和裁判离婚两种方式。

（1）两愿离婚。这是夫妻双方自愿解除婚姻关系的行为。这类离婚，因法律不规定导致离婚的原因，故也称无因离婚。两愿离婚是中国传统的离婚方式之一。我国历史上早有此制，主要基于家丑不可外扬等观念。但其

[①] 赵凤喈：《民法亲属编》，（台北）正中书局1970年第13版，第105—106页。

[②] 同上书，第106页。

"与近代限制离婚原则不符，既有使婚姻易于解除之嫌，又易生诈欺之弊"，[1] 故当时德国、英国、美国皆未采用。不过，日本、比利时、苏联民法都有两愿离婚规定。此次立法，仍存此制。

两愿离婚系要式行为。根据1930年《民法》第1050条规定，两愿离婚须具备下列形式要件：第一，须以书面方式为之。第二，须有二人以上证人的证明。该二人以上证人，须在当事人离婚文书上签名。

（2）裁判离婚。亦称限制离婚、有因离婚，是指婚姻当事人一方根据法定事由，向法院请求宣告准许其解除与配偶之间夫妻关系。《民法亲属编》关于裁判离婚理由的规定，采纳有责主义离婚观，夫妻一方有法定过错之一，他方始有权向法院请求离婚；立法技术以列举主义为要。[2]

关于法定离婚事由。1930年《民法》第1052条将离婚事由规定为下列10种情形：第一，重婚。第二，通奸。第三，虐待。第四，妻虐待夫之直系尊亲属或者受夫之直系尊亲属虐待致不堪共同生活。第五，夫妻一方以恶意遗弃他方在继续状态中。第六，意图杀害。第七，有不治之恶疾。第八，有重大不治之精神病。第九，生死不明已达三年。第十，被处三年以上徒刑或因犯不名誉罪被处徒刑。很显然，前述离婚事由均涉及过错。法律限定夫妻一方以他方有下列情形之一者为限而有权向法院请求离婚。

关于离婚请求权的限制。当事人行使离婚请求权，既受前述法定事由限制，又受法定除斥条款限制。凡具有下列情形之一的，当事人不得请求离婚；执意请求离婚的，法院可径行予以驳回：第一，有请求权者事前同意或事后宥恕的。第二，已经过一定期限的。

2. 离婚的法律后果

离婚的主要法律后果是夫妻关系终止。此外，还涉及子女监护、赡养费给付、离婚损害赔偿以及原有财产取回。

（1）子女监护。确定监护人，以当事人有约定为先，无约定则从法定。

---

[1] 赵凤喈：《民法亲属编》，（台北）正中书局1970年第13版，第109页。

[2] 当时，英国法采用列举规定离婚事由；美国各州情形不一。大陆法系的法国、日本民法采用列举规定；德国、瑞士民法则兼采列举与例示相结合之方式规定。

两愿离婚后,子女的监护人由父担任。判决离婚的,亦然;但是,法院有权基于子女利益考虑而酌定监护人。

(2)赡养费给付。《民法亲属编》引入离婚赡养费给付制,夫妻无过失一方,"因判决离婚而陷于生活困难的,他方纵无过失,亦应给予相当之赡养费"(第1057条)。这种离婚救济的思想和制度,是以往中国传统婚姻法中完全不曾有过的。

(3)离婚损害赔偿。基于对过错行为的惩罚和抚慰无过失一方的需要,立法引入了离婚损害赔偿制度。"夫妻之一方因判决离婚而受损害者,得向过失之他方请求损害赔偿。前项情形,虽非财产上之损害,受害人亦得请求赔偿相当之金额。但以受害人无过失者为限。前项请求权,不得让与或继承。但已依契约承诺者,或已起诉者,不在此限。"(第1056条)

(4)取回原有财产。夫妻离婚时,无论其原采用何种夫妻财产制,各取回其固有财产,如有短少,由夫负担,但其短少系由非可归责于夫之事由而生者,不在此限(第1058条)。

五 废除妾制

本次立法在婚姻制度上的最大改革有两项:一是废除妾制;二是实行自主婚。废除纳妾,对于改变婚姻传统的影响是巨大、深远的。

六 改革夫妻人身关系

(一)赋予夫妻协商确定姓氏之权

以往妻无姓氏权。此次立法,受男女平等原则影响,1930年《民法》第1000条规定,"妻以其本姓冠以夫姓,赘夫以其本姓冠以妻姓;但当事人另有订定者,不在此限"。换言之,法律没有强制已婚妇女从夫姓,当事人可以协商确定姓氏。不过,显然,夫妻姓氏立法仍更多受到传统习惯影响。

(二)夫妻互负同居义务

夫妻原则上有同居义务,且明定互负义务,以示夫妻平等。1930年《民法》第1001条规定,"夫妻互负同居义务;但有不能同居之正当理由者,不在此限"。不能同居的正当理由,按照大理院判例确认,包括夫无住所、有不堪同居之事实。① 后来司法院解释，正当理由还包括民法施行后的纳妾行为。② 当事人双方协议暂时分居、因特殊情形一时不能同居，也属正当情形。

夫妻一方无正当理由而拒不履行同居义务的，另一方当事人也不得请求强制执行，但此情形构成离婚理由。

（三）明定妻以夫之住所为住所

1930年《民法》第1002条规定，"妻以夫之住所为住所，赘夫以妻之住所为住所"。有学者评论认为，这条显示"夫妻各有住所决定权"。③ 笔者却以为，该条规定仍是以尊重男娶女嫁传统为多，没有体现出男女平等之价值。按照婚姻传统，嫁夫随夫，已婚妇女入住夫家；若家无男丁，妇女招赘结婚，丈夫入住妻家。这条立法只是将既往传统实践做法书面化、法律化。

（四）夫妻互为代理人

立法明定夫妻互为代理人，不仅是承认妻有完全民事行为能力，而且意味着在与第三人交往中，夫妻地位平等。这既方便家庭日常生活管理，又有利于提升妇女地位。

但是，也有学者批评该条表意不清，或者没有设立之必要。④

（五）夫妻的户籍

《户籍法》第4条第1项规定，"妻以夫之本籍为本籍，赘夫以妻之本籍为本籍"。"本籍，即普通所称之籍贯，以示某人属于某地域。"⑤

（六）夫妻的国籍

根据1914年《国籍法》第12条规定，中国妇女与外国人结婚，并依法取得夫之国籍的，即丧失中国国籍。

（七）关于妻之行为能力及侵权责任

《中华民国民法》倡导男女平等，"妻不在限制行为能力之人之列，故妻应有完全行为能力，如其处分特有财产，或分别财产，毫不受夫权之限

---

① 大理院判例，1920年上字第59号。
② 司法院解释1932年6月10日院字第770号。
③ 赵凤喈：《民法亲属编》，（台北）正中书局1970年第13版，第96页。
④ 同上书，第96—97页。
⑤ 同上书，第97页。

制；即关于此项财产之诉讼行为，亦得独立为之，无须得夫之允许"。① 作为完全民事行为能力之人，又有财产，其所为之侵权行为，应由妻自负赔偿之责。"由妻之财产供付赔偿费用。不过，夫妻如采共同财产制，妻之财产不足付赔偿时，其余额将由夫之财产支付；如采其他财产制时，妻之财产纵不足赔偿，夫亦可不负担责任。"②

七　夫妻财产制

受个人人格独立、男女平等观念的影响，《民法亲属编》参酌德国、瑞士等多国立法例，在中国立法史上第一次设定夫妻财产制，"以提高妻之地位"。③ 根据1930年《民法》第1016条、第1031条、第1042条及第1044条，以联合财产制为法定夫妻财产制，并设定约定财产制，以统一财产制、共同财产制、分别财产制供当事人选择。按照1930年《民法》第1005条规定，"夫妻未以契约订定财产制，则以法定财产制为夫妻财产制"。当事人约定财产制，须采用契约形式订定。"在四种财产制中，以适用法定财产制之夫妻为最多，因而也最为重要。"④

（一）法定财产制：联合财产制

按照联合财产制，除妻保留因劳力所得之特有财产外，夫妻于结婚前及婚姻关系存续中所得之财产皆属联合财产。唯妻就其原有财产，仍保有其所有权。"联合财产之管理、使用和收益皆属夫妻，妻不得过问；家庭费用由夫负担为原则也。妻就代理日常家务范围内，有处分联合财产权；夫如得妻同意，可处分妻之原有财产；如为管理上之必要，不得其同意亦可为之。"⑤

在联合财产制下，夫妻财产的所有权自始分离，唯以妻之原有财产与夫之财产共同组成联合财产，以其对外为婚姻生活中的经济活动。"所谓财产分离的原则，即夫妻不但各保有其结婚时之财产所有权，而且在婚姻存续中

---

① 赵凤喈：《民法亲属编》，（台北）正中书局1970年第13版，第102页。
② 同上。
③ 戴炎辉、戴东雄、戴瑀如：《亲属法》，（台北）顺清文化事业有限公司2009年版，第13页。
④ 戴东雄：《论中国家制的现代化》，"中研院"《国际汉学会议论文集·民俗与文化组》，"中研院" 1981年版，第166页。
⑤ 赵凤喈：《民法亲属编》，（台北）正中书局1970年第13版，第98—99页。

所取得之财产，亦各自分离。唯妻之财产分为原有财产与特有财产。特有财产由妻个人管理使用、收益及处分，不受夫之干涉。惟妻之原有财产与夫之一切财产组成联合财产，而由夫管理、使用、收益，且于管理上之必要时，得加以处分"[1] 妻的原有财产是指妻在结婚时所拥有的财产，以及在婚姻关系存续期间，妻因继承或其他无偿取得之财产。

该项财产制，"便利于夫者多，便利于妻者少"。[2] 妻仅在婚姻关系存续中，可请求分割或另以约定财产制替代。

配合联合财产制，设立特有财产制，允许夫妻对某些特定项目财物自始至终享有所有的权利。根据《中华民国民法》第1013条，下列财产为特有财产：专供夫或妻个人使用之物；夫或妻职业上所必需之物；夫或妻所受之赠物经赠与声明为其持有财产的；妻因劳力所得的报酬。夫妻还可以契约方式订定一定财产为特有财产（第1014条）。

（二）约定财产制

夫妻在结婚时或者结婚后，可以契约方式订立财产。约定财产制有3种类型可供选用，即共同财产制、统一财产制和分别财产制。1930年《民法》第1007条、第1008条规定，夫妻财产契约，系要式行为，须以文书为之；且财产契约之订定或变更，非经登记，不能对抗第三人。

1. 共同财产制

根据1930年《民法》第1031条规定，夫妻共同财产制，是指夫妻的财产及所得，除特有财产外，皆属于夫妻共同所有。

共同财产制不同于前述法定财产制，主要有两方面：其一，夫妻无所谓应有部分，将来分割时，各得共有财产的一半。其二，夫妻双方处分权平等，一方处分财产时，须得他方同意，方可为之。唯管理权仍属于夫，家庭生活费用由共同财产承担。赵凤喈认为，此项财产制对于结婚时财产较多一方不利。[3]

2. 统一财产制

除妻的特有财产外，将妻的财产估定价值，移转所有权归夫所有，妻仅

---

[1] 戴东雄：《论中国家制的现代化》，"中研院"《国际汉学会议论文集·民俗与文化组》，"中研院" 1981年版，第166页。

[2] 赵凤喈：《民法亲属编》，（台北）正中书局1970年第13版，第99页。

[3] 同上。

保留其估定价值的返还请求权。其余均与法定财产制相同。

这种财产制有下列两方面弊端：其一，在于"估价之困难，且价格因时而异，估价时之价格较返还时为低，夫固可得额外利益，返之，夫将受损害。其二，妻之财产所有权移属于夫，则一切不可抗力之损害概由夫任之，是夫又冒一种不测之危险。万一夫告破产，而妻之财产亦落空矣"。①

3. 分别财产制

分别财产制是指夫妻各保有其财产所有权、管理权及使用收益权。家庭生活费用以由夫支付为原则，但得请求妻为相当之负担。1930年《民法》第1044条和第1048条有明文规定。

在一定时期，究竟何种财产制度最能满足国人的需要，这是一个复杂的重大问题。有学者认为，上述四种夫妻财产制中，以分别财产制对妻"为便利"；但如妻缺乏管理财产经验的，则不适宜。② 然而，按当时社会现实分析，妇女拥有较多财产的情况并不多见，妇女从事职业劳动者少，财产能力明显不如男性，实行分别财产制，理论上对男女是平等的，实质上却严重不利于妇女。

八　改革父母与子女关系

（一）废除了歧视子女的各种称谓

废除了嫡子、庶子、嗣子、私生子等名义。在中国旧律及历次民法草案、亲属法草案中，妻所生子女称为嫡子；非妻所生子女称为庶子；为继承宗祧而依法律拟制的儿子，称为嗣子；无婚姻关系或者无效婚姻所生的子女，被称为私生子。该次立法，以是否由婚姻所生为界定标准，将由婚姻关系受胎而生的子女，称为婚生子女；反之，则为非婚生子女，且非婚生子女因生父母结婚或者经生父认领的，则视为婚生子女。嗣子之遗制，因《民法继承编》不规定宗祧继承，故不再设立。另外设立养子规定。

（二）建立以亲权为核心的父母子女关系

以父母对未成年子女拥有的亲权为核心，而家长与家属关系及家长权不

---

① 赵凤喈：《民法亲属编》，（台北）正中书局1970年第13版，第99页。
② 同上书，第100页。

受重视，尤其不再承认昔日的尊长权。①

父母对于未成年子女行使亲权。亲权内容，包括身份和财产两方面。

1. 身份方面

对未成年子女，父母有保护、教养的权利义务（第1048条），有惩戒权（第1085条），享有结婚同意权。

保护，是指排除危害，使子女生命不受威胁，生活无忧虑。教养是指培养子女学识和品德使之成为有用之才。此设立在父母身上的负担，是父母子女关系的本质效力。

立法赋予父母惩戒子女的权利，但不得逾越必要范围。为防止父母滥用惩戒权而妨害子女身心健康，1930年《民法》第1090条规定，父母对未成年子女的管束行为超出必要范围的，构成滥用亲权，将可能触犯《刑法》上的伤害罪或不法拘禁罪。

1930年《民法》采用独立人格观念，确立意思自治原则，故成年人对本人的行为负责。但是，父母对于未成年子女结婚或出养，享有同意权，但仍应尊重未成年子女本人的意思。父母对成年子女不享有同意权。

2. 财产方面

赋予父母对未成年子女的财产享有管理权、使用权、收益权，及为了子女利益而处分子女财产的权利（第1088条）。

九　鼓励亲属独立和互助

鼓励亲属互助和独立，是亲属法一大特色。这主要体现在下列三方面。

（一）立法明定特有财产范围，助子女经济独立②

中国旧律均禁止子孙拥有个人私有财产，子孙一切需求，均仰承家。没有经济独立，自难以实现人格独立。本次亲属法的规定，与旧律的价值取向相反。

（二）立法明定亲属相互扶养的范围及程度

亲属法大体仿效《日本民法》，规定扶养义务范围如下：（1）直系血亲

---

① 戴东雄：《论中国家制的现代化》，"中研院"《国际汉学会议论文集·民俗与文化组》，"中研院" 1981年版，第150页。

② 谢振民编著：《中华民国立法史》，张知本校订，中国政法大学出版社2000年版，第795页。

相互之间；（2）夫妻一方对他方的父母同居者，其相互之间；（3）兄弟姐妹相互之间；（4）家长与家属相互之间。

（三）设立亲属会议

赋予亲属会议较广泛的职权，以便其处理亲属之间争议。

第四节 立法改革评点

以法律形式变革旧有婚姻家庭制度，既是近代以来国人经历民主启蒙之后婚姻家庭观念变化的反映，又是改革婚姻家庭制度的主要途径。对于1930年《民法亲属编》实施的改革，不同时代及不同评价者的评价有所不同。有媒体称赞，在当时的中国，该法案是"立意新颖，开风气之先的立法"，"绝对是一部走在时代尖端、倡导男女平权的法典"。[①] 甚至有学者评价，该法"以男女平等为原则，除一二特殊情形外，夫妻关系已属极端平等"。[②] 正因为本次修法改革力度之大前所未有，保守力量一再试图改道。在《民法亲属编》施行后的1931年，司法行政部法规编查会曾提出《民法亲属编修正案》草案，试图将传统中国旧律例中的亲属分类、居夫丧或居父母丧不得结婚复引入《民法亲属编》中。唯此修正草案未为当时政府所采纳。[③] 而批评者指责，该法案限制当事人自主结婚权、无理限制妇女离婚请求权，继续承认男尊女卑和夫权统治，被"打上了很深的封建主义的烙印"。[④] 当然，以当代男女平等观念及其标准来衡量，该亲属法案仍有许多无法成立的条文，但是，无论哪一派观点，都不否认1930年公布的《民法亲属编》，改变了中国传统的婚姻家庭法制；"这是一个内容上传统而形式上西化的法律制度"。[⑤]

---

① 《中国时报》社论：《从促进两性平等谈民法的修正》，1994年3月13日第3版。
② 赵凤喈：《民法亲属编》，（台北）正中书局1970年第13版，第92页。
③ 陈惠馨：《传统个人、家庭、婚姻与国家——中国法制史的研究与方法》，（台北）五南图书出版股份有限公司2006年版，第280页。
④ 郑永福、吕美颐：《中国妇女通史·民国卷》，杭州出版社2010年版，第237页。
⑤ 陈惠馨：《传统个人、家庭、婚姻与国家——中国法制史的研究与方法》，（台北）五南图书出版股份有限公司2006年版，第195页。

一 婚姻自由权获得一定保护

《民法亲属编》颁行引导民众改变传统的婚姻观念。社会民众对妇女享有婚姻权利的意识有所接受,对妇女主张婚姻权利的状况渐趋宽容。

"婚约由男女当事人自己订定"(第972条),法律把婚姻决定权赋予男女双方,从而排除他人干涉。这对于中国自古以来实行"父母之命、媒妁之言"的封建婚姻制度,是多么彻底的否定!同时,男女双方享有的结婚自由权是平等的。

夫妻双方享有平等离婚权。离婚法条款赋予妻子与丈夫同等的两愿离婚及裁判离婚的地位。依据该法规定,夫妻双方自愿,可以离婚。但是,并未规定离婚后财产分割等相关财产问题。这极有可能使得妇女对于离婚顾虑重重。

二 家庭关系开始由从属转向平等

《民法亲属编》的基本精神是继受欧洲大陆近代法律思想特别是其中的人格独立、男女平等观念而来。[①] 因此,该法对夫妻关系、父母子女关系的规定,开始采纳个体独立、男女平等的价值观,体现了这些新精神,因而明显区别于传统中国法。但是,这场刚刚开始的改革并未与传统彻底决裂,因而在某些方面还羞答答地保留着某些传统的价值观。

(一)内容上开始转向男女平等

一方面,亲属条款开始转向男女平等;但是,男女仍是明显不平等的,部分条款仍维护夫权、限制妇女权利。另一方面,父母子女关系开始转向平等,但两者之间尚未完全实现平等。

1. 亲属分类上不再男女有别

将亲属划分配偶、血亲和姻亲。抛弃了传统的宗法等级分类。不同类型但相同血缘等级的亲属,处于同等序列。

2. 夫妻人身关系趋向平等

[①] 戴炎辉、戴东雄、戴瑀如:《亲属法》(修订本),(台北)顺清文化事业有限公司2009年版,第12页。

立法规定丈夫和妻子的权利和义务时，开始同时考虑双方。第1001条规定，"夫妻互负同居义务，但有不能同居之正当理由者，不在此限"。第1003条规定，"夫妻于日常家务互为代理人；夫妻之一方滥用代理权时，他方得限制之"。这些条款扫除了旧式婚姻家庭中男性占据绝对主导权之传统，为妇女追求平等提供了一定的法律保障。

3. 在夫妻财产制上，赋予妻子取得财产的可能

《民法亲属编》仿照《瑞士民法典》设立联合财产制为法定财产制，但是，依法定或者约定而归属于妻子的特有财产，不属于联合财产（第1013条），由妻子本人享有所有权和管理权；妻子对其原有财产享有所有权，即"妻于结婚时所有之财产，及婚姻关系存续中因继承或其他无偿取得之财产为妻之原有财产，保有其所有权"（第1017条），尽管这些原有财产在婚姻关系存续期间由丈夫管理。

4. 法定代理人仅对未成年子女婚事享有"同意权"

删除旧律中父母家长对子女的"主婚权"，仅赋予父母家长对未成年子女结婚之同意权。

1930年《民法》第974条规定，"未成年之男女订定婚约，应得法定代理人之同意"。换言之，父母等法定代理人仅有同意未成年人订定婚约的权利，并不享有代替未成年子女订立婚约的权利。而对于成年子女，父母已不享有婚约的同意。这显然是承认子女的独立性和自主性。

（二）男女不完全平等

中华民国建立后，虽然受欧陆法运动影响，人格权日渐受重视，妇女权利也获得提高，但是，囿于几千年封建社会历史，重男轻女等传统思想根深蒂固，改革不可能一朝完成。该法案在一定程度上保留了以父权、夫权为核心的封建家庭制度，[①] 存在诸多对妇女不公平的条款。维护夫权、限制已婚妇女权利的条款不少；在男性家长掌握家庭财产权的情况下，涉及夫妻、父母各自职责的各项制度，不可能实现性别平等。

[①]《中华民国刑法》第25条规定，"有夫之妇与人通奸者，处二年以下有期徒刑，其相奸者亦同"。与这种凡已婚妇女与人发生性关系即被科以刑罚截然不同的是，男性有婚外性行为，不受告诉。直到1935年《刑法修正案》，才结束这种夫妻针对婚外行为的不平等告诉权。修正后的《刑法》第239条规定了"妨碍婚姻及家庭罪"，"有配偶而与人通奸者，处一年以下有期徒刑，其相奸者亦同"。

1. 夫权大于妻权

已婚妇女的权利受到法律限制。在夫妻人身关系上，明定"妻以其本姓冠以夫姓。赘夫以其本姓冠以妻姓"；"妻以夫之住所为住所，赘夫以妻之住所为住所"。在夫妻财产关系上，妇女仍没有独立管理财产的权利。1930年《民法》第1019条规定，联合财产制是法定夫妻财产制，明定夫妻联合财产和共同财产均"由夫管理"；"由妻之原有财产所生之孳息，其所有权归属于夫"；"夫对于妻之原有财产，有使用、收益之权"。而妻子则没有相同的权利。

2. 关于妾

虽然立法者认为"妾之问题，毋庸规定"，"妾之制度，亟应禁止"，但是，其第1123条仍规定，"虽非亲属而以永久共同生活为目的，同居一家者，视为家属"，为妾享有家属地位提供了明确法律依据，致使妾之废除不彻底。

3. 夫妻财产制条款"对妻仍甚不利"[①]

无论是妻子享有全部所有权的个人财产还是与夫共享所有权之共同财产，婚后统统归夫管理，妻的财产权受制于夫。换言之，已婚妇女对于财产仍没有主动权，须依赖于夫。与享有自有财产的所有权、妻之财产的管理权、共有财产的管理之夫相比，妻的财产地位仍是很低的。

4. 父权优先条款

在父母保护和教养子女的权利义务上，父权明显优于母权。1930年《民法》第1089条明文规定夫优先于妻。法案明定，"子女从父姓"；"未成年之子女，以其父之住所为住所"；父母得在必要范围内惩戒子女，如父母对未成年子女权利行使意思不一致时，由父行使。

三 诸多条款规定与中国社会实际明显脱节

该法案虽以男女平等等9项原则作为立法指导思想，借鉴仿效西方国家的某些制度，然而，以当时中国社会条件和环境，该法案中的夫妻财产制立法确与社会需求之间存在较大距离。

[①] 戴炎辉、戴东雄、戴瑀如：《亲属法》（修订版），（台北）顺清文化事业有限公司2007年版，第134—135页。

客观而论，外来价值观的本土化需要一个较长的消化过程。欲想吸收世界先进的立法精神对本国固有法律传统进行改造，又要使再造之法适应本国社会实际，即使是在资讯发达、科技先进的当代，仍是让立法者深感困扰之难题。当时中国，急于引入德国等大陆法传统典型国家立法经验，破除封建等级传统，又要结合中国社会实际情况，客观而言，很难一步成功。因为一个民族多数人口思想观念的大变，需要数十年甚至数代人才有可能完成；社会转型，不会随着政权更迭而自动地在短期内达成。该法案是第一次大规模地借鉴西方婚姻家庭法经验而改造中国传统婚姻家庭关系，有些措施过于激进，却尚不足称之为错。

四 形式上模仿德国、瑞士的民法立法例

亲属法仿效德国民法和瑞士民法相关规定，大多数条款都有来历。有法学家评述认为，仔细研究第1条到第1225条，再与《德国民法典》《瑞士民法典》和《瑞士民法债编》逐条对校，"倒有百分之九十五是有来历的，不是照账誊录，就是改头换面"。①

五 对后世的影响

谢怀拭先生高度评价1930年《民法典》。"这部民法即在当时，与同时代的各国民法，也可并肩而立。至于它在改革中国数千年的法制方面，在中国开创私法制度与私法文化方面，较之法国民法典犹有过之。这是中华民族可以引以为豪的一部民法典。它为中华民族进入近现代文明开启了道路。"②《民法亲属编》大幅度改革了中国传统婚姻家庭关系与制度，是清末以来开始中国婚姻家庭法现代化过程中变革深刻、影响较深远的一次。

1949年12月，国民党退居中国台湾地区。包括《民法亲属编》在内的"六法全书"在中国台湾地区继续生效。直到1985年6月5日，《民法亲属编》在台湾地区被第一次修正。

---

① 吴经熊：《新民法和民族主义》，转引自杨鸿烈《中国法律思想史》（下册），商务印书馆1937年版，第370页。

② 谢怀拭：《大陆法国家民法典研究》，中国法制出版社2004年版，第124页。

第七章
1950年《婚姻法》

中华人民共和国成立后，1950年3月3日，政务院第二十二次政务会议通过《中华人民共和国婚姻法》。1950年4月13日，中央人民政府委员会第七次会议通过并于同日颁布《中华人民共和国婚姻法》（以下简称1950年《婚姻法》）。该法于1950年5月1日生效实施。这是中华人民共和国第一部婚姻法。1955年6月1日内务部公布《婚姻登记办法》，配合该法案实施。本章以1950年《婚姻法》为分析对象，必要时结合《婚姻登记办法》相关内容。

第一节 制定经过和立法背景

1949年2月22日，在中华人民共和国成立前夕，中共中央发布《关于废除国民党六法全书和确定解放区司法原则的指示》，认为国民政府的六法全书，都是保护地主和买办官僚资产阶级反动统治的工具，是镇压和束缚广大人民群众的武器，必须废除，人民的司法工作不能再以国民党的六法全书作依据，而应该以人民的新的法律作依据。从此，在中国，凡国民政府时期制定的"六法"，包括《民法亲属编》，均被废止。所有立法从头始。其中，最着急的莫过于颁行婚姻家庭法，因为婚不可不结，家庭不能不建！为"加速旧的封建主义婚姻制度的没落和死亡，同时保护新的新民主主义婚姻制度底生长和发展，以利于建立新家庭和建设新社会事业底发展，特别是促进具有一切意义的社会生产力底发展"。[1] 基于此，1950年4月13日中央人民政

---

[1] 陈绍禹：《关于中华人民共和国婚姻法起草经过和起草理由的报告》，1950年4月14日，华东政法学院民法教研室编《婚姻法参考资料选编》（未刊稿），1986年7月，第91页。

府迅速颁布1950年《婚姻法》。该法是新中国成立初期通过的第一部基本法律。

一 制定经过

1950年《婚姻法》从开始起草到公布,经历了一年又五个月的时间。① "1948年秋冬,刘少奇在河北省平山县西柏坡村,与在该村的中共中央妇女运动委员会委员们谈话,布置起草婚姻法的工作,为新中国成立后颁布法律做准备"。② 中共中央妇女运动委员会和中共中央法律委员会即着手准备婚姻法草案,经过一年多的工作,完成婚姻法草案。1950年4月,在中央人民政府第七次会议上,法制委员会主任王明提交了《中华人民共和国婚姻法(草案)》,并在会议上作了该草案起草经过和起草理由的报告。

(一) 制定1950年《婚姻法》的基本依据

制定1950年《婚姻法》,是以共同纲领为宪法依据。1949年9月《中国人民政治协商会议共同纲领》第6条宣布,"中华人民共和国废除束缚妇女的封建制度,妇女在政治的、经济的、文化教育的、社会的生活各方面,均有与男子平等的权利。实行男女婚姻自由"。第48条规定,"注意保护母亲、婴儿和儿童的健康"。这些原则是1950年《婚姻法》立法的基本依据。③

(二) 起草婚姻法主要由法律专业机构和妇女联合会负责主持

婚姻法草案起草工作,前期由中央妇女运动委员会和中共中央法律委员会主持,并邀请其他有关部门合作进行。④ 在新中国成立之前,中央妇女运动委员会接受了起草婚姻法的任务。

---

① 邓颖超:《关于中华人民共和国婚姻法的报告——1950年5月14日在张家口扩大干部会上的讲演》,李心远编《新中国的婚姻问题》,文化出版社1950年版,第19页。

② 罗琼:《第一部婚姻法的起草过程》,《人民日报》(海外版)2001年。罗琼的意见是以一封读者来信形式刊登的,针对《人民日报》(海外版)2001年8月24日发表的《毛泽东指定王明起草婚姻法》一文,"关于毛泽东指定王明起草婚姻法部分不是事实"所作的澄清,本身无标题。此标题是作者根据这封读者来信内容而添加的。罗琼当时是全国妇联副主席,书记处第一书记。

③ 陈绍禹:《关于中华人民共和国婚姻法起草经过和起草理由的报告》,1950年4月14日,华东政法学院民法教研室编《婚姻法参考资料选编》(未刊稿),1986年7月,第91页。

④ 邓颖超:《关于中华人民共和国婚姻法的报告——1950年5月14日在张家口扩大干部会上的讲演》,李心远编《新中国的婚姻问题》,文化出版社1950年版,第19页。

在邓颖超同志主持下，由中央妇委秘书长帅孟奇同志、委员康克清、杨之华、李培之、我和曾在上海复旦大学学习法律的王汝琪（即王星）等同志组成了起草小组，由王汝琪同志执笔，婚姻法的起草工作就开始了。……当时中央妇委指定向各地方妇联做婚姻问题专题调查，起草小组当时边调查，边学习，主要学习了1931年毛泽东亲自签发的《中华苏维埃共和国婚姻条例》、调查研究了当时解放区群众的婚姻家庭生活状况、解放区政府颁发的婚姻条例、实施经验、农民的觉悟程度等等，经过激烈争论，反复讨论修改。……经过几个月的努力，中央妇委提定出了婚姻法初稿。大约1949年3月初稿即从西柏坡带进了新解放的北平。新中国成立后，邓颖超同志把初稿移送交党中央。①

在法制委员会、全国民主妇女联合会及其他有关机关代表联席会议原则通过婚姻法草案之后，先后经过政务院政治法律委员会、政务院会议讨论。"在研究和草拟这一婚姻法草案过程中，法制委员会经常是与全国民主妇女联合会通力合作。"由此新中国婚姻家庭立法的基本模式确立了，即妇女联合会是当然的立法主力。

1950年1月21日，《婚姻条例（草案）》经过多次修改后，由中央妇女委员会呈送中共中央。该草案附有一封邓颖超亲笔信。邓颖超说明如下：

这个婚姻条例草案，曾经过妇委正式讨论五次，会后交换意见多次，并另邀请了中组部、中青委、法委等几方面同志共同座谈过一次，历时二月余，几经争议，几度修改，有些问题，已经得到解决，但争论的主要问题，即一方坚持离婚，即可离婚，不附任何条件一则，至今仍意见分歧。……现为了应各地的急需，且有关广大群众切身迫切的利益，不能再拖延不决。故大家商定，一致同意先以现在的草案，虽然我仍不完全同意，已经妇委多数同意了最后稿，并将我们不同的意见一并

---

① 罗琼：《第一部婚姻法的起草过程》，《人民日报》（海外版）2001年10月22日。

上，请中央参阅作最后决定。①

起草工作也经常与最高人民法院、最高人民检察署、司法部等合力，还向各民主党派人士、地方司法机关、群体团体及少数民族代表征求意见。

起草过程中，研究了"所收集到的城市、乡村的各项婚姻材料，并参考了过去江西苏区和各解放区的婚姻法以及苏联的、东欧各新民主主义国家的婚姻法"；研究了旧中国婚姻制度的实际材料等；还实地调查了有关婚姻问题。在研究讨论中，"依据和坚持1931年12月1日中华苏维埃共和国中央执行委员会毛泽东主席签署公布的婚姻文件中的：废除封建婚姻制度，实行婚姻自由、男女权利平等，保护妇女儿童利益的基本原则，批驳了各种不正确的意见。婚姻法的初稿拟定后，为了广泛征求各民主党派、各人民团体、各司法机关及其他有关方面的意见，曾举行了多种多次的座谈会，对婚姻法初稿的内容和文字作了多次修改。以后又经过中央人民政协委员会常委、中央人民政府委员及政务委员等三方面的两次联席座谈会作了最后的修改，才提交中央人民政府委员会第七次会议通过"。②

（三）婚姻法草案直接体现毛泽东等人的思想

婚姻法起草工作"经常受到中央人民政府委员会毛主席和刘少奇副主席等的指示和帮助"。毛泽东指出，"婚姻法是有关一切男女利害的普遍性仅次于宪法的国家的根本大法之一"。③ 毛泽东亲自主持中央人民政府和政协全国委员会联席会议两次讨论婚姻法草案。④ 婚姻法草案吸取了毛泽东的思想。

此外，立法过程中，参考和批判了旧中国历史上婚姻立法史料。为了解旧中国婚姻制度及其法律反映，曾参考和批判"中国历史上有关婚姻制度的

---

① 转引自黄传会《天下婚姻——共和国三部婚姻法纪事》，文汇出版社2004年版，第47页。
② 邓颖超：《关于中华人民共和国婚姻法的报告——1950年5月14日在张家口扩大干部会上的讲演》，李心远编《新中国的婚姻问题》，文化出版社1950年版，第19—20页。
③ 转引自马起《中国革命与婚姻家庭》，辽宁人民出版社1959年版，第81页。
④ 陈绍禹：《关于中华人民共和国婚姻法起草经过和起草理由的报告》，1950年4月14日，华东政法学院民法教研室编《婚姻法参考资料选编》（未刊稿），1986年7月，第91页。

某些史料和国民党政府民法亲属编婚姻章等"。①

二 "六法全书"和旧法统被全面废除

新中国成立前夕,发生了"废除国民党政府'六法全书'、摧毁旧法统"的重大事件。民众要结婚成家!人民共和国尽快制定、颁行自己的婚姻法,成为迫在眉睫之事。

1949年2月22日,中共中央发表《关于废除国民党"六法全书"与确定解放区司法原则的指示》,指出"在无产阶级领导的以工农联盟为主体的人民民主专政的政权下,国民党的六法全书应该废除,人民的司法工作,不能再以国民党的六法全书为根据,而应该以人民的新的法律做依据。在人民新的法律还没有系统地发布以前,应该以共产党政策以及人民政府与人民解放军已发布的各种纲领、法律、命令、条例、决议为依据"。② 同年3月31日,华北人民政府主席董必武签署《废除国民党的六法全书及其一切反动法律》的训令,明定"各级人民政府的司法审判不得援引其条文"。

1949年10月,《中国人民政治协商会议共同纲领》第17条宣布,"废除国民党反动政府一切压迫人民的法律、法令和司法制度,制定保护人民的法律、法令,建立人民司法制度"。③ 至此,中共关于废除"六法全书"的指示转变成法律。包括法律制度、法律观念、法学学术和法学教育在内的"旧法传统"被彻底摧毁。④

三 立法思想深受马列经典作家学说思想影响

任何法律的制定,都与当时社会的政治环境、经济条件、法学研究水平等因素密切相关。婚姻家庭法的制定、修改也不例外。

1950年《婚姻法》受到马列经典作家有关思想的影响。在研究和草拟

---

① 陈绍禹:《关于中华人民共和国婚姻法起草经过和起草理由的报告》,1950年4月14日,华东政法学院民法教研室编《婚姻法参考资料选编》(未刊稿),1986年版,第91页。
② 参见北京政法学院法的理论教研室编《法学基础理论学习参考资料》(上册),第375页。转引自柳经纬主编《共和国六十年法学论争实录·民商法卷》,厦门大学出版社2009年版,第41页。
③ 《中国人民政治协商会议共同纲领》(1949年9月),百度百科,http://baike.baidu.com/view/428031.htm,访问日期:2011年8月25日。
④ 柳经纬主编:《共和国六十年法学论争实录·民商法卷》,厦门大学出版社2009年版,第41页。

婚姻法草案过程中，法制委员会曾专门研习"马克思、恩格斯、列宁、斯大林学说和毛泽东思想中有关妇女问题以及婚姻、家庭和社会发展问题的主要部分"。[①] 故该立法对马列作家论述婚姻家庭及其立法的思想有所体现。

（一）立法者将马克思、恩格斯有关婚姻家庭思想作为指导思想

马克思、恩格斯在《共产党宣言》，恩格斯在《家庭、私有制和国家的起源》《反杜林论》等著述中对婚姻家庭有较多论述。归纳起来，这些论述内容主要有下列两个方面：[②]

1. 关于婚姻家庭的本质及其发展规律

马克思、恩格斯在批判吸收巴霍芬《母权论》、摩尔根《古代社会》研究和论述原始社会婚姻家庭及其发展之基础上提出，一定的婚姻家庭形态，总是与社会发展的一定阶段相适应的；婚姻家庭关系的性质，归根结底是由生产关系的性质决定的。强调经济基础对于婚姻家庭的决定作用，认为人的主观意志、心理、情绪不是决定婚姻家庭产生和发展的关键因素。

关于一夫一妻制个体家庭的产生原因，恩格斯指出"个体婚制在历史上决不是作为男女之间的和好而出现的，更不是作为这种和好的最高形式而出现的。恰好相反。它是作为女性被男性奴役，作为整个史前时代所未有的两性冲突的宣告而出现的"。[③] 因此，"专偶制从一开始就具有了它的特殊性质，使它成了只是对妇女而不是对男子的专偶制"。[④] 恩格斯认为建立了生产资料公有制，就会出现新的、更高类型的一夫一妻制的婚姻形态，即对于男子也是一夫一妻。

2. 关于妇女解放和婚姻家庭制度改革道路

马克思、恩格斯重视妇女解放和婚姻家庭改革，将这些问题视为无产阶级革命的一部分，主张在阶级解放中实现妇女解放，在变革整个社会制度的斗争中变革婚姻家庭制度。"在任何社会中，妇女解放的程度是衡量普遍解

---

① 陈绍禹：《关于中华人民共和国婚姻法起草经过和起草理由的报告》，1950年4月14日，华东政法学院民法教研室编《婚姻法参考资料选编》（未刊稿），1986年7月，第91页。
② 参见王战平主编《中国婚姻法讲义》，全国法院干部业余法律大学教材，1986年，北京市出版登记第86—033号，第8—10页。
③ 《马克思恩格斯选集》第4卷，人民出版社2012年版，第75页。
④ 同上书，第73页。

放的天然尺度"。① 马克思、恩格斯有关妇女解放的理论,是与他们对私有制、国家问题的论述,与他们对私有制社会婚姻家庭观的批判结合在一起。马克思、恩格斯认为,在剥削阶级社会里,性别歧视是必然的,故婚姻家庭制度是以男尊女卑为特征。要解放妇女,使妇女与男子真正平等,最根本一条,是消灭私有制,改革婚姻家庭制度,使妇女从家务劳动的束缚中解脱出来。马克思、恩格斯精辟地指明了妇女解放的道路,"只有在废除了资本对男女双方的剥削并把私人的家务劳动变成一种公共的行业以后,男女的真正平等才能实现"。②

(二) 立法者自觉研习并竭力实践马列经典作家的婚姻家庭思想

1950 年《婚姻法》是中国共产党领导下实施的一系列社会改革之一,立法者为了彻底废除封建的婚姻家庭制度,在中国实行新民主主义的婚姻家庭制度,努力实践着马克思经典作家关于婚姻家庭及其立法的前述思想。

恩格斯在《家庭、私有制和国家的起源》中提出,只有以爱情为基础的婚姻才是合乎道德的。

> 现代的性爱,……第一,它是以所爱者的对应的爱为前提的;在这方面,妇女处于同男子平等的地位,……第二,性爱常常达到这样强烈和持久的程度,如果不能结合和彼此分离,对双方来说即使不是一个最大的不幸,也是一个大不幸;为了能彼此结合,双方甘冒很大的危险,直至拿生命孤注一掷,……最后,对于性交关系的评价,产生了一种新的道德标准,人们不仅要问:它是结婚的还是私通的,而且要问:是不是由于爱和对应的爱而发生的?③

如果说只有以爱情为基础的婚姻才是合乎道德的,那么也只有继续保持爱情的婚姻才合乎道德。不过,个人性爱的持久性在各个不同的个人中间,尤其在男子中间,是很不相同的,如果感情确实已经消失或者

---

① 《马克思恩格斯全集》第 20 卷,人民出版社 1956 年版,第 285 页。
② 《马克思恩格斯全集》第 36 卷,人民出版社 1975 年版,第 340 页。
③ 恩格斯:《家庭、私有制和国家的起源》,《马克思恩格斯选集》第 4 卷,人民出版社 2012 年版,第 88 页。

已经被新的热烈的爱情排挤,那就会使离婚无论对于双方或对于社会都成为幸事。这只会使人们免于陷入离婚诉讼的无益的泥潭才好。①

无疑,1950年《婚姻法》第17条第1款有关离婚的法条,即"男女双方自愿离婚的,准予离婚。男女一方坚决要求离婚的,经区人民政府和司法机关调解无效时,亦准予离婚",典型地反映出恩格斯的婚姻观,或者说是对恩格斯关于缔结婚姻和维持婚姻应以互爱为基础之观点法律化。

四　全面继受苏联的法学理论和立法模式

受特定国际政治和国际关系格局影响,新中国成立后,全盘学习苏联的社会主义法学理论,仿效苏联的立法实践,婚姻家庭法均是独立法律部门,单独立法。

（一）独立法律部门的婚姻家庭法

苏联将婚姻家庭法作为独立法律部门,无论是在法学理论上还是立法实践中,均始终如一。"十月革命"胜利后,苏联实行社会主义,将婚姻家庭关系区别于商品货币关系,自成体系。婚姻家庭法是苏联法的一个独立部门。"家庭法虽然也涉及若干财产关系,例如配偶间、父母子女间等的财产关系",但是,"家庭法中的根本问题是家庭成员间的人身关系。在社会主义社会,无论如何,也不能把配偶间、父母子女间的关系笼统地划到财产关系中去,这一点是根本不同于资本主义社会的;在资本主义社会中,婚姻、家庭、父母子女等是属于资本主义民法所研究的财产关系的。……苏维埃国家认为家庭是具有巨大意义的。苏维埃家庭的成员履行着极为多种多样的非财产性质的相互义务。家庭法中调整财产关系的和调整家庭成员间人身的、非财产的权利和义务不可分割地联系着,因此就不能对负担生活费一类的债务适用民法典中关于债的一般规定。婚姻不能被认定是民事法律行为。婚姻、家庭、监护等问题的法律调整是社会关系中极为特殊的范围,因此有充

---

① 恩格斯:《家庭、私有制和国家的起源》,《马克思恩格斯选集》第4卷,人民出版社2012年版,第94页。

分的理由把家庭法划分为苏维埃法的一个独立部门"。①

1918年,苏联制定了《苏俄婚姻、家庭及监护法典》。从此,确立婚姻家庭法在法律体系中的独立地位。婚姻家庭关系不是民法的调整对象。1922年《苏俄民法典》中就没有调整婚姻家庭关系的条款。民法的调整对象,被界定为"一定范围内的财产关系和与财产关系有关的人身关系"。1926年颁布的《俄罗斯苏维埃联邦社会主义共和国的婚姻、家庭及监护法典》。1961年《苏联和各加盟共和国民事立法纲要》明确规定,"苏维埃民事立法调整在共产主义建设中由于利用商品货币形式而引起的财产关系,以及与财产关系有关的人身非财产关系"。

（二）继承苏联法律经验

我国法学界全盘继受苏联对婚姻家庭关系的认识和立法模式,将婚姻法作为与民法并列的独立法律部门。在1950年《婚姻法》起草过程中,为学习苏联经验,立法部门曾译印了当时新版的《苏俄婚姻、家庭和监护法典》,曾研究了苏联出版的一部分婚姻家庭书籍、小册子。② 事实上,1950年《婚姻法》的确采用单独立法模式。

1958年,中央政法干部学校编著的《中华人民共和国民法基本问题》明确表示,在我国社会主义的法律体系中,包括国家法、民法、婚姻法等法律部门。③ 这证明了新中国之初婚姻家庭立法遵从了苏联法律思想和实践。

（三）兼采东南欧洲国家和朝鲜的相关立法经验

1950年《婚姻法》的起草,参考了欧洲东南部国家和朝鲜的相关经验。包括东南欧新民主主义国家的婚姻家庭法问题的论文,以及朝鲜《男女平等法令实施细则》等。④

---

① ［苏］坚金、布拉图斯主编：《苏维埃民法》（第一册），中国人民大学民法教研室译，法律出版社1956年版，第29页。
② 陈绍禹：《关于中华人民共和国婚姻法起草经过和起草理由的报告》，1950年4月14日，引自中国人民大学法律系民法教研室、资料室编《中华人民共和国婚姻法资料选编》（一），未刊稿，1982年1月，第20页。
③ 参见中央政法干部学校民法教研室编著《中华人民共和国民法基本问题》，法律出版社1958年版，第19—20页。
④ 陈绍禹：《关于中华人民共和国婚姻法起草经过和起草理由的报告》，1950年4月14日，华东政法学院民法教研室编《婚姻法参考资料选编》（未刊稿），1986年7月，第91页。

五 继承革命根据地婚姻立法经验

中国共产党全面废除封建婚姻制度，推行妇女解放运动，始于第二次国内革命战争时期。1931年12月，中华苏维埃共和国公布《中华苏维埃共和国婚姻条例》。在抗日战争期间和解放战争时期，革命根据地和之后的解放区制定实施了一系列婚姻条例，所确立的基本原则、具体制度，都是一致的。这些婚姻立法对社会主义时期的婚姻家庭立法产生了重大影响。《中华人民共和国婚姻法草案》，是在这些基本原则指导下和总结20年来中国新婚姻制度发展经验的基础上完成的。[1]

（一）革命根据地时期的婚姻立法经验

中国共产党革命根据地时期制定的婚姻法律，只针对改造封建婚姻制度，未涉及家庭制度改造。

1. 中华苏区的婚姻立法

第二次国内革命战争时期，中国共产党先后在井冈山、闽浙赣、湘鄂边、湘鄂赣、鄂豫皖、左右江、赣南、闽西等地建立了革命根据地，实行婚姻制度改革，推行妇女解放运动。1931年，在江西瑞金召开的第一次全国苏维埃代表大会通过了《中华苏维埃共和国宪法大纲》，其中规定，"中华苏维埃政权以保证彻底地实现妇女解放为目的，承认婚姻自由，实现各种保护妇女的办法，使妇女能够从事实上逐渐得到脱离家事束缚的物质基础，而参加全社会经济的、政治、文化的生活"。该法确立了婚姻自由、男女平等、保护妇女权利的基本原则。1931年12月，中华苏维埃共和国中央执行委员会颁布《中华苏维埃共和国婚姻条例》，这是中国共产党实施婚姻制度改革的开始。1932年4月8日，中华苏维埃中央政权在修改前述婚姻条例基础上，颁布《中华苏维埃共和国婚姻法》，[2] 统 适用于所有革命根据地。因此，这部婚姻法，不仅是当时影响最大的一部法案，也是中国共产党在新中

---

[1] 参见陈绍禹《关于中华人民共和国婚姻法起草经过和起草理由的报告》，1950年4月14日，中国人民大学法律系民法教研室、资料室编《中华人民共和国婚姻法资料选编》（一），未刊稿，1982年1月，第23页。

[2] 参见西南政法学院民法教研室编《中华人民共和国婚姻法教学参考资料》（第一辑），未刊稿，1984年10月，第71—74页。

国成立后制定婚姻家庭法案时的主要参考样板。

《中华苏维埃共和国婚姻法》明文"废除一切包办买卖婚姻制度，禁止童养媳"（第1条），确立新民主主义婚姻家庭制度。这是中国历史上第一次全面摒弃旧婚姻家庭制度的法律规定。其主要内容有下列四个方面。

（1）确立婚姻自由原则。实行结婚自由。男女结婚须经双方同意，不许任何一方或第三者加以强迫（第4条）；废除聘金、聘礼及嫁妆等陋俗，实行结婚自由（第8条）。"结婚年龄男子须满20岁，女子须满18岁"，禁止早婚和童养媳。规定结婚条件，实行婚姻登记制度。"禁止男女在第三代以内亲族血统的结婚"，"禁止患花柳病、麻风、肺病等危险性传染病者结婚"；"男女结婚，须同到乡或市区苏维埃政权举行登记，领取结婚证"（第5条至第7条）。

保障离婚自由。男女一方坚决要求离婚的，即可离婚（第10条）。这种无任何条件和理由限制的单方离婚，赋予婚姻当事人极大的离婚自由。离婚须办理离婚登记；如发生争议，由裁判部处理。法律还规定了离婚后子女及男女财产的处理。

为稳定军队，特别保护革命军人的婚姻。规定"红军战士之妻要求离婚须得其夫同意，但在通信便利的地方，经过两年其夫无信回家者……在通信困难地方经过四年其夫无信回家者，其妻可向当地政府请求登记离婚"（第11条）。

（2）实行一夫一妻制。该法案总则中规定了实行一夫一妻制、禁止一夫多妻或一妻多夫的重要原则。凡男女实行同居者，不论登记与否均以结婚论（第9条），这就从法律上杜绝了纳妾、重婚等现象。[①]

（3）实行男女平等和保护妇女。《中华苏维埃共和国婚姻法》对妇女利益的特殊照顾，体现在离婚后男女财产的处理上。离婚后，男女同居时所负的公共债务，由男子负清偿责任（第13条）。对于缺乏劳动能力和无固定职业而不能维持生活的未再婚妇女，离婚后，前夫须帮助前妻耕种土地或维持其生活（第15条）。法律还规定了离婚后妇女的土地分配的处置。这些为实现男女平等提供了经济支持。

[①] 杨怀英主编：《中国婚姻法论》，重庆出版社1989年版，第107页。

（4）保护子女利益。为改变封建社会歧视非婚生子女的传统，该法规定，一切私生子女享有合法子女的一切权利，禁止虐待、抛弃私生子。

父母离婚后，母亲有优先抚养子女的权利，母亲不愿意抚养的，由父亲抚养。母亲抚养子女的，父亲必须负担其生活费至十六岁。子女由继父领养后，才可免除生父的抚养责任；继父一旦抚养，就须将继子女抚养成年，中途不得停止，更不得虐待。

为保证婚姻法的实施，该法还规定，对于违反婚姻法的行为，按照刑法处以应得之罪。

《中华苏维埃共和国婚姻法》，是中国共产党在其领导的革命根据地中，第一个以国家名义颁行的内容较完整的婚姻家庭法案。它为其后中国共产党在新中国成立后主政中国婚姻家庭制度改革和建设，积累了实践经验，提供了基本法案模板。

2. 抗日战争的婚姻立法

抗日战争时期，中国共产党在其领导的抗日根据地，先后制定颁行了一批区域性婚姻家庭法。主要有《陕甘宁边区婚姻条例》（1939年4月）、《晋西北婚姻暂行条例》（1940年4月）、《晋冀鲁豫边区婚姻暂行条例》（1942年1月5日）、①《陕甘宁边区抗属离婚处理办法》（1943年1月15日）、②《晋察冀边区婚姻条例》（1943年1月）、③《山东省保护抗日军人婚姻暂行条例》（1943年6月27日）④ 等。这些条例的内容、基本原则与中华苏区的婚姻家庭立法"完全一致"，均确立婚姻自由、男女平等、一夫一妻、保护妇女和子女的合法权利等原则。⑤ 不过，条例对许多问题的规定，相对具体些，且更灵活。抗战时期，基于国民党和共产党的合作，边区的婚姻家庭立法也体现了《中华民国民法·亲属编》的精神。相比中华苏区时期的婚姻家庭立法，这个时期的立法较多地顾及了婚姻家庭习俗的存在和影响。

---

① 参见西南政法学院民法教研室编《中华人民共和国婚姻法教学参考资料》（第一辑），未刊稿，1984年10月，第109—112页。

② 同上书，第148—149页。

③ 同上书，第105—108页。

④ 同上书，第150页。

⑤ 杨怀英主编：《中国婚姻法论》，重庆出版社1989年版，第108页。

这一时期婚姻立法的主要内容如下：

（1）婚姻自由。《晋察冀边区婚姻条例》第2条和第3条规定："男女婚姻须双方自主、自愿，任何人不得强迫。禁止奶婚、童养媳、早婚及买卖婚姻。"童养媳，是中国农村长期存在的独有的奇特习俗。一些家境稍好点的家庭，为了自己的儿子将来能娶妻，或者能够不花太多钱财就娶上媳妇，廉价购买穷苦人家的八九岁左右的女儿来家中养着。童养媳既是未来的媳妇，又是家中苦力；等两个孩子年龄稍大些，就让他们圆房做夫妻。童养媳婚姻，完全违背了当事男女双方的意愿，特别是对童养媳而言，她们的生活几乎总是伴随着血泪的。针对当地订婚习俗，明文确认订婚不是结婚的必备程序，"预定婚约者，在未结婚前，如有一方要求解除婚约，得向政府解除之"。"结婚应有公开之仪式及二人以上证人。向结婚所在地之村公所或县市政府登记，领取结婚证书"（第5条）。第11条规定"夫妻互负同居之义务，但有正当理由不能同居者，不在此限"等。

坚持离婚自由，离婚规定全面、具体。《晋察冀边区婚姻条例》《晋察鲁豫边区婚姻暂行条例》均规定，离婚理由是夫妻感情不和而致不堪继续同居。这种以夫妻感情的存亡衡量婚姻是否应继续存在之标准，与1950年《婚姻法》及1980年《婚姻法》有关裁判离婚标准的规定是一致的。

《晋察冀边区婚姻条例》第14条至第15条规定，"夫妻感情意志根本不合致不堪同居者，任何一方得向司法机关请求离婚"。夫妻双方之一方有下列情形之一者，他方得向司法机关提出离婚请求，经审查属实后，依法离婚：充当汉奸者；重婚者；与他人通奸者；虐待压迫或恶意遗弃他方在继续状态中；因犯特种刑事罪，被处以三年以上徒刑；生死不明已逾三年；图谋陷害他方；有神经病或其他重大不治之症的；有花柳病或其他恶疾的；有生理缺陷而不能人道者。不过，"抗日军人之配偶，非于抗日军人生死不明逾四年后，不得为离婚之请求"（第16条）。

（2）严格禁止一切形式的违背一夫一妻制原则的行为。坚持婚姻自由、一夫一妻、男女平等，保护妇女儿童的合法权益。"严格实行一夫一妻制。禁止重婚、纳妾、蓄婢及类似一夫多妻或一妻多夫之各种婚姻。"

（3）保护妇女、子女的合法权益。例如《晋察冀边区婚姻条例》第1条规定，"本条例根据民法亲属编之立法精神，适应边区具体环境制定之"；

第22条规定,"关于婚姻除本条例另有规定者外,民法亲属编关于婚姻之规定仍适用之"。

随着婚姻自由的贯彻,涌现了大量新型婚姻家庭关系。为防止婚姻家庭问题上的随意性,各地的婚姻家庭条例对结婚、夫妻关系、离婚等问题的调解趋于慎重,调整婚姻家庭关系更具体、更慎重。

3. 解放战争的婚姻立法

解放战争时期,中国共产党在解放区制定和实施了一些婚姻家庭法。1946年4月23日《陕甘宁边区婚姻条例》,[①] 1949年7月19日《修正山东省婚姻暂行条例》[②] 等。这个时期的婚姻家庭法确立的基本原则和具体内容,与抗战时期的立法大致相同,但也有些新规定。

新规定的主要内容涉及下列方面:

(1) 首次规定少数民族婚姻问题。针对少数民族地区的实际,《陕甘宁边区婚姻条例》第3条规定"少数民族婚姻,在不违反本条例之规定,将尊重其习惯"。

(2) 明确禁婚亲范围。直系血亲、直系姻亲或八亲等内之旁系血亲或三亲等内之旁系姻亲,禁止通婚。

(3) 反对随意离婚。1948年3月《关东地区婚姻暂行条例(草案)》[③] 明定,夫妻双方均有责任巩固美满的夫妻关系,不得任意提出离婚(第29条)。

(4) 增设夫妻之间权利义务新内容。《关东地区婚姻暂行条例(草案)》要求建立新型夫妻关系,规定夫妻应积极劳动,不得依赖一方坐食;夫妻互相督促,……夫妻应互敬互爱等。

实行婚姻自由,推动建立民主和睦的家庭关系,大大解放了妇女,激发了人的生产劳动和革命的积极性,妇女的政治、经济地位大为改善。实践证明,中国共产党在革命根据地实施的婚姻家庭立法改革,是成功的。

[①] 参见西南政法学院民法教研室编《中华人民共和国婚姻法教学参考资料》(第一辑),未刊稿,1984年10月,第82—84页。

[②] 同上书,第124—126页。

[③] 同上书,第131—137页。

（二）对新中国婚姻家庭立法的影响

革命根据地的婚姻家庭法，是中国共产党运用马列主义关于婚姻、家庭和社会发展的基本学说，改造中国婚姻家庭制度的最初法律文献。[①] 它确立了废除封建主义婚姻家庭制度，确立了婚姻自由、一夫一妻、男女平等、保护妇女儿童权益等新民主主义婚姻家庭制度的基本原则，标志着改造中国传统婚姻家庭制度大革命的开端。苏区时期的婚姻立法为新中国的婚姻家庭制度提供了初步框架，抗日战争和解放战争时期为数众多的地区性婚姻条例丰富了婚姻立法的内容，推动了中国婚姻家庭制度的改革。它们为新中国成立后在全国范围内改革婚姻家庭制度积累了经验，作了重要准备。

但是，由于历史条件限制，革命根据地时期的婚姻立法只调整婚姻关系，未涉及家庭关系调整，更无规范其他亲属关系的条款；即使是对婚姻关系的调整，也只有原则性规定，欠缺对夫妻财产制等问题的规定。这种立法风格对新中国婚姻家庭立法产生了深远影响。

1950年《婚姻法》是在以往婚姻家庭改革经验的基础上，坚持前述基本原则制定的。[②]

六　妇女解放运动的推动

近代以来，凡婚姻家庭立法改革，均离不开妇女运动这一重大背景。20世纪前50年中，中国妇女的社会解放已经达到了相当程度，它极大地促进了婚姻家庭立法中的男女平等立法的发展，同时，男女平等立法反过来有力推进妇女运动继续发展。

（一）中国妇女解放的经验

自1921年中国共产党成立至1949年中华人民共和国成立期间，中国社会长期处于战争状态。战争既迫使以前通常由男人承担的很大部分工作，不得不由女人接替承担，又使越来越多妇女走出家门参与社会，妇女社会解放的外部障碍和内心障碍都减少了，男女平等得以快速推进。

[①] 杨怀英主编：《中国婚姻法论》，重庆出版社1989年版，第112页。
[②] 同上书，第113页。

(二) 西方妇女运动的影响与推动

"妇女解放运动是民主运动的一部分，它开始于法国革命。"[①] 从1792年玛丽·沃斯通克拉夫特发表《女权辩护》开始，早期的妇女运动仅限于上层社会和中层阶级，故并未形成很大的政治力量。到了19世纪中后期，在英国等欧洲国家，当时中层阶级的男女平等主义者在他们自己的范围内取得了重大胜利。例如，英国议会通过了《1882年已婚妇女财产法》，改变了已婚妇女将其所拥有的一切财产都移交给她丈夫支配之格局，拥有了独立财产权。

进入20世纪，西方世界的妇女运动发展速度是前所未有之快。一方面，民主理论的直接影响，使得人们找不出任何合乎逻辑的理由继续保持对妇女的传统要求；另一方面，工业化使越来越多妇女走出家门自谋生路，她们不再依赖父亲或丈夫的恩惠而获得生活。20世纪前半期的两次世界大战期间，妇女们不得不承担原先由男人承担的大部分工作，甚至直接上前线战场，她们在战争期间的社会参与，极大地解放了妇女，而她们对国家、民族的贡献，又提高了妇女的政治地位和社会地位。第二次世界大战结束后，已经走上社会的妇女，不可能再回归传统家庭，不会再满足于做全职家庭主妇，她们越来越多地成为社会劳动者，从政、经商、从教、从医，等等。

在国际交流交往中，西方妇女的理论和实践也引导着中国妇女成为像她们那样的人，过上那样的生活。

第二节　主要争议问题

1950年《婚姻法》制定过程中，对有些问题的认识，"几经争议，几度修改，有些问题，已经得到解决"，有些问题则未能取得一致意见。[②] 归纳各方信息，当年争议较大的问题有三个：一是离婚是否应当附加条件，或者说是否实行宽松的离婚自由？二是是否赋予非婚生子女与婚生子女同等权利？三是是否应该照顾妇女？《婚姻法》公布后，"看过的人，最感到惊奇

---

① [英] 伯兰特·罗素：《婚姻革命》，靳建国译，东方出版社1988年版，第55页。
② 参见黄传会《天下婚姻——共和国三部婚姻法纪事》，文汇出版社2004年版，第47页。

的，大都是非婚生子女享受与婚生子女的同等权利，和男女一方坚决要求离婚，即准予离婚的两项规定。他们首先是极端地怀疑，继之以莫大的恐惧，以为将来会因此引起男女婚外性生活的盛行与大家对婚姻关系的不重视。这样，岂不造成家庭的不安定和社会秩序的混乱吗？"而离婚自由问题，"更显得严重而可怕一些"。① 这从一个角度说明了，立法当时对于前述问题存在的不同认识。

一 离婚自由之争：离婚是否应附加条件

当时立法中争论最大的问题是离婚自由，争议焦点是离婚是否应附加条件问题。当年立法的主要参考是1931年《中华苏维埃共和国婚姻条例》，该条例实行不附任何条件的完全自由离婚。② 新中国的婚姻法是否保留这条规定？对此，参与立法者之间争议很大。1950年1月28日，中央政府法制委员会向中共中央呈报修改婚姻法意见时明确表示，"关于离婚问题的意见"，"对此问题有两种意见：一种意见主张离婚自由，即如双方愿离或一方坚持离婚者，即得离婚，不附什么条件；另一种意见，主张一方提出离婚者，须附有条件，合某一条件者，始得离婚"。③ 从当时史料看，反对者是多数，④而持肯定观点者只占少数。最终，中央法制委员会表态同意离婚自由，其理由是结婚自由和离婚自由是反对封建的新民主主义革命对解放妇女的一个基本要求。

（一）主张离婚自由：不附加任何条件

坚持离婚自由，是婚姻立法的精神和使命决定的。1950年《婚姻法》的基本任务，就是废除封建主义的婚姻制度，建立新民主主义的婚姻制度。否认了强制婚姻，就等于接受了婚姻自由的价值取向，其中包括离婚自由。当年的纪要文件中记载，时任中共中央机关直属支部书记的邓颖超态度鲜明

---

① 郭名华：《关于"离婚自由"应有的认识》，李心远编《新中国的婚姻问题》，文化出版社1950年版，第68页。
② 该条例第9条规定，"确定离婚自由，凡男女双方同意离婚的，即行离婚。男女一方坚决要求离婚的，亦即离婚"。
③ 转引自黄传会《天下婚姻——共和国三部婚姻法纪事》，文汇出版社2004年版，第47页。
④ 邓颖超亲笔信中所言。参见黄传会《天下婚姻——共和国三部婚姻法纪事》，文汇出版社2004年版，第47页。

地主张：婚姻法应当规定"一方坚持离婚可以离婚"，其理由如下：

> 中国社会最受压迫的是妇女，婚姻问题上妇女的痛苦最多，很多材料可以说明。早婚、老少婚、买卖婚是普遍现象，如不根绝就谈不上婚姻自由。妇女要求离婚，往往不被允许，即在党内也如此。所以，"一方坚持要离就让离"是主要根据妇女利益提出的。如果加上很多条件，基本上要离的还是要离，反而给下边的干部一个控制的借口。过去没有这一条，曾发生很多悲剧。今天规定婚姻法是原则性的规定，破坏旧的，建立新的，就必须针对男女不平等现象，给妇女以保障。

这种意见认为，实行离婚自由不会引起草率离婚和社会混乱。婚姻法要求建立严肃负责的婚姻生活，要规定结婚条件、夫妻之间的权利和义务、父母子女之间的权利与义务等，就可以"克服婚姻的混乱现象"。[①]

为驳斥实行无条件离婚自由可能会引起混乱的担忧，邓颖超从四个方面强调其立场：

> 一、过去十年没有这一条，正面照样发生两种乱：一种因所谓自由离婚所引起的，一种是不让自由离婚，特别是一方坚持不能离婚发生的乱，而后者比前者乱得更多。
>
> 二、过去有一个时期，妇女工作把离婚作为口号，干部鼓动离婚，这个偏差已纠正。我们不能因执行有过偏差而放弃原则。把旧社会推翻，乱是不可避免的，群众起来革命，其行为总会有些偏差，这个不用害怕，何况革命的本身就是秩序的建立。要婚姻自由，特别是一方坚持离婚的自由，老区群众觉悟高，有些要求，没有这一条就不能适合群众要求，特别是妇女的要求。新区群众也有此要求。
>
> 三、自由是否妨碍生产呢？我认为离婚不自由才会妨碍生产。如果家庭和睦，也不会由于这一条而闹起离婚来。

[①] 邓颖超：《关于中华人民共和国婚姻法的报告——1950年5月14日在张家口扩大干部会上的讲演》，李心远编《新中国的婚姻问题》，文化出版社1950年版，第23页。

在新的政治经济基础上来看这个问题与过去又有不同，过去贫雇农娶妻不易，现在则不然。

四、现在各地各级法院所积压的婚姻案件，及发生自杀惨剧的，多因一方坚持离婚不能离婚所造成的。证明几个解放区现行的婚姻条例没有规定一方要求坚持离婚者可以离婚的一条，已不能适应群众的需要。故在修改新的婚姻条例上必须加上这一条件。培之等同志所提出说明其意见的某些材料，亦正好是成为我的意见的根据哩。

总之，我是坚持不加条件，"一方要离即离"。至于某些地区不同情况与执行方法上须经过一些必要的步骤等，可以在说明书加以解释。

妇女同志考虑婚姻条例内容，必须从最大多数妇女利益出发，不能从一部分妇女的利益出发，更不能有为了限制或照顾少数男人的观点。其结果，反而对多数妇女不利的。

邓颖超认为，婚姻领域产生这些混乱现象的原因有下列四个方面：第一，是由于封建的婚姻制度，特别是由于结婚与离婚的不自由所造成。这是最基本的原因。在婚姻法实行后，这种现象就可以大大减少。第二，是由于打破旧的婚姻制度的革命行动所带来的某些对自由的误解。正确宣传和实施婚姻法后，"这种现象也可以减少"。"第三，是由于长期战争，很多男子上了前线，长久没有音信，使夫妇关系难于继续。这是客观的、暂时的。战争结束了，这种现象就会消失。第四，是由于某些干部有封建残余思想，压制群众的婚姻自由，在执行婚姻自由政策中发生右或左的倾向所造成的。"所以，要教育干部，也要对人民进行长期教育，只有这样，才能逐渐消灭婚姻领域的混乱现象。[①]

这种观点强调，"过去受封建婚姻制度压迫的男女人民，获得了自由权利，因而提出离婚，离掉不如意的配偶，重新寻找心爱的对象，因此暂时发生较多的离婚案件，……正是变混乱为合理，使社会前进的正常现象。这也

[①] 邓颖超：《关于中华人民共和国婚姻法的报告——1950年5月14日在张家口扩大干部会上的讲演》，李心远编《新中国的婚姻问题》，文化出版社1950年版，第24页。

是新婚姻法的目的。决不能把这种情形与婚姻方面的混乱现象混淆起来"。①"离婚正如结婚一样,首先应尊重男女双方的同意,如有一方不同意离婚就不能强制离婚,但是若一方坚持要离婚,而另一方却坚持不同意离婚时,同样的也不能强制男女继续过夫妻生活。在这种情形下,法院就应首先审查这种婚姻是否出于双方自主自愿,坚持离婚的一方理由是否真实和正当,是否合乎人民政府的婚姻政策?双方感情是否还有维系的可能,这种维系对社会和双方有利否?一般的说来一方坚持离婚是应允的,因为离婚就是解除痛苦,使之有更多的时间和精力来从事社会生产。"② 肯定观点明确提出,实行离婚自由,"不仅不足以造成社会的混乱,相反的足以安定社会"。③

同时,"要坚决反对那种不负责任的轻率态度,……婚姻法保护正当的离婚自由,但是反对轻率的离婚,……"④ 肯定离婚自由的观点也承认,"在离婚自由的原则下,一定期间之内可能发生一些偏向的,如夫妻之间,因寻常细故,即向区人民法院和司法机关要求离婚的事,不能说没有,但是我们敢断言,这种期间必很短,而且因一时感情冲动或缺乏正当理由(原因)而达到坚决要求离婚的,必然是少数中之少数,……因为……男女的结婚绝不是为了离婚";根据婚姻法中有关离婚的规定,"男女的离婚也并不是可以随便的,……"⑤ "对婚姻态度轻率和不负责任的一方,则应进行严格的批评。"⑥

针对反对者提出按照离婚自由,姘夫可以在离婚后与姘妇结婚的情况,持离婚自由观点者认为,这是权利滥用。

---

① 邓颖超:《关于中华人民共和国婚姻法的报告——1950年5月14日在张家口扩大干部会上的讲演》,李心远编《新中国的婚姻问题》,文化出版社1950年版,第24页。
② 《大公报》:《处理离婚案件中的几个问题》,李心远编《新中国的婚姻问题》,文化出版社1950年版,第75页。
③ 高汾:《谈谈婚姻法中的几个问题——记首都各方对婚姻法的认识》,李心远编《新中国的婚姻问题》,文化出版社1950年版,第64页。
④ 《人民日报》社论:《实行新民主主义的婚姻制度》,李心远编《新中国的婚姻问题》,文化出版社1950年版,第17页。
⑤ 郭名华:《关于"离婚自由"应有的认识》,李心远编《新中国的婚姻问题》,文化出版社1950年版,第70—71页。
⑥ 《大公报》:《处理离婚案件中的几个问题》,李心远编《新中国的婚姻问题》,文化出版社1950年版,第75页。

(二) 反对宽松离婚自由的意见

当时，社会上的确有部分人担忧，立法承认离婚自由特别是"婚姻法中规定男女一方坚决要求离婚，经区人民政府和司法机关调解无效时，不问提出离婚的人有无正当理由，一概允许"，① 是否会引发社会混乱？一方面，他们担心"数千年来旧社会遗留下来的男尊女卑的习惯，男的总是喜新厌旧，朝秦暮楚"，离婚自由特别是单方面要求离婚就可以离婚，岂不是为男人离婚提供了更多便利了吗？②"多数的坏男人，很可能在'离婚自由'的方便下，丢掉自己的妻子"；另一方面，他们又恐忧"有些情感不坚定的女子要向她们的丈夫离婚了"，如此，"社会上不是会闹得一团糟吗？"③

反对者担忧实行离婚自由将导致草率离婚和社会混乱，部分人甚至认为，在农村，"婚姻自由了，天下会大乱"，"给妇女婚姻自由，便会使农民失掉老婆"，所以实行离婚自由，必定要触动一部分农民的切身利益，这部分农民必然将成为反对派；部分干部进入城市后，以"离婚自由"为借口，另有新爱，把农村的原配抛弃了。事实上，当时婚姻领域的确存在某些混乱现象。

(三) 主张不要有任何离婚现象

这种意见认为，"一切的离婚只是人间的悲剧，所以最好不要有任何离婚的现象发生"。④

所有人一经结婚，就应白头到老，恩爱一生，与其说这是一种观点，不如说是人们对婚姻抱有的理想或期待。因此，这种意见不只是在当时立法过程中存在，其实在任何时代都是存在的。

争议的结果是，主张实行离婚彻底自由的观点得到了立法机关的采纳。

---

① 郭名华：《关于"离婚自由"应有的认识》，李心远编《新中国的婚姻问题》，文化出版社1950年版，第69页。
② 高汾：《谈谈婚姻法中的几个问题——记首都各方对婚姻法的认识》，李心远编《新中国的婚姻问题》，文化出版社1950年版，第63页。
③ 郭名华：《关于"离婚自由"应有的认识》，李心远编《新中国的婚姻问题》，文化出版社1950年版，第69页。
④ 陈绍禹：《关于中华人民共和国婚姻法起草经过和起草理由的报告》，1950年4月14日，中国人民大学法律系民法教研室、资料室编《中华人民共和国婚姻法资料选编（一）》，未刊稿，1982年，第49页。陈绍禹即王明——作者注。

1951年1月,中央政府法制委员会向中共中央呈报婚姻法修改意见时明确支持离婚自由观:

> 我们同意第一种观点,因为离婚结婚自由,是反对封建的新民主主义革命对解放妇女的一个基本要求,我们人民民主政权的立法,应以进步的合乎新社会发展的原则为出发点,不应以过去的、需要改革掉的旧社会遗迹为根据。中国社会中还有离婚结婚不自由的现象存在,这只能证明婚姻条例须有彻底解放的性质,才能冲破根深蒂固的旧社会枷锁,才能创造合乎新的生产关系新的社会制度的家庭关系,而不是相反。以无产阶级为领导的工农联盟为主体的人民民主专政政权的法律,与这个政权本身是过渡到社会主义国家的过渡性政权一样,是一种过渡性的法律,它本身应该具有引导人民前进的极大教育性质和解放性质,婚姻条例的立法精神,也应如此。①

时任中央人民政府法制委员会主任委员的陈绍禹在《关于中华人民共和国婚姻法起草经过和起草理由的报告》中表明:

> 在新民主主义中国社会内,以法律保障男女离婚自由,正和保障男女结婚自由一样,首先是作为封建主义婚姻制度深重痛苦而坚决要求离婚的男女——尤其是那些最受旧婚姻制度痛苦迫不得已而坚决要求离婚的妇女,得到肉体上和精神上的解放,以增进人民的幸福和提高社会的生产力。这是合乎新社会发展需要的一种社会改革。②

二 非婚生子女与婚生子女的地位是否应该平等

立法过程中,是否应该赋予非婚生子女合法地位,各方的认识不尽一致。

---

① 转引自黄传会《天下婚姻——共和国三部婚姻法纪事》,文汇出版社2004年版,第47—48页。
② 陈绍禹:《关于中华人民共和国婚姻法起草经过和起草理由的报告》。

（一）肯定观点

史良等人主张并肯定婚姻法承认非婚生子女的平等权利，其主要理由有下列三个方面：

首先，承认非婚生子女的合法地位，是否定歧视、虐待、残杀非婚生子女旧俗的需要。在旧中国社会，非婚生子女，俗称"私生子"，其生存权利得不到保障。受制于封建礼教，非婚生子女出生后，多被杀害；幸免于死的，往往被母亲遗弃，被社会歧视。为了保护儿童的合法权益，新中国立法必须否定这种旧俗。

其次，承认非婚生子女合法地位是《共同纲领》关于"保护母亲和儿童的健康"规定的具体化。"儿童是社会的婴儿和孩童，每个子女都得到应有的教养和保护，就是新中国的儿童得到健全发展的基础，同时整个民族亦得以发展。"[1] 要反对一切漠视子女利益，推卸养育子女责任，歧视、虐待儿童的行为。保护儿童的合法权益，才能为儿童幸福创造基本条件，民族发展才有希望。

最后，肯定观认为，"性的紊乱现象之发生，主要是由于婚姻不自由所造成的。如果男女双方真正满意了自己的婚事，这种现象就可以减少以至于逐渐消灭的。所以现在婚姻法承认非婚生子女的权利，不仅不会产生性的紊乱现象；相反地，它还可以使男女双方对结婚更要采取慎重态度，保护了妇女和儿童幸福，巩固了家庭的夫妻关系"[2]。雷洁琼也提出，"男女关系混乱现象，绝不会因为婚姻法上承认非婚生子女的权利而产生"[3]。

（二）否定观点

不赞成婚姻法赋予非婚生子女享有婚生子女同等权利，主要是基于此担忧："婚姻法上承认非婚生子女的合法权利，是否会在社会上产生坏的影响"，导致性关系紊乱现象。[4]

---

[1] 雷洁琼：《婚姻法与儿童保护》，李心远编《新中国的婚姻问题》，文化出版社1950年版，第45—46页。

[2] 史良：《婚姻法中一些问题的解答》，李心远编《新中国的婚姻问题》，文化出版社1950年版，第58页。

[3] 雷洁琼：《婚姻法与儿童保护》，李心远编《新中国的婚姻问题》，文化出版社1950年版，第48页。

[4] 同上。

显然，经过争论，1950年《婚姻法》采纳了肯定意见。

三 对妇女特殊照顾的多与少之争

1950年《婚姻法》制定过程中，有关对妇女实行特殊照顾是否与男女平等发生矛盾的问题，认识上有一定分歧。

（一）坚持照顾妇女

强调照顾妇女利益者认为，"男女虽以平等为原则，婚姻法对于妇女的照顾却要比男子为多。这是合理的，也是必须的。中国历来是一个男权、父权和夫权的社会，要完成女子的解放，恢复女子独立自尊的人格，我们在法律上不能不给她更多的保障"。[①] 保护妇女儿童权益是新社会进步的标志之一。"妇女解放是社会解放的尺度"；儿童幸福是社会进步的表现。邓颖超等人强调，在中国当时社会中，

> 旧的封建残余还存在，新的社会还没有完全建立，男子还居于优势，女子居于劣势，家长居于优势，子女居于劣势，只有着重保护妇女和子女的合法权益，才是真正的男女平等，才是人民政协共同纲领中男女平权的原则在婚姻法上的具体化。新婚姻法并不是片面地保护妇女利益，它同时也保护了男子的合法权益；它不但保护子女利益，也保护了父母的利益。所以认为新婚姻法不平等，那是完全没有根据的。[②]

（二）不赞成对妇女实行照顾

这种意见认为，法律应对所有人一视同仁，不宜对某一类人利益实行照顾。新社会，实行男女平等，男女应该一样。

经过争论、讨论，立法最终采纳多数人意见，规定了保护妇女儿童利益原则。

[①] 潘光旦：《论婚姻法》，李心远编《新中国的婚姻问题》，文化出版社1950年版，第3页。
[②] 邓颖超：《关于中华人民共和国婚姻法的报告——1950年5月14日在张家口扩大干部会上的讲演》，李心远编《新中国的婚姻问题》，文化出版社1950年版，第26页。

第三节　主要立法改革

1950年《婚姻法》第1条规定,"废除包办强迫、男尊女卑、漠视子女利益的封建婚姻制度。实行男女婚姻自由、一夫一妻、男女权利平等、保护妇女和子女合法权益的新民主主义婚姻制度"。

一　坚持男女权利平等

1950年《婚姻法》将男女权利平等作为基本原则之一。各项具体制度大多坚持男女平权的价值观。

1950年《婚姻法》将男女权利平等作为基本原则之一。该法第1条规定,"废除包办强迫、男尊女卑、漠视子女利益的封建主义婚姻制度。实行男女婚姻自由、一夫一妻、男女权利平等、保护妇女和子女合法权益的新民主主义婚姻制度"。具体制度规定大多坚持男女平权的价值观。

（一）男女结婚权利平等

受男女平等及个人独立思想的影响,1950年《婚姻法》主张婚姻自由。其中关于结婚自由,第3条规定,"结婚须男女双方本人完全自愿,不许任何一方对他方加以强迫或任何第三者加以干涉"。第2条"禁止重婚、纳妾。禁止童养媳。禁止干涉寡妇婚姻自由。禁止任何人借婚姻关系问题索取财物"。

禁止结婚的情形,对男女一视同仁。凡直系血亲,或同胞的兄弟姊妹和同父异母或同母异父的兄弟姊妹者,禁止相互结婚。其他五代内的旁系血亲间禁止结婚问题,而当时习惯是允许而且鼓励姨表兄弟姐妹、姑表兄弟姐妹相互通婚的。禁止有生理缺陷不能发生性行为者、患花柳病或精神失常未经治愈,患麻风或其他在医学上认为不应结婚之疾病者结婚。

实行结婚登记制。要求结婚的男女双方,应亲自到所在地（区、乡）人民政府申请结婚登记。凡合于该法规定的结婚,所在地人民政府应即发给结婚证。凡不合于该法规定的结婚,不予登记。

（二）夫妻关系平等

夫妻享有同等权利,承担同等义务。该法第7条至第12条规定,夫妻为共同生活的伴侣,在家庭中地位平等。夫妻有互爱互敬、互相帮助、互相扶养、和睦团结、劳动生产、抚育子女的义务。夫妻有各用自己姓名的权利。夫妻双方均有选择职业、参加工作和参加社会活动的自由。夫妻双方对于家庭财产有平等的所有权与处理权。夫妻有互相继承遗产的权利。

(三) 夫妻享有平等离婚自由权

在任何离婚程序中,男女均享有平等的离婚自由权。第17条规定,男女双方自愿离婚的,准予离婚。男女一方坚决要求离婚的,经区人民政府和司法机关调解无效时,亦准予离婚。男女双方自愿离婚的,双方应向区人民政府登记,领取离婚证;区人民政府查明确系双方自愿并对子女和财产问题确有适当处理时,应即发给离婚证。男女一方坚决要求离婚的,得由区人民政府进行调解;如调解无效时,应即转报县或市人民法院处理;区人民政府并不得阻止或妨碍男女任何一方向县或市人民法院申诉。县或市人民法院对离婚案件,也应首先进行调解;如调解无效时,即行判决。

(四) 离婚后的财产和生活安排上男女平等

离婚后,一方如未再行结婚而生活困难,他方应帮助维持其生活;帮助的办法及期限,由双方协议;协议不成时,由人民法院判决(第25条)。不过,该条立法的侧重点在于保障离婚妇女的生活。

(五) 父亲和母亲对子女有平等的权利义务

规定"父母对于子女有抚养教育的义务;子女对于父母有赡养扶助的义务;双方均不得虐待或遗弃。养父母与养子女相互间的关系,适用前项规定"。禁止溺婴或其他类似的犯罪行为。"父母子女有互相继承遗产的权利"。非婚生子女享受与婚生子女同等的权利,任何人不得加以危害或歧视。非婚生子女经生母或其他人证物证证明其生父者,其生父应负担子女必需的生活费和教育费全部或一部;直至子女十八岁为止。如经生母同意,生父可将子女领回抚养。生母与他人再婚的,新夫如愿负担女方原生子女的生活费和教育费全部或一部,则子女的生父的负担可酌情减少或免除。夫对于其妻所抚养与前夫所生的子女或妻对于其夫所抚养与前妻所生的子女,不得虐待或歧视。

1950年《婚姻法》没有就子女姓氏作出规定。

离婚后抚养和教育子女的权利义务平等。父母与子女间的血亲关系，不因父母离婚而消灭。离婚后，子女无论由父方或母方抚养，仍是父母双方的子女。离婚父母对所生的子女，均有抚养和教育的责任。离婚后，哺乳期内的子女，以随哺乳的母亲为原则。哺乳期后的子女，如双方均愿抚养发生争执不能达成协议时，由人民法院根据子女的利益判决。

离婚后，母亲抚养的子女，父亲应负担必需的生活费和教育费全部或一部，负担费用的多寡及期限的长短，由双方协议；协议不成时，由人民法院判决。费用支付的办法，为付现金或实物或代小孩耕种分得的田地等。离婚时，关于子女生活费和教育费的协议或判决，不妨碍子女向父母任何一方提出超过协议或判决原定数额的请求（第21条）。

女方再行结婚后，新夫如愿负担女方原生子女的生活费和教育费全部或一部，则子女的生父的负担可酌情减少或免除（第22条）。

二 实行婚姻自由

1950年《婚姻法》实行婚姻自由。"当时立法者认为，随着全部社会制度的根本改革"，为了增长政治、经济、文化建设的力量，特别是"为着解开一切束缚生产力发展的枷锁，必须所有男男女女尤其是妇女从旧婚姻制度这条枷锁下也解放出来，并建立一个崭新的合乎新社会发展的婚姻制度"。[①] 包办强迫婚姻是"封建主义婚姻制度的第一个特点"，而"父母之命、媒妁之言"是"包办强迫婚姻的合法形式，实际上是封建政权和封建族权对男女婚姻关系的联合支配"。[②] "这种封建婚姻制度葬送了多少万万的男女特别是妇女的幸福和生命，妨碍和阻止了社会生产力的发展，所以必须打碎！"[③] 立法者认为，"新婚姻制度的第一个特点，当然应该是男女婚姻自由……在男女婚姻问题上，任何人出来包办强迫的办法，任何第三者的人或'神'

[①] 陈绍禹：《关于中华人民共和国婚姻法起草经过和起草理由的报告》，1950年4月14日，中国人民大学法律系民法教研室、资料室编《中华人民共和国婚姻法资料选编》（一），未刊稿，1982年1月，第21—22页。

[②] 同上书，第24页。

[③] 同上书，第25—26页。

的干涉行为，都不应有存在的余地"。①

（一）实行结婚自由

结婚须双方自愿。"结婚须男女双方本人完全自愿，不许任何一方对他方加以强迫或任何第三者加以干涉。"（第3条）对此条立法的理由，立法报告说明如下：

> 男女结婚，只能是双方本人完全自愿的夫妻关系的自由结合；……男女双方本人完全自愿，是男女结婚自由的唯一合法形式。同时，任何财物的多寡，任何门第的高低，都不应再成为男女结婚关系的基础。任何珍贵之物，都不能作为男女双方相互爱情的代替物或交换品。基于共同生活（包括共同劳动等）共同事业……而引起的相互了解特别友谊所形成的男女相互爱情，是男女结婚的基础，也是婚后夫妻关系持续的基础；也就是男女婚姻自由的直接的真实的基础。②

（二）实行离婚自由

立法者认为，在婚姻自由的情况下，男女离婚自由，应受到国家法律保护。"结婚自由与离婚自由，正是新婚姻制度下男女婚姻自由这个统一物的两个对立部分的具体体现。"③ 立法赋予夫妻双方平等的离婚自由权。

> 男女双方自愿离婚的，准予离婚。男女一方坚决要求离婚的，经区人民政府和司法机关调解无效时，亦准予离婚。男女双方自愿离婚的，双方应向区人民政府登记，领取离婚证；区人民政府查明确系双方自愿并对子女和财产问题确有适当处理时，应即发给离婚证。男女一方坚决要求离婚的，得由区人民政府进行调解；如调解无效时，应即转报县或

---

① 陈绍禹：《关于中华人民共和国婚姻法起草经过和起草理由的报告》，1950年4月14日，中国人民大学法律系民法教研室、资料室编《中华人民共和国婚姻法资料选编》（一），未刊稿，1982年，第27页。

② 参见陈绍禹《关于中华人民共和国婚姻法起草经过和起草理由的报告》，1950年4月14日，中国人民大学法律系民法教研室、资料室编《中华人民共和国婚姻法资料选编》（一），未刊稿，1982年1月，第27页。

③ 同上。

市人民法院处理；区人民政府并不得阻止或妨碍男女任何一方向县或市人民法院申诉。县或市人民法院对离婚案件，也应首先进行调解；如调解无效时，即行判决（第17条）。

"如调解无效时，即行判决"，根据法制委员会的解释，是指"县或市人民法院对于一方坚决要求离婚经调解无效时，应根据每一个案件的具体情况，予以判决；有正当原因不能继续夫妻关系的，应作准予离婚的判决；否则也可作不准予离婚的判决"。①

该法案中的离婚条件，显然极宽松自由。其主要是基于下列三个方面因素考虑：

1. 赋予妇女离婚自由权，否定丈夫专权离婚传统

旧中国，以男性为中心的封建宗法社会传统保障男子片面的离婚自由，例如封建时代的"七出"之条，民国时期的离婚法以及社会习俗承认的"自然合法离婚"，然而妇女没有离婚自由。"在新解放的城乡以及某些老解放区，由于旧的封建的婚姻制度尚未彻底铲除，仍受着旧传统、旧思想的深厚影响，男女人民，特别是妇女，在离婚方面所受的障碍比结婚还要大，很多农村妇女常常因为离婚不自由，而发生自杀与被杀等惨事。所以，男女一方坚决要求离婚即准离婚，是完全有利于广大妇女群众的，……"②

离婚自由"是根据农村及城市妇女，特别是实行了土地改革以后广大劳动妇女的要求而制定的"。③ 当时统计数据表明，无论城乡，提出离婚要求者，妇女占多数。在上海、北京、天津三大城市的800件离婚案件中，女方要求离婚的占68%，男方要求离婚的占22%；双方都要求离婚的占10%。而据对山西的三个县763件农村离婚案件统计，其中女方要求离婚的占

---

① 法制委员会：《有关婚姻法的若干问题解答》第十问，李心远编《新中国的婚姻问题》，文化出版社1950年版，第51—52页。
② 邓颖超：《关于中华人民共和国婚姻法的报告——1950年5月14日在张家口扩大干部会上的讲演》，李心远编《新中国的婚姻问题》，文化出版社1950年版，第23页。
③ 同上书，第22页。

92.4%，男方要求离婚的，仅占 7.6%。① "离婚自由不仅是发扬了婚姻自由的原则，同时是保护妇女必须做到的步骤。"② 诚然，妇女要求由不平等走上平等地位，仅有一纸婚姻法令是不够的，更基本的是须依靠妇女自己在经济上、工作上争取独立。

2. 反对封建婚姻家庭制度

在当时，在民事案件中，婚姻案件占很大比重，而离婚案件又占婚姻案件的极大比重，且城乡男女离婚的最主要原因是包办强迫结婚和男尊女卑婚姻制度导致夫妻感情不和。据对北京、上海、天津、哈尔滨、西安、张家口、石家庄、保定 8 个城市和原华北解放区 71 个县、原陕甘宁边区一部分地区以及山西 8 个县等人民法院的统计，婚姻案件占民事案件的比重，在城市为 17.4%—46.9%，在农村为 33%—99%。而离婚案件又在婚姻案件中占极大比重。根据北京、上海、天津、哈尔滨 4 个城市、原华北解放区 71 个县和原陕甘宁边区一部分地区人民法院的材料统计，离婚案件占婚姻案件的比例，在城市为 46.44%—84.32%；在农村则占 54.1%—90%。③

当时离婚的主要原因中，第一位原因是由他人做主的婚姻、买卖婚姻、重婚、通奸以及妇女受虐等导致夫妻感情不和。这不仅是人民法院受理的离婚案件中最大多数的原因，也是城乡男女离婚的最主要原因。第二位原因是特殊情形，包括夫妻久别、一方犯罪被处刑、一方有生理缺陷不能发生性行

---

① 陈绍禹：《关于中华人民共和国婚姻法起草经过和起草理由的报告》，1950 年 4 月 14 日，中国人民大学法律系民法教研室、资料室编《中华人民共和国婚姻法资料选编》（一），未刊稿，1982 年，第 46 页。

② 高汾．《谈谈婚姻法中的几个问题——记首都各方对婚姻法的认识》，李心远编《新中国的婚姻问题》，文化出版社 1950 年版，第 63—64 页。

③ 参见陈绍禹《关于中华人民共和国婚姻法起草经过和起草理由的报告》，1950 年 4 月 14 日，中国人民大学法律系民法教研室、资料室编《中华人民共和国婚姻法资料选编》（一），未刊稿，1982 年，第 45—46 页。不过，在不同资料中，对于当时婚姻案件占民事案件的比重、离婚案件占婚姻案件的比重似有微小差异。例如，1950 年 5 月 14 日，邓颖超在张家口扩大干部会上的讲演《关于中华人民共和国婚姻法的报告》中提道，"在山西、河北、察哈尔等省农村中，在民事案件里，婚姻案件占 33.3%—99%；在北京、天津、上海、西安、哈尔滨等八个城市中，婚姻案件在民事案件中占 11.9%—48.9%；而婚姻案件中离婚与解除婚约的，在上述农村平均占 54%，城市占 51%—84%。离婚原因主要是包办强迫、买卖婚姻、虐待妇女、早婚、重婚、通奸以及遗弃等，共占 78%—82%。提出离婚的主要是女方，占 58%—92%"；离婚案件的当事人，绝大多数是青壮年。李心远编：《新中国的婚姻问题》，文化出版社 1950 年版，第 22—23 页。

为、一方有不治之恶疾、一方进步而另一方过于落后等。第三位原因是自愿缔结婚姻中，夫妻婚前感情基础不稳固或婚后感情不和造成夫妻不睦。①

3. 解放社会生产力

数千年封建婚姻家庭制度使青年男女痛苦不堪，其中受迫害最深的主要是妇女；"不合理的婚姻到处都是"。② 许多妇女在家庭中过着非人生活，"不但备受虐待，而且往往惨死"。③ "由于家庭不睦，青年苦闷，工作情绪低落，大大削弱了社会的生产力。"④ 而解除不合理的婚姻，将大大促进社会生产力发展。⑤

> 有正当原因迫不得已而要求离婚的男女，尤其是深受旧婚姻制度痛苦不得已而坚决要求离婚的妇女，如果不能达到离婚的目的，只是使男女双方或一方忍受肉体上和精神上的无限痛苦。反之，由于双方自愿离婚或有正当原因的一方坚决要求离婚而达到离婚的目的，则是使双方或至少一方获得肉体上或精神上的解放。⑥

三 实行婚姻登记制

对于婚姻成立、自愿解除婚姻，实行行政登记制，这是一项重大改革。中国历代的王朝、北洋政府、国民党政府时代，均不要求公民结婚须向政府机关登记。而中国共产党的苏维埃区政府和各解放区政府则曾是要求人民结

---

① 参见陈绍禹《关于中华人民共和国婚姻法起草经过和起草理由的报告》，1950年4月14日，中国人民大学法律系民法教研室、资料室编《中华人民共和国婚姻法资料选编》（一），未刊稿，1982年，第46页。

② 高汾：《谈谈婚姻法中的几个问题——记首都各方对婚姻法的认识》，李心远编《新中国的婚姻问题》，文化出版社1950年版，第61页。

③ 陈绍禹：《关于中华人民共和国婚姻法起草经过和起草理由的报告》，1950年4月14日，中国人民大学法律系民法教研室、资料室编《中华人民共和国婚姻法资料选编》（一），未刊稿，1982年，第46页。

④ 高汾：《谈谈婚姻法中的几个问题——记首都各方对婚姻法的认识》，李心远编《新中国的婚姻问题》，文化出版社1950年版，第61页。

⑤ 同上书，第63页。

⑥ 陈绍禹：《关于中华人民共和国婚姻法起草经过和起草理由的报告》，1950年4月14日，中国人民大学法律系民法教研室、资料室编《中华人民共和国婚姻法资料选编》（一），未刊稿，1982年，第49页。

婚须向政府机关登记的。

(一) 实行结婚登记和离婚登记

1950年《婚姻法》第6条规定，要求结婚的男女双方，应亲自到所在地（区、乡）人民政府登记。凡符合《婚姻法》规定的结婚条件的，所在地人民政府应即发给结婚证。不具备结婚条件的，不予结婚登记。

双方自愿离婚，准予离婚，并向区人民政府登记。

(二) 实行登记婚制的主要考虑因素

1. 体现人民政府对人民婚姻问题的重视，将其视为公私利益统一的大事

立法者解释称，实行婚姻登记，是"人民政府对于有关人民健康、家庭幸福、民族健康和国家建设的男女婚姻大事，……表现出比婚姻当事人及其亲属们更广泛的关心和更认真的负责"。[①]

2. 便于查明是否符合婚姻法规定的结婚条件

立法者解释，实行结婚登记，"以便具体查明：结婚确系出于男女双方本人自愿吗？岁数达到婚龄吗？是否违背亲属间禁止结婚的规定吗？一方或双方有性生活器官的生理缺陷吗？有不能结婚的各种疾病吗？是否合乎一夫一妻制呢？……以及是否买卖婚姻等的非法结婚呢？"[②] 查明白这些问题都合于该法规定的，准予登记，发给结婚证，"承认这种结婚于当事人和社会的利益"，[③] 提供法律保护。反之，则不予登记，并"应具体地向当事人双方说明永远不予登记或暂时不予登记的理由"。[④]

3. 婚姻登记制在经济上是极大节省的，受到民众的赞同

立法者强调，"登记即为合法的结婚，对人民有许多好处的"。[⑤] 一方面，促使男女在婚前郑重地考虑结婚，另一方面，不必为举办婚礼而投入许多人力财力，节省经济。从苏维埃时期到解放区政府，人民政府实行婚姻登

---

① 陈绍禹：《关于中华人民共和国婚姻法起草经过和起草理由的报告》，1950年4月14日，中国人民大学法律系民法教研室、资料室编《中华人民共和国婚姻法资料选编》（一），未刊稿，1982年，第36页。
② 同上书，第37页。
③ 同上。
④ 同上。
⑤ 同上书，第38页。

记,"人民自动登记结婚",民众结婚"很少不到政府登记的"。①

四 改革夫妻财产关系

1950年《婚姻法》未明定夫妻财产制,但从其关于离婚时财产分割条款可以推导出,法定夫妻财产制是婚后所得共同制,而且离婚时,通常情形下,丈夫的经济责任大于妻子。第23条规定,

> 离婚时,除女方婚前财产归女方所有外,其他家庭财产如何处理,由双方协议;协议不成时,由人民法院根据家庭财产具体情况、照顾女方及子女利益和有利发展生产的原则判决。

第24条规定,

> 离婚时,原为夫妻共同生活所负担的债务,以共同生活时所得财产偿还;如无共同生活时所得财产或共同生活时所得财产不足清偿时,由男方清偿。男女一方单独所负的债务,由本人偿还。

(一) 实行婚后所得共同制

在当时,家庭财产的构成有下列三类:一是男女婚前各自所有的财产;二是夫妻婚后共同生活时所得的财产;三是未成年子女的财产,例如土地改革中分得的土地及其他财物②。

1. 男女双方婚前财产归各自所有

如前所述,该法案明定"女方婚前财产归女方所有";"婚姻法上虽没明文规定男方的婚前财产应归男方所有,但事实上,男方的婚前财产所有权

---

① 陈绍禹:《关于中华人民共和国婚姻法起草经过和起草理由的报告》,1950年4月14日,中国人民大学法律系民法教研室、资料室编《中华人民共和国婚姻法资料选编》(一),未刊稿,1982年,第38页。

② 参见陈绍禹《关于中华人民共和国婚姻法起草经过和起草理由的报告》,1950年4月14日,中国人民大学法律系民法教研室、资料室编《中华人民共和国婚姻法资料选编》(一),未刊稿,1982年,第39页。

仍是被承认的"。①

2. 婚后共同生活时所得财产为夫妻共同财产

男女结婚后，共同生活期间所得财产，不论男女任何一方所得或者双方共同所得财产，除支付共同生活所需费用、负担清偿共同生活担负债务外，离婚时由双方分割。

按立法报告解释，"夫妻婚后共同生活时所得的财产"，大体上可分为下列三类：

（1）夫妻劳动所得的财产。立法报告特别强调，"妻照料家务抚育子女的劳动，应该看作与夫从事于获取生活资料的劳动有同等价值的劳动；因而夫的劳动所得的财产，应视为夫妻共同劳动所得的财产"。②

（2）夫妻双方或一方在婚姻存续期间依法所得的遗产。

（3）夫妻双方或一方在婚姻存续期间所得的赠予的财产。

（二）离婚时对外财产责任由男方负担

夫妻离婚后，共同生活期间所生债务，由男方单独负责清偿。这是考虑到，多数妇女经济尚未独立，一般情况下，妻子的经济地位弱于丈夫。如果离婚时女方的经济条件优于男方的，也可以要求女方比男方多负担些共同生活时所生债务。③

立法者认为，"根据许多大中城市和县人民法院关于离婚案件的材料看，离婚后的财产和生活问题的处理，是比较复杂和繁难的问题"；前述"概括性的原则规定，……比列举性的具体规定更便利于对实际问题的解决"。④

五 对妇女实行特殊照顾

（一）禁止男方在特定情形下请求离婚

为了保护孕妇、胎儿和婴儿利益，第18条规定，"女方怀孕期间，男方

---

① 史良：《婚姻法中一些问题的解答》，李心远编《新中国的婚姻问题》，文化出版社1950年版，第59页。
② 参见陈绍禹《关于中华人民共和国婚姻法起草经过和起草理由的报告》，1950年4月14日，中国人民大学法律系民法教研室、资料室编《中华人民共和国婚姻法资料选编》（一），未刊稿，1982年，第39页。
③ 同上书，第59页。
④ 同上书，第58、59页。

不得提出离婚；男方要求离婚，须于女方分娩一年后，始得提出。但女方提出离婚的，不在此限"。

禁止男方在此类情形下要求离婚的理由，立法报告说明如下：

> 女方在怀孕期间或刚分娩后，精神上肉体上本已十分痛苦，胎儿或婴儿正在发育，均须父母合办特别保护；如男方于此时期向女方提出离婚，对女方的感情上刺激过大，势必严重地影响到母性健康和胎儿或婴儿的发育，……至于女方于此时期提出离婚，自是出于忍无可忍的情况，当然不能不使其早日脱离痛苦，以保护母性健康和胎儿或婴儿的发育。[1]

不过，虽然立法并未明定，但立法本意是，"若一方对他方有杀害的意图或有其他确实不能继续同居关系的严重原因时"，丈夫"当然可以作为例外而申请人民法院加以合理的处理"。[2]

（二）照顾妇女的财产利益

1950年《婚姻法》第23条规定，是基于保护妇女利益。依据该条规定，"妇女要离婚时，财产权有了保障，就不致因受财产束缚而影响其婚姻自由"。同时考虑到社会习俗上，当时家庭是以男子为中心，实行男娶女嫁，妇女的财产，"也带到男家，离婚时，一定要离开男家，因此，离婚时就要规定女方的婚前财产仍归女方所有"。

（三）减轻离婚妇女的债务清偿责任

当时，考虑到妇女的经济收入普遍低于男性，为使离婚妇女生活不致遇到困难，立法规定，离婚时，对于夫妻共同生活所生的债务，"若无共同生活所得财产或共同生活时所得财产不足清偿时，由男方清偿"（第24条）。

---

[1] 陈绍禹：《关于中华人民共和国婚姻法起草经过和起草理由的报告》，1950年4月14日，中国人民大学法律系民法教研室、资料室编《中华人民共和国婚姻法资料选编》（一），未刊稿，1982年，第54页。

[2] 同上。

六 所有子女地位平等

（一）非婚生子女享受与婚生子女同等的权利

1950年《婚姻法》第15条规定：

> 非婚生子女享受与婚生子女同等的权利，任何人不得加以危害或歧视。非婚生子女经生母或其他人证物证证明其生父者，其生父应负担子女必需的生活费和教育费全部或一部；直至子女十八岁为止。如经生母同意，生父可将子女领回抚养。生母与他人结婚，原生子女的抚养，适用第22条的规定。

该法所称"非婚生子女"，是指下列两类人：一是无夫妻关系的男女所生的子女，曾被称为"私生子女"；二是一夫一妻多妾的旧式婚姻下，妾所生的子女，曾被称为庶出的子女。[①]

立法者认为，所有子女都是社会成员，应"加以同等的保护"；危害或歧视非婚生子女的行为，都是错误的。[②] 同时，必须保证非婚生子女的生活和抚养。若母亲的新夫如愿负担女方原生子女的生活费和教育费全部或一部，则子女的生父的负担可酌情减少或免除。

（二）养子女与亲生子女地位平等

养父母与养子女相互间的关系，适用父母子女关系规定。

七 对军婚实行特别保护

> 现役革命军人与家庭有通信关系的，其配偶提出离婚，须得革命军

[①] 参见陈绍禹《关于中华人民共和国婚姻法起草经过和起草理由的报告》，1950年4月14日，中国人民大学法律系民法教研室、资料室编《中华人民共和国婚姻法资料选编》（一），未刊稿，1982年，第43页；中央人民政府法制委员会：《有关婚姻法施行的若干问题与解答》（1950年6月26日）第九问，李心远编《新中国的婚姻问题》，文化出版社1950年版，第51页。

[②] 参见陈绍禹《关于中华人民共和国婚姻法起草经过和起草理由的报告》，1950年4月14日，中国人民大学法律系民法教研室、资料室编《中华人民共和国婚姻法资料选编》（一），未刊稿，1982年，第43页。

人的同意。自本法公布之日起，如革命军人与家庭两年无通信关系的，其配偶要求离婚，得准许离婚。在本法公布前，如革命军人与家庭已有两年以上无通信关系，而在本法公布后，又与家庭有一年无通信关系，其配偶要求离婚，也得准予离婚（第19条）。

这条规定，较多地照顾革命军人利益，对军人配偶离婚实行一定限制。[①] 这是基于"革命军人家属的离婚问题，应该是与一般有别"的认识而规定的。

该条规定是有特定历史背景的。当时，人民解放军解放了中国大陆的绝大部分地区，但解放战争尚未完全胜利，[②] 少部分地区还处于战争状态。为使"现役军人在前方安心杀敌"，立法者作此规定。对现役军人婚姻家庭实行特殊保护，直接原因是为了维护革命军人的切身利益，加强巩固军队和国防。如果现役军人的婚姻家庭得到了切实保护，既可以促进革命军人安心服役，又可以鼓励适龄青年踊跃参军。[③] 如果未获得革命军人本人同意，其配偶请求离婚就可以获准，将可能影响军人们的情绪，"这将对人民事业有所损害，因此，应该予以照顾"。[④]

该条规定是解放区婚姻立法保护军婚传统的延续。以往解放区实行的婚姻条例中有类似规定，都收到了安定前方军心和保证后方动员的效果。[⑤]

立法者认为，作为军属的妻子们"定会同意这种照顾的"。[⑥] 军属不仅长期缺少夫妻的抚慰和体贴，而且她一人肩挑两人担子，生活负担沉重，但

[①] 熊天荆：《关于军婚问题的我见》，李心远编《新中国的婚姻问题》，文化出版社1950年版，第44页。

[②] 参见陈绍禹《关于中华人民共和国婚姻法起草经过和起草理由的报告》，1950年4月14日，中国人民大学法律系民法教研室、资料室编《中华人民共和国婚姻法资料选编》（一），未刊稿，1982年，第54页。

[③] 参见周家清编《婚姻法讲话》，中国青年出版社1964年版，第102—103页。

[④] 熊天荆：《关于军婚问题的我见》，李心远编《新中国的婚姻问题》，文化出版社1950年版，第44页。

[⑤] 陈绍禹：《关于中华人民共和国婚姻法起草经过和起草理由的报告》，1950年4月14日，中国人民大学法律系民法教研室、资料室编《中华人民共和国婚姻法资料选编》（一），未刊稿，1982年，第54页。

[⑥] 熊天荆：《关于军婚问题的我见》，李心远编《新中国的婚姻问题》，文化出版社1950年版，第44页。

是现役军人从事着革命事业，离开了自己的家乡和家人，在作出牺牲；妻子们则分享着这份光荣。[1] 立法者强调，军人的妻子"从自身长远利益着想，自应加深对于军人的感情"。[2]

自此，中华人民共和国的三部婚姻法法案，全部均有特别保护军婚条款。

第四节　立法改革评点

1950年《婚姻法》以废旧立新为其根本任务，其立法价值取向是推翻旧的婚姻家庭制度、建构新式婚姻家庭。从实施效果评估，该法案实现了对婚姻家庭制度的根本改革任务，奠定了社会主义婚姻家庭制度的基础。如果说中共革命根据地时期婚姻立法初步实践了改革的基本思想，在部分地区初步改革了婚姻家庭制度，那么，该法案是将原先积累的改革经验在全国范围内普遍实行，无论是内容、立法技术，都是一次再实践。该法最明显的特征是简洁，也因如此，其最大不足是过于简略。由于立法指导思想、立法经验及准备时间有限，该部法案只是"废旧立新、奠定基础"，[3] 其"简单的法律条文""粗糙的立法技术"使之"具有一定的时代局限性"。[4] 为贯彻执行1950年《婚姻法》，"内政部"于1955年6月1日公布了《婚姻登记办法》。

一　历史功绩

1950年《婚姻法》，全法案仅有27条，而立法调整对象不限于婚姻关系，还涉及亲属、继承。当年被潘光旦先生评价为"很简洁而又恰当的一个法典"。[5]

---

[1] 高汾：《谈谈婚姻法中的几个问题》，李心远编《新中国的婚姻问题》，文化出版社1950年版，第67页。

[2] 熊天荆：《关于军婚问题的我见》，李心远编《新中国的婚姻问题》，文化出版社1950年版，第44页。

[3] 王战平主编：《中国婚姻法讲义》，全国法院干部业余法律大学教材，北京市出版登记第86—033号，1986年，第17页。

[4] 巫昌祯、夏吟兰：《改革开放三十年中国婚姻立法之嬗变》，中国法学会婚姻家庭法学研究会2008年年会论文。

[5] 潘光旦：《论婚姻法》，李心远编《新中国的婚姻问题》，文化出版社1950年版，第1页。

(一) 立法目标任务界定恰当

20世纪40年代末，新旧婚姻家庭思想意识斗争十分激烈。包办强迫婚姻、暴力干涉婚姻自由、男尊女卑、侵犯妇女人身权利的现象很严重，杀害妇女或妇女自杀案件经常发生。曾实施了数千年的封建婚姻家庭制度虽然在国民政府时期已然被废除，但是实施此改革仅二十余年，封建婚姻家庭传统依然深厚，影响甚广。1950年《婚姻法》将主要目标定位为否定、废除封建婚姻家庭制度，建立婚姻自由、一夫一妻、男女平等的新式婚姻家庭制度。此乃十分符合当时中国社会实际，是合理恰当的。

该《婚姻法》的制定者清楚地认识到，推翻封建婚姻家庭制度是一项艰巨的社会改造工程，它首先是婚姻家庭领域的思想革命，然后才是法律革命。

(二) 确立了婚姻自由、一夫一妻制、男女平等的婚姻家庭制度

该法案明确废除包办、强迫、买卖的婚姻制度，破除男尊女卑、漠视子女利益的封建家庭观念，建立婚姻自由、一夫一妻、男女平等、保护妇女和子女利益的新婚姻制度，发挥了决定性作用。

1950年《婚姻法》确立的基本精神和主要内容，是中华人民共和国在此后半个世纪中婚姻家庭立法的主要追求。30年以后的1980年《婚姻法》、半个世纪后的2001年《婚姻法修正案》这两部法案的基本精神和主要内容，与1950年《婚姻法》如出一辙。

1950年《婚姻法》为我国改革婚姻家庭制度提供了行之有效的经验。改革婚姻家庭法，首先要认清婚姻家庭制度改革的性质。婚姻家庭制度改革，要解决的问题绝大部分属于人民内部矛盾。其次，要坚持正确的措施和方法，一方面要通过说服教育，帮助广大干部群众划清婚姻家庭领域新旧制度、新旧思想意识的界限，使婚姻家庭法的新规定成为人们的自觉行为；另一方面，对婚姻家庭领域的违法犯罪行为采取必要的强制手段，给予犯罪行为应得的惩处。最后，要特别注意贯彻法律与发展生产和经济建设相结合，注意保护妇女合法权益。这些经验在今天仍然具有现实意义。

1950年《婚姻法》彻底否定了封建的婚姻家庭制度，赋予妇女与男子平等权利、享有婚姻自由。长期遭受封建婚姻家庭制度压迫而处于极端痛苦中的妇女终于有了政府和婚姻法作靠山，她们勇敢地站起来要求离婚。1953年，全国法院受理的离婚案件高达117万件。在一定程度上，这个离婚高潮

标志着封建婚姻家庭制度的崩溃。

(三) 形式和内容：简洁

简洁是1950年《婚姻法》的一大特点。这主要是与旧中国民法亲属编、继承编规定相比较而得出来的结论，因为旧法亲属编有86条。当年，潘光旦先生评价，该法案是"恰当"的，其主要体现在下列三方面：一是革新原则的适用；二是科学知识的实践；三是合理习惯或良好经验的照顾。"一切旧时代所留传下来的繁文缛节即一扫而光，于是不切实际毫无用处的东西都被切实有用的东西替代了；干净替代了拖泥带水。"①

这种简洁风格既是主动追求的结果，又有不得不为之的因素。第一，基于立法"宜粗不宜细"指导思想的指引。"法律表述得越明确，它适应形势变化的能力就越差"。② 第二，受革命根据地时期婚姻立法习惯的影响。武装斗争时期，婚姻法是为配合主要革命任务需要而制定的，没有稳定、和平的环境来细致研究讨论立法的种种问题，故立法仅就主要问题作出原则性规定，条款不得不简洁了。1949年新中国刚宣布成立，迅速制定颁布的婚姻法难以形成新的立法风格。可以说，1950年《婚姻法》基本上是照搬《中华苏维埃共和国婚姻法》。第三，立法技术尚不娴熟。第四，制定该法的用时少。欲在17个月内迅速制定颁行一部调整婚姻家庭关系的法案，想考虑周全、内容详尽，是有较大困难的。因为没有时间就全国范围内相关情况实行调查与研究，没有时间更多地讨论。

(四) 开启了婚姻法单独立法的新中国立法体例

1950年《婚姻法》是新中国第一部基本法，它在继承解放区婚姻法单独立法经验的基础上，在建立全国政权后，开创了制定独立婚姻法案的立法体例。

一 立法不足

1950年《婚姻法》，无论是体系还是条文，均显得"过于简单"，③ 内

---

① 潘光旦：《论婚姻法》，李心远编《新中国的婚姻问题》，文化出版社1950年版，第1页。
② [英] S. F. C. 密尔松：《普通法的历史基础》，李显冬、高翔、刘智慧、马呈元译，中国大百科全书出版社1999年版，引言：绪论，第6页。
③ 张玉敏主编：《新中国民法典起草五十年回顾与展望》，法律出版社2010年版，第380页。

容也存在明显不足。该法案名称定为"婚姻法",故规范家庭关系的条款少,更缺少一般亲属关系的规定;即使是婚姻关系条款,某些条款也存在明显不足。

(一) 内容过于简略

该法案名称定为"婚姻法",故规范家庭关系的条款极少。1950年《婚姻法》实施后,各地区很快遇到了诸多该法律规定不甚明了而实践中又必须解决的问题。例如,如何对待天主教徒的结婚问题;如何处理残障者、智障者、聋哑人离婚问题;如何确定子女姓氏;革命军人的范围包括哪些;不同民族的男女婚姻纠纷如何处理,等等。为了解决执行过程中的疑惑和问题,1950年至1980年间,中央人民政府内务部、法制委员会和最高人民法院、司法部等有关机关与部门分别针对结婚、家庭关系、离婚、革命军人婚姻、民族婚姻、涉外婚姻等几乎婚姻家庭的所有方面,就具体问题作了大量解答或批复、复函。例如,1953年3月7日最高人民法院、司法部《关于"五代内"的解释的复函》规定,"旁系血亲",是指直系血亲之外在血统上和自己出于同源之人;五代以内,是指从己身往上数,己身为一代,父母为一代,祖父母为一代,曾祖父母为一代,高祖父母为一代,旁系血亲如从高祖父母同源而出的,即为五代以内。所有这些司法解释,丰富了婚姻法的内容,使该法规定更为具体和明确;同时为执行中许多实际问题的解决提供了统一根据。

(二) 某些条款的价值取向定位有失偏差

这种偏差有两种类型:一是过于偏重传统;二是过于偏重个体自由,有失平衡乃至公允。

以当代性别平等观衡量,1950年《婚姻法》坚持性别平等尚有欠缺,多个条款存在明显的性别问题,值得反思。

1. 法定婚龄男高女低,不利于男女平等

该法第4条规定,"男二十岁,女十八岁,始得结婚"。即法定婚龄要求上,男略高于女。一般解释认为,男子成婚年龄略高于女子,是大多数国家的通例。"男女采用相同法定婚龄,拟有平等之义,然男女身体之发达有迟早之别,乃出于生理之自然,无取乎以人力强制之平等。"[①]在当代中国,法

[①] 潘维和:《中国近代民法史》,(台北)汉林出版社1982年版,第111页。

定婚龄高于成年年龄，所谓妇女在生理上早熟于男性的理由，并不足以解释。笔者认为，法定婚龄上男大女小格局，更多是基于男强女弱的传统婚配观。这是需要改进的。

2. 关于法定离婚事由

第19条"现役革命军人与家庭有通讯关系的，其配偶提出离婚，须得革命军人的同意。自本法公布之日起，如革命军人与家庭两年无通讯关系，其配偶要求离婚，得准予离婚。在本法公布前，如革命军人与家庭已有两年以上无通讯关系，而在本法公布后，又与家庭有一年无通讯关系，其配偶要求离婚，也得准予离婚"。

离婚条款规定使得离婚太过轻易。甚至有学者批评之为"离婚自由被滥用"。[1]

该法生效后，中华人民共和国发生了第一次离婚高潮。据中央人民广播电台播报，全国法院受理的离婚案件总数：1950年为186167件；1951年为409500件；1952年为398243件；1953年为1200000件余。[2]尽管绝大多数离婚属于反对封建婚姻所致，属于清理新中国成立前历史遗留问题，不过，受理离婚案件数与当时全国总人口数之比，达2.67%，不可谓不高。

3. 关于离婚后子女的抚养和教育

第23条第2款规定，离婚时，"如女方及子女分得的财产足以维持子女的生活费和教育费时，则男方可不再负担子女的生活费和教育费"。

（三）立法风格偏原则而致内容明细不够

关于结婚条件，除了当事人自愿，其他条件的实施需要一些补充性的社会设施或措施。

潘光旦先生指出，婚姻指导是必要的。指导是"忠告而善道之，不可则止"。"婚姻的指导，从幼小时期的性的教育起，到青年时期的男女社交与配偶的对象的选择止，根本上应该成为全部教育责任的主要部分"。[3]负家庭教育责任的开明的父母，负学校教育责任的师长，婚姻咨询机构等，都应

---

[1] 张玉敏主编：《新中国民法典起草五十年回顾与展望》，法律出版社2010年版，第380页。
[2] 汪玢玲：《中国婚姻史》，上海人民出版社2001年版，第437页。
[3] 潘光旦：《论婚姻法》，李心远编《新中国的婚姻问题》，文化出版社1950年版，第6页。

该提供婚姻指导服务。"指导不是训斥，指导也不是教诲，……却宜乎用朋友的资格实行积极的指引与消极的劝告。……一定要有人尽到这番责任，婚姻法第三条的施行才可望多收几分效果。"①

"其他医学上认为不应结婚之疾病"，也应有所明确和准备。潘光旦先生就提议"婚前的医事检查"。申请结婚的人"必先经过检查，取得合格的证明，方能向乡区人民政府登记"。故除婚姻登记机关外，还须有一整套的婚前检查的办法和安排。②

（四）某些条款文字表述不够严谨周全

1. 语言欠缺斟酌

"有生理缺陷不能发生性行为"的人，不能结婚。"如果添上'未经治愈'或'未经纠正'的字样，便更较妥善，因为有的缺陷，包括一部分心理的缺陷在内，是可以纠正的，纠正后仍可以结婚。""性行为"一词"略显传统"而不够明确，因为性行为有多种类型，不如写明"性交行为"或"性交"更为明确。③

法案用语显得口语化，甚至过于随便。例如，涉及夫妻关系，使用"男方""女方"这类口语化的用语。这种语言风格直接影响了后续的两个婚姻法案。

2. 某些用词不明确

例如，结婚年龄男二十岁、女十八岁。按照中国人习惯，年岁的计算有虚实之别，法案中的年龄究竟是虚岁还是实岁呢？

三　法案实施及离婚标准问题争议：正当理由论与感情破裂论的论战

1950年《婚姻法》实施后，新的婚姻家庭制度得以确立；同时，不同价值观的争议也在一定范围内存在，特别是离婚标准之争。

（一）该法案的实施

为了实施1950年《婚姻法》，有关部门多次发出关于贯彻《婚姻法》、

---

① 潘光旦：《论婚姻法》，李心远编《新中国的婚姻问题》，文化出版社1950年版，第7页。
② 同上书，第9页。
③ 同上。

检查《婚姻法》执行情况和纠正错误的指示或通知。1952年11月和1953年2月，中共中央、政务院先后发出了三个关于贯彻《婚姻法》的重要文件，规定1953年3月为全国贯彻《婚姻法》运动月，并对贯彻《婚姻法》的任务、方针、方法和各种政策界限作了明确规定。当时，中央和各级人民政府都成立了"贯彻《婚姻法》运动委员会"；先后在村、工矿和街道进行试点，培训干部，印发宣传资料。1953年3—4月间，全国70%左右地区（少数民族地区和土改尚未完成地区除外）大张旗鼓地开展了贯彻《婚姻法》运动，对广大群众进行《婚姻法》的宣传教育，还检查了县级以上各级人民法院、民政部门和基层干部执行《婚姻法》的情况。1953年11月11日，中央贯彻《婚姻法》运动委员会刘景范副主任在政务院第193次政务会议上的报告：《关于贯彻〈婚姻法〉运动的总结报告》。这次运动声势浩大，规模空前，使婚姻法深入人心，家喻户晓，取得了新中国成立初期婚姻家庭制度改革的决定性胜利，为《婚姻法》的继续贯彻执行奠定了基础。

1950年《婚姻法》实施后，离婚率不断升高，离婚人口呈现了第一次高峰。1953年，大陆地区离婚案件达到117万件。

（二）离婚标准之争议

离婚人数的大幅增多，促进了离婚问题学术研究的活跃。例如，李心远《新中国的婚姻问题》、丁一《谈谈恋爱婚姻问题》、马起《谈离婚的政策界限》等著作出版。有人批评人民法院对离婚案件的审判，指责法院判决准许离婚太多，助长了离婚率上升；还有人认为资产阶级思想作祟是当时离婚的主要原因，不应准许这类离婚。1957年4月13日，韩幽桐发表《对于当前离婚问题的分析和意见》，引发了离婚标准问题的讨论。1957年至1958年，学者、法律工作者、妇女干部、离婚当事人就离婚标准问题，发生了一场令人瞩目的大论战，人民法院判决离婚或不准离婚的标准是什么？论争的焦点是究竟应当坚持"正当理由论"还是"感情破裂论"。

1. 感情破裂论

韩幽桐指出，从1953年到1956年离婚案件的绝对案件数量是逐年减少的，没必要惊惶；虽然从全国看，引发离婚的原因有多种，但主要原因仍然是"封建婚姻关系和封建残余"，"至于资产阶级思想作祟固然是某些离婚问题发生的原因……但绝不是主要的原因"。针对某些青年男女自主结婚不久而提出离婚的现象，他承认这是"一种缺陷"，评议"这是刚从封建制度的束缚下解放出来的青年男女特别是妇女很难完全避免的事情"。因为他们很多人"还不善于处理自己的婚姻，还不善于选择自己的配偶……发生所谓轻易结婚的现象。结婚后，发现对方不是自己满意的人，势不能不要求离婚。……不能简单地认为是资产阶级思想作祟"。针对干部离婚现象，他分析指出，有些的确是由于资产阶级思想作祟，把婚姻当儿戏；有些"是由于长期感情不好，发展到感情破裂而提出离婚的"；有些则是反对包办强迫而无爱情基础的婚姻而提出离婚的。强调婚姻是应以爱情为基础的。有些人"把婚姻上的爱情当作资产阶级思想来反对，……对于爱情已经完全破裂了的也不许离婚"，那么摧毁封建婚姻制度，又是何意义呢？他主张法院判决离婚应当以夫妻感情是否确已破裂为标准。他由此成为感情破裂论的代表人物。①

> 婚姻是以爱情为基础的，封建婚姻关系不是建立在爱情基础上的，因而是不稳固的，它本身就包含着分离的因素。……由于爱情变化而发生的其他离婚现象还不能消灭，它将是长期存在着的现象。
>
> 法院对于每个离婚案件判离或不判离是根据夫妻关系本身有无和好的可能，双方感情是否完全破裂而定的，从实质上说离与不离决定于夫妻关系本身，……只要夫妻关系还没有发展到完全破裂的程度，都有和好的可能，……相反，不管由于什么原因造成，在双方感情已经完全破裂，不可能继续共同生活下去的时候，法院不准离婚的判决便成了无用的废纸。
>
> 当夫妻感情完全破裂到不能继续共同生活下去的时候，这种夫妻关系便是名存实亡，勉强维持这种名义上的夫妻关系，对双方、对子女、对整个家庭都是痛苦的。痛苦的家庭作为社会上组成的细胞来说，就是不健康的细胞，也就成了社会生产上的消极因素。……为了使家庭成为社会上的积极因素，……对于感情完全破裂，不能继续共同生活下去的夫妻，准许离婚以解除这种痛苦的关系便成为必要。"准离和不准离的

---

① 韩幽桐：《对于当前离婚问题的分析和意见》，《人民日报》1957年4月13日。

判决……不应当用作制裁错误思想或行为的手段"。①

韩幽桐的论文发表后,立即引起了广泛的社会反响。读者纷纷向《中国妇女》杂志社投稿,提出了不同意见或相似观点。从 1957 年第 8 期开始《中国妇女》杂志开辟专栏"对于当前离婚问题的分析和意见",专门讨论韩幽桐的前述之文。人们各抒己见。

2. 正当理由论

这种观点主张离婚理由应正当,反对"感情论"。而判断离婚理由正当与否的标准是当事人请求离婚的理由是否合乎道德。一方有过错的,另一方有权请求离婚;过错方本人请求离婚,所谓离婚理由不正当的,只要无过错方不同意的,法院就不应批准离婚。刘云祥、熊先觉、高玉生、石磊等人,是"理由论"的代表。正当理由论就是过错主义离婚观。

> 凡一方严重破坏共产主义道德,违背夫妻忠实义务或有其他违法犯罪等行为,使夫妻关系恶化以致对方据此请求离婚的,人民法院应当支持与满足这种正义要求。如果有罪过的一方提出离婚,这时有决定意义的是对方的态度。②

熊先觉提出,当前离婚原因主要仍是封建婚姻关系和封建残余的观点值得商榷;"草率结婚、轻率离婚以及喜新厌旧和贪图享受的资产阶级思想作祟"是重要原因,必须引起足够注意。③ 高玉生坚决反对"感情论",而主张"理由论","有些夫妻感情本来是很好的,但是,他想另找一个更理想的,或者已经先找到了他认为理想的爱人,……故意制造不和而提出离婚";对于这种损人利己行为,应该坚决不准他离婚,以促使其回头。如果不管是什么原因造成的离婚,都准许,"离婚就变成了抛弃对方的手段。那是资产阶级离婚自由的实质,是极不道德的,我们坚决反对"。④ 爱情的变化有两

---

① 韩幽桐:《对于当前离婚问题的分析和意见》,《人民日报》1957 年 4 月 13 日。
② 刘云祥:《关于正确认识与处理当前的离婚问题》,《法学》1958 年第 3 期。
③ 熊先觉:《略谈当前离婚的原因问题》,《中国妇女》1957 年第 8 期。
④ 高玉生:《发挥审判工作对巩固婚姻家庭的作用》,《中国妇女》1957 年第 9 期。

种不同性质：一种是自然的变化；另一种是另有所爱了，第三者的吸引与支持，使他的思想起了变化，"无非是嫌对方老了，或在物质生活上对方不能满足自己，想'换换班'，过过资产阶级味道的爱情生活。如果法院不管造成离婚诉讼的原因是什么，只凭夫妻双方感情已'完全破裂'就判决离婚，法院岂不成了离婚书记处了吗？"[1]

1958年，刘云祥发表《关于正确认识与处理当前的离婚问题》一文，明确不同意韩氏观点，他根据部分法院离婚案件统计信息，认为曾作为离婚主要原因的封建婚姻关系和封建残余已退居次要地位，而"资产阶级婚姻观点与小资产阶级婚姻观点是当前离婚的主要原因，也是建立和巩固新的家庭关系的主要敌人"；提出"要反对满足因资产阶级思想而提出的离婚请求"。[2] 刘云祥由此成为正当理由论的代表。李逸尘也赞同刘云祥的观点，他列举部分法院审结的离婚案件原因统计结果，认为轻率离婚现象较为普遍地存在，主张区分离婚的真正动机和目的，对于那些基于资产阶级思想而借口"父母包办""个性不投""妨碍进步""没有感情"等所谓理由提出的离婚，应当予以批评教育，借以制止资产阶级思想自由泛滥。[3]

（三）中间派观点

也有些人持折中观点，认为"感情论"和"理由论"都各有一定的道理，但又都不够全面。感情已经破裂了，离婚理由不正当时，一律判处离婚，将纵容喜新厌旧的离婚，造成不良影响；但是，只要理由不正当的，就一概不准离婚，也非唯一办法。顾联璜、佟本礼是这种折中观点的代表，反对将感情和理由机械地对立起来。

> 在判处离婚案件中，感情和理由这两个方面都不应忽视。……在感情已经破裂，理由不正当的情况下，如果只看到感情破裂的事实，而不顾理由不正当的事实，一律判处离婚，这样会对一些出于资产阶级喜新厌旧的卑鄙动机的离婚当事人，在客观上起了纵容的作用，在群众中也

---

[1] 石磊：《怎样看爱情的"变化"和"破裂"》，《中国妇女》1957年第8期。
[2] 刘云祥：《关于正确认识与处理当前的离婚问题》，《法学》1958年第3期。
[3] 李逸尘：《试论我国当前离婚的主要原因及处理离婚问题的根据》，《政法教学》1958年第2期。

可能造成不良影响。……就绝不能像感情论者所说的那样，不论什么理由都应该判离。……另一方面，……不能像理由论者所说的那样：凡是理由不正当的一概不准离婚。有些离婚案件确是由于资产阶级思想问题所引起的，理由极不正当，可是感情已是完全破裂了。经过法院批评、教育，甚至采用缓判或暂先判不离的办法，争取等待仍然无效时，……判决离婚应该是允许的。……感情完全破裂无可挽回，勉强维持下去实际上对双方都没有好处；……确实已无法挽回时，即使理由不正确，在不违背妇女和子女合法利益、不致造成不好的影响、不致助长资产阶级思想等原则下，判决离婚同样是可以的。……必要时可以把缓判或暂先判决不离作为一种教育手段，也可以判决不准离婚。但是，这一切都不是无限制的，都不是绝对的。[①]

不过，从主要方面观点看，折中观点实际上仍是感情论。

最终，折中观点占据上风。当前离婚的原因，

　　草率结婚是一种情况，封建主义和资本主义因素起作用又是一种情况。……这两种思想残余可能交错出现。……在大城市里，资产阶级思想较为突出，而在农村特别是偏僻山区，封建思想可能比较严重。即使在同一个离婚案件里，对于男女一方或双方，也一定是单纯的封建残余或资产阶级思想在作祟，也可能两种思想同时起着作用。……我们反对轻率离婚，提倡夫妻间互敬互爱，……只有当夫妻关系十分恶劣，确实无法维持，不离对双方、子女、家庭、社会不利的时候，才准予离婚。[②]

四　对后世的影响

1950年《婚姻法》确立了新中国婚姻家庭立法的基本模式和框架。"法典的编制方法，不但表现其立法技术，而且显示其立法精神。……在法典编

[①] 顾联璜、佟本礼：《谈感情和理由》，《中国妇女》1957年第12期。
[②] 北京大学法律系民法教研室：《对离婚问题的分析和意见》，《中国妇女》1958年第4期。

制形式上，自是由简略到完备，由含混到分明，此为中外法制史上共有之现象。"①

（一）名称上以"婚姻法"表达"婚姻家庭法"之意

1950年《婚姻法》不仅调整结婚、离婚，夫妻关系，而且调整家庭关系，设第四章"父母子女之间的关系"专章。然而，在名称上命令为"婚姻法"，而未使用"婚姻家庭法"。从此以后，中华人民共和国通过的三部婚姻家庭法案，均命名为"婚姻法"。

（二）法案结构与体例：按章设条规定

1950年《婚姻法》分章结构，且章之下不设节。其后各部婚姻法案均如此。

1950年《婚姻法》第一章"原则"，规定婚姻家庭制度的原则。后来的1980年《婚姻法》也遵此例。1950年《婚姻法》将结婚、离婚分立专章，分开规定，且其中间隔着家庭关系规制；1980年《婚姻法》也照此结构。

（三）内容简略：无亲属通则性规定

1950年《婚姻法》未就亲属制度作规定。除了法案中出现的称谓的亲属外，不知还有哪些人之间构成亲属关系。对于不得不涉及的父母、夫妻、子女等亲属，直接使用其称谓，在称谓之下设定权利或义务。

这一立法模式，在其后两个婚姻法案均得以延续。至今，我国尚无任何国家立法就亲属作出制度性安排。

（四）立法技术：以原则性规定为主

1950年《婚姻法》共计27条，简要得不能再简要。这主要在于法案对婚姻家庭法问题或关系仅作原则规定。

对于可能发生的争议，一概委以"双方协议"；"协议不成时，由人民法院判决"。

（五）法律用语通俗又口语化

从1950年开始，三部婚姻法案均使用"女方""男方"来表达妻子、丈夫之意。如果说在20世纪50年代，鉴于旧式婚姻家庭关系中一夫一妻多妾关系之事实，1950年《婚姻法》不能直接使用妻子一词来表示婚姻关系

---

① 潘维和：《中国近代民法史》，（台北）汉林出版社1982年版，第36页。

一方，而不得不采用"女方"这种略带口语化之词，相应地，将另一方标示为"男方"。遗憾的是，这种语言习惯一旦形成，即延续至今。即使在2001年婚姻法修正案中，仍使用"女方""男方"两词来表示妻子、丈夫或前妻、前夫。

第八章
1980年《婚姻法》

1978年12月，中国共产党召开第十一届三中全会，决定将执政党和国家的工作重点转移到经济建设上，加强社会主义民主和法制建设。当时，1950年《婚姻法》已实施近三十年，其间，经济社会情况已发生巨大变化。男女就业情况、女性的经济社会地位、人口规模等不同于新中国成立初期，社会主义婚姻家庭关系已在成为主流。同时，封建思想和旧习俗还影响着婚姻家庭生活，"文化大革命"期间，婚姻家庭法制遭到严重破坏，包办婚姻、买卖婚姻、借婚姻索取财物、虐待和遗弃老人等现象在城乡都有发生。为了适应新形势，充分调动个人的积极性，1980年9月10日第五届全国人民代表大会第三次会议通过了新的《中华人民共和国婚姻法》（以下简称1980年《婚姻法》）。该法于1981年1月1日起施行，同时废止1950年《婚姻法》。该法案共五章计37条。第一章总则，规定婚姻法的任务和原则；第二章结婚，规定婚姻成立的条件和程序；第三章家庭关系，规定夫妻、父母子女和其他亲属的权利义务；第四章离婚，规定终止婚姻的程序、处理原则和法律后果；第五章附则，是有关制裁、执行的规定。为配合该法的实施，民政部于1980年10月20日颁布了《婚姻登记办法》，取代1950年《婚姻登记办法》。

第一节 制定经过和立法背景

中国共产党第十一届三中全会以后，当时社会各方面情况已与20世纪

50年代初大为不同，制定新婚姻法成为国家的紧迫任务。① 虽然封建思想和旧习俗还影响着部分人，从1950年到1970年，婚姻家庭领域出现了某些"回潮"现象，包办婚姻、买卖婚姻等现象有所抬头，"公民在婚姻家庭方面的权利受到了不同程度的侵犯"，但是，"自由恋爱和经别人介绍、本人同意的自主婚姻已经占主导地位"。② 1976年粉碎"四人帮"后，1950年《婚姻法》"已不能完全适应"社会现实需求，③ "广大群众一致要求颁布新的婚姻法"。④ 故在1950年《婚姻法》基础上，根据三十年的实践经验和新情况、新问题，制定了新法，⑤ 即1980《婚姻法》。此后二十年间，该法是调整婚姻家庭关系的基本准则。为配合该法实施，民政部于1980年10月20日发布新的《婚姻登记办法》。

一 制定经过

1978年10月间，中共中央政法小组举行座谈会，明确指出在准备制定刑法、民法的同时，要着手修改婚姻法。⑥ 受中共中央委托，同年11月，成立修改婚姻法领导小组。修法领导小组组织来自中国人民大学、北京大学、中国社会科学院法学研究所、北京政法学院等机构从事婚姻家庭法教学与研究的专家学者，以1950年《婚姻法》为蓝本，共同起草新的婚姻法。杨大文、苏庆、王德意、马原、巫昌祯、陈明侠等专家先后参加修法小组。修法小组专家经历一年余的调查研究，由杨大文执笔起草了《中华人民共和国婚姻家庭法草案》，先后三次在全国范围内征求意见。

1978年12月，中共第十一届三中全会上，全国人大常委会委员长叶剑英谈加强法制问题时明确提议制定新的婚姻法。

1980年9月10日，第五届全国人民代表大会第三次会议通过了新的

---

① 1979年《最高人民法院关于贯彻执行民事政策法律的意见》第1条，规定了准离婚与不准离婚的基本界限、事实婚姻、军婚、离婚案件中的财产和生活费问题、子女抚养、收养、赡养等13个问题。
② 中共中央宣传部、中华全国妇女联合会：《中华人民共和国婚姻法宣传要点》，1980年10月。
③ 《婚姻家庭生活的准则》，《人民日报》社论，1980年9月16日。
④ 王战平主编：《中国婚姻法讲义》，全国法院干部业余法律大学教材，北京市出版登记第86—033号，1986年，第15—16页。
⑤ 武新宇：《关于〈中华人民共和国婚姻法（修改草案）〉的说明》。
⑥ 张希坡：《中国婚姻立法史》，人民出版社2004年版，第230页。

《中华人民共和国婚姻法》，该法自1981年1月1日起实施。

二　立法背景

法律须顺应社会实际的需要，社会发生变迁后，法律也应随之改变，以期发挥维持社会秩序的功能。[①] 1950年《婚姻法》实施30年后，我国社会的政治、经济、文化、人口状况、家庭结构、妇女地位、生活方式等方面均发生了很大变化。社会主义婚姻家庭制度已经建立和巩固，社会主义婚姻家庭关系成为主流。同时，封建的思想意识还影响着婚姻家庭建设；消除落后的旧习俗是一个长期任务；加之"文化大革命"使法制遭到严重破坏，婚姻家庭领域出现了有法不依的局面。中国共产党十一届三中全会决定将执政党和国家的工作重点转移到社会主义经济建设上之后，需要充分调动人民群众的积极性，需要安定团结的政治局面和社会环境。制定一部新婚姻家庭法是现实的迫切需要。

（一）经济基础发生了重大变化

1950年《婚姻法》是在当时社会经济条件下诞生的，即虽然国营经济占据主导地位，但生产资料私有制还大量存在，土地改革运动在全国大部分地区刚刚开始，对农业、手工业和资本主义工商业的社会主义改造尚未进行，它的任务是"既要继续完成民主革命尚未完成的任务，又要建立新的社会主义的婚姻家庭制度"。经过30年社会主义建设，包括全民所有制和劳动群众集体所有制的社会主义公有制成了我国社会主义制度的经济基础。经济基础的这一重大变化，必然寻求婚姻法作出适应性修改。[②]

（二）妇女的经济社会地位和受教育水平有了很大提高

新中国成立30年后，我国妇女的经济地位、政治地位和文化知识水平有了很大提高。因此，在处理婚姻家庭关系，立法需要反映这些新情况、新变化。

（三）亟待解决"文化大革命"结束后婚姻家庭领域的诸多问题

一方面，封建专制主义的影响在短期内很难完全消除，而"文化大革

[①] 戴炎辉、戴东雄、戴瑀如：《亲属法》，（台北）顺清文化事业有限公司2009年版，第13页。
[②] 参见雷洁琼《我国婚姻法的性质、任务和这次的修改》，《新婚姻法讲话》，群众出版社1980年版，第2页。

命"时期，传统婚姻制度中一些腐朽、落后的东西复活；另一方面，极"左"思潮所造成的价值观混乱还在很大程度上阻碍着人们的婚姻自由。

1. "唯成分论"依然制约着人们的婚姻自由

"文化大革命"结束后，直到1979年1月中共中央作出改造好的"四类分子"[①]摘帽的决定之前，"黑五类"[②]的子女仍然婚配难。虽然没有这类统计数字，但它的确是一个众所周知的社会问题。[③]

2. 包办婚姻、买卖婚姻和变相买卖婚姻较盛行

在各地，包办婚姻、买卖婚姻和变相买卖婚姻现象都较普遍。这类婚姻，不仅当事人双方婚前无感情基础，而且从一开始就潜伏着家庭不和的因素，夫妻冲突大，家庭矛盾多，引发了一系列婚姻家庭问题，不仅给国民特别是青年造成沉重的精神和经济负担，而且有些夫妻关系破裂时，矛盾激化，自杀或他杀悲剧时有发生，影响到社会安定。

3. 离婚自由权的行使受到很大限制

20世纪70年代以后，因为经济和道德等因素影响，人们行使离婚自由权受到多重限制。轻率离婚现象固然存在，但主要问题是离婚不自由。一方面，因经济困难而造成离婚不自由，在买卖婚姻中体现得较突出。部分妇女本想离婚，但因无力退还彩礼，不得不忍受长期痛苦或者长期住在娘家，也不敢提出离婚；而男方因担心离婚后人财两空也不提出离婚。另一方面，广大干部和群众，受传统思想影响，总认为离婚不道德，要求妇女"从一而终"；特别是部分司法从业者，片面地认定婚姻关系只能"成全"，不能拆散，一味强调做调解和好工作，甚至调解几年、十几年而不准离婚。[④]有些夫妻长期失和，经常打闹，甚至自杀或他杀。这使公民享有的婚姻自由权的

---

① 1950年6月28日，中央人民政府委员会第八次会议通过了《中华人民共和国土地改革法》；同年8月4日，政务院第四十四次政务会议通过了《关于划分农村阶级成份的决定》。据此，历时三年完成了土地改革工作，划定了阶级成分，将地主分子、富农分子、反革命分子和坏分子列为革命的敌人，打击对象，1957年之后，将他们合称为"四类分子"，直到"文化大革命"结束以后一段时期，前后大约有30年时间。"分子"是指：属于一定阶级、阶层、集团或具有某种社会属性的人。国家对"四类分子"的社会改造工作，主要采取管制和监督改造两种形式进行。

② 在"文化大革命"期间，"黑五类"是指地主、富农、反革命分子、坏分子、右派分子。有时，"黑五类"也指前述五类人的子女。

③ 参见肖爱树《20世纪中国婚姻制度研究》，知识产权出版社2005年版，第249页。

④ 于浩成：《从新婚姻法的颁布谈到依法办事》，《民主与法制》1980年第10期。

实现未能得到有效保障。

（四）面临控制人口快速增长的压力

从20世纪70年代开始，计划和管理人口生产成为国家面临的一项新工作。

1. 控制人口过快增长

新中国成立初期，国家曾经确定计划生育作为全国性政策，可惜未能实际执行，以致30年间我国人口自然增长率很高。早在1953年，邓小平同志提出要制定节育政策、开展节育。在中国共产党第八次代表大会上，时任国务院总理周恩来在大会报告《关于发展国民经济的第二次五年计划的建议》中正式提出控制人口增长，应采取有效措施。20世纪50年代，当时的北京大学校长马寅初出版著作《新人口论》，提出了控制人口的理论。1960年，第二届全国人民代表大会第二次会议通过《1956年到1967年全国农业发展纲要》，其中规定，"除了少数民族地区以外，在一切人口稠密的地方，宣传和推广节制生育，提倡有计划地生育子女，使家庭避免过重的生产负担，使子女受到较好的教育，并且得到充分就业的机会。……"[①] 可惜，从20世纪50年代末开始，马寅初先生的新人口论受到了公开批判，"自上而下流行着一种似乎人越多越好的错误观点，……使准备开始的计划生育工作中途夭折"。[②] 从此，中国的人口问题成为"禁区"。在度过了1959年至1961年的自然灾难后，中国的人口出现补偿性的井喷式增长，从1962年到1970年，净增1.6亿人，总人口达到8.3亿人。统计数字表明，在1970年，一对夫妇平均生育5个孩子。1949年到1979年，我国人口净增4.3亿余人；每年新增人口消费掉国家新增国民收入的一半。[③]

"文化大革命"中后期，企业陆续恢复生产，社会生活开始接近正轨。国家开始反思新中国成立初期的人口政策，开始有计划地控制人口。1971年，国务院转批《关于做好计划生育工作的报告》，首次把控制人口增长的指标纳入国民经济发展计划。为防止人口过剩，妨碍经济发展，从1973年

---

① 转引自杨怀英《论加强国家对计划生育的法律调整》，西南政法学院民法教研室编《婚姻家庭法论文集》，1985年，未刊稿，第70页。

② 同上书，第72页。

③ 同上书，第70页。

开始，国家先在城市推行计划生育。当时提出的口号是"晚、稀、少"，即晚育、拉开生育间隔、少生孩子；后来则将"少"具体为"一个不少，两个正好，三个多了"。许多单位工会女工委员的重要工作之一就是劝告、说服、教育女工不要生第三个孩子。在20世纪70年代初期，人们可以接受拥有两个孩子，特别是如果其中一个是男孩的。1978年8月5日，田雪原在《光明日报》发表了《为马寅初先生的新人口论翻案》，赞同马寅初先生的观点。国家逐步认识到计划生育的重要性。

1979年6月，第五届全国人民代表大会第二次会议上，时任国务院总理华国锋所作《政府工作报告》，把进一步做好计划生育工作，切实控制人口增长，作为当时我国发展国民经济的十项主要任务之一。"国民经济的发展，必须遵循有计划按比例的规律。这个规律不仅要求有计划地发展物质资料的生产，也要求有计划地发展人类自身的生产。……但在相当长一个时期内，我们对这个问题认识不足，研究不够，没有把人口的增长列入计划，致使人口长期盲目地发展，违背了社会主义计划经济的原则和人口发展规律"。[1] 1949年，"我国有人口五亿四千万"；到1979年，"已增到九亿多。其中，解放后出生的约六亿，占百分之六十三，几乎相当于三个美国或六个日本的人口。人口自然增长率平均高达千分之二十，三十年净增了四亿二千万人口，即增加了百分之七十八"。[2] 根据历史经验和当时社会现实，认为"有计划地控制人口增长"，是我国所面临的"一个急需解决的重大问题"。[3]

人口增长率居高不下，在启动经济发展的急切渴望下马达轰鸣声中，国家开始考虑推行更为严格的"只生一个"的政策。只生一个孩子，将要影响到中国的每一个家庭。对于数千年来崇尚多子多福观念的中国人，人口新政纲生育观念将是一个巨大的挑战。

"只生一个孩子"，是对中国传统生育观念的极大挑战，将要影响中国的每一个家庭。为此，中共中央于1980年3月至6月间先后召开了五次会议专题讨论计划生育，其中焦点就是实行只生一个孩子的政策是究竟是否可

---

[1] 陈慕华：《实现四个现代化，必须有计划地控制人口增长》，西南政法学院民法教研室编《中华人民共和国婚姻法教学参考资料》第一辑，1984年10月，第370页。
[2] 同上。
[3] 同上书，第369页。

行？论证中，主要考虑了子女排序对孩子成长的影响、将来出现大量"421家庭"（即四个老人、一对年轻的夫妇和一个孩子组成的家庭）可能会导致老年人比例过大和年轻夫妇负担过重等社会问题，确定了"只生一个孩子"决策。① 在当时历史条件下，政府实施严格限制人口出生的政策，没有考虑消费拉动生产这类因素。在今天看来，如此重大的人口政策调整，调查、研究、论证是不够充分的。

2. 控制人口增长的目标与措施

国家决定了"从我国的实际情况出发，长期地、自觉地、有计划地控制人口增长"。为争取在 20 世纪末，我国人口自然增长率为零，即人口不增长，设想分下列两个阶段达到这个目标：

第一个阶段，争取到 1985 年把人口自然增长率从当时的 12‰降到 5‰左右。为此，"应该减少以至消灭多胎现象，降低多胎率，提倡一对夫妇只生一个孩子"。② "现在我国每年出生的人数当中，多胎约占百分之三十。这是我们进一步降低人口出生率，控制人口自然增长率的潜力所在"。1978 年出生人数为 1740 万人，三胎以上的出生人数大约 520 万人。如果能把三胎率降低一半，一年就可以少生 260 万人。到 1985 年前争取基本上做到不生第三胎，一年就可以少生 500 万人。因此，"要下决心，采取有效措施，坚决制止第三胎"。③ 这是实现第一个阶段目标的关键。

第二个阶段，争取在 2000 年人口自然增长率降到零。④ "必须大力提倡和推广一对夫妇只生一个孩子。这是使人口自然增长率降低到零的主要办法。"⑤

1979 年，我国人口出生率已由过去的 40‰下降到 18.34‰；在此基础上再持续地大幅度地降低，的确存在较大困难。当时 21 岁以下人口占全国人口的一半，在 20 世纪末之前，这个群体的人口将陆续进入婚姻生育年龄，特别是 1963 年、1964 年和 20 世纪 60 年代后期两次生育高峰期间出生的人

---

① 1980 年 9 月 25 日，中共中央发布《关于控制我国人口增长问题致全体共产党员、共青团员的公开信》，提倡"一对夫妇只生一个孩子"。
② 陈慕华：《实现四个现代化，必须有计划地控制人口增长》，西南政法学院民法研究教研室编《中华人民共和国婚姻法教学参考资料》第一辑，1984 年 10 月，第 374 页。
③ 同上书，第 375 页。
④ 同上书，第 373—374 页。
⑤ 同上书，第 375 页。

口进入婚姻生育高峰。同时，当时农村人口占全国人口80%以上，他们的生育愿望比城镇居民强烈得多。

3. 运用法律手段保障计划生育政策

在全国范围内实行计划生育是一项艰巨任务，须运用法律手段保证该重大决策的实施。新中国成立初期提出计划生育政策而不能贯彻实行，原因是多方面的，例如，我国经济发展水平低，城乡差别大；国人的生育观念是传统的多子多福，故而要求人们节制生育是一项非常困难的长期工作，"而国家没有把这一任务行之于法，没有运用法律手段加以保障，也是重要原因之一"。[1] 法律的效力范围广，普遍性强，带有相对稳定性，因此，国家开始下决心利用法律调整计划生育。

国家总结了1971年开始实施控制人口增长的经验，其中提出"要立法，要规定必要的经济措施，实行有奖有惩，以奖为主的政策"。提出了每个家庭承担不多生的义务。[2]

1978年3月5日第五届全国人民代表大会第一次会议通过《中华人民共和国宪法》，其中"公民的基本权利和义务"章中规定，"国家提倡和推行计划生育"。这是我国第一次将实行计划生育写入宪法中。

1980年《婚姻法》有关计划生育的规定是贯彻1978年《宪法》有关计划生育的要求。

（五）实行改革开放政策

1978年年底，中国开始实施对内改革经济、对外开放的政策。对内改革首先从农村开始。安徽省凤阳县小岗村开始实行"家庭联产土地承包责任制"，拉开了我国对内改革的序幕。对外开放，使中国人用更加开阔的视野看世界，主动吸收世界科学技术最新成果和管理经验，推动社会主义事业发展。1979年，中共中央、国务院批准广东、福建在对外经济活动中实行"特殊政策、灵活措施"，并决定在广东的深圳、珠海，福建省的厦门试办经济特区，作为吸收外资、学习国外先进技术和经营管理方法的窗口。

---

[1] 杨怀英：《论加强国家对计划生育的法律调整》，西南政法学院民法教研室编《婚姻家庭法论文集》，1985年，未刊稿，第70—71页。

[2] 参见陈慕华《实现四个现代化，必须有计划地控制人口增长》，西南政法学院民法教研室编《中华人民共和国婚姻法教学参考资料》第一辑，1984年10月，第376页。

1979年9月，中共第十一届四中全会通过了《关于加快农业发展若干问题的决定》，允许农民在国家统一计划指导下，因时因地制宜，保障他们的经营自主权，发挥他们的生产积极性。1980年9月，中共中央下发《关于进一步加强和完善农业生产责任制的几个问题》，肯定了包产到户的社会主义性质。到1983年年初，在全国范围内全面推广农村家庭联产承包责任制。

（六）要加强社会主义法制

1978年12月召开的中共第十一届三中全会明确要加强社会主义法制，依法治国。时任全国人大常委会委员长叶剑英专门谈了加强法制，指出"人大常委会要立即着手研究、修改、制定民法、诉讼法、刑法、婚姻法和各种经济法，等等，尽快完善法制"。[①] 这次会议采纳了邓小平提出的"依法治国"思想。会议公报第一次明确提出了"社会主义法制"概念，提出：

> 为了保障人民民主，必须加强社会主义法制，使民主制度化、法律化，使这种制度和法律具有稳定性、连续性和极大的权威性，做到有法可依，有法必依，执法必严，违法必究。从现在起，应当把立法工作提以全国人民代表大会及其常务委员会的重要议程上来。[②]

综上，政治经"拨乱反正"而趋于开明，恢复经济的决心和采取的举措，使婚姻家庭法制建设迎来了一个新时期。

第二节　主要争议问题

本次修法期间，争议最大的问题有三个：立法任务之争、法定结婚年龄和裁判离婚标准[③]。

---

① 参见邱石编《共和国重大事件和决策内幕》第1卷（下），经济日报出版社1997年版，第943页。

② 参见陆云泉主编《邓小平法制思想研究》，江苏人民出版社1998年版，第53页；顾昂然：《立法札记：关于我国部分法律制度制定情况的介绍：1982—2004》，法律出版社2006年版，第96页。

③ 也有学者认为此次"修法期间，法定结婚年龄和裁判离婚标准是争论最大的两个问题"。参见薛宁兰《改革年代的婚姻法与婚姻家庭法学研究》，陈甦主编《当代中国法学研究》，中国社会科学出版社2009年版，第159页。

一 主要立法任务之争：反封建思想或者反资产阶级思想？

实行改革开放政策之后，西方资本主义世界对中国的影响日益增大。由于意识形态领域对源自西方的民主、自由等价值观的警惕，在婚姻家庭法领域，对妨碍建设平等文明和睦的婚姻家庭关系的主要障碍是什么的认识呈现明显不一致。对此主要有三种意见：一是认为反对资产阶级思想是当务之急；二是认为反封建思想意识才是重中之重；三是认为应当同时反对封建思想和资产阶级思想。故制定新婚姻家庭法案时，对主要立法的任务是什么，人们在认识上产生了严重分歧。

（一）主张反资产阶级思想为主

随着与西方资本主义世界交往的增多，在婚姻家庭法学研究和法制建设上，有意见强调，要"揭露资本主义社会婚姻家庭制度的虚伪性，批驳资产阶级婚姻家庭价值观，引导社会抵制资产阶级婚姻家庭思想意识的侵蚀"。[①] 这种观点以为，将婚姻家庭法归入民法部门是资产阶级意志和利益的体现，是婚姻家庭关系商品化、契约化的产物。

这种意见不恰当地将对轻率、任性地对待两性关系，对待婚姻的态度，对家庭对配偶和子女不负责任的做法归类为资产阶级婚姻家庭意识和做法。一时间，反对资产阶级婚姻家庭意识、观念和做法的声音很响。

（二）坚持反封建婚姻家庭思想意识为主

这种意见认为婚姻家庭立法应当继续把反封建作为主要任务。经过1950年《婚姻法》实施近三十年，现实的婚姻家庭关系已发生很大变化，男尊女卑、夫妻不平等、父母子女不平等的状况有很大的改观，但是，必须看到，我国脱离封建社会形态时间不长，实施了几千年的封建的婚姻家庭意识、观念、习惯在国人头脑中仍根深蒂固，妨碍着个体行使婚姻自由权、家庭成员平等权。

在一定程度上，这种意见被立法机关所采纳。立法者认为，反封建婚姻家

[①] 巫昌祯：《婚姻家庭法学四十年》，《中国法学四十年》，上海人民出版社1989年版；转引自马忆南《二十世纪之中国婚姻家庭法学》，北大法律网：http://article.chinalawinfo.com/ArticleHtml/Article_2609.shtml，访问日期：2012年5月3日。

庭的意识和做法仍是矛盾的主要方面。虽然要"反对那种对婚姻关系采取轻率态度或喜新厌旧的资产阶级思想",但是,"由于我国废除封建婚姻时间不太久,经济、文化水平还较低,有些社会舆论对提出离婚的一方往往不表同情,问题比较复杂"。① 换言之,不能一味地仅仅反对资产阶级的婚姻家庭思想。

（三）要同时反对封建思想和资产阶级思想

在当时,对于婚姻家庭领域反对封建思想与反对资产阶级思想应以何者为重的问题,许多有影响的专家学者提出同时"要反对封建思想和资产阶级思想"的观点。② 最高人民法院于1979年印发《关于贯彻执行民事政策法律的意见》中明确指出,"人民法院审理婚姻家庭案件,……反对资产阶级、封建主义的婚姻观点和旧习俗"。

前述三种意见争论中,没有哪一种意见占绝对上风。因为自近代以来,中国婚姻家庭法的改革,就是以吸取、借鉴西方社会的个人独立自由、社会民主的价值观,尊重个体的需求,将个人从封建的家长专制下解放出来为指导。而改革开放之始,国家刚下定决心要学习借鉴西方经验,但婚姻家庭立法若将反对资产阶级思想意识作为其主要任务,似乎很不合时宜。事实上,与刚刚打开国门接触西方资本主义世界的林林总总相比,封建思想意识对国人的影响肯定更大些。若说以反封建婚姻家庭传统作为主要任务,似乎在某种程度上有否定社会主义改造30年之嫌。左右为难之际,新法案的主要任务也变得模棱两可了。1980年《婚姻法》第一章总则未明确宣告其主要任务,而仅仅宣称"本法是婚姻家庭关系的基本准则"（第1条）。不过,其总则共计3个条款,却有两条是反封建婚姻家庭的规定,即第2条宣告"实行婚姻自由、一夫一妻、男女平等的婚姻制度",及第3条"禁止包办、买卖婚姻和其他干涉婚姻自由的行为。禁止借婚姻索取财物。禁止重婚。禁止家庭成员间的虐待和遗弃",上述法条仍清晰地反映出,反封建仍是该法的主要任务。这是合乎当时社会基本实际的。

---

① 武新宇:《关于〈中华人民共和国婚姻法修改（草案）〉和〈中华人民共和国国籍法（草案）〉的说明》,1980年9月2日,第五届全国人民代表大会第三次会议,西南政法学院民法教研室编《中华人民共和国婚姻法教学参考资料》第一辑,1984年10月,第163页。

② 于光远:《开展婚姻家庭问题的研究建设社会主义的新家庭》,1981年10月6日在中国婚姻家庭研究会成立大会上的讲话,中国婚姻家庭研究会编《婚姻家庭文集》,法律出版社1984年版,第30页。

二　法定结婚年龄之争

20世纪70年代末，国家开始实行计划生育政策，1950年《婚姻法》规定的法定婚龄不再与其相适应。为此，各地自行规定晚婚年龄，普遍高出1950年《婚姻法》规定的法定婚龄2—5岁；部分地区以晚婚年龄替代法定婚龄，不准许未达到晚婚年龄的男女结婚登记，以致在"广大农村地区引起不良反响"。[①]

立法起草者们认为，我国法定婚龄不能定得太高。确定法定婚龄，既"要从国家政治、经济、文化状况出发，又要照顾到青年男女生理发育的状况；既要切合社会需要，也要有科学根据；既要考虑现在，也要顾及将来"。[②] 推行晚婚有利于实施计划生育，但同时要考虑到广大青年尤其是农村青年的实际需求。

经过反复讨论，比较当时世界多数国家的法定婚龄，草案确定将男女结婚年龄各提高两周岁。所谓"周岁"，是与习俗上"虚岁"相对应的另一种计算年龄的方法，是指一个人的实足年龄。例如，一名出生于1965年10月3日的妇女，在1985年10月3日以后申请结婚，才满足"20周岁"的法定要求；若在此日之前要求结婚，则不满足20周岁。

三　法定离婚理由之争：是否以感情破裂为原则

从1950年《婚姻法》实施以后，因该法案没有明确裁判离婚标准，在裁判准离婚或不准离婚的标准界限上，自20世纪50年代起，学术上和司法实践中就产生了极大争议。一种观点认为，在我国，"建立在我国生产资料公有制基础上的社会主义婚姻关系，最本质的特征就是男女婚姻自由，权利平等"；[③] 我国"已经有了实行婚姻自由包括离婚自由的条件"，[④] "婚姻应

[①] 薛宁兰：《改革年代的婚姻法与婚姻家庭法学研究》，陈甦主编《当代中国法学研究》，中国社会科学出版社2009年版，第159页。

[②] 同上。

[③] 杨怀英：《正确理解婚姻法第25条的精神》，西南政法学院民法教研室编《婚姻家庭论文集》，1985年，未刊稿，第108页。

[④] 同上书，第109页。

当是男女双方基于爱情的结合。夫妻关系的建立,需要有感情;夫妻关系的持续,同样需要以感情来维系"。①另一种观点则强调裁判离婚标准不能完全采用感情论,因为我国社会当时的经济没有充分发展,还存在着城乡差别、工农差别、体力劳动与脑力劳动的差别等种种差别,婚姻并非都以感情为基础,或者说并不以感情为唯一基础。这种争议围绕着"感情论"与"正当理由论"两种主要观点,集中体现在是否应当以感情破裂作为裁判离婚或不离婚的标准界限。

(一)感情论

持这种意见者认为,婚姻是以男女双方终身共同生活、建立家庭为目的的两性结合,建立和维系两个人之间最亲密的重要关系,应该是基于感情。最常被引用支持这种观点的经典论述是恩格斯在《家庭、私有制和国家的起源》中的名言,"如果说只有以爱情为基础的婚姻才是合乎道德的,那么,也只有继续保持爱情的婚姻才合乎道德"。

1957年4月13日,韩幽桐在《人民日报》发表《对于当前离婚问题的分析和意见》,认为在全国范围内,当时人们离婚的主要原因仍然是封建婚姻关系和封建残余;主张婚姻应以爱情为基础,"当夫妻感情完全破裂不能继续共同生活下去的时候,这种夫妻关系便是名存实亡,勉强维持这种名义上的夫妻关系,对双方、对子女、对整个家庭都是痛苦的";提出"法院对于每个离婚案件判离或不判离是根据夫妻关系本身有无和好的可能,双方感情是否完全破裂而定的,从实质上说离与不离决定于夫妻关系本身,而不决定于法院的主观愿望"。②

1979年,最高人民法院《关于贯彻执行民事政策法律的意见》第1条提出,"人民法院审理离婚案件,准离与不准离的界限,要以夫妻关系事实上是否确已破裂,能否和好为原则"。

主张这种观点,主要基于下列理由:

(1)以夫妻感情为标准,是社会主义婚姻立法的一贯精神。1953年,

---

① 杨怀英:《正确理解婚姻法第25条的精神》,西南政法学院民法教研室编《婚姻家庭论文集》,1985年,未刊稿,第107页。

② 韩幽桐:《对于当前离婚问题的分析和意见》,《人民日报》1957年4月13日。

原中央人民政府法制委员会指出,"人民法院关于一方坚决要求离婚,如经调解无效而又确实不能继续维持夫妻关系的,应准予离婚。如经调解虽然无效,但事实证明他们双方并非到确实不能继续同居的程度,也可以不批准离婚"。

(2) 坚持感情论是我国长期革命斗争和司法实践的总结。从苏维埃革命时期开始,立法就保护离婚自由。其后,在革命的每一个时期,"根据政治、经济条件的变化,又不断修改和完善我国的离婚制度"。[①] 1934 年《中华苏维埃共和国婚姻法》规定,"确定离婚自由,男女一方坚决要求离婚的即可离婚"。1942 年,《晋冀鲁豫边区婚姻暂行条例》[②] 第 16 条规定,"夫妻感情恶劣,至不能同居者,任何一方均可请求离婚"。[③] 这种观点认为,在当时生产力水平很低的情况下,立法就已把感情恶劣作为离婚依据。实践证明,这些规定反映了人民的利益,对解放生产力,促进革命和生产,都起到了很好的作用。[④] 1950 年《婚姻法》第 17 条第 1 款规定,"男女一方坚决要求离婚的,经区人民政府和司法机关调解无效时,应准予离婚"。

以感情决定婚姻存亡,是新中国成立后,司法执行 1950 年《婚姻法》30 年间摸索总结出来的经验。1950 年《婚姻法》虽在第 17 条第 2 款规定调解无效时"即行判决",却没有明定"究竟如何判决,根据什么标准来判决离与不离"这些关键问题,"这是一个缺陷"。[⑤]

(二) 正当理由论

这种意见认为,就我国当时的状况而言,"经济状况落后,大多数群众的婚姻还不能以感情为基础,因而离婚也不能以感情破裂为条件"。[⑥]

[①] 杨怀英:《正确理解婚姻法第 25 条的精神》,西南政法学院民法教研室编《婚姻家庭论文集》,1985 年,未刊稿,第 111 页。
[②] 该条例于 1942 年 1 月 5 日公布,经 1943 年 9 月 29 日修补而颁布。
[③] 中国人民大学法律系民法教研室、资料室编:《中华人民共和国婚姻法资料选编(一)》,未刊稿,1982 年,第 471 页。
[④] 杨怀英:《正确理解婚姻法第 25 条的精神》,西南政法学院民法教研室编《婚姻家庭论文集》,1985 年,未刊稿,第 111 页。
[⑤] 同上书,第 112 页。
[⑥] 同上书,第 108 页。

此次修法期间，专家们回顾了感情论与理由论之争，基本倾向于"感情论"的见解。几个草案稿中，都规定了"夫妻感情确已破裂，调解无效，应当准予离婚"。1980年年初，巫昌祯、杨大文、马原、王德意、陈明侠联合发表《保障离婚自由，防止轻率离婚》一文，阐述了对法定离婚理由实质要件的理解。

在前述两种观点的交锋中，在20世纪50—70年代，正当理由论在争议中占据上风。因此，司法实践中，人民法院批准离婚申请时掌握的标准偏于严苛，即凡离婚申请人请求离婚时，查实导致婚姻破裂或离婚的原因，在道德上不具有正当性，或者是不道德的，人民法院皆判决不准离婚；反之，则离婚申请可以获准。

然而，1978年以后，感情论逐渐在论争中占据上风。实行改革开放政策后，国人对于婚姻的认识重新趋于理性，不再把政治立场、道德标准直接作为判决准许离婚与不准离婚的标准，强调当事人以感情为基础而缔结婚姻、维持婚姻。1980年《婚姻法》有关离婚裁判标准的规定，采纳了感情论之观点。

第三节　主要立法变革

1978年，中国共产党第十一届三中全会后，制定新婚姻法成为国家的紧迫任务。[①] 当时社会各方面情况已与20世纪50年代初大为不同，尽管封建思想和旧习俗还有影响，但是，"自由恋爱和经别人介绍、本人同意的自主婚姻已经占主导地位"；[②] 1950年《婚姻法》"已不能完全适应"社会现实需求[③]。故在1950年《婚姻法》基础上，根据三十年的实践经验和新情况、新问题，制定了新法。[④] 1980年9月10日，第五届全国人民代表大会第三次会议通过新《中华人民共和国婚姻法》，自1981年1月1日起施行。

[①] 1979年《最高人民法院关于贯彻执行民事政策法律的意见》第1条，规定了准离婚与不准离婚的基本界限、事实婚姻、军婚、离婚案件中的财产和生活费问题、子女抚养、收养、赡养等十三个问题。

[②] 中共中央宣传部、中华全国妇女联合会：《中华人民共和国婚姻法宣传要点》，1980年10月。

[③] 《婚姻家庭生活的准则》，《人民日报》社论，1980年9月16日。

[④] 武新宇：《关于〈中华人民共和国婚姻法（修改草案）〉的说明》。

此后二十年间，该法是调整婚姻家庭关系的基本准则。1980年10月20日，民政部发布施行《婚姻登记办法》，取代1955年《结婚登记办法》。这部法案体现了新时期社会主义建设对婚姻家庭的要求，反映了1950年《婚姻法》实施以来改革婚姻家庭制度取得的成果，体现了妇女社会地位和家庭地位的变化，总结了司法实践处理婚姻家庭纠纷的经验教训；重申了原婚姻法的基本原则，保留了行之有效的规定，同时又适应社会条件变化和调整婚姻家庭关系的实际需要。与1950年《婚姻法》相比，1980年《婚姻法》在十一个方面作出修改和补充，其中重点修改内容有六个方面。[1] 该法案继续坚持男女平等原则，所有家庭成员、亲属，不论性别，其法律地位平等；夫妻财产关系平等，夫妻对共同财产享有平等的占有、使用、收益和处分的权利；父母对子女的权利与义务平等，负有平等的抚养教育的权利和义务，享有平等的监护权；子女可以随父姓，也可以随母姓。男女继承权平等。婚姻法案得到较大完善，以满足中国社会改革开放后的社会需要。

一 增补计划生育为基本原则和婚姻义务

在我国，实行计划生育，是一件具有划时代意义的大事。[2]

（一）增列计划生育原则

1980年《婚姻法》在总则中增补计划生育原则，其与婚姻自由、男女平等、一夫一妻、保护妇女儿童和老人合法权益原则一起，共同构成该法的五大基本原则。人口再生产是家庭的职能之一，故计划生育与婚姻家庭之间关系密切，只有将计划生育落实到家庭，才能实现，故应当将公民承担的计划生育义务纳入婚姻家庭法中调整。

新中国成立后，在"多快好省，力争上游"思想鼓励下，实施奖励措施，鼓励多生子女的"光荣母亲"，绝大多数家庭生育子女的数量较多。自20世纪80年代初开始，为应对人口不断增长的压力，中国开始实施计划生育，要求夫妻双方遵守国家计划生育要求。

---

[1] 法学教材编辑部《婚姻法教程》编写组：《婚姻法教程》，法律出版社1982年版，第85—87页。
[2] 杨怀英：《论加强国家对计划生育的法律调整》，西南政法学院民法教研室编《婚姻家庭法论文集》，1985年，未刊稿，第73页。

（二）夫妻双方都有实行计划生育的义务

为了具体落实计划生育原则，1980年《婚姻法》第12条规定"夫妻双方都有实行计划生育的义务"。该条规定使得有计划地生育子女成了每对夫妻、每个已婚公民的法律义务。夫妻双方承担的计划生育义务是平等的。夫妻应当相互配合，相互体谅，坚持不懈地采取节育措施。关于何时妊娠、采取什么方法避孕、是否采取绝育措施等，应当由夫妻双方共同协商，合理解决。

人口控制是一项基本的社会管理工作，专业性强，"仅仅靠宪法作一个原则性的规定，婚姻法附带得规定几条，还是远远不够的"。① 应当制定专门的计划生育法，对计划生育的原则、办法、措施、奖励等问题作全面系统规定。事实上，当时国家正在制定计划生育法。"计划生育法初稿已发到基层征求意见后，进行了多次修改。"② 学者期待着"计划生育法"能够早日颁布，使计划生育能够成为"每个有生育能力者的法律义务"。

将计划生育视为一项权利，始于2001年颁布《中华人民共和国人口与计划生育法》。此时距1980年《婚姻法》颁行，已过去二十年。

二　保护老人合法权益原则

基于个人养老依赖家庭的现实状况，特别是针对少数老年人晚年生活未获得家庭赡养义务的应有对待的现象，增设保护老人合法权益原则，强调老有所养，保障老人晚年生活。

三　保护人身自由和婚姻自由

针对少数公民婚姻自由权受侵犯，父母包办强迫子女婚姻的事件时有发生，立法强调禁止包办婚姻，禁止买卖婚姻，禁止借婚姻索取财物。针对少数妇女、儿童、老人、病弱者受到其扶养义务人不当对待的现象，立法增加了禁止家庭成员虐待和遗弃的规定。

---

① 杨怀英：《论加强国家对计划生育的法律调整》，西南政法学院民法教研室编《婚姻家庭法论文集》，1985年，未刊稿，第75页。

② 同上。

四 提高法定婚龄，扩大禁婚亲范围

（一）提高法定婚龄

1980年《婚姻法》规定，"结婚年龄，男不得早于二十二周岁，女不得早于二十周岁"。与1950年《婚姻法》中"男二十岁，女十八岁"比较，男女的法定婚龄均提高了两岁。与当时世界上其他国家相比，中国的法定婚龄规定"是最高的了"。而且，在此基础上，立法还"鼓励青年适当晚婚，认为这对国家、对家庭和个人都有好处"。[①]

较大幅度提高法定结婚年龄，主要是基于控制人口增长的考虑。全国人民代表大会常务委员会法制委员会副主任武新宇在修法说明中表示，"必须搞好计划生育。……只要把计划生育搞好，就可以达到控制人口增长的效果。……搞好计划生育，决不能松劲。并应抓紧早日制定计划生育法"。[②] 立法者认为，适当晚婚，"对国家、对家庭和个人都有好处"[③]。

对于中国农村向来有早婚的习惯，立法者认为，应当予以改革，"随着农村经济、文化的发展，继续做工作，逐步在群众自愿基础上解决"。[④]

（二）扩大禁婚亲范围

为了提高民族出生人口的先天素质，该法案规定，禁止三代以内旁系血亲相互结婚。即禁止源自同一祖父母或外祖父母的后代旁系血亲之间通婚。该条侧重于禁止"姑表""姨表"兄弟姐妹之间通婚。与1950年《婚姻法》"其他五代内的旁系血亲间禁止结婚的问题，从习惯"相比，这一立法改革扩大了禁婚亲范围。

实施该项改革，主要是基于下列三个方面因素考虑：

（1）旁系血亲通婚所生后代先天性缺陷常见。1950年《婚姻法》实施以来，"许多地方、部门提出，旁系血亲间结婚生的孩子，常有某些先天性

[①] 武新宇：《关于〈中华人民共和国婚姻法修改（草案）〉和〈中华人民共和国国籍法（草案）〉的说明》，1980年9月2日，第五届全国人民代表大会第三次会议，西南政法学院民法教研室《中华人民共和国婚姻法教学参考资料》第一辑，1984年10月，第162页。

[②] 同上书，第163页。

[③] 同上。

[④] 同上。

缺陷"。①

（2）家庭子女数变少。实行计划生育政策后，家庭少生孩子了，更重视人口质量了。②

（3）否定"姑表""姨表"兄弟姐妹之间通婚的习俗。中国自古以来就有姑表、姨表兄弟姐妹相互结婚，"亲上加亲"的习俗。禁止三代以内旁系血亲，正是要改造这种习俗。

立法者当时认识到，"由于某些传统习惯和原因，特别是在某些偏远山区，实行这一规定需要有一个过程，不宜简单从事，采取'一刀切'的办法"。③

五 法定婚后所得归夫妻共有，增设夫妻约定财产制

（一）明定婚后所得共有制为法定夫妻财产制

明定婚后所得共有制为法定夫妻财产制。凡结婚后夫妻一方或双方所得财产，均归夫妻双方共有。增设规定，夫妻对共同财产有平等的处分权。基于处分权是所有权最高表现的认识，立法强调夫妻对共同财产享有平等处分权。

（二）增设夫妻约定财产制

允许夫妻协商对财产作出约定，实行约定财产制。尽管立法上仅有"但夫妻另有约定的除外"这么一个短句，但其突破性极大。因为这意味着立法对当事人在婚姻财产关系上自治权的承认；由于立法未规范约定本身，这种简陋的立法技术客观上却开放给当事人极大的意志自由空间。

六 修改离婚程序，将调解设定为裁判离婚的前置程序

该法案规定，对于一方要求的离婚，可由有关部门进行调解或者直接向人民法院提起离婚诉讼。对于诉讼离婚案件，调解为法定程序，非经调解，

---

① 参见武新宇《关于〈中华人民共和国婚姻法修改（草案）〉和〈中华人民共和国国籍法（草案）〉的说明》，1980 年 9 月 2 日，第五届全国人民代表大会第三次会议，西南政法学院民法教研室《中华人民共和国婚姻法教学参考资料》第一辑，1984 年 10 月，第 163 页。

② 同上。

③ 同上。

不得判决准许离婚。

（一）有关部门可调解一方请求离婚的争议

此处"有关部门"，包括当事人所在单位、人民调解组织。夫妻一方请求离婚，另一方不同意离婚时，当事人任何一方所在单位、基层人民调解组均有权对当事人的离婚争议实行调解。此处的调解，并非须以当事人请求为前提，当事人要求有关部门实行调解的，有关部门当然可以进行调解；即使当事人未曾提出调解要求，有关部门认为必要的，也有权召集当事人双方实行调解，或者分别对当事人单方实行调解。

这种民间调解，主要是劝解当事人双方和好。调解和好不成时，也可以通过调解，促成当事人双方达成离婚协议。

（二）调解是裁判离婚案件的法定必经程序

调解是否无效是衡量准离与不准离的法定标准之一。"调解是审理离婚案件的法定必经程序，调解是否无效也是衡量准离与不准离的标准。"[1] "人民法院对于离婚案件，必须首先进行调解，调解无效才能判决，不经调解径行判决是违法的。"[2]

七 确立夫妻感情破裂为裁判离婚的原则

针对夫妻一方要求离婚，另一方不同意离婚的情形，人民法院准予离婚或不准予离婚的原则标准该是什么？立法显然是采用了感情论之观点。当时立法者认为，反对封建主义残余是婚姻法的主要任务，故立法更强调离婚自由。

（一）法定离婚事由立法的改革

关于准离婚或不准离的裁判离婚的法定事由，该法案第25条规定：

> 男女一方要求离婚的，可由有关部门进行调解或直接向人民法院提出离婚诉讼。人民法院审理离婚案件，应当进行调解。如感情确已破

---

[1] 杨怀英：《正确理解婚姻法第25条的精神》，西南政法学院民法教研室编《婚姻家庭论文集》，1985年，未刊稿，第113页。

[2] 李诚：《对"感情确已破裂"的初步探讨》，中国婚姻家庭研究会编《婚姻家庭文集》，法律出版社1984年版，第107页。

裂，调解无效，应准予离婚。

与1950年《婚姻法》关于"男女一方坚决要求离婚的……调解无效时，亦准予离婚"之条款相比较，该法案仅增加了"如感情确已破裂"这个条件。可以说，这条改革只是微调。故有学者评价道，"从实质意义上来看，婚姻法第25条的这一精神并不是什么标新立异，也不是把离婚政策突然放宽了，它是我国社会主义婚姻立法的一贯精神"。[①] 不过，在"条文上明确规定感情是处理离婚案的决定性因素，这在新中国成立以来的婚姻法上，还是第一次"。[②]

《婚姻法》以夫妻感情是否确已破裂，能否恢复和好为判决离婚与不离婚的原则。对于什么是"夫妻感情确已破裂"，杨怀英教授解释如下：

> 所谓感情破裂，必须是夫妻感情已经破裂，而不是可能破裂；必须是夫妻感情真正破裂，而不是假破裂；必须是夫妻感情完全破裂，而不是开始发生裂痕或隔阂。一般来说，衡量夫妻感情破裂与否的标志就是看双方究竟还有无恢复和好的可能。只要还有一线希望恢复和好，就不能认定感情完全破裂。[③]

如何判断感情是否已经破裂？时任最高人民法院法官李诚提出，根据多年审判实践经验：

> 要看婚姻基础、婚后感情、离婚原因、发生纠纷的是非责任，以及夫妻关系的现状，对于子女利益和社会影响也要认真考虑。……这些方面是互相联系不可分割的一个有机整体……但又不能等量齐观，应该有所侧重。一般地说，要把婚后感情以及感情产生裂痕的原因与程度作为

[①] 杨怀英：《正确理解婚姻法第25条的精神》，西南政法学院民法教研室编《婚姻家庭论文集》，1985年，未刊稿，第105页。
[②] 同上书，第106页。
[③] 同上书，第111页。

重点。……注意判明婚姻关系是否死亡，是否存在和好的可能。①

关于感情破裂与调解效果之间的关系，杨怀英认为：

> 如果夫妻感情确已破裂，调解无效，就应判决准予离婚；相反地，如果夫妻感情尚未破裂，虽然调解无效，亦可判决不准离婚。一般而论，感情确已破裂，必然调解无效，而调解无效，就不一定是感情破裂。在实践中，调解无效的原因很多。……②

"决不能从调解无效直接推理得出感情确已破裂的结论。……调解无效而感情并未完全破裂的案例并不少。""调解无效即应认定感情确已破裂的观点是不能成立的。"③

（二）立法改革的主要考虑

立法者认为，制定1980年《婚姻法》时，1950年《婚姻法》有关离婚标准条款的规定是"适当的"。④ 该次改革，主要是基于下列考虑：

1. 强调以感情为基础建立和维系婚姻

立法者认为，在我国，"要提倡夫妻互相帮助，建立民主和睦的家庭"。立法者强调，"不能用法律来强行维护已经破裂的婚姻关系，使当事人长期痛苦，甚至使矛盾激化，造成人命案件"；否则，"对社会、对家庭、对当事人都没有好处"。

2. 保障婚姻自由

制定1980年《婚姻法》时，中国已经实行改革开放政策，西方资本主

---

① 李诚：《对"感情确已破裂"的初步探讨》，中国婚姻家庭研究会编《婚姻家庭文集》，法律出版社1984年版，第104—105页。
② 杨怀英：《正确理解婚姻法第25条的精神》，西南政法学院民法教研室编《婚姻家庭论文集》，1985年未刊稿，第104—105页。
③ 李诚：《对"感情确已破裂"的初步探讨》，中国婚姻家庭研究会编《婚姻家庭文集》，法律出版社1984年版，第107—108页。
④ 武新宇：《关于〈中华人民共和国婚姻法修改（草案）〉和〈中华人民共和国国籍法（草案）〉的说明》，1980年9月2日，第五届全国人民代表大会第三次会议，西南政法学院民法教研室《中华人民共和国婚姻法教学参考资料》第一辑，1984年10月，第163页。

义世界的一些思想观念开始传入中国，资本主义世界的生活方式的影响，通过各种渠道渗透进来。在当时，尽管各方对于婚姻立法保障婚姻自由的主要针对性存在不同认识，但是，鉴于我国是一个封建社会历史很长的国家，该法案将实行婚姻自由的主要障碍确定为封建婚姻家庭思想意识。强调"实行离婚自由，其目的是使男女双方感情确已破裂，无法继续共同生活的夫妻，通过法律程序解脱'名存实亡'的痛苦婚姻，使当事人有可能重新建立新的幸福美满的家庭"。①

3. 法院裁判离婚案件时掌握偏严

当时，立法机关认定，在执行 1950 年《婚姻法》关于准离与不准离婚标准过程中，"多年来，法院在处理离婚案件时掌握偏严"，② 反映出封建婚姻传统在司法实践中的影响。

判断夫妻感情是否确已破裂及能否恢复和好，通过考察当事人的婚姻基础、婚后感情、发生纠纷的原因和责任，以及夫妻关系的现状，抓住主要情节和理由进行全面的分析。适当兼顾子女利益和社会影响。夫妻感情确已破裂，无法恢复和好的，应调解或判决准予离婚。"既坚持了婚姻自由，又给了法院一定的灵活性"，比较符合国情。③

4. 让民众明了离婚标准

该法案在条款中明定离婚的裁判标准，让民众明白了解立法，特别是法院司法时掌握的离婚标准，"使离婚当事人和群众知法懂法，不仅使他们有所衡量和遵循，也有利于监督执法机关认真贯彻这一原则界限。无疑这是立法上的一个发展和进步"。④

---

① 中华全国妇女联合会、中国婚姻家庭研究会：《婚姻法宣传提纲》（1981 年 12 月 10 日），中国婚姻家庭研究会编《婚姻家庭文集》，法律出版社 1984 年版，第 9 页。
② 武新宇：《关于〈中华人民共和国婚姻法修改（草案）〉和〈中华人民共和国国籍法（草案）〉的说明》，1980 年 9 月 2 日，第五届全国人民代表大会第三次会议，西南政法学院民法教研室《中华人民共和国婚姻法教学参考资料》第一辑，1984 年 10 月，第 163 页。
③ 武新宇：《关于〈中华人民共和国婚姻法（修改草案）〉的说明》，西南政法学院民法教研室《中华人民共和国婚姻法教学参考资料》第一辑，1984 年 10 月，第 163 页。
④ 杨怀英：《正确理解婚姻法第 25 条的精神》，西南政法学院民法教研室编《婚姻家庭论文集》，1985 年，未刊稿，第 113 页。

八　部分修改离婚法律后果配置

（一）离婚后子女抚养

关于子女抚养，由"女方抚养的子女，男方应负担必要的生活费和教育费的一部或者全部"，改为"离婚后，一方抚养的子女，另一方应负担必要的生活费和教育费的一部或全部"。

（二）婚姻财产处理规定

考虑到妇女经济地位的提高，废除了婚前财产分割、夫妻共同债务由男方清偿的规定，规定夫妻共同债务由夫妻共同财产偿还，清偿不足时，由双方协议清偿；协议不成时，由人民法院判决。这一修改体现了保护当事人双方利益，同时适当照顾妇女和子女利益的原则。

（三）缩短经济帮助的期限

1980年《婚姻法》显著地缩短了提供经济帮助的时间，"离婚时"，一方生活困难的，给予帮助（第32条）。因为1950年《婚姻法》第25条规定，"离婚后，一方如未再行结婚而生活困难，他方应帮助其维持生活……"该改革主要是基于"妇女的经济地位现已有了很大提高，绝大多数妇女已经能够自食其力，而不像新中国成立初期那样依靠男方生活"。[①]

九　增设家庭成员的权利与义务，鼓励丈夫成为妻家的家庭成员

（一）提倡和鼓励丈夫成为妻家家庭成员

为了推行计划生育，解决有女无儿户的实际困难和养老顾虑，新规定"根据男女双方约定，女方可以成为男方家庭的成员，男方也可以成为女方家庭的成员"。其中，男方成为女方家庭成员，俗称"入赘"。提倡、鼓励夫到妻家落户。

要说明的是，当时立法报告宣称，"按约定成为对方家庭成员，就相应享有和承担了作为家庭成员的权利和义务，即使户口不在对方所在地，也一

[①] 甘泉：《处理离婚案件要正确掌握经济帮助问题》，西南政法学院民法教研室编《婚姻家庭论文集》，1985年，未刊稿，第458页。

样有赡养老人的义务,享有继承遗产的权利"。① 然而,法案没有作相应规定,1985 年公布的《中华人民共和国继承法》也无此方面的规定。通常情形下,上门女婿并不会当然享有继承岳父母遗产的权利;唯有丧偶的女婿,对岳父母尽了主要赡养义务,才会成为第一顺序法定继承人。②

(二) 增设父母管教未成年子女的权利与义务

1980 年《婚姻法》第 17 条规定,"父母有管教和保护未成年子女的权利和义务。在未成年子女对国家、集体或他人造成损害时,父母有赔偿经济损失的义务"。该规定是本次立法新增的规定,故也被有些学者称为对 1950 年《婚姻法》的"重要补充"。③

(三) 设立收养制度

1980 年《婚姻法》第 20 条规定,"国家保护合法的收养关系"。养子女与婚生子女的法律地位平等,养子女与养父母之间的权利与义务,和父母与其婚生子女相同。

增设收养条款,主要是基于下列三方面考虑:

(1) 收养关系是亲属关系的重要内容,有利于相关当事人和社会。④ 我国古代社会,立法始终允许收养,立嗣是收养中的一种特殊形式。而在国外立法例中,收养制度也由来已久,20 世纪 20 年代以后,收养立法"强调为儿童的利益而收养"。⑤ 当儿童失去亲生父母或者亲生父母不能履行抚养教育子女义务时,允许他人收养该类儿童,既使养子女得到抚养教育,又使收养人享受到天伦之乐。

(2) 收养是公民正当需求,有利于儿童利益。收养"可以使无依无靠的孤儿,或因某些原因无法随父母共同生活的儿童,在养父母的抚养教育

---

① 武新宇:《关于〈中华人民共和国婚姻法修改(草案)〉和〈中华人民共和国国籍法(草案)〉的说明》,1980 年 9 月 2 日,第五届全国人民代表大会第三次会议,西南政法学院民法教研室编《中华人民共和国婚姻法教学参考资料》第一辑,1984 年 10 月,第 164 页。
② 1985 年《继承法》第 12 条规定,"丧偶儿媳对公、婆,丧偶女婿对岳父、岳母,尽了主要赡养义务的,作为第一顺序继承人"。
③ 参见杨大文主编《婚姻法学》(高等学校文科教材),中国人民大学出版社 1989 年版,第 203 页。
④ 任国钧:《浅谈我国的收养制度》,西南政法学院民法教研室编《婚姻家庭论文集》,1985 年,未刊稿,第 128 页。
⑤ 法学教材编辑部《婚姻法教程》编写组:《婚姻法教程》,法律出版社 1982 年版,第 230 页。

下，享受家庭的温暖",健康成长;又"可以使那些没有子女的人,通过收养子女得到感情上的慰藉,在年老时得到养子女的照料",这些对收养人、被收养人和社会都是有益的。那种将收养视为封建意识,认为收养就是为了传宗接代,而予以歧视或阻挠的观点和做法,是不正确的。①

（3）公养公育无法满足需要安置养育儿童的需求。在我国,天灾、人祸及其他原因导致的孤儿及父母无力抚养的儿童数量不小。国家设立的社会福利机构不可能安置所有这类儿童。公民之间收养,可以有效解决这些问题。②

（四）增设祖孙之间的权利与义务

一定条件下,祖父母、外祖父母对孙子女、外孙子女,兄弟姐妹相互之间承担扶养责任。

十　增设制裁违法行为和强制执行

为了维护法律的严肃性,及时制止婚姻家庭领域的违法行为,特增设该规定。

十一　允许民族自治地方制定某些变通或补充规定

"由于有些少数民族的风俗、习惯与汉族地区很不相同,经济、文化水平也不一样",③ 首次赋予民族自治地区制定本地婚姻家庭法规定的立法权。第36条规定,"民族自治地方人民代表大会和它的常务委员会可以根据本法的原则,结合当地民族婚姻家庭的具体情况,制定某些变通或补充的规定。自治州、自治县制定的规定,须报请省、自治区人民代表大会常务委员会批准。自治区制定的规定,须报全国人民代表大会常务委员会备案"。

---

① 法学教材编辑部《婚姻法教程》编写组:《婚姻法教程》,法律出版社1982年版,第228页。
② 任国钧:《浅谈我国的收养制度》,西南政法学院民法教研室编《婚姻家庭论文集》,1985年,未刊稿,第128页。
③ 武新宇:《关于〈中华人民共和国婚姻法修改（草案）〉和〈中华人民共和国国籍法（草案）〉的说明》,1980年9月2日,第五届全国人民代表大会第三次会议,西南政法学院民法教研室编《中华人民共和国婚姻法教学参考资料》第一辑,1984年10月,第164页。

这类变通或补充规定，主要涉及下列两类：

1. 降低法定婚龄

草案说明在谈到修改法定婚龄时，明确表示，"有些少数民族地区和经济、文化比较落后的农村感到婚龄定得高了，执行有困难。为了照顾少数民族地区的特殊情况……民族自治地方可结合当地民族婚姻家庭的具体情况和多数群众的意见，制定变通或补充的规定"。①

2. 适当缩小禁婚亲范围

禁止相互通婚的亲属范围，有所缩小。

第四节　立法改革评析

1980年《婚姻法》在较大程度上完善了婚姻立法，使之能够满足中国社会改革开放后的社会需要。然而，20世纪80年代初，由于国家政治上重在"拨乱反正"，立法指导思想是"宜粗不宜细"，故该法案仍是以"简明、通俗为特征"，"留下了许多立法空白"，② 多个条款呈现"先天不足"。

一　对该法案的肯定评价

（一）继续坚持男女平等原则

1980年《婚姻法》继续坚持男女平等基本原则。夫妻人身关系平等，例如，规定夫妻双方平等负担计划生育义务。③ 夫妻财产关系平等，夫妻对共同财产享有平等的占有、使用、收益和处分的权利。

父母对子女的权利与义务平等，平等负有抚养教育未成年子女的权利和

---

① 武新宇：《关于〈中华人民共和国婚姻法修改（草案）〉和〈中华人民共和国国籍法（草案）〉的说明》，1980年9月2日，第五届全国人民代表大会第三次会议，西南政法学院民法教研室编《中华人民共和国婚姻法教学参考资料》第一辑，1984年10月，第162页。

② 巫昌祯、夏吟兰：《改革开放三十年中国婚姻立法之嬗变》，中国法学会婚姻家庭法学研究会2008年年会论文。

③ 在这个时期，立法者还没有认识到生育以及有计划地生育是公民的权利。公民的生育权，直到2001年颁行《中华人民共和国人口与计划生育法》才获得明文承认。该法第17条规定，"公民有生育的权利，也有依法实行计划生育的义务，夫妻双方在实行计划生育中负有共同的责任"。《中华人民共和国妇女权益保障法》（2005年修正案）第51条，才明文赋予妇女不生育权，"妇女有按照国家有关规定生育子女的权利，也有不生育的自由"。

义务，享有平等的监护权；子女可以随父姓，也可以随母姓。

男女继承权平等。所有家庭成员、亲属，不论性别，其法律地位平等。

(二) 继续实行特别照顾妇女原则

1. 限制丈夫请求离婚权

为了保护孕期或生产初期的妇女、婴幼儿的身心健康，《婚姻法》第27条特别规定，一定条件下限制丈夫提出离婚的权利。在妻子怀孕期间或者分娩一年内，丈夫不得请求离婚。女方请求离婚的，或人民法院认为确有必要受理丈夫离婚请求的，不在此限。

对妻子怀孕期间、分娩后第一年，一方面，哺育胎儿或婴儿，需要父母共同努力；另一方面，妇女身心处于特殊时期，需要特殊照顾或康复，如果此时丈夫提出离婚，必然极度刺激妻子的精神，既影响妇女的身体健康，更不利于胎儿或婴儿的保育。为了保护胎儿和婴儿，同时保护妇女，法律禁止丈夫特定期间请求离婚，是合理的。

这条规定仅仅推迟了丈夫行使离婚起诉权的时间，没有否定或剥夺丈夫的起诉权。该规定不涉及对准予离婚与不准予离婚的实体问题的判断。而且，例外情形下，即人民法院认为"确有必要"受理丈夫请求离婚的，可以根据实际情况准许丈夫起诉离婚。至于哪些情形"确有必要"受理，由人民法院认定。另一种例外情形，是在此期间，妻子自愿放弃法律对其的特殊保护而提出离婚的，说明该离婚具有紧迫性，其本人对离婚及其后果已有思想准备，故不应加以限制，法院应根据实际情况判予离婚。

2. 离婚时夫妻财产分割应照顾妇女利益

基于妇女是弱势群体，特别是她们的经济收入明显低于男性，拥有的个人财产明显少于男性，立法强调对离婚妇女给予财产分配照顾。第31条规定，"离婚时，夫妻的共同财产由双方协议处理；协议不成时，由人民法院根据财产的具体情况，照顾女方和子女权益的原则判决"。

3. 生活困难帮助

第33条规定，"离婚时，如一方生活困难，另一方应给予适当的经济帮助。具体办法由双方协议；协议不成时，由人民法院判决"。该规定从文字上看，是平等地保护男女双方的利益，但其立法侧重点，是重在保护妇女的特殊需求。

（三）重点修改针对性强

1980年《婚姻法》针对当时婚姻家庭法领域存在的突出问题或要求，重点修改了下列六个方面内容：[①]（1）增补计划生育、保护老人合法权益两项基本原则。（2）提高法定婚龄，扩大禁婚亲范围。（3）修改离婚程序，调解成为裁判离婚的前置程序。一方要求的离婚，可由有关部门调解或者直接起诉离婚，调解为法定程序。（4）修改了法定离婚理由。确立夫妻感情破裂原则。"既坚持了婚姻自由，又给了法院一定的灵活性"，比较符合国情。[②]（5）加强调整家庭关系，鼓励夫到妻家落户。（6）针对婚姻家庭违法行为，增设制裁和强制执行。从后来的法律实施效果看，这些修改是成功的。

二 对该法案的主要争议

1980年《婚姻法》公布实施后，其第25条规定"夫妻感情确已破裂，调解无效，应当准予离婚"，在社会上引起了很大反响。[③] 学界和司法实务界对该条文的价值取向和理解争议较大。

（一）第一种观点：离婚条件突然放宽了：法院只能判离而无权判不离

该意见认为，根据第25条规定，法院调解不成时，只能判决准许当事人双方离婚，不能或者无权判决不准离婚。特别是在该法案颁行初期，这种认识和主张"非常盛行"；[④] 有人甚至评价"新婚姻法是离婚法"。[⑤]

> 群众、干部在认识理解上有分歧，加之各地一时离婚率有所上升，种种主观的臆断、怀疑和顾虑都不免产生出来。有的当事人说"新婚姻法对离婚的规定放宽了，离婚可以不受限制了，只要我坚持，法院就得

[①] 法学教材编辑部《婚姻法教程》编写组：《婚姻法教程》，法律出版社1982年版，第85—87页。
[②] 武新宇：《关于〈中华人民共和国婚姻法（修改草案）〉的说明》。
[③] 参见杨怀英《正确理解婚姻法第25条的精神》，西南政法学院民法教研室编《婚姻家庭论文集》，1985年，未刊稿，第103页。
[④] 杨怀英：《正确理解婚姻法第25条的精神》，西南政法学院民法教研室编《婚姻家庭论文集》，1985年，未刊稿，第105页。该文集是编者应司法部举办"全国法律专业婚姻法师资进修班"的教学需要而选编的，说明该文集中的论文在学术界的影响很广。
[⑤] 转引自杨怀英《正确理解婚姻法第25条的精神》，西南政法学院民法教研室编《婚姻家庭论文集》，1985年，未刊稿，第106页。

判决离婚";有的甚至说,"现在如不给我判决离婚,法院就违背了婚姻法"。也有人忧心忡忡,害怕引起混乱,提出婚姻法第25条应该修改的建议。

(二) 第二种观点:按照感情破裂原则裁判离婚案件,太难了

该意见认为,夫妻感情是一种主观的意识状态,产生和存在于当事人的思想中。法官要正确识别当事人内心的意识状态,然后断案,而且涉及道德上的是是非非,难度很大。时任最高人民法院法官李诚表示,法官们就有这类认识:

> 如何认定感情确已破裂,这确实是一个比较复杂和困难的问题。在审判实践中经常遇到这样的情况,坚持离婚的一方,总是极力提出感情确已破裂,没有和好的可能;坚持不离的一方则总是说感情没有破裂或者没有完全破裂,还有和好的可能,而且各自都可以举出很多事实理由作为根据。双方各执己见,公说公有理,婆说婆有理,很难下结论。所以,有的同志说:夫妻感情破裂与否,没有什么客观标准,很难判断,最终只能以要求离婚的当事人一方的意志为转移。……"只要铁了心,准能打离婚"。[1]

同时期,杨怀英教授也关注到类似情况:

> 有的地区部分政法干部也认为,贯彻婚姻法第25条会产生"一宽、二难、三多、四不好办"。所谓"宽",指离婚放宽了;所谓"难",指感情破裂这一标准难于掌握;所谓"多",指离婚案件突然上升;所谓"不好办",是指面对群众意见、子女利益,以及道德上的是非观念和满足当事人离婚要求之间的尖锐矛盾不好解决。[2]

---

[1] 李诚:《对"感情确已破裂"的初步探讨》,中国婚姻家庭研究会编《婚姻家庭文集》,法律出版社1984年版,第102页。
[2] 杨怀英:《正确理解婚姻法第25条的精神》,西南政法学院民法教研室编《婚姻家庭文集》,1985年,未刊稿,第104页。

（三）第三种意见：法院可以判决离婚，也可判决不准离婚

该观点认为，第 25 条赋予法院准离与不准离的决定权。法院应根据案件具体情况，可以判决离婚，也可判决不准离婚，绝不可能作其他理解。① 该条规定应当理解为："如果夫妻感情确已破裂，调解无效，就应判决准予离婚；相反地，如果夫妻感情尚未破裂，虽然调解无效，亦可判决不准离婚。一般而论，感情确已破裂，必然调解无效；而调解无效，就不一定是感情破裂。……调解无效的原因很多……"② 如果认为既然"调解无效，应准予离婚"，那么，今后当事人坚持不接受调解时，法院就只能判决离婚，不能判决不离婚，"今后离与不离的主动权就操在起诉离婚的当事人手里了，法院最后只有判决离婚这一条路可走。这种理解是错误的"。③

经过几年争论和实践，法学界对第 25 条规定的理解意见"渐趋一致"，④ 第三种意见占据了主流地位。离婚法条文强调以感情为基础决定离婚与否，是当时国人解放思想、更新婚姻观念的一个显著标志。该法定离婚原则切合了改革开放大潮刚涌起时，最大限度地解放思想、尊重个体自由的社会需求。

三 法案之不足

1980 年《婚姻法》没有脱离 1950 年《婚姻法》的框架，增补内容不多，变化不大，故全法案内容仍失之简略，"只是处理婚姻家庭问题的一个'大纲'……无法解决现实中层出不穷的新情况、新问题"。⑤

（一）法案调整范围过窄，内容不全面

1. 该法案的调整范围仅限于婚姻关系、家庭关系而不涉及其他亲属

---

① 杨怀英：《正确理解婚姻法第 25 条的精神》，西南政法学院民法教研室编《婚姻家庭论文集》，1985 年，未刊稿，第 105 页。
② 杨怀英：《正确理解婚姻法第 25 条的精神》，西南政法学院民法教研室编《婚姻家庭论文集》，1985 年，未刊稿，第 104—105 页。该文集是编者应司法部举办"全国法律专业婚姻法师资进修班"的教学需要而选编的，说明该文集中的论文在学术界的影响很广。
③ 杨怀英：《正确理解婚姻法第 25 条的精神》，西南政法学院民法教研室编《婚姻家庭论文集》，1985 年，未刊稿，第 104 页。
④ 同上书，105 页。
⑤ 张玉敏主编：《新中国民法典起草五十年回顾与展望》，法律出版社 2010 年版，第 382 页。

关系

法案名为"婚姻法",但对婚姻关系的规范简洁至极。而对家庭关系的规定,显得"很简略,不够全面"。①

2. 欠缺亲属制度性规定

亲属关系是普遍的社会结构之一。然而,1980年《婚姻法》只关注到父母子女、祖父母与孙子女、兄弟姐妹等近亲属的权利与义务,未涉及亲属身份的确立、类型等基础性建制。亲属是社会生活的常识和常理,1950年《婚姻法》和1980年《婚姻法》均未设立亲属制度,是明显失误。

3. 亲子关系规定不全面

1980年《婚姻法》有7个条款(第15条至第21条)专门规定亲子关系,占该法案全部篇幅的1/5,但是,内容仍显得太过简略,又缺少可操作性。②

该法案规范亲子关系上,内容不全面,缺失事项较多。欠缺婚生子女推定制,未规定非婚生子女身份确认与准正制,未涉及人工生殖技术辅助所生子女权利保护;未全面规定父母对未成年子女的权利、义务;未订明继父或继母与继子女形成抚养关系的条件等。

从世界范围看,亲子法已发展到充分考虑子女权利的阶段,而且规定越来越详尽明确,重视公平,重视子女的财产保护。相比较而言,我国婚姻立法似乎尚没有意识到这种法律发展新趋势。

4. 结婚制度内容不全

仅规定了结婚的条件和程序,缺乏婚姻无效、可撤销的规定。

5. 未全面规定婚姻效力

无论是夫妻人身关系还是财产关系,1980年《婚姻法》规范的内容都极有限。

(1)夫妻人身关系:只强调已婚男女作为个体的人身自由,没有规定作为婚姻当事人的权利与义务。

---

① 马忆南:《背景曝光》,李银河、马忆南主编《婚姻法修改论争》,光明日报出版社1999年版,第2—3页。

② 陈明侠:《完善父母子女关系法律制度(论纲)》,《法商研究》1999年第4期,第24页。

（2）夫妻财产制过于简略。未规定婚姻财产制下夫妻具体应承担哪些财产责任、享有哪些财产权利。未涉及家庭开支的负担等。

（3）对夫妻之间可能产生的争议未提供必要救济。过度信赖当事人协商，除了离婚，未为协商不成提供其他救济途径。

6. 对离婚制度的设计过于原则、概括

法定离婚理由，只有原则性规定，既可谓留给法官执法过大自由裁量空间，也可说可操作性差。

法律后果的配置过简。离婚对当事人的影响，因当事人性别不同、年龄不同、在婚姻存续期间的投入、贡献以及牺牲大小不同，离婚的代价和影响是有明显差异的。然而，1980 年《婚姻法》基本上没有考虑到当事人的特殊情况，配置离婚法律后果时，利益分配似不够公平、考虑有欠周全。

（二）性别平等上的不足

1. 维持男大女小的法定婚龄结构

规定男 22 周岁、女 20 周岁始得结婚。结婚年龄还是女小于男两岁。年龄差距上似乎仍坚持"男强女弱"的婚配观，这是值得关注的。

2. 关于婚姻居所

第 8 条规定，"登记结婚后，根据男女双方约定，女方可以成为男方家庭的成员，男方也可以成为女方家庭的成员"。该条款是在保障婚姻自由的前提下，为"推行计划生育，解决有女无儿户的实际困难"而设置的。[①] 然而，这个条款中的"也"字，泄露了性别不平等的秘密，它反映出法律价值观上不应有的主从意识，即女方成为男方家庭的成员是主要形态，男方成为女方家庭的成员是次要形态。

3. 子女姓氏条款：父姓为主

第 16 条规定，"子女可以随父姓，也可以随母姓"。虽然 1980 年《婚姻法》增设子女可以随母姓的规定，不过，从一个"也"字仍暴露出法律对倡导子女从母姓的某种无奈。

[①] 武新宇：《关于〈中华人民共和国婚姻法（修改草案）〉的说明》，1980 年 9 月 2 日第五届全国人民代表大会第三次会议。

4. 夫妻财产制实施效果并非男女平等

按照婚后所得共同财产制，凡婚后夫妻双方共同或各自获得的财产，均为夫妻共同财产，离婚时由夫妻双方分享。然而，传统的男娶女嫁习俗普遍流行，社会习惯上，男方准备结婚住房及大件生活用品（硬件）；而妇女准备日常生活用品等。经过多年共同生活后，离婚时，妇女的嫁妆往往已消耗殆尽，或者已无多少价值，而男方的婚前财产常常未曾减值，甚至还有所升值。共同财产分割再公平，仍不足以保障妇女享有与男子平等的利益。

5. 限制军人配偶离婚请求权：主要限制了女性的离婚胜诉权

第26条规定，"现役军人的配偶要求离婚，须得军人同意"。传统上解释，该规定是为了维护军人的特殊利益，以利于稳定军队，巩固国防之需。从性别分析看，该规定主要是对妇女的约束。因为已婚现役军人中，绝大多数是男性，其配偶为女性。军人配偶离婚须得军人同意，是对妇女离婚请求权的限制。

6. 有关非婚生子女亲子关系确认规定对男女两性不平等

婚生子女与其父母特别是生父的关系，是通过婚生子女推定制度实现的。只要子女出生在父母婚姻关系存续期间，母亲所生子女被推定为母亲之夫所生，孩子的亲子关系获得确认。然而，对于非婚生子女而言，出生时其母与父亲不存在婚姻关系，其与生父之间亲子关系的确认，除非得到生父自愿认领，否则须通过强制认领程序才能确认。而在请求司法确认亲子关系过程中，申请人负有举证责任，须举证证明该子女为被告之子女。如果举证不能，则无法确立亲子关系。母亲只能一个人承担抚养子女的责任，而生父则逍遥法外。

四 法案改革效果及影响

1980年12月16日国务院发出通知要求各地认真贯彻执行《婚姻法》。通过大力宣传和贯彻，1980年《婚姻法》日渐为民众所知晓。民众最为熟悉的内容，是其中第25条规定。夫妻感情破裂就可以离婚之观念得到极大普及。该法案的贯彻实施，使国人的婚姻家庭观发生了很大改变：个人主义渐渐取代团体主义！

1980年《婚姻法》实施后，全国人民代表大会及其常务委员会、国家有关部门通过立法建立和健全配套制度。1980年11月11日，民政部发布

《婚姻登记办法》，取代原来的婚姻登记办法。1983年3月10日，发布《华侨同国内公民、港澳同胞同内地公民之间办理婚姻登记的几项规定》，规定了华侨与内地居民、港澳同胞与内地居民之间办理婚姻登记的要求和程序。1983年8月17日经国务院批准，民政部于同月26日发布《中国公民同外国人办理婚姻登记的几项规定》，专门规定了中国公民与外国人办理婚姻登记的条件和程序，使我国涉外婚姻登记有法可依。

1986年3月15日，民政部发布了修订后的《婚姻登记办法》，废止了1980年《婚姻登记办法》。同年4月12日，第六届全国人民代表大会第四次会议通过的《中华人民共和国民法通则》，规定婚姻自主权为重要民事权利之一，"婚姻、家庭、老人、母亲和儿童受法律保护"，妇女享有与男子平等的民事权利；并且规定了涉外婚姻家庭关系的法律适用。1994年2月1日，民政部发布《婚姻登记管理条例》，并于公布之日起施行，取代1986年《婚姻登记办法》，该条例详细规定了我国婚姻登记管理工作，弥补了1980年婚姻法的某些不足。

鉴于1980年《婚姻法》过于原则化，可操作性不强，特别是20世纪90年代以来，随着越来越多的社会改革政策实施，婚姻家庭领域又遇到了新情况、新问题，最高人民法院在总结审判实践经验的基础上，就人民法院适用1980年《婚姻法》审理婚姻家庭纠纷，印发了多个司法解释文件，主要有：1984年8月30日印发的《关于贯彻执行民事政策法律若干问题的意见》，其中第1条至第33条就离婚、离婚时财产处理、抚养、扶养、赡养、收养作了专门规定；1989年12月13日印发《关于人民法院审理未办理结婚登记而以夫妻名义同居生活案件的若干意见》和《关于人民法院审理离婚案件如何认定夫妻感情确已破裂的若干具体意见》；1993年11月3日印发《关于人民法院审理离婚案件处理财产分割问题的若干具体意见》和《关于人民法院审理离婚案件处理子女抚养问题的若干具体意见》；1996年2月印发《关于审理离婚案件中公房使用、承租若干问题的解答》，等等。这些司法解释考虑到了我国改革开放后的社会发展，吸取了审判实践经验，借鉴了外国婚姻家庭立法与司法的若干成功经验，使得1980年《婚姻法》有关条款的适用较明确清楚，可操作性较强，为我国婚姻家庭执法提供了重要依据。此外，最高人民法院还就司法实践中遇到的具体问题作出了许多司法解释和批复。

第九章
1991年《收养法》及1998年《收养法修正案》

收养是家庭法上的重要制度。1991年12月29日，第七届全国人民代表大会常务委员会第二十三次会议通过《中华人民共和国收养法》（简称《收养法》）。该法自1992年4月1日起施行。这是中华人民共和国第一部规范收养关系的单行法案。为实施收养法，1993年11月10日，经国务院批准，司法部、民政部联合发布《外国人在中华人民共和国收养子女实施办法》；1995年5月25日，民政部发布了《中国公民收养子女登记办法》，规范这两种不同类型收养关系的登记。1998年11月4日，第九届全国人民代表大会常务委员会第五次会议通过《关于修改〈中华人民共和国收养法〉的决定》（简称《收养法修正案》），第一次修正了前述收养法案。该《收养法修正案》于1999年4月1日起施行。为此，经国务院批准，民政部于1999年5月25日第15号令发布经修订的《外国人在中华人民共和国收养子女实施办法》，并于发布之日起实施。《收养法》及其修正案是不同时期我国调整收养关系的基本法律规范。

第一节 1991年《收养法》立法背景

收养是自然人领养他人的子女为自己的子女的行为。法律赋予收养人与被收养人同于亲生父母子女关系的法律效力。收养协议是身份契约，但其效力涉及当事人的人身关系和财产关系。一旦收养关系依法成立，将在收养人与被收养人之间，被收养人与其亲生父母之间、被收养人与收养人的亲属之间产生一系列的法律后果。

一 收养需要法律详尽规范

（一）收养是重要的民事法律行为

收养是一种重要的民事法律行为，成立收养关系将导致收养人、被收养人的人身和财产关系的变化。收养子女，是一种变更人身权利义务关系的重大民事行为，应该为收养关系设定条件和程序。这就需要制定一部适合我国国情的收养法，以利于维护公民的人身权和财产权，促进家庭和睦稳定。[1]

（二）自1950年以来欠缺法律周全规范

1950年《婚姻法》明文承认和保护收养关系，但仅在第13条中规定"养父母与养子女相互间的关系"，适用父母子女关系的规定；缺少关于当事人资格、收养程序等事项的规范。

1980年《婚姻法》虽规定"国家保护合法的收养关系"，并增设"养子女与生父母间的权利和义务，因收养关系的成立而消除"。然而，仍然没有对收养关系的成立、解除等作出规定。

此前未制定收养子女的专门法律，仅有的部门规章"是零散的，不具有普遍的法律约束力"。[2]"1979年恢复公证制度以来，许多收养当事人为了明确收养关系，使自己的正当权益受到法律保护，自愿到公证机关办理公证。一些部门和单位在工作中也要求收养子女的当事人提供收养公证书，以明确其收养关系的合法性。为了适应工作需要，司法部根据婚姻法和户籍管理、计划生育等政策，于1982年制定了《办理收养子女公证试行办法》，对于做好收养子女公证工作，维护正当的收养关系起到了一定作用。但试行办法是办理收养公证的行政规章，不可能对收养的条件、效力、程序等重要法律问题做出规定。因此，公证机关办理收养公证时，许多问题无法可依，难以保障当事人的正当权利，也难以适应涉外收养需要。"[3]

---

[1] 金鉴：《关于〈中华人民共和国收养法（草案）〉的说明》，中国人大网：http://www.npc.gov.cn/wxzl/gongbao/2000-12/28/content_5002652.htm，访问日期：2011年6月10日。

[2] 同上。

[3] 同上。

二 社会生活中收养数量较多

事实收养是指虽未经法定程序收养他人子女为子女而以父母子女名义共同生活，并获得周围民众公认的收养行为及关系。在法律上认定事实收养，应具备以下几个要件：

（1）当事人之间须以父母子女相待。这是构成事实收养的重要条件。对于民间的隔代收养，只是因为年龄差的原因，而在称谓上以祖孙相称，实践上应将他们认定为养父母养子女关系。且可以相关的证明材料佐证。

（2）须有多年共同生活的事实。这是确认事实收养存在的一个客观标志。

（3）须群众和亲友公认或有关组织证明。

在实际社会生活中，存在大量事实收养。1991年6月21日，时任司法部副部长金鉴在第七届全国人民代表大会常务委员会第二十次会议上报告，"从1981年到1990年的10年间，仅到公证处办理收养公证的，全国就有184691件。随着我国对外开放政策的进一步贯彻实施，外国人要求到中国，海外侨胞、港澳同胞和台湾同胞要求到内地收养子女的也越来越多"。事实收养"特别是在农村占有相当数量"。[1] 究其原因，一方面，受旧体制和习俗的影响深远。我国自古实行立嗣制、国民政府时期实行收养制，"只要双方家长立一字据或口头认可即算成立，官府不予过问"，收养仍被部分民众视为"私事"，无须经过法律程序。另一方面，新中国成立以来，我国收养法不健全，民众不了解收养政策，而且政策也未明确在广大农村由哪个机构办理收养手续。因此，出现较大量事实收养。[2]

"由于没有法律规定，因收养而产生的子女上学、就业、迁移户口、继承财产等许多问题得不到解决"。[3]

---

[1] 金鉴：《关于〈中华人民共和国收养法（草案）〉的说明》，中国人大网：http://www.npc.gov.cn/wxzl/gongbao/2000-12/28/content_5002652.htm，访问日期：2011年6月10日。

[2] 任国钧：《浅谈我国的收养制度》，西南政法学院民法教研室编《婚姻家庭论文集》，1985年，未刊稿，第135页。

[3] 金鉴：《关于〈中华人民共和国收养法（草案）〉的说明》，中国人大网：http://www.npc.gov.cn/wxzl/gongbao/2000-12/28/content_5002652.htm，访问日期：2011年6月10日。

三 计划生育政策

收养子女，必然要受到计划生育政策的制约。当时，我国人口众多，已占世界总人口的 22%，但是，人均产值和收入水平低，要普遍达到富裕，困难极大。为减轻社会发展压力，国家实行严格的计划生育政策，下最大决心控制住我国人口增长。提出要抓"分子"，还要抓"分母"，要像抓经济建设那样抓计划生育；如果控制不住人口，即使经济发展上去了，也会产生各种困难和问题。截至 1991 年 1 月，全国已有 28 个省、自治区、直辖市颁布了地方性的计划生育法规，强调计划生育，提高人口质量。

1991 年 10 月 5 日，时任国务院总理李鹏表示，我国"面临的最大问题是人口基数太大，每年净增人口 1700 万人，要解决人民的吃、穿、住问题是一项繁重的任务"。同年 12 月，经国务院批准，公布实施《流动人口计划生育管理办法》。这是我国第一部规范计划生育的行政法规。这说明，我国开始注重运用法律手段调整计划生育和人口管理。

第二节 1991 年《收养法》

收养成立，收养当事人须具备法定的实质条件，须具备当事人合意，收养须履行法定程序。符合法定实质条件和形式条件的收养关系，始得成立。

一 《收养法》的基本原则

《收养法》原则性规定，"收养应当有利于被收养的未成年人的抚养、成长，遵循平等自愿的原则，并不得违背社会公德"（第 2 条）；"收养不得违背计划生育的法律、法规"（第 3 条）。这些就是我国《收养法》的基本价值取向。

（一）有利于被收养的未成年人的抚养成长的原则

保障未成年人健康成长是实行收养制度的首要目的。未成年人身心发育尚不成熟，缺乏独立生活能力、辨认自己行为的社会后果的能力不足，属于无行为能力人或限制行为能力人，因此，社会尤其是家庭应当为他们提供特别照顾。尤其对那些丧失父母的孤儿、查找不到生父母的弃婴和儿童、生父母有特殊困难而无力抚养的未成年人，通过收养，使他们重享家庭温暖和父母关爱。收养法有关收养成立条件、对收养人能力的要求以及有关收养解除等规定，都是这一原则的具体体现。

(二) 平等自愿原则

收养关系的设立、解除，均是变更身份的重要民事法律行为。必须以当事人双方平等、自愿为前提，以真实、一致的意思表示为基础，任何一方当事人均不得以强迫、欺诈等手段缔结或解除收养关系。例如，有配偶者，须共同送养、共同收养；协议解除收养的，须收养人、送养人双方自愿；被收养人年满10周岁的，成立、解除收养均须征得其本人同意，都是基于该原则的要求。

(三) 不违背社会公德原则

收养行为是重要的身份法律行为，不仅关系到当事人的权益，而且还直接涉及社会公共利益。因此，收养必须有正当的动机、目的，不违背社会公共道德和伦理准则，更不得借收养名义掩盖非法目的。我国《收养法》中有关无配偶的男性收养女性须达到法定年龄差的规定，虐待、遗弃为解除收养关系的法定理由的规定，尊重和保护收养秘密的规定等，都是基于该原则的要求。

(四) 不违背计划生育的法律、法规的原则

计划生育是我国的一项基本国策，是每个家庭、每对夫妇的义务。收养行为直接关系到家庭人口的增减。因此，收养行为与计划生育之间有着密切联系。在收养问题上，不得违背国家计划生育的法律、法规。除收养法另有规定外，无子女者才能成为收养人，只能收养一名子女，年满30周岁始得收养，不得以送养为理由违反计划生育等规定，都是贯彻该原则的结果。

二 收养关系当事人的资格

(一) 一般收养关系当事人的资格

普通收养关系的成立，当事人必须符合以下四类条件：

1. 被收养人的条件

依照《收养法》第4条规定，符合下列条件的人才可以被送入收养：

(1) 被收养人应是未满14周岁的未成年人。这是为了有利于对被收养

人的抚养，有利于收养关系的稳定。未成年人在养父母的抚养教育下，享受家庭温暖，健康成长。我国《民法通则》规定年满10周岁的未成年人为限制民事行为能力人。收养年满10周岁以上的未成年人的，应当征得被收养人的同意。

此前，"一些部门的规定只许收养7周岁以下儿童，特殊情况可以收养成年子女。但对于能否收养8岁到13岁的未成年人没有作出规定，而在实际生活中，由于各种原因要求收养8至13岁的人是很多的"。[①] 参考其他国家法律对被收养人年龄有限制性规定的经验，根据我国国情，《收养法》将被收养人限于不满14周岁的未成年人，是较合适的。

（2）被收养人是生父母无力抚养的儿童或丧失父母的孤儿或查找不到生父母的儿童。所称"孤儿"，是指其父母死亡和人民法院宣告其父母死亡的不满14周岁的未成年人。《收养法》第13条规定：监护人送养未成年孤儿的，须征得有抚养义务人的同意。有抚养义务的人不同意送养、监护人不愿意继续履行监护职责的，应变更监护人。

查找不到生父母的弃婴和儿童是指被父母或其他监护人遗弃而脱离家庭或监护人的婴儿和未满14周岁的其他未成年人。"目前，社会上存在着弃婴现象。与弃婴现象作斗争，保护弃婴，是全社会的责任。……捡到弃婴后，原则上应送民政机关主管的社会福利机构养育，但单靠社会福利机构包揽下来是困难的，应该发挥社会的力量。"[②] 为此，《收养法》规定，经当地公安或民政部门出具证明的，可以由符合收养条件的人收养弃婴。查找不到生父母的儿童被公民收养，既使这类儿童获享家庭温暖，身心得以健康成长，又可以减轻国家的负担。

生父母有特殊困难无力抚养的子女。生父母双方因健康原因或者家庭经济原因或遭遇到特殊困难，丧失抚养子女的能力的，允许他们将子女送给他人收养，以保障这类儿童免于陷入更大不幸境地。

2. 收养人的条件

[①] 金鉴：《关于〈中华人民共和国收养法（草案）〉的说明》，中国人大网：http://www.npc.gov.cn/wxzl/gongbao/2000-12/28/content_5002652.htm，访问日期：2011年6月10日。

[②] 同上。

收养人须具有"抚养和教育被收养人的经济条件、身体条件和教育能力,能够履行父母的职责,使少年儿童健康成长"。[①] 根据《收养法》第6条规定,收养人应同时具备下列条件:

(1) 无子女。基于计划生育政策的要求,原则上,只有无子女的公民,才能收养子女。具体有四类情形:夫妻一方无生育能力;夫妻虽有生育能力但婚后五年以上无子女者;原有子女已经死亡;单身而无子女的。

(2) 有抚养教育被收养人的能力。为保证被收养人健康成长,收养人必须同时具备两方面条件:第一,收养人有保证被收养人健康成长的物质条件。收养是为了被收养人的利益,不具备未来供养被收养人的足够经济能力的,不得收养。第二,无明显品德问题。收养人承担着教育被收养人的法律责任。被收养人与收养人共同生活,朝夕相处,收养人的言传身教将潜移默化地影响未成年的被收养人。有明显道德品德问题者,不适合收养子女。

(3) 未患有医学上认为不应当收养子女的疾病。即收养人未患有影响被收养人健康成长的精神病或其他严重疾病。

(4) 年满35周岁。收养是建立父母子女关系的法律行为。为了有利于收养人更好地担当起养父母的职责,各国法律都对收养人最低年龄作出了规定。《收养法》立法报告强调,"收养是建立拟制血亲的父母子女关系,因此养父母子女间应有合理的年龄差距。我国婚姻法规定的最低结婚年龄为男22周岁、女20周岁。……规定收养人夫妻双方均与被收养人相差23周岁以上,比最低婚龄高1—3岁,符合晚婚晚育的要求"。外国收养法上,对收养人与被收养人之间年龄差距的规定,"一般与法定婚龄相接近"。[②] 年满35周岁这一年龄要求,适用于有配偶者双方、无配偶者。

(5) 有配偶者收养子女,须夫妻共同收养。

(6) 收养人只能收养一名子女。这是与实行独生子女政策相一致的。

3. 送养人的条件

《收养法》第5条规定,适格的送养人包括下列公民和社会组织:

[①] 金鉴:《关于〈中华人民共和国收养法(草案)〉的说明》,中国人大网:http://www.npc.gov.cn/wxzl/gongbao/2000-12/28/content_5002652.htm,访问日期:2011年6月10日。

[②] 同上。

（1）孤儿的监护人。当被收养人的父母死亡后，由孤儿的监护人充当送养人。《民法通则》第 16 条规定，孤儿的监护人应由以下人员中有监护人能力的人担任：祖父母、外祖父母；兄、姐；关系密切的其他亲属、朋友愿意承担监护责任，须经未成年人的父母所在单位或者孤儿住所地的居民委员会、村民委员会同意。对担任监护人有争议的，由孤儿的父母所在单位或者孤儿住所地的居民委员会、村民委员会在其近亲属中指定；对指定不服提起诉讼的，由人民法院裁决。如果没有上述监护人，由孤儿的父母所在单位或者孤儿住所地的居民委员会、村民委员会或者民政部门担任监护人。

为了有利于孤儿顺利健康成长，《收养法》限制监护人送养孤儿。监护人送养未成年孤儿，须征得有抚养义务之人同意。抚养义务人不同意送养、监护人不愿意继续履行监护职责的，应变更监护人。这里所称的"有抚养义务的人"，是指孤儿的有监护能力和抚养能力的祖父母、外祖父母、兄、姐。

（2）社会福利机构。社会福利机构是各级政府财政举办的安置照护儿童的专门机构。符合收养条件时，社会福利机构可以作为送养人。社会福利机构送养儿童时，应公示弃儿的情况，以查找其父母下落。确实查找不到其生父母下落的，可由公民收养。

（3）有特殊困难无力抚养子女的生父母。一般情形下，父母负担的抚养教育子女的义务，不得免除。但是，如果父母因身体健康或家庭经济等特殊困难而确实无力抚养子女的，可以送养子女，以保障子女获得应有的抚养、教育。

第一，生父母送养子女，须双方共同送养。只要生父母健在的，不论是否离婚，送养子女的，均须共同为之；生父母一方下落不明或者查找不到的，单方才可送养。第二，父母一方死亡，另一方送养未成年子女的，死亡方的父母有优先抚养的权利。祖父母、外祖父母是孙子女、外孙子女的第二顺序的抚养义务人，如果死亡方的父母要求优先行使抚养未成年孙子女或外孙子女的权利，且有抚养能力的，生存方不得将该未成年子女送养。第三，未成年人的父母均无完全民事行为能力的，该未成年人的监护人不得将其送养。但父母有可能严重危害该未成年人的除外。

（二）特殊收养关系成立的实质条件

基于拟收养主体之间的特殊身份关系，考虑满足收养和家庭关系的合理需要，对于某些特殊类型的收养，《收养法》对收养条件作出了从宽处理。

1. 收养三代以内同辈旁系血亲的子女

国内公民收养三代以内同辈旁系血亲，条件适当从宽。生父母无特殊困难、有抚养能力的，也可以送养子女，其子女也可为被收养人；无配偶的男性收养三代以内同辈旁系血亲之女，不受收养人与被收养人之间须有40周岁以上年龄差限制；被收养人不受未满14周岁的限制。华侨收养三代以内同辈旁系血亲的子女，除了享有以上的放宽条件外，也不受无子女的限制。

2. 收养孤儿、残疾儿童或者弃婴和儿童

收养孤儿或者残疾儿童，更加彰显援助弱者的人道主义特质，国家予以鼓励，故此类收养条件适当从宽。收养这类儿童，收养人除应符合一般收养关系所具备的其他实质条件外，根据《收养法》第8条第2款规定，"可以不受收养人无子女和年满35周岁以及收养一名的限制"。

3. 收养继子女

为鼓励继父母收养继子女，促进家庭稳定、和睦，《收养法》极大地放宽此类收养的条件。根据第14条规定，只要生父母同意，继父母就可以收养继子女；不适用前述关于收养人、被收养人的一般条件条款。

4. 无配偶者收养子女

无配偶者是指因未婚、离婚或丧偶而无配偶的人。一些无配偶的人为使自己老有所养，有要求收养子女的。为满足这类人的合理需求，《收养法》允许他们收养子女。为杜绝收养关系转变为婚姻关系的可能性，无配偶的男性收养女性的，收养人与被收养人之间年龄应当间隔40周岁以上。

三 成立收养的程序

《收养法》实行收养登记许可制。当事人成立收养，须履行法定程序。《收养法》第15条规定，中国公民收养子女的，无论是监护人、生父母送养还是社会福利机构送养，一律实行登记制。收养成立程序单一、明确，收养全部纳入政府监督。收养协议、收养公证则是当事人可以自愿选择的程序，是对收养登记的必要补充。中国公民在中国境内收养子女，应当按照民政部发布施行的《中国公民收养子女登记办法》规定办理登记。

（一）办理收养登记的机关

办理收养登记的机关，是县级人民政府民政部门。如果是社会福利机构送养的，由社会福利机构所在地的民政部门办理收养登记；如果是生父母、监护人送养的，由生父母、监护人住所地的民政部门办理收养登记；收养非社会福利机构抚养的弃婴、儿童的，由弃婴、儿童发现地的民政部门办理收养登记；收养三代以内同辈旁系血亲的子女或继子女的，向被收养人生父或生母住所地的民政部门申请办理收养登记。

（二）办理收养登记的程序

1. 申请

申请办理收养登记，收养人应当亲自到收养登记机关提出申请。夫妻共同收养的，应当共同申请。一方因故不能亲自前往的，应当书面委托另一方，该委托书须经村民委员会或居民委员会证明或者经过公证。送养人为公民，本人应亲自到场办理收养登记。如果送养人为社会福利机构的，须由其负责人或委托代理人到收养登记机关办理收养登记。被收养人是年满10周岁以上未成年人的，也须亲自到场。

收养人、送养人、被收养人除提交收养申请外，还应向收养登记机关提交身份、户籍等相应的证明材料。凡法定收养条件要求的事项，均须有书面证明。

2. 审查

收养登记机关收到登记申请书及有关材料后，依法进行审查：审查收养当事人提交的材料是否有效、齐全，当事人是否符合法律规定的条件，收养目的是否正当，收养当事人的意思表示是否真实等。

收养查找不到生父母的弃婴和儿童的，登记机关应当在登记前实行公告。公告期为60天，自公告之日起满60日，无人认领的，视为查找不到生父母的弃婴、儿童。公告期不计入登记办理期限内。

3. 登记

经审查后，收养登记机关认为收养申请符合《收养法》规定条件的，在受理收养申请之次日起30日内，为申请人办理收养登记，颁发收养登记证。收养关系自登记发证之日起正式成立。对不符合法定条件的申请，不予登记，并向当事人说明理由。

收养关系当事人根据自愿原则,可以订立书面的收养协议;当事人各方或者一方要求对收养协议进行公证的,应由公证机关依法作出公证证明。收养协议、收养公证均非收养的必经程序。

四 涉外收养

涉外收养是指具有涉外因素而成立的收养关系,包括中国公民在外国收养子女和外国人在中国收养子女。《收养法》仅对外国人在中国收养子女作了规定。

《收养法》第20条规定:

> 外国人依照本法可以在中华人民共和国收养子女。外国人在中华人民共和国收养子女,应当提供收养人的年龄、婚姻、职业、财产、健康、有无受过刑事处罚等状况的证明材料,该证明材料须经其所在国公证机构或者公证人公证,并经中华人民共和国驻该国使领馆认证。该收养人应当与送养人订立书面协议,亲自向民政部门登记,并到指定的公证处办理收养公证。收养关系自公证证明之日起成立。

《外国人在中华人民共和国收养子女登记办法》,对涉外收养作了具体规定。

(一) 外国人在中国收养子女的条件

1. 收养人的资格

外国人收养中国公民后,通常都会将儿童带离中国。为了保护被收养人的权益,《收养法》规定,外国收养人除须具备中国公民收养子女的条件外,还须具备下列特定条件:

(1) 收养人家庭和经济状况良好。

(2) 收养人无刑事犯罪记录。

(3) 收养人身体健康,未患有医学上认为不应收养子女的疾病。

(4) 收养关系不违背收养人经常居住国的法律。

2. 被收养人的资格

被收养人应为未满14周岁的丧失父母的孤儿或查找不到生父母的弃婴、

儿童和生父母有特殊困难无力抚养的子女。但被收养人的父母与收养人存在三代以内同辈旁系血亲关系的，或被收养人是残疾儿童的，不受到这些限制。

3. 送养人资格

送养人为孤儿的监护人、社会福利机构、有特殊困难无力抚养子女的生父母。

(二) 外国人在中国收养子女的程序

根据《收养法》第20条及《外国人在中华人民共和国收养子女登记办法》之规定，外国人在中国收养子女，须同时签订书面收养协议、办理收养登记并经公证。

1. 收养人与送养人签订书面收养协议

收养人与送养人在平等自愿基础上，经过协商一致达成涉外收养协议。被收养人在10周岁以上的，其本人也应在协议上表示同意。

2. 办理涉外收养登记的机关

由被收养人常住户口所在地的省、自治区、直辖市人民政府民政部门办理。

3. 外国人在中国收养子女的程序：申请、审核、登记

外国人在华收养子女，应当通过其所在国政府或者政府委托的收养组织向中国政府委托的收养组织转交收养申请书以及有关的证明材料。有关证明文件包括：(1) 出生证明；(2) 婚姻状况证明；(3) 职业、经济收入和财产状况证明；(4) 身体健康检查证明；(5) 有无受过刑事处罚的证明；(6) 收养人所在国主管机关同意跨国收养子女证明；(7) 家庭情况报告。

收养人的申请书以及上述文件都要由收养人所在国的有关机关出具，经其所在国外交机关或外交机关授权的机构认证，并经中国驻该国的使馆或领事馆认证。

送养人也应向省、自治区、直辖市人民政府民政部门提交有关的证明材料。这些证明材料同前面所述的国内收养中送养人所要提交的材料是一致的。

4. 涉外收养的审查、登记

涉外收养的审查、登记，与国内收养的审查、登记基本一致。

五 收养的效力

收养的效力是指收养一经合法成立，对当事人及相关人所产生的法律约束力。收养效力包括收养的拟制效力、解消效力及禁婚效力三方面。收养的拟制效力，是指收养成立后，法律确认养父母与养子女之间产生父母子女的权利义务关系，以及养子女与养父母的近亲属间发生相应的亲属关系等法律后果。

（一）养父母与养子女间产生拟制直系血亲关系

养父母与养子女之间产生拟制直系血亲关系。自收养成立之日起，养父母与养子女间形成了完全同于生父母子女间的权利义务关系。收养成立后，应当依法为被收养人办理户籍变更登记。

1. 养子女取得养父母婚生子女的身份

收养成立后，养子女与养父母产生直系血亲关系，养子女被赋予养父母的婚生子女身份，是收养的最基本效力。养子女与养父母之间，除法律另有规定外，其权利义务与婚生子女完全相同。

2. 生父母与子女间的权利义务全部移转归养父母与养子女

养父母负有抚养教育养子女的权利与义务；养子女负担赡养扶助养父母的义务。养父母与养子女有相互继承遗产的权利。

3. 养子女从养父母姓氏

收养成立后，养子女从收养人的姓氏。有配偶者收养子女的，养子女的姓氏由收养人夫妻协商确定，如果被收养人有意识表示能力的，并应听取被收养人意见。养父母与送养人协商一致，被收养人也可以保留原姓氏。

（二）养子女与养父母的近亲属间形成法律拟制直系或旁系血亲的关系

1. 养子女与养父母的亲属发生亲属关系

根据《收养法》第23条明文规定，养父母与养子女的关系及于养父母的近亲属。收养关系成立后，养子女与养父母的近亲属产生相对应的亲属关系，例如，养祖孙关系、养兄弟姐妹关系，负担亲属之间的权利和义务。

2. 养子女的直系卑亲属与养父母及其亲属发生亲属关系

《收养法》无明文规定。但是，根据养父母子女关系适用父母子女关系的规定，收养发生后，收养的效力及于养子女的直系亲属。

（三）收养的解消效力

收养的解消效力，是指养子女与生父母及其他近亲属间的权利义务关系因收养成立而终止的法律后果。我国《收养法》第 23 条明文规定，养子女与生父母及其他近亲属间的权利义务关系，因收养关系的成立而消除。养子女与其生父母及其近亲属，不再负担父母与子女等近亲属间的权利义务，但他们之间的自然血缘联系是无法人为解除的，所以，养子女与生父母及其近亲属间仍要遵守婚姻法有关禁止通婚的规定。

（四）禁婚亲的适用

养子女及其直系血亲辈亲属与养父母及其亲属发生的亲属关系，虽为法律拟制血亲，但禁婚亲规定适用于养亲。这主要是基于维持基本伦理的考虑。

养子女与生父母及其亲属之间，虽因收养成立而终止法律上的权利义务关系，但其自然血亲关系并未消失，故仍须遵守禁婚亲规定。这是出于优生学和伦理学两方面的考虑。

（五）无效收养行为

无效收养行为是指欠缺收养成立的法定有效条件，不能产生收养法律效力的收养行为。凡不具备法定收养条件之一的，收养将不能产生应有法律效力。

确认收养无效，可依诉讼程序，也可依行政程序。对于不符合法定条件的收养行为，当事人可请求人民法院确认其无效。人民法院在审理收养纠纷案件时，如果发现该收养不符合法定条件的，应当以判决形式确认其无效。对于当事人弄虚作假骗取收养登记证的，由收养登记机关撤销收养登记，收缴收养登记证。收养一经确认无效，收养行为从行为开始时起就没有法律效力。对以欺骗手段骗取收养证的行为人，可由收养登记机关予以必要的行政处罚。

对以收养为名实施买卖儿童行为的犯罪人，由人民法院追究其相应的刑事责任。

六　收养关系的解除

《收养法》允许解除收养关系。法律拟制的父母子女关系，可依法设立，也可依法解除。"收养子女是变更人身权利义务关系的严肃的法律行为，收养关系成立后一般不得解除。但由于收养关系是一种拟制血亲，可能因各种原因导致收养关系的恶化和事实上的解体"。[①] 因此，《收养法》规定了解除收养关系的形式、程序以及解除收养后的效力。

（一）解除收养关系的形式和条件

收养关系的解除有两种情形：一是依收养当事人的协议而解除；二是收养当事人单方依法要求解除。依法解除收养关系，均须履行法定程序。

1. 协议解除收养关系

（1）协议解除收养关系的条件。《收养法》第26条、第27条规定，协议解除收养关系须同时具备下列两项条件：第一，在养子女成年前，协议解除收养须得收养人、送养人同意。年满10周岁以上的养子女有部分民事行为能力，解除收养应征得其本人同意。第二，养父母与成年的养子女关系恶化，无法继续共同生活的，可以协议解除收养关系。

当事人双方合意终止收养的，除了双方都同意终止收养关系外，还应就与解除收养有关的财产补偿、生活安排等问题达成协议。协商不成的，可通过诉讼程序解决。

（2）协议解除收养关系的程序。当事人应持解除收养关系的书面协议，共同到被收养人常住户籍所在地的县级以上民政部门申请办理解除收养关系的登记。收养登记机关应当自申请的次日起30天内审查完毕，符合收养法规定的，准许解除收养登记，收回收养登记证，发给解除收养关系证明。

2. 单方请求解除收养关系

（1）单方请求解除收养关系的程序。收养当事人双方未能就解除收养达成协议的，要求解除收养关系的一方可以向人民法院起诉。人民法院审理解除收养关系的案件，应当查明要求解除收养关系的事实和理由，保护合法收养关系、保障被收养人和收养人合法权益，可以对当事人进行调解，帮助他们达成解除收养的协议；在调解无效时，依法裁判。

（2）准许单方请求解除收养关系的事由。养亲之间关系严重恶化，以

[①] 金鉴：《关于〈中华人民共和国收养法（草案）〉的说明》，中国人大网：http://www.npc.gov.cn/wxzl/gongbao/2000-12/28/content_5002652.htm，访问日期：2011年6月10日。

致难以继续共同生活的，强制维持收养关系也非合理，甚至可能损害当事人利益。《收养法》第 26 条第 2 款、第 27 条规定，具有下列情形之一的，单方请求解除收养关系的，应予准许：第一，收养人不履行抚养义务，有虐待、遗弃等侵害未成年被收养人合法权益行为的。第二，养父母与成年养子女关系恶化，无法继续共同生活，又不能达成解除收养关系的协议，任何一方均有权要解除收养关系。

(二) 解除收养的法律后果

收养解除是消灭亲属关系的重要民事行为，将产生一系列法律后果。《收养法》第 29 条、第 30 条规定，收养关系解除的法律后果包括养亲身份丧失、财产关系变化。

1. 身份关系的效力

收养关系终止时，养父母及其亲属与养子女之间存在的拟制血亲关系和拟制姻亲关系均随之消灭，拟制近亲属之间的权利义务终止。养子女与养父母及其近亲属间的权利义务即行消除。但是，收养关系终止的效力不溯及既往。

养子女与其生父母的亲属关系是否恢复，区分该养子女年龄而有别。未成年养子女与生父母及其他近亲属间的权利义务自行恢复。成年养子女与生父母及其近亲属间的权利义务是否恢复，由成年养子女与生父母协商确定。

收养关系解除后，原拟制血亲是否仍应受禁婚亲规定约束，《婚姻法》和《收养法》均无规定。

2. 财产关系上的效力

解除收养关系的效力，在财产关系上不溯及既往。养子女、养父母既得财产，可以继续保有。但养父母有可能追索已支付的抚育费、养子女有可能追索已给付养父母的赡养费。

经养父母抚养成年的养子女，对缺乏劳动能力又缺乏生活来源的养父母，仍应当给付赡养费。因养子女成年后虐待、遗弃养父母而解除收养关系的，养父母可以要求养子女补偿收养期间支出的生活费和教育费。生父母要求解除收养关系的，养父母可以要求生父母适当补偿收养期间支出的生活费和教育费，但因养父母虐待、遗弃养子女而导致收养关系解除的除外。

第三节 《收养法》评析

一 《收养法》总评

1991年《收养法》全面规范了收养关系,是家庭领域完整、规范的法案。从调整对象与法条数量看,1980年《婚姻法》作为调整婚姻关系、家庭关系的法案,仅有37条;而该收养法作为调整收养关系的专门法案,已有33条。从法案结构和规范法律关系的完整性观察,收养法设计六章,包括第一章总则、第二章收养关系的成立、第三章收养的效力、第四章收养关系的解除、第五章法律责任、第六章附则,结构完整。从收养关系角度看,对成立、效力、解除、法律责任都有完整规定,内容全面。这是其他婚姻家庭法案所不及的。即使是十年后的2001年《婚姻法修正案》,其结构的完整性和内容规范性仍逊色于1991年《收养法》。

从收养立法历史考察,1991年《收养法》的规范性是值得肯定的。该法案是新中国成立后国家制定的第一个收养法案,也是中国共产党执政中的第一部收养法。

对于没有制定收养法经验的立法者而言,欲制定一部内容全面、规范的收养法,唯有多做调查研究、多听取专家学者等专业人士的意见和建议,以及多借鉴参考境外和国外的收养立法。从收养法起草过程中的立法报告看,当时的立法者显然是这么做的。这一经验,至今仍是各国和地区立法者普遍遵从的规律。

二 立法不足与问题

（一）忽略被收养人知情权的保护

为了维护收养关系稳定,避免纠纷或争议,《收养法》第21条规定,"收养人、送养人要求保守收养秘密的,其他人应当尊重其意愿,不得泄露"。该条显然是基于维护收养人和送养人的利益,却没有考虑到被收养人作为独立主体的意愿和利益。如果说被收养人未成年时,尚不一定适合知晓收养事实,那么当被收养人成年后,特别是当其对身份产生怀疑希望获知真相时,未被赋予知情权,实不妥。

从禁婚亲条款的适用和避免伦理冲突角度考虑，被收养人成年后，应当有权知悉被收养事实，以免陷入近亲结婚或近亲异性情感纠葛，更有利于优生，维护公序良俗。

（二）未规定《收养法》实施之前已形成的事实收养之效力

《收养法》于1992年4月1日始实施之前，民间事实收养长期存在。针对这一情形，在司法实践中，是有条件地承认其为事实收养的。遗憾的是，《收养法》对之未予注意，实有不当。

实施《收养法》后，为保护相关当事人的合法权益，对事实收养的认定，应以《收养法》实施前形成的为准，当事人没有办理收养登记，但只要符合上述的条件，应认定为事实收养。事实收养具有收养的法律效力。《收养法》实施以后，只要未办理收养登记的，就不应承认其有收养的法律效力。

第四节 1998年《收养法修正案》及评价

1991年《收养法》实施六年间，对保护合法的收养关系和维护收养关系当事人的权利，发挥了重要作用。但是，该《收养法》实施也遇到了若干问题，特别是其收养条件过于严厉、收养程序不够规范等问题。1998年10月27日，第九届全国人民代表大会常务委员会第五次会议通过了《收养法修正案》。

一 修订背景与主要考虑

（一）修订的背景

1991年《收养法》实施以后，"6年多的实践也反映出收养法存在的一些问题"。1998年8月24日，时任民政部部长多吉才让在第九届全国人民代表大会常务委员会第四次会议作修法报告时，说明如下：

一是，对收养条件规定得过严，致使一些有抚养能力又愿意收养儿童的人难以收养，多数社会福利机构又超负荷抚养孤儿、弃婴，在福利院的孩子生活条件差，没有家庭温暖，不利于这些孩子的健康成长。同时，由于法律规定的收养条件过严，一些群众超出法律规定条件收养孩子，形成事实收养。二是，收养程序不统一。成立收养关系，可以到民政部门登记，也可以由收养人与被收养人的监护人订立协议，还可以由收养人与被收养人的监护人订立协议、经民政部门登记后再办理公证。[①]

（二）修订时主要考虑

"为了更加合理地确定收养条件，规范收养程序，保护合法的收养关系，最大限度地保护被收养儿童的权益"，[②] 决定修订收养法。

该次修订仅涉及两项实质内容，即放宽收养条件、统一收养程序。[③]《收养法》原有的体例为章节式，内容清晰明了，便于公民掌握，建议仍保留原体例，不进行全面修订。

二 主要修订内容

（一）增设保障收养人合法权益原则

第 2 条修改为："收养应当有利于被收养的未成年人的抚养、成长，保障被收养人和收养人的合法权益，遵循平等自愿的原则，并不得违背社会公德。"

（二）适当放宽收养条件

1. 收养人年龄由 35 周岁调低到 30 周岁

第 6 条第 3 项改为第 4 项，修改为："（四）年满 30 周岁。"

2. 增设收养人"未患有在医学上认为不应当收养子女的疾病"

第 6 条增加一项作为第 3 项："（三）未患有在医学上认为不应当收养子女的疾病。"

[①] 多吉才让：《关于〈中华人民共和国收养法（修订草案）〉的说明》。法律图书馆：http://www.law-lib.com/fzdt/newshtml/20/20050816173030.htm，访问日期：2010 年 4 月 5 日。

[②] 同上。

[③] 张绪武：《全国人大法律委员会关于〈中华人民共和国收养法（修订草案）〉审议结果的报告》，中国人大网：http://www.npc.gov.cn/wxzl/gongbao/2000-12/17/content_5004012.htm，访问日期：2010 年 4 月 5 日。

修订过程中，草案第 4 条曾拟规定：

收养人应当同时具备下列条件：（一）具有完全民事行为能力；（二）品行端正；（三）年满 30 周岁无子女，但是婚后经确诊无生育能力的不受年满 30 周岁的限制；（四）未患有足以影响未成年人健康的传染病；（五）有抚养教育被收养人的能力。

但是，审议时有常委会委员提出，"品行端正"不易界定，"传染病"的范围也难确定，该条第一、二、四项的内容可以由第五项包括。因此，法律委员会建议："对这三项内容不作规定。"[①] 修订草案第 4 条第三项规定"婚后经确诊无生育能力的不受年满 30 周岁的限制"。立法机关考虑到"修订草案已将收养人的年龄限制由 35 周岁降低为 30 周岁，婚姻法规定的结婚年龄为男 22 周岁、女 20 周岁，有无生育能力一般经过婚后一段时间才能确诊，也将接近 30 周岁。有的国家规定结婚五年后才可以收养子女"。因此，经法律委员会建议，对此不规定。[②]

3. 放宽特殊情形下收养人条件

继父或继母收养继子女的，明确不受一般收养条件限制，即不受"无子女""有抚养教育被收养人的能力""年满 30 周岁""未患有医学上认为不应收养子女的疾病"，只能"收养一名子女"之限制。

《修订草案》第 9 条规定：

"无配偶的人年满 55 周岁无子女或者夫妻双方均年满 55 周岁无子女的，可以收养 1 名 14 周岁以上的子女；但是，被收养人与收养人年龄应当相差 25 周岁以上。"有委员提出，收养法是解决被收养的未成年人的抚养、成长的问题，至于收养成年人养老的问题，其收养目的和条件等与收养法都不相同。因此，法律委员会建议，在收养法中对此不作

[①] 张绪武：《全国人大法律委员会关于〈中华人民共和国收养法（修订草案）〉审议结果的报告》，中国人大网：http://www.npc.gov.cn/wxzl/gongbao/2000-12/17/content_5004012.htm，访问日期：2010 年 4 月 5 日。

[②] 同上。

规定。①

4. 放宽特殊情形下被收养人的条件

（1）收养三代以内同辈旁系血亲的子女，被收养人条件从宽。不受"生父母有特殊困难无力抚养的子女"的限制；不受"被收养人不满14周岁"的限制；无配偶的男性收养女性的，不受"收养人与被收养人的年龄应当相差40周岁以上"的限制。

（2）继父或继母收养继子女，不受"生父母有特殊困难无力抚养的子女"的限制；不受"被收养人不满14周岁"的限制。

第14条修改为：

> 继父或者继母经继子女的生父母同意，可以收养继子女，并可以不受本法第4条第三项、第5条第三项、第6条和被收养人不满14周岁以及收养一名的限制。

5. 放宽收养孤残儿和社会福利机构送养儿童的条件

考虑收养的实际情况，为减轻社会福利机构的压力，收养法修订后，收养未成年孤儿、残疾儿童和社会福利机构抚养的查找不到生父母的儿童，删除收养人条件中的"无子女"和"只能收养1名子女"之限制。

第8条第2款修改为：

> 收养孤儿、残疾儿童或者社会福利机构抚养的查找不到生父母的弃婴和儿童，可以不受收养人无子女和收养一名的限制。

如何规制这类收养为妥，在立法修订过程中，曾有一定争议。修正草案第7条曾规定："收养未成年孤儿和社会福利机构抚养的查找不到生父母的

---

① 张绪武：《全国人大法律委员会关于〈中华人民共和国收养法（修订草案）〉审议结果的报告》，中国人大网：http://www.npc.gov.cn/wxzl/gongbao/2000 - 12/17/content_5004012.htm，访问日期：2010年4月5日。

儿童,不受收养人无子女和只能收养1名子女的限制。"有些委员提出,为了更好地解决收养弃婴问题,应当进一步放宽收养弃婴的条件,以利于减轻国家负担,弘扬社会主义精神文明和人道主义精神,建议删去该规定中"社会福利机构抚养的"几个字。但是,也有委员和部门提出,放宽收养弃婴的条件,有可能给计划生育带来负面影响,增加工作难度,建议对修订草案的规定不作修改。法律委员会倾向于后一种意见,并建议在收养法的实施办法中明确规定民政部门应与计划生育部门密切配合,加强对计划生育的管理。①

(三) 完善收养程序

1. 收养关系统一由民政部门登记成立

1991年《收养法》针对收养人、被收养人情况不同,对成立收养设定了三种不同程序。"收养程序不统一,在实践中带来了一些问题,公民之间协议成立收养关系,随意性比较大,容易造成收养关系不稳定;涉外收养关系经民政部门登记还不算成立,须经公证才能成立,无论从法理看,还是从实践看,关系都不够顺,容易引起不必要的矛盾。"②

为了进一步规范成立收养关系的程序,国务院有关部门和专家学者反复研究,一致认为:

> 在法律上,收养属于婚姻家庭范畴。婚姻法已经规定对结婚、离婚实行统一登记制度。收养法对收养这种事关收养双方人身、财产关系变化的重要法律行为,也以实行统一的登记制度为宜(国际上对收养关系的成立,基本上有两种制度:一是由法院登记,二是由政府主管机关登记)。③

据此,第15条第1款修改为:"收养应当向县级以上人民政府民政部门

---

① 张绪武:《全国人大法律委员会关于〈中华人民共和国收养法(修订草案)〉审议结果的报告》,中国人大网:http://www.npc.gov.cn/wxzl/gongbao/2000-12/17/content_5004012.htm,访问日期:2010年4月5日。
② 多吉才让:《关于〈中华人民共和国收养法(修订草案)〉的说明》。法律图书馆:http://www.law-lib.com/fzdt/newshtml/20/20050816173030.htm,访问日期:2010年4月5日。
③ 同上。

登记。收养关系自登记之日起成立。"并增加一款,作为第 2 款:

收养查找不到生父母的弃婴和儿童的,办理登记的民政部门应当在登记前予以公告。

2. 自愿订立收养协议和公证

原第 2 款修改为两款,作为第 3 款、第 4 款。修改后为:

收养关系当事人愿意订立收养协议的,可以订立收养协议。

收养关系当事人各方或者一方要求办理收养公证的,应当办理收养公证。

(四)赋予公安机构为被收养人办理户籍的职责

为了保障被收养人作为收养人的家庭成员的权益,修正案增加一条,作为第 16 条:"收养关系成立后,公安部门应当依照国家有关规定为被收养人办理户口登记。"

(五)完善涉外收养

1. 外国收养人条件从严

外国人在我国收养儿童,应当"事先经其所在国主管机关依照其本国法律审查同意",并且提供"身体健康、无犯罪记录等合法有效的证明材料","该证明材料须由收养人所在国有权机构出具";须经收养人所在国外交机关或者外交机关授权的机构认证之后,再提交我国驻该国使领馆认证。

2. 指定由省级人民政府民政部门办理登记,并须办理收养公证

主要是基于下列两点考虑:一是国际上对跨国收养的管理一般都较严格,外国一般都要求被收养人所在国出具公证证明,对涉外收养公证作统一要求是符合实际情况的;二是在民政部门以外由公证机构再把关,能更有效地保障我国儿童被外国人收养之后的安全和利益。[①]

[①] 多吉才让:《关于〈中华人民共和国收养法(修订草案)〉的说明》。法律图书馆:http://www.law-lib.com/fzdt/newshtml/20/20050816173030.htm,访问日期:2010 年 4 月 5 日。

修订草案第 24 条第 2 款规定，外国人在我国收养子女办理收养登记后，还应当共同到国务院司法行政部门认定的具有办理涉外公证资格的公证机构办理公证。公证机构发现不符合本法规定条件的，应当告知登记机关依法处理。有的委员和部门提出，修订草案规定外国人在中国收养子女经民政部门登记成立，又规定应当办理公证，多了一道手续。应从实际需要出发，如当事人要求办理公证的，可以到我国的公证机构办理公证。因此，法律委员会建议，将该款有关收养公证的规定修改为："收养关系当事人各方或者一方要求办理收养公证的，应当到国务院司法行政部门认定的具有办理涉外公证资格的公证机构办理收养公证。"

（六）增设了规范事实收养的条款

本决定自 1999 年 4 月 1 日起施行。本决定施行前，依照《中华人民共和国收养法》成立或者解除收养关系的，不再办理登记。

（七）加大处罚非法行为

针对借收养名义拐卖儿童、遗弃婴儿，甚至父母出卖自己子女的违法犯罪行为，修正案增设相应处罚规定。

第 30 条改为第 31 条，第 1 款修改为：

借收养名义拐卖儿童的，依法追究刑事责任。

第 2 款修改为：

遗弃婴儿的，由公安部门处以罚款；构成犯罪的，依法追究刑事责任。

第 3 款修改为：

出卖亲生子女的，由公安部门没收非法所得，并处以罚款；构成犯罪的，依法追究刑事责任。

三 对《收养法修正案》的评价

（一）肯定评价

1. 放宽收养条件有利于被收养人利益

修正案放宽了收养人、被收养人的条件，使有收养意愿且具备收养子女条件的家庭能够收养未成年人，有利于需要抚养的儿童得到妥善抚育。

2. 简化收养程序有利于节约成本

凡收养，均由政府民政部门统一登记，既节约收养的成本，又方便监督管理。

3. 增补了对事实收养的规定

考虑到从1991年《收养法》实施已有七年余，修正案不再承认事实收养。此规定，旨在严格规范收养行为，减少或避免非法收养，以利于儿童保护。

4. 惩处违法行为有利于维护儿童利益

《收养法修正案》规定了对侵犯儿童权益的违法行为之惩处，将有一定威慑作用。可惜，相关条款规定十分笼统，适用时需要援引其他法案规定才能处理，有难度。

（二）不足与问题

1998年《收养法修正案》存在的最突出不足，是对收养的人文关怀不足、缺失收养评估和监督。

1 对收养的适当与否，欠缺专业调查评估和监督

按照《收养法修正案》，收养人与送养人同意成立收养的，共同到民政部门登记即可。在其中，国家作为儿童利益的终极保护人，仅体现为民政部门审查收养。尽管按照收养法，在受理收养申请到准予收养登记之间，有一定时日。然而，一方面，立法没有明确在这期间登记部门该做什么；另一方面，民政部门因为工作人员数量有限、日常工作任务重以及儿童专业知识不足，并不一定能够及时发现收养申请中可能存在或潜在的问题。有必要设立

专门的收养调查程序，为收养申请是否适当提供第三方中立的判断。

在收养关系成立后，立法未设立必要的监督，使保护未成年被收养人之立法定位出现漏洞。经过资格审查而适格的收养人，在获准成立收养关系后，也不能保证每一个收养人都能适格地履行养父母的责任。如果发生被收养人利益受损之事，如何能够被发现？怎样才能减少严重的收养冲突？如何减少解除收养争议？设立必要的收养监督是可行之策。

2. 被收养人获知身世秘密的权利保护不足

1991年《收养法》中存在的未充分保护被收养人知情权之缺漏，在本次修正案中未获得关注，故未得到修正弥补。

3. 对特殊情形的收养条件仍过于严格

特殊情形下的收养，例如，对于双胞胎、多胞胎儿童被收养，为了有利于这些儿童的健康成长，有必要放宽条件，使他们能够被同一个家庭收养。但是，该修正案并未给予周延考虑。

四 完善建议

针对《收养法修正案》中的不足，建议从完善收养条件、收养程序等方面予以解决并完善。

（一）完善收养条件

1. 特殊情形下应允许收养成年人

随着老龄化社会的发展，改革收养对象似有必要。为了满足部分老年人需要人陪伴、照料的合理要求，也考虑到部分年轻公民愿意与老人缔结亲属关系以获得其合理所需，可以考虑设立严格条件，允许收养14周岁以上的人。以往收养制度将被收养人限定为未成年人，主要是将收养定位为利于儿童的制度。

2. 同为兄弟姐妹关系的被收养人原则上由同一收养人收养

为了有利于未成年人实现其最大利益，同为兄弟姐妹关系的未成年人被他人收养时，原则上宜由同一收养人收养。[①]

3. 赋予与被收养人有三代以内旁系血亲的收养人享有优先收养权

---

① 冯乐坤：《收养法的不足与完善》，《西部法学评论》2008年第3期。

若近亲属愿意收养，其优势不言自明。立法应当考虑赋予近亲属优先收养之权利。

4. 适度保护被收养人知情权

鉴于收养信息的公开或披露，可能不利于养子女与养父母、生父母间已经形成的关系，大多数国家收养法都设立了保护收养秘密条款。[①] 但是，被收养人作为当事人，其知情权应有所保护。若收养人始终未能获知真相，或许随养父母年老或死亡，收养人了解真相的机会将大大减少，同时成本将大大增加。同时，为了公共利益考虑，例如避免近亲结婚，抢救收养人生命之紧急状态等，也有必要让收养人获知收养秘密。因此，未来收养法宜增设保护被收养人知情权条款。

(二) 完善收养程序

1. 应增设评估、监督收养的专业机构

应当增设评估、监督收养的专业机构。无论是成立收养或者在收养成立之后解除收养，都需要专业机构对收养申请和解除收养申请给予评估。在某些情形下，当收养当事人发生冲突或争议时，如果有专业机构提供辅导或帮助，或及时指出收养关系中存在的问题并找到解决方法，收养冲突或许是可以化解的。有些情形下，特别是当被收养人年幼无助，收养人刻意隐瞒已发生的严重损害被收养人利益之事实，外界又没有及时发现或揭露，损害可能愈演愈烈乃至酿成悲剧。当孤儿被收养后，如果收养人不善尽养父母职责，被收养人利益受损常常不能及时发现。建立评估收养是否适当、监督收养人是否及时履行义务的专业监督机构，可以有效地代替国家发挥监督作用，为民政部门作出批准与否之决定、法院准许解除与否之裁判，提供参考。

2. 设立收养调查程序

收养调查，涉及个人隐私，未经法律授权特定人员或机构，难以达到所愿。故收养立法应当就收养调查作明文规定。1967年《关于儿童收养的国际公约》中，收养须经调查程序。

[①] 《德国民法典》第1758条第 (1) 款规定："非经收养人和子女同意，不得公开或探听能够暴露收养人及其具体情况的事实，但是如果出于公共利益上的特别理由而必须如此，则除外。"《德国民法典》(修订本)，郑冲、贾红梅译，法律出版社2001年第2版，第411—412页。

3. 增设试收养期

"试收养期"，是指收养人与送养人向收养登记机关提交收养申请后，收养登记机关经初步审查，认为符合收养条件的，允许收养之后，收养人将被收养人带至其家中或住处共同生活，以验证双方是否适合建立收养关系的制度安排。在试养期间内，收养人和被收养人应连续性地共同生活；收养评估监督机构应登门走访，实地考察收养人是否具备收养条件，被收养人是否被该收养人收养，为收养批准机构作出决定提供专业意见以供参考。经过一定时期的共同生活，收养人经考虑就是否能够接受被收养人与之长期共同生活作出决定，被收养人可以观察收养人是否能够适当地承担起其养父母之职。待"试收养期"届满时，如果收养人认真履行抚养教育责任，且不改变收养子女的初衷，被收养人适合被该收养人收养的，收养登记机关批准该收养，准予办理收养登记，收养关系成立；否则，若确认其不适合收养的，不予办理收养登记。

试收养期是外国收养立法中常见的制度安排。随着国际收养立法与司法实践的发展，收养过程中收养当事人的心理及相互条件的适应性受到重视。现代收养法一般都规定有试养期，通常为六个月到一年，也有少数国家法律规定为两年。例如，《德国民法典》第1744条规定，"一般情况下，应当在收养人对子女予以适当期间的养育之后，方得宣告收养"。① 《瑞士民法典》第264条规定，"收养人对养子女最少已抚育两年，并且可推定建立子女关系有利于养子女孩子……始得收养"。②

为了未成年被收养人利益考虑，我国收养立法应当为收养当事人提供考虑期，增设"试收养"为收养成立的前置条件。在允许收养与成立收养关系之前设立适当的收养磨合期或试验期，为建立可靠、稳定、和睦的收养关系奠定基础。

4. 增设跟踪回访制

收养关系成立后，被收养人在收养人家庭中生活状况如何，收养评估监督机构应当在一定年限内，定期回访，以更好地保护未成年被收养人的

---

① 《德国民法典》（修订本），郑冲、贾红梅译，法律出版社2001年第2版，第406页。
② 《瑞士民法典》，殷生根译、艾棠校，法律出版社1987年版，第66页。

权益。

　　这种回访跟踪宜设定在收养关系成立的头三年内实施，每年回访一次。如果收养人与被收养人关系融洽，被收养人的利益有保障，三年以后，可以信赖收养人，不再对该收养实施专门监督。

第十章

2001年《婚姻法修正案》

1980年《婚姻法》实施十余年后，我国婚姻家庭领域出现了许多新情况，遇到了许多新问题。1995年年底，全国人大常委会作出修改婚姻法的决定。[①] 其后，经过多方面调查研究，婚姻法修正草案终于在2000年提交全国人大常委会审议。2001年4月28日，第九届全国人民代表大会常务委员会第21次会议通过《修改〈中华人民共和国婚姻法〉的决定》（以下简称2001年《婚姻法修正案》）。时任国家主席江泽民当日签署主席令公布修正案，修正案自公布之日起施行。

第一节 修订经过和修法背景

一 修法经过

修改1980年《婚姻法》是婚姻家庭法适应社会发展的需要。实行改革开放政策以后，我国社会生活发生急剧变化。婚姻家庭领域出现了许多新情况，遇到了许多新问题，急需采取法律对策应对调整。1995年年底，全国人大常委会作出修改婚姻法的决定。[②] 2000年，婚姻法修正草案提交全国人大常委会审议。2001年1月，第九届全国人大常委会委员长会议决定全文公布婚姻法修正草案，向全社会征集对修改草案的意见。由此，立法民意征集机制，即向全社会征集修法建议，成为国家和地方立法经常采用的途径。

[①] 此前，中国法学会婚姻法学研究会已向国家有关部门呈送修改婚姻法建议。巫昌祯、杨大文主编：《走向21世纪的中国婚姻家庭》，吉林人民出版社1995年版。

[②] 同上。

是中国立法的重大进步。当年，社会各界普遍赞同修改婚姻法。截至2001年2月28日，全国人大常委会法制工作委员会共收到对婚姻法修改意见的来信、来函、来电等3829件。① 同年4月28日，第九届全国人大常委会第21次会议通过《婚姻法修正案》。

（一）学术研究的推动

20世纪80年代末，婚姻家庭法等领域专业人士开始反思和探讨1980年《婚姻法》之不足和完善途径。1990年出版的《当代中国婚姻家庭问题》一书，首次提出对完善婚姻家庭法律制度的思考，并集中讨论了无效婚姻、夫妻财产制、离婚、收养等问题。② 1992年，中国法学会婚姻法学研究会正式向有关部门呈送了修改婚姻法的书面建议。1994年，中国法学会婚姻法学研究会年会经过充分讨论，达成共识：修改婚姻法，势在必行。③ 1995年，汇集婚姻家庭法领域专业人士数年调查研究成果的论文集《走向21世纪的中国婚姻家庭》出版，④"第一次全面论述了制定新婚姻家庭法的必要性和可行性，提出了重塑婚姻家庭法的立法模式与体系结构"，⑤ 为修订婚姻法"在理论上作了初步准备"。⑥

（二）国家立法机构的准备

1995年10月，第八届全国人民代表大会常务委员会第16次会议通过修改1980年《婚姻法》的决定，2001年修正案正式通过，国家立法机构为此次修法做了数年时间的准备。

1. 酝酿阶段

1993年，全国人民代表大会内务司法委员会主持召开修改婚姻法论证会。最高人民法院、国家计生委、民政部、全国妇联，以及中国法学会婚姻法学研究会等单位的代表应邀出席会议，"与会代表一致认为，修改婚姻法

---

① 《婚姻法（修正草案）向社会公布征求意见的情况》，《人民日报》2001年4月23日第4版。
② 参见巫昌祯、王德意、杨大文主编《当代中国婚姻家庭问题》，人民出版社1990年版。
③ 夏吟兰、蒋月、薛宁兰：《21世纪婚姻家庭关系新规制——新婚姻法解说与研究》，中国检察出版社2001年版，第2页。
④ 巫昌祯、杨大文主编：《走向21世纪的中国婚姻家庭》，吉林人民出版社1995年版。
⑤ 夏吟兰、蒋月、薛宁兰：《21世纪婚姻家庭关系新规制——新婚姻法解说与研究》，中国检察出版社2001年版，第2页。
⑥ 巫昌祯：《我与婚姻法》，法律出版社2001年版，第11页。

不仅是必要的，而且也是可行的"。① 1994 年、1995 年全国人民代表大会、全国政协会议期间，部分人大代表和政协委员提出议案和提案，呼吁修改婚姻法。② 1995 年 10 月，第八届全国人民代表大会常务委员会第十六次会议通过修改 1980 年《婚姻法》的决定，并将其列入"九五"立法规划。

1996 年 10 月，全国人大内务司法委员会主持开展了婚姻法执法情况检查活动。同年将该次检查报告和部分省市要求修订婚姻法的建议，上报全国人大常委会。③

2. 委托试拟起草

1996 年 11 月，受全国人大常委会委托，民政部牵头组织有关部门和机构成立修改婚姻法领导小组和办公室。在该领导小组主持下，成立了专家组，负责起草工作。当时，修法领导小组敦聘中国人民大学教授杨大文、中国政法大学教授巫昌祯、北京大学教授王德意、中国社会科学院研究员陈明侠、中国政法大学副教授夏吟兰、中国人民大学教授龙翼飞共 6 位婚姻家庭法学专家组成试拟稿起草小组。至 1997 年 6 月，专家起草小组完成了"婚姻家庭法"草案试拟稿第一、二稿。同年 6—9 月，向各地征求对试拟稿的意见，并组织有关部门和学者进行讨论。1999 年 9—12 月，"婚姻家庭法"草案试拟稿第三、四稿相继完成。④ 该专家试拟稿共有 11 章 140 条。⑤

3. 起草阶段

从 1999 年起，全国人民代表大会常务委员会法制工作委员会在婚姻法专家试拟稿基础上，开始起草婚姻法修订草案。考虑到我国当时已在制定民法典，而婚姻法的修改与民法典密切相关，所以，"决定完善婚姻法分两步到位"：首先，"对社会上反映强烈的主要问题"进行"修改和补充"；其

---

① 巫昌祯：《我与婚姻法》，法律出版社 2001 年版，第 11—12 页。
② 同上书，第 12 页。
③ 参见夏吟兰、蒋月、薛宁兰《21 世纪婚姻家庭关系新规制——新婚姻法解说与研究》，中国检察出版社 2001 年版，第 3 页。
④ 参见薛宁兰《回归民法后的婚姻家庭法学研究》，陈甦主编《当代中国法学研究》，中国社会科学出版社 2009 年版，第 353—354 页。
⑤ 《中华人民共和国婚姻家庭法（法学专家建议稿）》，参见夏吟兰、蒋月、薛宁兰《21 世纪婚姻家庭关系新规制——新婚姻法解说与研究》，中国检察出版社 2001 年版，第 331—358 页。

次,"婚姻法的系统化、完备化待制定民法典时一并考虑"。①

2000年7—8月,法制工作委员会经过广泛调查研究、召开各种座谈会,形成了婚姻法修正案草案第一稿,提交第九届全国人大常委会第18次会议审议。审议中,委员们提出若干意见和建议。法工委根据委员们的建议和意见修改了草案,形成草案第二稿,提交全国人大常委会第19次会议审议。鉴于婚姻法是关系到千家万户男女老幼的切身重大利益的重要法律,全国人大常委会委员长会议决定全文公布婚姻法修正草案,向社会广泛征求意见。2001年1月,《中华人民共和国婚姻法(修正草案)》全文公布。

修改婚姻法过程变成了一场民众广泛参加的婚姻法大讨论。法学界和社会学界等各方对婚姻法有关问题的观点不一,争论激烈;许多民众热情关注婚姻法修改,积极提供意见;各种社会传媒大规模报道讨论情况。全国人大常委会法工委对所收集的意见建议进行整理、归纳,吸收其中合理意见,再次修改了婚姻法修正草案。同时,召开了各种类型的座谈会,再次听取各部门、各专家学者的意见。② 2001年4月,常委会第21次会议第三次审议婚姻法修正草案。

2001年4月28日,婚姻法修正草案高票获得通过。

二 修订的原因与理由

(一) 1980年《婚姻法》原定内容过于简略

1980年《婚姻法》实施近20年后,其内容过于简略的缺陷日益凸显。主要表现在:一是缺乏亲属制度的一般规定;二是结婚制度不完备,欠缺处置违法缔结婚姻的条款;三是夫妻财产制规定过于简略,特别是夫妻财产约定未制度化;四是关于离婚理由,仅有概括的原则表述,执行中不易掌握,主观随意性大;五是对父母子女等家庭关系的调整未得到应有重视,离婚父母对子女权利的行使和义务履行之规制,存在一定空白,使得当事人的行为和司法审判的法律依据不清晰;六是无涉外、涉侨、涉港澳台婚姻家庭关系法律适用的规定。本次婚姻法修改主要针对社会反映强烈的突出问题作出修

---

① 巫昌祯:《我与婚姻法》,法律出版社2001年版,第12页。
② 同上。

改。《婚姻法修正案》对于建立和维护平等、和睦和文明的婚姻家庭关系必将起到积极的推动作用。

(二) 实行社会主义市场经济

1984年10月,中国共产党第十二届三中全会比较系统地提出和阐明了经济体制改革中的一系列重大理论和实践问题,确认我国社会主义经济是公有制基础上的有计划的商品经济。这是全面实行经济体制改革的纲领性文献。政治体制的改革与经济体制的改革基本上是同步进行的。20世纪80年代中期,我国的科技、教育、文化等各个领域的改革也开始启动。

市场经济环境下,物质利益原则不仅被确认,而且被强化;不同利益群体开始分化;个体利益如同个体独立性,都获得了前所未有的承认。婚姻家庭法要适应变化的社会,有必要对干预婚姻家庭关系的有关措施、制度作出相应调整。

(三) 加大国际交流与融合

经过多年实践,我国形成了全方位、多层次的开放格局,改革和开放得到了民众拥护,"改革开放是强国之路"成为人们的共识。1984年4月,国家进一步开放沿海14个港口城市。1985年2月,增开长江三角洲、珠江三角洲、闽南三角区为经济开放区。

在日益开放的环境中,人员、物资、思想的国际交流越来越频繁,个体独立、自由的要求越来越高。立法及时引导、规范人们婚姻家庭领域的思想、行为之任务加重了。

第二节 主要争议问题

在婚姻法修改讨论过程中,学术界、法律界对尽快启动修改婚姻法有共识;但是,修改婚姻法涉及的问题很多,对于应当从哪些方面完善婚姻立法,人们认识不一致,特别是在婚姻家庭法案名称、是否增设亲属关系通则规定、关于结婚形式、是否应当增设婚姻无效制、是否存在配偶权、夫妻之间是否有相互忠实义务、是否设立夫妻同居义务、法定离婚理由究竟是感情破裂还是婚姻关系破裂、是否删除特别保护军婚条款、是否设立离婚扶养制度、离婚损害赔偿等问题上,有截然不同的两种观点,争论激烈,"有的问题成为普遍关注的热点"。① 婚姻家庭法立法研究呈现"百家争鸣"状态，前所未有。这些既说明1980年《婚姻法》原规定内容的确过于简略，急需增补，又反映出人们对婚姻家庭法律关系的认识、立场分歧，反映出在社会转型时期，不同社会阶层、不同社会背景下成长或生活的不同群体在利益取舍上的差异，显示了社会向多元化发展的事实。

一 关于法案名称与立法模式

（一）法案名称

婚姻家庭法学界一致认为，法案名称应当修正表述为"婚姻家庭法"，以便名实相符。

1. 法案名称是由法案的调整对象和任务决定的

1980年《婚姻法》第1条明定"本法是婚姻家庭关系的基本准则"。"从调整对象来看，我国婚姻法实际上是婚姻家庭法。也就是说，既调整婚姻关系，又调整家庭关系。"②

2. 将调整婚姻家庭关系的法案称为"婚姻法"，主要是受中国共产党革命根据地政权婚姻立法经验的影响

中国共产党革命根据地政权制定的婚姻法确是狭义的。1927年以后，随着工农民主政权的建立，多个革命根据地制定了婚姻法。从闽南根据地《婚姻法》、鄂豫皖根据地《婚姻问题决议案》等中国共产党主持下的最早婚姻家庭法律文献，到1931年《中华苏维埃共和国婚姻条例》、1934年《中华苏维埃共和国婚姻法》、1946年《陕甘宁边区婚姻条例》等，仅仅调整婚姻关系，不涉及家庭关系、其他亲属关系的调整；其中对子女抚养的规定，仅仅针对离婚后子女抚养问题。革命根据地时期婚姻立法的主要任务是"废除一切封建的包办、强迫与买卖的婚姻制度"，实行婚姻自由，将妇女"从封建压迫之下解放出来"，③ 故其立法仅限于改革婚姻制度。这种立法是

---

① 巫昌祯：《我与婚姻法》，法律出版社2001年版，第16页。
② 王战平主编：《中国婚姻法讲义》，全国法院干部业余法律大学教材，1986年，北京市登记86—033号，第2页。
③ 毛泽东：1931年《中华苏维埃共和国婚姻条例》序言，中国人民大学法律系民法教研室、资料室编《中华人民共和国婚姻法资料选编（一）》，第468页。

一种"急救式"法律改革，尽快地将男女从包办强迫婚姻中解放出来。当时处于战争状态，立法者欠缺改造家庭制度的认识和客观条件，根据地时期立法未触及家庭制度改造。

新中国成立后，从1950年《婚姻法》开始，"婚姻法"的调整对象明确规定包括婚姻关系和家庭关系两部分。例如，1950年《婚姻法》第四章"父母子女间的关系"专章，规定父母子女之间的权利与义务，尽管该章只有4个条文。1980年《婚姻法》实际上是婚姻家庭法，其中第三章"家庭关系"，设15个条文规定了夫妻、父母、子女、祖父母、外祖父母、孙子女、外孙子女之间的权利和义务。然而，受前述早期婚姻立法经验的影响，立法机关仍将法案命名为"婚姻法"。

3. 婚姻法是实质上的婚姻家庭法，是学界的共识

在婚姻家庭法教科书中，均将"婚姻法"解释为"婚姻家庭法"。例如，高等学校法学试用教材《婚姻法教程》认为："我国的婚姻法是广义的婚姻法，而不是狭义的婚姻法。……名称虽然是婚姻法，就其内容而言则是婚姻家庭法"。"婚姻法是规定婚姻家庭关系的发生和终止，以及基于这些关系而产生的权利和义务的法律规范的总和。……从婚姻法调整对象的范围来看，既包括婚姻关系，又包括家庭关系。"[1] 全国法院干部业余法律大学教材也称，"婚姻法是调整婚姻家庭关系的法律规范的总和"。[2] "我国的婚姻法既包括婚姻法规范，也包括家庭法规范，名曰婚姻法，实际上是婚姻家庭法。"1980年《婚姻法》只是对1950年《婚姻法》的修订，"所以仍以婚姻法为名"。[3]

遗憾的是，尽管将"婚姻法"修改表述为"婚姻家庭法"是婚姻家庭法学界的共识，然而，立法机关仍沿袭从革命根据地时期开始的婚姻立法实践形成的法案名称命名习惯，本次婚姻法修改中未采纳学界关于改名的意见。

---

[1] 法学教材编辑部《婚姻法教程》编写组：《婚姻法教程》（杨大文主编），法律出版社1986年第2版，第16—17页。

[2] 王战平主编：《中国婚姻法讲义》，全国法院干部业余法律大学教材，1986年，北京市登记86—033号，第1页。

[3] 杨大文主编：《婚姻法学自学教程》，北京大学出版社1989年版，第47页。

之所以仍称婚姻法，是因为我们早在1950年制定的婚姻法以及1980年修改后新制定的婚姻法中，其内容都是调整婚姻家庭关系，可以说，婚姻与家庭本身就是不可分的，称其为婚姻法，自然包含了婚姻和家庭两部分。从习惯上和从法律本身的内容来说，似无必要把婚姻法改称为婚姻家庭法。①

（二）立法模式之争

完善婚姻法的思路，主要有下列几种不同立法模式：②

1. 大法典模式

按照这种思路，国家应尽快制定"民法典"，婚姻家庭法或亲属法则作为"民法典"中的一编。在当时实施中的《婚姻法》《收养法》基础上，修改、充实、完善内容后编入"民法典"。然而，鉴于"民法典很难在近期内列入立法议程"，婚姻家庭立法欲采取大法典模式，"可能性是不大的"。

作为变通方案，这种意见提议，将制定民法典列入长期规划，先行制定"民法典"中的亲属编，在其他各编之前通过、颁行。

2. 独立法典式的亲属法典

按此模式，制定独立法典式的亲属法，作为调整一定范围亲属关系的基本法案，其中包括婚姻家庭关系。在此之下，可以制定收养法等单行法。

3. 独立法典式的婚姻家庭法

按此意见，应制定独立法典式的婚姻家庭法，作为调整婚姻家庭关系的基本法案，也可将其他亲属关系的调整纳入该法案的调整范围。在此法案之下，可以制定收养法等单行法案，作为其"子法"。

在当时的婚姻家庭法学界，对这种意见的共识最多。学者们还就"婚姻家庭法典"的结构体系提出了具体设计方案。中国法学会婚姻法学研究会立法研究组等提出的"婚姻家庭法专家试拟稿"就持此立场。1999年6月

---

① 全国人大常务委员会法工委研究室编：《中华人民共和国婚姻法实用问答》，中国物价出版社2001年版，第2页。

② 参见杨大文《中国婚姻家庭法的修订和完善》，《法商研究》1999年第4期，第3—4页。

《中华人民共和国婚姻家庭法（法学专家建议稿）》计147条，其结构包括第一章总则；第二章亲属；第三章结婚；第四章夫妻；第五章离婚；第六章父母子女；第七章收养；第八章监护；第九章扶养；第十章法律责任；第十一章附则。[①] 杨大文教授也提出未来的婚姻家庭法典应当包括十二章，与前述专家建议稿相比，其结构体系中仅多了生育（位列第六章）、涉及婚姻家庭关系的法律适用（位列第十一章）两章内容，其余均相同。[②]

4. 单行法模式

将调整婚姻家庭关系的法案，不论其名称如何，统统作为民事单行法；在法律体系中，与收养法案、继承法案等居于同一层次，单行民事法案各不相属。根据此立法思路，还有必要制定监护法案、扶养法案等。

二 是否增设亲属关系通则

婚姻家庭法学界普遍认为，1980年《婚姻法》作为调整婚姻家庭关系的基本法，未就亲属关系作通则规定，未规定亲属的范围和种类、亲属关系的发生、变更和终止、亲系、亲等及其计算方法等，采用"代"作为计算亲属亲疏远近的单位，明显是欠合理的，"既不便于公民知法、守法，也不便于执法部门执法"，是一大不足。为此，主张本次修改婚姻法时，应当增设专章亲属关系通则规定。婚姻家庭法专家试拟稿起草组等分别于1999年6月1日及其后提出的《中华人民共和国婚姻家庭法（草案）》法学专家建议稿第一稿，[③] 第二稿，[④] 虽然在结构、条文数量上极不相同，但两者均设计了"亲属"专章。然而，另一种意见则强调，此次修法集中解决现实生活中急需法律解决的问题，对于建立完善的亲属制度似兴趣不多。

（一）主张设立亲属通则规定之观点

这种意见认为，凡国家和地区的婚姻家庭法均重视调整亲属关系。我国

[①] 婚姻家庭法专家试拟稿起草组等：《中华人民共和国婚姻家庭法（法学专家建议稿）》，夏吟兰、蒋月、薛宁兰《走向21世纪婚姻家庭关系新规制——新婚姻法解说与研究》，中国检察出版社2001年版，第331—358页。

[②] 杨大文：《中国婚姻家庭法的修订和完善》，《法商研究》1999年第4期，第4—5页。

[③] 王胜明、孙礼海主编：《〈中华人民共和国婚姻法〉修改立法资料选》，法律出版社2001年版，第433—458页。

[④] 同上书，第459—470页。

婚姻家庭法应当尽早制定规范亲属的完整制度。

1. 立法理由

首先，婚姻家庭法是调整一定范围内亲属之间身份、权利和义务的法律规范。大陆法传统国家或地区的婚姻家庭法，无不明文规定亲属关系通则，作为身份法，为涉及亲属关系的其他立法提供依据。

其次，无亲属通则规定导致不同部门法有关亲属条款的内容不尽一致。近亲属的范围，《民法通则》与《中华人民共和国刑事诉讼法》有关规定不一致。根据最高人民法院解释，"民法通则中规定的近亲属，包括配偶、父母、子女、兄弟姐妹、祖父母、外祖父母、孙子女、外孙子女"。[①] 然而，《刑事诉讼法》[②] 第82条规定，"近亲属是指夫、妻、父、母、子、女、同胞兄弟姐妹"。两者对近亲属的界定显然是"各说各话"。

最后，以"代"计算亲属关系远近欠科学，主张以罗马法亲等制取而代之。按"代"计算规则，计算旁系血亲时，只取单边世代数为准，不能准确反映亲属关系远近。有学者甚至批评该计算方法"不科学"。[③]

2. 拟制条款

这种意见主张在法案中设定"亲属"专章，并提出了试拟条款。这些条款的内容主要涉及亲属的分类、亲属关系的发生、亲等的计算等。"亲属分为配偶、血亲和姻亲"；"自然血亲关系因出生而成立，因一方死亡而终止"；"血亲的亲等，按下列规则计算……"[④]

(二) 不涉及亲属规则

这种意见强调，此次修法主要是应对社会上反映强烈的热点问题而作增补或修订，并非全面修订婚姻家庭法。全面完善婚姻家庭法，留待将来制定"民法典"时完成。这种观点，主要来自国家立法机构。

遗憾的是，尽管在修法讨论过程中，第一种意见在学术上占据上风，可

---

① 参见最高人民法院《关于贯彻执行〈中华人民共和国民法通则〉若干问题的意见》（试行），第12条。

② 1996年修订。

③ 陈苇：《中国婚姻家庭法立法研究》，群众出版社2000年版，第82页。

④ 参见王胜明、孙礼海主编《〈中华人民共和国婚姻法〉修改立法资料选》，法律出版社2001年版，第434—435页。

以说，专家们几乎是"一边倒"地呼吁增设亲属通则规定，然而，立法机关没有采纳多数人意见，一意孤行地坚持将完善亲属制度的任务留给了似乎遥遥无期的民法典。2001年婚姻法修正案中仍无亲属通则规定。

三 是否应禁止家庭暴力

在我国，对于立法是否应当干预家庭暴力问题，"争议不大"，[①] 认为婚姻法修改时应当增加消除家庭暴力的条文，非常重要。婚姻法学术争议集中在如何界定家庭暴力的概念（特别是其与虐待之间的界限或区别）、制定什么样的法律防治家庭暴力、可以采取哪些干预措施等。家庭暴力受到公共关注，始于1995年。当年，第四次世界妇女大会在北京举行，达成《北京宣言》《行动纲领》，在联合国《消除对妇女一切形式歧视公约》的基础上，重申和强调国际社会反对家庭暴力的态度和决心，促使中国公共政策开始明确宣示反对家庭暴力之立场。学术界从译介相关国际公约、境外反对家庭暴力立法的研究成果，探讨我国家庭暴力的现状、干预途径、防治措施等，积极推动立法防治家庭暴力。[②] 尽管解决家庭暴力问题仅依靠一部婚姻法不可能完成，但学者们热心地希望修订婚姻法时明确禁止家庭暴力，并为受害人提供适当救济。

（一）什么是家庭暴力

"家庭暴力泛指家庭成员之间的暴力行为"。[③] 家庭暴力是家庭成员之间发生的伤害身心或侵犯性自主权的暴力行为。在1995年之前，在中国法律体系中，无"家庭暴力"这一术语和概念；相近的概念有虐待、遗弃、侮辱、伤害、杀人等。学术上对家庭暴力的界定，认识不一。

陶毅主张构成家庭暴力，应具备下列要素：[④]（1）受害人是家庭成员，即相互之间具有共同生活的权利义务关系的亲属。强调这是家庭暴力与一般暴力之区别。（2）须是以明显的外部强制力侵害家庭成员的身体。（3）主

[①] 巫昌祯：《我与婚姻法》，法律出版社2001年版，第18页。
[②] 夏吟兰主编：《家庭暴力防治法制度性建构研究》，中国社会科学出版社2011年版，第1页。
[③] 王行娟：《应当立法禁止家庭暴力》，李银河、马忆南主编《婚姻法修改论争》，光明日报出版社1999年版，第400页。
[④] 陶毅：《反家庭暴力立法刍议》，《东南学术》2001年第2期，第25—26页。

观是故意而非过失。加害人是有意侵害被害人。（4）积极作为。消极不作为，不构成家庭暴力。以此区别家庭暴力与虐待。她认为，单纯的精神侵害不构成暴力。

关于家庭暴力的类型，多数人意见主张包括身体伤害、精神伤害和性暴力三类。有观点主张，家庭暴力是"家庭成员一方对另一方实施身体暴力、精神暴力以及性虐待"。有观点进一步解释称，家庭暴力是指对家庭成员实施躯体上的伤害、情感或精神上的折磨、虐待、侮辱、伤害或压迫以及性暴力行为，其中性暴力是一种更隐蔽的家庭暴力。① 也有观点将家庭暴力分类为"家庭成员中在肉体上、精神上、语言上、经济上的虐待"。

（二）应当尽快立法反对家庭暴力

多数婚姻家庭法学者呼吁立法采取积极态度，以防治家庭暴力。家庭暴力不仅存在，而且有一定程度的普遍性，危害婚姻家庭关系健康发展。有电话热线调查表明，一方面，家庭暴力多数属于轻微伤害，达不到《刑法》定罪的最低标准，即使告到派出所、法院，常常也不被受理，暴力问题得不到解决。警察劝解受害人，"他说要杀你，但还没有动手，不是事实，我们不能抓他、关他"。另一方面，施暴者往往有恃无恐，公然声称"告到哪里都没用！"如果受害人要求离婚，施暴者就以自杀、"同归于尽""杀你全家"等相威胁，使受害人惶惶不可终日。② 从"增强公民在家庭生活中的平等观念和安全感"考虑，③ 保障妇女人权，有必要采取立法行动反对家庭暴力。事实上，如若不及时制止家庭暴力，受害人忍无可忍时可能实施"以暴制暴"，引发更严重的家庭悲剧。

（三）怎样干预家庭暴力及救济受害人

多数意见赞同在婚姻法中增设禁止家庭暴力的条款。对于施暴者，应当视情节轻重，分别按《刑法》第 232 条、第 234 条、第 238 条《民法通则》

---

① 参见王行娟《应当立法禁止家庭暴力》，李银河、马忆南主编《婚姻法修改论争》，光明日报出版社 1999 年版，第 400、402 页。

② 同上书，第 400—401 页。

③ 陶毅：《反家庭暴力立法刍议》，《东南学术》2001 年第 2 期，第 26 页。

第 99 条、第 104 条和《治安管理处罚条例》第 19 条、第 22 条作出相应处置。① 但是，从总体看，立法应当对家庭暴力实施哪些干预措施，当时的学术研究还比较粗略，提出的具体建议少。

关于救济受害人，提议受害人向公安机关寻求保护的，公安机关应当受理，协助受害人找到暂时栖身的安全场所。② 不过，对于立法应当、能够为家庭暴力受害人提供哪些帮助，认识和方案也比较粗略、浅显。

四　事实婚姻问题之争：结婚形式与婚姻登记主义

婚姻立法是否应当承认和保护事实婚姻，是修订婚姻法讨论中的热点问题之一。③ 事实婚姻是指没有配偶的男女，未履行结婚登记，却以夫妻名义同居生活，周围群众也认其为夫妻关系的两性结合。对于法律规制事实婚姻的立场，学界有四种不同观点：一是承认并保护事实婚姻；二是有条件地承认事实婚姻；三是修改结婚制度，增列仪式制而采用登记婚与仪式婚并行；四是继续实行婚姻登记制，不应赋予事实婚姻以婚姻的法律效力。

（一）承认并保护事实婚姻

对于男女以夫妻名义共同生活的事实，且符合结婚实质要件而仅仅欠缺结婚登记的，承认其具有婚姻的效力。这种意见认为，事实婚姻无损他人、社会利益；承认事实婚姻的效力，只是承认一个业已存在的较普遍事实；不承认事实婚姻，该事实也不会减少或消失。

（1）新中国成立后，事实婚姻在社会生活中长期普遍存在，数量甚巨。"事实婚姻在我国长期大量存在，在广大农村特别是边远地区，事实婚甚至占当地婚姻总数的百分之六七十。"④ 究其原因，既源于传统仪式婚俗的影响，又由于民众的婚姻登记意识不强；既因为婚姻登记服务供给不方便，又由于婚姻登记制度执行不当。虽然在不同时期司法政策对于事实婚姻的立场

---

① 例如，王行娟：《应当立法禁止家庭暴力》，李银河、马忆南主编《婚姻法修改论争》，光明日报出版社 1999 年版，第 406 页。

② 同上。

③ 夏吟兰：《事实婚姻制度研究》，夏吟兰、蒋月、薛宁兰《走向 21 世纪婚姻家庭关系新规制——新婚姻法解说与研究》，中国检察出版社 2001 年版，第 234 页。

④ 胡康生主编：《中华人民共和国婚姻法释义》，法律出版社 2001 年版，第 27 页。

不尽相同，但是，绝大多数事实婚姻当事人相安无事，并获得亲友、相关利害关系人承认、祝福。即使法律不承认，事实婚姻照旧存在，当事人照旧共同生活，其亲属关系照旧。与其将其拒之婚姻法之外，还不如承认其效力，将其纳入婚姻法调整。

（2）考察各国立法案例，对仅缺乏形式要件的事实婚姻，有三种不同立场：承认主义、相对承认主义、不承认主义，不同立法案例之间并无优劣之分。

承认主义，即法律对符合结婚实质要件的事实婚姻，承认其具有婚姻的效力。英美法上的普通法婚姻即属此类。普通法婚姻，只要求当事人有结婚能力、符合结婚目的、有同居事实及夫妻身份公示性，婚姻即成立，并不要求履行特定形式程序。当代英国法和美国部分州家庭法均承认普通法婚姻。

相对承认主义，即法律对事实婚姻设定某些有效条件，具备这些有效要件的事实婚姻，转化为合法婚姻；否则，不承认其婚姻效力。至于有效要件的构成，不同国家立法中又有不同取舍。有些国家规定为"达到法定同居年限"；有的国家规定须经法院确认；有的法例则要求补充履行法定程序。

不承认主义，即法律不承认事实婚姻的效力。《日本民法典》第739条、第740条是该种立法案例的典型。

随着婚姻家庭关系的多元化趋势发展，各国婚姻立法，经过改革，对事实婚姻，逐渐从不承认主义转向相对承认主义、承认主义。

（二）有条件承认事实婚姻

巫昌祯、夏吟兰等人主张，我国应当采用条件承认事实婚姻，即"如果符合结婚实质要件的，仅仅是未经登记，而不登记又有正当原因的，应该予以承认"。[①] 对事实婚姻的承认与否，应当考虑中国国情，"要注意到婚姻关系的特殊性与事实在先的特点，以稳定既存的婚姻关系，保护当事人的利益为宗旨"。[②] 有条件地承认事实婚姻，有利于社会稳定和保护妇女儿童的权益。[③]

[①] 巫昌祯：《我与婚姻法》，法律出版社2001年版，第19页。
[②] 夏吟兰：《事实婚姻制度研究》，夏吟兰、蒋月、薛宁兰《走向21世纪婚姻家庭关系新规制——新婚姻法解说与研究》，中国检察出版社2001年版，第243页。
[③] 巫昌祯：《我与婚姻法》，法律出版社2001年版，第19页。

这种意见的主要理由如下：

（1）承认与保护事实婚姻，在中国法制史上由来已久。古代中国实行聘娶婚数千年；近代民国时期婚姻立法实际上也承认事实婚姻。新中国成立以来司法政策对事实婚姻均采用相对承认主义，这是与形成事实婚姻的复杂原因密切相关的。

（2）事实婚姻具有事实在先性。婚姻的形成是当事人身份关系亲密结合，具有"事实在先"的特点；"无论法律承认与否，这种身份关系都已经存在"。事实婚姻一旦形成，便对当事人、子女及双方的亲属、周围社会等产生一系列重要影响。"对事实婚姻的承认主义或相对承认主义立法正是法律基于尊重事实的态度，对不具备结婚形式要件的两性结合的一种救济方式，也是在某种程序上对较为严格的结婚形式要件网开一面"；因为婚姻法不能漠视婚姻实体的现实存在和其衍生的各种身份、财产关系的法律事实。①

（3）对于欠缺实质要件的事实婚姻，各国立法大多数采用无效婚姻或撤销婚姻待之，而对仅仅缺乏形式要件的事实婚姻，如前所述，采取不同原则。

（三）增列仪式制而采登记婚与仪式婚并行

这种意见认为，婚姻不可能脱离习俗，对于沿袭数千年的婚姻习俗不可无视。中华民族长期实行仪式婚，举行婚礼是民众至今仍普遍认可、接受的结婚传统。新中国成立以来，虽然两部婚姻法都实行单一登记婚，不承认仪式婚，然而，民众结婚举行婚礼的习惯并未改变。这就是事实婚姻被禁数十年却不绝的原因！同时，中国是一个多民族聚居国家，婚俗文化存在多样性；少数民族有着各自的婚俗。这些婚俗，只要是不违反公序良俗的，立法就应予以认可。②

（四）坚持结婚登记制并否定事实婚姻的效力

这种意见认为，既然我国实行婚姻登记制，民政部颁行了《婚姻登记管

---

① 夏吟兰：《事实婚姻制度研究》，夏吟兰、蒋月、薛宁兰《走向21世纪婚姻家庭关系新规制——新婚姻法解说与研究》，中国检察出版社2001年版，第238、245页。
② 薛宁兰：《"婚姻法修改中的热点、难点问题研究会"综述》，《妇女研究论丛》2001年第1期。

理条例》，就应当一视同仁要求所有公民遵守婚姻登记要求；对未经登记的男女结合，不赋予婚姻的法律效力。承认事实婚，必然破坏婚姻登记制度。新中国成立以来，公共政策对于事实婚姻，从相对承认主义到不承认主义，已经经历了半个世纪。如果突然回归到传统的仪式婚制或相对承认主义，立法态度似无必要作此"大回环式"转换。

全国人大法律委员会审议修改婚姻法时认为，我国未登记结婚的当事人不少，"未办理登记的原因很复杂，有的是不符合结婚条件，更多的是符合结婚条件，因收费过高或登记不便造成的"，主张"区别情况分别处理"。[①] 因此，2001年《婚姻法修正案》第8条对于事实婚姻问题的立场是模糊的：既要求当事人补办结婚登记，又没有明确一概否定事实婚姻的效力。

五 增设婚姻无效制或婚姻撤销制之争

1950年《婚姻法》和1980年《婚姻法》都未引入无效婚姻制度或婚姻撤销制度。无效婚姻是指男女结合因不符合法定结婚条件或程序而不产生婚姻的法律效力。无效婚姻制度是预防和处置违法结婚的重要法律制度。无效婚姻溯及既往，自始无效。婚姻撤销是指违法缔结的婚姻，具备法定事由时，基于当事人申请而被宣告废止婚姻的效力，撤销婚姻不溯及既往，从被撤销之日起无效。这两部法案都仅仅笼统规定，违反其规定者，得分别情况，依法予以行政处分或法律制裁，却未就当事人违反法定结婚条件或程序所缔结婚姻之效力作出任何规定。因此学界普遍主张，应当增设处置违法结婚的法律制度。不过，究竟是增设婚姻无效制还是同时增设婚姻无效和婚姻撤销制，各方观点有所不同。

（一）增设处置违法结婚的制度之理由

1. 违法结婚现象长期存在

受传统婚俗影响，在我国农村地区，长期以来，结婚不履行登记手续而仅按习俗举行婚礼，当事人双方就以夫妻名义在一起共同生活，周围民众也承认其为夫妻的现象，较普遍。甚至当事人一方或双方均未达到法定结婚年龄，就在一起以夫妻名义共同生活，生儿育女。尽管新中国婚姻法宣传轰轰

---

① 胡康生主编：《中华人民共和国婚姻法释义》，法律出版社2001年版，第28页。

烈烈，违法结婚问题却一直没有得到有效遏制或改变。

2. 《婚姻登记办法》相关规定不全面，且法律位阶低

1986年《婚姻登记办法》首次规定，"婚姻登记机关发现婚姻当事人有违反婚姻法的行为，或在登记时弄虚作假、骗取《结婚证》的，应宣布该项婚姻无效，收回已骗取的《结婚证》"。然而，该规定过于简略，未明定"弄虚作假"的具体情形，也未规定结婚被宣布无效后，财产、子女抚养等问题争议处置时的规则，制度极不健全。而且，结婚是重大身份行为，其涉及面广，仅以民政部规章形式宣告某个婚姻无效，法律的位阶太低是不可取的。事实上，该规章条款也未涉及人民法院司法审判。

1994年2月实施的《婚姻登记管理条例》[①]第五章规定了婚姻无效，涉及无效的事由、程序等。例如，第24条规定，"未到法定结婚年龄的公民以夫妻名义同居的，或者符合结婚条件的当事人未经结婚登记以夫妻名义同居的，其婚姻关系无效，不受法律保护"。但对婚姻无效内容的设定，仍不完备。该条例规范婚姻登记机构的行为，未为司法裁判处理这类争议提供依据。

3. 司法审判裁量违法结婚时缺乏法律依据而致裁判受到质疑

20世纪50年代以来，对于违法缔结的婚姻，因缺乏国家法依据，人民法院审理这类争议时适用的规则，在不同时期其价值判断不一致。

20世纪60—80年代，除宣布重婚无效外，对其他违法结婚，是纳入离婚程序予以处理。这就导致违法婚姻的解除完全等同于合法婚姻的解除。1963年8月最高人民法院《关于贯彻执行民事政策几个问题的意见》（修正稿）首次提到婚姻无效，指出应"宣布重婚关系无效"，但对违法结婚的其他情形，仍按照离婚程序处理。这就混淆了违法结婚和合法婚姻之间的性质认定，故此做法显然是不妥当的。

1989年，最高人民法院《关于人民法院审理未办理结婚登记而以夫妻名义同居生活案件的若干意见》则采取有条件承认之立场。对于未办理结婚登记的男女结合，在1994年2月1日（《婚姻登记管理条例》生效日）之前形成的，承认其具有婚姻效力，但具有非自愿、未达法定婚龄、近亲结婚、

[①] 该条例于2003年1月1日起终止生效。

患有法定禁止结婚的疾病的除外；而在该日之后缔结的，一律判定为非法同居关系，不具有婚姻效力，应一律予以解除。①

（二）解决方案之一：增设婚姻无效制

杨大文、夏吟兰、陈苇等人提议修订婚姻法时应当增设婚姻无效制度，主张以婚姻无效制统一处置违法结婚。② 持这种意见者认为，婚姻无效和婚姻撤销制度有趋同之势。

这种意见认为，立法应规定下列事项：

1. 婚姻无效的原因

与法定结婚要件相对应，凡具有下列情形之一的，应宣布婚姻无效：（1）结婚并非基于当事人自愿的；（2）当事人未达法定结婚年龄的；（3）当事人已有配偶的；（4）当事人之间存在直系血亲或三代以内旁系血亲关系的；（5）当事人患有法定禁止结婚的疾病的；（6）当事人未获准结婚登记的。

2. 确认婚姻无效的请求权

应根据无效婚姻的原因，分别规定享有请求权的主体。

应根据导致婚姻无效的原因不同，设定不同的请求权行使时效。"这既可促使当事人及时行使权利，又可使某些无效婚姻经一定期间其无效原因消除后，转化为合法婚姻"。例如，未达法定婚龄而结婚的当事人，经过一定期间后，当事人已达到法定婚龄的，其婚姻无效原因已消失，不得再主张其无效。③

略为遗憾的是，修法之前公开发表的相关学术研究成果对于无效婚姻请求权的讨论不深入，未曾详细讨论哪些情形下，应被赋予哪些人请求权。

3. 确认婚姻无效的机关和程序

确认婚姻无效的程序，有两种不同观点：

---

① 参见《最高人民法院关于人民法院审理未办理结婚登记而以夫妻名义同居生活案件的若干意见》(1989年11月21日)。

② 参见杨大文：《新婚姻家庭法的立法模式和体系结构》，《法商研究》1999年第4期，第4页；夏吟兰：《21世纪中国婚姻法学展望》，《法商研究》1999年第4期，第11页；陈苇：《无效婚姻的静态识别与动态监控》，《法商研究》1999年第4期，第16—19页。

③ 陈苇：《无效婚姻的静态识别与动态监控》，《法商研究》1999年第4期，第19页。

(1) 实行当然无效、宣告无效并行制。提议在《婚姻登记管理条例》相关规定基础上予以完善。根据当时实行的《婚姻登记管理条例》，有当然无效、宣告无效两种程序。凡未经结婚登记而以夫妻名义同居生活的，属于当然无效，无须婚姻登记机关宣告或人民法院确认；因当事人弄虚作假骗取结婚证的，则由婚姻登记机关撤销结婚登记，宣布其婚姻无效。如果当事人不服登记机关的无效宣告的，可以诉请人民法院裁定。[①]

(2) 实行司法宣告无效程序。宣告婚姻无效事关重大，应一律通过人民法院司法程序，以裁判形式宣告。

4. 确认婚姻无效的法律后果

婚姻被确认无效后，当事人之间不产生夫妻身份，自然不产生夫妻财产关系。共同生活期间形成的财产关系，应按照一般共有关系予以处理。

无效婚姻存续期间生育的子女，为非婚生子女。[②] 但非婚生子女的权利，与婚生子女相同。

(三) 解决方案之二：增设婚姻无效与婚姻撤销制的双轨制

有学者认为，应当同时增设婚姻无效和撤销婚姻的制度，前者处理严重的违法结婚之情形；后者干预较轻微违法结婚之情形。

2001年婚姻法修正案，采纳了双轨制的意见。

六 是否存在配偶权之争

对于婚姻法修正时是否应该引入配偶权及规定相应内容，法学界和社会学界有着截然不同的观点。在婚姻法修改讨论过程中，许多婚姻家庭法学者提出或赞同配偶权，提议婚姻家庭法增设配偶权。另有部分人则坚决反对配偶权的提法，主张夫妻内部关系主要依靠道德和习惯调整；我国婚姻家庭法不应规定配偶权。在2000年前后，围绕1980年《婚姻法》修改，有无配偶权以及婚姻法是否应当引入配偶，曾成为社会关注的争议热点、焦点问题之一。

(一) 配偶权肯定观

在法律理论上，夫妻相互之间特有的身份权利和义务可称为配偶权或者

[①] 陈苇：《中国婚姻家庭法立法研究》，群众出版社2000年版，第128—129页。

[②] 同上书，第129页。

配偶权制度。配偶权是直接标志和象征婚姻关系实际价值的重要法律规范，它构成、反映了婚姻关系中最基本的内容，是婚姻关系区别于其他社会关系的唯一标志。任何国家和地区的婚姻家庭法上，都存在着配偶权，司法实践确认有配偶权；所不同的，只是法律上是否将这种权利直接表达为"配偶权"一词。长期以来，我国婚姻法存在配偶权规范，诸如"夫妻有参加生产、工作、学习和其他社会活动的权利"；夫妻有各自使用本人姓名的权利；只是规定过于简略，夫妻相互之间有哪些权利和义务不够明确。认为配偶权是完善夫妻人身关系立法的理论依据；主张未来立法应当增设夫妻互负忠实义务，以此作为追究婚外性行为、第三者行为的理论。婚姻家庭法学界多数人持肯定观。

1. 配偶权的界定

对配偶权持肯定观点者对该权利的定义和构成解释确有一定分歧。(1) 身份说。认为"配偶权是夫对妻及妻对夫的身份权"。(2) 陪伴说。认为"配偶权是指配偶之间要求对方陪伴、钟爱和帮助的权利"。(3) 利益说。"配偶权是指夫妻之间互为配偶的基本身份权，表明夫妻之间互为配偶的身份利益，由权利人专属支配，其他任何人均负有不得侵犯的义务"。(4) 法定说。认为"配偶权是法律赋予的合法婚姻关系中的夫妻享有的配偶身份权利，其他人负有不得侵犯的义务"。(5) 性权利说。主张"配偶权是项民事权利，夫妻互为配偶，就有配偶权，配偶权的核心特色是性权利"。

配偶权的范围有多大？学者的理解不尽相同。多数学者把同居义务、贞操或忠实义务归类为配偶权的重要内容。杨大文教授等人认为，配偶权作为一种身份权，主要包括夫妻姓名权、住所决定权、同居权、忠实义务、共同生育权、日常家事代理权、财产权等。台湾地区学者将婚姻效力区分为身份上的效力及财产上的效力，前者包括夫妻之姓氏、贞操义务、同居义务三项。[①] 同居是指男女双方以配偶身份共同生活的权利和义务，夫妻性生活是其中重要的内容。一般婚姻家庭法理论认为，同居是夫妻间本质性的义务，是婚姻关系得以维持的基本要件，只有在一定条件下方能暂时中止或部分中

[①] 参见戴炎辉、戴东雄、戴瑀如《亲属法》，(台北)顺清文化事业有限公司2009年版，第120—126页。

止。忠实是指已婚夫妻不得为婚姻外之性交,在性生活上互守贞操,保持专一。婚姻住所商定权是指夫妻共同居住和生活的主要处所应由夫妻双方平等协商后作出共同选择。日常家事代理权是指夫妻因日常家庭事务而与第三人交往时所为法律行为,视为夫妻共同的意思表示,配偶他方承担连带责任。夫妻共同生育权是指对已婚夫妻而言,是否生育、何时生育、生育间隔等应由双方平等协商决定。[①]

尽管配偶权一词尚未足以完全地反映婚姻主体心理联合的全部内容,甚至不利于在一般意义上表达其欲表达的内容,但是,迄今为止尚未找到另一个能替代之并为大家所公认的新名词,故暂用之,也无大碍。

2. 夫妻之间存在配偶权是事实

该意见认为,任何国家和地区婚姻立法都不得不承认,结婚使当事人获得配偶身份,夫妻因此负有同居、忠实、扶养、日常家事代理等权利与义务。[②] 一夫一妻制的实质,在于规范男女之间的性关系,建立应有的性秩序。缔结婚姻之后,当事人之间必享有不同于其他社会关系当事人之权利、负担相应之义务;这是谁都不否认的事实;否则,结婚的法律意义何在? 新中国成立以来,婚姻法虽然没有明文使用"配偶权"或者设定忠实、同居等义务,但是,事实上,合法婚姻的当事人,互为配偶,实际上享有配偶权。这是常识! 如若不然,已婚夫妻们是如何实现婚姻生活的? 婚姻对外的排他性又体现在何处呢? 这不是说立法不规定配偶权是对的、妥当的,相反,对于最普遍的婚姻事实状态,婚姻法理当予以明文规范。

3. 普通法明文承认配偶权

普通法明确承认配偶权(Rights of Consortium)。在普通法国家,"历史上,法律就已经通过配偶权利这一概念确认和保护婚姻关系的独有利益。配偶权利这个普通法上的概念虽为某些人所不取,但它对于表达婚姻结合的法律意义和象征意义有着极大的重要性,因为它能够将构成婚姻实体的各种心理要素概念化,诸如家庭责任、夫妻交往、彼此爱慕、夫妻性生活等因素被

[①] 参见蒋月《夫妻的权利与义务》,法律出版社2001年版,第27—82页,对夫妻人身关系方面的权利义务有较详细论述。此处不赘述。

[②] 蒋月:《配偶身份权的内涵与类型界定》,《法商研究》1999年第4期,第20页。

概括于其内并为法律所承认。如果侵害这种权利依制定法或判例法被认定为是违法行为，侵害者就将对这种侵害负经济赔偿之责"。[1]

在普通法国家，配偶权损失是发动侵权诉讼的重要事实。因配偶权受侵害而引发的侵权诉讼大量发生。在美国，配偶权诉讼的历史相当复杂。在早期，基于夫妻一体主义，"普通法承认丈夫对妻子享有配偶权，包括服务、陪伴和性关系"；确认丈夫可以就其妻子所受损害而提起诉讼，不仅可以获得对妻子的损害赔偿，而且还可以就其本人对妻子所享有的权益之受损害获得相应赔偿；妻子不能享有此权利。理论上最主要的观点认为，妻子是丈夫的仆人，至少实际上如此，丈夫可将妻子的利益视为其本人的利益，当妻子利益受损害时，丈夫可以直接向第三人提起诉讼。[2] 直到《已婚妇女财产法》赋予妻子本人就其所受损害提起赔偿之诉的权利。不过，该法未取消丈夫就其所享有的配偶权益的损害提起诉讼的权利。从20世纪90年代开始，越来越多的妻子获得了为追偿配偶权损失而提起诉讼的权利。[3] 此后的大多数案件表明，在就配偶权受损而提起诉讼请求赔偿上，妻子已享有与丈夫平等的权利。[4]

侵犯配偶权的情形，区分为下列三类：

（1）第三人因过失侵害配偶权。如果配偶一方遭受某一事故的严重伤害，其后果是，不仅会造成该配偶生理机能的伤残，而且也损害了配偶的权利能力，从而影响其婚姻。如果配偶受到了致命伤害，则配偶权也将随着受害者生命的终结而消失。基于对这一现实的认识，多数法律制度赋予丧失权利的配偶以弥补过失行为所造成损失的权利。[5] 如果第三人的过失行为导致配偶死亡，在早期普通法中，生存配偶要求侵害配偶权利的第三人给予的补偿，仅限于料理死亡受害者的丧葬费；而现代普通法上，生存配偶一方有权要求侵害人对其配偶权利的永久损失给了补偿；而且通常并不因原告再婚而减少被告应给予原告的损害赔偿金。

---

[1] 参见[美]威廉·J.欧德纳尔、大卫·A.琼斯：《美国婚姻与婚姻法》，顾培东、杨遂全译，重庆出版社1986年版，第73页。

[2] 同上书，第73—74页。

[3] 同上书，第75页。

[4] [美] Harry D. Krause, *Family Law*, 3rd, 法律出版社1999年版, p. 138.

[5] [美]威廉·J.欧德纳尔、大卫·A.琼斯：《美国婚姻与婚姻法》，顾培东、杨遂全译，重庆出版社1986年版，第74页。

(2) 第三人故意侵害配偶权。第三人基于不同程度的故意，通过各种手段能毁坏一桩现实婚姻的一切。基于此，法律曾规定因诱惑、离间和通奸这三种侵权行为而遭受配偶权损害的，可获得经济补偿。诱惑是指妨碍夫妻同居权的行为，即第三人为了某种非法目的，故意引诱夫妻一方在未经他方同意的情况下与他方分离。诱惑行为妨碍了作为配偶权利能力的最基本方面和配偶权利的基础之同居，因为没有同居，婚姻的其他因素难以存续，夫妻间的亲密无法加强。离间是指对夫妻交往的侵害。离间夫妻关系的手段多种多样，最常见的有四种：情感离间、关系离间、思想离间、利己离间。情感离间通常是指促使配偶将感情从配偶一方转到第三人身上，这是对配偶另一方侵害最严重的行为。关系离间是指第三人试图引诱配偶脱离其家庭的行为。思想离间是指通过改变配偶一方的价值观和生活方式，促使婚姻关系发生变化的行为。利己离间是指第三人诱使配偶一方自我满足或为配偶一方提供超常发展机会，从而不利地影响该婚姻关系的行为。自我和社会价值单方面变化会影响维系婚姻的内在力量，从而引发婚姻崩溃，利己离间可以视为侵权行为。此外，因第三人的劝导、批评、谣言、虚构及其他微小利惠诱惑而使婚姻受到损害的，也视为侵害配偶权，法律提供补救措施。通奸是对婚姻危害最大的行为。无论基于什么原因，无论怎样发生，通奸都会对婚姻关系产生损害。对通奸行为的惩罚，在早期是很严厉的，到近现代则仅判罚赔偿。

(3) 配偶双方因过失或者故意而相互侵害。配偶因过失或故意损害了自身或婚姻，肯定会影响配偶他方的权利。这与第三人的损害并无不同。然而，对于在婚姻关系存续期间配偶损害本人或婚姻的行为，通常由于配偶侵权豁免制度的存在或者鉴于婚内赔偿执行的困难而未被追究法律责任；在多数情况下，是在婚姻内部得到自我化解，除非离婚。在美国实行过错离婚法的州，被侵害配偶可以通过离婚后扶养费的给付等措施，其损失才获得补偿。但是，在实行无过错离婚制度的州，配偶一方过错的存在，对于离婚、财产分割、离婚后扶养费给付等方面不发生直接影响，受害者的补偿受到了很大影响。①

---

① 参见［美］威廉·J. 欧德纳尔、大卫·A. 琼斯《美国婚姻与婚姻法》，顾培东、杨遂全译，重庆出版社 1986 年版，第 73—87 页。

（二）否定配偶权之观点

部分专家学者对配偶权持否定意见，认为夫妻之间设定享有配偶权不可取。社会学界多数学者持此意见。理由如下：

1. 人身依附关系立法有违宪法

男女双方结婚后，一方对他方人身享有什么权利，是违宪的，甚至涉嫌侵犯人权。多位社会学者质疑在规范婚姻关系时增设配偶权的法学观点。每一个公民都享有完整的人权，为什么一旦结婚，自己的一部分人权将属于配偶？一个健康的、独立的人，为什么要拥有另一个同样是健康独立的人的部分人权？周孝正等提出，"性权利是最基本的人身权利之一"，"是一种天赋的权利"，"自然人都享有这种权利，任何人不得侵犯。尊重和不损害他人的性权利，是任何一个要求自己的性权利的人必然的义务。不管结婚与否，性权利始终是自己的"；"主动发起性行为的一方，不管是丈夫还是妻子，必须尊重对方拥有拒绝这次、这种性行为的权利，每个个体在拥有性权利的同时必须尊重对方的义务，权利和义务是针对同一个人的，而绝不应该说一方的权利就是另一方的义务！'配偶权'意味着夫妇双方拥有对方的性权利，这是十分荒诞的"。[①] 婚姻是男女两性的精神生活、性生活和物质生活的共同体。而精神生活、性生活、物质生活三者，在任何一对夫妻的婚姻存续期间都不是永恒的。人的情感不是一成不变的，如果夫妻感情破裂，法律强制把当事人双方捆绑在一起，有什么意义？夫妻间的忠诚属于情感领域，不应用法律强制。夫妻关系是一张纸，它只能约束夫妻双方。但是，也不能因为一张结婚证，夫妻就得把自己的一生无条件地出卖给对方？

2. 所谓"配偶权"构不成法律上的权利

"配偶权"与权利的本质相背离，难以称之为法律上的权利。权利是指民事主体可以依据本人的意思享有或实现某种利益，一方面，权利人得依法任意行使，即权利主体可自由支配；另一方面，要求义务人实施积极作为或放弃作为，义务人未尽其义务，应就此承担法律责任。"配偶权"想得到法律承认而成为一种法律权利，须有确切定义及固有的特定价值。然而，以学

[①] 周孝正：《"配偶权"断想》，李银河、马忆南主编《婚姻法修改论争》，光明日报出版社1999年版，第289—290页。

界关于权利的通说观点验证"配偶权"概念,研究夫妻姓名权、住所决定权、同居权、贞操请求权等,"根本不存在'配偶权'"。将夫妻平等视为权利,只是形式平等,无实际保障,不具有实际意义。故我国婚姻家庭法不应规定配偶。①

3. 将同居、忠实纳入立法,既无必要,又可能使婚内强奸合法化

多数社会学者认为,法律不应该也管不了情感问题,欲用法律手段强制夫妻间的感情,是十分荒诞的。人是感情动物,不可能因一纸婚约出卖一辈子的情感。性行为是以感情为基础的,这是人与动物的重要区别。在婚姻法中规定配偶权或者夫妻忠实义务,是把人视为物,或者说保障一部分人的人权的同时,侵犯了另一部分人的人权,这是立法的倒退。配偶权的重要内容是夫妻双方的贞操,其核心是性的独占性。若立法规定配偶权,意味着夫妻双方拥有对方的性权利,任何一方与他人发生性关系,都是违背了贞操义务,侵犯了对方的贞操权,依法应受到制裁。这显然是把法律规范和道德要求合二为一,在实践中是行不通的。

忠实就是指贞操,这种从一而终的封建糟粕早被扫进了历史垃圾堆,现在有人又将其翻出来束缚现代人的手脚。如果立法采取这种意见,将会成为世界笑料。

4. 即使法律规定配偶权,也无法强制执行

针对法律专业人士主张增设侵犯配偶权的处罚规则的观点,社会学者们表示反对,认为这是不可取的。"捆绑不成夫妻"。如果一对夫妻,要利用警察来排除妨害,这对夫妻关系能持久吗?相反,只会使部分原本可以挽回的婚姻关系加速破裂!夫妻之间的纠葛大多事出有因,其中许多还涉及隐私,如果一方一时冲动暴露了出去,特别是引来了警察,可能使得可以弥合的裂缝加剧扩大,最终不可收拾。警察常常忙于帮人"床上捉奸",公安机关又有何形象?

婚姻法的调整范围是婚姻关系和家庭关系。立法不应当越过其调整范围扩大到社会其他成员。如果夫妻感情的破裂可以归咎于第三人,让第三人承担赔偿责任,岂不是婚姻当事人可以不检讨自己,把责任推给第三人就

---

① 王洪:《婚姻家庭法热点问题研究》,重庆大学出版社 2000 年版,第 9—19 页。

了事？

5. 普通法中配偶权问题的理解也存在某些争议

美国学者威廉·J. 欧德纳尔等人认为，配偶权利法以及家庭法发展后，配偶权作为一个法律概念，其实际内容包括哪些？到了当代，这个问题不容易回答了。早期法律对配偶权的认识主要是从个人在婚姻中的经济得失出发的，配偶权概念的内涵是确定的，配偶权利"被视为一种财产权"，其法律性质不存疑。到了现代，配偶权利立法逐步发生了变化，法律为了维护个人的权利和道义公正，否定了配偶权利的财产性质，否定了配偶权利上的性别差异。那么，配偶权利的法律性质是什么，成了待解决的重要问题。有人认为配偶权利是一种契约权；无论是配偶本人还是第三人对配偶权利的侵害就是侵害了契约，都可以要求补偿。但是，这种观点似乎与过错离婚制度相匹配。"也有人把配偶权利看作一种纯粹的精神利益"，而非契约利益。配偶在其配偶权利受损害时有权得到救济。甚至非婚同居伴侣，其所享的伴侣权利也应获得与正式婚姻配偶相同的待遇，因为他们也是用爱慕、感情、性爱等婚姻要素来维系彼此关系的。今天，配偶权利作为法律概念，实际上已经不能完全广泛反映配偶相爱的心理内容，但对于那些在传统婚姻模式或类似关系中耗费了年华和精力的人，特别是维持徒具形式的婚姻之人，仍是有益的[①]。

前述两种意见激烈交锋的结果，是似乎没有哪一种意见占上风。立法机关既没有肯定配偶权，也不否认配偶权。婚姻法修正案对此问题的立场维持原状。

七　是否设立夫妻忠实的法定义务之争

忠实主要是指夫妻不为婚姻外之性交，在性生活上互守贞操，保持专一；也包含夫妻不得恶意遗弃配偶他方，不得为第三人利益牺牲、损害配偶他方利益。"婚姻法在修改过程中，对于要不要规定夫妻应当相互忠实的内

[①] 参见［美］威廉·J. 欧德纳尔、大卫·A. 琼斯《美国婚姻与婚姻法》，顾培东、杨遂全译，重庆出版社1986年版，第88—90页。

容，人们有不同的看法"，① 主要有肯定和否定两种观点。

（一）肯定观点

这种观点认为，将两性关系限制在合法婚姻内，是个体婚姻的最根本要求，是一夫一妻制度与其他婚姻形态的最大区别。② 人类自从实行一夫一妻制以来，调整两性关系的立法普遍规定夫妻应当相互忠实。在婚姻关系存续期间，夫应该在性关系上忠于妻；妻应该在性问题上忠于夫，不与婚外异性发生或保持性关系；夫妻各方均有权要求对方忠于自己，忠实虽不能强制执行，但违背忠实义务的行为应承担相应的法律责任，法律同时赋予受害配偶方一定权利，以示救济。通奸、姘居、重婚等婚外性活动是违背夫妻忠实的主要形式。

1. 夫妻相互忠实是一夫一妻制婚姻的最基本要求

夫妻相互忠实是落实一夫一妻制度的本质要求和具体体现。实行一夫一妻婚姻制度，只有明定夫妻互负忠实义务，才能迫使已婚者将性关系限制在婚姻之内。个体婚姻的稳定，在极大程度上取决于配偶双方是否相互忠实。夫妻不忠是足以破坏一夫一妻制度的情形之一，婚外性关系乃至不洁性生活，将危及婚姻存亡及后代健康。这是任谁都无法否认的事实。既是"最简单、最明显的义务，都是必须作规定的"；否则，就等于法律无这一义务要求，法律就无法强制拘束公民履行该责任。③

2. 夫妻相互忠实是婚姻当事人共同一致的强烈要求，而非法律创造

对多数已婚者，保护婚姻胜过保护个人其他利益。将性关系限制在夫妻之间，并且给予配偶的利益与自己利益同等注意，不为第三人而损害配偶，这是绝大多数婚姻当事人的共同意愿。如果没有夫妻互相忠实的信念和要求，一夫一妻制将形同虚设。法律向所有已婚者提供统一标准和公力救济途径，节省了社会成本，避免婚姻当事人、个体婚姻、家庭付出沉重代价，有

---

① 全国人大常务委员会法工委研究室编：《中华人民共和国婚姻法实用问答》，中国物价出版社2001年版，第18页。

② 蒋月：《夫妻有相互忠实的义务》，李银河、马忆南主编《婚姻法修改论争》，光明日报出版社1999年版，第271页。

③ 杨立新：《关于处理配偶忠实义务的几个问题》，李银河、马忆南主编《婚姻法修改论争》，光明日报出版社1999年版，第262页。

利于维护社会公平。

3. 明定夫妻有相互忠实的法定义务，为调整婚姻关系的其他制度提供法律依据

既然婚姻受宪法保护，侵害合法婚姻的行为就必然违法，行为人应当承担相应的法律责任。为此，各国和地区的婚姻法均明文规定，配偶一方不忠于另一方的，应承担离婚损害赔偿等责任。我国改革开放以后的社会生活中，第三者插足、通奸、姘居、非法同居等已造成了大量婚姻破裂。为弥补1980年《婚姻法》原规定不足，1993年11月3日最高人民法院印发《关于人民法院审理离婚案件处理财产分割问题的若干具体意见》，明定分割夫妻共同财产时，应适当照顾无过错一方。这意味着对有婚外性关系等过错的配偶一方，追究某种法律责任。即使是按照当时实施中的法律法规，要求破坏合法婚姻者承担侵权责任，也是必要和合理的。修订婚姻法时设定忠实义务，可为追究侵犯合法婚姻的违法行为提供法律依据。这对不忠于婚姻的当事人及介入他人婚姻的违法行为人，具有警示和威慑作用。

4. 夫妻相互忠实，是确认子女血缘的便宜制度

尽管生物科学技术发展已经使人类对自身或个体的认识达到了前所未有的高度，但是就整个社会而言，通常情形下，人们认识或识别后代，主要仍是通过判断不同社会关系的组合来达成，而不是完全依赖于诸如DNA类的技术，否则，成本太大！夫妻双方的性关系限制在婚姻内部，所生育后代的血源来源单一、清楚。这不仅是社会公共利益的要求，也符合婚姻当事人个体的利益及婚姻整体的利益。

5. 世界多数国家立法明文要求夫妻忠实，且为无过错婚姻当事人提供救济

在父权家长制时代，出于维护男系血统的需要，法律对妻子的贞操要求极其严格，严厉惩处失贞妇女，却宽容丈夫的通奸行为，甚至允许男子纳妾。资本主义早期法律虽规定贞操为夫妻双方的义务，但通奸、重婚分别构成离婚的法定理由，不允许通奸者结婚，但法律对贞操的要求严于妻而宽于夫。如1804年《拿破仑法典》规定，夫得以妻与他人通奸为由诉请离婚，而妻子仅能以夫与他人通奸并在婚姻住所姘居为由诉请离婚。日本旧民法也有类似规定。直到第二次世界大战之后，资本主义国家相继修订婚姻家庭

法，才渐渐删去旧有的不平等法律条款，普遍将夫妻置于平等地位，忠实为对夫妻双方的平等要求，并将其视为维护夫妻关系的特质及其婚姻稳定的要素。《法国民法典》《瑞士民法典》《意大利民法典》《瑞典婚姻法》、美国多个州的家庭法均明文规定相互忠实是夫妻的义务。

关于与已婚者通奸的第三人的法律责任，各国和地区规定不一。部分国家和地区婚姻家庭法上有责任追究制度，或者适用侵权行为法，既赋予受害方向与其配偶通奸的第三人提起停止妨害之诉的权利，又赋予受害人提起损害赔偿之诉的权利。依照日本民法的解释，与妻方通奸的第三人，其行为构成对夫权的侵害，应负损害赔偿责任；按照日本判例，对与夫通奸的第三人，妻亦可请求损害赔偿。依照法国民法解释，配偶一方对与他方通奸的第三人，可依民法关于侵权行为的规定索取赔偿；如第三人不停止通奸关系，受害配偶可请求间接强制罚金；依判例，配偶一方的通奸行为被他方当场发现的，第三人签署的确定金额的赔偿契约有效。中国香港特区《婚姻诉讼条例》也有类似规定。该《婚姻诉讼条例》第14条规定，被指称的奸夫列为法律程序的一方，"如由丈夫提交的离婚呈请书中指称有通奸事，或丈夫在答辩书请求离婚并称有通奸事，该丈夫须将被指称的奸夫列为共同答辩人，但如果法院基于特殊理由而予以免除的，则不在此限。如果由妻子提交的离婚呈请书中指称有通奸事，法院若认为适当，可指示将被指称奸妇列为答辩人。只有在上述情形下呈请人完成证据后，法院认为未有足够证据指证该名男子或女子，法院可指示上述共同答辩人获免作为该诉讼案的一方"。关于通奸的损害赔偿问题，该条例第50条规定，"呈请人可在离婚呈请或裁判分居呈请中，或在只要求损害赔偿的呈请中，以某人与呈请人的妻子或丈夫通奸为理由，向该人申索损害赔偿。对于在任何该等呈请中讨回的损害赔偿，法院可指示按何种方式支付或运用，并可指示将全部或部分损害赔偿为该宗婚姻的子女（如有的话）的利益而作出授产安排或作为供给该妻子的赡养费"。

6. 反对增设忠实义务条款的意见，似是而非

法无禁止不违法。法律不明文规定夫妻应相互忠实，如果配偶一方发生婚外性行为的，其违法性源出何处呢？"每个公民都有活着的权利，这是不言而喻的事情，但是，为什么立法偏偏要规定生命权呢？不加规定，不也是人人皆知的吗？可见，规定了生命权，就可对侵害生命权的行为予以法律制

裁，就可以责令行为人承担刑事责任、行政责任和民事责任。"[①] 持"不通说"者的论点和对策中，欠缺通顺的法理，其担忧是多虑的。若夫妻没有相互忠实义务，惩罚当事人不忠实于婚姻的行为，将无凭无据。

按照"倒退说"，已婚者在性问题上"跟着感觉走"，男女婚后仍有与其他异性发生性关系的自由，夫妻有多个性伴侣不足为患。婚姻若如此，将与人类历史上的对偶婚制相似。这种论调混淆了两性关系的道德评价，过度追求个人感觉和利益，有视违法为合法之嫌。

迄今为止，传统婚姻构成的传统家庭，父母双方共同养育子女，仍是未成年人成长和发展的最好环境。夫妻不忠实于婚姻，受害的不仅是另一方配偶，而且还有未成年子女。"倒退说"没有顾及未成年子女利益。

(二) 反对婚姻立法明定夫妻忠实的观点及理由

反对意见概括起来有三种：一是"无为说"；二是"不通说"；三是"倒退说"。各种说法的名称本无定名，此处仅为表述方便姑妄称之。

1. "无为说"：忠实是婚姻应有之义，法律不必再作规定

持这种意见者认为，"忠实、同居都是夫妻关系的应有之义，不论立法是否规定忠实，人们都明白夫妻应当忠实于对方"。杨立新分析新中国历部婚姻法案未规定忠实义务，其原因"就是立法者认为，夫妻之间，忠实是最基本的要求，对于这样的义务，是用不着作特别的规定的。就像夫妻同居义务一样，夫妻之间，不可能不同居，为什么还要特别的规定呢？……在强调立法简洁的指导思想下面，可规定可不规定的，当然就不作规定了"[②]。

2. "不通说"：立法难以规范道德问题

持这种意见者认为，"夫妻之间互相忠实，是一种婚姻道德要求，双方是否忠实，是人们的感情因素在起作用。……忠与不忠在更大程度上取决于双方的感情认知，是基于双方对人生的自我认识，基于对生活情感的自我把握与追求。而这些是很难用法律来规范的"[③]。法律要求夫妻相互忠实的用

[①] 杨立新：《关于处理配偶忠实义务的几个问题》，李银河、马忆南主编《婚姻法修改论争》，光明日报出版社1999年版，第262页。

[②] 同上。

[③] 全国人大常务委员会法工委研究室编：《中华人民共和国婚姻法实用问答》，中国物价出版社2001年版，第18页。

意是好的，但实际上行不通。还有学者断言，夫妻间的忠诚，"不属于法律调整的范畴"，而"应该是夫妇双方私人的事，也只应由他们私下解决，不应诉之于公堂，寻求公共权力的干预"。①

解决这一矛盾，有两种不同方案。

第一，主张分割夫妻共同财产时增设照顾无过错方原则。在离婚分割夫妻共同财产时，体现对无过错一方的照顾，并追究过错方的民事责任，维护法律公平与正义。

第二，用侵权损害赔偿取代照顾无过错方原则。这种意见主张成立侵权损害赔偿之诉，追究对婚姻关系破裂负有责任的当事人，以保护无辜当事人的合法权益。认为不宜将当事人的过错作为分割夫妻财产时的考虑因素，以少分财产来体现对当事人过错行为的惩罚，以补偿无过错当事人。"离婚是当事人之间的法律关系发生改变的变更之诉……是对婚姻关系是否破裂的一种法律确定，它不应考虑诸如财产分割、当事人双方的主观过错等因素"。"当今世界各国婚姻立法的基本走向是，分割夫妻财产时，逐渐不考虑夫妻双方当事人对婚姻关系破裂的过错"。②持这种观点者援引《法国民法典》第266条、《瑞士民法》第151条等关于因离婚导致无过失配偶的财产或期待权损害者，有过失配偶应给予相当赔偿的制度，作为实证支持其观点。

3. "倒退说"：法律规定夫妻互负忠实义务是一种历史倒退

若婚姻法规定忠实义务，将不适应21世纪人类两性关系的要求。持这种观点者甚至以"减少人性的压抑和扭曲"为由，提出，"对婚外恋的认识应全面、客观""笼统地或武断地说婚外恋是好事或坏事，都是缺乏具体问题具体分析的态度"；主张基于人性的普遍弱点，把婚外恋定为"违法是不明智的"。③

李银河等人反对立法规定夫妻应当相互忠诚。认为"婚外性关系在已婚

---

① 马春华：《公共权力不应干涉私人领域》，李银河、马忆南主编《婚姻法修改论争》，光明日报出版社1999年版，第308、311页。

② 刘春梅：《用侵权损害赔偿取代照顾无过错方原则》，李银河、马忆南主编《婚姻法修改论争》，光明日报出版社1999年版，第254页。

③ 陈新欣：《对婚外恋的认识应全面、客观》，李银河、马忆南主编《婚姻法修改论争》，光明日报出版社1999年版，第293—300页。

人群中占有较大的比例","实施惩治婚外性关系的法律是否可能"？相反，"任何惩治婚外性关系的法律，其实质必定是通奸法。通奸法是中世纪的法律，为现代社会所摈弃，视之为过时的法律。……我们总不至于要回到中世纪去吧"？① 有人甚至"不认为在婚外恋或婚外性行为中，违背夫妇间的相互忠诚的一方，或者第三者，就是'有过错的一方'"。②

在婚姻法修改过程中，经过讨论争鸣，肯定观点逐渐为多数人认同和接受。"大多数同志认为，对于建立在恋爱自由、结婚自由基础上的夫妻关系，要求互相忠实，相互尊重是应当的。至于婚后感情不和等因素导致的离婚是属于离婚自由的问题。在总则中，对夫妻双方提出一些基本要求，有利于促进夫妻双方互相信任，有助于减少和预防婚姻破裂"。③

八　是否应当规定夫妻互负同居义务

同居是指男女双方以配偶身份共同生活，其内容包括物质生活、精神生活和夫妻性生活等重要方面。男女结婚后，应当相互尊重、相互理解、相互安慰，夫妻应当在一起共同生活，相互扶助，共同承担家庭生活的责任。

（一）主张增设夫妻同居义务的观点及理由④

夫妻互负同居义务，系指夫妻永久同居而言，如果夫或妻只偶尔一两日或十数日居住在婚姻居所，并未满足同居义务的要求。同居义务，唯已结婚而有夫妻身份的当事人，始得相互负担；仅有婚约而未依法结婚的，不负有与他方同居的义务。同居以配偶一方正当、合理的要求为限。夫妻一方有正当理由暂时分居，不得视为违背同居义务；法律也允许夫妻因感情不和而分居。

1. 增设夫妻同居是婚姻自然属性必然派生的权利

婚姻乃两性结合，同居是夫妻共同生活不可缺少的内容。法定夫妻负有

---

① 李银河：《不应当用法律手段惩罚婚外恋》，李银河、马忆南主编《婚姻法修改论争》，光明日报出版社1999年版，第312—316页。

② 马春华：《公共权力不应干涉私人领域》，李银河、马忆南主编《婚姻法修改论争》，光明日报出版社1999年版，第311页。

③ 全国人大常委委员会法工委研究室编：《中华人民共和国婚姻法实用问答》，中国物价出版社2001年版，第19页。

④ 参见蒋月《配偶身份权的内涵与类型界定》，《法商研究》1999年第4期，第19—23页。

同居的权利和义务，将人的本能需求合理地置于婚姻制度保护之下，使婚姻与人的本性相协调，符合婚姻当事人的意愿，有助于婚姻关系的稳定和巩固。

同居是夫妻间的本质性义务，是夫妻关系的基本表现，是婚姻关系存在并得以维持的基本条件和表现。男女一旦决定结为夫妻，理当意味着承诺与对方共同生活，没有同居，婚姻徒有其表。把婚姻内部关系的调控权完全交给当事人或者完全依赖道德规范是不够现实的。回观 1980 年《婚姻法》实施以来的社会实践，在两性关系和婚姻关系的调控中，教育是基础，法律才是保证，道德规范作用和法律强制力二者不可偏废。

2. 将同居定为法定权利与义务有丰富的立法经验

近代以来，同居立法经历了两个不同发展阶段。资本主义国家早期婚姻家庭法对夫妻同居的规定，明显地歧视妇女，有的甚至作为妻子的单方面义务要求。随着女权运动的发展，妇女参加社会活动的增多，男女平等日益成为婚姻家庭法公认的基本价值之一。自 20 世纪 40 年代始，为顺应男女平等潮流，各国相继修订婚姻立法，对夫妻同居的规定渐趋平等。例如，《日本民法典》（1947 年修订）第 752 条规定，"夫妻须同居，相互协力，相互扶助"。《法国民法典》（1970 年修订）第 215 条规定，"夫妻相互负共同生活的义务"。

我国的婚姻立法无法回避同居问题。新中国成立之前，革命根据地婚姻法就规定夫妻有同居义务。1943 年《晋察冀边区婚姻条例》第 11 条规定："夫妻互负同居义务，但有正当理由不能同居者不在此限。"1950 年《婚姻法》第 7 条规定："夫妻为共同生活之伴侣……"这显然包含着夫妻互负同居义务的精神。这些规定在生活中发挥过积极作用。1980 年《婚姻法》删除了 1950 年《婚姻法》中的上述内容，使得规范夫妻人身关系的条款仅复述宪法宣言的若干内容。这也是导致现实生活中部分婚姻当事人婚后为所欲为的制度原因。

基于同居问题的重要性，最高人民法院《关于审理离婚案件如何判断夫妻感情破裂问题的若干意见》（1989 年）规定，把婚后"未同居""分居满 3 年"、判决不准离婚后分居 1 年等视为婚姻已名存实亡，作为准予当事人离婚的若干法定情形。这正说明法律规范同居之必要。

3. 同居是夫妻双方平等的权利与义务

夫妻互负同居义务，双方在一起共同生活，这正是当事人缔结婚姻时的愿望和追求。夫妻任何一方均有义务与对方共同生活，也有权利要求与对方共同生活，当然，有正当理由者除外。同居要求夫妻在一起共同生活，在共同生活中实现相互扶助与抚慰。没有共同生活，违背了婚姻作为一个共同体的利益，不符合夫妻作为共同生活伴侣的要求。有家不回一方即使定期或不定期地承担了部分或全部家庭经济开支，也仅仅是履行了经济扶养责任，其行为仍没有满足同居的要求，因而也是一种违背夫妻义务的行为。

下列情形构成停止或免除同居义务的充分理由：

（1）因正常理由暂时中止同居。如一方因处理公务或私事需要，在较长时间内合理离家在外居住生活；一方因生理原因不能完成夫妻性生活的；一方因健康原因住院治疗或其他情形无法全部履行同居义务或只能履行部分同居义务的……这类原因的同居中断，对一方而言确有必要或出于无奈，另一方也能给予理解或谅解，故对夫妻关系不产生负面的或实质性的影响。当中止同居的原因消失后，夫妻双方自然恢复同居。因此，引发同居中断一方不需要为此承担法律责任，法律对这类情形通常不作规定。

（2）因具有法定事由而停止同居。法律对此常有专门规定。如夫妻一方违背互负忠实义务，夫妻他方有权停止同居；一方提起离婚诉讼，夫妻同居义务理当免除；因感情不和，夫妻不履行同居义务符合情理，不涉及法律责任；一方的健康、安全、名誉因夫妻共同生活而遭受到严重威胁时，受到威胁一方有权拒绝同居；因婚姻关系破裂而协议分居；夫妻一方擅自将住所迁至国外或在不适当地点定居，配偶他方不愿意前往同居，属情理之中。

同居义务的履行，虽不能强制，但是无故拒绝履行同居义务的行为人，应承担相应法律责任，以此体现同居作为一项法律义务的强制效力。从外国法看，无故违反同居义务的法律后果，大体有两种：第一，受害人可以请求损害赔偿。在婚姻关系中合格履行了同居义务的一方或要求继续履行同居义务的一方，在对方无故拒绝同居的情形下，有权向法院提起损害赔偿之诉，请求司法裁决对方承担赔偿责任。这种赔偿责任包括财产损害赔偿和精神损害赔偿。第二，无故拒不履行同居义务构成遗弃。夫妻一方要求他方履行同居义务，他方无正当理由拒不履行同居义务的，要求同居一方可以据此申请司法保护。义务人在司法限期内没有恢复履行同居的，构成遗弃，应承担遗弃的法律责任。在我国，有配偶者与他人同居，是构成离婚的法定情形之一；离婚时，无过错一方有权请求过错一方损害赔偿。

（二）同居义务不可取之观点及理由

这种意见认为：第一，性权利是一种天赋的权利。不论结婚与否，性权利始终是自己的，通过性活动获取愉快、表达感情和维护健康也是自己的。规定夫妻有同居义务意味着将一个人的性权利交给另一个人去支配，是荒诞的。第二，规定夫妻有同居义务，会使婚内强奸合法化。持此观点者认为，我国刑事审判实践肯定婚内强奸为犯罪，以1989年河南信阳地区人民法院以被告人当众强行奸淫长期分居的妻子被判强奸罪名成立并处以6年有期徒刑为例佐证。第三，规定同居义务，将不利于现实生活中易受损害的妇女权益的保护。

经过讨论、争论，肯定观点获得了更多人支持，并为立法机关采纳。

九　改造夫妻财产制之争

婚姻家庭法学界、实务界几乎一致认为，1980年《婚姻法》对夫妻财产制的规定过于简略，应从缩小夫妻共同财产范围、增设约定财产制种类供当事人选择等方面完善立法。但是，对于具体如何完善，各方观点并非一致。

（一）1980年《婚姻法》夫妻财产制立法之不足

法学界普遍认为，1980年《婚姻法》第13条对夫妻财产制的规定，既有内容不严密之先天不足，又不适应后来社会发展需求，且规定过于简单，缺乏可操作性。

法定财产制内容在立法当时就存在设计不够周全、制度体系化不足之缺陷。一方面，既未规定夫妻对共同财产的具体权利、义务，又欠缺对共同财产的开支、对外责任规定。另一方面，实行市场经济后，市场主体多元化，个人、家庭都可以成为商品交换的参与者，婚姻内部的利益关系复杂化，过于简单的条文"不能适应社会经济基础对夫妻财产关系的客观要求和已经变化了的婚姻家庭在财产关系方面的复杂情况"。①

极其简略的夫妻财产约定条款尚未能形成完整制度。1980年《婚姻法》虽允许夫妻就财产关系实行约定，但是，既未规定可以约定采用的夫妻财产制种类，又没有确定约定的条件、形式、时间、程序、效力等要件，使得夫妻约定财产制要么过于随意，要么难于实施，"使当事人无所适从"，② 又不利于涉及夫妻财产的民事交易安全。故有必要尽快补充完善。

(二) 改革法定财产制的路径方案之争

完善夫妻法定财产制，主要有三种意见：一是在已有法定财产制基础上，增设个人特有财产制，以缩小夫妻共同财产范围；二是全面改造法定财产制的结构，采用通常法定财产制与非常法定财产制相结合；三是提议采用一般共同制为法定财产制。

1. 继续采用婚后所得共同制为法定财产制，增设个人特有财产制

这种意见认为，我国当时实行的法定财产制原则上适应夫妻财产关系调整的需要，但夫妻共同财产范围过大，且未考虑到夫妻一方个人在婚姻存续期间的特殊经济需求；故建议增设夫妻个人特有财产制，将婚后所得的某些种类的财产纳入所得者个人特有财产，缩小夫妻共同财产范围。③

2. 通常法定财产制与非常法定财产制相结合之观点

吴洪、陈苇等人主张，我国应当借鉴瑞士等国相关立法，根据夫妻财产制的适用情况不同，设立通常法定财产制和非常法定财产制。④

通常法定财产制是指在通常情形下当然适用的夫妻财产制。特有财产是在依法或依约定实行夫妻共同财产制的情形下，夫妻各自保留一定范围的财产为个人财产。"特有财产制是对夫妻共同财产制的限制和补充"。⑤ 从大陆法传统国家和地区的立法经验看，通常法定财产制宜由婚后所得共同制、夫

---

① 吴洪、赵翼韬：《现行夫妻财产制应当重构》，李银河、马忆南主编《婚姻法修改论争》，光明日报出版社1999年版，第350页。

② 同上书，第351页。

③ 马忆南：《略论我国夫妻财产制的完善》，《中外法学》1994年第6期，第43—44页。

④ 吴洪、赵翼韬：《现行夫妻财产制应当重构》，李银河、马忆南主编《婚姻法修改论争》，光明日报出版社1999年版，第351—355页；陈苇：《中国婚姻家庭法立法研究》，群众出版社2000年版，第204—205页。

⑤ 参见陈苇《中国婚姻家庭法立法研究》，群众出版社2000年版，第204—205页。

妻特有财产制构成。共同财产制符合婚姻共同生活的本质要求，是对家务劳动价值的承认，有利于保障夫妻中经济弱势一方的权益，促进夫妻家庭地位平等；但夫妻一方不得未经对方同意而擅自行使共同财产权，不能满足夫妻个人的某些特殊经济需要。为克服此缺陷，德国、法国、瑞士等当代世界诸多国家的家庭法在规定夫妻共同财产范围的同时，均明文列举规定了夫妻特有财产或婚后个人所得财产的范围。有些国家立法明定夫妻特有财产的管理、使用、收益、处分及财产责任，建立了完整的夫妻特有财产制或夫妻个人财产制。

非常法定财产制，是指在特殊情形下，经夫妻一方申请而依法律规定或经法院宣告而适用的夫妻财产制。陈苇提出，"社会经济生活复杂多变，夫妻财产关系亦应随特殊情况的需要而相应变化"；设立非常法定财产制，"有利于保护婚姻当事人双方的合法权益，及维护第三人的利益和交易安全"。[①] 例如，《瑞士民法典》第 185 条规定，"基于重要的事由，应夫妻一方的申请，法院可以命令设定夫妻分别财产制"。该法第 188 条又规定，"实施夫妻共同财产制的夫妻一方破产时，夫妻财产将依法实行夫妻分别财产制"。

3. 实行一般共同制为法定财产制

吴洪等人认为，"采用一般共同制为法定夫妻财产制"，符合永久共同生活组织家庭的婚姻目的；符合我国的传统习惯，"能够确保稳定家庭的经济关系"，保证婚姻家庭的稳定；有利于实现男女平等，保护妇女或弱者。[②]

（三）完善约定财产制之争

针对财产制立法过于简陋之不足，学界一致提议尽快修订立法，采用限制式约定，明列若干种可供当事人选择的约定财产制种类。但是，对于应当列入哪些种类的夫妻财产制、约定财产制是否应当设定特定程序等问题，各方意见不一致。

1. 关于夫妻约定财产制的种类构成

有学者提议立法明定一般共同制、限定部分共同制、分别财产制为夫妻

[①] 陈苇：《中国婚姻家庭法立法研究》，群众出版社 2000 年版，第 205 页。
[②] 吴洪、赵翼韬：《现行夫妻财产制应当重构》，李银河、马忆南主编《婚姻法修改论争》，光明日报出版社 1999 年版，第 353 页。

约定财产制的可供选择种类。根据调查,中国居民愿意采用的夫妻财产制种类,按意愿从高到低依次排列如下:婚后所得共同制、一般共同制、限定部分共同制、婚后劳动所得共同制、剩余共同制、联合财产制、分别财产制。① 基于婚后所得共同制被选意愿比例最高,最宜作为法定夫妻财产制,排列其后的一般共同制、限定共同制,则宜入选约定财产制的种类;考虑到除了分别财产制,其他种类的夫妻财产制都接近共同财产制,为满足部分夫妻特别强烈的个人财产利益诉求,应当把分别财产制纳入约定财产制之中。

也有学者提议立法将一般共同制、劳动所得共同制、管理共同制、分别财产制列为供当事人选择适用的约定财产制种类。②

2. 关于约定财产制的订立

多数婚姻家庭法专业人士强调,夫妻财产约定应当采用书面形式;部分学者提议夫妻财产约定应实行登记制,未经登记的,不得对抗善意第三人。

对于财产约定登记程序,有两种建议方案。其一,多数人主张由婚姻登记机关实行登记。1999年《婚姻家庭法(法学专家建议)》第43条拟规定,"夫妻选择财产制的约定,应在办理结婚登记时一并登记,载入婚姻登记档案"。吴洪、陈苇等人建议,应实行夫妻约定财产制登记制,经婚姻登记管理机关登记,使夫妻约定财产制具有公示性。③ 吴洪等还主张,约定财产制登记完成后,当事人"还应按其所选择的财产制,申报自己的财产"。④ 其二,少数人提议,立法应当要求夫妻财产约定实行公证。

十　判决离婚的法定事由之争:感情破裂或者婚姻关系破裂

对于1980年《婚姻法》有关离婚标准的规定,从20世纪80年代初开始,法律界的认识分歧较大。归纳起来,主要有三种不同观点。

---

① 参见蒋月《我国夫妻财产制若干重大问题的思考》,《现代法学》2000年第6期。
② 陈苇:《婚姻家庭法立法研究》,群众出版社2000年版,第207页。
③ 参见吴洪、赵翼韬《现行夫妻财产制应当重构》,李银河、马忆南主编《婚姻法修改论争》,光明日报出版社1999年版,第355页;陈苇:《婚姻家庭法立法研究》,群众出版社2000年版,第210页。
④ 吴洪、赵翼韬:《现行夫妻财产制应当重构》,李银河、马忆南主编《婚姻法修改论争》,光明日报出版社1999年版,第355页。

(一) 坚持感情破裂说

这种意见认为，"法律所要求的夫妻感情，是指夫妻之间的、具有两性关系内容的一种关心、爱慕之情"；法律要求夫妻之间互敬互爱、互相关心体贴、互相帮助、相互扶养、和睦团结地共同生活。[①] 将夫妻感情破裂作为裁判离婚的标准，符合马克思主义婚姻观，是新中国数十年离婚司法实践经验的总结，"具有世界领先性"；[②] 反对在"感情破裂"之外附加离婚条件[③]。

1. 夫妻感情是可以认识与判断的

感情破裂观点认为，夫妻感情虽是当事人的内心活动，但必然通过行为表现出来，是可以认识和判断的。"感情确已破裂是……司法机关……经过深入全面的调查研究，根据双方当事人的婚姻基础、婚后感情、发生纠纷的原因和双方应负的责任以及夫妻关系的现状等各个环节，考察是否还有争取和好的希望，而作出的客观结论。决不是根据当事人主观上的主张，或当事人一时表现的坚决态度、激烈言词以及粗暴的行为来作结论的"。[④]

感情破裂标准并未超前，也可操作。1980 年《婚姻法》实施以后，司法实践中处理了数百万件离婚案件，均是依据感情破裂标准进行审理和审结的。感情破裂规定"不会给社会上那些尚有争取和好可能的夫妻以轻率离婚的机会"，不会导致离婚泛滥，不会导致家庭瓦解。

2. 以感情破裂为裁判离婚的法定事由反映了社会主义婚姻的本质[⑤]

婚姻关系是一种基础性的社会关系，它"是男女双方以永久共同生活、建立家庭为目的的两性结合。在我国社会主义制度下，婚姻应当是男女双方基于爱情的结合；夫妻关系的建立，需要有感情；夫妻关系的持续，同样需要以感情来维系"。如果当事人双方已经完全没有感情，却要强制他们同居

---

① 杨怀英：《正确理解婚姻法第 25 条的精神》，西南政法学院民法教研室编《婚姻家庭论文集》，1985 年，第 110 页。

② 李忠芳：《坚持离婚理由的"感情说"》，李银河、马忆南主编《婚姻法修改论争》，光明日报出版社 1999 年版，第 170 页。

③ 肖雪慧：《反对在"感情破裂"之外附加离婚条件》，李银河、马忆南主编《婚姻法修改论争》，光明日报出版社 1999 年版，第 172—175 页。

④ 杨怀英：《正确理解婚姻法第 25 条的精神》，西南政法学院民法教研室编《婚姻家庭论文集》，1985 年，第 110 页。

⑤ 同上书，第 107 页。

生活,"既是不道德的,也是不可能的"。① 此时,通过正当途径允许当事人离婚,无论对当事人还是对社会都利大于弊。"如果以苛刻的离婚条件阻止解除感情破裂的婚姻,不啻是把强行维系无爱婚姻当作一种惩罚。"② 强制一个不愿与配偶共同生活的人继续维持婚姻关系,不利于婚姻当事人双方,长远看也不利于不同意离婚一方的利益,恶化的婚姻关系还会损害子女利益,使社会付出更大代价。

3. 感情是否确已破裂作为离婚的原则界限符合我国当前婚姻关系实际③

这种意见批评"我国目前的经济状况落后,大多数群众的婚姻还不能以感情为基础,因而离婚也不能以感情破裂为条件"的观点,认为其是"极其片面和表面的"。④ 我国经济社会还未充分发展,存在着种种差别,在婚姻中,除了感情这一基本因素外,有时还掺杂着一些其他因素,但是,"大多数情况下,这些因素不能起决定性作用,在夫妻关系的天平上,不占据主要的地位,因而并不影响我国现阶段婚姻以夫妻感情为基础的本质"。那些经父母主持或经人介绍,自愿结婚的夫妻,婚前感情基础不好,"但是,大多数的婚姻关系能够维护和巩固,双方能够和睦团结地共同生活,这是由于他们在婚后相互了解,建立了夫妻感情的结果"。⑤ 因此,感情破裂标准对这些夫妻的离婚仍是适用的。

4. 感情破裂说符合近现代社会肯定每个人追求幸福的合理性

人类结束中古社会转入近现代社会,"种种变革均是由一个关键性事实带动的,这就是个人地位的发现和确立。体现在伦理文化上,是实现了社会本位向个人本位的转变、集体权利向个人权利的移位以及集体责任向个人责任的演进,从而把个人确立为伦理价值的主体和来源。……从道义上肯定了每个人追求幸福的合理性,但与此同时又为这种追求划定了一条界线:任何

---

① 杨怀英:《正确理解婚姻法第25条的精神》,西南政法学院民法教研室编《婚姻家庭论文集》,1985年,第107、108页。
② 肖雪慧:《反对在"感情破裂"之外附加离婚条件》,李银河、马忆南主编《婚姻法修改论争》,光明日报出版社1999年版,第175页。
③ 杨怀英:《正确理解婚姻法第25条的精神》,西南政法学院民法教研室编《婚姻家庭论文集》,1985年,第110页。
④ 同上书,第108页。
⑤ 同上书,第109页。

人在追求自己的幸福时，不得有损于他人。只要不超过这条界线，个人有自主选择余地，而且在自主选择范围内有不受外界干涉的权利"。① 如果离婚理由是在感情破裂之外附加许多条件，感情因素实际上将被挤到了婚姻关系中极为次要的地位。

5. 以感情确已破裂作为判定离婚的法定理由符合马克思主义经典作家的离婚观

夫妻感情是维系婚姻关系的基础和基本条件，以夫妻感情状况作为准离或者不准离的标准是客观的。现实生活中，导致离婚的原因多种多样，但都与夫妻感情有关，通过夫妻感情变化而起作用。如果感情确已破裂，婚姻已经死亡，就应当依法准许解除。反之，如果感情尚未破裂，婚姻关系仍能维持，就应该驳回原告的离婚诉求。马克思指出，"离婚仅仅是对下面这事实的确定：某一婚姻已经死亡，它的存在仅仅是一种外表和骗局。不用说，既不是立法者的任性，也不是私人的任性，而每一次都是事物的本质来决定婚姻是否已经死亡"。"法院判决的离婚只能是婚姻内部崩溃的记录。"② 判决离婚是司法依据法律确认夫妻感情已经消失。如果婚姻没有崩溃，还有生命力，还能继续存续，就应该判决不准离婚，促使当事人改善彼此关系。既不能用法律手段解除感情尚未破裂的婚姻，也不能用法律手段强制维持感情确已破裂的婚姻关系。

6. 以感情破裂作为判决离婚理由，是我国长期法律实践经验的总结③

革命根据地时期婚姻立法就曾以感情作为判定离婚的标准。1934 年《中华苏维埃共和国婚姻法》规定，"男女一方坚决要求离婚的，即可离婚"。1943 年《晋察冀边区婚姻条例》第 14 条规定，"夫妻感情意志根本不合，致不堪同居者，任何一方得向司法机关请求离婚"。1946 年《陕甘宁边区婚姻条例》第 9 条第 1 项规定，"感情意志根本不合，无法继续同居者"，男女一方得向县政府请求离婚。虽然 1950 年《婚姻法》未在离婚理由中使

---

① 肖雪慧：《反对在"感情破裂"之外附加离婚条件》，李银河、马忆南主编《婚姻法修改论争》，光明日报出版社 1999 年版，第 172 页。
② 《马克思恩格斯全集》第 1 卷，人民出版社 1995 年版，第 184—185 页。
③ 参见杨怀英《正确理解婚姻法第 25 条的精神》，西南政法学院民法教研室编《婚姻家庭论文集》，1985 年，第 111 页。

用感情一词,①但此后司法审判实践中,仍是将有无感情作为是否准予离婚的原则界限。②

自1950年《婚姻法》实施以后,法学界围绕离婚标准的讨论,发生了"正当理由论"与"感情破裂论"的长期争论。"正当理由论"认为,当事人要求离婚的理由须符合道德标准,凡请求离婚者的行为违背社会公认道德要求的,其离婚请求将不应被批准。社会生活中人们在评价离婚问题时亦有"正当理由论"的道德倾向。"感情破裂论"则主张,离婚应以夫妻感情是否破裂为原则,凡感情破裂的,即应准予离婚;反之,不准予离婚。1963年,最高人民法院《关于贯彻执行民事政策几个问题的意见》规定离与不离的原则界限时,明确提出了以感情是否完全破裂作为离婚标准。对于感情没有完全破裂,离婚理由不当,经教育有重新和好可能的案件,法院不应判决离婚;相反,对夫妻感情已完全破裂,确实不能和好的案件,法院应积极做好坚决不离一方当事人的思想工作,判决准予离婚。

1980年《婚姻法》在离婚标准上明确采纳了纯粹的无过错主义立法原则,立法把感情破裂作为准予离婚标准固定下来。明定夫妻感情确已破裂,调解无效,应准予离婚,而无论当事人所持离婚理由是否正当,也不论原告是否有过错。

经过反复讨论,婚姻法修正案继续采纳了感情破裂的观点。

(二)主张采用"婚姻关系无可挽回地破裂"为法定离婚标准

该意见认为,感情破裂作为法定离婚理由不尽科学,将其改为"婚姻关系无可挽回地破裂"或"婚姻破裂致不堪继续共同生活"更为妥当。因为感情作为人们的一种心理状态,属于精神生活的范畴,不是法律调整的对象;该法定离婚理由是用主观标准评价某一婚姻关系的实际,而不是用客观标准来认定它的现状,从而决定应否准予离婚,存在理论局限性。早在1987年就有人提议将"夫妻感情破裂"修改为"婚姻无可挽回地破裂"或

---

① 《婚姻法》第17条规定,"男女一方坚决要求离婚,经区人民政府和司法机关调解无效时,亦准予离婚"。

② 参见李忠芳《坚持离婚理由的"感情说"》,李银河、马忆南主编《婚姻法修改论争》,光明日报出版社1999年版,第170页。

是"不堪继续共同生活"。① 渐渐地，该意见成为学界多数人的共识。

1. 夫妻感情破裂作为法定离婚标准之不妥

（1）夫妻感情属于人的心理活动范畴，难以作为法律规范直接调整的对象。法律以一定的社会关系为调整对象，夫妻感情是多种心理因素和活动交织在一起构成的心理活动，具有不确定和易变的特性，法律能给予引导，而不能作出强制性规定。男女间的爱情应当成为婚姻的伦理基础，但在人类现发展阶段上，人们选择配偶还要受到各种社会因素的制约，现实生活中的婚姻并不全是以感情为基础的。因此，我国法定结婚条件没有也不可能规定结婚必须以感情为基础。《婚姻法》只要求申请结婚的男女出于自愿，任何一方不能强迫对方结婚，第三人不能干涉或强迫他人结婚。至于两个人自愿结婚是基于什么，法律并不过问。对从未有过夫妻感情的当事人而言，离婚时又何来感情破裂？

（2）夫妻感情完全彻底破裂才能判决准许离婚，有把感情绝对化和机械化之嫌。② 按照感情论，只有夫妻之间感情完全、彻底破裂，始得准许其离婚；如果夫妻双方尚有一丝感情存在，就不符合法定离婚标准。这种认识在理论上值得质疑，在实践中也易生误解。若离婚不是改善人际关系，而是欲使当事人双方反目成仇，这种立法价值取向不可取。

（3）以夫妻感情破裂作为判定离婚的法定标准超越了我国社会发展阶段。在我国社会生活中，婚姻基础是多元的，感情是缔结婚姻的重要基础之一，但是，相当一部分人仍不能不考虑其他因素。因此，爱情与婚姻之间不是等号。以夫妻感情有无破裂论婚姻存亡，与婚姻基础不甚符合。离婚立法不宜将感情破裂作为离婚的唯一标准。

自主婚姻不等于爱情婚姻。我国依法实行婚姻自由，保护当事人自主自决地选择结婚对象，不受外力强迫或干涉。不过，自主结婚只能说明当事人自愿结婚，不等于所有婚姻都是基于相互之间的感情而缔结。社会提倡以爱情为基础缔结婚姻，但是，由于受经济社会发展水平制约，"在物质利益原则尚存在并起着应有作用的现阶段，纯粹只讲男女双方的感情的结合与离

---

① 蒋月：《离婚原因论》，硕士学位论文，西南政法学院，1987年，第43页。
② 同上书，第48页。

异，只是一部分人的现实，而非社会普遍存在的一般。……法律规范人们行为的标准终究应当取当时社会的'中间水平'……不应当将只有社会较高层次部分人才能做到的事强制要求全体社会成员普遍一体地遵守……盲目追求先进，只会弊多利少……"①

（4）夫妻感情破裂不能概括导致夫妻关系不堪继续的全部情形。以夫妻感情破裂作为离婚法定理由，存在以偏概全、挂一漏万的局限性。婚姻是夫妻双方物质生活、精神生活和性生活的共同存在体。夫妻感情只是夫妻精神生活中的一部分，它不等于也不能代替构成婚姻本质的另外两个方面。所以婚姻破裂时，消失的不只有夫妻感情，只有上述三方面的内容都遭到了破坏，才意味着婚姻的崩溃和死亡。实际上，感情破裂不是导致婚姻解体的唯一原因。社会生活中，种种非感情因素导致婚姻解体的事例不胜枚举。

（5）以感情破裂作为离婚理由，易诱发司法裁判的主观随意性。个体的差异性，使得个体对夫妻感情的理解不完全一致。判断离婚案件中当事人之间感情是否确已破裂，不仅当事人判断夫妻感情是否破裂有困难、有差异，而且，法官也不可能不受其本人经历的影响，而产生判断上的差异。法官们也表示，"从司法实践看，以感情作为判定离婚的标准，法院无法把握，缺乏可操作性"。② 就同一个离婚案件，甲法官认定感情确已破裂，应准予离婚；乙法官却可能作出相反判断，判决不准离婚。③ 自从1980年《婚姻法》第25条实施以后，没有一个离婚案件，第一审人民法院认定夫妻感情确已破裂而准予离婚或者没有破裂而不准离婚，却被第二审法院判定该认定有误而裁判发回重审或改判的，这一事实足以说明以感情破裂为法定离婚理由，增加了离婚诉讼结果的随意性和盲目性。

（6）马克思主义经典作家从未提倡将夫妻感情作为评判婚姻是否应该继续的法律标准。马克思在批评对离婚持轻率态度的浪漫派时指出："他们抱着幸福主义的观点，他们仅仅想到两个人，而忘记了家庭。……如果婚姻不是家庭的基础，那么它就会像友谊一样，也不是立法的对象了。可见，他

---

① 蒋月：《离婚原因论》，硕士学位论文，西南政法学院，1987年，第47页。
② 《法院对修改婚姻法的意见》，王胜明、孙礼海主编《〈中华人民共和国婚姻法〉修改立法资料选》，法律出版社2001年版，第179页。
③ 蒋月：《离婚原因论》，硕士学位论文，西南政法学院，1987年，第48页。

们注意到的仅仅是夫妻的个人意志，或者更正确地说，仅仅是夫妻的任性，却没有注意到婚姻的意志即这种关系的伦理实体。"马克思非常重视和强调两性结合所产生的家庭关系，他不赞成单纯从两个人的感情问题上来看待婚姻的本质，反对把"爱情作为特殊的本质和人分割开来"。马克思在《论离婚法草案》一文中指出：无论是婚姻当事人的意志还是立法者的意志，都应服从"婚姻意志"，而不应该任意所为。"法院判决的离婚只是婚姻关系内部崩溃的记录"，离开婚姻的社会因素，社会要婚姻还有什么意义？恩格斯只是强调无产阶级的婚姻应以爱情为基础，称"如果说只有以爱情为基础的婚姻是道德的，那么也只有继续维持爱情的婚姻才是合乎道德的"。有的学者以恩格斯的这一论述为依据，认为感情破裂原则是符合马克思主义经典作家的观点的，既然没有爱情的婚姻是不道德的，那么法律怎能帮助强制维持不道德的婚姻？然而，法律与道德是两个不同的社会调节系统。道德标准不等同于法律标准，反之亦然。

（7）感情破裂原则可能误导在婚姻价值观上的极端个人主义倾向。夫妻作为配偶身份关系，承载着三种利益：夫和妻个人利益、婚姻共同体利益、社会利益。制定离婚法定理由时，不仅要考虑当事人的个人利益（包括感情因素），又要考虑家庭和社会等多方面因素。以感情破裂作为离婚的法定标准，不能体现婚姻关系所包含的种种权利和义务关系，而且将此作为判断婚姻关系存亡的唯一标准，是承认和允许喜新厌旧，给部分视婚姻为儿戏的社会成员提供了制度保证。婚姻包容着当事人对配偶、对子女和对家庭以及社会的责任，要求当事人很好地承担责任、履行义务。夫妻感情不能直接引申出婚姻共同体的利益和社会利益，也不能表明夫妻在法律上的权利和义务关系。现代离婚法虽强调保护婚姻当事人的婚姻自由权，有一定的个人价值本位倾向，但并不以完全牺牲家庭和社会利益为代价，而仍保持着一定的社会化色彩。离婚的法定理由不应片面渲染个人化的所谓夫妻感情，而应坚持权利与责任、个人与家庭以及社会利益相协调。

2. 应以"婚姻关系无可挽回地破裂"代替"感情确已破裂"

婚姻关系无可挽回地破裂，是指夫妻双方因种种原因不堪再以夫妻名义继续共同生活。婚姻彻底破裂不等于婚姻当事人之间不存在任何良好情感。婚姻关系破裂包含了感情破裂。

（1）婚姻关系破裂作为裁判离婚的法定事由，与婚姻作为共同生活体的事实相一致。婚姻担负着诸多方面职能，这些职能的实现有赖于夫妻双方真诚合作、同心协力。如果发生可归责于或不可归责于当事人任何一方的重大事由，可能致该共同生活体崩溃而难以继续存在，或者形成婚姻关系名存实亡。[①] 此时，基于当事人请求，而判决准许离婚，既满足申请人要求，又合乎一般人的认知和可接受度，合情理。

（2）以婚姻关系破裂作为裁判离婚事由，是我国婚姻立法实践经验。1953年中央法制委员会在解答1950年《婚姻法》有关离婚问题时指出，"如经调解无效而又确实不能维持夫妻关系的，就准予离婚。如经调解虽然无效，但事实证明他们双方并非到确实不能维持同居的程度，也可以不批准离婚"。

（3）婚姻关系破裂作为法定离婚事由，有助于消除离婚当事人之间的敌意，促进当事人相互尊重对方的人格和尊严，文明离婚。[②]

（4）婚姻关系破裂作为法定离婚事由是离婚立法的国际发展趋势。自20世纪初以来，婚姻关系无可挽回地破裂是大多数国家和地区的法定离婚标准。1912年《瑞士民法》第142条规定，"对于配偶发生不可期待继续婚姻共同生活程度的婚姻关系之重大破裂时，配偶双方得随时请求离婚"。该法开创了破裂主义离婚原则。从此，主要国家改革离婚法时纷纷效仿，以此替代基于"婚姻过错"而离婚。到20世纪70年代，英国、美国、日本、德国等主要资本主义国家相继将"婚姻关系无可挽回地破裂"或者"有难以继续婚姻的重大事由"规定为法定离婚事由。唯有中国的法定离婚标准是夫妻感情破裂。

（5）我国现阶段尚不具备普遍实现恩格斯关于爱情婚姻经典论述的社会条件。这种意见认为，恩格斯关于"纯粹爱情的婚姻道德观"的实现，是"共产主义社会阶段的婚姻道德原则"；在社会主义社会阶段，"还不具备那样的条件……不能简单地、不考虑现实条件地搬用"。[③] 对于恩格斯的

[①] 蒋月：《离婚原因论》，硕士学位论文，西南政法学院，1987年，第46页。
[②] 同上书，第49页。
[③] 马有才：《坚持马克思主义婚姻道德观》，中国婚姻家庭研究会编《婚姻家庭文集》，法律出版社1984年版，第64页。

前述著名论述,"人们在引用时,其认识和解释却大不相同"。[①] 恩格斯对婚姻与道德关系的基本论述,是有其历史背景、鲜明的针对性的,他"看到了封建的和资本主义的婚姻制度极力排斥爱情基础,代之以等级门第、政治利益、金钱和利害关系等为基础……才提出了婚姻应以爱情为基础","有无爱情是衡量婚姻道德与否的标准"。[②] 恩格斯提出,婚姻的充分自由,"只有在消灭了资本主义生产和它所造成的财产关系,从而把今日对选择配偶还有巨大影响的一切派生的经济考虑消除以后,才能普遍实现。到那时候,除了相互的爱慕以外,就再也不会有别的动机了"。恩格斯预言,在共产主义制度下,"男子一生中将永远不会用金钱或其他社会权力手段去买得妇女的献身;而妇女除了真正的爱情以外,也永远不会再出于其他某种考虑而委身于男子,或者由于担心经济后果而拒绝委身于她所爱的男子"。[③]

在我国现阶段,自愿结合的合法婚姻中,"除以爱情为基础的以外,还有以经济为基础的、以权势地位为基础的",还有以其他各种利益、目的为基础的,它们均为婚姻法所承认和保护。不以感情为基础,"这样的婚姻虽然有缺欠,不够理想,但在当前还是道德的";"可以说有'爱情基础'的婚姻是道德的,如果反过来说没有'爱情基础'的婚姻都是不道德的,则未免失于片面"。[④]

笔者以为,"以婚姻关系无可挽回地破裂"或者"不堪继续共同生活"之表述的确优于"夫妻感情破裂"。

(三) 感情破裂与婚姻关系破裂是同义语

在20世纪80年代初,杨怀英教授提出,所谓"确实不能继续维持夫妻关系的"和"夫妻关系事实上确已破裂","就是'感情确已破裂'的同义语"。[⑤] 时任最高法院法官李诚持相同观点。在讨论"感情确已破裂"时,

---

[①] 马有才:《坚持马克思主义婚姻道德观》,中国婚姻家庭研究会编《婚姻家庭文集》,法律出版社1984年版,第56页。

[②] 同上书,第60、61页。

[③] 《马克思恩格斯全集》第1卷,人民出版社1956年版,第78、79页。

[④] 马有才:《坚持马克思主义婚姻道德观》,中国婚姻家庭研究会编《婚姻家庭文集》,法律出版社1984年版,第67页。

[⑤] 杨怀英:《正确理解婚姻法第25条的精神》,西南政法学院民法教研室编《婚姻家庭论文集》,1985年,第112页。

时任最高人民法院法官李诚表示：

> 一般地说，凡是向法院起诉要求离婚的，夫妻关系都已不同程度地恶化，感情产生了裂痕，有的已经濒临破裂的边缘，有的则已经死亡了。要查清感情是否"确已破裂"，重点就要放在婚后感情特别是婚姻关系的现状即感情产生裂痕的原因与程度上，注意判明婚姻关系是否死亡，是否存在和好的可能，对于即使夫妻感情已经濒临破裂边缘或者已经达到了破裂的程度，也还要注意分析研究，这种破裂是双方积怨已深长期对立的结果，还是因为一时一事引起的……是已经无法挽救，还是经过艰苦努力……还有可能缓解，双方重新和好等等。……治愈有创伤的婚姻，抢救濒于死亡的婚姻。……对于已经死亡的婚姻应该准予离婚。①

按照此观点，立法关于法定离婚理由采用感情破裂的表述，无不妥。

十一 离婚自由度之争

针对20世纪80年代以后婚外恋、婚外性行为、第三者介入他人婚姻的现象越来越严重，在修改《婚姻法》讨论中，是否应当增加离婚的难度成为争议问题之一。一种意见主张进一步限制离婚自由，认为离婚自由是相对的，修改婚姻法时，对于判决离婚的理由，一定要有列举性规定，明确离婚应具备哪些条件，以便驳回不具备离婚条件者的离婚请求。另一种观点则反对限制离婚，甚至认为对离婚自由增设限制，是"倒退"。② 这两种观点讨论过程中，还引发了法律道德主义与法律效果论之争。

（一）适当限制离婚

这种意见认为，离婚立法应当坚持离婚自由，必须对离婚加以限制，反对轻率离婚。而限制离婚的路径就是从离婚程序和法定离婚理由两个方面作

---

① 李诚：《对"感情确已破裂"的初步探讨》，中国婚姻家庭研究会编《婚姻家庭文集》，法律出版社1984年版，第105页。
② 陈新欣：《反对离婚限制》，李银河、马忆南主编《婚姻法修改论争》，光明日报出版社1999年版，第176页。

规定。特别是在离婚理由立法上，宜放弃概括主义立法，改采例示主义立法，以最大限度地避免和减少离婚当事人的任性或法官个人的任意意志影响。

首先，离婚自由权是一个相对权。超越法律和道德标准的"权利"不可能得到认可和保护。其次，弱者应当得到照顾，其权利应优先予以保障。在婚姻存续期间，许多已婚妇女经与家人商量，选做"一保二"，放弃自己的职业发展机会，保全丈夫和孩子，待遇到年老力衰时被丈夫抛弃或者受欺凌而无法自救。对于这些婚姻，加大请求离婚的难度，能够维持部分婚姻，但并不能保证这些妇女以后的日子过得好。

（二）坚持离婚自由，反对增加离婚限制

这种观点认为，坚持婚姻自由原则，使个人有追求幸福的自由，合情合理；要制定出符合绝大多数利益的婚姻法，人们才愿意接受并将其视为行为的规范。① 相反，如果法律限制离婚，就侵犯了离婚自由权，剥夺了离婚当事人追求个人幸福的权利。"反对在'感情破裂'之外附加离婚条件"。② 徐安琪称"限制离婚"是修改婚姻法的"误区"；③ 李银河、陈欣等人则称，如果离婚立法"加大离婚难度"，则是一种"倒退"，是有害的观念误导。④

1. 实施中的离婚法对离婚已实行一定限制

1980年《婚姻法》规定了离婚的条件、程序、标准等，离婚已经受到了一定限制。

2. 每个人都有追求自己幸福的权利

近代以来的伦理观，是以人的幸福为善的本质规定，肯定每个人追求幸福的合理性，只要不损害他人。这种观点认为，近现代社会中，伦理本位由

---

① 参见陈新欣《反对离婚限制》，李银河、马忆南主编《婚姻法修改论争》，光明日报出版社1999年版，第176页。

② 肖雪慧：《反对在"感情破裂"之外附加离婚条件》，李银河、马忆南主编《婚姻法修改论争》，光明日报出版社1999年版，第172—175页。

③ 参见徐安琪《婚姻法修改的误区——限制离婚》，李银河、马忆南主编《婚姻法修改论争》，光明日报出版社1999年版，第182页。

④ 参见李银河《在修改婚姻法时要警惕倒退》，李银河、马忆南主编《婚姻法修改论争》，光明日报出版社1999年版，第106—110页。陈新欣：《反对离婚限制》，李银河、马忆南主编《婚姻法修改论争》，光明日报出版社1999年版，第176—177页。

社会向个人转移,故与之相应的人道性、理性和宽容精神成为伦理文化中最重要的属性。"体现在婚姻和家庭问题上,首先是把关注重心从凌驾于个体生命之上的目标转移到置身于婚姻、家庭关系中的个人身上"。①

这种观点认为,把离婚率高低与社会稳定联系起来,是"群体至上……漠视个体生命感受的心理定式"。② 如果这种伦理观成为修法中的一种基本倾向,则有可能使传统伦理道德中最为压抑人性之点死灰复燃,是极其危险的。为此,肖雪慧等人反对将"感情破裂"修改为"婚姻关系破裂",认为在"感情破裂"之外附加离婚条件,将降低感情在婚姻中的地位和重要性。③

3. 不能仅仅以女性立场制定离婚法

"婚姻法是规范所有人的婚姻行为的,应当站在两性平等的立场上考虑问题,任何性别偏向都会影响立法的客观公正性。""修改婚姻法,是一件全体人民的事。"④ 法律的作用是有限的。法律增加离婚难度可能使部分想离婚的人回心转意而维持婚姻,然而,并不能保证继续留在婚内的当事人比离婚幸福!"如果实际效果如此,限制离婚对她们的实际生活有什么切实的帮助呢?何况处于这种境地的女性大多是中老年人,中青年不应该重蹈她们的覆辙,而是吸取她们人生的教训。"⑤

增加离婚难度并不一定能保护妇女。在婚姻家庭生活中,确有许多妇女实施"一保二"策略,即牺牲自己保全丈夫发展和培养好孩子,待到其年老体衰时,被丈夫抛弃而无法自立。但是,对于这类婚姻,即使不允许离婚,当事人的境遇并不能好于离婚。女性"如果不把自己的一生押在找一个男人身上,而是靠自己的智慧和力量,有了立身之本,有了豁达的对待两性

---

① 肖雪慧:《反对在"感情破裂"之外附加离婚条件》,李银河、马忆南主编《婚姻法修改论争》,光明日报出版社1999年版,第172页。

② 同上书,第173页。

③ 同上。

④ 陈新欣:《反对离婚限制》,李银河、马忆南主编《婚姻法修改论争》,光明日报出版社1999年版,第177页。

⑤ 同上书,第179—180页。

关系的心态,有什么必要非扯住变质的感情不放呢?"①

4. 限制离婚自由将可能错误地引导人们的婚姻观

婚姻是会有变化的,应当善待配偶,建设婚姻。"婚姻是自己的私事",一个人应当对自己的一生负责。限制离婚自由,只会使人们继续相信婚姻是"一锤定终身",一旦结婚,就必须"从一而终",谁也不许有变。这样的婚姻观,只会损害婚姻,对妇女有害无益。②

5. 帮助弱者是要促使她们自尊自立自强

若帮助婚姻中的弱者,不应该把"不许离婚"作为保护措施,使她/他为了"有口饭吃"而委屈求全,在已死亡婚姻中勉强度日,而是要让她/他明白,人生不应该依赖他人,每个人必须自尊、自信、自立、自强。

十二 是否应当删除特别保护军婚条款

是否应限制军人配偶离婚权问题,自1980年《婚姻法》原规定颁布以来,在学术上始终存在重大争议。主要有三种不同意见:肯定观、否定观、适当限制。

(一) 有必要特殊保护军婚

持这种观点者认为,首先,在中国,军人不是一个职业,从军是社会奉献,军人所作的牺牲是巨大的。而且军队管理严格,军队驻地生活条件艰苦,环境对军人的限制多。其次,军人家属从军条件严格,多数军人与其配偶被迫两地分居生活。而且非军人配偶一方所处环境复杂,地方管理也比军队宽松,从这个角度讲,"军人处于相对弱势"地位。如果没有特别保护措施,军人婚姻稳定可能受到很大影响,因而影响军人服役,最终影响军心稳定和国防巩固。最后,保护军人婚姻稳定是中国共产党自革命根据地婚姻立法就有的优良传统,应该继续保持。因此,应当保留《婚姻法》第26条保护军婚的规定。

(二) 反对婚姻立法赋予军人婚姻上的特殊利益

持此观点者主张,"军婚与其他婚姻应该一视同仁",修改婚姻法时应

---

① 陈新欣:《反对离婚限制》,李银河、马忆南主编《婚姻法修改论争》,光明日报出版社1999年版,第181页。

② 同上书,第180页。

删除特别保护军婚条款。①

（1）婚姻自由是宪法保障的公民基本权利，部门法对其实施限制是没有法律依据的，涉嫌违宪。立法应当保障现役军人配偶的离婚自由。"法律绝不应仅将离婚自由的权利赋予现役军人而苛求现役军人的配偶从一而终"。②

保护军婚不应以牺牲妇女群体的基本人权为代价。③"保护军婚和鼓励现役军人的配偶为国防事业献身固然必要，但高尚的道德情操将依赖于个人的自觉履行而不是法律强制执行。'军嫂'的无私献身自然也应出于当事人的自愿。"④"保护军婚的规定是把一部分妇女的婚姻自由权利拥了军。"⑤

（2）军人服务国防不应成为要求享有特权的理由。任何一个行业都是服务社会，都有奉献成分。不论从军是否是一种职业，国家都有优待军人及其军属的相关政策，已经体现对军人奉献的肯定和照顾。在民主社会，任何人都不能享有特权，军人也不例外。军人驻守边疆，国家应该为其提供良好福利待遇，"该给多少补贴就给多少补贴，而不能在婚姻关系中以牺牲配偶另一方的利益为代价"。⑥

（3）服兵役是公民的义务。义务兵服兵役是履行公民义务，没有理由特殊化；志愿兵是带薪从军，更没有理由特殊化。

（4）在法制时代，特殊保护军人婚姻利益的立法，其社会效果不一定好。相互之间已没有感情的夫妻，却被法律强行捆绑在一起，被保留下来的仅仅是婚姻的形式，并不能保障军人真正享有婚姻生活。"军人可以休妻、休夫，而非军人一方想离婚却必须征得军人同意，这种限制没有道理"。"婚姻法如规定现役军人的配偶无离婚自由，必将使许多年轻人在择偶时对

---

① 吴晓芳：《军婚与其他婚姻应一视同仁》，李银河、马忆南主编《婚姻法修改论争》，光明日报出版社1999年版，第213页。

② 徐安琪、叶文振：《自由离婚的立法理念及其婚姻法修改操作化》，《东南学术》2001年第2期，第9页。

③ 同上书，第9—10页。

④ 同上书，第9页。

⑤ 吴晓芳：《军婚与其他婚姻应一视同仁》，李银河、马忆南主编《婚姻法修改论争》，光明日报出版社1999年版，第213页。

⑥ 同上。

军人敬而远之，反而加剧军人择偶难"。①

（5）在域外法中，没有在和平年代特殊保护军人婚姻的立法例。

在修订《婚姻法》过程中，多数学者赞同删除特别保护条款。

（三）折中观点：坚持特殊保护军婚原则，但要有一定灵活性

持这种观点者主张对军人一方的离婚同意权作适度限制。在我国，既要坚持国家保护军婚的原则，又要有一定灵活性。首先，不特别保护军人婚姻稳定，是不现实的，但对军人配偶的离婚自由权也不能视而不见。其次，从审判实践看，有过错军人坚决不同意离婚，勉强维持这种名存实亡的婚姻关系，就会损害无过错方的利益。最后，机械地追求形式上对军婚的特殊保护，不符合《婚姻法》的基本原则。当然，从中国国情看，要一步到位彻底废止保护军人在婚姻关系上的特殊利益，难度极大。凡军人一方本人有过错的，配偶另一方离婚还须征得过错军人同意，有违情理，应予排除。

持这种意见者建议，修改婚姻法时，应增设规定"人民法院查明婚姻关系破裂是出于军人一方重大过错的，不在此限"。或者将第26条规定修改表述为"现役军人的配偶要求离婚，须得军人同意，但军人是过错方的除外"。②

对照婚姻法修正案，可以看出，立法者采纳了折中意见。

十三 是否应当设立离婚扶养费制度

顾虑离婚后的经济困难，是深刻影响婚姻当事人对离婚问题的态度的因素。夫妻离婚后，是否有义务扶养原配以及应当在何种程度上供养原配偶，1980年《婚姻法》并不明确。该法仅第33条规定，离婚时，如一方生活困难，另一方应当给予适当经济帮助。从条款本身分析，适用条件是苛刻的。故有学者主张增设离婚扶养费给付制度。然而，对此，法律人士的认识有较大分歧。

---

① 徐安琪、叶文振：《自由离婚的立法理念及其婚姻法修改操作化》，《东南学术》2001年第2期，第9页。

② 参见吴晓芳《军婚与其他婚姻应一视同仁》，李银河、马忆南主编《婚姻法修改论争》，光明日报出版社1999年版，第212—213页。

（一）肯定观点

持肯定观点者认为，法律有必要对当事人离婚后的生活作出妥善安排，避免离婚导致原配偶一方生活水平大幅下降，甚至陷入严重经济困难。鉴于经济困难帮助制的局限性，早在1998年，笔者就提议我国建立离婚后扶养费给付制度。[1]

1. 增设离婚扶养费给付请求的理由

（1）对离婚后原配偶之间是否存在经济供养责任的认识不全面。通说观点认为，离婚解除了夫妻之间的身份关系，"基于夫妻身份所发生的一切的权利和义务，都随着婚姻关系的解除而消灭"。[2] 双方的财产关系解除，原夫妻之间再无法律上的财政权利或义务。《婚姻法》第33条规定的离婚经济困难帮助制，使有能力的一方为经济困难的另一方提供适当帮助，"这与夫妻之间的扶养义务在性质上和内容上都是不同的"，[3] 也仅仅是"一种道义上的责任"，而"不是夫妻扶养义务的延伸"。[4]

（2）离婚扶养费请求权是客观评价当事人对婚姻家庭的贡献以实现婚姻利益公平分配的有效措施。婚姻家庭生活要求配偶双方在感情、时间、精力、经济等各方面持续不断地投入。实际生活中，婚姻当事人在家庭生活中的投入与获益通常是不平衡的。通常情形下，夫妻一方投入职业或社会生活的时间和精力多，承担家庭事务少，故其个人人力资源储备好，个人竞争力强，职业发展快或好，社会地位较高；而另一方承担较多或绝大部分家庭事务的，其投入职业发展或个人能力的时间少，赚钱能力弱，社会地位和竞争力相对较弱。一旦离婚，配偶双方将来面临的生活境遇必大不相同。以抚育子女、照料老弱及在料理家庭事务上耗费大量心血的一方，生活水平将会急剧下降，而另一方的生活水平不降反升。

从性别角度观察，当事人在婚姻生活中的收获存在"时间差"。一般情

---

[1] 参见蒋月、庄丽梅《我国应建立离婚后扶养费给付制度》，《中国法学》1998年第3期，第50—56页。

[2] 杨怀英主编：《中国婚姻法论》，重庆出版社1989年版，第327页。

[3] 法学教材编辑部《婚姻法教程》编写组：《婚姻法教程》（修订本），法律出版社1986年第2版，第192—193页。

[4] 杨大文主编：《婚姻法学》，中国人民大学出版社1989年版，第276页；王战平主编：《中国婚姻法讲义》，人民法院出版社1992年版，第228—229页。

形下,婚姻存续时间越长久,妇女从婚姻中的获益越多;如果婚姻能维持终身,则妇女对婚姻的投入将得到回报。对男性而言,尽管婚姻维系终身同样将使其终身受益,但中途婚姻离异,在许多情形下并不会导致男性损失。因为在婚姻市场上,男女的初婚机会成本大不相同,女性的初婚机会成本最高;男性则不尽然;受传统观念和生理规律性制约,男女的婚姻市场价值随着年龄增长呈现出不同曲线:男性在很长时间内始终呈上升趋势,而女性,一旦离婚,不论什么年龄,其市场价值均呈下降趋势。男性离婚后,再婚概率高,再婚成本低;而女性离婚后,再婚概率低,再婚成本高。

(3) 离婚扶养费给付是大多数国家和地区的立法通例。扶养费是指原婚姻当事人双方依协议或法院判决,一方为满足另一方的合理需要而实行的定期给付款项,其受领权至受领人死亡、再婚或其他法定情形出现时止。无论英美法系传统或大陆法传统,大多数国家和地区都实行离婚扶养费给付制。

英美法传统的国家或地区长期实行离婚扶养费给付制度。在美国,早期传统的扶养费给付制度基于性别考虑仅赋予妻子而非丈夫享有请求权,因为立法者认识到男女在经济条件上的差距,妇女长期受歧视的历史使得她们还没有准备好在遭遇离婚时自我扶养。[①] 现代离婚法则基于平等观而赋予"需要的配偶"享有扶养费请求权。1982 年《纽约州家庭法》第 236 条关于扶养费给付请求权,规定"在婚姻诉讼中,法院可以考虑案件和每方当事人的情况,根据要求的数额是否正当,决定临时的扶养费或满足婚姻诉讼中一方当事人合理需要的扶养费。在确定合理需要时,法院应考虑取得扶养费方是否缺少足够的财产和收入满足自己的合理需要,对方是否有足够财产或收入以满足该合理需要。在决定扶养费金额和给付期限时,法院应考虑每方当事人的收入和财产"等十类情形。[②] 不过,"事实上,请求扶养费的,几乎都

[①] Ira Mark Ellman, Paul M. Kutz, Katharine T. Bartlett, *Family Law, Cases, Text, Problems*, 2nd , The Michie Company Law Publishers, 1991, p. 262.

[②] 《美国纽约州家庭法(选译)》(1982 年 7 月起生效),罗思荣、王宝娣校,张贤钰主编《外国婚姻家庭法资料选编》,复旦大学出版社 1991 年版,第 143—149 页。

是妻子，她们更明显都是经济不独立者"。① 1979年修订的《澳大利亚家庭法》第75—89条建立了完善的离婚扶养费给付制，不仅明文规定当事人有权协商达成扶养费协议，还明文规定了法院行使司法裁判权斟酌是否准予离婚扶养费给付请求时应当关注的十四类因素；在决定给付金额时应当考虑九类情形；明定了支付方式；如有正当理由，法院还有权减少支付金额，或撤销离婚扶养费给付命令等。② 1984年《加拿大离婚法》第10—12条规定了扶养金、附加困难补助给付命令制度，"法院在考虑了当事人各自的条件、经济和其他情况之后，就其认为是合适和公正的内容，可以制一个或一个以上命令"，命令当事人一方向另一方支付扶养费、补助金等。③

（4）经济困难帮助制存在明显局限而不足以平衡离婚当事人双方之利益。实施中的生活困难帮助请求权，其适用条件是，离婚时，原配偶一方生活困难，需要帮助，而另一方有帮助能力，两者缺一不可。该"生活困难"制存在两个明显局限。其一，"生活困难"的适用条件，偏于苛刻了。④ 离婚时，若有夫妻共同财产可分割，当事人立即陷入生活困难的可能性不大；同时，生活困难，无论是日常生活无力自给，还是居无定所，均是一种绝对贫困状态。其二，帮助期限过短。基于该制度设计考虑，生活困难帮助原则上以两年为限。然而，对于因健康、年龄等客观原因难以自食其力或低收入的原配偶一方而言，离婚时遇到的生活困难能在离婚后二年内得以明显改善之可能性极小。相反，若无制度性支持，当事人的经济困难将更可能是递增。可是，依据当时实施的婚姻法，请求权人再次请求帮助，得不到司法支持。

2. 扶养费给付请求权的设计

离婚扶养费给付请求权应平等地赋予婚姻当事人双方，避免性别歧视。不过，由于男女两性实际经济地位差异，离婚妇女请求受扶养的可能性

---

① Ira Mark Ellman, Paul M. Kutz, Katharine T. Bartlett, *Family Law, Cases, Text, Problems*, 2nd, The Michie Company Law Publishers, 1991, p. 264.

② 《澳大利亚家庭法（选译）》，1979年修订，张泽绚、周勤中、蒋月校，张贤钰主编《外国婚姻家庭法资料选编》，复旦大学出版社1991年版，第179—189页。

③ 《加拿大离婚法（节译）》，1984年修订，周勤中校，张贤钰主编《外国婚姻家庭法资料选编》，复旦大学出版社1991年版，第164—167页。

④ 蒋月、庄丽梅：《应建立离婚后扶养费给付制度》，《中国法学》1998年第3期，第51页。

更大。

离婚扶养费给付，应当以公平合理为原则。请求给付一方的要求应是合理的；另一方才有义务承担给付。确定离婚扶养费给付，应当考虑下列因素:[①]

（1）当事人各自合理的经济需要。行使请求权者确有合理的经济需求，另一方有支付能力。无负担能力者，当不能要求其承担给付责任。

（2）当事人各方的收入、财产、经济来源。既包括现有的，又包括未来可预期的。

（3）当事人各方对婚姻家庭的贡献。此处所称"贡献"，既指直接经济收入或财产贡献，又包括承担抚育子女、照料老人、照看房屋等非物质贡献。

（4）婚姻存续期间。一般情形下，如果婚姻存续期间短，离婚扶养费给付请求获得支持的可能性会减少，但当事人双方协商确定的除外。

（5）各方当事人的年龄、健康状况。离婚时，已退休或接近退休年龄的，或配偶一方健康状况较差的，离婚对该方当事人未来生活影响较大，其请求对方给付离婚扶养费的理由越充分。

（6）离婚前的生活水平及离婚后双方生活水平之间的差距。离婚后，尽可能保持当事人双方大致相近的生活水平，是社会生活中肯定个体努力及维护个体尊严的要求。

（7）婚姻当事人双方的谋生能力、挣钱能力及在可预见的将来能够拥有或可能拥有的其他经济来源。

（8）当事人一方对另一方现有的收入、能力、财产和经济来源的贡献及其程度。

（9）照护未成年子女的情况。与未成年子女共同生活的原配偶一方，更有理由请求对方给付一定金额的离婚扶养费。

（10）有无婚姻过错。对于严重违背婚姻义务的当事人一方请求无过错方给付离婚扶养的请求，通常情形下，不宜批准为合理。

---

① 参见蒋月、庄丽梅《我国应建立离婚后扶养费给付制度》，《中国法学》1998年第3期，第55—56页。

离婚扶养费给付应附期限条件。具体期限长短，应酌情原婚姻的全部情况和当事人双方具体情形而定。一般情形下，受扶养人再婚、死亡的，原受领权终止。如果义务人因突发原因而暂时或永久无力履行支付义务的，也可申请法院裁决减少或免除。

能否享有离婚扶养费给付请求权，应当在离婚时确定。该扶养费给付金额、支付方式、给付期限，也应一并明定。

(二) 否定观点

部分法律人士不赞成增设离婚扶养费给付制。其理由如下：

1. 夫妻一方在婚姻家庭生活中的付出和贡献，夫妻共同财产制已给予了肯定和弥补

实施夫妻共同财产制，就是承认家事劳动和其他形式家庭贡献的价值。离婚时，夫妻双方分享共同财产，使得当事人双方对婚姻的付出与获益获得基本平衡。

2. 离婚终止了原配偶之间的所有权利与义务

离婚就终止了夫妻之间身份关系和财产关系，原配偶之间再没有权利或义务。所谓"延伸扶养义务"之说，与离婚法的法理不符。

3. 生活困难的原配应寻求社会保障支持

离婚自由就是要赋予不能继续共同生活的配偶任何一方或双方解除婚姻的权利，使当事人有机会开始新的生活。生活中，一定会有部分离婚当事人遇到生活困难的情形，这部分人应当寻求社会保障支持，而不是想方设法"拖住"原配偶继续提供支持。如果配偶离婚后，要背负起扶养原配偶的经济责任，离婚的意义与价值就被大打折扣。虽然原有离婚立法就有强制离婚配偶为原配偶提供帮助或扶养费的设计，但是，它的确有值得再讨论的余地。

4. 不能提倡将婚姻作为"终身饭票"或"终身保障"的价值或观点

没有任何一种投资是"包赢""包赚"的。如果将婚姻视为一种人身投资，对任何人而言，风险和利益都是并存的；谁能保证一定会赢呢？如果夫妻不能继续共同生活而离婚后，还可以要求原配偶另一方给付扶养费，则婚姻似成了"终身饭票"，甚至有可能鼓励了不劳而获。

十四　是否引入离婚损害赔偿之争

鉴于1980年《婚姻法》无离婚损害赔偿条款，围绕离婚损害赔偿的争议焦点，集中于是否应引入？对此问题，法学界有截然不同的观点，争论激烈。肯定论者呼吁尽快增设离婚损害赔偿制度；否定论者坚决反对引入离婚损害赔偿。

（一）肯定观

婚姻家庭法学界多数人主张修订婚姻法时增设离婚损害赔偿制。从20世纪80年代末开始，巫昌祯、杨大文、张贤钰等人就针对配偶一方过错导致离婚而致无过错一方身心受到严重伤害的现象，提议修补法律漏洞，设立离婚损害赔偿制，使过错当事人向无过错方提供一定经济补偿，即惩罚有过错行为，扶善抑恶，以体现离婚法的公平与正义。[①] 无论是违反一夫一妻制度的婚外性行为，还是其他侵害配偶另一方的行为，违法者均应该承担法律责任。

1. 侵犯受宪法保护的婚姻家庭之行为应当被追究相应法律责任

婚姻家庭是我国《宪法》保护的对象。家庭是我国社会的细胞，婚姻家庭稳定是社会稳定的基础之一；婚姻、家庭是两项基本法律制度，关系着当事人的巨大利益，并涉及社会利益。为此，《宪法》第49条规定，"婚姻、家庭、母亲和儿童受国家的保护"。《民法通则》第104条规定："婚姻、家庭、老人、母亲和儿童受法律保护。"1980年《婚姻法》规定："实行婚姻自由、一夫一妻、男女平等的婚姻制度。保护妇女、儿童和老人的合法权益。""禁止重婚。禁止家庭成员间的虐待和遗弃。"我国《刑法》对破坏婚姻家庭的犯罪行为实行刑事惩罚。凡违反法律禁止规定者，应依其行为的性质及其危害程度等情形，承担相应的法律责任。"对于造成婚姻一方当事人严重精神损害，非财产责任形式不足以补偿受害人的人身利益的损失时……应当追究加害人的财产责任"。[②]

[①] 参见巫昌祯《完善离婚制度的几点设想》，《法学杂志》1989年第1期；张贤钰：《离婚自由与过错责任的法律调控》，《法商研究》1999年第4期，第31页。

[②] 巫昌祯：《完善离婚制度的几点设想》，《法学杂志》1989年第1期。

2. 婚姻当事人一方的重大过错行为的确会使配偶对方遭受不同程度伤害

实行改革开放以来，重婚、姘居、通奸、婚外恋、家庭暴力现象呈现增多趋势，因这些原因导致夫妻冲突或离婚纠纷增加。在社会实际生活中，婚姻当事人一方的重大过错行为，的确会给配偶对方造成程度不同的伤害。配偶一方与婚外异性任何一种不正常的两性关系，给配偶他方造成的损害都是直接的、明确的、可以查证的。① 配偶一方重婚、姘居、通奸、虐待、遗弃等过错是导致部分婚姻破裂的直接原因，在这类离婚案件中，无过错配偶身心受到极大伤害。遗憾的是，无论《民法通则》或《婚姻法》均没有赋予受害配偶损害赔偿请求权，身心遭受严重摧残的合法配偶，得不到法律救济，有苦难言，痛上加痛。为了维护公平，需要设立新的救济措施平衡相关当事人利益。

3. 离婚损害赔偿符合损害赔偿的构成要件

侵权行为使受害人遭受精神上、感情上的极度痛苦，甚至导致受害人精神失常等严重后果。这种情形应该适用损害赔偿，特别是其中的精神损害赔偿。如果《婚姻法》不给予受害人应有的救济，过错行为得不到矫治，公平产生倾斜，就会诱发无过错一方在绝望之中实施过激行为，使社会付出更大代价。从法学理论和实践角度看，建立离婚损害赔偿制度是一种维护社会公平和救济无过错者的有效手段。

婚姻一方的重大过错给另一方造成损害的，不只是道德问题。离婚时分割夫妻共同财产应照顾无过错方，仅局限于共同财产分配，不涉及过错方的个人财产，"以'照顾'代替'赔偿'也模糊了是非，淡化了责任"。②

4. 离婚损害赔偿是域外法上普遍的救济制度

无论是大陆法传统还是普通法传统的国家和地区的民事立法，当配偶一方有违背婚姻义务行为致使婚姻破裂时，均赋予无过错方要求损害赔偿权。离婚损害赔偿制度的法例很多，如《法国民法典》第266条，《日本民法典》

---

① 参见田岚、何俊萍《论离婚有过错的精神损害赔偿责任》，《东南学术》2001年第2期。
② 李明舜：《我看离婚中的损害赔偿问题》，李银河、马忆南主编《婚姻法修改论争》，光明日报出版社1999年版，第242页。

第151条。中国台湾地区"民法"第1056条规定:"夫妻一方,因判决离婚而受损害者,得向有过失之他方,请求赔偿。前款情形,虽非财产上之损害,受害人亦得请求赔偿相当之金额,但以受害人无过失为限。"中国香港特别行政区《婚姻诉讼条例》第50条规定:"申请人在申请离婚或申请裁判分居或只要求赔偿时,可以其妻子或丈夫与某人通奸为由,向该人要求赔偿。"

担心离婚损害赔偿将诱导"爱情转换为金钱"或使婚姻商业化之观点,仅仅是一种假想。按照我国现行法律,侵犯他人人格权的,受害人依法有权请求损害赔偿。"既然损害赔偿不会使人格权转化为金钱……离婚损害赔偿亦不会导致爱情转化为金钱。"① 调查难不是反对立法规制的理由。

5. 离婚损害赔偿制度是干预破坏婚姻等违法行为的有效措施

设立离婚损害赔偿制度,可以制裁和预防破坏他人合法婚姻的违法行为,填补无过错方的损害、慰藉其精神。1980年《婚姻法》无离婚损害赔偿制度,按照分割共同财产时对无过错方给予适当照顾的原则体现了对过错方行为的惩罚,但是在共同财产不多甚至无共同财产的情形下,该照顾原则得不到实际适用,既不能及时纠正和制裁违法行为,又无法为无过错一方提供公平合理保护。离婚损害赔偿制度能使合法婚姻家庭权益在受到非法侵犯时寻得救济途径,迫使违法行为人承担相应法律责任。

(1) 制裁和预防相关违法行为。损害赔偿作为侵权行为人应承担的民事责任之一,具有制裁和预防违法行为的功能。婚姻法责令过错行为人对其本人的严重过错行为承担损害赔偿责任,本身就是对过错行为人藐视婚姻家庭行为基本准则的一种谴责和惩戒,体现了对过错行为的制裁;同时对其他婚姻当事人有警示作用,使行为人能够预知自己有过错行为将付出的代价,从而减少和避免同类侵权行为发生,达到保护合法婚姻的目的。

(2) 填补损害。损害赔偿作为侵权行为的民事责任,其最基本的功能是填补受害人的损害,使受损害的权益因得到救济而恢复。婚姻当事人一方的严重过错行为,非法侵害了无过错配偶他方的合法权益,造成了无过错一方权益的受损。如果说过错方用本人的收入和财产供养与其有不正当关系的

---

① 陈苇:《应建立离婚损害赔偿制度》,李银河、马忆南主编《婚姻法修改论争》,光明日报出版社1999年版,第234页。

婚外异性，是对配偶另一方财产利益的损害，那么，过错方的过错行为更多地造成无过错配偶方的精神损害。尽管精神损害不能用财产准确予以计算，但以财产责任方式补偿受害人所遭受的精神损害，对受害人的精神利益和精神痛苦具有填补作用。当然过错方也应对其损害配偶另一方财产利益的行为负责。夫妻一方故意违反婚姻义务给他方造成的财产或人身的损害，是"不可能通过离婚本身而自然得到消释。只有通过损害赔偿，才能使过错方承担必要的民事责任，使受害方得到精神抚慰和经济补偿"。[①]

（3）抚慰受害人的精神。虽然人的精神损害难以通过财产得到完全补偿，但是财产补偿毕竟是有价值的，能够在一定程度上满足人的需要。法律强制过错方为其过错行为承担法律责任，包括向受害人支付赔偿金，体现了婚姻当事人双方行为的是与非，体现了对无过错当事人一方无端受损的同情和对其遵守法律要求的行为的肯定与尊重，这无疑是对受害人感情上和精神上的一种有力安慰，能适度减轻受害人的痛苦。[②]

王利明从法律适用角度指出，"离婚的过错赔偿，并不加剧家庭关系的紧张和矛盾，而且此种请求是在离婚时提出的，与离婚诉讼可以合并审理"，将不增加讼累。[③]

为此，陈苇等人认为，我国立法设立离婚损害赔偿制度应当从请求权人、请求权的义务主体、请求权行使时间、确定损害赔偿金时考虑的因素、损害赔偿金支付等方面进行制度设计，并提出了试拟条文。[④]

（二）否定观

对于夫妻之间能否成立侵权损害赔偿之诉，国内外学界都有较大争议。国内有部分人质疑离婚损害赔偿制度。其理由主要有三点：

1. 惩罚婚外性行为是利用法律解决道德问题

按照这种观点，婚外情、婚外性行为是当事人的自愿行为，应当由道德去规范。"立法者在立法之前，一定要先知道，法律能够做什么，不能做什

[①] 张贤钰：《离婚自由与过错责任的法律调控》，《法商研究》1999年第4期，第31页。
[②] 参见陈苇《应建立离婚损害赔偿制度》，李银河、马忆南主编《婚姻法修改论争》，光明日报出版社1999年版，第232—234页。
[③] 王利明：《婚姻法修改中的若干问题》，《法学》2001年第3期。
[④] 陈苇：《建立我国离婚损害赔偿制度研究》，《现代法学》1998年第6期。

么。也就是说，要为法律的管辖范围设定边界"。① 这种意见认为，婚外恋、婚外性行为是"伴随着自由增加而出现的行为的多样"，虽然违背了人们通常的道德观念，但国家并无充分理由采用强制力限制"个人的选择"。② 应当将婚姻规范置于伦理、道德世界之中。

夫妻感情不能依靠法律治理。③ 法治具有自身的局限性。"中国人是把'法治'当作救命良方来追求的"。夫妻一方不忠于另一方，受侵害一方可以被赋予种种权利，要求法律保护，"这样的建议，最好不要成为法律。因为它忽略了一个最基本的常识，即有些领域，是不能靠法律治理的，感情就是这样的领域"。④

2. 离婚损害赔偿违反婚姻的伦理本质，并将使婚姻关系商业化

反对者认为，"家不是一个商业企业，该团体中的每一个成员无权通过法律程序弥补在家中失去的利益"。⑤

3. 离婚损害赔偿，不易于操作和执行

若设立离婚损害赔偿请求权，为了证明配偶一方有过错，特别是有与他人姘居、通奸等过错，配偶另一方不得不积极搜寻证据，其中必然有大量成本。还可能诱导无过错配偶"捉奸"，不仅不易操作，还会损害社会善良风气。

4. 离婚损害赔偿将使离婚变得相当复杂，大大增加法院的工作量

若设立该制度，司法将不得不调查婚姻过错。取证困难，诉讼成本高。

5. 配偶的婚姻过错在离婚时分割共同财产规则已有体现

在司法实践中，分割夫妻共同财产时有"应当照顾无过错方"的规则。既然有"过错"当事人已经被少分了财产，以示惩罚，就没有必要再实施其他惩罚。

---

① 林猛：《把道德的东西还给道德》，李银河、马忆南主编《婚姻法修改论争》，光明日报出版社1999年版，第15页。

② 同上。

③ 信春鹰：《感情不能靠法律治理》，李银河、马忆南主编《婚姻法修改论争》，光明日报出版社1999年版，第81—82页。

④ 同上书，第81、83—84页。

⑤ 转引自刘春梅《用侵权损害赔偿取代照顾无过错方原则》，李银河、马忆南主编《婚姻法修改论争》，光明日报出版社1999年版，第256页。

在这场争论中，持肯定观点者是法学界的多数派，持否定观点者是少数派。2001年修正婚姻法时，立法机关采纳了肯定观点。

十五 亲权与监护之争

为了保护未成年子女权利，如何全面规范父母子女关系？学界有两种截然不同的意见：一是效仿大陆法传统国家亲子法，设立亲权制；二是主张完善监护制度，反对引入亲权制。

(一) 主张设立亲权制

这种意见认为，亲权是规范父母保护教养未成年子女和监督管理未成年子女财产的权利和义务之制度。亲权人在法律允许范围内有权利也有义务自主地决定和实施有关保护教养子女的事项、行为，自主地要求他人履行法定义务，在权利受到妨碍、侵害时，自主地选择救济方式，从而实现保护教养子女的目的，客观上也实现为人父母的利益。亲权是亲子关系效力中最重要、最核心的部分。[①] 然而，1980年《婚姻法》仅对父母子女关系作原则性规定，未全面规范其权利与义务，不妥。在当时，针对未成年人的教育、抚养、保护及子女财产的管理等方面的问题已"日渐突出"，亟须完善法律规范。陈明侠、夏吟兰等人提议，修法时，应参照大陆法国家和地区立法例，有必要采用亲权概念，建立、健全亲权制度，以更好地保护未成年人健康成长。[②]

1. 设立亲权的理由

(1) 建立亲权是我国现阶段亲子关系复杂化和保护未成年子女利益的需要。亲子关系包括自然血亲的父母子女关系、法律拟制的父母子女关系。前者又包括婚生父母子女关系、非婚生父母子女关系；后者则包括养父母子女关系、形成抚养关系的继父母子女关系。父母对于未成年子女，既有人身管教保护责任，又有财产管理、使用、收益、处分的责任。父母与子女作为不同的利益主体，亲子关系并不总是和睦的，未成年子女权益受到父母疏

[①] 樊丽君：《有必要设立亲权制度》，李银河、马忆南主编《婚姻法修改论争》，光明日报出版社1999年版，第372—374页。

[②] 夏吟兰：《21世纪中国婚姻法学展望》，《法商研究》1999年第4期，第11页。

忽、侵犯的事例常见，被他人侵犯的事件也常见。因此，必须建立一整套系统规范保护各种类型的父母子女关系，切实保护未成年子女利益①。

（2）1980年《婚姻法》规定过于原则，不能适应亲子关系的现实需要。该法案仅仅规定了父母有抚养教育子女的义务，没有涉及该权利的停止、中止、剥夺等事项，故当父母行为与子女利益发生冲突时，甚至父母严重侵犯未成年子女权益时，法律未为受害子女提供必要救济。这是明显的欠缺。

（3）亲权制是我国规范亲子关系的最佳模式。亲权制度源远流长，历经上千年流变，已形成了一套严谨的规则体系，有效地调整父母保护教养子女的关系。②我国沿袭大陆法传统，1980年《婚姻法》已有关于亲权的原则性规定，只要加以改造、充实内容，就可以形成完善的亲权制。

（4）亲权既是父母的权利，又是父母的义务。③亲权是基于父母身份而设定的责任。该词源出于1900年《德国民法》，直译为父母的权力。经过1980年民法修改后，亲权一词已变成父母的照护。在法国民法上，1987年修改后，亲权一词已发展成为父母的职权。④当代法上的亲权，已经由原来父母对子女的控制、统治关系转成为父母以照顾监护子女为主的法律关系。亲权的行使，以有利于未成年子女健康成长为原则，禁止父母滥用亲权。指责亲权为父母专权或独裁之说，是不能成立的。

（5）《民法通则》所采大监护概念与亲权制并无对立。《民法通则》设立监护制，采用大监护概念，似欲吸收亲权制度，但其客观上不得不承认父母对未成年子女的监护与其他人对未成年人的监护之存在区别。

2. 亲权的内容与构成

这种意见提出构建亲权制度的事项，包括亲权人及受亲权保护的对象，亲权的内容，亲权的中止、停止和消灭等。

---

① 樊丽君：《有必要设立亲权制度》，李银河、马忆南主编《婚姻法修改论争》，光明日报出版社1999年版，第377—388页。

② 同上书，第388—389页。

③ 陈明侠：《完善父母子女关系法律制度（论纲）》，《法商研究》1999年第4期，第26页。

④ 樊丽君：《有必要设立亲权制度》，李银河、马忆南主编《婚姻法修改论争》，光明日报出版社1999年版，第372—373页。

亲权是对未成年人行为能力的补充，其客体应是未成年人的人身和财产。[①]

（1）亲权内容包括亲权人对未成年子女人身照护和财产照护。未成年子女姓名决定权、居所指定权，保护权、教育权、管束权；请求他人交还未成年子女，就业同意权；对子女的法定代理权和同意权；照护未成年子女财产的权利。[②]

（2）亲权的中止、停止和消灭。亲权中止是指亲权人因事实上原因或法律上原因不能行使亲权时，可依法宣告中止其亲权；待中止亲权的事由消失时，亲权可恢复的制度。亲权停止是指亲权人滥用亲权致使未成年子女人身或财产受到严重损害时，依法宣告停止其亲权行使；待亲权停止事由消失时，依法可宣告恢复其亲权行使。停止亲权也称剥夺亲权。亲权消灭，是指亲权人的亲权彻底终止，而无恢复可能。包括因子女成年、死亡、特殊情形下获得完全民事行为能力，导致亲权绝对消灭。因亲权人死亡、未成年子女被他人收养而导致亲权相对消灭。

（二）主张设立监护

这种意见认为，没有必要设立亲权制，而应设立监护制，将亲权纳入监护之中。[③]

1. 该观点的理由

（1）亲权受到越来越多限制，是父母子女关系立法的主流。亲权一词"出身不好"，亲权一词源于罗马法上的"家长权"，在该权利之下，子女被视为家长的财产。由此发展而来的父权原则同样承认父亲享有监管子女的绝对权利。1804年《拿破仑法典》设亲权一章，集中规定了父母对子女的权利，而另设监护制度规定父母对子女的义务。不同于罗马法，《拿破仑法

---

① 关于人身能否成为法律的客体，学术认识向来有很大分歧。新中国成立以来，我国法学界主流观点认为，人只能是权利主体，不能成为权利客体。关于亲权的客体，学说上也有特定人、利益、身份等不同观点。例如，李宜琛：《民法总则》，（台北）"国立编译馆"1977年版，第170页；杨立新：《人身权法论》，中国检察出版社1996年版，第60—61页；张俊浩主编：《民法学原理》，中国政法大学出版社1997年版，第137页。

② 参见陈明侠《完善父母子女关系法律制度（论纲）》，《法商研究》1999年第4期，第26页。

③ 朱凡：《没有必要设立亲权制度》，李银河、马忆南主编《婚姻法修改论争》，光明日报出版社1999年版，第392—397页。

典》赋权母亲分享亲权。

亲权立法史是一个不断限制该权利的发展过程。1896年《日本民法》不仅承认父母共同行使亲权，强调保护教育子女是父母的义务，而且父母侵害子女权益将丧失亲权。[①] 由此，法律第一次明确亲权是权利与义务的统一体。自20世纪40年代以后，随着儿童权保护运动的兴起和发展，多数国家和地区相继通过未成年人保护法，防止亲权滥用。20世纪70年代开始，立法由原来维护家长权威，转变为限制父母的权利，更多地关注未成年人利益。正是在此背景下，法国、德国相继修订各自的亲属法。《德国民法典》更是放弃了亲权概念，转采父母照护权。

（2）监护制对父母的要求高于亲权人，更有利于未成年人利益保护。"亲权立法采取放任主义，法律对父母持信任态度，因此立法上对亲权人的限制较少；而监护立法采取限制主义，由于监护人与被监护人尽管存在某种身份关系，但毕竟较为疏远，而被监护人不具有保护自己的能力，因此立法对监护人的活动进行严格限制"。[②] 不过，随着亲子法立法改革，法律保护的重点由父母转向子女，法律对父母的限制越来越多，父母与其他监护人的法律地位似乎有趋同之势，有学者认为"区分亲权与监护的理由越来越少"，甚至称监护制正"方兴未艾"，而亲权已是"穷途末路"。[③]

2. 建议：合并亲权与监护

这种意见认为，"亲权制度与监护制度合并具有合理性、可行性"，也符合该两种制度的发展趋势。[④] 在理论上，亲权与监护制度在性质、内容上高度一致。我国《民法通则》合并亲权与监护，仅保留监护。这种立法实践表明，其有助于打破传统上的父母特权，使得"法律规定更简明，操作更方便"。故建议立法应完善监护制，着重解决监护人安排问题，而不"纠缠

[①] 《日本民法》第818—837条。参见《日本民法》，曹为、王书江译，王书江校，法律出版社1986年版，第159—163页。

[②] 彭万林主编：《民法学》，中国政法大学出版社1994年版，第62页。

[③] 朱凡：《没有必要设立亲权制度》，李银河、马忆南主编《婚姻法修改论争》，光明日报出版社1999年版，第395、396页。

[④] 同上书，第395页。

于亲权制度,走回头路"。①

（三）折中观点：亲权与监护可并行不悖

这种意见认为,按照大陆法传统,未成年人的父母健全的,设立亲权予以保护;无父母或父母不能履行亲权之职的,设立监护予以保护,这两者之间无冲突。②《日本民法》是如此,我国1980年《婚姻法》和《民法通则》也是如此。显然,这是前述两种意见之折中。

1. 亲权和监护均是成功立法例,各得其所

亲权和监护都是规范父母子女关系的成功立法模式。大陆法传统国家和地区长期实行亲权制,即使20世纪70年代法律改革后,弃"亲权"之名而采"父母照护权"或"父母职责",其立法模式仍未脱离原先的亲权,抛弃的是原先亲权中父母"高高在上"的成分,使父母的权利、义务、责任合为一体。而在英美法传统国家,无论是判例法还是制定法,历来采用监护制规范父母对未成年子女的教养和保护关系,儿童同样健康成长。

2. 亲权和监护的内容确有趋于一致的发展趋势

自20世纪70年代以来,无论是大陆法还是英美法传统的国家或地区,父母对未成年子女的保护教养之责,从权利、义务发展到了父母责任。随着儿童权利保护运动快速发展,制定保护儿童的立法越来越多,保护措施日益繁多而周密。如前所述,法国、德国立法使用"父母职责""父母照护权"来概括父母对未成年子女的权利、义务、责任。而在英国法上,父母对未成年子女的权利、义务、责任统称为"父母责任"。③

3. 采用亲权和监护双轨制,并无显著不妥

我国沿袭大陆法传统已近百年,在父母子女关系上长期采用亲权。虽然从1950年《婚姻法》以来,婚姻家庭立法上,无亲权之名,却有亲权之实。家庭法上采用亲权,可谓已形成传统。

---

① 朱凡：《没有必要设立亲权制度》,李银河、马忆南主编《婚姻法修改论争》,光明日报出版社1999年版,第396页。

② 蒋月、韩郡：《论父母对未成年子女的权利与义务——兼论亲权与监护》,《东南学术》2001年第2期,第19—24页。

③ 参见蒋月《从父母权利到父母责任：英国儿童保护法的发展及其对中国的启示》,夏吟兰、龙翼飞主编《家事法研究》2011年卷,社会科学文献出版社2011年版。

对于无父母照护的未成年人，可采用监护。《民法通则》一揽子规定需要由他人履行照管之责，采用监护，并不否定家庭法上的亲权制。

2001年修订《婚姻法》时，立法者保留1980年《婚姻法》规制父母子女关系的路径，仅补充完善父母权利和义务；未采纳监护说。

十六　探望权或交往权之争

父母离婚后，为了更好地保护未成年子女利益，婚姻法应当增设探望权。这是学界和社会的共识。不过，父亲或母亲与未共同生活的未成年子女之间，究竟是父母享有探望权还是子女享有交往权，各方认识不一致。

（一）父母负有探望子女的权利与义务

多数学者认为，为了保护未成年子女利益，父母离婚后，未与子女共同生活的父亲或母亲，既有权利又有义务探望子女，保持与子女交往；另一方有协助、配合的义务。

据国家有关部门于2000年6月在中国内地31个省、市、自治区和直辖市实施调查，了解公众对修改婚姻法的意愿，95.1%受访者同意在修正案中增加有关探视权的内容——离婚后，子女由一方抚养的，另一方享有探视的权利，抚养一方有配合的义务；不同意的，仅占受访者的4.9%。[①]

这种意见获得绝大多数人的认同，最终被立法采纳。

（二）子女应享有探望交往权

这种意见认为，父母对未成年子女负有抚养教育义务，离婚未改变父母与子女之间的权利和义务。为了方便子女与未共同生活在一起的父亲或母亲之间的联络、交流，立法宜赋予未成年子女探望其父亲或母亲的权利，以防范离婚父母拒不履行其责任。

（三）父母子女享有相互探望交往的权利和义务

徐安琪、叶文振等人提议，"将离婚后不同居父或母对子女的'探视权'改为父或母与不同居子女有相互'探望交流'的权利和义务"。[②]

[①] 参见王胜明、孙礼海主编《〈中华人民共和国婚姻法〉修改立法资料选》，法律出版社2001年版，第275页。

[②] 徐安琪、叶文振：《自由离婚的立法理念及其婚姻法修改操作化》，《东南学术》2001年第2期，第11页。

第三节 主要立法改革

2001年《婚姻法修正案》是针对"社会上反映强烈的主要问题先作修改和补充",[①] 不是全面修订1980年《婚姻法》,更非制定新法。故本次修订虽属重大,但未改变法案名称,未增设亲属关系通则等;尽量吸收行之有效的有关行政法规和司法解释,注重可操作性。[②] 本次修改增加14条,修改33处,修正后的《婚姻法》共51条。本次修法重点有9个方面:(1)禁止有配偶者与他人同居,要求夫妻相互忠实。(2)禁止家庭暴力。(3)删除麻风病人禁婚规定,增设婚姻无效制。(4)增设个人特有财产制,完善约定财产制,关注交易安全。(5)法定离婚事由具体化,七类情形可确认夫妻感情破裂。(6)设立探望权。(7)增设离婚损害赔偿、离婚时经济补偿请求权,扩大生活困难帮助范围。(8)保障老年人的受赡养权和婚姻自由权。(9)设法律责任专章。[③] 婚姻家庭法明文禁止家庭暴力,男女平等成为基本国策,确立优先保护未成年人原则;维护一夫一妻制,改善夫妻财产制,关注民事交易安全;确立夫妻感情破裂原则,实行无过错离婚,为弱势一方提供多种救济;初步构建婚姻家庭纠纷多元化解决机制。

一 禁止家庭暴力

2001年《婚姻法修正案》第3条第2款明定"禁止家庭暴力";增设第五章"救助措施与法律责任",为家庭暴力、虐待、遗弃行为的受害人提供多途径救济和帮助。在中国,部分家庭中,家庭暴力问题比较突出,"因家庭暴力导致离婚和人身伤害案件增多"。[④] 家庭暴力的直接受害者主要是妇女、儿童和老人。为保护妇女、儿童和老人的权益,立法禁止家庭暴力。这

[①] 结合民法典立法,婚姻法的完善计划两步到位。巫昌祯:《我与婚姻法》,法律出版社2001年版,第12页。

[②] 全国人大常委会法制工作委员会民法室编:《〈中华人民共和国婚姻法〉修改立法资料选》,法律出版社2001年版,第5页。

[③] 胡康生:《关于〈中华人民共和国婚姻法〉修正案(草案)的说明》,2000年10月。人民网:http://www.people.com.cn/GB/channel1/11/20001024/283858.html,访问日期:2010年11月19日。

[④] 同上。

是我国国家立法第一次引入家庭暴力一词，干预家庭暴力。它突破了中国传统法律观念，尊重和保护私人生活领域的人权，特别体现了对弱势者的保护。

1980年《婚姻法》原有"禁止家庭成员间的虐待和遗弃"。

二 夫妻应当互相忠实并禁止婚外同居

修正案第4条增设"夫妻应当相互忠实"和互相尊重的规定，新增"禁止有配偶者与他人同居"规定，并在第32条、第46条规定了违反该禁止性规定应承担的法律后果。针对20世纪90年代以来部分已婚当事人违反一夫一妻制的行为日益增多，特别是婚外包养情人等婚外同居现象突出，"包二奶"成为社会法热点问题，本次修法要求婚姻当事人遵守一夫一妻制，加大了维护一夫一妻制的力度。同时，继续保留1980年《婚姻法》原本"禁止重婚"之条。

（一）明定"夫妻应当相互忠实"

《婚姻法修正案》第4条规定，"夫妻应当互相忠实，互相尊重"。这是该修正案增设的规定。关于夫妻忠实规定出现在总则中，带有宣言性，结合《婚姻法修正案》第32条、第45条、第46条明定夫妻一方违背忠实要求的行为应承担的法律责任，《婚姻法修正案》显然加大了对违背夫妻忠实要求的行为的法律调控力度。

这些条款主要是针对大陆地区改革开放以来部分已婚者违背一夫一妻制要求，发生婚外情或婚外性行为现象而作出的应对。夫妻一方重婚或者与他人同居，配偶另一方有权要求离婚；离婚时，无过错方有权向过错一方请求损害赔偿；过错一方的重婚构成犯罪的，依法承担刑事责任。受害人可以依照刑事诉讼法的有关规定，向人民法院自诉；公安机关应当依法侦查，人民检察院应当依法提起公诉。这些规定不仅明确确认夫妻一方不忠于婚姻的行为是违法行为，是侵权行为，而且确定行为人必须为此承担相应法律责任。夫妻共同生活，应当平等地对待另一方。虽然夫或妻都有可能不信守忠实，但事实上，丈夫有婚外情的情形更为多见。该规定在于维护一夫一妻制度。

遗憾的是，自该修正案颁布之日起，对"夫妻应当相互忠实"条款的规定之理解，学术上就存在"夫妻法定义务"与"道德倡导"两种不同观点。全国人大法制工作委员会副主任胡康生主编《中华人民共和国婚姻法释义》中，将修正案第4条解释为"规定了婚姻家庭中的道德规范"，同时又称该条规定是"婚姻家庭道德规范的法律化"。[①] 然而，在笔者看来，凡法条规定，当为法律规则，不再仅仅是道德规范；该条规定使得夫妻互负忠实义务。可惜，最高人民法院也持道德倡导之观点，《最高人民法院关于适用〈中华人民共和国婚姻法〉若干问题解释（一）》第3条规定，"当事人仅以婚姻法第四条规定为依据提起诉讼的，人民法院不予受理；已经受理的，裁定驳回起诉"。该规定使得夫妻一方丧失了追求有通奸行为的另一方配偶的民事责任的司法救济的机会。

（二）禁止有配偶者与他人同居

《婚姻法修正案》第2款规定"禁止有配偶者与他人同居"。据此，除禁止重婚外，"其他有配偶者与他人同居的行为也在禁止之列"。[②] 有配偶者与他人同居是指有配偶者与第三人共同生活，但相互不以夫妻名义姘居。

改革开放以后，"近几年一些地方重婚现象呈增多趋势，严重破坏一夫一妻的婚姻制度，违背社会主义道德风尚，导致家庭破裂，影响社会安定和计划生育"。[③] 针对已婚者与他人同居又不构成重婚的现象，为遏制此类现象，"预防重婚现象的发生"，"加大遏制重婚的力度"，[④] 保护受害人的合法权益，切实维护一夫一妻的婚姻制度，[⑤] 增设此规定。

三 增设婚姻无效与可撤销制

为了治理违法结婚问题，修正案第10—12条增设婚姻无效和可撤销制度；在第8条就事实婚姻问题作了规定，完善了结婚制度。

（一）婚姻无效

婚姻无效，也称无效婚姻，是指因不具备法定结婚实质要件或形式要件

[①] 胡康生主编：《中华人民共和国婚姻法释义》，法律出版社2001年版，第15页。
[②] 同上书，第14页。
[③] 胡康生：《关于〈中华人民共和国婚姻法〉修正案（草案）的说明》，2000年10月。人民网：http://www.people.com.cn/GB/channel1/11/20001024/283858.html，访问日期：2010年11月19日。
[④] 同上。
[⑤] 胡康生主编：《中华人民共和国婚姻法释义》，法律出版社2001年版，第14页。

的男女结合，在法律上不具有婚姻效力的制度。无效婚姻的婚姻关系一般自始无效，它以婚姻的无效性为前提。结婚必须符合法定的条件和程序，婚姻才具有法律效力。凡不符合法定结婚条件和程序的男女结合，就是违法的，不能产生婚姻应有的法律效力。

1. 婚姻无效的原因

婚姻无效的原因是指依法导致婚姻无效的法定情形或事实。依据《婚姻法修正案》第10条规定，在我国，婚姻无效的原因有以下四种情形：

（1）重婚。已有配偶者再婚，违背一夫一妻制原则，重婚的婚姻当然不可能取得合法婚姻效力。

（2）有禁止结婚的亲属关系。男女双方属于直系血亲或者三代以内旁系血亲，依法属于禁婚亲范围。违禁结婚，有损社会公序良俗，同样不能实现结婚的目的。

（3）婚前患有医学上认为不应当结婚的疾病，婚后尚未治愈。当事人一方婚前患有法定禁止结婚的疾病，依法本不可以结婚；违法缔结婚姻后，所患疾病仍未治愈的，对配偶另一方健康是极大威胁，也可能影响后代先天素质，所缔结的婚姻应当无效。

（4）未到法定婚龄。一方或双方未到法定婚龄而结婚，虽非直接威胁当事人个人利益，但损害了社会公共利益，有必要否认所缔结婚姻的效力。

2. 确认婚姻无效的程序。我国的无效婚姻采用宣告无效制度，即无效婚姻在依法被宣告无效时，才确定该婚姻自始不受法律保护

根据《婚姻法修正案》第12条和《适用〈婚姻法〉解释（一）》第8条、第9条规定，请求权人依法可以向人民法院申请宣告婚姻无效。人民法院审理婚姻无效案件，对婚姻效力的审理，应当依法作出判决，不适用调解；有关婚姻效力的判决一经作出，即产生法律效力。对财产分割和子女抚养争议，可以调解。调解达成协议的，另行制作调解书。不服财产分割和子女抚养问题的判决，当事人有权上诉。申请宣告婚姻无效时，法定的无效婚姻情形已经消失的，人民法院不予支持。法院审理重婚导致的无效婚姻案件时，涉及财产处理的，应当准许合法婚姻当事人作为有独立诉讼请求权的第三人参加诉讼。当事人依据《婚姻法修正案》第10条规定向人民法院申请宣告婚姻无效，人民法院根据当事人申请，依法宣告婚姻无效的，应当收缴

双方的结婚证，并将生效判决书寄送于原婚姻登记管理机关。

司法程序是宣告婚姻无效的唯一法定程序。《婚姻登记条例》未授权婚姻登记机关受理宣告婚姻无效的申请。因此，请求权人只能向有关人民法院请求确认婚姻无效。[①] 人民法院查实申请人陈述的情况真实，已缔结的婚姻确实存在无效原因的，依法应宣布该婚姻关系无效，并收回结婚证。

3. 请求权人的范围和行使请求权的期限

根据《适用〈婚姻法〉解释（一）》第7条规定，有权依据就已办理结婚登记的婚姻申请宣告婚姻无效的请求权人，是婚姻当事人及其利害关系人。利害关系人的范围，因主张无效原因不同而有别：（1）以重婚为由申请宣告婚姻无效的，为当事人的近亲属及基层组织；（2）以未达法定婚龄为由申请宣告婚姻无效的，利害关系人为未达法定婚龄者的近亲属；（3）以有禁止结婚的亲属关系为由申请宣告婚姻无效的，利害关系人为当事人的近亲属；（4）以婚前患有医学上认为不应当结婚的疾病，婚后尚未治愈为由申请宣告婚姻无效的，利害关系人为与患病者共同生活的近亲属。

4. 婚姻无效的法律后果

无效婚姻不具有婚姻效力，自始无效。当事人间不产生配偶身份及夫妻间的权利义务。但是，无效婚姻存续期间，当事人形成了一定的共同生活事实，会涉及有关子女抚养、财产处理等问题。根据《婚姻法修正案》第12条和最高人民法院《适用〈婚姻法〉解释（一）》第15条规定，婚姻无效的法律后果如下：

（1）确认婚姻无效理由成立的，应一律依法判决宣告当事人所缔结的婚姻无效。

（2）无效婚姻当事人双方所生子女与其父母的关系，适用婚姻法有关父母子女关系的规定。子女抚养，由双方协商处理；协商不成的，人民法院应根据子女利益和双方的具体情况判决。

---

① 自2003年10月1日起，婚姻登记机关可以受理婚姻无效申请。1994年《婚姻登记条例》第24条规定，"未到法定结婚年龄的公民以夫妻名义同居的"，其婚姻关系无效，不受法律保护。但有关婚姻效力发生争议时，仍须有关部门依法认定和处理。当事人申请婚姻无效的，请求权人依法有权选择任一程序：既可向人民法院起诉，请求司法宣告婚姻无效，也可由婚姻登记管理机关依行政程序确认后宣告无效。但是，2003年《婚姻登记条例》无关于婚姻登记机关确认婚姻无效的规定。

（3）财产处理。同居生活期间，当事人所得财产，属于双方共同共有的财产，但有证据证明为当事人一方所有的除外。对同居期间的所得财产，由无效婚姻当事人双方协议处理；协议不成时，由人民法院根据照顾无过错方的原则判决。但对重婚导致的婚姻无效当事人财产的处理，不得侵害合法婚姻当事人的财产权益。同居生活期间所生债权债务，按共同债权债务处理。

（4）无效婚姻存续期间，当事人一方死亡的，另一方无继承权。根据相互扶养的具体情况，生存方按照我国《继承法》第 14 条规定可作为法定继承人以外的人，适当分得遗产。

此外，当事人违反法定结婚条件和程序缔结无效婚姻的行为，属于违法行为。人民法院和婚姻登记管理机关在处理这类案件时，应予以批评教育；对违法情节严重的，应按照《婚姻法修正案》《婚姻登记条例》和《民法通则》相关规定，给予相应的民事制裁。

（二）婚姻的可撤销

可撤销婚姻，也称婚姻的可撤销，是指违反结婚的某些法定要件的婚姻，其效力是不确定的，是可以依法撤销的法律制度。《婚姻法修正案》第 11 条、第 12 条首次建立了单一原因的撤销婚姻制度。

1. 婚姻可撤销的原因

因受胁迫而结婚是请求撤销婚姻的唯一法定理由。胁迫是指行为人以给另一方当事人或者其近亲属的生命、身体健康、名誉、财产等方面造成损害为要挟，迫使另一方当事人违背真实意愿结婚的情形。

2. 请求权

因受胁迫而请求撤销婚姻的权利，只能由婚姻关系中受胁迫的当事人本人享有和行使。受胁迫而结婚的当事人提出撤销婚姻的请求，应当自结婚登记之日起 1 年内提出。被非法限制人身自由的当事人请求撤销婚姻的，应当自恢复人身自由之日起 1 年内提出。该 1 年时间为除斥时间，不适用诉讼时效中止、中断或者延长的规定。1 年时间届满，受胁迫而结婚的当事人本人未行使请求撤销权的，该撤销请求权归于消灭。

3. 程序

申请撤销婚姻请求权人，依法应当向婚姻登记机关或者人民法院提出。

人民法院审理婚姻当事人请求撤销婚姻的案件,应当适用简易程序或者普通程序。因胁迫结婚的,受胁迫的当事人依据《婚姻法修正案》第11条规定向婚姻登记机关请求撤销其婚姻的,应当出具下列证明材料:本人的身份证、结婚证;能够证明受胁迫结婚的证明材料。婚姻登记机关经审查认为受胁迫结婚的情况属实且不涉及子女抚养、财产及债务问题的,应当撤销该婚姻,宣告结婚证作废。

4. 法律后果

依据《婚姻法修正案》第12条规定,最高人民法院《适用〈婚姻法〉解释(一)》第13条、第14条规定,婚姻被依法撤销的,自始无效。法律后果与婚姻被依法宣告无效完全相同。

四 完善夫妻财产制

修改完善夫妻财产制度,使之适应市场经济条件下的社会生活需要,在婚姻法修改过程中,这是各方一致的认识。此次立法改革,从三个方面完善了夫妻财产关系规定。

(一) 明定婚后所得制为法定夫妻财产制

法定夫妻财产制中夫妻地位无差异。凡是法定夫妻共同财产,对于夫或妻任何一方的规定,没有区别。只要婚后所得财产,除了特有财产,均为夫妻双方共同共有;夫妻双方对于共同共有财产享有平等的权利,承担平等的义务。

(二) 增设个人特有财产制,缩小夫妻共同财产范围

对于特有财产制,依据《婚姻法》第18条规定,夫或妻均可以拥有特有财产。

(三) 完善约定财产制,并使之制度化

增设第19条,从约定财产制类型、约定形式、约定效力三个方面完善夫妻约定财产制。立法者认为:

> 1980年婚姻法对约定财产制规定得非常原则、抽象,实践当中不易操作,同时对于约定的形式要件也没有具体规定,即使夫妻之间就财产作了约定,但是,由于其效力不明确,在发生纠纷时仍然争执不下。

因此，这次修改婚姻法时，专门增加了第 19 条，对约定财产制的内容及形式作了具体、详细的规定。[①]

1. 增订三种夫妻财产制供当事人选择使用，且约定需要式法律行为

第 19 条第 1 款规定，"夫妻可以约定婚姻关系存续期间所得的财产以及婚前财产归各自所有、共同所有或部分共同所有、部分各自所有。约定应当采用书面形式"。列明三种夫妻财产制度，即分别财产制、一般共同制、部分共同制供当事人约定选择使用。

这是"为了适应夫妻对财产关系的不同需要，适应我国市场经济条件下夫妻参与社会经济生活或因其他原因需独立支配财产的特殊需要"。[②] 因为我国当时阶段上，夫妻财产来源增多，财产结构扩张，人们拥有了较多物质财富，部分人不愿意他人通过婚姻获得其财产。

立法选择约定财产制的类型，主要基于三方面考虑。一是民众对夫妻财产制的意愿；二是财产制覆盖的广度；三是不同类型夫妻财产制之间的差异度。

要求当事人约定财产制采用书面形式，是"使夫妻关于财产的约定具有凭证的性质，以减少日后的争议"。[③]

2. 夫妻财产约定对双方有效

第 19 条第 2 款明文规定了夫妻财产约定的效力，即"夫妻对婚姻关系存续期间所得的财产以及婚前财产的约定，对双方具有约束力"。第 19 条第 1 款还规定"没有约定或约定不明确的，适用本法第 17 条、第 18 条的规定"。

立法未就当事人约定夫妻财产制的时间、程序作任何规定。换言之，当事人可以在婚前、婚后的任何时候，就彼此之间财产关系作出约定；只要约定以书面形式完成，对当事人双方就产生法律拘束力。可见，夫妻约定财产制或作出财产约定，极其简便。

---

① 全国人大常务委员会法工委研究室编：《中华人民共和国婚姻法实用问答》，中国物价出版社 2001 年版，第 70 页。

② 同上。

③ 同上书，第 71 页。

3. 考虑到民事交易安全保护

修正案第19条第3款规定,"夫妻对婚姻关系存续期间所得的财产约定归各自所有的,夫或妻一方对外所负的债务,第三人知道该约定的,以夫或妻一方所有的财产清偿"。立法订明了夫妻财产契约对第三人的效力,旨在保护民事交易安全。这是婚姻立法上的一个很大变化。

五 法定离婚事由具体化,离婚更自由

法定离婚理由是法律规定的是否准予离婚的规范性标准,具有适用于一切离婚纠纷的普遍效力,故是离婚制度中的关键问题,它是引发离婚纠纷的统一的整合性终局原因事实,涵盖离婚纠纷中各种具体的表象化原因。法定离婚理由是当事人提出离婚诉讼的必要条件,是婚姻当事人提起离婚诉讼,请求解除婚姻关系的依据和理由,在诉讼中,构成原告举证与被告反驳的焦点。法定离婚理由是法院审理案件判决准予或不准予离婚的法定条件,是所有离婚判决都必须援引的法律依据。它是一国或地区离婚法律思想的直接、集中体现,是一个国家或民族有关离婚的传统文化与制度建设最集中、最现实的反映。对此,各国无不重视,社会大众因其与切身利益相关而极其关注。"针对反映较多的有关离婚条件",[1] 本次立法作了较大改革,订定了具体离婚事由,离婚的自由度更大了。

(一) 坚持感情破裂的裁判离婚原则

《婚姻法修正案》第32条保留了原第25条全部内容,将法定离婚事由表述为"夫妻感情确已破裂,调解无效,应准予离婚"。

1. 对该条款的理解

"感情确已破裂",是指夫妻感情已经彻底破裂,已经无法挽救,没有和好可能。

2. 坚持感情破裂标准的主要考虑

(1) 认为封建婚姻制度遗留的传统思想意识仍是建设社会主义婚姻制度的主要妨碍。

---

[1] 胡康生:《关于〈中华人民共和国婚姻法〉修正案(草案)的说明》,2000年10月;人民网:http://www.people.com.cn/GB/channel1/11/20001024/283858.html,访问日期:2010年11月20日。

（2）认定男女双方基于爱情结婚是社会主义婚姻制度的主要特征。①"广大人民在政治上、经济上获得解放以后，在爱情、婚姻问题上也开始获得真正的解放"，有可能把真挚的爱情作为婚姻关系赖以建立的基础。"社会主义制度下的婚姻自由是实质上的自由"。我国现实生活中，虽然还存在着一定数量的不自由婚姻，但是，"以爱情为基础的自由婚姻已经成为生活中的主流"。"婚姻以爱情为基础和还不能完全排除其他考虑并不矛盾。……任何时代的爱情都是在一定的社会条件下发生的"；认为不能脱离我国目前的社会条件，"把爱情当作纯之又纯"的东西。②

（3）坚持恩格斯对于爱情婚姻的论述是适用于社会主义时期婚姻的。对那种认为恩格斯的爱情婚姻道德观之论述"专指共产主义的婚姻关系"而"不适用于社会主义社会"的说法，不予接受。③

（二）订定具体判定感情破裂的六类情由

明确订定六类判断夫妻感情破裂的法定情形，使得准许离婚和不准许离婚的司法裁判标准具体、明确。根据第 32 条第 2 款规定，人民法院审理离婚案件：

> 有下列情形之一，调解无效的，应准予离婚：（一）重婚或有配偶者与他人同居的；（二）实施家庭暴力或虐待、遗弃家庭成员的；（三）有赌博、吸毒等恶习屡教不改的；（四）因感情不和分居满二年的；（五）其他导致夫妻感情破裂的情形。

该规定是"鉴于审判实践中需要明确'感情确已破裂'的具体情形，总结审判实践经验"基础上所作的补充。④ 它主要吸纳了最高人民法院总结审判实践经验于 1989 年印发《适用〈婚姻法〉若干问题的意见》中有关规

---

① 杨大文：《论婚姻自由》，中国婚姻家庭研究会编《婚姻家庭文集》，法律出版社 1984 年版，第 93 页。
② 同上书，第 93、96 页。
③ 同上书，第 94 页。
④ 胡康生：《关于〈中华人民共和国婚姻法修正案（草案）〉的说明》，第九届全国人大常委会第十八次会议；人民网：http://www.people.com.cn/GB/channel1/11/20001024/283858.html，访问日期：2010 年 11 月 20 日。

定。这一改革，既明确了判断夫妻感情破裂的法定情形，又便于统一司法对夫妻感情破裂的认识与裁判。离婚的法定理由具体化，增加了适用法律的可操作性，增加了离婚法定条件的透明度，有利于降低法官判定夫妻感情破裂与否时的主观随意性。

（三）一概准予夫妻一方以对方失踪为由请求的离婚

针对一方被宣告失踪后另一方要求离婚的情况，《婚姻法修正案》第32条第3款规定，夫妻"一方被宣告失踪，另一方提出离婚诉讼的，应准予离婚"。这一情形与上述五种法定情形不同。适用此项规定判决离婚，不要求调解无效。因为此时诉讼中只有一方当事人，被告没有音讯，法院的调解工作缺乏针对性。因此，如果存在夫妻一方被宣告失踪的情形，另一方提起离婚诉讼，请求离婚，人民法院就应当依法准予原告的离婚请求。

六 放松对军人配偶离婚权的限制

《婚姻法修正案》继续限制军人配偶离婚自由权，但增设了例外。第33条规定：

> 现役军人的配偶要求离婚，须得军人同意，但军人一方有重大过错的除外。

现役军人，是指正在人民解放军和人民武装警察部队服役、具有军籍的人员。已退役军人、复员军人、转业军人和在军事单位服务但不具有军籍的职工，不是现役军人。现役军人配偶是指与现役军人有合法婚姻关系的人。本条规定只适用于现役军人配偶为非军人的情形下，现役军人配偶单方提出离婚。双方均为现役军人或者现役军人一方提出离婚，不适用本规定，而应适用离婚的一般程序。如果一方为非现役军人，一方为现役军人，夫妻双方合意离婚，也不适用本规定。限制现役军人配偶离婚权，其立法宗旨与以往类似条款相同，是为稳定现役军人的婚姻关系，以利于稳定军心，巩固国防。

（一）现役军人的配偶须经军人一方同意始能离婚

"须得军人同意"是指现役军人的配偶一方单方要求离婚，并起诉到人民法院获准受理后，法院审理该离婚案件时，原则上，作为被告的现役军人一方同意离婚的，始可判决准许原告离婚要求；否则，不宜判决准许原告离婚请求。适用本规定时，婚姻基础和婚后感情好或者比较好的婚姻，非军人一方主张离婚并无重要原因的，应说服劝解原告珍惜与军人的婚姻关系，撤回起诉；原告坚持离婚要求的，依法驳回原告离婚请求。当事人夫妻关系恶化导致感情已破裂，确实无法继续维持的，应通过军人所在部队团以上政治机关，做军人的思想工作，经军人同意后准予离婚。

（二）有重大过错的军人不再享受特别保护

《婚姻法修正案》第33条增设"但书""军人一方有重大过错的除外"。如果军人一方有重大过错，非军人配偶一方请求离婚，不受"须得军人同意"的限制。人民法院审理非军人配偶单方请求离婚案件时，军人一方有过错的，即使军人一方不同意离婚，但法院查明原被告夫妻感情已经破裂，调解无效时，依法应判决准许原告与被告离婚。增设该"但书"规定，是保护非军人配偶一方离婚自由权的需要，也是有重大过错军人一方对本人的行为依法应承担责任的结果。法律不能允许现役军人利用军人身份在婚姻家庭关系上为所欲为而不负责任。这是婚姻法2001年修正时取得的一个进步。

对"军人一方有重大过错"的理解，根据《适用〈婚姻法〉解释（一）》第23条规定，可以依据《婚姻法修正案》第32条第2款前三项规定及军人有其他重大过错导致夫妻感情破裂的情形予以判断。凡军人一方具有下列情形之一，均应视为军人一方的重大过错：（1）军人一方重婚。（2）军人一方与他人同居。这是指军人在与对方缔结婚姻关系后，在合法婚姻存续期间又与他人同居，不包括军人一方单身时与他人同居的情形。（3）军人一方实施家庭暴力的。（4）军人一方虐待家庭成员的。（5）军人一方遗弃家庭成员的。（6）军人一方有赌博、吸毒等恶习屡教不改的。此处的赌博、吸毒等恶习只要具备一个即满足重大过错要求。（7）军人有其他重大过错的情形。如军人一方严重违法犯罪被判处长期徒刑的，军人一方的违法犯罪行为本身严重伤害夫妻感情的等。

显然，《婚姻法修正案》采用折中立场。

七 增加限制丈夫请求离婚的法定事由

在1980年《婚姻法》第27条限制丈夫行使离婚请求权的法定事由之基础上，增设"女方在中止妊娠后六个月内，男方不得提出离婚"的新内容。中止妊娠，无论是自然流产或人工流产，俗称"小产"，对妇女的身心健康都会有较大影响；处于此期间的妻子应受到法律特别照顾。考虑到计划生育的要求，有相当部分妇女中止妊娠是遵守国家政策要求而不得已为之，故对中止妊娠的妇女有所照顾。事实上，2005年修订的《妇女权益保障法》第42条已经规定："女方按照计划生育的要求中止妊娠的，在手术六个月内，男方不得提出离婚。"立法机关在原基础上，增添"女方在中止妊娠后六个月内"，作为一个新的法定事由，限制丈夫请求离婚。

八 引入离婚时经济补偿请求权

修正案增设了财产补偿请求权制度。这是我国立法第一次明文承认家事劳动的社会价值，进一步强调夫妻对婚姻家庭有平等的权利和义务。第40条规定：

> 夫妻书面约定婚姻关系存续期间财产归各自所有，一方因抚育子女、照料老人、协助另一方工作等付出较多义务的，离婚时可以向另一方请求补偿，另一方应当予以补偿。

（一）经济补偿请求权的含义与意义

"补偿"，主要指财产上或经济上的合理补偿。夫妻一方因为在抚育子女、照料老人、协助另一方工作等方面作出的努力明显超出其本人法定负担时，有权请求从该方贡献中获得利益的另一方给予适当补偿。

设立经济补偿请求权，是公平维护婚姻双方利益的需要，侧重于加强保护离婚妇女利益。夫妻双方对婚姻家庭依法负担平等的权利和义务。但是社会生活中，由于条件所限及当事人主观因素影响，夫妻各方对婚姻家庭义务的履行与贡献往往差别较大，许多婚姻当事人双方无法也不可能真正地从婚姻中获得完全同等的利益。如果婚姻维持终身，各方利益的不均衡可能不明显，而对离婚当事人而言，这种婚姻利益与负担的不均衡则可能明显不公。在离婚自由原则下，离婚率正在缓慢上升，遇到此问题的人正在不断增加。如果法律不注意这种情况并给予适度矫正，无异于"奖懒罚勤"，客观上鼓励人们在婚姻生活中自私自利，影响到社会整体的公平观念，影响到法律制度建设的价值评判和道德基础。这显然不符合社会利益，不符合婚姻和家庭整体利益。因此，有必要赋予那些为婚姻家庭生活作出贡献的配偶请求补偿的权利，肯定认真履行婚姻家庭义务的当事人，支持和鼓励人们为婚姻家庭多作贡献。补偿请求权制度的增设，会促进当事人更多地投身婚姻家庭生活，有利于婚姻家庭整体利益，有利于社会整体利益的协调。

补偿请求权在国外早已有之。例如，《瑞士民法典》第165条规定，"夫妻一方为夫妻他方所从事的事业或行业所做的贡献已大大超过其维持家庭应尽的义务时，该方有权获得合理补偿。同样，夫妻一方以自己个人收入或财产用于家庭扶养大大超过其应尽的义务时，该方也有权获得合理的补偿。但如果夫妻一方所做的特别贡献，是基于雇佣合同、贷款合同及任何类型的合伙协议或其他合法职业关系，则该方不得请求补偿"。[①] 建立补偿请求权制度的目的在于协调婚姻当事人双方利益，维护社会公平，防止有人利用婚姻关系"系统地剥削"对方的劳动和财产以谋取婚姻正当利益之外的额外利益。我国实行市场经济后，社会生活较之过去复杂得多，人心随之变得前所未有的复杂，尽管绝大多数婚姻当事人对婚姻尽心尽责，但不能排除少数人在婚姻内部明显地不顾对方甚至不履行法定义务以牟取自己的利益。本次修正婚姻法案时充分注意到了这一点，有助于婚姻关系的正常化。

（二）行使补偿请求权的条件

行使补偿请求权，必须具备下列条件：

1. 夫妻在婚姻关系存续期间约定实行分别财产制

按照《婚姻法修正案》第40条规定，夫妻书面约定婚姻关系存续期间所得的财产归各自所有，是适用补偿请求权制度的前提。因此，凡是实行共同财产制的夫妻，无论是一般共同制，还是婚后所得共同制，或者是限定部分共同制，无论夫妻双方对婚姻贡献差别多大，离婚时均不适用补偿请求权

[①] 中国法学会婚姻法学研究会编：《外国婚姻家庭法汇编》，群众出版社2000年版，第296页。

制度。

2. 夫妻一方对婚姻家庭有特别贡献

根据婚姻法关于父母子女间、夫妻间的权利与义务的规定，无论是子女赡养父母还是夫妻一方协助另一方，均是当事人特定身份关系下应履行的法定义务。履行法定义务的具体情形可能千差万别，但总体而言可以分为三大类：被迫履行、自觉履行、倾其所能地积极履行。第一种情形的义务人应当受到批评，第二种情形的当事人应得到法律认可与肯定，第三种情形的义务人应该得到嘉奖。如果夫妻一方在抚育子女、照顾老人、协助另一方工作等方面不仅履行了其法定义务，而且作出了超额贡献，该方就有权利要求另一方给予补偿。因为该方超额完成的部分实际上应是另一方应履行的法定义务的部分。

3. 夫妻一方主动要求另一方给予补偿

这种补偿，应该由夫妻一方本人或者其合法代理人主动提出来。如果贡献较大一方不请求补偿或者明确拒绝接受补偿，法院无权依职权强行判决确定。

4. 补偿请求权只能在离婚时行使

婚姻关系存续期间，没有发生离婚，夫妻任何一方不得请求对方给予补偿。

(三) 正确理解补偿请求权

1. 补偿请求权是超额履行义务当事人一方享有的法定权利

凡婚姻关系当事人一方，在共同生活中，为抚育子女、照料老人、协助对方工作等承担了超过法定义务要求的负担的，离婚时该方依法享有向对方要求补偿的权利。这是一种法定权利，它不是基于婚姻双方具有相互扶养义务，而是建立在该方对婚姻的贡献之上，是公平维护婚姻各方利益的需要。

给予对方适当补偿是从承受了超额负担方的付出中得到利益一方当事人应履行的法定义务。在民事法律上，权利与义务通常是相对的。对具备第40条规定的法定情形的婚姻当事人，一方享有法定的补偿请求权，另一方负有法定的给予该方补偿的义务。如果案件当事人具有法定情形，并提出了明确的补偿请求的，人民法院应依法予以支持。

2. 补偿请求权制平等适用于男女双方，但立法侧重点在于维护已婚妇

女合法权益

只要是实行分别财产制的夫妻，具备补偿权的法定条件，不论是丈夫还是妻子，离婚时都有权请求对方给予相应补偿。不过，常见的是已婚妇女，自觉地或无奈地承担起了主要的家庭照料责任，由于家庭生活占用的时间、精力较多，她们的社会发展往往受到了较大限制，配偶对方则因有较多的时间和精力投入社会发展而获得了较高的社会地位或者有了较大的谋生与赚钱能力，有了较好的发展前途等。为此，补偿请求权立法更重在保护妇女的权益。

补偿金额或财产的多少，应充分考虑到请求权人的贡献、另一方的获益、双方的经济能力及婚姻存续期间等因素综合确定。

九　增设离婚损害赔偿制度

为有利于预防和制裁婚姻家庭领域的违法行为，在一定程度上填补无过错一方的损害，更好地保护妇女和儿童的合法权益，立法者采纳了肯定离婚损害赔偿的主张，《婚姻法修正案》增设了离婚损害赔偿制。这是《宪法》第49条"婚姻家庭、母亲和儿童受国家保护"的规定的具体化。第46条规定：

> 因夫妻一方重婚、与他人同居、实施家庭暴力、虐待、遗弃家庭成员导致离婚的，无过错一方有权请求损害赔偿。

（一）离婚损害赔偿的构成要件

离婚损害赔偿的构成要件是指婚姻过错行为人承担民事损害赔偿责任的条件。离婚损害赔偿请求权的构成要件有四大因素：

1. 夫妻一方有重大过错行为

婚姻家庭生活中，只有重大过错行为，依法才构成离婚损害赔偿的事由。

离婚损害赔偿责任的法定事由有五大类：

（1）夫妻一方重婚的。重婚违背了夫妻之间互负忠实的义务，是对一夫一妻制的最严重破坏。夫妻另一方因此要求过错方承担损害赔偿责任，合情合理。《婚姻法修正案》将其列入损害赔偿事由中，要求责任者承担民事赔偿，是对重婚行为的处罚。

（2）夫妻一方与他人同居的。夫妻一方不论以何种名义与他人同居，均应纳入此处所称同居之列。有配偶者负有与配偶对方共同生活的义务，即使因某种正当理由免除同居期间，已有配偶者均不得与他人同居，否则该行为构成违法。因此，已有配偶者与他人同居是对婚姻义务的违反，应该承担相应民事责任。

已有配偶者与他人同居期间，仍与配偶另一方同居生活的，仍构成损害赔偿事由。

（3）夫妻一方实施家庭暴力的。因夫妻一方实施了家庭暴力而导致离婚的，行为人应承担民事赔偿责任。家庭暴力的受害者包括配偶及配偶以外的其他家庭成员。施暴者的施暴，不论是针对另一方配偶本身，还是针对其他近亲属，均会使夫妻另一方对施暴者的评价产生根本改变，可能失去对婚姻的信心。当然就离婚损害赔偿而言，重在强调施暴者对配偶另一方实施的家庭暴力，但也不排除对家庭其他成员实施的暴力。

（4）夫妻一方虐待家庭成员的。虐待是对受害人人身权益的严重侵犯。夫妻一方有虐待家庭成员行为，导致夫妻感情破裂的，无过错方有权要求行为人承担损害赔偿责任。

（5）夫妻一方遗弃家庭成员的。家庭成员在我国婚姻家庭法范围内与近亲属的外延一致。夫妻一方有遗弃家庭成员的行为，足以满足损害赔偿事由的法定要求，至于遗弃行为是否造成了严重后果，法律并没有作特别要求。对受害人而言，再多的金钱赔偿也不能改变曾被亲人遗弃的事实，但对违法行为人来说，要求其承担赔偿责任体现了法律对其行为的否定评价。

2. 夫妻一方有过错

过错是行为人决定其行动时的一种心理状态。过错有故意和过失两种形式。行为人预见到自己行为的结果，并希望该结果发生或者放任其发生的，为故意。行为人对其行为的结果应该预见到或者能够预见到但未预见到，或者虽然预见到行为的结果但轻信其不会发生，以致造成损害结果的，是过失。从《婚姻法修正案》第46条规定看，夫妻一方决定实施上述行为时的心理状况只能出于故意，而不能出于过失。有完全民事行为能力的人，应该并能够认识到重婚、与婚外异性同居、对家庭成员实施暴力以及虐待或者遗弃家庭成员会造成什么后果。

3. 存在另一方受到损害的事实

损害是指由一定行为或事件造成人身或财产上的不利益。以性质和内容为依据，损害可区分为物质上的财产损害和心理上的精神损害。财产损害是指违法行为人的行为导致受害人既得财产利益的损失和应得财产利益的损失。精神损害是指受害人因人格受辱、名誉受损、尊严被贬等导致其精神的痛苦和不安。离婚损害包括财产损害和精神损害，如夫妻一方的上述重大过错行为导致另一方财产受损；夫妻一方对另一方实施家庭暴力，使另一方身体机能或器官直接受伤等，但精神损害是夫妻另一方可能受到的最常见且程度最深的损害。正确理解离婚损害赔偿，必须充分注意这一客观情况。

4. 夫妻一方的过错与另一方所受损害之间存在因果联系

因果联系是指过错行为与损害事实之间具有必然联系，过错方的过错行为直接导致了另一方受损害事实的发生；没有该过错行为，就不会发生另一方受损害的事实。只有当夫妻一方的过错行为是直接导致另一方受损害的原因时，才符合离婚损害赔偿请求权的要求。强调这一点有现实意义。损害与对方行为之间没有因果联系，依法不能成为请求赔偿的理由。

请求权人证明对方确有法定过错，就足以证明其损害的存在。

(二) 行使离婚损害赔偿请求权的范围

1. 无过错一方有权请求对方赔偿

如果夫妻双方均有过错，或者夫妻双方均无过错，就不适用离婚损害赔偿。

所称"双方过错"应作广义理解。如果夫妻双方各自有重大过错，双方都无权提出离婚损害赔偿请求；如果夫妻一方有重大过错，而该过错行为得到了另一方教唆、纵容乃至共同参与，则另一方也应被认定为具有过错，不能享有离婚损害赔偿请求权。此外，如果婚姻当事人一方虽有重大过错行为，但该行为业已得到另一方的原谅、宽恕的，离婚是因其他原因导致感情破裂引起的，另一方依法也不再享有离婚损害赔偿请求权。另一方在宽恕该方的过错行为后，出尔反尔，要求追究过错人法律责任的，对过错行为人也不公平。不过，如果夫妻一方具有重大过错，得到了另一方的宽恕后，该方又犯同样过错，另一方不再予以原谅导致夫妻感情破裂引起离婚，另一方要求该方承担离婚损害赔偿责任的，该方依法仍应承担过错赔偿责任。

2. 只适用于离婚程序中

离婚损害赔偿适用于登记离婚和诉讼离婚两种法律程序。如果当事人没有进入离婚程序，不适用离婚损害赔偿。

3. 赔偿的范围和标准

离婚损害赔偿包括财产损害赔偿和精神损害赔偿两种类型。应该说只要能证明一方有过错行为的每一个案件，都存在对另一方的精神损害，但并非每个这样的案件一定都同时存在财产损失和精神损害。从立法用意看，重在强调通过离婚损害赔偿，在一定程度上抚慰无过错一方的精神，弥补其所受的精神损失，同时对无过错配偶所受的财产损失，应给予相当弥补。

财产损害比较容易确定，因遭受家庭暴力、虐待等人身受到损害的受害人提起的财产损失赔偿，自2004年5月1日起，参照最高人民法院法释（2003）20号《关于审理人身损害赔偿案件适用法律若干问题的解释》有关规定予以处理。确定精神损害赔偿的难度大，可参考最高人民法院《精神损害赔偿责任解释》。确定离婚时精神损害赔偿金时应考虑如下因素：一是受损害程度。受害人所遭受的精神伤害和痛苦的程度，是可以客观判断的。例如，受害人仅是出现了愤怒、恐惧、焦虑、沮丧、悲哀、羞辱等情绪障碍，还是因精神和感情受到损害导致精神抑郁、恍惚，或者不思饮食，无法入睡影响了工作和生活；或者因对方的过错行为带来损害致使无过错一方身患重病；或者因此曾自伤、自杀（未遂）；或者无过错方因此精神失常或者患有其他精神疾病，留下了后遗症，等等。精神损害轻重程度的确定，需要专门的医学知识。二是过错人的过错程度。过错严重或者特别严重的，其应该承担的法律责任相应较重，过错程度一般的，则其应承担的赔偿金数额适当少些。三是具体的侵权情节。具体情节可区分为两大类，即根据过错行为的法律属性具体分类和根据过错行为的具体情节加以分类。例如，重婚与婚外同居相比，通常前者情节较后者重。同样是与他人非法同居，情节也有轻重之别。四是其他因素。例如，婚姻存续期间的长短、无过错方对婚姻的贡献等。由于无过错方的具体情况不同，过错方同性质甚至是危害程度相当的行为，对不同的无过错另一方的损害，可能存在一定差别。

十 扩大生活困难帮助范围

《婚姻法修正案》第42条规定："离婚时,如一方生活困难,另一方应从其住房等个人财产中给予适当帮助。具体办法由双方协议;协议不成时,由人民法院判决。"这条规定赋予了离婚时生活困难一方向另一方请求帮助的权利。

离婚时婚姻当事人一方生活困难的情形常有发生,如果法律没有为困难一方提供救济途径,则困难一方婚姻当事人就难以实现离婚自由。男女双方作为原婚姻当事人,负有相互扶养的义务。一方离婚时生活困难的,离婚生效后往往只会更加困难,如果不能在离婚时给予适当帮助,困难一方当事人的未来生活将难上加难。尽管生活困难的公民可以通过其他救济制度寻求帮助,但是我国的社会保障制度还处于初创阶段,家庭保障仍是公民的主要保障途径。正是基于此,《婚姻法修正案》继续保留了原有的困难帮助制度,同时根据社会实际需要作了进一步完善。

(一) 行使帮助请求权的条件

生活困难帮助是离婚时一种善后措施,具有较严格的条件。

1. 一方有生活困难

生活困难是指当事人由于健康、收入、住房等方面的原因致使其日常生活不能正常化的状态。

2. 另一方有帮助的能力

虽然当事人一方生活困难,但如果另一方的状况与其接近或相似,没有能力提供帮助,就没有实施帮助的条件。

当事人必须同时具备上述两个条件,才能适用帮助制度给予生活困难一方适当帮助。

(二) 帮助范围与办法

帮助的内容主要是提供经济帮助、住房帮助等。《婚姻法》原第33条明定的帮助是仅限于经济帮助。《婚姻法修正案》第42条没有继续沿用"经济帮助"一词,而改用"适当帮助",因此该帮助内容不限于经济帮助。修正案关于帮助方法的提示性规定表明,这种帮助显然包括提供住房困难一方居住使用这种方式,即帮助对方解决居住困难的问题。

具体如何帮助困难一方,当事人依法可自行协商,协议不成的,由人民法院判决。从司法审判角度看,人民法院作出判决时应具体考量下列因素:请求权人的具体情况和实际需要,请求权人的具体诉讼请求,另一方个人财产状况,帮助的效果等。

生活困难帮助与夫妻财产分割是两个不同的法律问题。第42条明确规定,提供帮助者应从其个人财产中给予适当帮助。也就是说,夫妻财产分割或者分割时对女方的照顾不是帮助,负有帮助责任一方不能以夫妻财产已分割为由拒绝给予对方帮助。当然,如果离婚时一方的生活困难仅仅是经济陷入困境,则通过夫妻共同财产分割,经济困难是能够得到适度缓解或者解除的。

与婚姻法原规定相比,《婚姻法修正案》扩大了帮助的范围。原婚姻法只规定帮助为经济帮助,即帮助主要是提供一定数量的现金帮助对方解决困难,同时也包括提供某些财产帮助对方。而《婚姻法修正案》将帮助的范围扩大到住房、经济帮助及其他形式。修正案更明确了帮助与夫妻财产分割的区别。修正案强调帮助者应从其个人财产中拿出适当部分以帮助对方,而原规定中没有明确这一点。

十一 增设探望权

探望权,也称探视权、交往权,是指未享有亲权行使权的父亲或母亲与其未成年子女会面、通信、交往等保持正常联络之权利。父母离婚后,未与子女共同生活的父母一方与孩子保持正常联系与交往,与过去共同生活时相比毕竟有所不便。生活中,部分得到直接抚养权的父母一方,错误地利用子女和对方对子女的感情发泄自身的不满或报复对方,故意阻碍孩子与父母另一方联系和往来,这不仅侵害了父母另一方的权利,也严重侵害了子女的合法权益。为保障未成年子女能够与离婚父母双方正常联络,继续获得父母双方的爱护和照顾,减少父母离婚对未成年子女的负面影响,《婚姻法修正案》第38条增设了探望权制度。

> 离婚后,不直接抚养子女的父或母,有探望子女的权利,另一方有协助的义务。

不直接抚养子女的父或母是指不随子女共同生活的一方。有探望的权利是指探望人可以探望子女也可以不探望子女,任何人不得限制和干涉,但不得滥用自己的权利。该规定赋予不与子女共同生活的父母一方探望子女的权利,让子女尽可能同时感受到来自父母双方的爱护、关心和照顾,这对未成年子女的健康成长很有必要,也有助于减轻离婚时父母对与未成年子女共同生活机会的争执。探望权制度,使离婚后不直接抚养子女的父母一方,享有探望子女的权利,另一方有协助义务;探望权人行使探望权有不利于子女身心健康情形的,人民法院经有关人员请求可暂停探望权行使,中止探望权事由消失后,应当恢复探望权行使。

（一）对探望权的行使

探望权,虽然表述为"权利",其实它同时也是法定义务。用探望权,主要是为了防止与孩子共同生活一方妨碍另一方与孩子的正常交往,既然是探望权,权利人行使权利时遇到他人非法干扰时,依法有权要求排除妨碍;父母一方享有探望权,则另一方依法负有协助义务。同时,对于孩子而言,父母的探望更是一种义务,是履行父母抚养教育未成年子女的义务。按法律规定,义务是不能抛弃的。因此,未与子女共同生活的离婚父母一方不按时探望孩子,也是对孩子合法权益的侵害。

据《婚姻法修正案》第38条规定:"……行使探望权的方式、时间由当事人协议,协议不成时,由人民法院判决。"离婚时,父母双方应当协商确定探望的时间、方式。协议内容应当记载在离婚协议书或民事调解书上。婚姻登记人民法院应对协议内容进行必要审查,以确保子女利益。离婚父母协商不成时,人民法院应在查明事实的基础上,就探望权行使的方式、时间作出判决。子女年满10周岁及以上的,应征求子女本人意见。

《婚姻法修正案》施行前已离婚的父母,未就探望权行使作出约定的,由双方协商确定;协议不成时,可以向人民法院提起探望权诉讼,由司法裁定。

（二）探望子女权的中止和恢复

立法还规定特定情形下限制探望权的行使。享有探望子女权利的父母一方,若行为严重不当或具有其他不利于孩子身心健康的情形,权利人可以请求中止其探望权行使;中止原因消失的,应及时予以恢复。《婚姻法修正案》第 38 条第 3 款规定：

> 父或母探望子女，不利于子女身心健康的，由人民法院依法中止探望的权利，中止的事由消失后，应当恢复探望的权利。

1. 中止探望权的情形

父或母探望子女，不利于子女身心健康是指探望给子女的身心健康带来损害。"不利于子女身心健康"的情形，主要有下列几类：第一，行使探望权的父或母有严重的健康障碍，威胁到子女健康的。例如，父或母身患严重传染病，不宜接触子女；或者父或母有严重精神方面疾病，丧失民事行为能力的。第二，行使探望权的一方当事人对子女有侵权行为或者犯罪行为，严重损害未成年子女利益的。例如，父亲或母亲吸毒的；对子女实施家庭暴力；有骚扰子女的行为等，危害未成年子女的生命权、健康权。第三，行使探望权的父或母或者以探望子女为由，教唆、胁迫、引诱未成年子女实施《预防未成年人犯罪法》第 14 条禁止的行为的。[1] 例如，旷课、夜不归宿；携带管制刀具；辱骂他人、打架斗殴；强行向他人索要财物；偷窃、故意毁坏财物；参与赌博或者变相赌博；观看、收听色情、淫秽的音像制品、读物等；进入法律法规禁止未成年人进入的营业性场所、其他严重违背社会公德的行为等。

2. 探望权中止的程序

根据最高人民法院《适用〈婚姻法〉解释（一）》第 24 条、第 25 条和第 26 条对中止探望权程序作了具体规定。

发生需要或者可以中止探望权的情形时，未成年子女、直接抚养子女的父亲或母亲及其他对未成年子女负担抚养、教育义务的法定监护人，有权请求人民法院中止对方探望权的行使。

需要中止探望权时，享有探望权中止之请求权人均可以向行使探望权的人提出中止请求。如果双方能够协商一致，可就中止探望权的开始时间、期限等作出规定，约定中止探望权行使。协议不成时，要求中止探望权行使的

---

[1] 胡康生主编：《中华人民共和国婚姻法释义》，法律出版社 2001 年版，第 160 页。

一方，可以提起诉讼，请求人民法院裁决争议。人民法院受理中止探望权请求后，人民法院在征询双方当事人意见后，依法认为需要中止行使探望权的，应裁定中止探望权的行使。当事人在履行生效判决、裁定或者调解书过程中，请求中止探望权的，法院认为需要中止探望权的，依法作出裁定。

中止探望的情形消失后，根据当事人的申请，人民法院认为符合恢复探望权行使条件的，应通知申请人及相关人恢复探望权行使。

人民法院作出的生效离婚判决中未涉及探望权，当事人就探望权问题单独提起诉讼的，人民法院应当受理。

(三) 探望权的强制执行

在现实生活中，直接抚养子女的父母一方或者与子女共同生活的其他法定监护人拒不履行法院生效法律文书或双方原先达成的探望权行使协议，设置障碍阻挠另一方探望子女的情况时有发生。这些行为不但妨碍了探望权人的探望权的行使，而且也伤害了子女的身心健康。为此，对错误行为当事人必须给予批评教育。如果与子女共同生活的法定监护人经过有关部门或人民法院的教育后，仍拒不执行生效判决或裁定的，探望权人可以申请强制执行。人民法院强制执行探望权，所需费用由被执行人承担。当事人拒不执行或妨害执行行为，人民法院可以依照《民事诉讼法》第 102 条规定，给予罚款、拘留，情节严重构成犯罪的，应依法追究其刑事责任。但应注意：根据《适用〈婚姻法〉解释（一）》第 32 条规定，人民法院依法强制执行时，不能对子女的人身进行强制执行。

十二 增设社会救助与法律责任

新中国的婚姻法中，有关法律责任规定十分欠缺。1950 年《婚姻法》仅在第 26 条规定了"违反本法者，依法制裁。凡因干涉婚姻自由而引起被干涉者死亡或伤害者，干涉者一律应并负刑事的责任"。1980 年《婚姻法》原规定只在第 34 条规定"违反本法者，得分别情况，依法予以行政处分或法律制裁"。这两次规定，内容过于简略空泛，没有体现出婚姻家庭法的特色。

本次修正案规定了家庭暴力、虐待、遗弃、有配偶者与他人同居、重婚行为的民事责任，增设了离婚损害赔偿制度，重申依法追究侵犯婚姻家庭权益行为的行政责任或刑事责任，强调了有关单位特别是司法机关在制止侵害婚姻家庭权益违法行为方面应负的责任，从而使得婚姻家庭权益得到了切实保障，增强了婚姻法的权威性和可操作性。基于法律公平与正义目标的追求，应该采取一切有效而适当的措施保障婚姻家庭的正当权益。这一完善婚姻家庭立法的重要一步，既标志着我国婚姻家庭立法指导思想的发展，又是中国婚姻家庭立法史上的重大突破。这有助于充分发挥多种法律手段对婚姻家庭权益起到综合保护作用，是新形势下保护婚姻家庭权益的需要，为社会相关部门和司法机关更好地介入婚姻家庭领域提供法律依据。

第四节 立法改革评点

2001年《婚姻法修正案》突破了传统思维，扩大了公权力对家庭生活的干预，丰富了婚姻家庭法内容，并且积累了新的立法经验。但是，修订完成的该法案，仍然是临时性的应急法案，没有解决婚姻家庭法"体系化、规范化和系统化"问题。[1]

一 立法改革功绩：禁止家庭暴力以保障人权

将人权保障理念引入婚姻家庭法中，明文禁止家庭暴力，为受害人提供公力救济，是新中国婚姻家庭立法改革中最大胆的突破、最大的进步。在中国，这是国家立法第一次引入家庭暴力概念，干预私人生活领域侵犯弱者人权的现象。这一改革是具有"里程碑"意义的标志，[2] 其价值和影响可与20世纪初婚姻家庭法改革引入"男女平等""婚姻自由"原则相提并论。

（一）彻底抛弃"清官难断家事务"之传统

在中国传统文化中，始终有所谓"清官难断家事务"之说，有"家丑不可外扬"之风。即使是发生家庭暴力，受害人也习惯于隐忍，而不求助于外界；外人总是以介入他人家庭事务不妥为由而有"事不关己，高高挂起"之心态。近代以来，家庭暴力的受害人有苦难言，求助无门。本次立法，在

---

[1] 张玉敏主编：《新中国民法典起草五十年回顾与展望》，法律出版社2010年版，第384页。
[2] 夏吟兰主编：《家庭暴力防治法制度性建构研究》，中国社会科学出版社2011年版，第5页。

学界数年讨论家庭暴力防治的基础上，针对家庭暴力问题的确比较突出，"因家庭暴力导致离婚和人身伤害案件增多"，[①] 明文禁止家庭暴力。这是否定传统文化中不适应时代要求的落后观念，改革力度极大。

（二）为弱者提供法律保护

从 1950 年《婚姻法》以来，立法始终有"禁止家庭成员间的虐待和遗弃"的规定。不过，当时的立法并没有如"禁止家庭暴力"时的认识。为保护妇女、儿童和老人的权益，明确禁止家庭暴力，《婚姻法修正案》明确"禁止家庭暴力"，为受害者提供相应保护和救助。

（三）引入多种公力救济

赋予基层社会组织劝阻家庭暴力的责任。家庭暴力受害人有权求助于居民委员会、村民委员会以及所在单位。

赋予警察制止家庭暴力的义务。"对正在实施的家庭暴力……公安机关应当制止"（第 43 条第 2 款）。经受害人请求，"公安机关应当依照治安管理处罚的法律规定予以行政处罚"（第 43 条第 3 款）。为了防治家庭暴力，立法把警察引进家门。这一突破，喻之为"惊世骇俗"，也不过分。

二　立法改革功绩：男女平等由追求形式平等转向寻求结果平等

本次修法，男女平等追求形式平等开始转向寻求结果平等。

（一）完善夫妻财产制

增设特有财产制。法定夫妻财产制中夫妻地位无差异。凡是法定夫妻共同财产，对于夫或妻任何一方的规定，没有区别。只要婚后所得财产，除了特有财产，均为夫妻双方共同共有；夫妻双方对于共同共有财产享有平等的权利，承担平等的义务。

《婚姻法》第 18 条规定，夫或妻均可以拥有特有财产。

（二）增设离婚时经济补偿请求权

加强对离婚妇女利益的保护。夫妻书面约定婚姻关系存续期间财产归各自所有，一方因抚育子女、照料老人、协助另一方工作等付出较多义务的，

[①] 胡康生：《关于〈中华人民共和国婚姻法〉修正案（草案）的说明》，2000 年 10 月；人民网：http://www.people.com.cn/GB/channel1/11/20001024/283858.html，访问日期：2010 年 11 月 20 日。

离婚时可以向另一方请求补偿。这是我国婚姻法第一次明文承认家事劳动的社会价值。

（三）增设离婚损害赔偿制度

根据第46条规定，因夫妻一方重婚、与他人同居、实施家庭暴力、虐待、遗弃家庭成员导致离婚的，无过错一方可以请求离婚损害赔偿。

三 立法改革功绩：多项制度得到完善

（一）完善一夫一妻制

增设"夫妻应当互相忠实，互相尊重"。夫妻作为各自独立之人，并没有因为结婚而改变。夫妻共同生活，应当平等地对待另一方。夫妻间的忠实，主要是指夫妻不为婚外性行为，在性生活上互守贞操，保持性专一。这一条款主要是针对我国改革开放以来部分已婚者违背一夫一妻制要求，发生婚外情或婚外性行为现象而作出的应对。虽然夫或妻都有可能不信守忠实，但事实上，丈夫有婚外情的情形更为多见。该规定在于维护一夫一妻制度。

针对改革开放以后，"一些地方重婚现象呈增多趋势，严重破坏一夫一妻的婚姻制度"，[1]"禁止有配偶者与他人同居"，保护合法婚姻当事人的权益。

（二）坚持婚姻自由

法定离婚事由具体化，夫妻离婚更加自由。根据第32条第2款规定，人民法院审理离婚案件时，"有下列情形之一，调解无效的，应准予离婚：（一）重婚或有配偶者与他人同居的；（二）实施家庭暴力或虐待、遗弃家庭成员的；（三）有赌博、吸毒等恶习屡教不改的；（四）因感情不和分居满二年的；（五）其他导致夫妻感情破裂的情形"。一方被宣告失踪，另一方提出离婚诉讼的，应准予离婚。这主要是借鉴了最高人民法院1989年总结审判实践经验就适用婚姻法作出司法解释。从而，使得离婚法定理由具体、明确。

---

[1] 胡康生：《关于〈中华人民共和国婚姻法〉修正案（草案）的说明》，2000年10月。

（三）增设探望权有利于儿童利益保护

父母离婚后，对于父母履行抚养、教育子女的权利和义务，本次修法引入了"直接抚养权""探望权"，在将直接抚养权判给父母一方的同时，赋予不直接抚养子女的父母另一方探望权。

立法还规定特定情形下限制探望权的行使。"父或母探望子女，不利于子女身心健康的，由人民法院依法中止探望的权利；中止的事由消失后，应当恢复探望的权利。""不利于子女身心健康"的情形，包括但不限于：父母一方患精神疾病、传染病、吸毒，对子女实施暴力的，有骚扰子女的行为等；或者以探望子女为由，教唆、胁迫、引诱未成年子女实施《预防未成年人犯罪法》第14条禁止的行为的。①

四　立法改革不足：未增设亲属关系通则

从1950年《婚姻法》实施以来，立法对亲属关系始终欠缺通则性规范。本次修法中，此一显然缺漏未获得修补。尽管在启动本次修法时，立法机关就决定只解决当时急需解决的问题，然而，修法毕竟是个"大动作"，成本高昂，不尽快补正亲属制上的基本规范的"空白"，不能不说是本次立法改革之不足。

考察本次立法改革不足的原因，不能不说是立法指导思想未曾有发展，导致"打补丁式"立法风格得以延续。

五　立法改革不足：亲子法欠缺未获得修正

儿童保护，在往昔不被视为普遍性的社会问题，今天则受到社会各界共同关心和重视。工业化和都市化兴起后，传统的大家庭制度崩溃，小家庭取而代之，传统中国家庭的特质弱化。在核心家庭中，个人对家庭的依赖不如往昔紧密，脱离家庭并不危及个人生存，维系核心家庭的力量相对薄弱，更缺乏传统家庭中的种种监督、协调和牵制，夫妻关系破裂后，家中欠缺长辈或其他家庭成员来承担下一代的抚养责任。随着家庭组织解体日益增加，有部分家庭之子女沦为不幸婚姻的代罪羔羊，更有许多不成熟的父母将子女视

---

① 胡康生主编：《中华人民共和国婚姻法释义》，法律出版社2001年版，第160页。

为发泄情绪的工具，儿童成为社会变迁、家庭解体的最大受害者。如何制定并发展出一套完善的儿童保护政策，既需从长计议，又要细致无缺漏。

（一）未设定子女身份确认制度

自从 1950 年《婚姻法》实施以来，我国婚姻家庭法上从未设立婚生子女推定制，尽管有其实，却无其名，更无规范内容，导致亲子关系只有事实，而无法律明文规制。此实乃一大欠缺。一方面，无法律制度确认子女身份；另一方面，若发生利益冲突时，母亲或子女需承担举证责任，对子女利益保护不利。

（二）未建立子女认领制度

非婚姻所生的子女，其利益保护将遇到两个突出问题：一是身份，即他是谁的孩子；二是财产问题，谁应当对其承担抚养责任，他可以继承谁的遗产。

为了保护非婚生子女的利益，婚姻家庭法上设立"认领"制度予以救济。认领，是指男子承认非婚生的儿童为其自己的亲生子女之承诺。而生母与非婚生子女的亲子关系，因出生事实显而易见，通常无须认领。

从 1950 年《婚姻法》实施以来，我国婚姻家庭法从未设立认领制度。虽然实务上，允许非婚生子女提起认领之诉，允许被认领，但是，认领制度有实无名，也无内容规范，对未成年人子女保护不利。特别是 20 世纪 90 年代以来，随着性道德开明、宽容，随着人口大规模流动，非婚生育子女的现象普遍增多，虽然从无公开的统计数字，但是，可以推测，非婚生子女群体是一个人数庞大的群体。立法不设立相应制度予以调整、保护，也与社会现实极不相适应。

（三）未设立亲权全面规范父母对子女的义务与责任

从 1950 年《婚姻法》实施以来，立法仅仅规定父母对子女享有抚养教育的权利和义务，从未规范地建立相应制度，也不明确究竟是"亲权"还是"监护"，导致父母对子女应当承担的责任规定不完善，内容不周全。长期以来，亲子法处于零散而不成系统的状态。

随着人口大规模迁徙和流动，家庭结构日趋松散，未成年子女权利保护遇到了越来越大的困难。而立法对父母对子女应承担的权利和义务规定过于原则、简略，是其中原因之一。

(四) 对探望权的规范尚存有明显缺漏

只要与未成年人建立某种联系，并且保持此种联系，通常情形下，这对未成年人的成长、发展都有益。除父母以外的其他亲属，也应享有与未成年子女（或孙子女等）交往的权利。只要符合子女最大利益，祖父母、兄弟姐妹、继父母和养父母都应对子女享有交往权。因此，未来立法，应当对此作出明文规定。在具体案件中，应由法官判定何种交往符合子女最大利益。为第三人设立正式的交往权具有积极意义。这将极大地扩大子女的交往范围，有利于培养未成年人的人际交往能力，熟悉亲属关系，从中习得社会经验。凡和子女有实际关联、对子女承担或承担过责任的人皆享有交往权。在具体案件中，"若某人和子女长期共同生活"，一般就属于法律所规定的"社会—家庭联系"。

1. 现行立法对探望权人的范围过于狭窄

《婚姻法修正案》仅赋予未享有直接抚养的离婚父亲或母亲之探望子女的权利，即使是相互之间从无婚姻的男女，对于其共育的子女，也未被赋予探望权；更未赋予未成年人的祖父母、外祖父母、兄弟姐妹等其他亲属享有探望权。这显然是不符合基本人情，不利于未成年人健康成长的。

现行婚姻法未赋予未成年子女与父母交往的权利。探望权应是双向的，不仅父母对子女应当被赋予探望权，子女对父母也应享有正式交往的权利。

2. 立法关于中止探望权的条件过于苛刻

《婚姻法修正案》第38条规定，"父或母探望子女，不利于子女身心健康的"，经人民法院批准，可依法中止其探望的权利。然而，笔者认为"不利于子女身心健康"的条件，过于宽泛。若探望权人有不利于子女身心健康之行为时，首先应当批评教育，乃至训诫，并非只有停止其探望权行使这一招；唯有探望权人以未成年子女为目标实施伤害行为的，才能停止其探望权行使。

(五) 未规范人工生殖技术所生子女的法律地位

对于利用人工生殖技术生育的子女，其法律地位如何？其生物学上的父母与法律上的父母是否一致？尚无深入的、多层次的研究成果，更无国家级立法规制。

六　立法改革不足：尚未实现性别平等

以性别平等为依据检视现行《婚姻法》，不难发现某些对妇女不利的规定。

（一）有关法定婚龄等个别条款明显男女不平等

"男大女小"的婚龄规定，实质上是"对女性的一种歧视"。[①] 法定不同婚龄要求，不仅是典型地反映了男强女弱的传统婚姻组合观念的影响，而且直接导致男女两性在结婚对象人口的分布上产生明显不平等，当一位女性达到结婚年龄有结婚愿望时，她不得与其同龄人结婚，而必须在年长其两岁以上的男性人口中寻找结婚对象；相反，达到法定结婚年龄的男性，则既可以在年长妇女中找到婚配对象，更可以在年少女性中找到结婚对象，选择余地大于女性。

19世纪法国哲学家皮埃尔·勒鲁曾指出，"不管人们以何种方式来认识这个问题，总会宣告男女平等。因为如果从配偶的角度去看妇女，妇女是与男人平等的，因为配偶就是建立在平等基础上的，爱情本身就是平等，哪里没有正义，即平等，那里就没有爱情，而只有爱情的反面。但假如不从配偶角度去看待妇女，她则是与男人一样的，在不同程度上具有同样官能的一个人；她是构成世界和人类社会统一体的一个品种"。[②]

（二）未规范婚约问题，其结果对妇女明显不利

法律不调整婚约，是否订立、解除婚约，听任当事人自愿。不过，一旦终止婚约，男性在社会结构中的强势就显现出来，妇女经常性地处于不利境地。

（三）不承认事实婚姻，使得妇女的人身权、财产权得不到承认和保护

《婚姻法》第8条规定，要求结婚的男女双方取得结婚证，即确立夫妻关系。"未办理结婚登记的，应当补办登记"。当男女双方就是否维持同居关系而发生争议时，双方尚能达成一致意见去申请补办结婚登记的，不能说

[①] 陈苇、冉启玉：《公共政策中的社会性别——〈婚姻法〉的社会性别分析及其立法完善》，《甘肃政法学院学报》2005年第1期。

[②] ［法］皮埃尔·勒鲁：《论平等》，王允道、肖厚德校，商务印书馆1988年版，第50页。

没有，但绝对是个别现象。大多数争议双方最终是以解除同居关系而结束彼此关系。此种情形下，当事人之间的财产关系，属于一般共有，财产是由谁获得的，就归谁。妇女很难分得财产。因为妇女的经济收入普遍地低于男子。

(四) 对无效婚姻涉及的财产规制事实上对妇女不利

根据《婚姻法》第12条规定，无效或被撤销的婚姻，当事人同居期间所得的财产，"由当事人协议处理；协议不成时，由人民法院根据照顾无过错方的原则判决"。这看似中性的法律后果条款，妇女可能因为不能证明本人无过错，而得不到照顾。而在社会现实生活中，由于传统性别观念的作用，曾经有过婚姻的妇女，即使其婚姻被撤销或被宣布无效，其未来缔结婚姻时，事实上仍被人们视为"再婚"，其在婚姻市场上的择偶范围将大大缩小。

(五) 特别保护军人婚姻，不利于部分已婚妇女

"现役军人的配偶要求离婚，须得军人同意，但军人一方有重大过错的除外"(第33条)。本次修法后，军婚的特殊保护力度有所减弱，但仍享有特殊法律待遇。现实中，鉴于现役军人多数是男性，其配偶且非现役军人的主要是妇女，事实上，特殊保护军人主要成了对已婚妇女离婚自由权的限制。

(六) 经济补偿请求权的行使条件过于苛刻

根据现行法，以夫妻实行分别财产制为条件，已婚妇女离婚时始有可能享有经济补偿请求权。在我国长期盛行夫妻共同财产制的传统与现实之下，该适用条件显然是苛刻的，以致已婚妇女纵然在婚后全职从事家务劳动，其付出和贡献仍难以通过经济补偿请求权得到肯定和补偿。

在男女平等原则下，夫与妻对婚姻、家庭的权利和义务是平等的。然而，妇女仍是家庭劳动的主要承担者。职业妇女既外出谋生，又要承担大部分家务劳动；对非职业妇女而言，由于家务劳动价值未获得肯定，她们对家庭财产增长无直接贡献，处于仰人鼻息、受人恩惠的状态，不容易行使对夫妻共同财产的权利。虽有法律上的独立人格，但在生活中，受制于经济条件，不能真正独立。

(七) 离婚时财产分割难以实现对妇女财产权利的平等保护

根据《婚姻法》第39条规定，"离婚时，夫妻的共同财产由双方协议

处理；协议不成时，由人民法院根据财产的具体情况，照顾子女和女方权益的原则判决。夫或妻在家庭土地承包经营中享有的权益等，应当依法予以保护"。然而，由于法律注重的是既得财产及财产权利，忽视以权利形式存在的无形财产，特别是在分割共同财产时，未明确将公平分割作为原则，导致实际分割结果往往是平均分割。

事实上，在夫妻共同财产制下，配偶一方为抚养子女、照料老人、协助另一方工作等作出贡献的，虽能在分割财产时享受到适当照顾，然而，当夫妻共同财产不多或者因悉数用于支持配偶另一方而所剩无多时，就不可能对妇女予以"照顾"了。

(八) 农村妇女的土地承包经营权容易受到侵犯

农村实行家庭联产承包责任制后，土地承包到户，一包三十年不变。然而，妇女因为男娶女嫁习俗，在结婚后会发生常住地变更，甚至户籍迁移。土地作为不动产，是带不走的。虽然已婚妇女有权在保留娘家原有承包地与到夫家后新分承包地之间作出选择，然而当夫家村庄已无地可分时，或者娘家村庄通过村民代表大会制定的村规民约，要求凡外嫁妇女须在婚后迁出户籍时，已婚妇女的土地承包经营权落实遇到了似乎难以克服的困难。2003年《中华人民共和国农村土地承包经营法》第30条规定，"承包期内，妇女结婚，在新居住地未取得承包地的，发包方不得收回其承包地；妇女离婚或者丧偶，仍在原居住地生活或者不在原居住地生活但在新居住地未取得承包地的，发包方不得收回其原承包地"。

如果婚姻发生危机，夫妻分居，甚至离婚，妇女将再次遇到土地承包经营权危机。《婚姻法》第39条规定，"离婚时，夫或妻在家庭土地承包经营中享有的权益，应当依法予以保护"。农村妇女离婚时，再次遇到土地承包权益问题。离婚妇女将其应得承包地份额从家庭承包地中分离出来，有极大困难。即使分割获得自己份额的土地，由于土地无法"随身带走"，当离婚妇女重返娘家生活时，其承包土地不容易发挥应有作用。

七 立法改革不足：夫妻财产制不完整

(一) 欠缺夫妻财产制的通则规定

夫妻财产制的通则性条款，通常是规定夫妻财产制的确立、变更、效力及终止。该《婚姻法修正案》未设立通则性规定，导致夫妻财产制的结构仍不完整，不利于保护夫妻的合法财产权，不利于维护利害关系第三人利益和民事交易安全。①

（二）未建立个人财产消耗补偿制，使得看似中性的财产条款的适用结果对男女不同

在男娶女嫁习俗普遍盛行的环境中，大多数妇女结婚时的嫁妆是被褥、服装、家具等日常生活用品或者房屋装修投资等易消耗、易折旧类财产的，而男方为结婚准备的物品大多为房屋、床、桌椅等耐消费品。随着婚姻生活流逝，已婚妇女的嫁妆大多消耗殆尽，离婚时，所剩个人特有财产不多；而男方的婚前个人财产，普遍未有较大贬值，不动产的价值则是上升了。如果有个人财产消耗补偿制，这种差异可以在一定程度上得到修正或弥补。

（三）夫妻共同财产分割请求权不足以保护经济弱势的妻或夫之财产利益

按照现行《婚姻法》，夫妻对于婚后所得共同财产，有平等的权利与义务，其目的在于保障夫妻双方的财产利益，更侧重保障已婚妇女对家事劳动的付出，故离婚时，夫妻对于婚姻关系存续期间所得之共同财产，有平等分割请求权。然而，依据该法案，该分割请求权，唯夫妻离婚时才能行使。在现实生活中，如此规定，会诱生下列四种困境，终致经济弱势一方的财产权难以得到真正保护。

（1）没有收入的配偶一方生活可能没有尊严。夫妻一方在家全职操持家务、教养子女而无收入的，如果配偶另一方不主动提供现金，则该方无任何财产可自由支配，甚至没有零用钱，需要的每一分钱都需要向对方"讨"。如果另一方不自觉履行义务，则该方配偶生活立即陷入困境。

（2）夫妻事实上无法实现对夫妻共同财产的平等处分权。夫妻一方未经对方同意而处分共同财产，或者明显不恰当处分共同财产时，另一方事实上无法阻止。

（3）夫妻一方因单方处分或过错而致夫妻共同财产遭受重大损失时，配偶另一方无法获得救济。

（4）离婚时，因对配偶他方财产状况不明，或他方已将其财产减少、

---

① 张玉敏主编：《新中国民法典起草五十年回顾与展望》，法律出版社2010年版，第398页。

转移或作其他处置时,实际上无法分配得到配偶他方的财产。因为主张分割夫妻共同财产一方,须负担举证责任。由于我国现有个人所得税收管理等方面的原因,负担举证责任一方,通常难以证明究竟有多少夫妻共同财产,特别是难以证明夫妻共同财产现在何处,故常以败诉告终。

第三编

婚姻家庭法改革的未来之路

第十一章
家庭法与家庭政策

如同古人无论如何也难以想象家庭关系不是尊卑关系而是平等关系，展望未来现代化家庭法究竟是什么图景，是困难的。但是，总有些发展趋势，是我们现在可以分析一二的。"任何制度，其所以产生、所以存在、所以发展，可说均有某种思想或理论为其后盾，而思想也因制度而获得落实，两者乃属相辅相成。法律与思想之关系亦不例外。"[①] 如果说，数千年来中国传统法制一直受儒家思想支配，已是众所周知，那么，未来的中国法制当以哪一种思想为基础呢？现代化婚姻家庭法应当以什么思想为根据呢？对于能受人控制之事物，如果能有深切的认识，就可以增加人控制该事物的能力。将婚姻家庭法现代化纳入中国社会现代化之中，立法对婚姻家庭价值的认识，对家庭职能的把握，对家庭成员权利义务的规范，应与社会发展相协调。

第一节 婚姻家庭法的基本价值取向和功能

一 婚姻家庭关系的特点

自从近代以来，婚姻关系是个人基于自我意志、自我选择而缔结并维持的两个异性之间的亲密关系。亲属则是因出生而当然发生的人与人之间的关系。"亲属关系不是从契约中产生出来的，所以它也不可能通过契约而断

---

① 马汉宝：《中国法制史之名称与研究范围》，刘增贵主编《第三届国际汉学会议论文集·历史组：法制与礼俗》，"中研院"历史语言研究所2002年版，第7—8页。

绝"。① 婚姻关系，特别是家庭关系，人们不能通过私人认可加入某个家庭，他要想脱离这个家庭更是难上加难。

（一）父母子女关系是与生俱来的

婚姻家庭关系具有高度人身属性，其权利义务具有强烈伦理性。婚姻家庭是传统伦理道德的主要载体之一，婚姻家庭关系既是法律关系，又是伦理关系。婚姻家庭关系主体相互之间所具有的特定亲属身份，是确定主体享有权利和承担义务的依据。除了夫妻之外，当事人之间既具有与生俱来的亲属身份关系及由此而生的亲情，心理较复杂，又可能意见相左或利益冲突。个人、家庭、家族隐私相互之间关系复杂，一个人的决定关系到当事人及其家庭成员终生乃至数代人。因此，家庭案件的解决和司法审理，在时间、场合、方式、程序等方面有很高要求，又需要较大灵活性。

家庭是社会的基本单位。国家公权力对家庭事务的干预较多，当事人自由处分权利受到限制，特别在涉及未成年人利益或老年人权益时。在当事人之间发生意见分歧或矛盾时，应尽可能促成当事人消除矛盾、达成谅解，继续保留原有法律关系。家事纠纷的解决，不单纯以追求当事人孰是孰非为目的，而是重在调整人际关系，使当事人回复到生活的常态。

（二）婚姻家庭关系既是身份关系，又必然与财产利益交换相联系

亲属，当然是一种身份，彼此之间构成特定身份关系。亲属身份，即在彼此之间建立起亲密关系，产生亲近感、亲切感，从而区别于其他社会成员关系。亲属之间，相互关心，互帮互助，交流感情，规划人生。亲属之间，常常是有福同享，有难共担。

亲属关系，必然与财产利益及其交换相联系。人作为社会存在，生活在现实中，必脱不开物质利益。各种亲属关系，不得不与财产交换相伴相随。必须注意，这种财产联系通常不具有等价有偿性质，故区别于一般社会关系中的财产关系。"由亲属身份所派生的财产关系也不体现直接的经济目的，它所反映的主要是亲属共同生活和家庭职能的要求，带有某种社会保障和社

---

① ［法］埃米尔·涂尔干：《社会分工论》，渠东译，生活·读书·新知三联书店2000年版（2005年第2次印刷），第168页。

会福利的色彩"。①

婚姻家庭关系的当事人，是亲属中最核心、最重要的一部分，他们之间的联系更为紧密。

二 婚姻家庭法的功能

家庭法所要解决的问题可以归纳为下列两种类型：（1）家庭的不同功能都是由谁来担负的？谁是丈夫，谁是父亲，谁是嫡子，谁是监护人等等？这些功能的正常类型是什么？它们又有怎样的关系？回答第一个问题，就必须找出那些有关缔结婚姻所需要的条件和身份，有效婚姻的必要手续，判定嫡子、私生子和养子的条件，以及选择监护人的条件等规定。（2）……解决第二个问题，就要参照夫妻双方权利与责任的有关规定，如离婚、无效婚姻以及分居状态下的相互关系（包括财产分配），父权、收养的法律效力，监护人的管理权及其与被监护人的关系，家庭会议对监护人和被监护人的作用……父母的作用等。②

（一）明确身份

明确身份，就是界定两个人之间的关系。身份，是相对应的两个人之间的各自的资格和对应称谓。要界定两个人各自的身份，就必须明确他们彼此之间的关系；反之，亦然。

（二）建立婚姻制度、家庭制度和亲属制度

要建立婚姻制度，就得设定结婚的条件和程序；离婚的条件和程序。

要建立家庭制度，就得建立确认父母子女关系的途径；父母子女之间的权利与义务；兄弟姐妹关系等。

要建立亲属制度，就得明确什么范围内的人之间构成亲属、两个人之间是什么亲属；亲属有哪些类型，划分亲属类型的依据和规则是什么；哪些亲

---

① 马忆南：《婚姻家庭法的弱者保护功能》，《法商研究》1999年第4期，第15页。
② ［法］埃米尔·涂尔干：《社会分工论》，渠东译，生活·读书·新知三联书店2000年版（2005年第2次印刷），第83—84页。

属之间享有法定的权利和负担法定义务等。

（三）保护婚姻和家庭

"群体不只是规定其成员生活的一种道德权威，它更是生活本身的源泉。任何集体都散发着温暖，它催动着每一个人，为每一个人提供了生气勃勃的生活，它使每一个人充满同情，使每个人的私心杂念渐渐化解。所以在过去，家庭负有着制定道德和法律准则的责任，这些准则非常严格，有时严格得近乎残酷。然而，正是在这样的环境里，人们第一次尝到了流露感情的滋味"。[①]

三 婚姻家庭法的基本价值取向

婚姻家庭法的基本价值取向，是由该领域法律承担的任务和指向达成的目标所决定的。

（一）相互合作而共存共荣

婚姻和家庭都是一定范围人口之间的生活共同体。自从诞生以来，婚姻、家庭就担负着诸多社会职能，发挥着重要作用，因而在社会生活中占据着基础地位。繁衍人口、养老育幼、组织生产、组织消费、组织个体生活等。婚姻家庭因其功能而存在、发展。虽然进入当代社会以来，婚姻关系发生了一些变化，婚姻当事人个体的意志与自由受到了越来越多的尊重，男女之间相亲相爱的感情的因素突出了，但是婚姻的基本功能并未改变。婚姻是一定人口的生活共同体。"夫妇不只是男女间的两性关系，而且还是共同向儿女负责的合作关系"。[②] 家庭仍然是具有一定血缘关系的成员之间的生活共同体。

不论是古代社会中的婚姻和家庭，还是现当代社会中的婚姻和家庭，当事人身在其中，就是要通过该制度、该模式而实现更好地自我生存，更快地提升自我、更好地发展自我，同时促进合作者更好地生存和发展。使用当代流行语表述就是"合作共赢"。

---

① ［法］埃米尔·涂尔干：《社会分工论》，渠东译，生活·读书·新知三联书店2000年版（2005年第2次印刷），第38页。

② 费孝通：《乡土中国生育制度》，北京大学出版社1998年版，第159页。

（二）保护弱者

婚姻家庭法具有弱者保护功能，至少源于婚姻家庭的社会功能、法律的价值、婚姻家庭法的特点。①

第二节 性权利与家庭生活权

一 性权利

性权利，亦称性自主权，是指人在不违反法律和公序良俗的前提下，自主表达自己的性意愿、实施性行为、实现性满足的权利。它是夫妻关系的内核，是婚姻法的调整对象。正因为性利益是人最基本的利益诉求，实现该种诉求的要求，所以理当设定为一种权利：性权利。

性，是一个婚姻家庭法不能回避的基础问题。一方面，性是每个人人格的组成部分，其发展和满足是人类的基本需求，而婚姻是人类规范性本能的最重要制度；另一方面，性是生育的前提和动因，关系到种族、民族、人类的最根本利益。

（一）性权利的基础和依据：性需求、性行为、性关系和性利益

1. 性本能与性行为

"性本能是生物界最强烈的本能之一，能够同它'竞争'的只有饥和渴的本能。这是为生物学早就经实验证实的。这也是增殖、繁衍、再生后代、保存本类的本能。"②

（1）性需求。性要求是一种强大的本能力量。性欲，是接近异性的愿望，是人性成熟时对异性的一种特殊态度。人的性欲是由许多外因和内因所决定。就内部刺激物而言，性欲是由性腺所产生的生物活性物质等导致的意识控制不了的欲望；外部因素则指通过各种渠道到达机体的具有一定性的含义的外部信息。在内外因的影响下，人产生强烈的性要求的情绪——性紧张

---

① 马忆南：《婚姻家庭法的弱者保护功能》，《法商研究》1999年第4期，第14页。
② ［苏］A. A. 洛吉诺夫：《男性与女性》，赵云平译，（台湾）林郁文化事业有限公司1992年版，第64页。

或性显现。"这时人的兴趣范围缩小，全部注意力都完全集中在性体验上面。"①

性需求的发展，依赖于人类基本需求的满足，包括接触欲、亲密感、情感表达、欢愉快乐、温柔体贴、情恋意爱等。②

（2）性行为。人是社会之人，性行为虽是以天生的性本能和条件反射为基础，却具有高度组织化心理的行为，是只有依靠人的意识、理智和教养才能达到与人相匹配之完美程度。

性功能是神经和体液的调节机制，是由统一的神经来控制的。这一机制包括内分泌腺系统、中枢神经系统（脑垂体、肾上腺、性腺）。其他腺体对人的性行为也会产生相当重要的作用。内分泌腺所产生的性激素，对性欲和性活力的表现，有促进或阻碍作用。新陈代谢的产生以及激素，由于各种原因，激发或阻滞性活力。

性行为，首先是由意识和对自己行为的责任感（中枢神经包括其高级部分——大脑皮层）所调节的。内分泌激素影响着中枢神经的各部分，而中枢神经反过来又调节这些分泌腺工作。中枢神经参加性功能的调节，是由于各种无条件反射、条件反射和高级心理功能的机制而实现的。③ 不过，对人类而言，性行为不单纯是生物性行为，而且是社会行为之一。我国著名的医学专家吴阶平院士对性进行了界定，他认为"性行为和性功能本质上并不仅是生物学性的，而且没有任何别的方面比性领域更能充分表现出精神和肉体之间的相互作用。性是诸因素，包括自我力量，社会知识，个性和社会准则等与生理功能密切结合的一个高度复杂的体系。"④

2. 性关系与性利益

人从诞生之时起，尤其是在性成熟时期，在教育的影响下逐渐形成，并在尔后表现出性的生物学上的必需综合——模式。这些模式是人类性文明的

---

① ［苏］A. A. 洛吉诺夫：《男性与女性》，赵云平译，（台湾）林郁文化事业有限公司1992年版，第40页。

② 参见世界性学会第十四次会议通过的《性权宣言》（1999年）。转引自郭卫华《性自主权研究——兼论对性侵犯之受害人的法律保护》，中国政法大学出版社2006年版，第24页。

③ ［苏］A. A. 洛吉诺夫：《男性与女性》，赵云平译，（台湾）林郁文化事业有限公司1992年版，第48页。

④ 吴阶平：《性医学》，科学技术文献出版社1982年版。

基础。这种文明标志着人在社会和道德方面的人格。"最初性关系的性文明和以往社会道德及医学生物合理性的教育，有助于在大脑皮层中形成正面的性综合"。①

在整个动物界的雄雌性行为中，都存在着一定秩序。动物交配的目的在于繁殖后代；然而，人是动物界中唯一的例外。男人和女人之间的性关系，除了繁殖后代的纯生物功能外，还有其他动物所没有的功能——交际功能。故男人与女人性行为的目的，远非总是为了使女人受孕和生产下一代。②

性利益是人格利益之一部分。该利益的实现能使人保持身心健康，精神愉悦，更有尊严。人类的性关系不应只归结为纯粹生物上的事，人类性行为同样不应被看作单纯满足动物本能之现象。人类的性联络都带有经过深思熟虑的社会生物作用的交际形式，即人类除了生物上的需求外，还有同样重要的社会的、交际的、美学的、情绪的等多种需要。在诸多交际形式中，两性性爱，在每个精神和身体健康的人的生活中，都占有极为特殊的且极其重要的地位。

性本能，不仅是旺盛的，又是可以控制的，必要时也是可以节制的。人类在长期进化过程中，找到了满足性利益需求的基本方法，这就是婚姻制度。

(二) 性权利的性质

性权利是天赋人权之一。人是一种必然包含性之存在；"性自主权是与生俱来的"，是"人之所以为人的重要属性"。③ 任何人都享有在法律允许范围内自主表达性意愿、实施性行为的权利，任何人不得强迫或干涉。

性权利是人格权的一部分。性权利与人的尊严、身心健康密切相关。任何人都享有完整的性自主权。他人不得亵渎、违背、侵犯。

性权利，其行使是有合理边界的。任何权利的行使，都必有其合理的边界。性自主权也受法律、道德、伦理的限制。

---

① [苏] A. A. 洛吉诺夫：《男性与女性》，赵云平译，(台北) 林郁文化事业有限公司1992年版，第49页。

② 同上书，第66页。

③ 郭卫华：《性自主权研究——兼论对性侵犯之受害人的法律保护》，中国政法大学出版社2006年版，第32页。

(三) 性权利的构成

关于性自主权的内容，在学术上有不同界定。例如，郭卫华认为，性自主权包括拒绝权、自卫权、承诺权、选择权、性纯洁保持权、性生理载体完整权、专一权、性艺术表现权。[①] 笔者则赞同另一种分类，即性权利，由下列十一项系列权利组成：[②]

（1）性自由权。性自由包括个体表达其性潜力的可能性。同时，任何时候、任何情形下，它均排除所有形式的性强迫、性剥削、性虐待。

（2）性自治、性完整和身体安全权。个体享有自主决定其性生活的能力，免受任何虐待或暴力。

（3）性隐私权。个体就其亲密关系，有权自主地决定其性意愿、性行为，只要未侵犯他人的权利。

（4）性表达权。个体有权通过语言交流、身体接触等方式表达其性意愿、性需求。

（5）快乐权。个体有权通过实施性行为而实现其生理、心理、情感的满足，达成欢愉、幸福。

（6）性自由结合权。个体有权通过结婚、非婚及其他负责任的途径实现性结合之可能性。

（7）性公平权。此权利是指免于一切形式的性歧视。无论年龄、种族、阶级、宗教或文化、生理、社会性别、性倾向等不同，个体在实现性需求、性利益上均应有权享有同等待遇。

（8）生育的选择权。个体在实施性行为时，有权自主决定是否生育后代。

（9）性信息权。个体有权利获得经适当方式传播的有关性的知识、信息。

（10）性保健权。个体享有预防和治疗性焦虑、性失调、性疾病以保障性健康之权利。

[①] 参见郭卫华《性自主权研究——兼论对性侵犯之受害人的法律保护》，中国政法大学出版社2006年版，第49—53页。

[②] 参见世界性学会第十四次会议通过的《性权宣言》（1999年）。转引自郭卫华《性自主权研究——兼论对性侵犯之受害人的法律保护》，中国政法大学出版社2006年版，第26—27页。

（11）性教育权。个体有权享有接受与性有关的教育。

简言之，性权利，不是某单个权利，而是一组权利的集合体；其中，各项权利之间存在明显差异。

二 家庭生活权

家庭生活权是自然人应该享有的基本权利之一，是一项人权。家庭是社会的细胞和组成社会的基本单位，现代各国的立法均对其公民或国民的婚姻家庭权予以保护。但是，"这些良法在实际生活中的实现程度却有所不同。此等差异可能来源于各国立法对家庭权实施保护的内容和重点不同，也可能来源于各国在执法和司法过程中对有关家庭权立法的施行力度有别"。①

（一）"家庭"和"家庭生活"的内涵

1. 家庭的含义

在法律上，家庭是指由一定范围的亲属组成的共同生活体。在现代家庭法上，"一定范围的亲属"是指彼此互享法定权利和互负法定义务的近亲属。

具有哪些联络之人可以互称亲属呢？传统上，亲属，是指基于婚姻、血缘、法律拟制而取得的法律身份。但是，自20世纪70年代以来，越来越多国家和地区的法律承认和保护非婚同居、同性结合，换言之，非婚同居、同性结合均是能够产生亲属身份的法律事实。因此，非婚同居家庭、同性结合家庭与传统的婚姻家庭并列，同样受到法律保护。

不过，我国现行婚姻家庭法上，非婚同居、同性结合均尚未获得法律认可，这两类当事人的共同生活体，不构成法律意义上的家庭，当事人之间不具有近亲属身份。

2. 家庭生活的定义

"家庭生活"的定义，不仅应是法律上的，而且也应是事实上的。

对于已婚夫妇与其婚生子女以及其他紧密的家庭关系而言，此等真实的家庭联系是不证自明的。

"共同居住"不是家庭生活必不可少的要件或元素。例如，非婚生子

---

① 杨成铭：《论欧洲人权机构对家庭生活权的保护》，《法学论坛》2005年第2期，第113页。

女，从出生时起可能就未曾与生父共同居住，但这不妨碍他或她与其生父之间形成法律上的家庭关系。同理，父母离婚后，子女与父亲或母亲共同居住，也不影响其与父母另一方之间业已形成的家庭关系之继续存在。

(二) 对家庭生活权的保护

1. 尊重"家"

个人享有其家受到尊重的权利。这种权利，主要表达为他人不得非法闯入其私人住宅。

2. 承认并保护家庭成员之间的法律关系

法律承认家庭成员之间的法律关系，就应当准许并积极促成家庭成员之间保持联络、履行相应的义务、行使权利。

3. 承认非婚生子女与婚生子女享有平等权利

随着个体独立自由发展，少数个体突破婚姻约束而在婚外生育子女的情形，似乎越来越多。为了保障儿童利益，立法必须使各类子女享有平等权利，获得同等待遇。

4. 承认并保护父母对其子女享有平等的监护权

父母离婚后，父母双方对其子女的监护权是平等的，谁都不享有对其子女监护的优先权。

5. 保护父母与子女相互见面及联络的权利

父母子女见面、联络，是建立和发展亲情的基本途径。公共政策应当保障满足父母子女之间的这种天然需求。

6. 尊重每一个家庭成员对家庭事务决策的参与权

家庭作为其成员的生活共同体，家庭民主是近代以来家庭生活的基本形态。每一位成员都应有权参与家庭事务的决策。即使是儿童，作为家庭成员，与成年的家庭成员是平等的，同样有此权利。

(三) 家庭生活权是人权

家庭生活权实际上是一种福利权。婚姻家庭历经数千年而能保留下来，是因为它带给生活在其中的人们一定的福利或者好处。家庭福利是人们利用这种方式生活的动机和所追求的目标。尽管有些人在家庭中生活一辈子享受的"好处"很少，但对于绝大多数人而言，肯定是因为好处多多才结婚成家的。《世界人权宣言》第16条规定，"成年男女，不受种族、国籍或宗教的任何限制有权婚嫁和成立家庭"；"家庭是天然的和基本的社会单元，并应受社会和国家的保护"。第12条规定，"任何人的私生活、家庭、住宅和通信不得任意干涉"。第16条规定，《欧洲保护人权和基本自由公约》第8条规定，"每个人都有权使自己的私生活和家庭生活受到尊重"。个人的私生活、家庭生活不受国家等公共机构不合理干预。

家庭是人们长期保持亲密人际关系的组织结构。婚姻或家庭的成员共同分享物质利益、精神利益，相互帮助和支持；有乐共享，有难同帮，更好地满足自己的需求，过更好的生活。无论是社会福利发达的国家或者社会福利欠缺的国家，婚姻家庭法都会无例外地规定一定范围的亲属有相互扶养、相互继承遗产的权利等；无正当理由离家出走或者不顾家庭其他成员的死活，构成遗弃，行为人依法应承担法律责任。否则，婚姻、家庭作为个人生活的基本模式，就可能不受欢迎了；反之，甚至就不会有家庭了。儿童是最典型的家庭福利受益者。《儿童权利公约》深信家庭作为社会的基本单位，能为家庭成员特别是儿童成长和幸福提供自然环境。

三 非婚同居是否应该合法化

自20世纪的最后20年以来，越来越多国家或地区的公共政策承认非婚同居，非婚同居已形成与婚姻并行的另一种性结合制度。受此国际发展影响，也基于内地社会生活中部分人行为实践，在中国也发生了非婚同居是否应当合法化的讨论。多数人持肯定观点，主张应当尽快承认非婚同居的法律地位。

（一）非婚同居普遍流行的动因[①]

讨论非婚同居是否应该获得法律承认，有必要考察促成非婚同居现象普遍化的原因。无论是西方还是中国，非婚同居开始成为普遍社会现象，尽管起始时间阶段有显著不同，但导致流行的原因是惊人相似的。个人自由、独立价值的不断提升，导致追逐自我满足需求的发展，使个体越来越不愿意束缚于传统制度内；社会快速变迁，工商业化、城市化发展，传统道德被冲刷得越来越薄；家庭角色与社会角色之间日益增多的冲突下，传统婚姻观、家

[①] 参见蒋月《婚姻家庭法前沿导论》，科学出版社2007年版，第281—287页。

庭观念逐渐被离弃，离婚率持续上升，婚姻的稳定性不复存在；女权运动发展，男女传统角色和分工被打破；技术革命使得人际交流轻而易举，可选择性越来越大；社会保障制度部分替代了传统婚姻家庭的功能，个体对婚姻家庭的依赖度渐行渐弱，等等。

1. 尊重个人独立和自由的社会改革运动为非婚同居流行提供了思想支持

近代以来，人的重新发现开启了个体自由的社会运动，使个体获得了极大解放，背负的约束越来越少。第二次世界大战后，崇尚"人性""自由"的社会思想更加主流化。人们为了发展其个性，需要更多自由，传统婚姻形式变得不那么重要。"基本上是能够表达自己意愿的年轻人，他们或是希望脱离整个制度，或是想把这个制度打烂，重新开始"。① 非婚同居作为一种新的生活方式，既自由又新潮，结束非婚同居关系不需要太多花费和经过烦琐的法律程序，而且可以避免离婚带来的不利经济后果，年轻人趋之若鹜。

2. 现代社会保障制度为人们提供了从摇篮到坟墓的整个人生风险保障

社会保障制度部分地替代了传统婚姻家庭的功能，使得传统婚姻和家庭对人的吸引力减弱。人们在私人生活中，更追求情感满足、性满足，非婚同居似乎应运而生。

3. 离婚率持续升高的事实破坏了作为生活信仰的传统婚姻观

自20世纪上半叶以来，工业化国家和地区离婚率一直处于上升趋势，家庭结构不断重组，天长地久的"美好"渐渐变成只可期待而不能兑现的承诺。人们怀疑传统婚姻的稳定性，不敢轻易进入婚姻的门槛。非婚同居不仅成为人们验证是否适合结婚的普遍办法，而且直接充当替代婚姻的生活方式。

4. 女权运动与妇女解放，也是促进人类社会生活改变的重要因素

女权运动使得妇女在较大程度上获得了社会解放，越来越多妇女受到良好教育，认识到自身价值，重视自我价值的实现。或许，这在某种程度上降低了妇女对不幸婚姻的忍耐力。而婚姻，由于受到外界种种诱惑而变得不稳定了。

5. 工业革命及其带来的新技术深刻地改变着人类的性道德

汽车的发明和利用，便捷的交通运输服务，使年轻人极容易避开父母和

---

① ［美］玛格丽特·米德：《代沟》，曾胡译，光明日报出版社1988年版，第82—83页。

邻居等的视线，做他们想做或者喜欢做的事。医药卫生的进步，使性逐渐地摆脱了神秘的、肮脏的形象，特别是避孕药的发明和节育工具的使用，使得人类不再受性"奴役"，人们特别是妇女不必担心不堪承受的生育及其负担了。没有了保护儿童利益的顾虑，社会对成年人的性活动持越来越宽容的态度。性道德在评价人的性需求或性问题时相对客观了。非婚同居，渐渐受到了各个年龄阶层人群体的较普遍肯定。

很显然，前述各种趋势只会加剧而不会减退，非婚同居现象将有增无减。我国法律将其拒之门外的立场是否将发生大转变呢？

(二) 法律的立场之再选择

新中国法律对非婚同居问题的立场，在 20 世纪 50 年代有条件承认①—1989 年全面否定②—2001 年有条件承认③—2003 年不承认不否定。④ 在公共政策价值取向的反复摇摆中，非婚同居人数则与日俱增。从西方国家法律规范此问题的经验看，我国未来婚姻家庭法律将不得不改变立场，接纳并保护非婚同居。

阻碍非婚同居合法化的障碍，似有破解之趋势。我国现行立法不认可非婚同居，主要有两方面原因。一方面，我国实行一夫一妻的婚姻制度，非婚同居，不是婚姻，不予保护。另一方面，受制于人口计划生育管理的压力，非婚同居一旦合法，绝大多数当事人生育子女将对人口管理产生极大冲击。然而，尊重和保护传统婚姻，与承认非婚同居合法，两者之间可以并行不悖。事实上，西方保护非婚同居的法律制度，是对传统婚姻制度的借鉴与模仿，甚至可以说是对婚姻制度的补充和丰富。非婚同居不仅是个法律问题，

---

① 在不违反法律强制性规定的条件下，只要当事人双方年龄与法定结婚年龄相差不远，法院一般认可其具有婚姻的效力。

② 《最高人民法院关于审理未办理结婚登记而以夫妻名义同居生活案件的若干意见》（1989 年 11 月 21 日）第 3 条规定，"自民政部新的婚姻登记管理条例施行之日起，没有配偶的男女，未办理结婚登记即以夫妻名义同居生活，按非法同居关系对待"。民政部《婚姻登记管理条例》于 1994 年 2 月 1 日起实施。

③ 《婚姻法修正案》第 8 条规定，"要求结婚的男女双方必须亲自到婚姻登记机关进行结婚登记。……取得结婚证，即确立夫妻关系。未办理结婚登记的，应当补办登记"。

④ 2003 年 12 月 26 日《最高人民法院关于适用〈婚姻法〉若干问题的解释（二）》规定，当事人起诉请求解释同居关系的，人民法院不予受理；属于有配偶与他人同居的，人民法院应予受理并依法予以解除；当事人因同居期间财产分割或者子女抚养纠纷提起诉讼的，人民法院应当受理。

更是事实问题，无论法律是否承认，都有一定数量当事人同居生活，生育后代。承认非婚同居与否，生育人口的数量似乎没有得到根本性改观。同时，不承认非婚同居，非婚同居当事人发生利益冲突时，难以找到公平的救济途径，客观上不利于对妇女、儿童利益的保护。

四 同性结合是否合法化的论争

立法是否应当承认同性结合，是未来家庭法改革中必然遇到的大难题。自从20世纪80年代中期，北欧丹麦立法承认同性结合的合法性以来，越来越多的国家或地区制定相应法案或修改原有婚姻法，使之能为同性结合提供保护。荷兰[1]、比利时[2]、西班牙[3]、加拿大[4]、南非等国采用同性婚姻法，赋予同性伴侣与异性婚姻配偶相同的权利和义务；丹麦[5]、挪威[6]、瑞典[7]、冰岛[8]、英国[9]、美国部分州[10]的法律则将同性结合定位为民事伴侣或民事结

---

[1] 2001年4月1日，荷兰《同性婚姻法》生效。据此，修订了《荷兰民法典》有关婚姻的条款。

[2] 2001年6月22日，比利时部长会议通过一项法案，承认婚姻可以由两名男性或两名女性组成。据此，修改了《比利时民法典》中婚姻家庭法。熊金才：《同性结合法律认可研究》，博士学位论文，厦门大学，2009年，第115页。

[3] 2005年7月2日，西班牙国民议会通过《民事婚姻法》，并于次日生效。该法案将婚姻界定为"异性或同性两人之间的结合"。

[4] 2005年7月20日，加拿大《民事婚姻法》生效，将婚姻界定为"两个人之间的排他性的合法结合"。参见熊金才《同性结合法律认可研究》，博士学位论文，厦门大学，2009年，第112页。

[5] 丹麦《注册伴侣关系法》于1989年6月通过，并于同年10月1日起生效。为此，修订了《婚姻法》《继承法》《刑法》《税法》等法律中相关规定。丹麦是世界上第一个承认同性结合合法的国家。熊金才：《同性结合法律认可研究》，博士学位论文，厦门大学，2009年，第106—107页。

[6] 挪威《注册伴侣关系法》于1993年4月通过。此后修订了《婚姻法》《刑法》等法案，在"婚姻"一词之后增加"或注册伴侣"。熊金才：《同性结合法律认可研究》，博士学位论文，厦门大学，2009年，第107—108页。

[7] 瑞典《注册伴侣关系法》于1994年6月22日通过，并于1995年1月1日起生效。熊金才：《同性结合法律认可研究》，博士学位论文，厦门大学，2009年，第107页。

[8] 冰岛《注册伴侣关系法》于1996年7月1日起生效。熊金才：《同性结合法律认可研究》，博士学位论文，厦门大学，2009年，第108页。

[9] 英国《2004年民事伴侣关系法》于2004年11月18日获议会通过，于2005年12月5日实施。据该法案注册缔结的同性伴侣关系受到法律保护。

[10] 美国加利福尼亚州自1999年通过《家庭伴侣关系法》；2003年通过《家庭伴侣权利义务法》。参见熊金才《同性结合法律认可研究》，博士学位论文，厦门大学，2009年，第111—112页。

合关系,区别于异性结合的婚姻;法国①、美国夏威夷州②则采取互助互惠契约模式。受此国际潮流影响,在中国实行改革开放后,同性性倾向、同性恋在二十年左右实现了非罪化、去病化,③ 同性结合是否具有正当性引起了较大争论。

(一)同性结合的挑战

"婚姻主体须互为异性,是传统婚姻立法最基本的规则。尽管成文法并没有作出过这样明确的规定,但它包含在对婚姻概念的传统的经典的解释之中"。④ 在当代社会,人类这一普世价值观不仅受到了挑战,而且在20世纪80年代末开始,人类法律作出改变,有越来越多国家和地区立法承认同性结合,赋予同性伴侣同于或者类似于异性婚姻配偶的权利和义务。

1. 反对同性结合的理由

首先,人类双性繁殖是自然选择的结果,而同性结合不能生育后代。人类与其他哺乳动物一样,都是两性繁殖,而非单性繁殖。同性婚恋显然与这种自然选择方向相反,其生理定式只能导向单性繁殖。同性结合不能产生促进人类进化的父本和母本。其次,婚姻结构自然地要求异性相互补充,并以此为前提,而同性结合破坏了社会分工。最后,允许同性结合的后果难以预料。如果允许同性结合,人类性关系上突破了迄今为止的最大禁忌,性行为、性关系的底线在哪里?

2. 支持同性结合的观点

该意见认为,其一,社会普遍认同异性婚并不等于异性婚是真理而同性

---

① 法国《民事互助契约法》(简称 PACS)于 1999 年 10 月 13 日通过,并于同年年底生效。为此,《法国民法典》修订,增设了第十二章"民事互助契约和同居"。民事互助契约是指两个异性或同性成年自然人为组织共同生活而订立的协议。PACS 的内容,参见熊金才《同性结合法律认可研究》,博士学位论文,厦门大学,2009 年,第 115—120 页。

② 美国夏威夷州《互惠关系法》于 1997 年 7 月 1 日生效。该法案调整的互惠关系是指两个成年人之间建立的有效的互利关系,旨在赋予依此法不能结婚的伴侣异性婚姻配偶所享有的部分权利和利益。参见熊金才《同性结合法律认可研究》,博士学位论文,厦门大学,2009 年,第 121—123 页。

③ 1997 年修订的《中华人民共和国刑法》删除了"流氓罪",既往被视为"鸡奸"的某些同性性行为,不再有相对应的刑法条款可适用,这一事实被视为实现了同性性倾向非罪化的标志。2001 年 4 月 20 日,《中国精神障碍分类与诊断标准(第三版)》公开面世,其中对于"性指向障碍"的解释获得修正,"性指向障碍指起源于各种素发育和性定向的障碍。从性爱本身来说,不一定异常"。这被理解为实现了同性恋去病化。

④ [美] Harry D. Krause, *Family Law*, 3th ed.,法律出版社 1999 年版,第 43—44 页。

婚不正确。生物学研究成果表明性取向有生物学基础，同性性倾向是先天的。异性爱不是自然界一切性行为的唯一形式。其二，医学的开明和进步为同性性倾向和相互结合提供了某些依据。同性恋既非精神病，也非病态，而是一种与其他性行为方式一样的性行为方式。其三，从文化和社会方面观察，同性恋和异性恋都是文化训练的结果。其四，人权法上的平等原则、反歧视原则为同性恋和同性结合提供了依据。《人权宣言》第1条明确宣布，"人人生而自由，在尊严和权利上一律平等"。缔结婚姻、组织家庭生活是人权。依照大多数人的主观偏好否认少数个人选择同性伴侣共同生活的基本权利，违反平等原则，涉嫌歧视。我国《宪法》宣告"公民在法律面前人人平等"。当同性性倾向者被否定、排斥同性结合时，就将他们排除在正常生活状态之外。婚姻必须以异性为自然前提是出于主观推断，而不是基于实际分析；同性结婚不能生育后代的担忧，可以通过生殖技术辅助获得有效解决。承认同性结合，人类社会只会增多一个基本价值，并没有否定传统婚姻观等价值，更无充分证据证明同性结合会损及公共利益。

必须看到，在人权运动推动下，秉持平等和反歧视原则，从欧洲、美洲到非洲，20世纪80年代至21世纪初十年，已有超过20个国家和地区的法律承认同性结合。

（二）中国未来法律的选择

采用何种模式规制同性结合关系，基本上是技术问题。比较西方国家法律经验，民事伴侣关系更为合理。

第三节　家庭法与性别平等

从1950年到2001年的50年间，婚姻法经历了1950年、1980年、2001年三次主要修法活动，基本建构起以男女平等为基本价值取向的婚姻法规范体系。但是，以性别为观察角度检审三部婚姻法文本，可以看到，婚姻法中的性别平等并不彻底，歧视女性或不利于女性的条款仍存在，诸多以法律中抽象人概念为规范对象的条款，忽视了不同性别之人在经济社会环境中的差异性，其适用结果对男女两性不同。破除男女不平等的法律障碍尚待努力。未来立法，应当重视性别敏感度，从形式平等转向实质平等。

男女平等，既是法律基本原则，又是权利。现行《中华人民共和国宪法》第48条规定，"中华人民共和国妇女在政治的、经济的、文化的、社会的和家庭的生活等各方面享有同男子平等的权利"。妇女权益保障法、婚姻法、未成年人保护法、老年人权益保障法等法律，在涉及妇女时都规定了男女平等，保障妇女的权益。新中国成立以来，妇女享有平等权利，走出家庭，参加工作，自由结婚、离婚，平等参与财产分配，妇女的身影几乎活跃在中国社会的方方面面，成为"半边天"。时下的中国，男女平等似乎不成问题了，甚至有人呼吁要争取男权了。其实不然，男女平等还没有成为多数人的行为习惯，男女不平等的阴影处处存在，特别是农村地区，重男轻女还相当普遍。法律上的平等不等于事实上的平等。因此，有必要检讨为什么男女平等实施多年，其结果为何并未达到男女平等，以及怎样才能促进事实上男女平等的实现？

两性平等应从观念和制度做起。从两性关系平等的观念考察，中国传统的男尊女卑、妇女"三从四德"的价值观，在现代社会职业观、家庭观大幅度转变之际，已越来越经受不起考验。在工业社会中，平等受教机会的普遍化，已大幅度提高妇女就业的能力与意愿。双薪家庭的兴起、大家庭制度的瓦解、个人主义的普及均使女性必须在生活上、职业上追求自立与独立。在此情形下，以往社会上用以规范女性、限制女性的制度，均需重新加以调整。在以往的婚姻家庭立法变革中，夫妻财产制、子女监护权、离婚条件等，都已有了相当大幅度的调整，未来也将进一步改变，使得家庭中两性关系能逐渐从偏重男权转为平等对待两性。

一　法律上的男女平等之解释

男女平等是指男性和女性在各方面平等。男女平等是两性的人格和地位平等，男女平等是男女在政治的、经济的、文化的、社会的和家庭的生活等各方面平等地享有权利，平等地承担义务。平等，通常被解释为"等者等之，不等者不等之"，即同样情况相同对待，不同情况差别对待。男女两性在法律面前平等，享有平等权，人格平等，法律待遇相同，不因性别不同而受到差别待遇，任何人不得享有特权。男女平等不是否认两性之间的生理差异。

男女平等首先意味着程序平等，保证每个人机会均等，由每个人自由竞争决定结果胜负。然而，程序平等并不意味着结果平等。因为法律上的人人平等，仅仅是形式平等，这种形式平等或者说法律文本上的平等，没有顾及人与人之间在财产、体能、精神、能力、机会以及在掌握信息等许多方面都存在着个体差异，引发新的事实上的不平等。实施普遍的形式平等，"把法律上的手段赋予那些本来已经很强大的人，只会使这些差异长期存在下去"，[1] 甚至可能导致强者更强，弱者更弱。形式平等不等于事实平等。仅有法律形式上的男女平等是不够的。

其次，平等应当体现为结果平等。为克服平等价值追求的结果与目标背离的矛盾，平等发展到"基本自由平等""进步机会平等"及"为达公平采取有利于弱势者之积极差别待遇"，对形式平等原理进行修正、补充，注重实质平等，以达到社会公平正义。"消除现在的和继续存在的歧视，纠正过去存在的歧视带来的久拖不散的负面影响，并且建立制度和程序以防止将来出现歧视的一系列活动"，[2] 立法促进实质平等而非仅仅是形式平等。[3] 即因过去的或者现在的歧视而处于不利境地的个人或团体作为受惠对象，在法律、政策和措施上给予特别关怀。[4] 当然，这种纠偏须在合理限度内。如果纠偏的结果是带来新的歧视，即为过度，应予以再纠正。

总体来看，无论形式平等还是实质平等，均不是绝对平等，而是"相对的平等"。一般而言，形式平等为主，实质平等为补充。机械地或绝对化运用平等权的基本含义会带来消极后果。对于弱势者或者特殊保护对象，应采取"同样情况不同对待"模式，给予弱势者以特殊保护。

如果把男女"平等权利""平等义务"理解为相同的权利，相同的义务，可能就会导致绝对平等观，即男女凡事相同，时时相同，事事无异，处处等同。而这些是不可能做到的，也不合理。追求男女之间绝对平等，可能是一种极端的平等观，这如同"男人能做的事情，女人一样可以做到"的

---

[1] ［德］迪特尔·梅迪库斯：《德国民法总论》，邵建东译，法律出版社2001年第2版，第144页。
[2] Beyan A. Garner, *Black's Dictionary*, 8th ed., West, Thomason Business, 2004, p.64.
[3] Peter W. Hogg, *Constitution Law of Canada*, Student Edition, Thomson, Carswell, 2003, p.1106.
[4] 张明锋：《加拿大的纠正歧视行动及其对我国的启示》，《比较法研究》2006年第7期，第103页。

观点，明显是不客观的。男女平等，并不意味着在生产和生活中否认两性之别，甚至把男女合并为一种人，否认必然导致失常。

二 关于平等的界定与演进

平等、自由是人类的两大基本价值，是人类相互交往过程中形成的精神层面的两大基本价值目标。平等，通常被解释为"等者等之，不等者不等之"，即同样情况相同对待，不同情况差别对待。平等的解释之一是"数量相等""比值相等"，即"你所得的相同事务在数目和容量上与他人所得的相等""根据个人的真价值，按比例分配与之相衡称的事务"。

在西方社会，平等思想大致经历了下列四个发展阶段：普遍不平等、普遍平等、普遍平等观念之修正、公平观念成为普世价值。

第一阶段：普遍不平等。人类进入近代社会之前，普遍不平等，且这种普遍不平等被认为是社会不可避免的，是大多数人接受的。

第二阶段：普遍平等。法国资产阶级大革命，宣称人人生而平等；美国独立宣言宣扬"人类生而平等"，多数人期望普遍平等，并且认为这是可以实现的。资产阶级建国后，其法律以"法律面前人人平等"为原则，其中当然包括男女相互之间的平等。这个时期，平等更意味着程序平等，强调的是保证在起跑线上每个人的机会均等。

程序平等并不意味着结果平等。平等，首先必须程序平等，为全体个体提供同等的机会，由每个人自由竞争决定结果胜负。然而，在程序平等的基础上自由竞争的结果，必然是部分人胜出，部分人被淘汰。虽然一般情况下，人们能够普遍接受这种结果，但是，这种结果对每一个人并不一定都是公平的，因为客观存在着个体之间的差异，特别是当这种差异的一部分或者大部分是由于过去的歧视所造成的。因此，形式上的普遍平等到了该进行修正的时候。

第三阶段：普遍平等观念之修正。从法律上看，人人享有平等，但这仅仅是法律形式上的平等。这种形式平等或者说法律文本上的平等，没有顾及实际上并非人人平等的事实，引发新的事实上不平等。简言之，人与人之间在财产、体能、精神、能力、机会以及在掌握信息等许多方面，到处都存在着差异。平等，作为一种价值观、作为一种基本权利，"把法律上的手段赋予那些本来已经很强大的人，只会使这些差异长期存在下去"，① 甚至导致强者更强，弱者更弱的结果。实施普遍的形式平等的结果，却与平等追求不符，即产生了事实上不平等。为克服平等价值追求的结果与目标背离的矛盾，这个时期提出了"基本权利平等""实质平等"等概念。

也有人质疑对普遍平等的这种修正。要保证结果平等，就可能在程序上无法完全平等，有观点认为"结果均等显然是与自由相抵触的"。② 甚至批评那种以牺牲程序平等为代价的结果平等，实质上就是不平等的平均主义，它扼杀了程序平等。而且平均主义在任何时候任何地点都会竭尽全力阻止一切补救努力。③ 但无论如何，对结果不平等不可能视而不见，不予纠正。

第四阶段：实质平等。实质平等又称为"条件的平等"或结果平等。这个时期，平等的内涵应包括"基本自由的平等""进步机会的平等"及"为达公平采取有利于弱势者之积极差别待遇"三个概念。社会普遍接受社会正义理论导引出的公平正义观念。"实质平等"，不是具有颠覆意义的替代性原理，是为了对形式平等原理进行修正、补足而出现的，实际上也没有完全取代形式平等原理，而是分别适用于不同的情形，所谓"既注重实质平等、又不否认形式平等"。例如，《加拿大人权宪章》第 15 条第 2 款创设了纠偏行动（affirmative action）的宪法制度，作为对同条第 1 款"平等条款"的重要补充。"第 1 款的规定并不排斥旨在改善处境不利的个人或团体，包括基于种族、民族出身或者种族出身、肤色、宗教、性别、年龄或者身心缺陷的根据而处境不利的个人或者团体的条件而规定的法律、规则或活动。"它旨在"消除现在的和继续存在的歧视，纠正过去存在的歧视带来的久拖不散的负面影响，并且建立制度和程序以防止将来出现歧视的一系列活动"。④ 这是立法的谨慎，昭示着第 1 款的目的在于促进实质平等而非仅仅是形式平等的立法意图。⑤ 即因过去的或者现在的歧视而处于不利境地的个人或团体

---

① [德] 迪特尔·梅迪库斯：《德国民法总论》，邵建东译，法律出版社 2001 年第 2 版，第 144 页。
② [美] 米尔顿·弗里德曼、罗斯·弗里德曼：《自由选择》，胡骑、席学媛、安强译，商务印书馆 1998 年版，第 137 页。
③ 何中奎：《论法治社会中的平等就业》，《社会科学》2000 年第 5 期，第 28 页。
④ Beyan A. Garner, *Black's Dictionary*, 8th ed., West, Thomason Business, 2004, p. 64.
⑤ Peter W. Hogg, *Constitution Law of Canada*, Student Edition, Thomson, Carswell, 2003, p. 1106.

作为受惠对象，在法律、政策和措施上给予特别关怀。①当然，这种纠偏须在合理限度内。如果纠偏的结果是带来新的歧视，即为过度，应予以再纠正。

总体看来，从形式不平等的第一阶段发展到形式平等的第二阶段，再进入既注重实质平等，又不否认形式平等的第三、四阶段。无论形式平等，还是实质平等，均不是绝对的平等，而是"相对的平等"。在法治发达国家，一般以形式平等为主，实质平等则处于从属和补充地位，主要适用于经济方面的平等权。机械地或绝对化运用平等权的基本含义会带来消极后果。对于弱势者或者特殊保护对象，应采取"同样情况不同对待"模式，给予弱势者以特殊保护。

三　我们更需要男女平等：实质平等

基本实现了法律形式上的男女平等之后，为什么男女不平等现象仍随处可见？这表明，仅有法律形式上的男女平等是不够的。要将写在法律文本上的男女平等落实，还需要做些什么。即使将现行法律上的男女平等条款逐条落实了，其结果也不见得男女平等，因为有些条款还存在对女性的歧视或明显不利——妇女承担了超越其能力的责任或负担。那么，接下来，我们需要做些什么，应该怎么做，才能推动事实上男女平等实现？

为了实现结果平等，我国立法有注意到男女有别。《妇女权益保障法》第2条第3款规定，"国家保护妇女依法享有的特殊权益"。这说明，妇女是享有特殊权益的。这些特殊权益主要是指妇女的特殊生理期、怀孕、哺育婴儿、女职工特殊劳动保护，其他方面少。但是，还有些法律形式上的差别待遇却使妇女更难实现事实平等，例如，结婚年龄男22周岁、女20周岁；退休年龄男60岁、女55岁。前者使妇女早于男性承担了更多责任；后者使妇女早于男性退出职业生活回归家庭。男女事实上不平等的原因，除了法律贯彻执行不力，更重要的是传统男尊女卑观念在许多人头脑中仍根深蒂固；男娶女嫁、妇从夫居的习俗极大地制约着妇女特别是农村妇女实现与男子平等

---

① 张明锋：《加拿大的纠正歧视行动及其对我国的启示》，《比较法研究》2006年第7期，第103页。

的权利和利益，无论是土地承包经营权还是承担对父母的赡养义务，因为婚嫁而迁徙居住地致使妇女难以实现与男性真正平等。

我们距离真正意义上的男女平等，还有很长的路要走。男女平等的宣传更多是口号式的，很多人并没有完全接受，没有贯彻到自己的生活中。绝对平等是凡事要求待遇相同。如果按照绝对男女平等观，男人拿一斤，妇女提490克，就不平等了。这是不合理的。从生理学上讲，女性的体力普遍弱于男性。根据相对平等观，妇女能够负重的重量小于男性，并不等于男女不平等。

相对平等，是指男女平等的前提下，对相对弱势一方有所照顾，以弥补其自身能力不足。

现阶段，我们要求法律上男女平等，但不能满足于形式平等，而更应该以追求事实平等为目标。或者说，应当以法律条款适用效果为衡量，以探讨法律条款对男女平等的适当表达，而不能仅仅限于法律条款文字上看起来是男女平等的，或者说，从理论上分析男女平等了。因为仅仅有理论上的平等，还不等于事实上的平等，实证结果上的平等。

基于男女平等实现的阶段性，立法在赋予男女两性权利，特别是设定法定义务时，应当充分关注法律适用效果对男女是否平等。这就要求法律在规制一个问题或进行某一项利益分配时，应当有性别平等视角的事先审视，关注到男女两性在现实生活中各方面的不同——妇女的弱势地位，传统生活方式对妇女的影响。

这是不是意味着妇女一方面要求男女平等，另一方面又喊着要"特殊化"，既认为自己与男人是平等的，又承认自己是弱者呢？事实上，妇女是弱势群体，谁都不能否认这一事实。要求弱势群体与强势群体之间通过自由竞争决定一切事务的胜负，对妇女是不公平的。"男女平等"应当建立在充分承认性别差异的基础上。因为有差别，才互有优劣，才可能对现实中男女不平等产生的原因，提出改进的办法与对策。

现阶段我们需要的男女平等，是相对的，既要注重形式平等，更要注重实质平等。

四 怎样才能达成男女实质平等

一个合理社会中，每一个社会成员不仅能享有平等的机会，而且在事实上达到平等，每一个人都最大限度地实现自我、获得快乐。但是，我国男女平等实现状况，与法律要求相比，难以令人满意。鉴于男女不平等的传统文化和价值观，使得男女平等实现滞后。有必要采取新的政策、法律措施，堵住漏洞，更有效地帮助人们树立男女平等观。

（一）要在承认和尊重性别差异的前提下追求男女平等

倡导男女平等，不否认性别差异。人类由不同性别者组成。女性因为生理机制上天生有"月经期"，具有孕育胎儿和哺乳婴儿的能力，故在这些特殊时期，为了她们的健康和胎儿、婴儿的健康，有被照护的需要。性别有不同，却无优劣之分。只有认识到男女性别差异，才能更加尊重女性。

（二）应赋予妇女法律政策的倾斜保障，并充分考虑不同地区和阶层妇女的发展要求

要客观认识妇女在经济社会发展中的地位和作用。没有妇女群体的普遍发展，不可能有社会的全面进步。现阶段妇女尚未获得与男性平等的机会、资源、权利，立法和公共政策应当采取适当的差别待遇，为妇女提供特别保障。

（三）要鼓励男女两性在平等合作与协调中共同实现发展

男女平等，不只是对妇女有利，同样也是有利于男性的。男女平等不是妇女推卸责任的理由，不是男性要求女性承担超出其能力之责任的借口。

实质平等，是以承认男女两性等值为前提的，强调利益分割公平。传统的两性合作模式"男主外、女主内"，也是通过分工形成一种平衡，并实现其自我调节机制。然而，旧的分工模式是以不承认女性独立人格为前提的，不允许妇女按照其个人意愿行事，而将男性设定为权威而凌驾于女性之上，因而是不公平的。两性平等观念下，社会、家庭仍存在分工，但男女两性都要承担社会责任和家庭责任，其实际承担责任大小是基于承担能力而非性别。

（四）要从社会协调发展的高度来认识和解决妇女发展与男女平等问题

经济增长只是社会进步的一个方面，更不等于妇女发展。必须通过法律、政策、教育、舆论等手段，在推动经济社会发展的同时，解决妇女平等发展问题。

（五）在全社会进行男女平等教育，并将其纳入议事日程

男女平等教育应该纳入国民教育体系，从幼儿园开始，培养孩子们树立性别平等意识。应针对领导干部、教师以及妇女工作者这些群体重点进行性别平等教育，因为他们对性别平等的正确理解也直接关系到男女平等性别意识的深入贯彻。

（六）要实现事实上的男女平等，国家应把尊重妇女、保障妇女的权利落实到具体的法律条款中，及时追究违法者的法律责任

男女平等是男女的人格尊严和价值平等，是男女权利、机会和责任平等。男性应当平等对待妇女，同时，新时代的女性，应该有"四自"精神，即自尊、自信、自立、自强。两性之间和谐发展，有利于促进社会进步，男女两性都应该从自身做起，真正意义上做到男女平等。

五　婚姻家庭法性别平等展望

由于传统与现代观念之间的差异，由于历史原因和社会现实条件的制约，婚姻和家庭的问题，实际上也是男女两性的问题。自1950年以后六十余年间，基于社会发展需要，学术研究推动，妇女团体努力，在中国，婚姻法经历三次主要修法，不断废弃对女性不利的立法条款，基本上已建构起男女平等的婚姻法规范体系，改进了社会性别平等状况，为促进社会改革与发展作出了贡献。

婚姻法真正实现了性别平等吗？从社会性别视角观察和分析中国的婚姻法，在主要方面坚持男女平等价值观，在为妇女维权提供了切实有效的帮助的同时，仍可以看到，婚姻法改革中的性别平等并不彻底，还存在某些性别不平等条款，仍存在歧视女性或不利女性的规定。一方面，法律中抽象人的概念，似无性别之分，但否定性别差异事实之人，客观上是对妇女不利；另一方面，女性群体的收入至今仍明显低于男性，"男主外、女主内"的传统性别意识依然存在。因此，追求性别平等仍是婚姻法的重要目标。有必要将婚姻法中的"人"还原为有性别差异之人，破除男女不平等的法律障碍。改革不合理的社会现象，有多种途径和方法，而法治社会，提升到法律与制度的层面来修正或立法，是全面解决问题的基本途径。

展望婚姻家庭法未来，最大的挑战是形式平等与结果平等之争。从性别

视角观察，婚姻法虽然以男女平等为原则，但多个貌似两性平等的价值理念、"中立"条款、"公平"条款，事实上是根据男性标准设立的，其适用结果明显对妇女不利。要破除男女不平等的法律障碍，消除歧视妇女或不利于女性的规定，未来婚姻法应当改进立法价值观，促成事实上性别平等的实现。

（一）形式平等与结果平等

在立法上消除性别歧视，实现性别平等，需要立法者增强性别敏感度，充分考虑男女两性特有的社会经历和实际社会地位，充分关注妇女权利，才能实现两性平等共存与发展。

在某些方面实行差别立法，以弥补以往性别歧视对女性造成的不平等结果。从形式上看，这好像是一种新男女不平等立法，然而实质上对两性是平等的。

（二）无歧视之平等与无利差之平等

现行《婚姻法》是把所有人视为抽象的人，实行无性别差异的规范。其实，这种不承认性别差异的"男女平等"，本身就是一种不平等，女性明显受委屈。因为男女两性的经济地位、社会地位存在巨大差异，男女两性生理上天然不同，男女两性在婚姻问题上的投入与产出、付出与获益又明显不同步，使得女性的竞争力不同于男性。法律应当设法补充女性的能力，[①] 使之能够在事实上达成男女平等。

性别平等应当包括无歧视之平等和无利差之平等两方面。无歧视之平等，是指立法上无歧视某个性别的立法条款。歧视是一种公开的、形式上的不平等，容易为人们所认识。故废除歧视妇女的条款，实现无歧视之平等的价值观已为社会普遍接受。但是，无利差之平等，是指男女两性在利益上无差异，完全等同，是实质平等。无利差之平等，往往被形式平等所掩盖，不易为人所认识。

综上所述，利用法律改变现存不平等状况，更好地促进男女共同进步，是积极而卓有成效的途径。为了扫清男女不平等的障碍，消除不利于妇女的规定，未来修订婚姻法，应当按照性别平等观念采取切实措施。修订婚姻法

[①] 王琪：《从"无歧视平等"到"无利差平等"——以性别视角考察我国婚姻法男女平等、婚姻自由原则》，《法制与经济》2010年第1期，第15页。

促进性别平等，往往能够产生"立竿见影"的效果。

第四节 家庭扶养与社会保障

任何一种思想观念，欲成为社会上占主流地位的社会观念，须有一定的社会制度支持。随着经济社会发展，社会结构发生变迁，中国已进入老龄化社会。家庭人口减少，家庭功能衰退，国家和社会必须承担相当显著的社会支持功能，否则，"老有所养"的理想就无法达成。因此，在工商业社会，家庭法与社会保障法必然产生紧密联系。养老育幼，除了家庭的支持与保障外，社会保障制度提供了类似于传统家庭支持系统，而且比传统家庭支持更强大。

一 个人自立与家庭保障

人类之所以需要家庭制度，是因为个体势单力薄，单个人独自实现生存，在许多时候是极其困难的，对未成年人等弱势群体而言，几乎是不可能的；即使是强壮的个体，也有生病等需人照料的时候。个体实现自我生存，须依靠他人协助、支持。所以，人类发明家庭制度，作为亲属团体，为具有亲缘关系的个体提供持续的支持。

个体还没有找到比家庭更好的安全避风港。近代以来，个体独立自由的要求获得承认，个体越来越独立自由，然而，家庭制度并未因此消亡。在现代社会，个体的经济需求可以通过自力更生或社会保障获得满足，个体的发展通过社会劳动得以实现，然而，人与人之间亲密感情的联络、需求，仍需要通过婚姻、家庭等亲密机制来实现。也只有家庭成员之间才更普遍地实施利他行为，支持其他成员。

二 家庭扶养与社会扶养

近代社会以来，个体及其自由被提升到空前高的地位，传统家庭的概念有所弱化。同时，社会保障作为一种新的支持系统，成为满足、保障家庭成员生活和发展的最大依赖。

（一）家庭扶养的日趋弱化

家庭扶养、家庭保障曾经是个体能够获得的唯一现实的、有效的支持来源。然而，进入近代社会以来，家庭的扶养保障功能显著地弱化了。

1. 个体自由弱化了家庭支持系统

家庭弱化，其提供的支持当然就相应地弱化。家庭，作为个体结合体，除了其自身为资源外，更多地依赖于生活于其中的成员对家庭的贡献。然而，对于家庭的稳定和强大而言，当个体的独立自由受到承认和尊重，特别是当个体独立越来越被强调时，它不是正面的促成力量；相反，是一种离心力。独立个体日思夜盼着自己早日成年，具有社会承认的完全行为能力，独立生活，尽早实现经济自立，从而摆脱家庭的束缚。道德、法律等规范中公认的社会规则都肯定个体独立。家庭作为支持系统，从曾经最强大无边的利器，转向日渐衰弱的卫士。

家庭扶养是个体永远的支持源。只要家庭存在，个体终生都与家庭脱不了干系。个体独立到什么程度，生活在什么时候，原有家庭始终是他一生的牵挂和永远的支持源泉。个体从一个家庭中走出去，通常又走进另一个家庭，开始循环往复。

2. 越来越大的社会风险使家庭扶养变得力不从心

近代社会以来，社会风险不断增多、增大，个体、个体家庭均已无法承担起全部的支持责任。随着工业化的萌芽、发展，人类不仅要承受自然灾害，而且人类活动也制造风险。与农业时代人们所面临的疾病、贫困、年老、饥馑、灾荒等主要风险相比，工商业社会的风险使人们遭受的疾病、危机和灾难、不公、恐怖事件等，超越了个体的承受力，也超越了个体家庭的承受能力。

到了当代，人类社会成了"风险社会"。[①] 与以往物质匮乏、自然环境恶劣、控制自然的技术低下等相比较，工商业社会中，日益激烈的社会竞争、工业制度、越来越多的灾难等，都是个体家庭无法抗拒的风险。

[①] 风险社会的概念、风险社会理论，是德国著名社会学家乌尔里希·贝克（Ulrich Beck）于1956年在德国出版《风险社会》（*Risk Society*）中提出并创立的。1992年，马克·里特（Mark Ritter）将贝克的著作译成英文后，"风险社会"作为一个概念和理论才被更多的西方学者以及公众所接受。

3. 少子化、无子化的发展不断弱化家庭扶养力量

少子化、无子化趋势，使家庭的成员越来越少，家庭结构越来越简单。因此，从家庭的成员人数、资源积累、资源投入看，其提供的支持渐渐减少。

（二）家庭保障与社会保障是此消彼长的关系

工业化过程中诞生的社会保障，逐渐发展成为保障社会成员特别是弱势群体的最大依靠。社会保障部分地替代了传统的家庭保障功能，或者说，家庭不能胜任的保障难题由社会保障承接。

家庭保障与社会保障之间是此消彼长的关系。这取决于两者的性质、模式和价值定位。一方面，社会保障的出现就是为了接续家庭保障的班，两者之间关系是有些类似于子与父，儿子成长意味着父亲年老。另一方面，社会保障也是对家庭保障的充实，许多社会保障福利直接输入家庭，增加了家庭保障的能力。当然，家庭制度，除了扶养等经济保障功能外，还有血缘传承、人格培养、人的社会化等复杂功能，社会保障制度不宜与家庭制度相提并论。

（三）老龄化社会中仅剩这棵枝繁叶茂的社会大树能够支撑

社会老龄化开始，个体除了社会、国家，已旁无所依，终于不得不心甘情愿地依靠于社会这棵大树之上。在20世纪80年代，我国城市家庭的老人赡养，已经形成了以家庭为主、社会赡养为辅的模式。在上海市，约有80%的老人是与子女共同生活，在生活上受到子女的照料和赡养；未与子女共同生活的老人约占20%。所谓社会赡养，是指为老人提供的社会保险和社会服务。[①] 而到了2010年前后，老年人受家庭赡养的比例明显下降，依赖社会扶养的比例呈持续上升趋势。

（四）家庭保障与社会保障之间尚有"中间地带"

家庭保障有其局限性。家庭保障曾经、现在依然发挥着重要的社会支持作用，但是，它毕竟是少数个体之间的团结，积聚的力量有限；而工商业社会的社会风险则可谓无限，家庭保障难免捉襟见肘。社会保障作为应对工商

---

① 仇立平、郑晨：《试论我国城市家庭的老人赡养》，刘英、薛素珍主编《中国婚姻家庭研究》，社会科学文献出版社1987年版，第354—360页。

业社会风险的风险规避制度，弥补了家庭保障之不足。不过，由于社会保障的发达程度也有限，不可能是"力大无边"，故在家庭保障与社会保障各自发挥作用的交叉过程中，两者还没有完全严密对接，可能会出现两者都未覆盖的"中间地带"或"缝隙"。这个成长中的烦恼问题，值得重视。

第十二章

立法防治家庭暴力[①]

家庭暴力严重危害个人、家庭和社会的安全，必须有完备的国家立法，才能有效遏制家庭暴力的发生，切实帮助受害人，已是多数人的共识。制定防治家庭暴力法，必然涉及下列五个基础理论问题：如何确定家庭暴力的主体资格与空间范围？如何合理界定家庭暴力的边界与类型？公权力干预家庭生活的正当性和可行性何在？家庭暴力防治法是什么性质之法？家庭暴力防治法采用何种立法模式最为经济又合理？本章逐一探讨这些问题，从解决家庭暴力的目的出发，借鉴域外法经验，认为防治家庭暴力，最为有效的途径应是制定法律，并切实贯彻执行。现行《婚姻法》虽明文禁止家庭暴力，将其视为法定离婚事由之一，并规定了社会救助与法律责任。然而，总体来看，现行规定过于简单，救济不力，欠缺防范措施，成效不明显。有必要借鉴英国、美国、新加坡等外国法经验，加大公权力对家庭暴力的干预，增设民事保护令等制度，直接阻止施暴者继续施暴或者可能的施暴，使受害人能安居于家中，让家庭重新成为个人安全的避风港。

第一节 家庭暴力的界定

一 家庭暴力的界定：区分边界与伤害级别

判断一个人的行为是属于家庭暴力还是处理特定关系或情形时的合理举

[①] 本章第1—3节的主要内容，笔者以《立法防治家庭暴力的五个基本理论问题》为题，发表在《中华女子学院学报》2012年第4期，中国人民大学复印报刊资料《民商法学》2012年第5期全文转载。

动，应当以一个理性人的正常反应来判定，是否会使对方心生恐惧或担忧个人或家人健康或人身安全为基本标准。家庭暴力的形式众多，可能是肉体的、性的、心理的、情感的、语言的、经济上的暴力，既有直接殴打，又包括精神伤害、纠缠不休、精神恐吓等严重困扰；既可能是直接伤害对方，也可能是通过毁损财产或不提供饮食方式控制对方的精神或情绪。肢体暴力行为与其他形式的暴力之间有较大差别，精神暴力比较隐晦，不同类型的暴力行为，其产生原因和可能解决的方案也不尽相同。

判断家庭暴力的边界、不当对待的伤害程度或者"级别"，是区分家庭成员或者特定关系人处理矛盾时的合理行为与家庭暴力之切割点。特定关系人之间因故发生争吵、为解决矛盾而采取的合理言行，属于正常范围，不是家庭暴力。相反，施暴者为了实现对受害人的控制，以伤害对方的手段或方式而使自己在愿意的时间以自己希望的方式实现本人的意志，满足自己的需要，则构成家庭暴力。

（一）构成家庭暴力的四要素

凡家庭暴力，均包含下列四个要素：愤怒、伤害意图、伤害行为、伤害后果。如果特定主体实施行为同时具备前述四要素，该行为就构成家庭暴力；反之，缺乏其中任一要素，则不能称之为家庭暴力。家庭暴力是意图或者被认为有意对家庭成员或特定关系人造成伤害的行为，一定包含有伤害行为。[1] 一个人受到其他家庭成员的无意伤害，即使后果严重或者行为人被追究了法律责任，仍不是家庭暴力问题。

（二）列举式界定家庭暴力

在英美法传统的国家，无论是学术研究还是立法，通常采用列举式描述家庭暴力类型。例如，美国权威研究者施特劳斯（Strauss）教授、盖尔斯（Gelles）教授总结定义家庭暴力的形式包括："向另一个物体抛掷、推、抓、搡、打耳光、拍击、踢、咬、撞、使人窒息、持或用刀或枪威胁。"[2]

这种定义方法的优点，是其开放性；其缺点则是难以列举穷尽所有应当

---

[1] Kevin Browne, Martin Herbert：《预防家庭暴力》，周诗宁译，（台北）五南图书出版公司2008年版，第3页。

[2] Ira Mark Ellman, et., *Family Law: Cases, Text, Problems*, 4th edition, Matthew Bender & Company, Inc., 2004, p.179.

被纳入家庭暴力的多种多样的行为。

（三）家庭暴力中是否存在"可被接受的暴力"与"不可被接受的暴力"之区分？

社会曾经普遍接受家庭成员的攻击是家庭生活一部分的观念。即使在当代，仍有部分人相信家庭暴力中的一部分是可以被接受的。所谓"可被接受的暴力"，是指在亲密关系人之间争执时或者父母等人管教孩子过程中常见的、被广泛认为不会造成伤害的可接受之行为。例如，徒手打孩童的臀部、掌掴。"不可被接受的暴力"，是指会直接造成或者极可能导致对方受伤害的行为，如拳打脚踢、烫伤、殴打、刺伤等。

依笔者之见，凡家庭暴力，均是"不可被接受的暴力"，不应该有"可接受的暴力"。如果一个人的行为，以理性人的反应来判断，属于合理范围内的，应不属于家庭暴力。超出了合理限度，将构成家庭暴力。家庭暴力，是实际发生的或以威胁方式，"针对家庭成员个人或其财产，实施使其或使其他家庭成员惧怕的或者使得家庭成员产生健康或人身安全上的紧张感的行为"；在"具体情形中，某人是否'相当担心或惧怕个人健康或人身安全'，以该情形下一个理性人的反应来判断"。[①] 一旦构成家庭暴力，即使所造成的伤害是轻度的，也应当受到相关法律规制。若对家庭暴力实施一套"双重标准"，将模糊问题的焦点，使得解决问题的方法失去效用[②]。

二 家庭暴力的类型

根据不同标准，家庭暴力可作不同分类。最常见的有二分法、三分法和四分法。事实上，一种类型暴力往往伴随着其他类型暴力，受害人常常不只受到一种类型暴力的伤害。

（一）二分法：以作为与不作为为标准，将家庭暴力区分为暴力与疏忽

暴力是指意图或者被认为有意对他人造成伤害的攻击性言行。暴力是将愤怒直接发泄到受害人身上，牵涉身体、心理或性的伤害。疏忽是指不当对

---

① 澳大利亚《1975年家庭法》第4条，参见《澳大利亚家庭法》（2008年修正版），陈苇等译，群众出版社2009年版，第35页。

② ［英］Kevin Browne, Martin Herbert：《预防家庭暴力》，周诗宁译，（台北）五南图书出版公司2008年版，第1页。

待，通过对受害人漠不关心、拒不履行义务而达到伤害受害人身体或心理的效果。欧洲委员会将家庭暴力解释为"任何发生在家庭成员间足以危害生命、身体与心理健全、人身自由或严重妨碍人格发展的行为或疏忽"。

（二）三分法：根据暴力直接侵害的对象目标，将家庭暴力区分为身体暴力、性暴力、精神暴力

这是最常见的分类。

1. 身体暴力

这是指直接导致肢体疼痛或伤害的行为，主要有推、掌掴、打、拉扯头发、咬、扭绞手臂、拳打脚踢、以物品攻击、烧、刺、射、投毒等，还包括强迫行为和人身限制。

2. 性暴力

这是指违背另一个人的性意愿和性自主权强迫实施并导致性伤害的各种情形，包括未经同意的性接触、剥削性或强迫性的性接触、攻击性器官、强迫观看与性有关的画面或行为、贬低受害人人格的性行为等。

3. 精神暴力

这是指实施言语或行为的威胁，使他人心生恐惧而遭受心理伤害及生活在可能遭受暴力的阴影下的各种行为，既包括控制或限制交友、工作、外出、强迫孤立、关禁闭、强迫观看暴力画面或行为、胁迫、威胁伤害身体或他人、恐吓、威胁自杀、骚扰、伤害宠物、毁损财物等方式致使受害人感受心理痛苦，又包括惯常性的矮化、丑化、贬损、羞辱、蔑视或者以其他方式伤害他人自尊心的行为。

必须注意，三分法对家庭暴力的类型划分，仅仅是针对某个家庭暴力行为的主要方面而言的，是为了帮助认识家庭暴力。不同类的家庭暴力之间具有明显关联性，身体暴力、性暴力必然导致受害人心生恐惧、精神受损，而且实际的家庭暴力中，施暴者也可能同时实施几种类型的暴力行为。

（三）四分法：根据伤害程度而将家庭暴力区分为轻度、中度、重度和生命威胁

轻度家庭暴力，是指轻微的、偶发的不当对待，或者不产生长期的生理、心理或性的伤害的行为。

中度家庭暴力，是指比较经常的或者较严重的不当对待，但尚不至于造

成长期的不良影响的行为。

重度家庭暴力是指长期持续地或者频繁地不当对待，或者虽非频繁却造成严重的生理或心理伤害后果的言行。

生命威胁，是指急性的严重导致性命之虞的伤害或者长期持续的生理和心理伤害导致性命之虞的。

虽然家庭暴力可以通过区分类型来讨论，单独讨论身体暴力时暂不考虑精神与心理伤害因素，然而，事实上，所有形式的家庭暴力都是息息相关的。身体暴力必然伴随着精神痛苦，性暴力与身体暴力、精神暴力之间同样紧密关联。"多重伤害"可见诸所有形式的家庭暴力。

三　家庭暴力的界定：主体资格

合理界定家庭暴力概念，必须首先解决下列两个问题：一是相关主体资格，即行为人与受害人之间的关系，哪些人之间发生的暴力属于家庭暴力？二是空间范围，即在哪些地方发生的暴力应纳入家庭暴力？在我国现有法律框架下，"家庭"是指一定范围内亲属组成的生活共同体。界定家庭暴力时，关于"家庭关系"或者"家庭成员"的界定，是严格遵守现行婚姻家庭法有关规定，还是适当扩大保护范围，将相互之间具有或者曾有恋爱、同居、婚姻等特定关系人之间发生的暴力均涵盖其中？对这些问题的回答，应当符合立法防治家庭暴力的宗旨。

（一）域外法对主体资格的界定

观察域外法，无论是在欧洲还是在亚洲，立法定义家庭暴力时，相关主体以家庭成员为主，但不仅限于家庭成员，或者广义解释"家庭成员"，反家暴法中的"家庭成员"与家庭法上的"家庭成员"并非同一概念。在大多数西方工业化国家，家庭暴力的主体，不仅包括婚姻配偶、同居伴侣等彼此具有亲属身份者，而且还包括已经终止这类关系的当事人。在英国，家庭暴力是指彼此是或者曾经是家庭成员、其他亲属以及特定关系之人实施身体的、心理的、性的暴力[①]。

[①] *Domestic Violence: A Guide to Civil Remedies and Criminal Sanctions*, L. C. D., 2003, p. 3, transfer from Rebecca Probert, *Cretney's Family*, 5th Edition, Sweet & Maxwell, 2003, p. 107.

1. 大陆法传统国家和地区反家暴法中的当事人主体资格

在欧洲大陆，德国反家暴法是以亲属关系为主线界定家庭成员，并对亲属关系作了适当扩张解释。在2006年德国《暴力保护法》中，"家庭成员"是"有亲属关系的成年人"，包括夫妻或同居者，无论他们是否已离婚或已经长期脱离关系；也包括他们的儿女。在法国，反家暴立法界定家庭成员时，特别强调家庭暴力受害人的特性，主要针对已婚女性配偶及其子女。法国国民议会于2010年6月通过的《预防家庭暴力法》规定，家庭成员，主要是指"配偶和子女，尤其是女性成员"。

在亚洲，日本2001年《防止配偶暴力与保护受害人法》[①] 第1条对配偶暴力下了定义："本法所谓配偶暴力是指配偶一方（非法攻击或威胁他方的生命或身体，以下同）导致的身体伤害，或者配偶一方的言语和举止给另一方造成相当的心理或身体伤害（在本段，以下统称为'身体伤害'），因配偶一方实施暴力而致配偶另一方获准离婚或者被宣告婚姻无效的情形下，继续遭受到前配偶的暴力之伤害。"[②] 该法案仅调整婚姻暴力，未涉及其他家庭成员、亲属等人之间的暴力。不过，该法将前配偶之间的暴力纳入家庭暴力，可以说明，日本反家庭暴力法的适用对象不限于有合法婚姻关系或家庭关系之人。

韩国立法防治家庭暴力，也不限于当事人之间现在是否仍具有家庭成员关系。韩国国会于1997年12月13日发布并于1998年7月1日施行第5436号《家庭暴力犯罪处罚特别法》，[③] 第2条规定"家庭成员"是指下列人员之一：（1）配偶（包括事实婚姻中的配偶）和原配偶；（2）本人或者配偶的直系尊卑亲属（包括事实上的养父母子女关系），或曾经是这种关系之人；（3）现是或曾是继父母子女关系者或者父亲的非婚生子女；（4）同住的亲属。[④] 显然，韩国家庭暴力法以"共同生活的亲属"为标准界定"家庭

[①] 本书所引《防止配偶暴力与保护受害人法》，是经2007年修正的修正案，自2008年1月11日起生效。

[②] See Act on the Prevention of Spousal Violence and the Protection of Victims（Act No. 31 of 2001），http://www.cas.go.jp/jp/seisaku/hourei/data/APSVPV_2.pdf, 2012 – 03 – 01.

[③] 1999年、2002年、2011年先后多次修订该法案。

[④] 韩国《家庭暴力罪处罚特别法》，金玉珍译，夏吟兰主编《家庭暴力防治法制度性建构》，中国社会科学出版社2011年版，第651页。

成员"，比较宽泛，但与西方国家法中以"亲密关系"为标准界定保护对象相比较，韩国法上的范围要窄小得多。

在中国台湾地区，家庭暴力防治法既调整现有亲属关系，也适用于现有或者曾有同居关系者等。根据1998年《家庭暴力防治法》①第3条规定，该法所称"家庭成员"，包括下列人员及其未成年子女：配偶或前配偶；现有或曾有同居关系、家长家属或家属间关系者；现为或曾为直系血亲或直系姻亲；现为或曾为四亲等以内的旁系血亲或旁系姻亲。②可见，台湾的反家暴立法关于家庭成员的界定，并未与"民法"亲属编有关规定保持一致，而有更大的保护范围，以便为社会上常见的"约会暴力"和"分手暴力"受害人提供法律救济。

2. 典型英美法传统国家和地区反家暴法的适用对象

在英国，反家庭暴力法不仅适用于家庭成员，而且还适用于"关联人"。根据《1996年住宅法》第140条规定，具有下列任何情形之一的两个人互为家庭成员：配偶或者以夫妻名义共同生活；一个人是另一个人的父母、祖父母、子女、孙子女、兄弟、姐妹、叔、舅、姑、姨、侄子女、侄甥或侄女，半血缘视同全血缘，子女包括继子女。③《1996年家庭法》引入了"关联人"这一重要概念，极大地扩大了家庭暴力法的适用对象范围。根据《1996年家庭法》第3条、第4条、第62条规定，关联人是指下列人员：夫妻、前配偶、同居者、订婚者、曾经的婚约当事人、亲属、儿童的父母、共居者（但雇工、承租人、寄宿者、搭伙者除外），还包括彼此现有或者曾经有密切的持续稳定个人关系之人。④同居者是指二人虽然未婚，但以夫妻身份同居或性别相同的二人以伴侣身份同居的人。《2004年家庭暴力和犯罪及受害人法》第5条第4款规定，"某人即使不居住在该家庭，但其在一定期间经常光顾该家庭的，因此有理由认为其属于该家庭成员的，应视其为该家庭成员……"⑤凡"关联人"均有权申请"互不妨害令"等民事保护令，施

---

① 《家庭暴力防治法》于1998年6月制定公布并实施，2007年3月修正。
② 高凤仙编著：《家庭暴力防治法规专论》，（台北）五南图书出版公司2007年第2版，第303页。
③ 《英国婚姻家庭制定法选集》，蒋月等译，法律出版社2008年版，第266页。
④ 同上书，第231、255—257页。
⑤ 同上书，第441—442页。

暴者或者可能施暴者受相关法庭命令约束。

在美国，联邦示范法和州立法对于"家庭暴力"多采用广义的定义。《家庭暴力示范法》[①] 第102条规定，家庭暴力是"家庭或共居成员之间发生的身体伤害、遭受身体伤害的恐惧、导致家庭或共居者被迫陷于性活动或者受到陷入性活动的威胁或强迫"。所称"家庭或共居成员包括下列人员：现在是或者曾经是配偶；现在或曾经共居者；正在或者曾经约会者；曾经有或现在有性关系者；现在有血缘关系或收养关系者；现在有或者曾经有婚姻关系者；有共同子女之人；现在是或者曾经是配偶关系之人的未成年子女"。[②] 各州家庭暴力法对于家人或共居者的定义，基本上与示范法相同，有些州的保护范围更大。

在新加坡，《妇女宪章》涉及家庭暴力时，将"家庭成员"界定为与某人有下列关系的人员：配偶或原配偶、子女、父亲、母亲、岳父或岳母、兄弟或姐妹、其他亲属，或者法庭认为或者基于特定环境应当视为某人的家庭成员之人[③]。

在中国香港特别行政区，根据《家庭及同居关系暴力条例》（2010年），未成年人、配偶、前配偶、同居当事人、前同居者及其他亲属，均受该法保护，在其人身受到伤害或相信有关人的行为可能人导致受保护人人身受伤害时，均有权申请相应的强制令。该条例将非传统婚姻家庭之同居关系，采用"作为情侣在亲密关系下共同生活的两名人士之间的关系以及已终止的该等关系"，将其纳入适用对象，而不论是异性还是同性。[④] 特别行政区政府特别厘清，该条例保护同居者及同性同居者免遭家庭暴力，不等同于承认同居关系、同性婚姻，故并未偏离传统社会认定的婚姻价值。

在普通法国家和地区，反家庭暴力法将有或者曾经有"亲密关系"之

[①] 《家庭暴力示范法》（*Model Code on Domestic and Family Violence*），不是实施中的美国联邦法案，而是为促进各州及哥伦比亚特区反家庭暴力制定法的发展而起草的建议法案文本。它对于各州立法、相关司法活动都会产生影响。

[②] See Sec. 102, *Model Code on Domestic and Family Violence*，转引自高凤仙《家庭暴力防治法规专论》，（台北）五南图书出版公司2007年第2版，第225页。

[③] *Women's Charter* (Chapter 353) 64, revised edition 1997, Printed by the Government Printer, Singapore.

[④] 《家庭及同居关系暴力条例》，香港法律咨询中心，http://www.hklii.hk/chi/hk/legis/org/189，访问日期：2012年3月29日。

人纳入保护对象，这一经验值得我国内地立法借鉴。

（二）我国立法界定家庭暴力当事人资格的应有之义

家庭暴力，主要是指发生在家庭内的暴力，但也不限于家庭成员。家庭暴力不仅可能发生在夫妻之间、父母子女之间、祖孙之间、婆媳之间、岳婿之间等法定亲属之间，而且也发生在前夫与前妻之间、前女婿与前岳父母之间、前儿媳与前公婆之间、同居者之间、恋人之间、情人之间，以其他名义在一起共居的人之间也可能发生暴力。结合反对家庭暴力的实际情况，借鉴域外立法经验，我国制定防治家庭暴力法时，应当将具有下列情形之一者，均赋予相关主体资格。

1. 具有家庭关系之人

将有家庭关系之人相互之间发生的暴力，纳入家庭暴力，是对家庭暴力主体的最基本的理解。防治家庭暴力法应调整有家庭关系之人相互间发生或可能发生的暴力。

在我国现行法律中，一般情况下，家庭不具有法律人格。家庭虽是我国《宪法》《婚姻法》等法律明文使用的术语，然而，均不享有法律主体资格，更未被法律规范定义。唯有《农村土地承包法》承认家庭是个法律单位，赋予其某些法律人格。同时，现行《婚姻法》中出现"家庭成员"概念，但未界定哪些人相互为家庭成员。按照《婚姻法》《继承法》，"家庭成员"实际上与"近亲属"同义。最高人民法院《关于贯彻执行〈中华人民共和国民法通则〉若干问题的意见》（试行）第12条规定："民法通则中规定的近亲属，包括配偶、父母、子女、兄弟姐妹、祖父母、外祖父母、孙子女、外孙子女。"[1] 近亲属，通常在或长或短时期内共同生活在一起，即使不同居一室，却也往来密切，他们相互之间发生的暴力，属于家庭暴力。

2. 具有非家庭成员资格的亲属，即关系较远的亲属

在我国现行法上，旁系血亲（兄弟姐妹除外）以及姻亲，不属于近亲

---

[1] 根据《中华人民共和国刑事诉讼法》第82条第6项规定："近亲属"是指夫、妻、父、母、子、女、同胞兄弟姊妹。2010年《刑法修正案（七）》将近亲属直接规定为犯罪主体，近亲属关系是利用影响力受贿罪的构成要件之一。在行政法上，最高人民法院《关于执行〈中华人民共和国行政诉讼法〉若干问题的解释》第11条规定：近亲属"包括配偶、父母、子女、兄弟姐妹、祖父母、外祖父母、孙子女、外孙子女和其他具有扶养、赡养关系的亲属"。该界定的范围最为广泛。

属。这些亲属之间发生的暴力，应当认定为家庭暴力。亲属相互之间关系具有一定"亲密性"或不可选择性，因而区别于其他社会成员关系，他们之间发生的暴力，也有别于一般街头暴力。最高人民法院的司法解释也对近亲属间盗窃、侵犯财产犯罪案件规定了不同于一般社会上作案的处理原则。

3. 具有特定关系之人

引入"特定关系人"概念，[①] 涵盖现有或者曾经有婚姻关系、同居关系、恋爱关系等亲密关系的当事人，将他们之间发生的暴力，纳入家庭暴力，予以防治。基于家暴防治法的立法精神和主旨，对于具有同居、恋爱及其他亲密关系的相关者而言，可准用家暴防治法相关规定。从实际情况看，有相当数量的暴力案件发生在具有或曾有亲密关系人之间。例如，前夫与前妻、前男友与前女友，同居者等，防治家庭暴力应当保护这些人的正当权益。婚姻法学界多数人主张，对于具有恋爱和同居等特定关系以及曾经有过配偶关系等亲密关系的当事人之间，应当准用家庭暴力防治法的相关条款。例如，《中华人民共和国家庭暴力防治法（专家建议稿）》第10条规定："具有恋爱、同居等特定关系或者曾经有过配偶关系的当事人之间的暴力行为，准用本法。"[②] 按反家庭暴力的立法宗旨，如此规定很有必要。

针对家庭暴力，立法应当明文规定哪些情形构成"特定关系"。主要包括曾经有婚姻、恋爱、同居关系之人，曾经有亲属关系之人，曾经有共居关系之人等。考虑其亲密关系的特点，如共同相处的时间、地点、方式、持续时间等确定。通过上述方式，将有或曾有"亲密关系"人之间发生的暴力纳入家庭暴力，予以调整，为这类受害人提供平等的人权保护。需要强调的是，把非婚同居者等人纳入防治家庭暴力法的保护范围，并不等同于将非婚同居关系"合法化"。

[①] 我国法律规范文件第一次引入"特定关系人"概念是于最高人民法院、最高人民检察院2007年《关于办理受贿刑事案件适用法律若干问题的意见》。该意见第11条规定："本意见所称'特定关系人'，是指与国家工作人员有近亲属、情妇（夫）以及其他共同利益关系的人。"

[②] 《中华人民共和国家庭暴力防治法（专家建议稿）》，中国法学网：http：//www．iolaw．org．cn/showNews．asp？id＝22729，访问日期：2012年3月20日。

四 家庭暴力的界定：空间范围

在哪些地方发生的暴力应纳入家庭暴力？对家庭暴力的界定，原则上应以"家庭场所"为标准。凡在家庭场所范围内发生的暴力，均称为家庭暴力；否则不属于家庭暴力。所谓"家庭场所"，主要指当事人私人生活空间范围，不限于典型的家庭生活空间。例如，父母因子女违反校规而在校园内采取殴打方式"教育"子女的，是家庭暴力的非典型情形之一。家庭成员在旅行途中相互之间发生暴力，虽然暴力发生地点已非属于家庭空间，但仍属于家庭暴力。

凡具有前述主体资格之人相互之间发生的暴力，不论是发生在家里还是家外，均应当纳入家庭暴力。否则，将可能陷入"形式主义"。然而，具有前述特定关系的人，因为职业活动或者劳动关系，相互之间发生冲突而引发暴力的，不宜纳入家庭暴力。否则，有泛家庭暴力之嫌。

第二节　公权力干预家庭生活的正当性和可行性

家庭是社会的基本细胞，是宪法保护的对象。家庭仍是基本社会结构中的基本制度，国家对家庭负有保护义务。自20世纪40年代以来，随着人权运动的诞生和发展，为保障每个个体在私人领域中仍保有尊严、自由和人权，国家积极介入家庭中，并借由国家提供的各项福利来促进家庭及其成员的生存与发展，据之形成了相关社会政策。国家加大对家庭生活的干预，反对家庭暴力成为国家责任。越来越多的国家和地区采取立法防治家庭暴力等公共政策，以维持应有秩序与安全。

一　国家干预家庭暴力的正当性

保护私人生活领域的人权，是立法防治家庭暴力的突破口和充分理由。长久以来，家庭暴力"被视为人行使权力、控制家庭成员的一种方式，这些行为已被接受并合理化，往往不受法律制裁"。[①] 即使到了近代，人们对起

[①] ［英］Kevin Browne，Martin Herbert：《预防家庭暴力》，周诗宁译，（台北）五南图书出版公司2008年版，第1页。

诉婚内或其他亲密关系间的暴力行为仍有着强烈的抵触情绪。但是，保护人权观念引发了立法、司法及其他公共政策对家庭暴力之态度、立场发生历史性变化。

（一）家庭暴力侵犯人权

公权力干预家庭暴力的充分理由，就是受害人与施暴者一样，都是人，享有人权。无论在公共领域还是私人领域，人人均应受到尊重，平等享有权利。尊重人权，"是普遍的最低限度的道德标准的要求"。[1] 家庭暴力侵犯了一个人应有的尊严、自由与安全，侵害了他人的健康权和生命权。

现代社会，任何组织与团体都不具有绝对的自治权利，家庭也不例外。一旦涉及人的权利，家庭自治就应当让位于普适性的法律，以确保家庭成员的法定权利不遭到侵犯。[2] 凡涉及人权等基本问题，家庭自治就必须受到一定限制。在英国和美国，"早在19世纪，因为女性主义撬动改革，当局宣布丈夫不再有权利惩罚其妻子。一个世纪之后，美国法律制度仍因受害对象是妻子或者其他人而区别对待男人的攻击、殴打行为，以维护所谓'家庭和睦'和保护'家庭隐私'"。[3] 然而，在20世纪70年代后期，为保护人权，前述观念被彻底抛弃，实施了一系列法律改革。

（二）家庭暴力与其他类型暴力在本质上无区别

在本质上，家庭暴力与其他暴力没有区别，不能因为该暴力发生在"家庭"里，就想当然地将其归入私领域而予以"宽容"甚至忽视。家庭本应是安全的港湾，家庭成员之间，因其亲密关系而使得彼此不会设防。如果将配偶关系或者家庭关系视为实施暴力的"证照"，就恰恰践踏了人们心中的"善"。"经年累月的分析研究成果都支持下列观点：隐私和压力都是导致家

---

[1] ［英］A. J. M. 米尔恩：《人的权利与人的多样性——人权哲学》，夏勇、张志铭译，中国大百科全书出版社1995年版，第7页。

[2] 周安平：《基于性别的家庭暴力及其人权问题研究》，http：//cms. szu. edu. cn/course/jingpin2008/jingjifa/E_ ReadNews. asp？NewsID＝944，访问日期：2010年10月29日。

[3] Siegel, "The rule of love: Wife beating as prepogative and privacy", 105 Yale L. J. 2117 (1996), transferred from Ira Mark Ellman, et., *Family Law: Cases, Text, Problems*, 4th edition, Matthew Bender & Company, Inc., 2004, pp. 176－177.

庭暴力的重要结构性因素"。① 家庭暴力的危害超出了家庭范围，具有很大的社会危害性，国家有责任积极介入，有效防范。如果将家庭暴力仍视为私人事务而拒绝干预，将纵容暴力。

(三) 家庭暴力的危害严重

因为家庭暴力，个人和社会付出的代价十分昂贵。对受害人而言，家庭暴力的伤害往往从身体伤害到心理伤害，损害健康，引发心理疾病，即使身上伤疤消失、骨折愈合，但感情的阴影特别是无助、自卑和惧怕的情绪将会持续很长时间而难以消除。对社会而言，家庭暴力导致医疗开支增加等经济损失，还可能引发严重刑事犯罪。2001年至2009年年初，福建省厦门市发生涉及家庭暴力的刑事案件34件，致死21人。福建省厦门市中级人民法院在2005—2007年审结因家庭暴力引发的12件杀人案件中，13名受害人死亡，8名被告人被判处死刑，其余被告人被判处10年以上有期徒刑或无期徒刑。

家庭暴力有一定"传承性"。选择暴力作为解决争议的手段之意识和行为，可能从上一代延续到下一代，从家庭内延伸到家庭外。从欧洲到美国，都有研究成果支持这一观点。家庭是每个人最初的学习场所。"孩子走出家庭面对他人、面对问题时惯有的感受、想法以及采取的处事方式，往往是其早年在家里习得的。这可能包含了温馨、平和的气氛，也可能是苛刻甚至是暴力的互动。""有证据显示，父母之间的暴力会影响到下一代"，在婚姻暴力中成长的孩子，会"认为那些令人反感的行为是控制社会与物质世界的一般作风，并且延续使用这种手法至成年"。② 美国学者韦斯伯格认为，"儿童期经历与成年暴力之间的关系是非常有价值的观察角度，看见过父母一方暴力另一方之人，成年后成为施暴者的可能性远大于成为暴力的受害人。看见父母一方打击另一方所习得的经验是如此显著地胜于其本人被暴力，这种经验、观察，使得儿童接受到了三种教育：爱你的人也是伤害你的人，你所爱的人也是你能够伤害的人；在你家中看见和经历暴力会树立起可以伤害你所爱之人的权利意识；如果处理应激状态或表达自己的其他办法不奏效，暴力

---

① D. Kelly Weisberg, Susan Frelich Appleton, *Modern Family Law Cases and Materails*, Aspen Publishers, New York, 2006, p. 327.

② 尚珊：《法国通过针对家庭暴力的法律草案》，搜狐新闻，http://news.sohu.com/20100630/n273182218.shtml，访问日期：2012年5月20日。

是可允许的"。"对伴侣实施暴力的人的总体情况与对孩子实施暴力的父母群体的情况，是相似的。必须强调……儿童时期的被暴力经历与其成为一个成年施暴者的可能性之间具有直接联系。……诚然，这不意味着经历暴力的人都会成长为施暴者"。[1]

（四）家庭暴力的受害人和加害人均需要帮助

当家庭或特定关系遭遇或者可能遭遇家庭暴力时，除了当事人应当努力认识面临的问题或危机，提高应对压力的能力和找寻解决问题的办法外，国家和社会应当积极提供帮助，既是帮助受害人，也是帮助施暴者。施暴者，如果得不到有效帮助戒掉施暴习惯，家庭暴力将会不断延续，即使施暴者离开原来的家庭或者伤害对象后，又会在日后关系中伤害新的伴侣或家人。

简而言之，为了维护每个人的人权，特别是为妇女、儿童提供有效保障，国家不能放任家庭完全自治。现代家庭法开始了尊重家庭自治与适度公权力干预之间的角力。虽然国家公权力介入家庭暴力也非完美无缺，但它带来的利益至少大于其"消极怠工"。

二 公权力干预家庭暴力的界限与规范

国家公权力干预家庭暴力，无疑是有原则和限度的。那么，适度的界限应当划定在哪里呢？一是立法应当明定公权力干预家庭暴力的条件与程序；二是对公权力行使设定限度，以防滥用。公权力干预家庭暴力，旨在预防家庭暴力发生、阻止正在发生的任何家庭暴力，"治疗"家庭暴力当事人之伤，修复人际关系。

（一）积极干预原则

在法律规定的框架内积极防治家庭暴力。有效防治家庭暴力应是公权力承担的职责、权力和义务。立法应当要求公权力积极作为，以实现干预，使其成为家庭暴力受害者的有力保护者。

（二）程序正当原则

公权力在介入家庭暴力事件之前或之后应当遵循程序正义，避免与当事

---

[1] D. Kelly Weisberg, Susan Frelich Appleton, *Modern Family Law, Cases and Materails*, 3rd edition, Aspen Publishers, 2006, p. 326.

人发生利益冲突。对公权力的行使设定标准，以避免其滥用，损害当事人或他人的合法利益。

（三）相称原则

相称是指公权力采取措施干预家庭暴力所作出的任何反应，既应与违法行为情况相对应，又应与所保护的利益相对应，可能造成的不利益不得超过其所保护的利益。相称是法律干预的基本原则。立法时，充分考虑到家庭暴力的各种情形，无论是采取积极措施防止家庭暴力发生还是对已实施家庭暴力的行为给予必要的惩处，调动一切可以调动的资源减少损害、帮助受害人，都应当视其必要性和合理程度而定，以促进个体安全、家庭安全。

（四）重在预防原则

对家庭暴力进行早期干预，非常重要，故重在事先防范，由于家庭暴力中施暴者与受害人关系的特殊性，很多受害者不愿意通过司法途径惩罚加害者。早期干预，可以有效减少家庭暴力造成的损害。同时保持必要的事后惩罚。

（五）同时帮助受害人和施暴者原则

既应当帮助受害人摆脱家庭暴力，又应当帮助施暴者改掉施暴恶习，有效打破施暴的链条，否则施暴源存在，受害人将"前仆后继"，形成恶性循环。

第三节 家庭暴力防治法的性质

在我国，提到立法，法律人习惯于问：这是什么法？公法还是私法？民法还是刑法？婚姻家庭法？妇女法？等等。反家庭暴力是尊重和保护人权价值之下的新思维、新行动，已经超越了传统大陆法部门法划分的意识和路径。"实践永无止境，探索和创新也永无止境"。[①] 法律改革也无止境，否则，法律将停止发展。为有效防治家庭暴力，我国立法不宜固守旧统，而有必要顺势而变。

[①] 《胡锦涛在纪念党的第十一届三中全会召开30周年大会上的讲话》，《人民日报》2008年12月18日。

一 立法防治家庭暴力：一种突破传统部门法划分理论的法律创新

解决家庭暴力，最重要方面是及时制止暴力而非其他。及时制止家庭暴力，是受害人的主要期待。一般情况下，家庭暴力受害人只要求"停止暴力"，教育加害人改正打人的"坏习惯"，而非使施暴者陷入刑事程序，留下违法犯罪记录。一方面，施暴者与受害人相互是亲属，特别是非婚姻的亲属关系，都具有终身性。另一方面，施暴者常常是家中的赚钱人，中断其经济来源，家庭将雪上加霜。同时，家庭暴力受害人很难作出"离家"决定。对于遭受婚姻暴力的妇女，离婚通常不是她的最优选项，更非唯一选择，还有诸如儿童照料、老人照护等制约着她，使她不能"只为自己着想"。遭受家庭暴力的老人或儿童为躲避暴力而离家的可能性更小。

针对家庭暴力的特殊性，必须采取不同于传统法的新思路、新措施，才能有效预防家庭暴力发生，及时制止家庭暴力。否则，防治家庭暴力法可能仍只是"原则性宣示"而缺乏操作性。英国防治家庭暴力，注重预防，并根据个人或问题发展的特定阶段可能产生的不同专业回应，区分三个级别应对处理家庭暴力。初级预防是预防家庭暴力的发生。二级预防是指在发生问题的早期阶段加以处理，能减轻并遏制问题发展，也可能防止家庭暴力发生。三级预防则是指在问题发生后设法减轻伤害，特别是预防重复受害和发生最严重的后果。① 从社会局提供建议、指派社工提供咨询、行为治疗或预防式中间治疗等不同预防策略到警察介入等，所有回应都是为了预防和及时制止家庭暴力。"早期处理对暴力行为模式的发展是很重要的，若能早期预防，成效将更为理想。"② 日本《防止配偶暴力与保护受害人法》借鉴欧美反家庭暴力法的成功经验，赋予警察"径行逮捕权"，警察发现家庭暴力，或违反保护令的现行犯时，应径行逮捕；虽非现行犯，但警察认为其有重人嫌疑涉嫌家庭暴力罪，且有继续侵害家庭成员生命、身体或自由的危险，可以采取1954年《警察法》等法授权警察采取的任何措施，符合逮捕条件的，

---

① [英] Kevin Browne, Martin Herbert：《预防家庭暴力》，周诗宁译，（台北）五南图书出版公司2004年版，第277页。
② 同上。

也应径行逮捕；同时引入"保护令"，赋权法院基于受害人申请而下达保护令，自保护令生效之日起六个月内，禁止配偶或原配偶一方接近受害人住所、受害人停留的其他场所，或者游荡在受害人的住所、工作场所或经常经过的地方，以保护遭受或者可能遭受严重家庭暴力的受害人[①]。

我国制定防治家庭暴力法，应当将预防和及时制止家庭暴力作为主要目标，采用综合治理方案，强化对家庭暴力的惩处，以遏制家庭暴力泛滥。

二 防治家庭暴力法属于什么性质之法

家庭暴力防治法突破了大陆法传统部门法划分理论。按照传统刑法，不构成犯罪的违法行为，不属于刑法调整范围，不能导入刑法。按照传统民法学、婚姻家庭法学，防治家庭暴力法就不可能规定行政拘留等行政强制措施，更不可能引入逮捕权，不可能规定罪名和刑罚。然而，用"温情脉脉"的"软法"来防治家庭暴力，是难以奏效的。家庭暴力中，大多数的行为是一般违法行为，尚不构成犯罪，甚至够不上治安处罚。公权力不能等施暴者"打够了""打狠了"致使受害人伤、残、死亡后，才"有理由"出手相救！

家庭暴力防治法是一种诸法合体式立法。为及时制止家庭暴力，该类立法涉及刑法、民法、婚姻家庭法、行政法、刑事诉讼法、民事诉讼法等部门法，从程序到实体、从民事、行政到刑事措施一并规制，其内容不能简单地界定为其中某个部门法。防治家庭暴力，若只限于传统民事法范畴，其最大弊端是只能提供民事救济，无法帮助受害人摆脱暴力或者远离危险场所。这种无法阻断暴力侵害的状况达不到反家庭暴力、保护受害人人权的基本要求。若立法仅提供刑法规范，可以很好地防治家庭暴力犯罪的发生，然而家庭暴力犯罪与普通刑事犯罪有明显区别，即受害人与施暴者之间有着或者曾经有着亲密关系，受害人基于各种复杂心理而不敢或者不愿意维护自己的合法权益，使得家庭暴力不断，法律"无法通行"。防治家庭暴力不是单纯的家庭法问题，需要警察介入、社区干预及司法干预，涉及实体法和程序法。

家庭暴力防治法原则上可归入家庭法范畴。防治家庭暴力立法，立法防

---

① See article 8, 10, *Act on the Prevention of Spousal Violence and the Protection of Victims*（Act No. 31 of 2001），http：//www.cas.go.jp/jp/seisaku/hourei/data/APSVPV_2.pdf.，访问日期：2012年3月1日。

治家庭暴力是基于人权保护而实现的法律创新。不过，基于这类暴力发生在"家里"，如果非要为家庭暴力防治法找到"定位"，原则上将其纳入家庭法系列。

三 使用"家庭暴力"概念及专门法是否将导致法律评价之不公允

对于"家庭暴力"及制定专门法防治，有两种不同担忧。第一种担忧，认为采用"家庭暴力"概念，将弱化暴力行为的"恶"或社会危害性，故而不妥。第二种担忧，是使用"家庭暴力"术语，夸大了行为的社会危害性，立法防治似乎无大必要。

采用"家庭暴力"概念，是否能客观评价该类行为及其后果，关键在于立法的价值取向和制度设计。家庭暴力一词，体现了该类暴力的主要特征，强调防治手段和措施的针对性。对待家庭暴力，应当采用"零忍耐"的立场和态度。一方面，是因为当事人之间关系具有特殊性，即当事人相互之间具有或者曾经具有特定人身关系，且这种关系具有一定长期性甚至终身性。家庭暴力，主要是发生在家庭居所内，一个人为了控制或操纵另一个人而采取不法暴力行为，受害人特别是儿童往往"无处可逃"或者"不能逃跑"。另一方面，使用"家庭暴力"概念，是要否定将暴力视为家庭生活一部分的传统观念，强调家庭暴力也是一种类型的暴力，其社会危害性不亚于街头暴力。

"家庭暴力"的危害性客观存在，个人、家庭、社会为之付出的代价之大实难估计。可能有人不赞成动用专门立法资源防治家庭暴力，甚至认为家庭暴力防治法要把男人赶出家庭，"是一个可怕的法律"。[①] 然而，这种观点没有充分意识到一个残酷事实：施暴者是在家里对家人或共居者施暴，故意致伤甚至致死！加害人享有人权，没错，但其无权在家里伤害他人。受害人享有人权，有权享有安静、安全的生活环境。为避免暴力的继续或者发生更严重的暴力，必要时，将施暴者与受害人隔离开来，是最经济的安全措施，既是对受害人的保护，也使施暴者有悬崖勒马的机会。因此，专门立法防治家庭暴力，是必要的、合理的，绝非浪费公共资源。

---

① 高凤仙：《家庭暴力防治法规专论》，（台北）五南图书出版公司 2007 年第 2 版，第 92 页。

第四节　家庭暴力防治法的立法模式

我国现行《宪法》第33条第3款"国家尊重和保障人权"及第49条第4款"禁止虐待老人、妇女和儿童"的规定，为立法防治家庭暴力提供了明确的宪法依据。自2001年以来，《婚姻法》等国家法明文禁止家庭暴力，设立了若干救济措施。许多省市通过了防治家庭暴力的地方专门法。然而，现有立法的效果显然不理想。现实中，家庭暴力问题仍然比较严重。究竟采取哪种立法模式，才能既快又好、既经济又合理地干预家庭暴力呢？借鉴域外法防治家庭暴力的经验，我国未来应以单独立法模式最为可取。

一　防治家庭暴力系列专门法：英美法传统国家或地区的普遍经验

在英国，从《1976年家庭暴力与婚姻诉讼法》赋权民事法庭发布制止家庭暴力命令及允许警察直接逮捕违反民事保护令之被告人，到《1989年儿童法》针对儿童保护，建立照护令、监督令、评估令和紧急保护令制度，保障儿童得到正常照管和抚养，免受家庭暴力伤害，再到《1996年家庭法》引入"停止侵扰令"、互不妨害令、占有令和针对成年人的紧急保护令，《1997年保护免受骚扰法》《2004年家庭暴力与犯罪及受害人法》等，针对预防和制止家庭暴力，建立了包括刑事犯罪及处罚在内的一系列全新的制度[1]。

美国制定法集中有效地干预家庭暴力始于20世纪70年代[2]。"在20世纪70年代后期，女性主义运动开始挑战屏蔽妻子受虐的家庭隐私概念，由

---

[1] 参见蒋月《英国防治家庭暴力与保护受害人立法述评》，《政法论丛》2011年第2期，第106—116页。

[2] 在此之前，美国妇女虽然可以申请传统的民事救济，如强制令、限制令和治安保证书，但对于家庭暴力受害人来说，这种保护是不够的。到了1970年，多数州都可以依据一般的有关家庭殴击的法律，对虐待家庭成员的人提起公诉并追究其刑事责任。贝蒂·加罗：《家庭暴力刑事化——美国州和联邦相关法律的历史和现状》，反家庭暴力网：http://cyc6.cycnet.com：8090/othermis/stopdv/content.jsp?id=561&s_code=02050202，访问日期：2012年4月20日。

此促进立法改革，设计和实施了许多保护妇女免受婚姻暴力伤害的法律"。① 立法者认为，如果法律仅仅处罚施暴者的暴力行为，而不寻求防止将来发生暴力行为与保护受害人的途径，就不能为遭受严重虐待的配偶提供有效救济，因为施暴者"拒绝改变"，"不愿停止施暴，不愿放弃对配偶的控制权，也不允许受虐配偶建立安全与独立的家庭"。② 为此，美国多数州立法机关广泛修改民法、刑法，使受害人得到恢复与补偿，以期消除家庭暴力。各州立法机关制定与修正的法案主要有：民事保护令、家庭暴力逮捕法、家庭暴力监护权、强制监护调解法、被害人权利法、受虐妇女综合征专家证据③等④。

邻国印度，为解决社会上长期存在的家庭暴力问题，为了保护妇女不受丈夫或同居男伴的虐待，及保护一起居住的姐妹、母亲、岳母以及其他女性亲属，公布《2005年保护妇女免受家庭暴力侵害法》，并于2006年10月开始实施。⑤ 该法禁止任何"意图或者已经从身体上或者精神上损害、伤害或危及受害人的健康、安全、生命、肢体或者福祉的，也包括对受害人进行心理、身体、性、语言、精神或者经济虐待的"作为、不作为、犯罪或者任何举动；禁止向受害人或有关人索要不合法彩礼等而危害受害人；禁止男子殴打、威胁妻子或者朝着妻子或同居女伴吼叫，打骂妻子将被判监禁一年；保护妇女有留在家庭里的权利。法案为受害人提供了人身保护令、住房令、补

---

① Siegel, "*The Rule of Love: Wife Beating as Prerogative and Privacy*", Yale L. J. 2117 (1996), Transferred from Ira Mark Ellman, et., *Family Law: Cases, Text, Problems*, 4th edition, Matthew Bender & Company, Inc., 2004, p. 177.

② 高凤仙：《家庭暴力防治法规专论》，（台北）五南图书出版公司2007年第2版，第13页。

③ 受虐妇女综合征，是一个社会心理学的概念，在20世纪70年代末80年代初，它成为北美地区的法律概念。它由美国临床法医心理学家雷诺尔·沃柯（Lenore Walker）医生提出。沃柯医生在跟踪治疗和研究400名受虐妇女之后发现，长期受家庭暴力虐待的女性，通常会表现出的一种特殊的心理和行为模式。这种心理和行为模式，与家庭暴力的严重程度超过受害人的忍受极限时，受害人采取以暴制暴的行为之间，有密切的关联性。受虐妇女综合征理论，是由家庭暴力的周期性（Cycle of Violence）和后天无助感（Learned Helplessness）两个概念组成的。参见陈敏《受虐妇女综合征专家证据在司法实践中的运用》，中国应用法学研究所网站，http://yyfx.chinacourt.org/public/detail.php?id=70。

④ 高凤仙：《家庭暴力防治法规专论》，（台北）五南图书出版公司2007年第2版，第13页。

⑤ 盛玉红：《打骂妻子坐牢一年　丈夫不得索要大量嫁妆　印度首部〈家庭暴力法〉生效》，《检察日报》2006年10月28日。检察日报网：http://www.jcrb.com/n1/jcrb1099/ca558604.htm，访问日期：2012年5月30日。

偿令等救济措施。[①]

在中国香港地区，从1986年《家庭暴力条例》到2010年《家庭及同居关系暴力条例》，立法防治家庭暴力是采取制定专门法之模式。法律赋予法院签发强制令的权力，赋予诉讼法庭行使区域法院的权力，赋予警察逮捕违法之人的权力，规定了涉及家庭暴力处理的规则与程序等内容。随着防治家庭暴力经验的积累，2008年，鉴于原条例内容的有所滞后，香港政府启动修订《家庭暴力条例》工作；至同年8月，香港立法会通过《家庭暴力条例》，扩大了适用范围，将原配偶、前同居者、直系及延伸家庭关系的成员均纳入保护对象。2010年《家庭及同居关系暴力条例》取代了原条例，保护范围更广。因为历史、文化等原因，香港经验对中国内地制定家庭暴力防治法有较大启发。

二 防治家庭暴力综合法案：大陆法传统国家和地区的经验

法国《预防家庭暴力法》，保护处于家庭中肢体暴力、强制婚姻以及性骚扰阴影下的女性。该法案内容主要有三项创新，即准许法官使用"保护裁定"、确立"精神暴力"罪名以及批准实施"电手镯"试验。受害者因遭遇家庭暴力、强迫婚姻或性暴力而向司法机关请求帮助时，法官可即时裁定受害者与施暴者分开生活，并裁定孩子的临时抚养权；"保护裁定"期限为4个月，如受害人在此期间决定离婚的，可以申请延长"保护裁定"的期限。"电手镯"试验是给家庭暴力的施暴者佩戴"电手镯"，试验为期三年。施暴者将被要求在手腕上佩戴"电手镯"，而潜在受害者则拥有一个感应器；当潜在受害者有可能受到暴力侵害时，其所拥有的感应器便可发出报警信号，从而为使潜在受害人提前得知不利信息，设法避开家庭暴力危险。保护措施还包括对于因受家庭暴力困扰而离开住所的女性提供临时住所以及为她们安排照料子女等[②]。

在日本，2001年颁行《防止配偶暴力与保护受害人法》，既引入了民事保护令，又设定了家庭暴力罪和违反保护令罪；既规定了什么是家庭暴力，

---

① 参见《印度2005年保护妇女免受家庭暴力侵害法（节选）》，罗清、夏吟兰主编《防治家庭暴力法制度性建构研究》，中国社会科学出版社2011年版，第729—732页。

② 尚栩：《法国通过针对家庭暴力的法律草案》，搜狐新闻，http://news.sohu.com/20100630/n273182218.shtml，访问日期：2012年5月20日。

又规定了有关机构的职责。① 该法中,既有民事法条款,又有行政法条款、刑法条款,是"诸法合体"式综合性立法。

韩国于1997年12月通过《家庭暴力防止与被害人保护法》。② 该法案规定了哪些行为构成家庭暴力、相关主体、家庭的保护与维持、国家和地方政府的责任、咨询中心的建立及职责、庇护机构、尊重受害人意愿、监控、医疗庇护、渎职罚金等内容,其中就包括有定罪及刑事处罚条款。为了实施前述法案规定的"委任事项"及"所需必要事项",韩国颁行了《家庭暴力防止与被害人保护法实施细则》和《家庭暴力防止与被害人保护法施行令》,详细订定了家庭暴力实况调查、家庭暴力咨询、教育计划、住宅优先入住权人、医疗事项等事项。2011年4月12日起,实施《家庭暴力罪处罚特别法》,调整家庭暴力犯罪及矫正行为,法官审理涉及家庭暴力案件,依法应参考专家意见等③。

在中国台湾,"家庭暴力防治法"采综合立法模式。其内容既包括民事保护令,又包括对违反法院裁定或命令之行为的定罪量刑。例如,第三章"刑事程序"专章,规定了家庭暴力罪和违反保护令罪,赋权"警察人员发现家庭暴力罪之现行犯时,应径行逮捕之,并依刑事诉讼法第92条规定处理";第六章"罚则"规定,凡违反法院作出的下列裁定者,构成违反保护令罪,处三年以下有期徒刑、拘役或科或并科新台币十万元以下罚金:(1)禁止实施家庭暴力行为;(2)禁止骚扰、接触、跟踪、通话、通信或其他非必要的联络行为;(3)迁出住所;(4)远离住所、工作场所、学校或其他特定场所;(5)完成加害人处境待遇计划。④

---

① See *Act on the Prevention of Spousal Violence and the Protection of Victims* (Act No. 31 of 2001), http://www.cas.go.jp/jp/seisaku/hourei/data/APSVPV_2.pdf,访问日期:2012年5月10日。

② 全国妇女研究所:《妇女研究参考资料(八)》,转引自反家庭暴力网:http://cyc6.cycnet.com:8090/othermis/stopdv/content.jsp?id=7298,2012年4月20日。在该资讯出处中,韩国的法案名称译为《家庭暴力预防和受害人保护法》,为使前后文中同一法案名称保持一致,作者采用了金玉珍的译法。特此说明。

③ 韩国《家庭暴力防止与被害人保护法》《家庭暴力防止与被害人保护法实施细则》《家庭暴力防止与被害人保护法施行令》《家庭暴力罪处罚特别法》,金玉珍译,参见夏吟兰主编《家庭暴力防治法制度性建构研究》,中国社会科学出版社2011年版,第631—666页。

④ 参见台湾地区"家庭暴力防治法"第29—42、61—63条,高凤仙编著《家庭暴力防治法规专论》,(台北)五南图书出版公司2007年第2版,第309—315页。

综合来看，针对防治家庭暴力的需要，制定综合性的专门立法是最合理、最经济的模式。

三 联合国反家庭暴力的法律实践

联合国经济及社会理事会人权委员会于1996年第52次会议通过了"家庭暴力示范立法框架"，为各国制定家庭暴力防治法提供了重要参考。根据该示范法，家庭暴力防治法应包括至少下列十二个方面的内容：[①]

（1）遵守处理家庭暴力的国际准则；

（2）认识到家庭暴力是发生在家庭内部和人际关系中对妇女实施的特殊的性暴力；

（3）认识到家庭暴力构成对个人和社会的一种严重犯罪行为，对家庭暴力，不容谅解和容忍；

（4）制定专门法律禁止在家庭和其他人际关系中对妇女实施暴力，保护此类暴力中的受害人，并阻止暴力的进一步发展；

（5）开创一系列灵活快捷的救助措施，确保为受害人提供最大保护；

（6）设立部门、项目、服务机构、协议条款以及职责任务帮助受害人；

（7）加强刑法在预防和惩治针对妇女暴力中的作用；

（8）列举并提供全面的法律服务；

（9）拓宽执法人员的执法能力以帮助受害人，提高执法效率，并防止家庭暴力事件进一步发生；

（10）培训法官增强意识，关注而不是忽视家庭暴力；

（11）培训并提供律师以帮助警察、法官以及家庭暴力中的受害人，帮助家庭暴力的施暴者恢复正常生活；

（12）大力加强社区内居民对家庭暴力事件和原因的认识，鼓励社区居民参与消除家庭暴力的行动。

该示范法建议的内容，既包括刑事措施，又包括民事措施，既有教育培训事项，又有政府责任等。欲将涉及不同部门法的事项系统地又相互协调地

[①] 参见陈明侠主编《家庭暴力防治法基础性建构研究》，中国社会科学出版社2005年版，第346—395页。

作出妥当规定，制定独立的防治家庭暴力专门法案，最为可行。

四 我国法律实践：分散立法与专门立法相结合

（一）现行国家立法未能及时有效制止家庭暴力

我国《婚姻法修正案》《妇女权益保障法》《治安管理处罚法》及《刑法》中均有多个条款涉及家庭暴力防治。解决家庭暴力主要有下列三种途径：一是通过民事损害赔偿请求权请求民事责任；二是通过行政处罚给予施暴者行政强制措施；三是构成刑事犯罪的，追究其刑事责任。然而，十余年过去了，法律干预家庭暴力，成效不明显。其主要原因有三：第一，现行法欠缺预防和制止家庭暴力的有效措施。传统法律重在事后救济，且大多数是在暴力行为重复多次或者发生严重伤害或后果之后，才对施暴者实施制裁，才救济受害人。对轻微的家庭暴力事件，即使发生，也不能制止，更无法有效地防范家庭暴力的继续或更严重暴力的发生。第二，对于尚未构成犯罪的家庭暴力，依现行法似呈"无计可施"之状。施暴者有恃无恐，甚至在警察面前施暴，叫喊"我就打人了，你能把我怎么样？"第三，缺乏整体系统规范。防治家庭暴力，不仅要干预暴力行为，还要为受害人提供紧急庇护、法律援助、辅导与咨询、24 小时电话服务、教育课程等一系列服务，以减轻受害人的伤害，阻断暴力源。然而，现行国家法防治家庭暴力过于原则、简略，缺乏切实可行的干预措施和辅导机制，受害人不易寻求到有效的社会救助与支持。同时，家庭暴力的界定过于严格，家庭暴力取证难、认定难；各有关机构的职能、分工规定不明确，"告诉"才处理的规定使得家庭暴力施暴者轻易逍遥法外；欠缺对政府提供相应公共服务的责任规定。

作为大陆法传统的国家，我国的部门法立法框架下，多个部门法都有必要涉及家庭暴力，但这并不够！还需要一部专门法全面规范家庭暴力的调整。

（二）地方法经验：制定专门法防治家庭暴力

自从 2000 年湖南省人大常委会通过中国大陆地区第一个反家庭暴力的省级地方法规《关于预防和制止家庭暴力行为的决议》以来，[①] 各地立法预

[①] 1996 年，湖南省长沙市人民政府办公厅和市公安局联合发布《关于预防和制止家庭暴力的若干规定》。这是我国最早的专项防治家庭暴力的地方行政规章。

防和制止家庭暴力，一致采用单行立法或专门规范模式。它们在帮助受害人、惩罚施暴行为、提供社会支援和服务等方面，做了许多有益尝试。截止到2011年年底，已有30余个省、市制定了防治家庭暴力的地方专门法。然而，受我国现行国家法约束，地方反家庭暴力法难有大作为。例如，界定的家庭暴力范围偏窄，对施暴者或责任主体的处罚措施过于笼统，缺乏具体可操作性；绝大多数是原则性、号召性的规定，可操作性条款少；对于法律程序、举证责任、救助措施等基本法层面的现有规定难以有实质性的突破，未能有效解决法院处理家庭暴力案件中遇到的举证难等问题，使得防治家庭暴力的成效不乐观。但是，如此众多的地方规定，均无一例外地采用单独立法或专门规范模式，说明专门规制模式的可接受程度很高，是可行的。

五 笔者观点：制定家庭暴力防治法

从域外法经验启示及我国实践看，单独立法模式最为经济、合理。将各种干预、保护措施集中在一部法中予以规定，犹如一只握紧的拳头，迅速出击，击中目标，达到应有效果。而分散立法，犹如一只张开的手掌，规定之间，难以无缝对接，也可能因为所谓法律性质不同而致程序转换、机构转换，转来转去，令当事人不知所措。正是基于法律创新与便捷实施，工业国家和地区法律防治家庭暴力时，多数采用单行立法模式。特别是日本、韩国，以及中国的香港、台湾地区防治家庭暴力立法，采用独立的综合立法模式，对中国内地立法有更大启示。我国地方立法防治家庭暴力，同样采用了专门立法。实践证明，集中规范家庭暴力防治，法律适用效果好，最合理。

法学界多数研究成果赞同采用专门立法模式。最高人民法院中国应用法学研究所于2008年3月编制了《涉及家庭暴力婚姻案件审理指南》，内容涉及家庭暴力的界定、基本原则与要求、人身安全保护措施、证据、财产分割、子女抚养和探视、调解等，虽"不属于司法解释，而是为法官提供的参考性办案指南"，"不能作为法官裁判案件的法律依据，但可以在判决书的说理部分引用，作为论证的依据和素材"。该审理指南主要借鉴了域外法关于运用民事、刑事、行政手段"综合治理"家庭暴力的路径，推动的司法实验产生了良好的社会效果。2003年，中国法学会反家暴网络通过人大代表和政协委员向第十届全国人大和政协提交了《中华人民共和国家庭暴力防治法（建议稿）》。① 2010 年 2 月中国法学会公布《家庭暴力防治法（专家建议稿）》，内容涉及家庭暴力的总则、行政干预、社会干预、民事干预、刑事干预、证据、法律责任及附则等，也采用综合立法模式。②

综上所述，我国未来制定家庭暴力防治法，宜采用独立的综合立法模式。在民事、刑事、行政方面，从程序到实体，从措施到责任，相互衔接，作统一规定，提供周到救济，既预防暴力发生，又及时制止，以保护受害人及其家庭，帮助加害人改正，形成系统周全的反家庭暴力责任体系，才能达成防治家庭暴力之目的。

第五节 立法防治家庭暴力的制度建构

2001 年《婚姻法修正案》明文禁止家庭暴力开始，我国法律改变了对待家庭暴力的态度和行为。不过，现行法律干预措施有限，干预效果不佳，与社会期望相比较，有很大差距。预防和制止家庭暴力，必须依赖包括公安、司法、医疗、教育、福利和其他社会支持系统同时介入。我国应借鉴域外法干预家庭暴力的成功实践经验，尽快制定防治家庭暴力法。无论是普通法或大陆法，法律对家庭暴力的态度，从容忍家庭暴力、有条件地干预家庭暴力（或只干预严重家庭暴力）到对家庭暴力"零容忍"，公共政策的立场发生了根本改变，现采取积极干预的立场，采用多种有效措施，建立起一个相互紧密联系的法律体系。我国宜借鉴英国等域外防治家庭暴力法，建立互不妨害令、占有令、禁止骚扰令、保护令、紧急保护令等制度，及时救援和保护家庭受害人，有效防止家庭暴力的继续和发展。

一 建立民事保护令制度及时保护受害人③

及时制止暴力的继续，以免受害人受到进一步伤害，这是立法防治家庭暴力中最重要的问题。家庭暴力受害人通常需要紧急救援，其中最突出的应

---

① 夏吟兰主编：《家庭暴力防治法制度性建构研究》，中国社会科学出版社 2011 年版，第 7 页。
② 同上书，第 12—32 页。
③ 本目的思路，主要参考了英国相关立法及其实践经验。

是及时阻断家庭暴力,与家庭暴力或者存在家庭暴力危险的环境相隔离。尽管现行《婚姻法》赋予当事人向所在单位、居民委员会、村民委员会、公安机关寻求救助的权利,遗憾的是,现行对家庭暴力受害人的救助机制尚无强制执行效力,对施暴者更缺乏约束力,故这些救济不足以保障家庭暴力受害人的安全和需要。实际生活中,部分施暴者有恃无恐,甚至在警察临时性介入后对受害人的施暴更为严重。若能引进各种保护令制度,赋权受害人提起禁令申请,依法对施暴者的行为给予严格约束,减少或避免恐惧或进一步伤害,保障受害人拥有一个安全的生活环境。这对儿童而言,尤为必要。

(一) 互不妨害令

为了保障家庭成员、原家庭成员不受各种形式的严重纠缠、干扰、折磨、妨害等,有必要赋权人民法院下达命令:禁止被告妨害与其共同生活的另一方、子女、共同生活的相关者。当然,法庭采用命令实施干预,应经申请人申请,以保护受害人的安全、安宁。

互不妨害令的申请人应包括夫妻、前配偶、同居者、订有婚约者、曾经订有婚约者、亲属、儿童的父母,还包括彼此现有或者曾有密切的持续稳定的个人关系。

在决定是否下达互不妨害令时,法庭应当综合考虑所有案情,包括申请人或者任何孩子的健康、安全、良好生存的保障。互不妨害令的禁止对象,可以是指一般性妨害、特定妨害行为的或二者均指。在有权签发占有令或互不妨害令的情形下,法院可以接受诉讼被告方的保证。

有必要为法院命令的某些规定附加拘留权,使警察可以不经授权径行拘留其有合理理由怀疑违反法庭命令的人。被拘留的被告,自被拘留时起24小时内,应当被移送至有关司法机关;不对该事项予以进一步处置的,受理的司法机关可以将该被告还押。法院签发有关命令时,未依法附加拘留权或者仅对一项命令中的某些规定附加拘留权的,任何时候,申请人认为被告未遵守命令规定的,均有权向有关司法机关提出申请,请求签发拘留被告的授权令。有合理依据相信被告违反命令的,有关司法机关始得签发授权令。依据授权令将某人送交法庭后,法庭对该事项不作进一步处置的,可以将其还押。被还押者获准保释,有关司法机关在基于保释释放此人之前或之后可以向其提出必要的不干扰证人作证或不妨碍司法的要求。

占有令或互不妨害令可以依法被变更和撤销。经被告、命令申请人的申请，法院有权变更或撤销占有令或互不妨害令。某些特定情形下签发的互不妨害令，即使未经申请，法院也可以变更或撤销。

凡未遵守法庭命令的行为，均构成严重违法，警察可径行拘留或逮捕，或由相应司法机关予以处理。违反互不妨害令的犯罪行为，即无正当理由实施互不妨害令禁止的任何行为的，构成犯罪，但对有关互不妨害令不知情的，不构成犯罪。犯本条规定之罪的，应承担相应刑事法律责任。

(二) 占有令[①]

占有令是指用于调整家庭住宅占有情形的法院命令。占有令可以要求当事人一方离开家庭住所的某部分或者全部，或者只能在家庭住所内的某个规定区域内活动；也可以要求当事人一方允许另一方在家生活。

凡相关人均可依法申请占有令。申请人应是曾经居住在该住宅中或者曾经期待居住其中，或者该住宅是作为申请人和相关人的家庭住所的。下列两类人，有权申请占有令：一是享有相关权利者，包括因受益遗产、利益、合同的效力而依法被授权占有该房屋的，或者因享有婚姻住所权而有权占有该房屋的；二是该房屋所有权人的前配偶、同居者、前同居者。

应当根据申请人身份不同而确定占有令的不同有效期间。占有令是有利于享有相关权利者的，其有效期间应由法庭自由裁量决定。占有令若是有利于未被授予相关权利者的，其最长期限确定为6个月为宜。对于相关权利人或者前配偶申请占有令的，法庭决定是否必须下达驱逐令或者其他占有令时，应当考虑案件的所有情况，特别应当考虑当事人双方的地位、申请人或者相关子女是否因为另一方当事人的行为而可能受到了明显伤害、若法庭不下达命令时受害人是否将继续受到另一方较大伤害。

在当事人一方遭受到明显伤害确属无疑时，法庭应当行自由裁量权决定下达命令。紧急情形下，法院可以签发占有令，为申请人提供紧急保护，其程序和应考虑因素同上。

占有令具有强制执行效力。违反占有令，构成严重违法，警察可以径行

[①] 本目参考了英国《1996年家庭法》第30—38条，蒋月等译《英国婚姻家庭制定法选集》，法律出版社2008年版，第242—249页。

拘留，或者法庭可以判处民事处罚，以示对家庭暴力犯罪等违反禁令的行为之处罚。应当赋予占有令对抗第三人的效力。

（三）禁止骚扰令

我国立法应当设立禁止骚扰令，为受他人苦不堪言的行为或言语骚扰的受害人提供救济。对于他人的骚扰言行，受害人或者可能因骚扰行为受到伤害的人，有权向人民法院申请禁令，或依法可以提起民事诉讼，寻求保护，对由骚扰引起的焦虑和由此而产生的经济损失，均有权获得赔偿。对于情节严重的骚扰行为，可处以一定罚金。

凡知道或应当知道其一系列行为是一个理性人在占有相同信息下会认为是骚扰，而仍为之的，构成骚扰。① 对于实施性骚扰者，法院可以颁布禁令，禁止被告实施任何构成骚扰的行为。同时，为了保护涉罪的受害人或其他命令中提及的人不受骚扰或令其心生对暴力的恐惧之侵害，应当赋权法院下达限制令，禁止被告实施命令禁止的任何行为。禁令下达后，原告认为被告违反禁令的，有权向法院申请颁发针对被告的拘捕令。骚扰情形严重，构成相关犯罪的，应当被追究刑事责任。

（四）儿童评估令

为了保护儿童，使其免受伤害，我国立法应当设立儿童评估令制度。② 申请人有合理理由推定儿童正在遭受或可能遭受重大伤害的，要求对该儿童的安全、健康或发展状况或其被对待的方式作出评估，以确定该儿童是否适合继续与其父母、其他监护人或相关人员在一起。为了完成对相关儿童情况的评估，经授权者可以向人民法院申请签发儿童评估令。法院可以以该申请为紧急保护令。根据生效的儿童评估令，可以将相关儿童从其家中带走。

（五）儿童紧急保护令③

有合理理由相信儿童因未在申请人提供的住宿或者没有继续留在已为其

---

① 参见英国《1997年保护免受骚扰法》第1条，蒋月等译《英国婚姻家庭制定法选集》，法律出版社2008年版，第279页。

② 参见英国《1989年儿童法》第43条，蒋月等译《英国婚姻家庭制定法选集》，法律出版社2008年版，第169页。

③ 本目参考了英国《1989年儿童法》第44—48条，蒋月等译《英国婚姻家庭制定法选集》，法律出版社2008年版，第169—176页。

提供的住宿中而正在遭受或者可能遭受严重伤害的，或者地方当局或者适格者依法调查相关儿童福利时受到了无理阻挠，且有合理理由相信事态紧急的，为使儿童免受严重伤害，经申请人申请，法庭可以签发儿童紧急保护令。儿童紧急保护令可以指示任何适当人按要求将该儿童带给申请人，在任何时间将该儿童转移至由申请人提供的住宿中，并将该儿童留置在该住宿中；阻止儿童离开医院或其他此前之住宿；批准申请人对该儿童担负父母责任。凡故意阻碍儿童被依法或依命令转移的，或违反禁止转移儿童之行为，均构成犯罪，行为人应被追究刑事责任。

紧急命令可以考虑包含排除权。即有合理理由相信，将相关人从儿童居住的住宅中驱逐出去，使该儿童免受可能发生的严重伤害，或者针对儿童的福利调查将不再受阻，且在该住宅内居住的另一人有能力及将对该儿童提供相当于其父母提供的合理照护，并同意命令包含排除权的，法院可以签发包含排除权的紧急保护令，要求相关的人离开其与该儿童居住的住宅，或者禁止相关人进入该儿童居住的住宅，及将相关人逐离该儿童的住宅所在特定区域。包含排除权的紧急保护令，应当可以附加逮捕权。据此，警察可不经批准径行逮捕其有合理理由认为违反排除规定的任何人。

紧急保护令的有效期间宜设定为 8 日。在包括排除规定的紧急保护令有效期间，申请人将儿童从相关人被驱逐之住宅转移至其他寄宿连续超过 24 小时的，该命令在附加排除规定期间的效力应当终止。根据紧急保护令对儿童承担父母责任的或有权申请有关儿童的照护令之人，可以向法院申请延长紧急保护令的有效期限。紧急保护令的有效期限只能延长一次。

赋权警察有合理理由相信，若不将该儿童转移至适当的食宿或采取合理措施确保该儿童不被从其被安置的医院或其他场所转移，儿童可能会遭受严重伤害的，可以转移儿童或为其提供食宿而使该儿童处于警察保护之下。该儿童得到警察保护后，相关警察于合理可行时应当尽早通知该儿童被发现地点所属区域的地方当局，将该儿童被安置地的详细情况告知该儿童通常居住区域的地方当局。如果该儿童具有理解能力的，应当告知其本人对其已经采取或将要采取的措施及理由以及可能对其采取的进一步措施；并采取合理可行的措施以了解该儿童的愿望和感受；由相关公安机关指定警察调查该事件。该儿童受到警察保护后，相关警察应当在合理可行时，尽早采取合理可行措施将对相关儿童所采取的措施、理由以及将来可能采取的进一步措施通知该儿童的父母、对其承担父母责任的非父母之人、在该儿童受警方保护之前与其一起共同生活的其他人。警察对儿童实施特别保护不宜超过72小时。

对于受警察保护的儿童，有关公务人员认为合理且有利于该儿童的最大福利的，应当允许该儿童的父母、对其负担父母责任的非父母之人、在该儿童受警方保护前与其共同生活的人、关于该儿童的有效交往令之受益人、因法院命令允许与该儿童接触的任何人及上述人的代理人与该儿童实行接触。地方政府有关部门对儿童事务开展调查的，应当解除对该儿童的警察保护，但有合理理由相信解除警察保护可能使该儿童遭受严重伤害的除外。

对处于警察保护下的儿童，有关部门可以就有关儿童申请紧急保护令。该儿童本人、儿童的父母、虽非儿童父母但对其负父母责任的人、在紧急保护令签发之前即与儿童一起生活的人，可以向法院申请撤销紧急保护令。但是自紧急保护令签发起72小时内，法院不得审理撤销该紧急保护令的申请。

（六）附加罚金

对于家庭暴力行为，除定罪判决外，立法还可以考虑附加罚金。赋权法庭命令被告承担支付附加罚金。行为人一次或数次实施家庭暴力犯罪的，法庭应当命令其支付附加罚金。但是，法庭认为适于发出赔偿令，但犯罪人无力同时支付附加罚金和适当赔偿金的，法庭应当相应减轻附加罚金，必要时全部免除。应支付的附加罚金的金额，应根据犯罪人的年龄、所犯罪行及处理被告的其他方式而确定。

（七）建立家庭杀人犯罪等的案情观察制度

对家庭暴力犯罪案件，应组织专业人士对案情开展调查研究，以便吸取教训。对于已满16岁的人因为或可能因为犯罪人的暴力、虐待或遗弃行为致死的案情进行调查，以便吸取教训。对特定情形，法官可以指派专人或机关组建家庭或参与家庭杀人罪案情的观察。

采取适当强制措施约束施暴者。制止家庭暴力，有必要视情形而采取拘留、逮捕等强制措施。必须承认，对于家庭暴力的现行犯，或者严重实施暴力的施暴者，仅仅劝说并不能使施暴者意识到其行为的违法性和社会危险性，施暴者甚至会误将警察的劝解视为"无能为力"，公开挑衅法律。采取适当强制措施，能够有效地防止发生更严重的家庭暴力或者阻断家庭暴力的继续，对施暴者也是必要的、及时的教育，以避免更严重的家庭悲剧发生。

二 立法规范警察干预家庭暴力的程序

警察力量介入和干预家庭暴力，是工业化国家和地区采取措施及时有效地制止、预防家庭暴力的成功经验之一。警察介入家庭暴力事件的处理，其程序规范十分必要。立法应当规定哪些情形下应当签发何种相应命令，警方受理家暴案件报案后应当执行哪些工作规程和操作规范，以便开展切实有效的干预工作。例如，规定警员处理家庭暴力案件必依法行事，视现场状况判断拟定最佳处理策略。应详细告知受害人享有的权利、救济途径或服务措施，并提供书面材料予以引导。家暴案件受害者为女性时，尽量由女警接待处理。我国应当借鉴域外法上警察干预家庭暴力的经验，立法规范其干预程序、措施、效力。

（一）若干国家警方干预家庭暴力的成功经验

家庭暴力现象，作为耗费巨大社会成本且充满破坏性、传染性的问题，古今中外普遍存在。但是，在当今文明社会中，过去被视为外人不会也不能介入的"家务事"之家庭暴力已逐渐被视为社会问题，越来越多的国家和地区正积极利用公权力的介入以求解决。20世纪80年代开始，世界主要工业化国家和地区已经改变视家庭暴力为家务事的传统观念，采用法律手段予以积极治理。鉴于家庭暴力的严重性，越来越多的人建议由社会力量积极介入处理，阻断暴力的循环发生。美国、加拿大、英国和中国台湾地区，将发生在家庭这种私人领域的暴力，视为与公共生活中暴力问题同等重要，通过制定防治家庭暴力法律，赋予警方介入和制止家庭暴力的重大职责，切实阻止家庭暴力的发生或继续，取得了较好成效。

1. 美国警方干预家庭暴力的经验

在美国，反家庭暴力运动兴起于20世纪60年代。经过40余年的努力，美国警察干预家庭暴力积累了经验，逐渐对观念、执法标准、实务操作实施改革，特别是针对家庭暴力施暴者实施逮捕政策，在社区警务活动中确立"社区为本"的反家庭暴力干预模式，对家庭暴力的干预与治理成为全社会共同责任，使这项工作取得了实质性进展。美国警察介入和干预家庭暴力、处理家庭暴力事件，先后采取自由决定、分离、调解、逮捕等不同救助措施①。

在1960年以前，美国警察机关允许警察自由决定处理家庭暴力事件的方式。1960—1980年，警察机关教导警员调解技巧。从20世纪70年代起，自加利福尼亚州最早制定法令调整家庭暴力以后，美国各州相继在相关制定法中增设调整家庭暴力规定或者另行制定防治家庭暴力法干预家庭暴力。这类法律的主要内容包括：（1）禁止令，赋权家庭暴力受害者向法院申请禁止令，禁止施暴者接近受害者。（2）强制警察干预，警察接获通报必须立即出面制止暴力，逮捕施暴者；若警察处理不当，被害人可以控告警察怠于履行职责。（3）向受害人提供权利保障说明与资料，警察处理家庭暴力案件，必须主动告诉受害者所享有的法定权利。（4）设置家庭暴力防治委员会及妇女庇护所主动调查妇女受暴真相，提供紧急救援。（5）强制施暴者接受行为治疗。② 20世纪80年代中期起，全美警察局开始扬弃传统的不逮捕政策，改以"强制逮捕政策"或"推定逮捕政策"。逮捕的条件是被害者必须对他（她）的配偶提出告诉。1984年，针对层出不穷的家庭暴力事件，美国政府出台了《家庭暴力防治救助条例》。80年代末，全美各州大都通过修订法律，授权警察在有正当理由足以认为嫌犯触犯了家庭暴力罪时，即使非现行犯，也可径行逮捕即无令状逮捕。部分州采取优先逮捕政策，有些州甚至要求警察执行强制逮捕政策。一项针对大城市警察机关的调查显示，至1989年，84%的警察局采取优先逮捕政策，76%采取强制逮捕政策。

从1980年起，美国警察对家庭暴力的响应基本上改变了以往"法不入家门"的放任策略，形成了以逮捕施暴者为主要响应策略的严厉作风。在许多场合里，警察被要求，如果有明显证据足以相信身体暴力已经发生时，警察必须逮捕施暴者。在美国某些州，如果警察应逮捕家庭暴力嫌疑犯而未逮捕的，必须向上级呈交报告，陈述未逮捕施暴嫌疑犯的理由。最

---

① 陈明志：《警察机关执行家庭暴力防治工作问题之研究——以台北市政府警察局为例》，硕士学位论文，（台北）"中央警察大学"，2002年，第21页。
② 周月清：《婚姻暴力——理论分析与社会工作处置》，（台北）巨流图书公司1996年版，转引自陈明志《警察机关执行家庭暴力防治工作问题之研究——以台北市政府警察局为例》，硕士学位论文，（台北）"中央警察大学"，2002年，第21页。

重要的是，当今美国法律要求警察告知家庭暴力受害人所享有的权利及可实行的保障措施，以避免受到进一步伤害。警察也有义务护送被害人到医疗或是庇护机构，更须对被害人说明如何依法定程序取得民事保护令，其中有些警察机关也会提供简要说明申请法律保护的每一个环节与步骤的书面材料。

20世纪90年代制定了被誉为两性平权立法里程碑的《妇女暴力侵害条例》，要求美国政府拨付更多资金支持对家庭暴力的处理与防治，加强对检察官、警察、健康服务人员以及专业社工人员的训练；提供更多的受虐妇女避难所、咨询服务；举办公益活动，教育社会大众正确认识家庭暴力。该条例授权受害者在联邦法庭提出诉讼，并赋予执法人员权力，允许他们跨州追缉施暴歹徒。1998年通过的《妇女防治暴力法案》，旨在协助受暴妇女防止暴力行为，强调持续并强化现有服务体系，增加对被害者的补偿保障等。

美国加利福尼亚州的弗里蒙特市（Fremont, Calif.）警察局采取先发制人策略主动干预家庭暴力。该警局发现，处理家暴事件的警察通常只做现场冲突的调解工作，未采取逮捕行动；对大多数此类案件无追踪措施，更别提起诉了。许多警察认为，处理这类案件耗时甚巨又危险，期待能拟订出具体对应策略。[①] 该市警察局巡佐迈克·易德（Mike Eads）于1996年1月设计出处理家庭暴力的新流程，要求处理家暴事件的警员，填写完整报告；在事件后7日内回访被害者；事件后28日内再度访谈，以确认被害者是否再遭暴力。警察也向被害者及施暴者提供咨询服务信息，并表达警察局对被害者的坚定支持与阻止暴力的决心。同时该市"防暴之家"向受害者及施暴者提供必要服务，配合警察工作，主要关怀被害者，也与施暴者保持联系。警察每次与当事人接触都记录在案，以便讨论案情及追踪个案。此计划试行第一年，警察的行为得到被害者、居民的正面响应，而未收到任何抱怨。1996年评估统计发现，该年收到家庭暴力重复报案三次或三次以上的数量比以前

---

① 章光明：《以问题导向之社区警政系统策略处理家庭暴力之个案研究》，《新知译翠》2001年第2期，转引自陈明志《警察机关执行家庭暴力防治工作问题之研究——以台北市政府警察局为例》，硕士学位论文，（台北）"中央警察大学"，2002年，第25页。

减少约22%，若以户为单位则减少约三分之一。① 这说明新工作流程比传统策略有效。1997年起，该实验方案扩及该市全体巡逻与刑事部门警察，并通过计算机管理为到现场处理家庭暴力事件的警察提供更多相关信息。1997年第一季评估报告显示，连续报案（一年内报案3次以上）的个案数量较1996年同期减少57%，更比1995年同期减少66%。1997年1月到10月1日的连续报案数比1996年同期降低了53%。易德认为这是因为嫌犯与被告都不再向警察求救，或已迁移该辖区。②

2. 加拿大警方对家庭暴力的干预

在加拿大，有统计资料显示，大约51%的加拿大妇女，在16岁后至少曾有过一次遭受身体暴力或性暴力的经历。20世纪80年代之前，家庭暴力是家庭内部的秘密，加拿大人不会在公开场合讨论；由于受家庭暴力伤害被视为"可耻"的，受此伤害的妇女和儿童的人数，在加拿大曾是"黑数"。早期，家暴事件即使进入加拿大警政系统，警察也认定"家庭暴力"是家务事，不太愿意介入家庭争端；这使受害者求助无门。③ 但是，从1981年开始，加拿大政府向警察和法官提供指导文件，培养执法人员反家庭暴力意识，鼓励警方干预家庭暴力。加拿大许多省规定，执法人员必须对家庭暴力案件作出反应；无论是否得到受害人合作，警察都必须调查家庭暴力案件，提交报告，必要时提起指控。鉴于家庭暴力受害者自己很难提供证据，警方更积极主动地投入到家庭暴力案件处置中。警方的强有力支持，让受害者面对暴力时敢于采取行动了。21世纪初，加拿大的多个省颁布了《家庭暴力法》和《紧急状态下保护令》，妇女受到暴力威胁时，随时可以致电警察求救；即使未获得当事人允许，警察也可以破门而入带走施暴者，限定施暴者一段时间内不得回家，直到警方认为解除暴力威胁为止。暴力行为严重的，将被提起刑事控诉；审判过程中，受害人仅作为证人参加审判，无提供证据

---

① 章光明：《以问题导向之社区警政系统策略处理家庭暴力之个案研究》，《新知译翠》2001年第2期，转引自陈明志《警察机关执行家庭暴力防治工作问题之研究——以台北市政府警察局为例》，硕士学位论文，（台北）"中央警察大学"，2002年，第25页。

② 同上书，第25—26页。

③ 何淑真：《加拿大如何防治家庭暴力》，http://dlearn.kmu.edu.tw/~genclereq/phorum/read.php?11,2335,2006年10月13日。

的义务。如果罪名成立，施暴者会被判进监狱服刑。

在加拿大的阿尔伯达省埃德蒙顿市（Edmonton，Alberta），[1] 警察局自1989年开始认识到家庭暴力是急迫的社会问题及警政议题。然而，绝大多数警察未起诉家庭暴力事件。[2] 为此，埃德蒙顿市警局采取了下列措施：（1）设计警察教育训练课程，教导警察家庭暴力的复杂性与动态性及其追诉所需的技巧与程序（他们两人发现许多警察没有移送案件是因为被害人意愿的问题）；（2）针对家暴事件提出训练计划，以帮助主管人员审核部属的报告，调查家暴案件，并解决问题；（3）研拟提醒警察重复发生家庭暴力事件的地点和嫌犯之制度；（4）建议改变遴选警察及实作训练的课程；（5）将家庭暴力的报案列为犯罪行为，而非仅是社会秩序维护性质的家庭纠纷，以提升警察对这类案件的重视程度；（6）建议勤务中心执勤员在派遣勤务时，通知前往处理的警察，等待处理的案件为"家庭暴力"，而非家庭纠纷，因为后者会降低案件的重要性；（7）改变警察撰写家暴事件报告的方式，以便提供更多犯罪行为之描述及被害者与施暴者的关系；（8）要求警察设法多了解案发地点以往是否曾经发生暴力事件与其记录；（9）警察局刑警队对重复请求处理家暴的家庭，进行密集而持续的追踪。[3] 1991年起，埃德蒙顿市处理家暴事件时，引进了咨询协商制度，社工人员加入刑警队追踪处理连续家暴个案家庭的工作团队，与警员共同探讨个案，为每个个案拟定特定追踪辅导策略，以阻止暴力，确保被害者安全，并将被害者与施暴者所需资源尽量设法与他们相结合。该策略实施中，与合作小组共同努力过的被害者中，有97%的人生活朝正面发展；而未接受该小组追踪辅导的对照组中，只有63%的被害者生活有进步；接受辅导之被害者有47%离开原有的虐待关系，未受辅导的控制组个案中离开的比例仅26%。1994年，在辅导被害个案的访谈中发现，有87%的受虐者已开始迈开脚步，进而改变现状。1994年的评估亦发现，警察的起诉率由原来的30%提高至70%，这些努力提升了受虐妇女对警察的信

---

[1] 加拿大埃德蒙顿市，人口60余万。
[2] 章光明：《以问题导向之社区警政系统策略处理家庭暴力之个案研究》，《新知译萃》2001年第2期，转引自陈明志《警察机关执行家庭暴力防治工作问题之研究——以台北市政府警察局为例》，硕士学位论文，（台北）"中央警察大学"，2002年，第23页。
[3] 同上书，第24页。

心，家暴受虐妇女报案的意愿与比例均较以前高。①

3. 英国警察干预家庭暴力的经验

普通法曾经长期允许丈夫殴打妻子，只要丈夫使用的棍棒不粗于他的大拇指。② 现在，该规则已被废弃，法律确认"婚姻不是配偶一方违背另一方意愿实施攻击的许可执照"。③ 但是，在英国，"男性伴侣对妇女施暴的情况很普遍"，是相当数量离婚案件的一个共同特点，"也是妇女遭杀害的一个最共同的外因"；在警方记录的伤害案件中，25%的案件是家庭暴力伤害案。④ 1976 年以前，根据《反殴打与侵害法》，家庭暴力受害人可以向民事法庭申请保护令；法庭通过停止侵扰令或驱逐令，判令某人实施或不得实施某一特定行为。例如，判令男方停止殴打或威胁女方；命令施暴者离开家庭住所。为了更好地保护受害人，让警察参与到涉及家庭暴力的民事案件诉讼中，英国议会通过了《1976 年家庭暴力与婚姻诉讼法》。根据该法，民事法庭发布制止家庭暴力判令后，如果男方抵制此判令，警察就有权将其逮捕。"这标志着社会对家庭暴力的态度发生了根本变化"。⑤ 同年起，从法院获得判令的法律程序变得非常简单。但是，"即使违犯判令的行为已经确凿无疑，法官在判决时往往疑虑重重"，认为把一个家庭的男人关起来是一件严重的事情。⑥ 一般情况下，警察不容易获得逮捕令、驱逐令。"在家庭暴力案件中，警察根据普通法而采取的行为最多也就是把施暴者带离现场，让他有时间恢复理智和平衡，再予以释放。在有些情形中，违法者还可能被带到法庭，但法庭也仅要求其在此后一段时间举止有礼，如果当事人违反了端正行为的承诺，可能被法庭处以一定数目的罚款"。很少有非法施暴者被认真地

---

① 章光明：《以问题导向之社区警政系统策略处理家庭暴力之个案研究》，《新知译翠》2001 年第 2 期，转引自陈明志《警察机关执行家庭暴力防治工作问题之研究——以台北市政府警察局为例》，硕士学位论文，（台北）"中央警察大学"，2002 年，第 24—25 页。

② Stephen M. Cretney, Judith M. Masson, Rebecca Bailey-Harris, *Principles of Family Law*, London：Sweet & Maxwell, 2003, p. 232.

③ Ibid..

④ ［英］玛利安·海斯特：《家庭暴力·英国调研概览》，中国法学会、英国文化委员会《防治家庭暴力研究》，群众出版社 2000 年版，第 47—48 页。

⑤ ［英］伊丽莎白·伍德克拉夫特：《运用法律机制 制止家庭暴力》，中国法学会、英国文化委员会《防治家庭暴力研究》，群众出版社 2000 年版，第 202 页。

⑥ 同上书，第 206 页。

按其施暴过程追究犯法行为。[①] 这当然不是解决家庭暴力的正当办法。在英国,警察执法还有所谓标准模式,即警察执法普遍基于下列认识:只有违法行为确已发生才能实施逮捕,例如殴打导致某种明显可见的伤痕,并且还必须有一位可靠证人愿意在非法行为被指控时出庭作证。警察介入家庭暴力时,由于受执法标准模式限制常常使这种干预无果而终,因为在家庭暴力案件中,受害人往往是经历了多次暴力殴打后才举报,而且常在举报后不愿意提出任何正式指控;即使遭受暴力伤害当时愿意指控和充当证人,但在许多情形下随后又撤回对指控的支持,从而导致警方不得不撤诉。久而久之,警察对家庭暴力产生了负面反应,不倾向于动员受害人采取法律行为。《家庭暴力与婚姻诉讼法》实施20年间,只有在受害人显然已遭到肉体伤害并且可能还会继续遭受肉体伤害时,才可以命令逮捕施暴者。部分调查研究成果显示,该法案并没有给予妇女、儿童提供足够的保护。

英国《1996年家庭法》[②] 第四章"家庭住所和家庭暴力"于1997年10月1日起生效。该法扩大了有资格向法院申请保护的受害人的范围,并规定除非法院认定无须逮捕施暴者,妇女和儿童就可以得到充分保护,否则,法院下达"居住令""互不妨害令"时就必须附加逮捕权。例如,该法第47条第(2)款和第(3)款规定,"法院发布居住令或互不妨害令时,如果法院认定答辩人对申请人或有关子女使用过暴力或者以暴力相威胁,则法院应在相关命令中附加逮捕权,但法院认为根据案件情况,不附加逮捕权,申请人或有关子女也能得到足够保护的除外"。"若不附加逮捕权,答辩人的行为足以造成损害申请人或相关未成年人的危险的",也可在相关命令中附加逮捕权。根据同条第(6)款、第(7)款规定,法庭命令附有逮捕权,"而警察有正当理由怀疑某人违反了该命令的,则无需授权,便可将其逮捕",并"在逮捕后24小时内将被捕人移送相关司法机关"。[③] 如果施暴者违反法

---

① [英]安东尼·威尔斯:《警察干预家庭暴力在伦敦》,中国法学会、英国文化委员会:《防治家庭暴力研究》,群众出版社2000年版,第438—439页。

② 由于该法案涉及家庭制度许多方面的重大改革,法案在议会获得通过后,各种社会力量对待其中诸多重大改革态度不一,有的新制度在试点时结果也不甚理想。因此,该法案不同章节的生效时间并不统一,其中的第一章至第三章至今未生效。

③ Mika Oldham, *Blackstone's Statutes on Family Law* (2004—2005), Oxford: Oxford University Press, 2004, pp. 357-358.

庭命令，再次殴打女方，警察就可以将施暴者带回法庭接受审判，一旦违反行为查证属实，施暴者将可被判处监禁。事实上，在英国，"许多妇女寻求法律帮助的主要目的，只是为阻止家庭暴力。妇女未必希望把自己的男人送上刑事法庭。黑人妇女和其他少数民族妇女尤其如此"。①

英国警方对待家庭暴力的态度和举措在过去几十年里发生了变化。20世纪80年代以前，警察没有认真对待家庭暴力案件，也不愿意介入这种他们视为纯属私事的"家庭争执"。② 当时警方认为，家庭暴力属于个人私事，只不过偶尔需要警察适当留意；采取逮捕的做法很罕见。警察的这种态度和行为受到了批评，特别是妇女团体对其提出了严厉批评。从20世纪90年代开始，英国警察重新评估了自己的行为，改变了对待家庭暴力的态度和行为，并改变了工作做法。"最为显著的变化，是警察局成立了家庭暴力专职工作部门，专门为受到家庭暴力伤害的妇女提供支持。"③

英国警察尝试了旨在处理家庭暴力问题的诸多警察干预模式和政策。伦敦市富尔海姆区④借鉴美国明尼苏达州杜鲁斯市的经验实施的跨机构合作"并肩对付家庭暴力"的做法，是其中成功例证之一。这一做法的主要目标，是提高家庭暴力幸存者的安全度，追究施暴行为的责任，并由国家机关负责（而不是由受害人）追究施暴者等。警察工作的关键内容是照顾受害人、通过各种渠道获取有力证据。警察对家庭暴力的反应包括：对受害人提供初步照顾；在可以行使逮捕权时实施逮捕；对明显的身体创伤、住宅、财产的损坏进行拍照取证，提取衣服上的血迹或遗弃的凶器等物证；向受害人和见证人提取证人证言；帮助受害人与律政公署取得联络，以便进一步扶持受害人；由受过专门训练的警官讯问嫌疑人。凡搜集到的证据足以提起指控时，警方将提出指控。由于警察掌握了充分证据，万一受害人撤销对起诉的支持，警方往往仍能完成对家庭暴力案件的司法审查。警方的数据表明，家

---

① ［英］伊丽莎白·伍德克拉夫特：《运用法律机制　制止家庭暴力》，中国法学会、英国文化委员会《防治家庭暴力研究》，群众出版社2000年版，第20页。
② ［英］玛利安·海斯特：《家庭暴力英国调研概览》，中国法学会、英国文化委员会《防治家庭暴力研究》，群众出版社2000年版，第50页。
③ 同上。
④ 富尔海姆区是英国32个选举区之一。该区有16万居民，且贫富差异较大。该区居民来源多样性突出，居民使用着80种不同语言。

庭暴力案件的起诉数量呈上升趋势。①

(二) 中国台湾地区警方对家庭暴力的干预

在中国台湾地区,家庭暴力比较严重。据台湾"113"妇幼保护热线于2002年5月对近4000人的调查结果显示,近20%的人遭受过家庭暴力的侵害;家庭暴力的受害者98%以上为女性和儿童。② 大多婚姻暴力案件是男性殴打女性,且多为劳工阶级,男性施暴者多有喝酒情形。③ 1999年6月24日"家庭暴力防治法"正式实施。截至2002年4月底,即该规定实施三年间,台湾地区就有3.3万余位家庭暴力受害者诉诸法律寻求保护,各地家庭暴力防治中心每月平均接获案件2480件,妇幼保护热线每月平均接到咨询电话5700余人次。④ 在该规定施行前后,社会各阶层对待家庭暴力的认知有了较大改变。在2002年6月的调查显示,有近80%的民众认为家庭暴力不是家务事,近50%的人认为如受到家庭暴力威胁将主动求援。⑤ 台湾地区警察对家庭暴力的认识和态度有较大不同。原来台湾地区执法人员对家庭暴力普遍仍持"清官难断家务事"的观念,⑥ 逾四成法律职业人员认为夫妻吵架是社会中的小事,约四成司法人员认为婚姻暴力只会发生在少数妇女身上;⑦ 处理时以调解为主,"劝合不劝离",少有主动逮捕加害人;警察接获家庭暴力报案多会立即出勤,但一般认为家庭暴力是民事案件,警察介入是为制止加害人施暴,要按刑事处理则无法令依据;警察几乎都没有接受过处

---

① [英] 安东尼·威尔斯:《警察干预家庭暴力在伦敦》,中国法学会、英国文化委员会《防治家庭暴力研究》,群众出版社2000年版,第440—444页。
② 程瑛、范丽青:《资料统计显示台湾民众防止家庭暴力意识增强》,http://news.xinhuanet.com/newscenter/2002-06/24/content_455148.htm,2006年11月15日。
③ 陈佐坤:《警察处理婚姻暴力模式之探讨》;林灿璋《警察学专题研究》,(台北)"中央警察大学",1997年,转引自陈明志《警察机关执行家庭暴力防治工作问题之研究——以台北市政府警察局为例》,硕士学位论文,(台北)"中央警察大学",2002年,第34页。
④ 程瑛、范丽青:《资料统计显示台湾民众防止家庭暴力意识增强》,http://news.xinhuanet.com/newscenter/2002-06/24/content_455148.htm,2006年11月15日。
⑤ 同上。
⑥ 叶丽娟:《警察、司法系统回应婚姻暴力的现况与检讨》,硕士学位论文,(台北)"中央警察大学",1996年。
⑦ 吴柳娇:《婚姻暴力的成因与处遇之研究》,博士学位论文,(高雄)中山大学,2005年,第26—27页。

理家庭暴力的训练，也不认为处理家庭暴力案件需要特别技巧；① 警察机关无法在人力、资源上满足家庭暴力防治工作的需求，警察逮捕家庭暴力现行犯的意愿受被害人态度、警察自身的教育训练及检察官等因素影响，② 警察欲实施逮捕的意愿不高；③ 家庭暴力处理流程繁杂，警察抱怨连连，基层警察未认同其在家庭暴力防治中扮演的积极角色。④ 现在对待家庭暴力的执法已有较大变化。

1. 警方改革家庭暴力反应机制的已有措施

为把家庭暴力案件当作重要警察业务来认识和对待，增加警员对家庭暴力及其受害人的敏感度，有效地保护受害人，"家庭暴力防治法"通过后，台湾地区警方改革了对家庭暴力的反应机制。1999年7月起，警政署将家暴案件正式纳入刑案侦查绩效分配；分发《警察机关防治家庭暴力工作手册》供各警察机关使用；成立处理妇幼安全相关事务专责单位，专责处理妇幼安全相关事务；落实"家庭暴力防治官"专责制，建立"家防官"名册，实行"家庭暴力防治官"专责处理家庭暴力案件；推动"家庭暴力安全计划"，家庭暴力防治工作被列入警政督考重点，协助家暴受害人评估安全状况，提供安全保护计划；制定警察机关接获家庭暴力案件后有关处置加害人的作业规定，加强结合网络资源，以落实被害人保护及加强加害人追踪约制功能；使用"家庭暴力案件现场处理箱"，提升第一线警察同仁处理现场及搜证能力，以保全现场证据及维护被害人权益；建置家庭暴力数据库；简化处理家庭暴力程序，警察处理家暴案件，自受理时起24小时内以传真、影印邮寄或电子邮件等方式，通报当地家庭暴力防治中心；训练处理家暴案件的警官、防治官、防治中心社工等，开办讲习班，传授专门知识和技能，提

---

① 陈佐坤：《警察处理婚姻暴力模式之探讨》；林灿璋：《警察学专题研究》，（台北）"中央警察大学"，1997年，转引自陈明志《警察机关执行家庭暴力防治工作问题之研究——以台北市政府警察局为例》，硕士学位论文，（台北）"中央警察大学"，2002年，第34页。

② 黄翠纹：《婚姻暴力事件中警察逮捕现行犯作为与改进策略之研究》，《社区发展季刊》2001年第6期，第60页。

③ 郑惠文：《警察处理家庭暴力案件逮捕意愿之研究——以高雄县警察局为例》，硕士学位论文，（台北）"中央警察大学"，2001年。

④ 陈明志：《警察机关执行家庭暴力防治工作问题之研究——以台北市政府警察局为例》，硕士学位论文，（台北）"中央警察大学"，2002年，第36页。

升警察实务执行效能。

2001年起，台湾地区警政主管单位决定，警察反映家庭暴力还应加强下列十方面工作。[①]（1）落实保护令执行时效管制机制。接获法院核发的保护令后，应比照公文最速件处理；交办执行保护令后，家防官应设簿管制，限期办理。对未依限执行保护令的，应予以检讨，且此类案件不列入奖励。（2）落实交保、遣返通报管制机制。透过检警联席会议或相关家庭暴力防治工作会报，以加强追踪加害人工作。（3）制定涉及家庭暴力的警察的认知教育辅导程序规定，协助警察改善家庭关系，主动向受害家属提供必要协助和申请保护令，并将个案处理情形确实列册管制并报警政署核备。（4）警政署、家庭暴力防治委员会等分工合作建设"家暴数据库"，实现信息共享。（5）加强教育训练倡导，落实家庭暴力案件处理流程，提升执行技巧。例如，颁发《警察机关防治家庭暴力工作手册》，规范处理程序，以落实推动家暴防治工作。（6）解决警察未依规定受理案件问题。各分局"家防官"每周抽查查核未依规定受（处）理案件的原委，防范警察拒绝受理。（7）积极组训女子义警队协助推动"妇幼安全工作"；积极开发民间资源，协助处理家暴案件。（8）统一设计受害人访视问卷，分析了解被害人对警察机关受理家庭暴力案件之感受及建议，改进警察机关相关工作。（9）主动排查家暴案件执行不当的重点辅导区域，多途径搜集来自各种渠道的批评、投诉等，提出改进方案，以全面提升警察机关处理家庭暴力案件质量。（10）落实警察机关配合办理"家庭暴力加害人处遇计划规范"的执行。自2001年8月起，对于未依规定报到或接受教育时数不足的加害人，依职权派员联络加害人，并要求完成。查访不到加害人时，在五日内以书面邮寄通知当事人住所，并在附注中告知加害人若未依限完成计划，将依违反保护令罪处理。

鉴于台湾地区家庭暴力防治工作及其效果尚不令人乐观，为使警察能够更好地履行相关职责，有研究建议警察机关加强家庭暴力相关知识教育；警察应主动积极协助受害人；提升警察对受害人急迫危险的危机意识与处置能

[①] 参见陈明志《警察机关执行家庭暴力防治工作问题之研究——以台北市政府警察局为例》，硕士学位论文，（台北）"中央警察大学"，2002年，第41—44页。

力；鼓励警察结合小区力量，主动关怀小区民众、积极防处家庭暴力案件；主动协调其他部门和机构建构保护网络；确实改进家暴案件的绩效配分；提升家暴防治官的角色功能；保护令执行分局超过两个以上时，应指定一个分局为主办单位，[①]以实时有效地保护受害人。

2. 中国台湾地区警方干预家庭暴力的实务操作

台湾地区警方干预家庭暴力的一般处理流程，通常包括六个环节的操作：（1）有现场一定要处理。无论何人报案，只要有需要，警察一定会到案发现场了解情况。（2）中止暴力并缓和情势。现场的当事人仍有暴力行为的，警察一定会马上予以制止，适当地隔离双方，并严控加害者的行动。（3）逮捕现行犯。即使警方到场时，只要加害人还在案发现场，就是现行犯或准现行犯，警方就必须逮捕加害人。（4）现场搜证与调查访问。警察会简单询问当事人案发缘由和状况，评估加、被害者双方情绪，身体或周遭财物毁损状况，搜集证据，以了解事件的真相。（5）必须要有明确证据证明有案件发生，作为警察处理和受害人申请保护令的依据。（6）协助受害人申请保护令。警察会告知被害人可行使哪些权利，利用救济途径或服务措施，以及他们能够提供的协助，再视被害人的意愿而定。警察也会评估被害人的状况，向她们提供建议。如果有理由足以认定被害人或其家人有受家庭暴力的急迫危险，例如，存在持续长期的家庭暴力、加害人使用器械施暴、加害人受到酒精或毒品影响、有再度发生家庭暴力的可能性、当事人为身心障碍者、被害人受到严重伤害、加害人施暴原因重大等情形之一的，受害人就可以申请紧急性暂时保护令。

简言之，台湾地区利用法律手段防治家庭暴力并提供多样化社会服务工作，迄今已十年有余，台湾警方对家庭暴力的反应，已能根据不同情形做出不同的有针对性的响应，协助受害人利用适当法律资源和途径有效地保护自己的权利和利益。这些经验能够为内地警方干预家庭暴力提供一定参照。

（三）我国警察如何应对家庭暴力

预防和制止家庭暴力，必须依赖包括警察、司法、医疗、福利、教育及

[①] 陈明志：《警察机关执行家庭暴力防治工作问题之研究——以台北市政府警察局为例》，硕士学位论文，（台北）"中央警察大学"，2002年，第165—167页。

与非正式社会系统同时介入。警政系统介入制止暴力再发生，以从事紧急与次级的预防工作。鉴于公安机关是最普及、最便利的执法单位，也是百姓最普遍的救助机构，公安机关应当积极介入和干预家庭暴力，并在反对家庭暴力工作中发挥重要作用。我国应建立以公安机关为主体的多机构合作预防和制止家庭暴力的模式。公安机关以往的执法实践中，虽然经常处置涉及家庭暴力的治安案件和刑事案件，但是，无论是观念上或者具体操作中，其认识、态度和应对都与公安机关所承担的职责、社会期望相比较，仍有一定差距。在强调依法行政时，有必要借鉴定其他国家和地区的有益经验，探索公安机关如何加入干预家庭暴力的社会机制中来的对策。

1. 开展反家庭暴力的专业辅导与培训

家庭暴力防治，需要了解家庭暴力的现状，认识家庭暴力的危害和发生根源；纠正家庭暴力系私人事务的认识误区，认识到反家庭暴力保护私人生活领域的人权，是公安机关的重要任务。对警察进行两性平等、保护妇幼等方面的认知教育。教育警察正视家庭暴力的存在，使警察有更多机会去认识、介入家庭暴力，主动关心存在家庭暴力的家庭和人员，主动、积极介入家庭暴力问题的解决。

对警察介入家庭暴力进行专门培训和辅导，传授干预家庭暴力的技巧。通过专家辅导、集中培训、实践试验等途径，对警察进行干预家庭暴力的基本心理辅导、咨询与危机调停训练，使所有警察都能胜任家暴案件的处理。

2. 探索拟定警察干预家庭暴力的操作流程

公安机关应加强基层警员处理家庭暴力事件的程序、流程、技巧等规范化建设。印发"公安机关防治家庭暴力工作手册"，提供一般工作规程和操作规范。警方受理家暴案件报案后，应立即派员尽速赶赴现场。到场警察应开展切实有效的干预工作。警员处理家庭暴力案件必依法行事，视现场状况判断拟定最佳处理策略。应详细告知受害人所享有的权利、救济途径或服务措施，并提供书面材料予以引导。

公安机关可以考虑制定危险评估量表，提升警察对被害人急迫危险的危机意识及处置能力。家暴案件受害者为女性时，尽量由女警接待处理。

3. 实施必要的紧急救援

家庭暴力受害人通常需要的紧急救援，包括紧急安置、紧急救援、法律扶助、陪同验伤、申请救助等。如果家庭暴力受害人需要，警员应立即紧急联络相关机构和人员开展救援。如果受害人准备提起控告，或者施暴者的行为涉嫌犯罪，警察应告知受害人相关法律途径，并提供必要法律协助。如果受害人伤情严重，需紧急送医，必要时，警察应陪同送医，可以让受害人减少不安，必要时联络相关机构或人员，妥善交接，对受害人作出妥当安排。

4. 采取适当强制措施有效制止家庭暴力

制止家庭暴力，有必要视情形而采取拘留、逮捕等强制措施。必须承认，警察可以预测到哪些家庭最有可能发生家庭暴力。美国、英国和中国台湾地区的经验都表明，对于家庭暴力的现行犯，或者实施暴力后果严重的施暴者，仅仅劝说并不能使施暴者意识到其行为的违法性和社会危险性，施暴者甚至会误将警察的劝解视为"没办法"，公开挑衅法律。采取适当强制措施，能够有效地防止发生更严重的家庭暴力或者阻断家庭暴力的继续。

5. 出庭作证

对于家庭暴力涉嫌犯罪的案件，公安机关依法移送检察院提起公诉后，检方应可以请求接警或者处理相关家庭暴力事件的警员出庭作证。因为警察是最先与受害人和施暴者接触的执法机关，所掌握的有关家庭暴力事件的信息最原始、完整。警员作为检方证人出庭证明施暴者的行为，有助于充分体现公安机关坚持保护公民合法权益的原则和决心，对施暴者也是一种教育。同时，避免受害人本人出庭指证而给受害人带来的道德压力、家庭压力，避免可能引起的伦理争议。

6. 结合社区力量积极防处家庭暴力事件

社区在防治家庭暴力方面拥有独特的资源优势，能够为公安机关的干预工作提供有效协助和支持。警员处理家暴案件时，可以请求社区相关人员提供协助，以便采用适当处理模式，适当处理案件。到达现场的警察应视状况，主动联系社区工作人员，了解家暴受害者状况，对于辖区内曾发生或有发生家庭暴力较大可能的家庭加强访视查察，营造支持家暴受害者的气氛，主动关怀家暴受害者的需求，采取有效事先干预措施，减少和避免家庭伦理悲剧发生。

7. 在公安专业教育中增设相关课程和训练

在培养警察的专业教育与在职训练阶段，有必要加强有关家庭暴力的正确认识和警察响应家庭暴力的反应方面的专业训练。各级公安院校应增设修习防治家庭暴力的法律与实务的专门课程，以增进在校学生或进修生学习防治家暴的知识、实务处理技巧，提高专业素养。把防治家庭暴力更妥善地纳入公安业务，在工作中将其真正视为公安工作的重要部分而予以认真履行。

三 推广各种宣传教育增进民众对家庭暴力的认知

防治家庭暴力，最好的办法是通过传递、灌输先进观念，消除错误认识，防患于未然，而不是等到伤害造成后再去处理。公安机关应通过报刊宣传栏、小区治安活动日等多种途径，宣传反对家庭暴力的知识，增强民众对家庭暴力的认知，培养民众防治家庭暴力的意识和自我保护意识；告知百姓遭遇家庭暴力时可寻求帮助的资讯和渠道，受害者更有可能前往求助，也有助于隐藏暗处的家暴受害者勇于出面求助。

四 建立家庭暴力防治中心和家暴事件数据库

设置家庭暴力防治中心，提供连贯的、完整的服务。[①] 家庭暴力受害人的需求通常是多元的、复杂的。民众对家庭暴力信息的不了解，导致有需求者无法根据需要，主动立即寻求服务。家庭暴力防治中心，分门别类建立服务制度，配合专门工作人员，专业服务者的专业技能和专业经验得以累积并加以传承，分门别类建立服务制度，使家庭暴力防治中心制度更健全，更有效地服务于家庭暴力事件相关人员的需要，可发展防治家庭暴力的专业功能，还有助于规划家庭暴力防治工作。

设立24小时电话专线，受理家暴案件的投诉、告发及相关咨询服务，增进受害人和服务者之间的及时互动，加强信息沟通，有利于受害人寻求最有利的求助方式，也可为无法出面或怯于公开的受暴者提供在线服务或心理咨询的管道。可以成为家暴防治中心个案的主要通报来源之一。

建立家庭暴力事件数据库，有助于公安机关、检察机关和人民法院及相关社会工作者查询，以便快速作出个案需求判断及处置；也可以在规划家庭

---

① 2006年11月，中国香港地区成立了"家庭暴力防治中心"。该中心采用"多元"介入手法，为家暴受害者提供支持及辅导等"一条龙"式服务。这是被实践证明了的成功做法。

暴力防治政策及制度规划等参考。2002年6月，中国台湾地区正式启动"家庭暴力资料库"时，该库已包含10万多条资料和数据。这个资料库以受害人为中心，集中台湾各地涉及家庭暴力事件的报案情况、裁决进度、执行情况以及个案追踪等方面的信息，为当事人提供更快速、便利的服务，也为司法、警务、医护等方面提供参考。①

五　建立信息通报制度

立法应赋予受害人若干特别权利。只要被告人已被判定犯有性犯罪或暴力犯罪，被处以相应刑罚的，审理该案件的法院或者相关监狱管理委员会应当采取一切合理措施以确定，其认为该犯罪的受害人或受害人的代理人是否希望就下列事项作出陈述或者获得相应信息：从被告人是否有精神障碍，是否应受到限制及其限制的条件，被释放的犯罪人是否应当受到任何许可限制或应当对其提出任何监督要求及哪些许可条件或监督要求的限制等作出陈述，如果犯罪人被转移至监狱或其他机构羁押而没有送入医院观察，在该犯罪人从监狱或另一此类机构获释时，其是否应当受到任何许可条件或监督要求的限制；如果是，有哪些许可条件或监督要求的限制；是否希望获得获释的犯罪人将要受到的任何条件限制的信息；获释的犯罪人将要受到的任何许可条件或监督要求限制的信息。

对于曾遭受家庭暴力伤害的受害人，在施暴者接受刑罚处罚及刑满释放后，经受害人申请或者相关机构认为有必要的，应将施暴者服刑或者重获自由的信息告诉受害人。特别是对于性暴力犯罪的受害人，及时获得此类信息有利于其作出妥善安排。

六　设立家庭暴力受害人庇护所

发生家庭暴力的家庭中，受害人会遇到是否继续与施暴者同处一室的难题。一部分受害人，如果不想与施暴者同处一室，可能没有别的地方可去。怎么办？设立家庭暴力受害人庇护所（站），是公共政策防治家庭暴力过程

---

① 程瑛、范丽青：《资料统计显示台湾民众防止家庭暴力意识增强》，http：//news. xinhuanet. com/newscenter/2002 - 06/24/content_ 455148. htm，2006年11月15日。

中必须考虑的合理安置措施之一。

七　总结家庭暴力案件教训，完善相关制度

人民法院审理典型家庭暴力案件时，应当及时向有关单位或机构发出司法建议，督促查漏补缺，完善相关工作。邀请相关专家深入研究典型家庭暴力案件，总结教训，为社会相关部门和家庭防治家庭暴力提供参照或指导。

在法律干预家庭暴力问题上，立法必须进一步解放思想，转变观念，创新制度，更有针对性地介入、制止家庭暴力，净化家庭环境，促进私人私设域权利保护，增进家庭和谐。

八　应加强干预家庭暴力的研究

我国内地公权力干预家庭暴力工作刚刚起步，公安机关干预家庭暴力的经验不足，各种干预措施还需要相当时间实践验证，干预效果也有待于客观评估，相关社会服务更是不足。因此，在理论上多元化地开展探索，包括研讨其他国家和地区警方干预家庭暴力的有益经验和做法，才能为工作提供更多更有建设性的建议和参考。

第十三章
儿童、父母和国家：权利和责任

在传统农业社会向现代工商业社会转型过程中，伴随着工业化、城镇化，经济快速发展，一些重要的社会价值发生改变，若干重要的社会组织趋于瓦解，两性关系、家庭观念的变化极大，家庭的形态和功能都受到了相当大冲击，甚至出现了若干严重发展失调的问题。鉴于作为社会基本单位的家庭遭受空前的危机，联合国把1994年确定为"国际家庭年"，其主题为"家庭——变迁世界中的资源与责任"；鼓励各国政府通过政策干预，提供家庭所需要的资源，发挥家庭的功能。世界各国普遍遇到家庭问题及其解决之困难，工业化国家无不努力设计一套适当的家庭政策，来解决家庭成员在家庭生活中遇到的问题和困难。道理很简单，因为有健全的家庭制度，才有健全的个人；有健全的个人，才有稳定的社会。按照儿童最佳利益要求，我国保护儿童法律体系尚存在保护不力之缺陷、盲点，儿童抚养、监护、照管、福利制度还有待完善。

第一节 儿童、父母和国家之关系

儿童是谁？他们是父母的儿女，是家庭的孩子，是民族国家的未来。现行《中华人民共和国宪法》第49条第1款规定，"婚姻、家庭、母亲和儿童受国家的保护"。这就精确释明了儿童、家庭和国家之间的关系。《未成年人保护法》《婚姻法》《义务教育法》等多部国家法进一步确认儿童享有生存权、发展权、受教育权、受保护权、参与权等一系列的权利。然而，令人痛心的是，失踪儿童人数居高不下，① 拐卖儿童犯罪猖獗，② 侵犯儿童权益的行为时常出现，儿童的健康、生命受到严重损害的事件屡屡发生，漠视儿童权益的现象随处可见！其中原因之一，就是未贯彻执行《宪法》界定的儿童、家庭和国家之关系。在当代，儿童是权利主体，无论是父母、家庭或者是国家和社会，对于儿童所承担的最重要任务就是为儿童提供使他们能够健康成长为一个具有自决自治能力的负责任公民所需要的各种条件。父母、家庭、政府和国家，作为承担儿童抚养、照管责任的义务人，各责任主体应当相互扶助、相互补充，共同帮助儿童安全成长。

一 儿童是权利主体

儿童是人，是社会大家庭中平等的成员之一，拥有与生俱来的、与成年人相同的价值。儿童的人格尊严应该受到尊重，每个儿童均有权享有足以促进其生理、心理、精神、道德健康发展的生活。在我国，立法是尊重儿童、重视儿童人权的，但是，在社会意识上，儿童作为一个权利群体，没有受到应有的尊重；在法律实施过程中，儿童权益还没有获得充分保障。

（一）儿童拥有权利：儿童权利

1. 儿童享有的权利与一般人并无不同

"权利就是针对其他人的请求，享有权利的人们相互之间享有权利、承担义务。进一步而言，权利将请求第三方保障之。"③ 按照联合国《儿童权利公约》，每个儿童均享有固有的生命权、生存权和发展权；④ "儿童享有思想、信仰和宗教自由的权利"；"有自由发表言论的权利"；"儿童享有结社

---

① 香港凤凰卫视于2007年5月间在一期失踪儿童专题节目中称，中国内地每年有20万名儿童失踪。《每年有20万儿童失踪 中国寻人体系仍然无力》，人民网：http://society.people.com.cn/GB/6421343.html，访问日期：2013年1月11日。

② 公安部于2009年4月开始实施"打拐"专项行动，截至2011年3月的两年间，解救被拐卖儿童13284人。《公安部：6月前全国将建儿童失踪快速查找机制》，中国频道：http://news.eastday.com/c/20110412/u1a5835862.html，访问日期：2013年1月11日。

③ Laurence D. Houlgate, *Family and State: The Philosophy of Family Law*, Rowman & Littlefield Publishers, 1988, p.169.

④ 《儿童权利公约》第6条、第13条、第14条、第15条。联合国儿童议题网：http://www.un.org/chinese/children/issue/crc.shtml，访问日期：2013年1月14日。本书所引《儿童权利公约》均出自该同网站，后文不再重复注释。

自由及和平集会自由的权利";"儿童的隐私、家庭、住宅或通信不受任意或非法干涉,其荣誉和名誉不受非法攻击",等等。儿童是社会大家庭中的平等成员,享有平等的社会参与权、经济社会权。

2. 特别强调儿童拥有独立的人格尊严和利益

自从承认儿童是独立个体以来,子女,无论成年与否,均拥有独立的人格尊严和人格权益。

3. 儿童享有特定权利

因为身心尚未完全发展,儿童除享有我国《宪法》第8条至第23条所赋予的各种权利外,还享有下列儿童权利:受教育权、受抚养权、游戏权、成长权、受照顾权等。应当重视儿童表达意见的权利,为儿童提供更多的机会发展他们的自决能力和培养其责任意识,为其将来成长为合格公民做好准备。

儿童权反映了儿童在被抚养成长过程中所处的社会地位及其特性。应当强调儿童基本权利,以维护全体儿童身心健全发展。

4. 在家庭中生活是确保儿童健康成长的最普遍形式

《儿童权利公约》第9条要求,"缔约国应确保不违背儿童父母的意愿使儿童与父母分离,除非主管当局按照适用的法律和程序,经法院审查,判定这样的分离符合儿童的最大利益而确有必要。在诸如由于父母的虐待或忽视、或父母分居而必须确定儿童居住地点的特殊情况下,这种裁决可能有必要"。

(二)如何平衡儿童权利之间的冲突

在特定时期或者时间段内,儿童享有的不同权利,有可能在行使或实现时发生冲突。例如游戏权与受教育权。应当根据时间、地点和其他因素衡量,合理确定优先保护的权利。

(三)如何认识和处理儿童权利与成年人权利之间的关系

儿童时常可能做出一些在成年人眼中是短视的或不明智甚至是拙劣而致使其丧失将来重要发展机遇的选择或决定,例如退学或拒绝参加高中升学考试等。此时,应当根据儿童的意愿、感受、年龄和成熟程度等因素评估其行为及其结果,评估儿童的行为或决定是否符合其最大利益。如果确有合理理由对他们的行为给予一定限制或者提出一定要求,这种干预是合理的。反之，则应当谨慎。如果儿童的选择或决定符合其最大利益，则成年人应当尊重儿童的自我选择。

二 儿童、父母和家庭的关系

父母子女关系是最普遍的社会关系，将子女照料责任视为家庭特别是父母的天然义务，是人类迄今为止最普遍的实践和经验。婴儿出生后，在很长一段时间需要他人照护。在所有国或地区，任何一种文化中，抚养、保护、教育子女成长都被设定为父母的责任，并围绕这一事实制定法律，调整父母子女关系。"在传统观念中，父母对子女的权利好像是天生的，永远不能剥夺。但是，在法律上，父母与子女的关系可以通过一定程序来切割"，[①] 可以通过一定程序而建立，也可能通过一定程序而解除。儿童虽为父母所生，近代以来，却不属于父母所有。父母子女关系经过20世纪的根本性改革，在法律上成为平等关系，儿童在家庭中具有独立的法律地位。

（一）家庭是儿童社会化的第一所学校

家庭是人社会化的第一个场所，也是绝大多数儿童生活、成长的最重要场所。人自出生时起，儿童始终被置于家庭之中，由父母负担抚育责任；政府、法律均认可父母的重要性，赋予父母对未成年子女负担法定的权利、义务和责任，并积极支持父母履行义务。

加强家庭功能以保护儿童。受虐儿童的问题，原则上不只是单个家庭的问题，而是社会问题。"保护儿童，并不是要惩罚父母，而是要加强家庭功能，提升父母亲权的效能，其最终目的，是要受虐儿童重返原生家庭，正常健康地成长"。[②]

社会学发展是以家庭观点为价值取向的政策概念架构，有助于受虐儿童问题得到更深层次的解决。这就必须考虑政策介入家庭的代价和成本。

（二）儿童是平等的家庭成员

在20世纪，儿童在家庭中具有独立地位，是平等的家庭成员。早期传

[①] 张哲瑞律师事务所编著：《裸露的权利》，（台北）五南图书出版公司2008年版，第217页。
[②] 黄有志：《规划适合国情的家庭政策》，（台北）"立法院"图书馆《妇幼安全》1999年10月，第263页。

统上的父母子女关系中，子女依附于家庭，受家长支配；父母子女关系法的主要内容是家长权、父权，家长、父亲在家庭中享有无可动摇的支配权、处罚权，他规定家庭生活，决定子女的重要行为。近代以来，父权结构的家庭关系被改革，父母子女关系的基础发生变化：父母要帮助、保障子女发展他们的人格和权利。当代立法承认儿童是独立个体。这就意味着"儿童能够独立地参与家庭生活，既然儿童有权享受其这种地位，法院都不得侵犯儿童与其家庭之间的关系，必要时，还应帮助其实现该种独立地位"。[①] 故国家立法赋予父母权利，就是为了让父母帮助子女实现成长并独立生活。人们趋向于认为，父母与子女之间主要通过心理、感情因素维系彼此关系。到了20世纪70年代以后，父母权利转变为父母责任，享有权利者是子女。

（三）父母的职责是为子女成长为社会人而设立

现代家庭法是以子女权利为核心构建的。父母与子女的法律关系区分为两个阶段：在子女未成年时，父母对子女承担抚养、照顾、教育和保护责任；在子女成年后，父母对子女的监护义务终止，父母与子女的关系转变为一般血亲关系，尽管父母仍然会对子女有所影响。

1. 赋予父母权利和责任的基础：父母的角色无法被替代

父母权利的基础在于，父母是最适合照顾自己孩子的人！尽管在当代社会中，政府在抚育儿童事项中发挥越来越重要的作用，但是，该种责任并不能独立运行，而是需要家庭支持。养育儿童的主要责任，仍然由父母承担。

2. 父母权利的内容

（1）父母照顾子女的身体发育和健康。

（2）父母促进子女精神和心灵发展，以培养其独立性、社会生活能力以及经济自立。

（3）父母照顾子女的财产利益。

3. 父母抚养教育子女的权利仅仅是一种工具

父母抚养教育子女的权利，是一种工具或手段，其目的是为了照料和教育子女，使之健康成长。

---

① Laurence D. Houlgate, *Family and State: The Philosophy of Family Law*, Rowman & Littlefield Publishers, 1988, p. 169.

(四) 父母双方对子女承担平等责任

父母双方对子女负有平等责任。不论父母各自受教育水平高低、经济负担能力大小，他们对子女承担同等责任。诚然，父母各方履行义务的方式不尽相同。

父母任何一方均有权请求另一方提供子女个人状况的信息。当父母因离婚或其他原因而未能与子女共同生活时，与子女共同生活的父母一方有义务向另一方通报子女的重要信息，以便另一方及时履行其责任，更好地与子女交往。

(五) 父母有权自行决定运用何种方式实现其父母责任

抚养教育子女，既是父母的义务，又是父母的权利。作为父母权利，强调它是针对国家或其他人干涉的防御性权利，国家不能滥用职权排除父母的权利，其他人不能非法干涉父母行使权利。面对子女，则更强调父母负有义务。

但是，父母权利是有边界的，父母的行为与子女的安全和发展程度紧密相关，故必须明定父母所享有权利的边界。父母不得损害儿童利益，无论是人格利益还是财产利益。

三　儿童与国家的关系

儿童是国家的权利人，享有获得政府保护、要求政府履行义务的权利；政府、国家则是照顾、保护儿童的责任人。为此，国家制定法律确认父母、家庭履行抚养教育儿童的义务，监督父母履行责任、必要时确保地方政府与父母一起分担父母责任，甚至在特殊情形下直接承担父母责任。政府应当把保障和促进儿童福利及其发展，作为其追求目标之一。

(一) 儿童是平等的社会成员

儿童，首先是人，有权要求国家保护。儿童应当被当作与成年人享有同样自由的独立个体，无论多么年幼的儿童，都有能力思考，有些儿童作决定的能力甚至强于许多成年人。应该通过赋予儿童责任的方式，使其能为成为一个成年公民做好准备。

在家庭中，儿童是与其父母平等的家庭成员，享有权利，有权参与家庭生活。

(二) 凡涉及儿童利益的事务须以儿童利益优先

儿童的脆弱性和依赖性,决定了他们必须受到保护,以免受到伤害。

儿童利益应当处于优先位置。当所有相关的事实,父母的愿望、其他人的需求、相关人的利益等一系列相关情况被考虑时,儿童的利益应当占据最重要的地位。根据联合国《儿童权利公约》第3条第1款,"关于儿童的一切行动,不论是由公私社会福利机构、法院,还是由行政当局或立法机构执行,均应以儿童的最大利益为首要考虑",① 我国《未成年人保护法》第3条第1款规定,"未成年人享有生存权、发展权、受保护权、参与权等权利,国家根据未成年人身心发展特点给予特殊、优先保护,保障未成年人的合法权益不受侵犯"。

(三) 国家是儿童监护的监督人

抚养教育子女,是父母天然的权利,也是最高义务。绝大多数父母不仅保护子女,而且在爱和安全环境中抚养子女成年,值得国家信赖,然而,确有部分父母滥用他们的权利,利用儿童的弱点损害儿童,甚至利用儿童牟利。为此,国家应当制定监督性保护措施,监督父母履行抚养教育子女的义务。

1. 保护儿童不受父母等监护人和照管人的伤害

《儿童权利公约》第19条第1款要求,"缔约国应采取一切适当的立法、行政、社会和教育措施,保护儿童在受父母、法定监护人或其他任何负责照管儿童的人的照料时,不致受到任何形式的身心摧残、伤害或凌辱,忽视或照料不周,虐待或剥削,包括性侵犯"。

2. 制定实施干预措施的程序

"这类保护性措施应酌情包括采取有效程序以建立社会方案,向儿童和负责照管儿童的人提供必要的资助,采取其他预防形式,查明、报告、查询、调查、处理和追究前述的虐待儿童事件,以及在适当时进行司法干预"。②

对于可能已经发生的损害儿童权利事件,地方政府应当开展必要的调

---

① 联合国儿童议题网: http://www.un.org/chinese/children/issue/crc.shtml, 访问日期: 2013年1月14日。

② 参见《儿童权利公约》第19条第2款。

查。查明儿童处于家庭的不良状态中的，政府部门应当果断采取措施实施干预，以保障这些儿童的安全。如果父母故意不配合，或者儿童被忽视或受虐待等状况无改善的，说明已实施的干预失败，政府应当采取更积极的行为，防止儿童继续遭受严重伤害。对于确定处于危险中的儿童，必要时，应当通过诉讼剥夺父母的监护权，保障儿童的安全。

（四）国家是儿童的监护人

身为国家家长的政府，要适时干预不适当履行父母责任的父母之行为，必要时接管父母角色，直接承担父母责任。当个人或家庭无力自力实现生存时，国家应当承担起保障儿童的责任。由于人口迁徙频繁、少子化，家庭人口大幅减少，家庭结构小型化，家庭职能弱化，家庭承担儿童责任的能力明显下降。国家作为公法上的父母，应越来越多地介入儿童事务，承担起父母承担不了或者家庭没有履行的责任。

1. 政府有义务帮助父母履行养育义务

政府应当在父母自愿的基础上，与父母合作，为家庭提供服务，补充家庭能力不足。

照管未成年人是一项艰巨的工作。由于种种原因，部分父母不能胜任照管责任的情况的确存在。我国《未成年人保护法》第16条规定，"父母因外出务工或者其他原因不能履行对未成年人监护职责的，应当委托有监护能力的其他成年人代为监护"。随着亲属关系简化，特别是社会生存压力增大，外出务工或不能亲自履行对未成年子女监护职责的父母，存在找不到适当人代为承担监护之责的可能。因此，唯有大力发展保护儿童的公共服务，才能有效落实相关规定，使未成年人免于小小年纪独自当家过日子，免于无人陪伴而陷于孤独，保障每个儿童都能有 个快乐的童年。

2. 国家履行监督职责时，必须尊重父母的优先地位

国家可以采取措施干预父母行使照顾权，但以"可能"和"足够"为限。发现父母不履行义务或有疏忽行为时，首先应当督促父母改正。而不是父母一有行为不当，就剥夺他们照料和教育自己子女的权利，直接由国家接管承担该任务。[1]

---

[1] ［德］迪特尔·施瓦布：《德国家庭法》，王葆莳译，法律出版社2010年版，第264页。

3. 以"重大损害"为原则标准,以确立儿童脱离父母作为最后救助方式

为使儿童脱离严重的或潜在的危险境地,政府可以违背父母意愿而对家庭实施干预,帮助儿童脱离父母监护,以有效地保护儿童。哪些情形下,应当让儿童离开其家庭?借鉴英国《1989年儿童法》,实施该项干预的标准是儿童利益受到或将受到"重大损害"。那么,让儿童离开家庭应该是出于父母自愿还是可以强制呢?政府实施这种干预须有法定理由,并且应经法院授权。

4. 政府应当为失去父母的儿童提供适当的其他照管,以确保儿童享有应有的被照顾、抚养和教育的权利

《儿童权利公约》第3条第3款规定,"缔约国应确保负责照料或保护儿童的机构、服务部门及设施符合主管当局规定的标准,尤其是安全、卫生、工作人员数目和资格以及有效监督等方面的标准"。

父母的照顾是儿童成长过程中最重要的支持,但是,父母并非是唯一承担父母责任之人。

四 家庭与国家的关系

家庭、儿童,均是现行《宪法》保护的对象,政府有义务确保家庭得到保护,帮助父母履行抚养、教育儿童的义务。联合国1989年《儿童权利公约》在序言中宣布,"……深信家庭作为社会的基本单元,作为家庭的所有成员、特别是儿童的成长和幸福的自然环境,应获得必要的保护和协助,以充分负起它在社会上的责任,确认为了充分而和谐地发展其个性,应让儿童在家庭环境里,在幸福、亲情关爱和谅解的气氛中成长……"[①]

(一) 家庭仍是社会的基本单元

历史悠久的家庭制度,仍是人类迄今为止最成功的社会实践。诚如英国上议院议长艾威大法官所言,"家庭生活是我们的社区、社会和国家赖以建立的基础,对于政府设想的一个安全、公正和有凝聚力的社会来说,家庭是

---

① 联合国《儿童权利公约》,联合国儿童议题网: http://www.un.org/chinese/children/issue/crc.shtml,访问日期: 2013年1月14日。

核心。我们创设和维持有效的政策去保护家庭生活是至关重要的。……"①

同时，必须关注家庭生活实际存在的问题。例如，父母利用家庭中的有利地位，行使权利而损害儿童权利，虐待儿童甚至针对儿童实施更严重的犯罪等。因此，包括法律在内的公共政策必须充分认识家庭中存在的消极因素，积极采取诸如防治家庭暴力等干预措施，保障作为独立个体的儿童享有的权利和利益的实现。

(二) 政府应提供相应的公共服务支持和帮助父母履行抚养责任

政府的家庭政策应当建立在下列三项原则之上：儿童利益至关重要；儿童需要安全和稳定；在任何可能情况下，政府必须为父母提供保护，使他们有能力更好地保护他们的孩子。

1. 政府应确保所有父母得到他们需要的一切信息和保护

近二十余年来，在我国农业人口大规模流入城镇打工谋生的潮流中，迫于经济条件和城市福利制度限制，许多农村父母不得不将未成年子女留在农村老家。截至2005年，14岁以下农村留守儿童约有4000余万人，从年龄分布看，留守儿童主要是义务教育阶段的孩子。② 因父母进城务工而留守家乡的儿童，由于各年龄段的生理、心理发展特点和需求不同，存在三个方面突出问题。其一，监护缺失，生活困难。因为没有父母照料，留守儿童在吃、穿、用、住等方面遇到难以克服的困难，年幼孩子因缺乏科学喂养和亲情关爱，早期发展受到影响。其二，教育缺失。全国有超过半数的留守儿童，其父母双双外出打工，这些儿童多数与隔辈亲属一起生活，由于家庭教育意识薄弱，"家庭教育处于空白状态"，他们的学习遇到较大困难，面临失学、辍学或者厌学现象时无人及时给予帮助。③ 其三，心理和道德行为问题。由于长期与父母亲人分离，缺乏亲情关爱，部分留守儿童在心理、安全等方面存在问题，性格抑郁，甚至有不良行为。④ 这些均表明，部分父母履行义务的确遇到了较大困难。

---

① 转引自凯特·斯丹德利《家庭法》，屈广清译，中国政法大学出版社2004年版，第6页。
② 毛立军：《让留守流动儿童获得更多的关爱》，《人民政协报》2008年3月3日C1版。
③ 全国人大内务司法委员会、未成年人保护法修订起草组编写：《未成年人保护法学习读本》，中国民主法制出版社2007年版，第71—72页。
④ 同上。

2. 政府应提高公共服务水平，减轻家庭抚养照顾儿童的压力

增加对家庭的服务和帮助，是解决问题的根本之道。对于未履行抚养义务的父母，应加强其父母职责的教育和心理咨询、辅导，辅导其家庭问题之解决。因为保护儿童的本质，是保护性而非惩罚性的服务。因此，应当利用公权力增进可运用的资源，以使家庭能继续维持其原有的功能。

当父母因为家庭无力抚养子女以至于"家里的基本生存无法保证，还不如出去乞讨，还有一线生机"时，国家该做些什么呢？

3. 确保税收和福利体系合理承认儿童抚养费

我国现行税收制度尚未考虑纳税人承担的家庭供养责任大小。个人收入多少为确定征税标准的唯一因素，纳税人供养家庭人口数量还没有被纳入计税考虑之中。这是极不合理的，应当尽快修正。

现行社会福利制度在一定程度上承认享受者的家庭负担，但还不充分。有必要在计算福利享受水平和标准时，更多地考虑儿童利益。

4. 平衡协调工作和居家的时间，使父母能有更多时间陪伴孩子

尊重和关心儿童，公共政策应当为父母履行抚育子女的义务提供条件。在社会急速发展阶段，父母的工作压力大，投入职业工作的时间多，相应地，陪伴孩子的时间实在太少。孩子们感觉"家庭不够温暖"，父母在家时间少是其中最重要的原因。事实上，陪伴儿童成长，是极其重要的社会工作。身为父母，应当珍惜陪伴孩子的时光，不错过！当然，能让父母有更多时间陪伴孩子，是公共政策应当关注的问题。保护儿童的法律政策与劳动法有关规定，应当尽可能协调一致。

5. 积极应对包括家庭暴力等严重的家庭生活问题

每个家庭在不同时期，或多或少地都会存在一些问题，其中有些问题需要依赖公共政策或公力救济才能得以化解。例如，针对儿童的家庭暴力就在部分家庭时常发生，政府有关部门应当为这类儿童着想，设法实施有效干预，制止暴力。

（三）地方政府应为某些类型家庭的儿童直接充当父母角色并承担责任

为保护儿童，必要时，地方政府有足够权利实施家庭干预。政府不只是追究严重侵犯子女权益的父母的法律责任，而且接管照顾孩子的责任，使那些极不称职的父母"失去孩子"。

地方政府应当特别关注下列两类家庭中的儿童：一是被认为处于危险中的儿童；二是父母履行责任有较大困难的儿童。

1. 对于确信儿童正在或者可能遭受重大伤害的，国家应当积极作为

当家长将子女作为牟利工具而带着子女乞讨、出借、出租、出卖时，① 国家除了应当依法追究其父母作为监护人的法律责任，还应当做得更多。如果不可能合理期待儿童的父母能够为其提供照护的，地方政府应有效地承担起父母照料儿童的责任。

问题是，现行法律没有为这类儿童问题的解决设定相应程序；对于逃离危险家庭环境的儿童，无处安排！

2. 对于履行抚养儿童责任有较大困难的家庭，政府应当确保家庭得到其所需要的一切信息和帮助

对于因家庭贫困而将自己孩子卖掉的现象，② 不能仅仅将孩子找到并送回其父母家庭就了事，因为造成问题的原因仍在，孩子的安全仍将受到极大威胁。应当从根本上帮助这些极度困难家庭实现自我生存，改变出卖孩子的家庭经济环境。

3. 对于失踪儿童，国家应当积极设法查找

每年失踪儿童的数量较大。导致儿童失踪的原因，主要有以下五种。（1）孩子因家庭缺少关爱而自行出走。特别是农民工家庭等流动人口家庭，父母或监护人忙于做工谋生，照顾、管教孩子的时间少，家庭关爱不够。③（2）父母卖掉自己孩子。这听来匪夷所思，却是事实。在贫困地区，确有极少数贫困家庭不仅超生，而且父母自愿出卖自己孩子以赚钱。④（3）孩子

---

① 在河南七名儿童被父母出租到三亚乞讨案件中，孩子的父母与翟雪峰之间签订有协议，孩子被出租给翟某编入杂技演出班，带去外地表演杂技。

② 2009年5月《瞭望东方周刊》，曾报道云南省广南县的贩婴现象，当地恶劣的生存条件导致极度贫困，有大量超生婴儿，出现了父母自愿把孩子卖掉的现象。转引自《探访云南广南县"贩婴村庄"》，乐云网：http://news.ynxxb.com/content/2009-5/30/N88809204421.aspx，访问日期：2013年1月14日。

③ 孩子大量失踪引发社会关注后，中央电视台在2008年，《半边天》节目组连续制作了5期专题节目《孩子失踪以后》，讨论孩子失踪现象及其原因。

④ 例如，2009年5月《瞭望东方周刊》报道了云南广南县的贩婴现象。

被拐卖给缺少孩子的家庭收养。这类儿童拐卖是一个隐藏着的巨大市场。①（4）儿童被拐卖，或者是直接劫持后致残用来做乞讨工具。用残疾儿童乞讨的现象，在中国各大城市的路边和天桥边触目可及。②（5）孩子被拐走③或者绑架进"黑砖窑"做童工。④政府有关部门应当为失踪儿童建立专门信息库，应当积极设法查找失踪儿童，定期向社会公布失踪儿童信息，提醒有关方面和家庭照护好儿童。更加重视查明来历不明的儿童。加强被拐卖受害人的救助、安置、康复和回归社会工作，并帮助其在异地就业等。

第二节 发展中的儿童权利与儿童法

一 儿童权利的觉醒：立法重点从父母权利到子女权利

20世纪可称为"儿童的世纪"，标志着儿童权利的觉醒和对其自决权的承认及重视。不过，这一变革过程极为缓慢。

（一）近代平权运动促进儿童成为独立平等主体

自古以来，子女在家庭中处于"父权"或"家长权力"之下。近代以来，尽管平等权渗透进入家庭，遗憾的是，它似乎更多地指向成年家庭成员相互之间的关系；在父母子女关系上，法律仍强调父母对子女的权威，亲权设计即如此。对于父母违反法定义务的行为，仅能由国家进行干预，子女无独立权利。第二次世界大战以来的儿童权利运动，开始直接承认儿童与成年人平等的权利。法律赋予父母权利，是为了儿童利益保护的需求，而非为了父母自身，国家基于对子女保护的考虑而对父母权利加以限制。

（二）1950年《婚姻法》承认儿童独立主体地位

为保障子女权利的实现，需要为子女构建其独立享有的、可以针对国

---

① 例如，凤凰卫视《社会能见度》专题深度报道：江西省鹰潭市和贵溪市的13名失踪孩子的家长们通过十几年调查走访，发现拐卖儿童市场的存在。
② 例如，东方卫视的节目《深度105天下事——孩子失踪以后》和曹大澄的《救救孩子，救救孩子——深圳街头弃婴，和病残乞儿生存状况调查手记》，对此进行深入详细的报道。
③ 《公安部官员：拐卖儿童无本万利　短期内难以根除》，新浪新闻，http：//news. sina. com. cn/o/2010-11-12/112521460578. shtml，访问日期：2013年1月11日。
④ 例如，2007年5月，河南电视台都市频道记者付振中制作的电视调查报道"黑砖窑事件"对此有详细报道。

家、社会和父母主张的主体权利。子女针对父母可以主张的权利，在1950年《婚姻法》中已完成。而子女可以针对父母而向国家、社会主张的权利，则体现在2001年婚姻法修正案中。20世纪80年代的解放思潮要求将年轻人从父母权力下解放出来。更有观点认为，在民法上的未成年人"在基本权利上已经成年"，故也应享有自决权。这种努力的结果首先体现在父母离婚时有关直接抚养权争议，应当征求儿童本人的意见。自2001年《婚姻法修正案》实施后，年满18周岁的子女，父母已无法定抚养义务，即使子女因求学尚未经济独立，父母对子女的经济责任仅基于父母自愿。立法赋权父母抚养、教育、监督子女，其意义仅在于实现子女的福利。

（三）20世纪80年代开始单独赋权予儿童

在中国，1986年4月12日第六届全国人民代表大会第四次会议通过了《中华人民共和国义务教育法》，为了保障适龄儿童、少年接受义务教育的权利，国家实行九年义务教育制度。2006年6月29日第十届全国人民代表大会常务委员会第二十二次会议对《义务教育法》作第一次修订。1991年9月4日第七届全国人民代表大会常务委员会第二十一次会议通过《中华人民共和国未成年人保护法》，2006年12月29日第十届全国人民代表大会常务委员会第二十五次会议第一次修订。

在教育关系中，加强子女的自决权。父母教育子女过程中，应根据子女的成长阶段和情况，注意子女不断变化的、对自我责任意识的认知能力和需求，采用共同讨论式、对话式的教育风格，努力寻求与子女达成共识。《未成年人保护法》[①] 第14条规定，"父母或者其他监护人应当根据未成年人的年龄和智力发展状况，在作出与未成年人权益有关的决定时告知其本人，并听取他们的意见"。在诉讼法上，法院应当结合子女的年龄和案件性质，听取子女本人的意见。《未成年人保护法》第52条第2款规定，"人民法院审理离婚案件，涉及未成年子女抚养问题的，应当听取有表达意愿能力的未成年子女的意见，根据保障子女权益的原则和双方具体情况依法处理"。

---

① 《中华人民共和国未成年人保护法》于1991年9月4日第七届全国人民代表大会常务委员会第二十一次会议通过，2006年12月29日第十届全国人民代表大会常务委员会第二十五次会议修订。此次援引法案是指修正案。

国家加强对父母子女关系的干预，是儿童权利保护中另一个重要变化。依据我国婚姻家庭法体系，只要父母双方健在，任何时候，父母双方均共同对子女行使监护权。父母子女应当互相帮助、相互体谅，共同协商有关子女的事务。法律禁止采用伤害子女尊严的教育手段。父母的管教行为严重侵犯未成年子女权益的，依法可以剥夺其监护权。《未成年人保护法》第53条规定，"父母或者其他监护人不履行监护职责或者侵害被监护的未成年人的合法权益，经教育不改的，人民法院可以根据有关人员或者有关单位的申请，撤销其监护人的资格，依法另行指定监护人。被撤销监护资格的父母应当依法继续负担抚养费用"。这是立法强化对子女保护的体现之一。当然，法院处理父母关系时，应特别注意尊重家庭，尽可能使父母子女关系保持完整。

立法强调父母共同行使监护权原则。2001年《婚姻法修正案》引入了直接抚养权、探望权的概念。《婚姻法修正案》第36条规定，"父母与子女间的关系，不因父母离婚而消除。离婚后，子女无论由父或母直接抚养，仍是父母双方的子女"。为促进子女最大利益，立法创设探望子女权。第38条规定，"离婚后，不直接抚养子女的父或母，有探望子女的权利，另一方有协助的义务。行使探望权利的方式、时间由当事人协议；协议不成时，由人民法院判决。父或母探望子女，不利于子女身心健康的，由人民法院依法中止探望的权利；中止的事由消失后，应当恢复探望的权利"。一般而言，与父母双方的交往有利于子女的最大利益。

《婚姻法修正案》还在其他方面加强了对子女的保护。禁止对儿童实施家庭暴力。不允许对子女实施体罚、精神伤害或其他有损尊严的行为，即使是基于教育的考虑。

二 亲权与公权

我国虽然有《未成年人保护法》，却没有一个能够行使公权力的机构必要时介入家庭带走受伤害的儿童，或者事后追踪辅导受到家庭暴力伤害的儿童，更没有针对受伤害儿童，提供心理治疗的计划与安排。我国现行立法对亲权的信赖是否有过度之嫌？在儿童提起伤害控告时，父母的亲权是否还存在？为了保护儿童免受伤害，父母、寄养机构、社会工作者抢孩子的情形下，究竟以什么为标准来判断？这些问题值得研究。要保护儿童，唯有结合国情，制定相应的周全政策。

（一）增加对家庭的服务

对于未履行抚养义务的父母，应加强其父母职责的教育和心理咨询、辅导，辅导其家庭问题之解决。因为保护儿童的本质，是保护性而非惩罚性的服务。因此，应当利用公权力增进可运用的资源，以使家庭能继续维持其原有的功能。

增加对家庭的服务和帮助，是解决问题的根本之道。寄养家庭服务毕竟是治标不治本的办法。现代社会，人承受的压力大，于是要求别人多，自我反省少，容易导致人际关系紧张。父母如果自身遇到经济、职业发展等较大困难，回到家中孩子又比较不听话，容易将孩子作为发泄的对象。政府和社会为父母提供多种多样的针对性服务，促使父母子女间关系良性互动，可以减少、避免亲子冲突伤及孩子。

（二）设立寄养家庭制：对不适任的父母临时转移亲权

在儿童遭受家庭暴力时，如何紧急安置儿童，以免受到进一步伤害？对于一些临时无处妥善照护的儿童，可以借鉴域外法经验，[1] 设立寄养家庭，不仅能直接解决许多家庭面临的紧急问题，而且可以使儿童继续生活在家庭环境中，接受到家庭教育。因为抚养儿童是件细致入微的工作，既需要金钱，更需要时间和爱护。引进寄养家庭制度，能够弥补现行家庭制度与未成年人权利保护之间的空缺。

1. 设立寄养家庭的条件

不是每个家庭都能担任寄养家庭之责任。如果说爱自己的孩子是天性，那么要能够真心爱别人的孩子，确实不是轻易能做到的。

（1）要有爱心。要有一颗仁爱之心，愿意投入自己的时间、精力、感情和财产去关心照顾与自己无血缘关系的孩子。

（2）有适当的经济和居住环境。儿童成长需要安定的生活环境，安全

---

[1] 中国台湾地区于1981年开始建立寄养服务。当时，对于一些无法妥善照顾的子女，政府社会处委托中华儿童福利基金会办理寄回服务，自此挽救许多无辜的儿童，避免他们误入歧途。仅1981—1998年间，寄养家庭的户数大约成长了十倍，寄养儿童人数超过900人。政府为寄养家庭提供的补助是每月13200元台币。黄昭顺：《给寄养家庭多一点鼓励，为社会增添多一份温馨》，《自立早报》1998年7月17日第11版。转引自（台北）"立法院"图书馆《妇幼安全》1999年10月，第259页。

的居住设施。寄养家庭的成员应是衣食无忧的。不能为寄养儿童提供安全、可靠的家庭条件，不符合儿童利益保障要求。

2. 政府为寄养家庭提供辅助

将儿童寄养在家庭中，政府不能"一寄了之"，除了给钱，其他事务完全交由家庭承担。实际上，愿意提供寄养服务的家庭，大多数情形下，是中下社会阶层之家庭，甚至是较困难的家庭，自身的抚养教育能力就不强，家中成年人对于儿童的期望较低。寄养家庭在代为照管儿童过程中，还会遇到各种各样的困难或问题。政府有关部门应当尽早规划，引导寄养家庭适格地履行抚育儿童的责任，为其提供所需的一切帮助。

（三）培养儿童自我保护能力

培养儿童的自我保护能力，是避免严重损害儿童权益事件乃至悲剧发生的长久有效措施。

从小培养儿童的是非观。教育儿童辨别是非，让儿童参与家庭生活的管理，练习认识言行正确与否、合理与否的判别标准和判断技巧。

培养儿童的安全观。安全问题，特别是人身安全，是关系到生死存亡的最基本、最敏感、最值得关注的问题。安全是生命与健康的基本保障。应当树立生命高于一切的安全观。从小培养儿童关注自身安全、家人安全、他人安全、环境安全。

培养儿童的自我保护能力。自我保护，是一个人在社会中保存个体生命的最基本能力之一。为了保证孩子的身心健康和安全，使孩子顺利成长，父母和社会应该从孩子幼年时就注重教育、培养他们的自我保护能力。儿童年幼无知，没有生活阅历和经验，不知道什么事情能做、什么事情不能做；什么地方能去、什么地方不能去；有时偏偏喜欢做一些危险的尝试；不知晓他人行为对其是否适当、是否有危害。父母、其他监护人除了为孩子定规矩、纪律和做解释外，更应当培养儿童的独立自主性，促使其养成良好的生活自理习惯。培养孩子防范险境或危险的意识和能力；培养儿童面对困境时的应变能力和面对突发事件的处理能力，有意识地训练孩子的自救技能。

三 针对儿童的家庭暴力

家庭原本是抚育儿童的最理想场所。但是，家庭暴力却使家庭变成了虐待儿童的大本营。虽然迄今为止，我国每年受虐待儿童的人数仍无确切资料，但是，媒体报道的儿童遭虐待案件层出不穷，以及法院裁定儿童受家庭暴力伤害甚至致死的不幸悲剧，足可见冰山一角。由此可推估受到家庭暴力伤害的儿童数量。

应当针对儿童的家庭暴力，实施有效干预。该部分内容详见第十二章，在此不再赘述。

四 人工生殖技术与技术辅助所生子女

（一）什么是人工生殖辅助技术

人工生殖技术是根据生物遗传工程理论，通过人工方式取出精子或卵子后，再经人工技术将精子或卵子，或精子与卵子的结合体注入妇女子宫，使其受孕并生育的一种新的生育技术。迄今为止，人工辅助生殖技术有三种：一是同质人工生殖，即取出不育夫妻的精子、卵子，在体外结合形成胚胎后，再植中妻子体内，或者直接将丈夫的精子注入妻子的体内致其怀胎分娩；二是异质人工生殖，由于不育夫妻中有一方无法提供精子或者卵子，由第三人捐赠精子或卵子，在体外与夫妻一方的精子或者卵子结合形成胚胎后，植回妻子体内使其怀孕分娩；三是妻子的子宫无法怀胎分娩，借由第三人怀胎分娩，即代理母亲，这种情形也涉及同质受精或异质受精之分。[①] 人工生育技术不仅可以通过非自然性行为方式在人体内实现卵子受精形成胚胎，而且可以在实验室完成精卵子结合形成胚胎，为人类繁衍提供了更多途径。

生殖科技使人类生殖方式实现多样化，这使得无法通过自然性行为的方式受孕生育子女的人，有可能借助先进的人工辅助生育技术生育子女，有了做父母的新希望。不过，人工辅助生育不同于自然生育，它不仅切断了生育与性行为之间的关系，而且也打破了生育与遗传合为一体的生育规律。人工辅助生育技术的应用还带来了伦理道德、婚姻家庭、法律价值等方面的冲

---

① 克隆技术（Clone）用于动物的繁殖，如克隆羊、克隆牛等已经获得成功。近些年来，有科学家宣称正在开展利用克隆技术造人实验。如果利用人的上皮细胞能够成功造人，将彻底改变人类后代的产生须有精子与卵子结合的自然属性，从而改写人的历史。而且，其对人类的风险尚难预料。故大多数国家和地区明确禁止或反对对人的克隆。

突。因此，国家法律必须给予必要的规范。

为了保证人类辅助生殖技术安全、有效和健康发展，规范人类辅助生殖技术的应用和管理，保障人民健康，国家卫生部于 2001 年 8 月发布《人类辅助生殖技术管理办法》等法规，开始规范开展人类辅助生殖技术的各类医疗机构等；对人类辅助生殖技术和精子库技术实行严格的评审、论证和准入制度。迄今已批准了多家医疗机构开展人类辅助生殖技术服务，批准了若干家医疗机构设置人类精子库，提供捐精、供精服务。

（二）人工生殖技术辅助所生子女的类型

人工辅助所生子女，是指利用人工生殖技术受孕而出生的子女。

1. 人工授精生育的子女

人工授精是指用人工辅助方式将精液注入女性体内以取代性交途径使妇女受孕分娩。人工授精主要是解决男性不育的问题。根据精子来源不同，人工授精分为同质人工授精、异质人工授精两种。同质人工授精是使用丈夫的精子对妻子实施人工授精；异质人工授精是使用丈夫以外的第三人捐赠的精子对妻子进行人工授精。人工授精虽属于非自然生育方式，但其与自然生育方式的区别仅体现为受精方式的不同。

2. 试管婴儿

试管婴儿是使精子和卵子在实验室试管中结合形成胚胎后，再移植到妇女的子宫内，使其受孕分娩。试管婴儿对于卵子有缺陷的妇女或因男性因素而不孕的夫妻来说是一大福音。试管婴儿所引发的问题比较复杂，精子的来源可以是丈夫或第三人的精子，卵子的来源可以是妻子或其他妇女的卵子。从试管婴儿胚胎移植至妻子子宫的情况看，就存在以下三种情况：妻子卵子和丈夫精子结合；妻子卵子和第三人精子结合；丈夫精子和其他妇女卵子结合。

3. 代孕母亲生育的子女

代孕母亲是指提供子宫代替他人怀孕生育的妇女。对患有不孕症或者施行子宫切除术的妇女可以通过代孕的方式生育子女。代孕分为：精子和卵子均来自夫妻双方的代孕；精子来自丈夫，卵子由代孕者提供，通过体外授精方式的代孕；卵子来自妻子，精子由第三人提供，经胚胎移植至代孕母亲子宫的代孕。以及精子和卵子均来自第三人的提供，将胚胎植入代孕母亲子宫的代孕。

目前世界上，多数国家普遍禁止商业性的代孕行为，开放非商业目的之代孕。我国现行行政法令下，凡代孕，均被禁止。

(三) 人工生殖技术辅助所生子女的亲子关系

1. 人工授精的父母子女关系

在婚姻关系存续期间，经夫妻双方同意实施同质人工授精的，因采用丈夫的精子，受孕出生的子女不论在生物学、遗传学还是社会学上，均是夫妻双方的子女，他们之间存在父母子女关系，且该子女当然被视为婚生子女。对此，世界各国法律的规定相同。

但是，在某些特殊情形下，例如，妻子欺骗丈夫或者未经丈夫同意而实施同质人工授精的，受孕子女是否应被认为是丈夫的婚生子女，存在争议。一种观点是从保护丈夫的生育权的角度出发，认为未经丈夫同意出生的同质人工授精子女，丈夫有否认权；另一种观点却认为不能仅仅考虑丈夫的利益，而应该考虑妻子的利益特别是子女的利益。笔者认为，现代法律对非婚生子女都已经提供充分保护，同质授精所生子女，纵然未经生父同意，仍应该被认为是生育妇女之丈夫的婚生子女。

与同质人工授精相比较，异质人工授精的情况则复杂多了。在夫妻双方完全知情和同意的情况下，异质人工授精所生育的子女，被认定为是双方的婚生子女，即使孩子是在夫妻离婚或者丈夫去世后出生，都不影响其婚生子女的地位。但是，在妻子未经丈夫同意接受异质人工授精受孕的情况下，所出生的子女与受精母亲的丈夫的关系仍然值得探讨。就我国目前的司法实践情况看，如果在婚姻关系存续期间，丈夫不同意人工授精的，实施人工授精系妻子一方的行为，其丈夫事后也不予追认的，所生子女与丈夫之间无父子（女）关系，丈夫可对该子女的婚生性享有否认权，该子女为妻的非婚生子女。因此，取得丈夫同意是确立人工生育子女法律地位的关键。

2. 试管婴儿之父母子女关系

试管婴儿胚胎不仅可以是妻子卵子和丈夫精子结合、妻子卵子和第三人精子结合，还可能是丈夫精子和其他妇女卵子的结合。同时试管婴儿也可以由代孕母亲完成受孕和生育。因此，试管婴儿最多有五位"父母亲"：精子提供者、卵子提供者、子宫提供者，另两个是孩子扶养者。如何确认试管婴儿的父母子女关系？首先，在夫妻双方同意情况下，使用妻子的卵子和丈夫的精子在体外结合，然后将受孕胚胎植入妻子子宫怀孕生育，所生育的子女属于夫妻双方的婚生子女，试管婴儿的遗传父母也就是其法律父母；其次，在夫妻双方同意情况下，使用妻子的卵子和第三人提供的精子在体外结合，将受孕胚胎植入妻子子宫怀孕生育，所生育的子女属于生母和生母之夫的婚生子女。再次，在夫妻双方同意情况下，用丈夫的精子与第三人提供的卵子在体外结合，然后将受精卵子植入妻子的子宫怀孕生育，所出生婴儿的母亲出现了遗传母亲和生身母亲分离的情况。怀孕的妻子和其丈夫才是该婴儿的法律父母。最后，在夫妻双方完全同意的情况下，使用第三人提供的精子和第三人提供的卵子在体外结合，然后将受孕胚胎植入妻子的子宫怀孕生育。应从最有利于婴儿利益的角度，确认生育母亲和其丈夫是婴儿的法律父母。

3. 代孕所生子女的父母子女关系

代孕行为区分为两类情形：一是只提供子宫的代孕；二是既提供子宫又提供卵子的代孕。当代孕母亲仅提供子宫实施代孕时，代孕母亲只能使用他人的受精卵通过胚胎移植促孕生育，代生婴儿将会有多个父母。如果受孕胚胎是由夫妻的精子和卵子结合而成，代生婴儿只有一个遗传父亲，一个遗传母亲和一个生身母亲；如果胚胎是由丈夫的精子与第三人提供的卵子结合，代生婴儿就会有一个遗传父亲，一个遗传母亲，一个契约母亲，一个生身母亲；如果胚胎是由妻子的卵子与第三人提供的精子结合，代生婴儿就会有一个遗传父亲，一个契约父亲，一个遗传母亲，一个生身母亲；但如果胚胎所需的精子和卵子都是由第三人提供，代生婴儿就有三个母亲：遗传母亲、生身母亲和契约母亲。两个父亲：遗传父亲和契约父亲。如果代孕母亲提供卵子进行代孕，只是遗传母亲和生身母亲合而为一，同样会发生代生婴儿有多个父母的情形。

域外法律确定代孕母亲所生婴儿的亲子关系之选择。各国法律和判例的立场不完全一致。主要有三种：

（1）生者为母。瑞典和澳大利亚可谓此类的典型。瑞典认为代孕行为违反了法律的基本原则，委托代孕协议是无效的，因此生下孩子的妇女就是孩子的母亲。澳大利亚的法律规定，不问卵子和精子来自何方，生育婴儿的母亲和她丈夫为婴儿的父母。①

（2）以遗传学为根据确立亲子关系，婴儿归提供精子来源的男女所有。例如英国。

（3）按照契约确定亲子关系，即订立合同的委托人一方为代孕婴儿的父母。美国是这类的代表。由于美国宪法授予各州自行决定有关家庭事务如结婚、离婚、收养和生育权利等的职权，各州有关代孕的规定不完全相同。

我国法律干预和规范因代孕行为所生的父母子女关系时，应把子女利益的保护排在首位，以最有利于子女的成长为原则。委托代孕的契约父母通常存在合法的婚姻关系，只因本身无法生育才需委托他人代孕，委托父母无论从心理上还是物质上都做好养育孩子的准备。因此，在一般代孕纠纷中，应当推定最有利于子女成长的契约父母为法律父母。

第三节 完善儿童权利保护的立法对策

一 增设亲子身份确认制度

宜借鉴德国婚姻家庭法等法律经验，增设确认亲子关系存在的相应法律制度。

（一）婚生子女推定制

由于父子关系无从由外观直接辨认，各国和地区的婚姻家庭法采用婚生推定制度来确认父子关系。婚生子女，是指因婚姻关系受胎所生的子女。妻子在婚姻关系存续期间受胎所生的子女，推定其为夫的子女，该子女与母亲的丈夫之间存在父子（女）关系。这是自罗马法以来，各国和地区婚姻家庭法的共同立法例。

1. 受胎期间的推定

根据现代医学知识，从受胎到分娩，其期间最短者为190日左右，最长者为300日左右。从子女出生日回溯第181日起至第302日止，为受胎

---

① 在法国，代孕行为被1994年《生命伦理法》禁止。根据代孕协议替他人生育孩子的妇女与所生的孩子建立法律上的母子关系，否则，将被追究法律责任。

期间。①

2. 婚生的推定

妻是在婚姻关系存续期间受胎的，推定其所生子女为婚生子女。②

结婚之前已受胎，但在婚姻终止后始出生的子女，若其出生在父母婚姻终止之日起第 302 日之内的，仍应推定为婚生。

3. 婚生子女的否认

父子身份关系的确立，是以血统真实为依据，即父子之间应有自然血缘联络。因此，当婚生子女推定的结果违反血缘真实性时，应当让利害关系人有推翻该婚生推定的可能。这是婚生否认之救济。

（1）否认权人。夫妻双方、子女本人均应享有否认权。子女未成年时，由其法定代理人代为行使或同意该子女行使否认之诉。子女成年时，有权自行提出否认之诉。③ 不赋予第三人否认权，是为防止第三人滥用否认权或有机会公然诽谤生母与他人通奸。④

（2）否认权行使期间。权利人知悉子女为非父亲之血缘时起算，二年内行使。未成年子女的法定代理人因故未在法定诉讼期间内提出婚生否认之诉时，该子女成年后二年内有权自己行使否认权。

（3）否认的事由。夫妻一方或子女能证明该子女不是婚生子女的，即可主张否认。

（二）增设子女认领制

凡以意思表示认领子女之人或者在诉讼中被法院确认为父亲之人，与相关子女具有亲子关系。现代社会，非婚生育子女的现象日益普遍。然而，由于生父与生母无合法婚姻关系，亲子关系的事实未能及时获得当事人认识或承认，导致未成年子女利益受损。为保护子女利益，立法应当增设认领制度。

---

① 参见台湾地区"民法"第 1062 条第 1 项规定。
② 同上。
③ 此处借鉴了《德国民法典》第 1600 条。参见《德国民法典》，陈卫佐译注，法律出版社 2006 年版，第 429—430 页。
④ 戴炎辉、戴东雄、戴瑀如：《亲属法》（修订版），（台北）顺清文化事业有限公司 2009 年版，第 303—304 页。

1. 自愿认领

认领须由生父本人为之，不得由他人代理。

对认领的否认。被认领人或生母，有正当理由的，可以否认生父的认领。

2. 强制认领

非婚生子女，对于应当认领而不认领的生效，有权申请人民法院确认父子关系存在；法院根据客观事实，判断有无父子关系之存在。

非婚生子女，凡经生父认领的，视为婚生子女，且效力溯及该子女出生时。

二 设立亲权：完善父母照护权和监护权

父母在就未成年子女事务作决定时，如双方意思不一致，应当鼓励父母协商，共同找出一个兼顾理想与现实的解决方案。但是，如果父母不能达成一致的，应当怎么解决争议？应当由法院作出决定。此时，法官根据哪些因素作出决定？不同监护权形态下监护权如何行使？现行《婚姻法》没有明确这些问题，使得监护权争议的后果难以预估，不利于被监护人。婚姻法未来修订时，应当就下列事项增设规定。

（一）监护人的选任与改任

增设法院选定或改定监护人制度。为防止依法定监护人顺序确定监护人有困难，或仍无法保障未成年人之权益造成伤害时，则应由公权力主动介入，增列依前项之顺序，选定监护人及指定监护的方法，亦即在需受监护者之祖父母及兄姊皆无法担任监护人时，由法院选定；或在祖父母或兄姊担任法定监护人期间有违反被监护人最佳利益之情形时，由法院改定监护人。法院选定或改定前，应命令主管机关或其他社会福利机构进行访视并参酌其所提出调查报告及建议；监护人未能选定期间，则由当地社会福利主管机关暂行监护职责。

明确子女最佳利益为决定监护权的重要考虑。将未成年人的监护权判归何人，最有利于子女健康成长？这是决定监护权人时的关键因素。婚姻法应当明确法官在决定监护权时应考虑的重点，包括：（1）父母亲或监护人的意愿；（2）小孩的意愿；（3）小孩与父母亲、兄弟姐妹之间的互动关系；（4）小孩对家庭、学校及小区的适应程度；（5）所有相关人的精神及健康状况。

在决定幼童的监护权人时，应当考虑幼童依赖的对象，对于幼童"心理上的家长"或"主要照顾者"给予优先考虑，这对幼童心理稳定、安全感及信任，都有很大帮助。应当尊重儿童本人的选择权，当然法官考虑儿童本人意见时，必须考虑儿童的年龄、成熟度以及对所处状况的了解程度等。

（二）明确监护职责

为保障儿童权益的实现，立法应当明定监护职务的内容。监护人在保护、增进受监护人利益的范围内，行使、负担父母对于未成年子女的权利、义务。

监护人，对于须受其监护之未成年人，不但有行使监护之权利，更有负责监护的义务。依规定担任监护人的，非有正当理由，不得辞职。

（三）被监护人最佳利益之认定

监护人与受监护人之间，毕竟仍非一般之父母子女关系，若监护人违反上述监护职务之法定内容，必须有救济之道，以免受监护之未成年人受到伤害，以致违反儿童或少年福利之理念。一如上述，我国现行监护制度就此系采取监护人之撤退与改定双轨并行制，然而因现代社会小家庭之比例增多，欲根据"民法"第1106条召开亲属会议撤退监护人，显然不易，2000年新增之改定监护人制度，即成为补救不适任监护人的最重要渠道。

（四）在父母子女之间意见不一致时应提供司法救济

父母与子女作为独立的人，不仅人格独立，也存在各自独立的利益。因此，父母子女之间，不仅可能因为立场、认识不同而发生意见不一致，而且也可能因为各自利益差异而出现对同一问题或事务持不同价值取向。立法应当充分认识到，父母在履行对未成年子女的照顾责任时，有可能发生意见分歧，无法协商一致，故法律为意见不一致的父母提供法院裁判止争机制。立法认识到，当父母履行照顾责任时，也可能受到其他干扰，因此，建议借鉴英国法的经验，为父母子女提供相应的司法救济。[①] 当父母之间、父母与子

---

① 大陆法传统的国家同样有为父母子女意见冲突提供司法救济的立法例。例如，《德国民法典》第1631条第3款规定："经申请，由家庭法院在适宜的事务上对父母行使人身照顾权予以支持"。参见《德国民法典》，郑冲、贾红梅译，法律出版社2001年第2版，第391页。

女之间意见不一致时，提供司法救济，尽力保护儿童。

增设父母行使对未成年子女的权利时，意见不一致的，应由法院酌情决定。在父母婚姻关系持续期间，未成年子女抚养教育意见不一致时，如何解决争议，现行《婚姻法》未作任何规定。父母意见冲突，十分常见。虽然可以通过父母双方妥协或者亲属调解化解大部分争议，但不排除少数争议无法"私了"。婚姻法应当为此提供救济途径，由法院决定，或许公正。尽管法院处理，都有程序，凡事诉诸法院，司法负担增大。不过，儿童事务，如就学、就医等，均非小事。从保护儿童利益出发，唯有委之司法裁判。至于法院裁判，则应综合男女平等原则、儿童利益保护、正常家庭生活秩序维持，作出合理决定。

（五）增设监护形态

根据任何一部婚姻法，父母离婚后，未成年人无论随父母中何方共同生活，都是由父母双方共同监护，只要父母双方健在，均不形成单方监护。然而，事实上，自2001年《婚姻法修正案》引进探望权后，未与子女共同生活一方，其监护权受到了极大限制。

应当明确究竟是单方监护还是双方共同监护。现行法律之下，只要父母双方健在的，即使父母离婚后，未成年子女与父母一方共同生活，远离另一方父母，父母双方仍是共同监护人，一方被称为"直接抚养人"，另一方为"探望权人"。然而，事实上，未与子女共同生活的父母一方，并没有实际承担起监护子女的责任。建议未来立法采用单方监护和共同监护双轨制，适合单方监护者，设立单方监护；适合共同监护者，采用共同监护。

此外，宜增设非双亲监护。在父母双方健在的情形下，必要时将监护权赋予非父母的某个人。有的夫妻离婚后，长期将孩子留给儿童的祖父母、外祖父母、叔叔、姑姑等亲属照顾。这些亲属在儿童心理上替代了"父亲""母亲"。然而，在法律上，只要未成年人的父母不同意，[①] 他们无法取得监护人身份，这不利于充分保护未成年人利益。

[①] 《中华人民共和国民法通则》第16条第2款规定，"未成年人的父母已经死亡或者没有监护能力的，由下列人员中有监护能力的人担任监护人：（一）祖父母、外祖父母；（二）兄、姐；（三）关系密切的其他亲属、朋友愿意承担监护责任，经未成年人的父、母的所在单位或者未成年人住所地的居民委员会、村民委员会同意的"。亲友欲取得对儿童的监护权，须事先取得儿童之父母的同意。

（六）明确剥夺监护权之程序

担任监护人的人，怠于履行职责给被监护人造成损害，或者即使未造成实际损害，但严重威胁未成年人利益的，依法应当剥夺其监护权，另设监护人。但是，婚姻法没有对此作规定，以致实践中，未成年人监护人行为不当时，无法启动相应程序，特别是当该未成年人没有其他近亲属时，社会公力介入因遇程序法障碍而不得。

（七）加大保护非婚生子女的权益

没有婚姻关系的父母所生子女，被冠以"非婚生子女"。由于父母之间不存在合法婚姻关系，甚至父母一方另有合法婚姻，非婚生子女的受抚养权、受教育等权益因其身份不能及时得以确认，未及时确认其生父，而致常常受损。为此，应以儿童最大利益为首要考虑，加强对非婚生子女的保护。

应当对有一定证据证明亲子关系存在的亲子关系争议，如果被告不能提供反证证明其非儿童之生父，应采用推定不利于被告之结果。对于有一定证据证明可能存在亲子关系的被告，法官有权酌情裁定强制提取被告的生物材料，以鉴定亲子关系。以免被告"一推了之"，拒不承担父亲责任。

三　完善探望权

完善探望权，应当客观认识该权利的性质，扩大探望权人范围，修正中止探望权行使的程序。

（一）探望权的性质

在家庭法上，交往权，首先或主要是父母对未成年子女人身照护权的一部分，但其又与照护权相分离而并存，是一项独立权利。在德国家庭法上，此项权利被称为"会面权"，20世纪80年代家庭法改革后，德国的婚姻家庭法明定会面权既是父亲或母亲的权利，同时也是义务。故不得让与，不能抛弃。[①]

探望权的基础，有认为是基于血缘关系而生的权利；也有认为是基于亲子关系而自然流露之权利。无论如何，探望权具有高度人身属性。

（二）探望权的权利人

为了未成年子女利益考虑，应当享有探望权之人，不应仅限于离婚父

---

① 戴炎辉、戴东雄、戴瑀如：《亲属法》（修订版），顺清文化事业有限公司2009年版，第262页。

母。换言之，在现行《婚姻法》规定未享有直接抚养权的父亲或母亲是探望权人之基础上，应当扩大探望权人的范围。

1. 父母作为探望权人

立法不仅应当赋予离婚的父亲或母亲享有探望权，还应赋予从无婚姻的男女对其共育的子女应享有探望权。

2. 非父母的其他亲属应享有此权

立法应当赋予非父母的其他亲属享有与其认为有密切利益关系之未成年人交往的权利。通常情形下，祖父母、外祖父母、兄弟姐妹是与未成年人交往密切的非父母亲属。赋予这些亲属探望权，有利于未成年人的健康成长。

立法承认其他亲属享有探望权，是德国、瑞士民法的共同立场。《德国民法典》第1685条规定，祖父母、外祖父母和兄弟姐妹有跟相关儿童交往的权利，但以交往有利于儿童最佳利益为限；"长期同子女在家庭的共同生活中生活的父母一方的配偶或者原配偶、同性生活伴侣或者原同性生活伴侣，以及在家庭照料中长期同子女在一起的人，亦同"。若基于子女最佳利益保护的必要，家庭法院可以就交往权的范围作出裁判，可以限制或者排除交往权或者先前关于交往权的裁判的执行。[①]《瑞士民法典》第274条规定，只有特殊情形下，为了子女利益需要，才可以限制其他人、子女的血亲与该儿童个人来往的权利。[②]

3. 未成年子女亦享有探望权

未成年子女本人应当享有探望权。对于未成年子女是否是探望权人问题，学术观点上有肯定与否定两种截然不同之认识。[③] 笔者赞同肯定观，即

---

① 《德国民法典》，陈卫佐译注，法律出版社2004年版，第431—432页。

② 第274条之一规定，"在特殊情形下，因子女的利益可限制其他人，特别是子女的血亲的个人来往的权利。前款情况，适用于有关生父母探望权利的规定"。《瑞士民法典》，殷生根译，艾棠校，法律出版社1987年版，第71—72页。

③ 肯定观认为，探望权是双向的，既是父母看望子女的权利，又是子女基于其最佳利益而应享有的权利。子女要求探视其未享有亲权行使的父亲或母亲，是基于人伦的固有权利。子女思念父母，要求接触或相聚是基本人权，不得无故加以剥夺，更不应因父母感情不睦而加以阻挠。因此，立法应当承认子女是探望权的主体。否定说主张，子女通常是无意思能力或限制行为能力之人，如果承认未成年子女享有交往权，也有事实上行使之困难，因为其向法庭请求保护时，非借由法定代理人代为申请或征得法定代理人同意而不可为之。参见戴炎辉、戴东雄、戴瑀如《亲属法》（修订版），顺清文化事业有限公司2009年版，第265页。

未成年子女有权利与其愿意交往的亲属（包括父母在内）保持正常交往。一方面，"幼年子女思念父母之心，更甚于父母关怀幼年子女之情，故不允许子女为会面权之主体，大大违背人性"。① 另一方面，现代家庭法保护未成年人，力求子女最佳利益。当亲权人妨碍未成年人与其他亲属正常交往时，享有探望权，可使未成年子女能够排除妨碍，实现其利益。

（三）中止探望权应从严

我国应当借鉴德国法相关经验，适当修正中止探望权行使之规定。德国基本法第 6 条第二项规定，"养育子女为父母自然之权利，且为其重要之义务，由国家监督其实施"。② 按照德国法实务与学说见解，照护权与会面权是两项各自独立的权利，未能行使亲权的父母，即使被停止行使照护权，也不影响其行使与子女的会面权。③ 父母与子女见面、相聚，对子女的人格发展和知识增长，通常是有积极作用的，即使该父母一方行为有失检点或涉嫌违法犯罪，只要其行为不是直接以伤害未成年子女为目的，据此剥夺其与子女见面、相聚的权利，既无必要，也有违基本人情。因此，立法未来宜作相应修正。

唯具有下列情形之一的，应当中止探望权人行使探望权：一是探望权人有或者企图对未成年子女实施伤害行为，情节严重的；二是探望权人丧失行为辨别能力而对未成年子女的人身安全造成威胁的。

四　增设抚养费给付垫付制

此处所称"扶养费"，包含夫妻相互扶养的费用，父母抚养子女的费用、子女赡养父母的费用。

无论哪一类扶养义务人，应当履行给付扶养费义务而未及时给付时，如有人愿意代为垫付扶养费的，垫付人有权向承担给付扶养费之义务人请求偿还。而不应该在父母一方独立承担了全部抚养责任后，以父母双方都有抚养子女的义务为由，不赋给予超出法定义务要求而履行父母责任的当事人追偿

---

① 戴炎辉、戴东雄、戴瑀如：《亲属法》（修订版），（台北）顺清文化事业有限公司 2009 年版，第 265 页。

② 同上书，第 264 页。

③ 同上。

之权。

设立"抚养费支付令"制度。对有经济能力支付子女抚养费而恶意不支付的,享有抚养费受领权之人有权向人民法院申请抚养费支付令。抚养费支付令是设法迫使义务人支付抚养费的措施,因为抚养费的受益人是儿童或配偶。违反抚养费支付令的义务人,人民法院可以对其采取强制措施。

五 制定儿童福利法

儿童保护,在往昔不被视为普遍性的社会问题,今天则受到社会各界共同关心和重视。工业化和都市化兴起后,传统的大家庭制度崩溃,小家庭取而代之,传统中国家庭的特质弱化。在核心家庭中,个人对家庭的依赖不如往昔紧密,脱离家庭并不危及个人生存,维系核心家庭的力量相对薄弱,更缺乏传统家庭中的种种监督、协调和牵制,夫妻关系破裂后,家中欠缺长辈或其他家庭成员来承担下一代的抚养责任。随着家庭组织解体日益增加,有部分家庭之子女沦为不幸婚姻的代罪羔羊,更有许多不成熟的父母将子女视为发泄情绪的工具,儿童成为社会变迁、家庭解体的最大受害者。如何制定并发展出一套完善的儿童保护政策,既需从长计议,又要细致无缺漏。从近些年的社会实践证明,仅仅宣布儿童享有哪些权利是远远不够的。因为没有制定切实措施保护权利实现或者制定相应程序保障权利实现,部分儿童的权利将会落空。联合国《儿童权利公约》指出,"儿童因身心尚未成熟,在其出生前和以后都需要特殊的保护和照料,包括法律上的适当保护"。[1] 为了促进儿童健康成长,应当考虑尽速制定一部专门的儿童福利法,对保护儿童作出完备的法律规定,使儿童在各个方面都享受到优惠。

(一) 儿童福利法的主要内容

1. 救助是儿童福利保障的底线

儿童群体可以区分为孤儿、困境儿童、困境家庭儿童、普通儿童等不同类型群体。应当视儿童情形不同,按不同标准,为儿童提供差异化福利保障待遇,重点保障困境儿童。

当父母或家庭无力承担全部养育责任时,儿童救助是国家承担的责任。

---

[1] *UN Convention on the Rights of the Child*, 1989.

2. 保障健康、医疗服务是儿童福利的核心

儿童是最弱的群体，立法者在考虑医疗保障时理当优先考虑保护儿童。

从婴儿在母体中孕育开始，享受免费的定期检查。孩子出生时，应当给予一定金额的临时生产补助金，并每月向其颁发适当金额的儿童补助。

将儿童纳入医疗保险对象，使其接受医疗服务时，在一定额度内能够享受医疗保险付费。超出规定付费上限，才由家庭按比例承担。

3. 保障儿童受教育权

学前教育，是社会福利制度的重要一环，应当将其纳入公立教育体系。凡居住人口在 2000 人以上的住宅小区，应当开办幼儿园，接受 2—5 岁幼童入园。根据幼儿年龄，分设小、中、大班，分别接收 2—3 岁、3—4 岁、5—6 岁幼儿。幼托机构的服务，不仅培养幼童养成良好生活习惯、独立习惯、与人合作精神，而且减轻在职父母亲照管幼儿的负担。应当为身体残疾、智力残障、聋哑幼儿开设特殊托幼班或园所。从幼儿园毕业后，升入相衔接的小学。

保障儿童接受义务教育的权利。解决残疾儿童进入普通学校存在的困难，保障残疾儿童接受义务教育的权利。

4. 文化娱乐是儿童福利的重要内容

将儿童文化娱乐纳入当地政府制定的文化事业发展规划。儿童处在长身体、长知识的阶段，以及人生观、世界观正在形成的过程中。他们求知欲强，对新鲜的赏心悦目的东西特别感兴趣，最容易受到形象的直观对象和活动方式的影响。文化娱乐对于丰富、满足儿童精神生活极为重要。除了加强对儿童进出一般社会文化娱乐场所的管理外，更应重视建设专门面向儿童的文化娱乐服务的供给。

应当鼓励出版更多适合儿童的读物。建立更多科普博物馆、儿童图书馆。建设儿童娱乐中心、儿童游乐园。公立影院应当定期放映适合儿童观看的优秀电影，并对儿童实行优惠价格。鼓励文艺团体更多编排公演儿童剧目。

（二）增设评估儿童利益的专业评估机构

涉及儿童的诉讼应引入专业社工人员之评估与建议。周延的程序设计，是实现实质正义的必要条件。有关未成年子女人格发展、心理成长、学业改善等需要，在司法程序中，有赖上述社工专业之访视及判断，作为法院裁判

的重要依据。

法院作决定之前，应命令主管机关或其他社会福利机构进行访视，提出调查报告及建议。申请人或利害关系人有权提出相关资料或证据，供法院斟酌。专业社工人员协助，将有助于法院作出更符合受监护人最佳利益的判断。

在司法程序中，赋予社工专业人员适当地位。法院除应命主管机关或其他社会福利机构进行访视并提出调查报告及建议外，若日后裁判结果与当地社会福利主管机关或其他社会福利机构建议不同，应在判决书中说明理由，以求裁判结果尽可能合乎未成年子女的最佳利益。

（三）设立儿童保护局

儿童在家庭中受到暴力伤害，如果没有家庭以外的力量介入，很难避免受到进一步伤害。借鉴英国经验，赋予地方适当部门及时干预家庭暴力或者可能发生的家庭暴力，对于保护儿童安全和利益，实在大有益处。鉴于我国目前尚无特别适合的对口部门，可以考虑在地方政府中设立青少年保护局，履行相应职责。

有必要设立专职未成年人权益的保护监督机构。要及时发现未成年人利益受损的问题，能够及时启动纠偏或制裁机制，就需要依赖公法性质的机构。未成年人受到家庭成员侵权时，由于自身对家庭或父母的生活依赖，未成年人往往难以理直气壮地主张权利，或碍于亲情不愿寻求外界帮助，致使父母或监护人的失职没有及时得到纠正，发生在家庭内部的针对未成年家庭成员的违法犯罪行为没有被及时制止，严重伤害了未成年人利益。尽管在现行法律框架下，政府职能部门、妇女联合会、共青团等机构都负有保护未成年人的法律职责，但是，的确存在"大家都管，大家都没有真正管"的扯皮现象。建议在政府部门中增设专司未成年人权益保护的行政机构，监督和帮助父母等监护人履行职责，必要时有权提起诉讼，指控父母或请求剥夺滥用权或怠于行使权利的父母对未成年子女的权利。

总之，儿童是国家的未来，优先保护儿童，不仅使儿童群体受益，家庭受益，而且整个社会和民族都将从中获益。

第十四章

婚姻自由将走向何处

婚姻是规制人类两性关系的基本制度。怎样认识和对待婚姻，取决于我们如何认识和处理个体自由与社会秩序之间的关系。

第一节 婚姻与自由的关系

一 婚姻是什么

将婚姻界定为何，取决于对婚姻目的之定位。不同社会发展阶段上，人类对婚姻目的之定位不同，故滋生出不同的婚姻观。诚如马克思所言，"在生产、交换和消费发展的一定阶段上，就会有一定的社会制度，一定的家庭、等级或阶级组织"。[①] 在古代社会，婚姻是以宗族、家族或父母为本位，故婚姻当事人本人的意愿无关紧要；近代以来，则以男女个体本人相互结合为目的，故结婚须自主，离婚亦然。[②] 自从接受了西方近代以来的婚姻观，我国婚姻立法就完全否定以往包办婚姻，承认婚姻自主、自由。

（一）婚姻是性结合制度

婚姻是什么？婚姻是个体同居互助共同生活的社会基本制度。芬兰人类学家 E. A. 韦斯特马克提出，婚姻通常是被用以表示一种社会制度的术语，它是指得到习俗或法律承认的男女相结合的关系，包括他们在婚配期间相互具有的，以及对所生子女负有的权利和义务。同时，婚姻不仅仅是男女之间

[①] 《马克思恩格斯全集》第 27 卷，人民出版社 1956 年版，第 477 页。
[②] 参见戴炎辉、戴东雄、戴瑀如《亲属法》（修订版），（台北）顺清文化事业有限公司 2009 年版，第 42—43 页。

的性关系，它还是从各方面影响到双方财产权的经济制度。[①]

从人类社会实践观察，婚姻中被韦斯特马克挑选出来用作定义之用的两个核心要点，从古到今并未改变。在古代，婚姻不仅仅是规定男女性关系，而且规定在可能和需要范围内，丈夫有责任供养妻儿；而妻儿有义务听从丈夫或父亲，为其做事。在现代社会，夫妻有相互扶养义务，父母对子女有平等的抚养教育责任。尽管20世纪80年代以来，法律承认的性结合之主体，不仅包括异性，而且包括同性，但是，该制度作为性结合制度的定位，并未改变；相互结合的当事人之间必然发生一定的经济利益联系。婚姻是社会的基本结构性制度之一，人类对婚姻仍有极大的依赖性，未有其他制度可取代。这就是为什么各国宪法将婚姻作为其基本价值或制度予以保护的原因。

（二）自由婚姻观：反封建包办强迫婚姻的利器

我国婚姻立法在接受和承认婚姻自主自由之初，并未十分清楚地确认婚姻究竟是什么。1804年《拿破仑法典》开始，婚姻被宣称为民事契约，但是，民事契约理论只是解释了人们怎样缔结婚姻，而没有解释婚姻本身是什么。

婚姻契约观是反对封建包办强制缔结婚姻的工具或武器。在封建包办强迫婚姻制度下，当事人的意愿未得到承认和尊重，婚姻契约论强调当事人本人才有权缔结契约，知晓与什么人缔结婚姻契约是合适的。契约论强调缔结婚姻契约的行为本身，似乎并未触及婚姻本质。

在自由婚姻之下，婚姻仍旧是性结合制度，依然与经济发生一定的联系。所不同的，只是当事人双方的感受和满足得到了尊重。

二 婚姻自由的价值之规律性

（一）婚姻自由观的由来和基础

婚姻自由是欧洲国家的资产阶级在反封建婚姻制度过程中提出来的。资产阶级倡导平等、自由的价值观。自由是指公民"做法律所许可的一切事情

[①] ［芬兰］E. A. 韦斯特马克：《人类婚姻史》第1卷，李彬、李毅夫、欧阳觉亚译，刘宇、李坚尚、李毅夫校，商务印书馆2002年版，第33页。

的权利","仅仅是做应该想做的事和不被强迫做不应该想做的事"。① 在资产阶级革命取得成功后的西方国家,平等、自由观念大为盛行。与资产阶级主张自由、平等、民主相适应,要求婚姻自由的斗争发端于基督教的宗教改革运动。② 恩格斯曾指出,"自路德和加尔文的宗教改革以来,就牢固地确立了一个原则,即一个人只有在他握有意志的完全自由去行动时,他才能对他的这些行为负完全的责任"。③ 婚姻也是如此。

婚姻自由,作为价值观早在18世纪已经确立,而作为法律原则,则是在19世纪初才被宣告确立。1755年出版的《自然法典》中,法国著名思想家摩莱里在其设计的婚姻法中就明确拟定了婚姻自由条款,"每个青年选择自己心爱的姑娘;经姑娘同意后,即可结婚","结婚以后,十年之内不得离婚;十年以后,可以根据双方同意或单方请求准予离婚"。④ 威廉·布莱克斯通在1762年出版的英国法巨著《英国法释义》清晰明白地表达了英国法律"仅将婚姻看成一种民事契约"的观点,"从民事行为的角度来看待婚姻时,法律将婚姻关系与其他所有的契约关系同等对待。只有在签订契约时双方首先是出于自愿;其次,双方均有资格立约;最后,双方确实按照法律要求的适当形式及正式仪式签约,则法律就承认该契约正当而有效"。⑤ 1791年《法国宪章》第7条规定,"法律视婚姻仅为民事契约"。1804年《拿破仑法典》第146条规定,"未经合意不得成立婚姻"。从此以后,资产阶级经革命在越来越多的国家建立自己的政权并制定其法律,婚姻自由成了资本主义国家普遍承认的一项原则。

资产阶级的婚姻自由原则,是以契约自由说为其理论基础的。按照此观点,婚姻自由是契约自由的一种特殊形式。康德认为,婚姻契约只能基于当事人的自由意思,依双方的合意而成立;夫妻之间的一切权利和义务,都是根据这种契约的法律效力而产生的。恩格斯评析说,"按照资产阶级的理解,

---

① [法]孟德斯鸠:《论法的精神》,许明龙译,商务印书馆2007年版,第166页。
② 杨大文:《论婚姻自由》,中国婚姻家庭研究会编《婚姻家庭文集》,法律出版社1984年版,第89页。
③ 《马克思恩格斯全集》第21卷,人民出版社1985年版,第93页。
④ [法]摩莱里:《自然法典》,黄建华、姜亚洲译,商务印书馆1985年版,第122—123页。
⑤ [英]威廉·布莱克斯通:《英国法释义》第1卷,游云庭、缪苗译,上海人民出版社2006年版,第483页。

婚姻是一种契约，是一种法律行为，而且是一种最重要的法律行为，因为它决定了两个人终身的肉体和精神的命运"。①

人类从古代社会进入近代社会以后，实现了从反对包办强迫婚姻，到承认和保护婚姻自由的价值观转换。几乎所有国家和地区均实行婚姻自由、男女平等的婚姻制度。实行自由婚姻，是紧跟在废除包办强迫婚姻之后的婚姻阶段。那么，经历了 200 余年自由婚姻之后，未来将会怎样呢？或者说，人类在两性结合制度上还将有怎样的新突破或者新转折呢？

(二) 婚姻制度的基石是自由吗

近代社会以来，个体自由被置于至高无上的地位，自由与正义一起，构成法律的基石。这似乎不容置疑，自由也成为婚姻的基石。如果说结婚须基于当事人自愿，任何人不得强迫他人结婚，自由是结婚自由的基石，那么，同样可以说，自由是离婚自由的基石吗？20 世纪 60 年代以后，无责离婚主义取代有责离婚主义的离婚法改革潮流，使得破裂主义离婚标准流行于世。"婚姻关系无可挽回地破裂"或不堪继续共同生活成为许多国家或地区离婚法的语言，离婚仅仅是对已经破裂的婚姻关系的确认，而不考虑当事人过错，"对离婚行为的道德评价向道德中立转变"。② 从这种"想离婚就能离婚"的离婚立法价值观判断，个体自由已然成为离婚自由的核心价值。

有鉴于此，立法者必须考虑，"离婚制度的人性化是否仅指离婚自由，自由是否是法律正义的全部？""自由离婚主义只关注了婚姻当事人，甚至是一方的感受，它使得婚姻关系的解除过于简单"，③ 因为婚姻当事人双方在婚姻中的付出或贡献不尽相同，他们各自期待获得的回报也有时间差异。当一方坚决要求离婚时就准许离婚，没有充分考虑无生活来源或经济收入微薄却对婚姻有重大贡献的配偶一方之利益，其结果可能"造成了新的不公平"。④

有学者预言，"自由离婚主义的发展趋势不会是走向无限制的自由，而应当是逐渐从追求离婚自由发展到在保障离婚自由的前提下支持婚姻制度的

---

① 《马克思恩格斯全集》第 21 卷，第 93 页。
② 夏吟兰：《离婚自由与限制论》，中国政法大学出版社 2007 年版，第 27 页。
③ 同上书，第 3、30 页。
④ 同上。

回归；从追求离婚程序的快捷简化发展到离婚程序的严谨科学化；从忽视离婚关系中的儿童利益，发展到充分考虑儿童权益，实现儿童利益优先……全面保障当事人利益"。①

（三）人类将从哪些方面突破现行婚姻制度

法律怎样处理自由与秩序之间的关系，决定了婚姻自由的基本走势。当代社会，公共政策承认人与人之间的平等、独立、自由。贯彻到婚姻关系中，强调婚姻当事人之间的平等、独立和自由。

从20世纪80年代以来人类两性关系的实践观察，婚姻自由的突破体现在两个方面：一是结合形式的创新；二是当事人主体资格的变化。

已有越来越多的国家承认非婚同居作为两性结合的法律制度。如前所述，非婚同居合法化、制度化之后，尽管其与婚姻并行，并未被称为婚姻或未被纳入婚姻制度之内，但其结构、法律效力均与婚姻相同，实质上是婚姻制度的另一种形式。

越来越多的国家承认同性性结合的法律地位。同性之间的性结合被有些国家或地区的公共政策接受，并受到法律保护，无论同性结合是被视为非婚同居或者赋予婚姻的地位，它都突破了传统婚姻制度对于当事人资格的性别限制。颠覆了几千年来人类固有的性结合须以性别差异为基础的价值观。从价值观的大变革角度观察，人类近代以来的价值观的更新，唯有"人的发现"可以与承认同性性结合之突破（创新）相比。

（四）法律价值的可选择性

在当代社会，法律对婚姻关系的强制干预应主要体现在保障主体人格独立、平等，保障当事人意志自由，缔结婚姻关系不违反公序良俗；保障在婚姻关系破裂时当事人能够从中"退出"；保障当事人"退出"婚姻关系时合理、公平地分配利益（财产分割）和分担责任（子女抚育），减少婚姻关系的解除对利害关系人（如子女）造成的损害。同时，对于婚内生活事务，包括财产的管理和使用、家务分配、夫妻关系的发展、性生活协调等，法律也须作原则性规定，既起到引导当事人建设平等文明婚姻关系的作用，又在当事人产生纠纷、诉诸法律的时候为司法裁判提供依据。

---

① 夏吟兰：《离婚自由与限制论》，中国政法大学出版社2007年版，第32页。

三 婚姻自由是否存在"边界"

自由不等于不受约束，婚姻自由存在"边界"或底线，本是不容置疑的。不过，随着人权保护运动的发展，人权已成为人类社会最基本的价值观，个体自由、性自由受人权观影响，性结合模式在当代发生了极大变化。婚姻自由受此影响，似乎也在发生着某种不确定的变化。

（一）个体自由与婚姻自由

婚姻自由以个体自由为基础，是实现个体自由的方式之一。基于对人本身的尊重，允许个体自主决定其自身事务。婚姻自由也包含其中。

最自由的婚姻也是约束，不可能满足个体全部的需求。只要是制度，就有禁忌。婚姻作为一项基本制度，同样设立了诸多限制。实行个体婚姻，不允许多偶制；要求性关系限制在合法婚姻之内，不得有婚外性交；夫妻之间应当相互扶养，禁止遗弃或虐待，等等。

个体渴望自由无限与婚姻自由有限。个体对自由的渴求是无止境的，而婚姻自由是一个历史范畴。婚姻自由，如前所述，是反对封建包办强迫等不自由婚姻过程中提出来的主张，其针对性否定包办强迫婚姻。而到了当代，包办强迫婚姻已被扫入历史垃圾桶，婚姻自由的价值更多地基于个体自由之需。

（二）人权的多样性与生活方式选择权

如果说婚姻是多数人尊重并接受的价值观和生活方式，那么异性相互结合的传统婚姻就是这种价值观的载体。

也有少数人接受并选择非婚同居，而且这些人数量越来越多。

人性具有个性和社会性两方面，大多数人所具有的个人动机和社会动机是辩证地互动作用的，对极端的个人化行为或社会化行为难以接受或施加限制。"一个信奉个人主义的社会便可能通过典范和教育去引导个人成为自主、自立和自我实现的存在；而一个倡导集体主义的社会则可以试图塑造人们，使他们成为整个社会的从属部分并促使他们把精力首先奉献给共同目标的实现"。"一个社会有可能尽其全力去促进人们追求个人幸福、鼓励意志坚强的竞争和道德上的自我决策；另一个社会则可能强调共同目标的追求、合作态度的培养和集体道德的严格遵守"。①

（三）个体自由是否有底线与婚姻自由是否存在"边界"

历史发展到当代，不得不思考这个问题：个体自由是否有底线？婚姻自由是否存在"边界"？个体对解放、自由的追求，不断地推动公共政策承认、保护更多非婚的两性结合模式，非婚同居、同性结合。

个体自由肯定是有底线的，其最大底线就是人类社会生存。这种社会生存就是以各种人与人之间的各种类型的社会关系结构而成的。纯粹的单一个体孤独地隔绝于他人，该人应是称不上"社会人"了。18世纪法国著名思想家摩莱里就指出：

> 当我们孤立无援的时候，我们的需要总是稍微大于我们的力量，要满足这些需要，就得经受困顿和劳累……使我们懂得必须依靠援助，并启发我们热爱协助我们的一切。由此，我们厌恶自弃和孤独，我们喜欢强大的联合体——社会——带来的快乐和好处。②
>
> 人类各个成员的这种依存关系及其各种各样的自然关系既不意味着缺乏自由，也不意味着过分拘束，这正如生物体的各种器官相互联结和依存并不意味着缺乏力量一样。恰恰相反，这种结合，这种联系，增加并促进公民自由的力量，而且还排除障碍；如果我们的软弱无力和我们的自然弱点得不到援助，那就会不断遇到这种障碍。简而言之，这种依存关系有助于一切能促进我们的自我保全、福利和自由的东西。③

个体之间的关系，诚如人类社会存在，均须以一定秩序为基础和依存。摩莱里说得好：

> 如果把自由理解成绝对排除人与人之间的任何关系的一种完全的独立，那末，我要说这种自由就会成为完全放任自流的状态。在这种情况

---

① ［美］埃德加·博登海默：《法理学：法律哲学与法律方法》，邓正来译，中国政法大学出版社1999年版，作者致中文版前言，第8页。
② ［法］摩莱里：《自然法典》，黄建华、姜亚洲译，商务印书馆1985年版，第23—24页。
③ 同上书，第60页。

下，人们就会像草木一样孤独地生活着；这样，也就不再会有社会。①

婚姻自由作为婚姻制度的基本价值，不可能没有边界。人类婚姻的边界，从前是异性结合、缔结婚姻、配偶数量控制（从多偶到单偶）；到了近代社会，婚姻仍是异性结合，当事人有自主自决权、离婚自由；到了当代社会，性结合仅限于异性之间的价值观被突破了，婚姻的形式也与非婚同居并行了。婚姻自由还在发展，未来到底会发展到何种更高阶段呢？西方社会的婚姻实践应该会给我们重要启示，因为人类婚姻制度行走的路线图基本是一致的。

第二节　结婚自由将走向何处

婚姻自由实施到今天，其未来走向非常值得关注。结婚自由将会怎样发展？结婚将会自由到何种程度？

一　作为人权的结婚权

一系列国际或地区性宪章和条约要求相关国家和地区修改其国内法，以保障每一位公民都有权利缔结婚姻，享有家庭生活。《世界人权宣言》第16条规定，"成年男女，不受种族、国籍或宗教的任何限制，有权结婚和成立家庭，他们在缔结婚姻、婚姻存续期间和解除婚姻时，应享有平等权利"。在欧洲，结婚是一项宪法权利。"《欧洲人权宪章》把保护个体的自由权、婚姻权、组建家庭权等个体权利和个体生活作为其目标，它也要求尊重个体自己的私人生活和家庭生活"。② 在英联邦国家，"从2000年10月起，任何年龄的人，包括儿童，都可以在英联邦任何地方的国内法庭提起申请，以该法律忽视了《欧洲人权宪章》所赋予的权利为由挑战现行法"。③《欧洲保护人权和基本自由公约》第12条规定，"已居家适婚年龄的男女，在有关此项

---

① ［法］摩莱里：《自然法典》，黄建华、姜亚洲译，商务印书馆1985年版，第59页。
② Jane Fortin, Children's Rights and International Developing Law, 2nd edition, Lexis Nexis UK, London, 2003, p. 50.
③ Ibid., p. 52.

权利的国家法律监管下,有权结婚和建立家庭"。

在美国,联邦最高法院强调结婚是一项基本人权。[1] 1942年,美国法官道格拉斯认定,"结婚和生育都是人类的基本民事权利"。[2] 1967年,在拉文(Lovin)案件中,针对弗吉尼亚州结婚条例试图维持种族歧视,美国联邦最高法院以该州的做法与宪法第14修正案相抵触为由,确认个体权利应当优先。该重要判例确认的反歧视和个体权利优先的思想在此后产生了广泛影响。在扎布洛基(Zablocki)案件中,美国联邦最高法院废止了威斯康星州禁止向不完全履行抚养义务的人签发结婚许可的法律。而在特纳(Turner)案件中,联邦最高法院裁定囚犯有结婚的权利,[3]尽管并非所有法官都赞同结婚属于宪法权利的观点和做法[4]。

二 结婚自由权:是否结婚之选择权

结婚自由权,是否应当包括不结婚权呢?以往立法赋予结婚自由权,旨在强调公民有权自主地决定与谁结婚。然而,近些年来,主动选择不结婚的人越来越多。这就引人思考:不结婚是不是一项独立权利?

三 结婚自由权:与谁结婚之决定权

传统上,结婚自由被解释为选择与谁结婚,是当事人的自主自决权。这里的"谁",是专指异性,不包括同性之人。但是,随着自由的发展,20世纪40年代以来,关于性结合的对象仅限于异性的公认基本价值观受到了极大挑战。20世纪80年代以来,从丹麦率先承认同性结合合法开始,越来越多的国家和地区的法律承认同性结合,荷兰、加拿大等国更是实施同性婚姻法。

承认同性结合是人类婚姻自由发展中的一个新阶段。21世纪初,越来越多的具有不同文化传统的国家和地区法律承认和保护同性结合的事实已经

---

[1] Harry D. Krause, *Family Law*, 3rd ed., 法律出版社1999年版,第3页。
[2] 同上书,第19页。
[3] 同上书,第20页。
[4] 例如,美国犹太州最高法院法官亨里厄德(Henriod)就不赞同美国联邦最高法院保障结婚自由不受任何限制的立场。参见 Harry D. Krause, *Family Law*, 3rd ed., 法律出版社1999年版,第41—42页。

表明，同性结合是近代社会个人自由运动发展中的一个新时期。在追求平等、反对歧视的原则下，谁能说同性结合只是少数国家公共政策的选择呢？事实上，已经没有公共政策批评同性结合了。个体发表否定、责难同性性倾向的观点，都将受到更多批判。这种社会舆论场本身就说明了公众对这个问题的立场。

在亚洲，迄今尚未有国家和地区的婚姻家庭法宣布承认同性结合，但是，诸多学术研究和调查结果表明，民众对同性结合持越来越宽容的心态，接受度越来越高。从这个角度看，公共政策拒绝接纳更自由的结婚权利观将面临更大困难；婚姻家庭法未来将面临为之改革的压力。

四 结婚权与隐私权

（一）个体健康信息保护与配偶利益保护

自从 2003 年《婚姻登记条例》将婚前健康检查由强制改为自愿以来，将个体健康信息作为隐私予以保护，在某些情形下，申请结婚的当事人双方之间利益产生了一定冲突。一方是否有权在婚前获知对方的健康信息呢？

（二）个体婚否信息与第三人利益保护

根据国务院《艾滋病防治条例》[①] 第 39 条第 2 款规定，"未经本人或者其监护人同意，任何单位或者个人不得公开艾滋病病毒感染者、艾滋病病人及其家属的姓名、住址、工作单位、肖像、病史资料以及其他可能推断出其具体身份的信息"。任何人不得泄露艾滋病人或艾滋病毒携带者的健康信息。

（三）个体婚姻信息与公共利益

公民已婚的信息，是否与公共利益有关，这显然取决于该公民所从事的职业或所承担的工作任务。

五 法定结婚程序之完善

为引导当事人慎重对待结婚，避免重婚或婚姻欺诈，现行结婚程序宜作适当修正补充。

[①]《艾滋病防治条例》由时任国务院总理温家宝签署的国务院第 457 号令，于 2006 年 1 月 29 日公布，同年 3 月 1 日实施。

（一）增设结婚公告程序

当事人提交结婚申请后，在举行结婚仪式之前，应当发布结婚公告。

结婚公告应当写明拟结婚的当事人双方之姓名、职业、住所、居住地、拟举行结婚仪式的地点。结婚公告应当张贴在结婚地、拟结婚的当事人各自的住所地。没有住所地的，应当张贴在当事人各自居住地的市政厅门口。结婚公告期限为十日，不包括张贴当日。在此期限届满之前中断公告张贴的，应当在公告中事先载明。结婚公告仅在当年内有效。自公告之日起，如拟结婚的当事人在当年未举行结婚仪式的，须重新发布结婚公告后方能举行婚礼。

允许结婚异议。[①] 有权提出结婚异议的人，包括拟结婚当事人、当事人的父母、祖父母或外祖父母，当事人的兄、弟、姐、妹、叔、伯、舅父、舅母、姑母、姨母、嫡堂兄弟姐妹、表兄弟姐妹，以及其他相关人员。异议应当以书面形式表示，写明异议人主张结婚异议的事实、理由及法律依据。异议人须签字确认。

对结婚异议的，在户籍官员收到异议人向其提交的撤销异议的决定之前，不得为当事人主持结婚仪式。婚姻登记机关应当在异议提出后十日内作出决定。异议人不服的，可以提起行政复议，对行政复议决定不服的，还可以向法院提起行政诉讼。

为防止无正当理由随意异议他人的结婚申请，如果异议被驳回，可以判定异议人承担适当损害赔偿责任。

（二）举行婚礼

鉴于我国的婚俗，多数当事人结婚都会举行婚礼，既是亲友见证、庆贺新人结婚，又是对其结婚进行广而告之，未来立法应当考虑统一设定举行结婚仪式的要求。

结婚仪式应当在拟结婚当事人一方住所地或者自结婚公告之日起已连续居住一个月以上的住所地举行。但是，遇有严重障碍或情况紧急的，结婚当事人可以请求婚姻登记官员到一方住所为其主持结婚仪式。

举行结婚仪式，应要求有 2 名以上证人在场作证，应由户籍官员向拟结

[①] 此处借鉴了《法国民法典》第 66 条至第 69 条、第 172 条至第 179 条的规定。

婚的当事人双方宣读《婚姻法》关于结婚条件、夫妻权利和义务的条款。由婚姻登记人员当场宣布其结婚合法有效。

第三节 离婚自由将走向何处

夫妻发生离婚，应包含有三种情形：一是夫妻双方共同要求离婚；二是夫妻一方提出离婚，另一方同意或接受离婚；三是配偶一方提出离婚，另一方坚决不同意离婚。对于不同的离婚情形，离婚立法应当作不同评判，给予不同待遇。对于夫妻双方都同意的离婚，可以放宽批准离婚条件；而对于夫妻一方主张的离婚，立法应当设置较为苛严的批准，以维持请求离婚一方与不同意离婚配偶一方之间的利益平衡。

一 离婚请求权与离婚自由度：离婚事由立法主义之争

婚姻作为两性结合的法律制度，配偶一方的过错是破坏夫妻之间良好关系的主要因素，是解除婚姻的最主要理由。《婚姻法修正案》关于准予离婚的具体情形规定，较之婚姻法原规定更客观合理，但也引发有关主义之争论。

最高人民法院有关适用1980年《婚姻法》第25条的司法解释所规定可视为夫妻感情破裂应准予离婚之十四种情形，其中有多种情形不属于感情破裂或者离婚问题。现行离婚标准将不属于夫妻感情破裂甚至根本不是离婚问题的情形，合理地排除在离婚标准之外，而将其纳入新建立的婚姻无效制度加以解决。将原规定中涉及感情破裂的某些具体情形融入"其他导致感情破裂的情形"之中。导致感情破裂的具体情形不可能列举穷尽，法律只能强调常见的导致感情破裂的情形，并将其单列出来。现行标准规定的五类情形的内涵较之旧标准丰富。新标准列举的每一种情形之中包含了若干种不同的具体情形，凡是原标准中包含的导致感情破裂的情形，新标准仍保留其内容。从标准掌握宽严程度看，新标准较好地坚持了保障离婚自由和反对轻率离婚的指导思想，离婚较过去容易。离婚自由是公民享有的基本权利之一，部分人在婚姻法修改时担心新法会加大离婚难度，甚至认为实施中的《婚姻法修正案》在离婚标准上确实加大了离婚难度。笔者以为，认为新离婚标准加大了离婚难度的观点是不符合事实的。

《婚姻法修正案》第32条规定的离婚理由立法，实行过错主义与无过错主义相结合的混合主义。最高法院关于"不应当因当事人有过错而判决不准离婚"的解释，并不意味着当事人积极自证其错，就一定可以获准离婚。如果原告自证其错，就可以当然获准离婚，法院可能成为使违法行为合法化的场所，严重损害婚姻作为一种法律制度之存在。我国法定离婚理由立法演变表明，我国离婚法未采用纯粹无过错离婚主义的价值观。主要工业化国家婚姻法关于离婚理由的规定，多数仍与过错有关，而且其立法对于过错在原被告之间的分配有明显的不同法律效果，较充分地体现了法律公平。有必要进一步完善我国离婚理由立法，鼓励夫妻和好，增设法定离婚事由的抗辩，建立对不同意离婚权的救济机制，健全离婚损害赔偿，以避免无过错离婚的矫枉过正，更好地体现法律公正、公平的价值。

2001年《婚姻法修正案》第32条规定的法定离婚理由，在立法原则上，属于过错离婚主义还是无过错离婚主义，抑或是过错离婚主义与无过错离婚主义之混合？法学界有不同认识。按照通说观点，从1980年《婚姻法》原第25条以夫妻感情破裂作为准予或不准予离婚的原则界限以来，到2001年《婚姻法修正案》第32条对离婚法定事由的规定，为无过错离婚立法。有观点甚至解释我国离婚理由立法上采纳了彻底的婚姻破裂原则。[①] 但也有观点主张，我国现行离婚立法"增设了过错离婚原则"。[②] 还有研究认为我国离婚理由立法是以破裂主义为主，兼采过错主义和目的主义，在破裂主义中导入了过错主义因素并兼采目的主义的离婚理由。那么，我国现行法定离婚理由立法，立法本意是什么？适用效果如何？什么样的离婚理由立法主义，既能符合立法改进的需求，又能积极引导婚姻从善呢？法定离婚理由立法是否有进一步改善的必要？笔者认为，现行离婚理由立法的价值取向，尚值得讨论。

（一）观点之一：现行法定离婚理由是纯粹的无过错立法主义

过错是不法行为人实施不法行为时的主观心理状态，反映了社会对个体行为的非道德性、反社会性之价值评价。过错标志着行为人在实施其行为时

---

① 王洪：《婚姻家庭法》，法律出版社2003年版，第176页。
② 巫昌祯主编：《婚姻法执行状况调查》，中央文献出版社2004年版，第194页。

对他人正当利益、社会利益的轻慢，对本人所负担之义务和公共生活行为准则的漠视。婚姻法上的过错，是指婚姻当事人一方故意违反婚姻义务的心理状态及其结果。《婚姻法修正案》第 32 条规定，"男女一方要求离婚的，可由有关部门进行调解或直接向人民法院提出离婚诉讼。人民法院审理离婚案件，应当进行调解；如感情确已破裂，调解无效，应准予离婚。有下列情形之一，调解无效的，应准予离婚：（一）重婚或有配偶者与他人同居的；（二）实施家庭暴力或虐待、遗弃家庭成员的；（三）有赌博、吸毒等恶习屡教不改的；（四）因感情不和分居满二年的；（五）其他导致夫妻感情破裂的情形。一方被宣告失踪，另一方提出离婚诉讼的，应准予离婚"。

1. 条文用语文义：不强调过错

从第 32 条规定文字表述看，似乎可以推断现行离婚法实行无过错离婚原则。第一，婚姻当事人任何一方，均有权要求离婚，可以"直接向人民法院提出离婚诉讼"。如果是过错离婚法，只有无过错当事人才有权以对方有过错为由诉请离婚，过错当事人本人不得请求离婚。第二，夫妻感情确已破裂作为判决离婚的原则标准，没有涉及"过错"。法条强调"感情确已破裂，调解无效，应准予离婚"，至于何种原因导致感情破裂，法律没有明文强调。而事实上，造成感情破裂的原因，包括过错和无过错两种不同情形。第三，在第 3 款规定调解无效时，法定准许离婚的情形中，没有限定"一方具有下列情形之一，另一方请求离婚的，应予准许"。第四，第 32 条第 4 款规定，明显体现无过错离婚立法观点。一方被宣告失踪的，直接准许另一方离婚要求，直接明了，不拖泥带水。

2. 立法实行绝对离婚主义

从 1980 年《婚姻法》以来，我国法定离婚理由立法，实行绝对离婚主义，而非相对离婚理由主义。实行绝对离婚主义，是指只要原告举证证明其婚姻关系中发生法定离婚事项之一项或多项，法官就必须作出准许离婚的判决，不享有自由裁量权。相对离婚理由主义，是指当事人要求离婚必须具备法定离婚理由之事实中的一项或多项，但是，是否准予离婚，还须考虑婚姻其他因素，即使夫妻感情确已破裂，必要时，法官仍可以判决不准离婚。我国《婚姻法》第 32 条第 3 款规定，"有下列情形之一，调解无效的，应准予离婚"。从条款的逻辑看，这是绝对离婚理由主义立法。只要当事人证明法定离婚理由之存在，就同时证明了夫妻感情确已破裂，不论原告是否具有法定过错情形，法院均只能批准原告离婚。

3. 司法解释：有责配偶的离婚请求权和胜诉权不受限制

最高人民法院相关司法文件明文解释第32条规定为无过错离婚主义。《最高人民法院关于适用〈中华人民共和国婚姻法〉若干问题的解释（一）》（以下简称《适用〈婚姻法〉解释一》）第22条规定，人民法院审理离婚案件，符合第32条第2款规定"应准予离婚"情形的，"不应当因当事人有过错而判决不准离婚"。据此，原告有过错，不能成为限制其离婚胜诉的因素，这是典型的无过错离婚主义。夫妻双方无论对婚姻的破裂是否负有责任，都平等地享有离婚请求权。按照这一司法解释，不仅有责配偶的离婚请求权不受限制，其胜诉权同样不受限制，只要当事人具备《婚姻法》第32条第3款规定的法定事由之一，就应当准许离婚；因为原告有过错而判决驳回其离婚申请，是违背最高法院"意旨"的裁判。

4. 感情破裂准许离婚符合婚姻共同体当事人各方利益

当夫妻之间感情消失殆尽，家庭危机难以扭转时，如果不准离婚，强制婚姻当事人双方继续共同生活，不仅对原告是折磨，对不愿意离婚的被告而言，"留人不留心"的婚姻，也不会为其带来满足，而且原被告双方均失去了开始新生活的机会。

按照这种观点，我国离婚理由实行无过错主义，是现阶段离婚立法的最优选择，对婚姻当事人双方都是公平的。

（二）观点之二：现行法定离婚理由立法是采过错和无过错相结合之混合主义

1. 不论什么立法主义，在多数情形下，配偶一方过错是最常见的离婚事由，无过错离婚之下离婚事由与过错离婚惊人地相似。

无过错离婚是婚姻可以在欠缺传统过错理由的情形下，被判定已经"死亡"，从而准许夫妻一方单方面的离婚要求。这就使得立法和司法必然回答下列三个问题：什么是夫妻感情破裂？怎样才能证明夫妻感情破裂？法庭如何检验当事人的婚姻是否已经死亡？从理论上分析，只有下列三种可能性：（1）婚姻当事人双方都明确表示夫妻感情已经破裂，双方合意离婚；（2）夫妻一方明确表示，他或她认为夫妻感情已经破裂，单方坚决要求离婚；

（3）有基于客观标准的事实证据说明夫妻感情已经破裂。对于第一种情形，尽管双方同意离婚不能绝对证明夫妻感情一定已经破裂，因为当事人串谋离婚的可能性存在，不过，绝大多数时候，可以证明夫妻感情破裂。对于第二种情形，单方坚决要求离婚，当然不能直接等于夫妻感情破裂，其所称夫妻感情破裂仍需要证据证明。这就与第三种情形相近。哪些事实可以证明夫妻感情已经破裂，且不可挽回了呢？从《婚姻法》第32条第3款规定看，重婚、配偶与他人同居、家庭暴力、虐待、遗弃、分居满二年，是可以说明夫妻感情破裂的六项事实。这六项事实中有五项就是过错，非过错事实只有一项。"其他导致夫妻感情破裂的情形"是哪些呢？通奸、配偶患严重疾病、配偶因犯罪被判刑、严重性格不合、重大价值观分歧是常见的其他导致夫妻感情破裂的情形。当然，还会有其他情形。婚姻个体差异大，在某些个体关系中可以勉强接受的因素，在另一些敏感或者比较敏感的夫妻关系中极难忍受，某个事实会导致甲乙夫妻感情破裂，不见得会导致丙丁夫妻感情破裂。立法不可能穷尽所有会导致离婚的事实因素，这个兜底性规定项正是起到补救前述示例规定缺漏的有效措施。

在现行法定离婚理由中，最体现无过错离婚的情形当属"夫妻因感情不和分居满二年"。《婚姻法修正案》第32条第2款第4项规定"因感情不和分居满二年的"，可以认定当事人夫妻感情确已破裂。不过，司法审判实践中，援引该项规定准许原告离婚的极少见。离婚诉讼中，原告主张其与被告因夫妻感情不和已分居二年以上，被告则声称"绝无此事"，这是常见情形。按照我国现行民事诉讼证据规则，谁主张谁举证。既然被告不认同原告所称分居满二年之主张，原告就须举证。然而，夫妻分居如何举证？证人证言不足以完成举证责任，犹如夫妻同居不会在第三人在场时进行，证人如何能够证明一对夫妻已超过730天未曾同居？如果当事人一方长居国外或境外，出入境须经办理边境通关手续的，或者因犯罪行为入监服刑的，虽可以证明其超过二年没有与配偶另一方同居，但是却不能证明分居是因为感情不和。

现代社会以来，尽管当事人相互间的感情对于婚姻存续越来越重要，离婚越来越宽松，但是，婚姻作为两个人性结合的基本生活模式，其基本价值观没有发生改变。配偶一方的过错仍是破坏夫妻之间良好关系的主要因素，是解除婚姻的主要理由。从某种意义上讲，随着妇女人格独立和经济独立程度的增加，社会保障制度发达，婚姻承担的物质供养责任减弱，配偶一方的过错行为更容易导致离婚了。

2. 原告自证其错诉请离婚是否应当准许

《婚姻法》第32条列举的法定离婚理由，多数都是过错。这就必然回答下列问题：对于这些过错，立法在原被告之间是如何分配的呢？毫无疑问，被告有法定过错情形之一的，原告请求离婚，应当认定为夫妻感情确已破裂，准许离婚。但是，原告本人有法定过错事项之一或者多项的，法院是否应当准许其离婚诉求呢？有研究将第32条第3款"只要当事人具有离婚法定情形之一的，调解无效，应准予离婚"，理解为"救济无过错方，避免过错方在拒不离婚的前提下，继续实施恶意损害无过错方利益的行为，以实现对善意当事人和善良风俗的维护"。[①] 但是，这仅仅解释了一种情形。事实上，不只有无过错当事人申请离婚的，过错当事人要求离婚的大有人在。如果原告自证其错，欲满足第32条有关法定事由，[②] 人民法院是否应当准许其离婚请求呢？

对上述疑问的答案，不外乎下列三种：准许、不准许、具体案件具体分析。

(1) 主张应当准许离婚。其理由如下：第一，《婚姻法》实行无过错离婚，不能因为原告有过错，而剥夺其离婚诉权，法院批准离婚与过错无关。

---

① 巫昌祯主编：《婚姻法执行状况调查》，中央文献出版社2004年版，第195页。
② 司法实践中，此类案件已经发生。2005年1月，在福建省厦门市中级人民法院，申请离婚的丈夫为了证明夫妻感情破裂，请与之婚外同居的女友到法庭作证。在法官和妻子面前，丈夫说："我已和她同居，说明夫妻感情彻底破裂，请求法院准许离婚。"第三者在法庭上作证说，"我们两人确实心心相印"。福建省厦门市中级人民法院认为，我国婚姻法允许离婚自由，但这种自由是建立在不违背国家法律、法规，不违背公序良俗的基础之上的。婚姻需要夫妻双方信守诚实，互相忠诚，彼此尊重。上诉人在婚姻关系存续期间公然与"第三者"同居，并以此为由向法院提出离婚诉求的行为，不仅是对配偶感情与心灵的莫大伤害，也是对法律关于夫妻之间应履行忠实义务规定的漠视，更是对社会善良风俗的违背。虽然，我国《婚姻法》第32条规定，重婚或有配偶与他人同居的，经调解无效，应准予离婚，但该条款的立法本意不是鼓励有重婚或与他人同居的过错方以过错作为自己要求离婚的理由。法院认为，上诉人与被上诉人经恋爱结婚，并生下女儿组建家庭，夫妻间应该有一定的感情基础，上诉人应恪守丈夫与父亲的职责，作为丈夫要对配偶忠实，作为父亲要为年幼的孩子营造一个良好的成长环境，担负起对家庭的责任，即使夫妻感情存在沟通障碍，也应予以理智对待，不应为求一己之欲而不顾他人感情、弃家庭责任而不担，逆道德准则而行之。因此，上诉法院维持第一审人民法院不准双方离婚的判决。陈捷、李学清、纪元：《申请离婚 同居女友出庭作证》，《海峡导报》2009年5月18日，http://hxdb.com.cn/docc/v_news.asp?vid=13774，访问日期：2009年5月18日。

第二，原告存在法定过错情形，由于这些过错均为严重过错，而非轻微过失，能够充分说明其对配偶另一方的夫妻感情的确已经彻底破裂，符合《婚姻法》第 32 条准许离婚的原则标准。第三，原告自证其错，说明婚姻当事人之间已完全没有和好可能。继续共同生活，被告是一种屈辱待遇。没有驳回原告离婚诉求的必要。

（2）主张应当驳回原告离婚申请。过错方本人以过错事实存在为由诉请离婚时，不应准许离婚申请。理由如下：第一，任何人不得从不法行为中获利或获益，这是任何法律体系坚持的基本原理。原告本人有过错，甚至在法庭上自证其错，并以此为由要求离婚，如若准许，则将使原告借助违法行为实现其诉讼要求，显然违背基本的法理。第二，如果原告自证其错就可获准离婚，将诱导、纵容婚姻当事人钻法律空子，"手捧"《婚姻法》实施法律禁止的行为。原告证明其本人与他人同居，就能够满足离婚条件而获准离婚，原告证明其实施了家庭暴力，就满足了离婚条件而获准离婚，则任何一种过错都可以被当事人利用以达到其诉讼目的。例如，在婚姻关系存续期间，夫妻一方想离婚时，如果另一方不同意，想离婚一方只要把另一方暴打一顿，就可以获准离婚；或者想离婚一方婚外与他人同居，就可以达到离婚目的。这是什么法律价值观？夫妻一方的过错行为本身已经严重伤害了另一方的感情甚至尊严，但在另一方愿意宽恕或者愿意维持婚姻关系的情形下，法院不是责令过错方改正错误，回归正常状态，却强制断离，是在无过错一方伤口上撒盐，使之雪上加霜，真正是岂有此理！第三，相关司法解释"不应当因当事人有过错而判决不准离婚"，并不意味着当事人积极主张自己的过错，就一定可以获准离婚。原告请求离婚，积极自证其错，法院即许可申请，无异于将法院变成了离婚的背书机关，使判决离婚制度形同虚设。[①]

（3）要具体案件具体分析。这种立场模糊的习惯性表述观点，进入具体离婚诉讼中，仍然会遇到前述价值观的冲突，仍然要回答原告自证其错是否应当准许离婚的问题。是不是有些情形下，原告自证其错，只要夫妻感情尚未完全破裂，就不准许其离婚；有些情形下，只要夫妻感情确已破裂，即使原告不自证其错，也应准许其离婚。

---

① 樊丽君：《中德离婚法定理由比较研究》，《法律科学》（《西北政法学院学报》）2005 年第 5 期。

笔者赞同前述第二种观点,如果当事人通过积极主张自己的非法行为,就可以实现其诉讼目的,无异于法律默许这类违法行为。这既与社会道德背道而驰,又不符合法律自身公平正义的基本价值。同时,应当看到,法律的确没有禁止有过错当事人申请离婚,不禁止司法批准有过错当事人的离婚申请。据此也可以证明,现行法定离婚理由主义,不是绝对无过错主义,而是过错离婚与无过错主义的结合,是混合主义立法。

(三)法定离婚理由立法演变:是从过错转向无过错还是完全无过错

我国法定离婚理由立法,经历了从不能继续维持夫妻关系—夫妻感情破裂—夫妻感情破裂与具体事由相结合的过程。从法定离婚理由立法演变看,现行离婚理由是过错主义和无过错主义相结合的产物,而不是纯粹无过错主义的离婚立法。

1. 1950—1980 年:不能继续维持夫妻关系

1950 年至 1980 年,法定离婚理由是夫妻关系不能继续维持。1950 年《婚姻法》第 17 条规定,"男女双方自愿离婚的,准予离婚。一方坚决要求离婚的,经区人民政府和司法机关调解无效时,亦准予离婚……"裁判离婚标准是什么?"人民法院对于一方坚决要求离婚,如经调解无效而确实不能继续维持夫妻关系的,应准离婚。如经调解虽然无效,但事实证明他们双方并非到确实不能继续同居的程度的,也可不批准离婚。"①"过错"既没有出现在法定离婚理由立法条款中,也没有出现在对裁判离婚理由的解释中,凡夫妻确实不能继续同居的,就符合准予离婚的标准,依法准许离婚。后来在法学理论上,该法定离婚理由立法被解释为"感情论",认为离婚与否应以夫妻感情为标准,只要夫妻感情已经破裂,婚姻关系无法维持时,就应准许离婚。

20 世纪 50 年代后期开始,司法实践中围绕法定离婚理由适用所产生的"正当理由论"与"感情破裂论"的激烈争议,从一个侧面反映了立法主义。前者认为,离婚必须有正当理由,否则不应准许离婚。所谓离婚理由是否正当,即强调离婚是否有合乎道德的理由。第三者插足、喜新厌旧而引起的离婚,被视为离婚理由不正当的典型。"感情破裂论"提倡以夫妻感情存续与否作为判断准许或者不准许离婚的原则标准,凡夫妻感情破裂,调解无

---

① 1953 年 3 月 19 日《中央人民政府法制委员会有关婚姻问题的解答》第 14 个问题。

效,就应当准予离婚。这场论争的实质,是"过错离婚"与"无过错离婚"之争。"正当理由论"是"过错离婚"的中国式表达,"感情破裂论"是"无过错离婚"的中国式表达。当时我国多数人赞同离婚法实行无过错离婚原则,认为离婚作为一种社会现象,既有主观因素,也有客观原因。"无过错离婚"作为第二次世界大战后普遍流行于主要国家和地区的离婚法律价值观,也适合当代中国社会。1980年《婚姻法》原第25条规定把离婚标准界定为"感情确已破裂",意味着这场延续二十余年的论争基本结束。

2. 1980—2000年:夫妻感情确已破裂

1980年《婚姻法》第25条规定,"夫妻感情确已破裂,调解无效,应当准许离婚"。将裁判离婚的法定标准规定为夫妻感情确已破裂,当然应当理解为立法采用了无过错离婚原则。因为导致夫妻感情破裂的原因是多种多样的,有些涉及当事人过错,有些无关当事人过错,有些则可能是当事人过错行为与无过错行为综合作用的结果。

1989年最高人民法院印发《关于人民法院审理离婚案件如何认定夫妻感情确已破裂的若干具体意见》,列举性规定了十四种情形,凡当事人具备司法解释规定的情形之一或者更多的,视为夫妻感情确已破裂,一方坚决要求离婚的,经调解无效,可依法判决准许离婚。该司法解释对过错当事人申请离婚有所限制。"一方与他人通奸、非法同居,经教育仍无悔改表现,无过错一方起诉离婚,或者过错方起诉离婚后,对方不同意离婚,经批评教育、处分,或在人民法院判决不准离婚后,过错方又起诉离婚,确无和好可能的",准予离婚。司法解释规定的识别夫妻感情破裂的情形,既有过错情形,也有无过错事由。

3. 2001年至今:夫妻感情确已破裂与法定事项相结合

2001年修订《婚姻法》时,为了抑制抽象地概括主义离婚理由可能带来法官自由裁量权过大,离婚理由无法客观化而影响婚姻法的安定性,在继续坚持夫妻感情确已破裂的原则标准外,例示了多种具体事由,作为判断夫妻感情破裂的依据。如前所述,现行法定离婚理由,有无过错原则精神,也有过错主义的影子,更像是两种立法主义的折中价值观。

二 域外法定离婚理由立法的考察

凡离婚法,均不可能不问"过错"。古往今来,导致婚姻破裂的原因虽然各不相同,但是,绝大多数均关乎"过错"。过错离婚法自不待言,即使是无过错离婚法,也难以与"过错"彻底划清界限。

(一) 欧洲地区法定离婚理由立法

在法国,判决离婚的理由兼采共同生活破裂和过错原则。在法国,有三种不同离婚程序,不同程序中的离婚,其理由各不相同。(1) 双方合意离婚。婚姻当事人双方一致同意婚姻已经破裂,并就与离婚有关的附属事项达成一致,离婚要求就会被无条件地准许;如果当事人双方一致同意婚姻已经破裂,但没有附属事项,离婚要求是可以接受的。(2) 别居后的离婚。根据这个理由离婚,配偶一方已经患有严重精神疾病至少六年,在此情况下,尽管配偶之间的共同生活存在可能,但是被推定为在可预期的将来,没有共同生活的合理机会。这个理由允许当事人在某些确定的特殊状况下离婚,但是如同它完全依赖当事人一方的意愿,它受到民法典的严格调整,以避免其在离婚被拒绝的情形下被利用。离婚申请人必须明确离婚所需全部财政费用。离婚申请书必须载明,什么经济来源保障申请人能够有效地履行对另一方配偶和孩子所负的财政责任。(3) 过错离婚被理解为以配偶一方或双方过错为基础的离婚。如果配偶已被证实犯有严重刑事犯罪,离婚就可以自动获准,但是,在其他情形下,法官将根据事实而行使自由裁量权批准离婚。过错离婚严重地涉及或者违反了婚姻义务和责任,使另一方配偶无法忍受与过错方继续共同生活。"这是个宽泛的离婚理由,能够涵盖通奸、不履行财政责任、对孩子的忽略、无正当理由的遗弃,拒绝性生活,残暴"。[1]如果配偶双方均有不正当行为,即使当事人自己没有以此为由申请离婚,法官仍可以以双方过错为依据宣布离婚。这种离婚也可以要求配偶承担离婚时的财政后果。

在德国,婚姻破裂是唯一的离婚理由。根据《德国民法典》第 1565 条至 1566 条,"婚姻已经破裂的,可以离婚。配偶双方的共同生活已经不复存

---

[1] Veronique Chauveau, *France*, Edited by Carolyn Hamilton & Alison Perry, *Family Law in Europe*, 2nd edition, Butterworths, 2002, p. 270.

在，并且不能期待双方恢复共同生活的，即为婚姻破裂"。[1] 离婚区分为三种情形：（1）配偶双方分居未满一年的，只有在由于另一方自身的原因，婚姻的继续对于原告意味着苦不堪言的苛刻时，才能离婚。（2）配偶双方分居已满一年，并且双方申请离婚，或者被申请人同意离婚的，即不可辩驳地推定婚姻已经破裂，准许离婚。（3）配偶双方分居已满三年的，即不可辩驳地推定婚姻已经破裂，准许离婚。在前两种情形中，法官须依第1565条第1款婚姻破裂要件的规定审查婚姻是否已经破裂；在后两种情形中法院依第1566条的规定推定婚姻破裂。

在意大利，离婚的法定理由是"当事人之间精神的和物质的交流不复存在，并且无法再生"。[2] 具体判断标准有五项。（1）分居满三年。凡经判决司法别居或者当事人合意分居或者法庭确认分居之后连续分居三年的，被推定为配偶之间精神的和物质的交流不复存在，且不会再生。这是最重要的理由。在意大利，多数离婚是基于分居而提起的。（2）配偶被裁定犯严重刑事犯罪。如果配偶一方已经被裁定犯有严重刑事犯罪，另一方配偶有权要求离婚，但是，离婚申请人被裁定协助犯罪成立或者配偶已经重新开始同居的除外。离婚法所称的严重刑事犯罪是指下列犯罪：配偶在强求婚前或婚后因刑事犯罪而被判处终身监禁或者最少十五年有期徒刑；配偶因侵犯性自由（如强奸）或者卖淫而构成犯罪；配偶因杀害配偶或者他的或者她的子女而被裁定有罪，或者杀害配偶或者子女或者谋杀未遂而被裁定有罪；配偶因对一个无完全行为能力者或者配偶或婚姻双方共同的子女实施性攻击或者性犯罪而被判定有罪。因为犯罪而被判终身监禁或者十五年以上有期徒刑或者犯罪涉及性关系或者卖淫、谋杀儿童或者配偶的，可以准许离婚；即使配偶已经被宣告无罪，但是法庭认为，他或者她不适合继续该婚姻的，可以准许离婚。（3）婚姻未完成的。（4）配偶一方已经获得外国法院的离婚或婚姻无效判决，或者外国法院的离婚或婚姻无效判决虽未获得意大利承认，但该方当事人已经再婚的。（5）配偶一方为变性人。

---

[1]《德国民法典》，陈卫佐译注，法律出版社2004年版，第413页。
[2] Roberta Ceschini, *Italy*, Edited by Carolyn Hamilton & Alison Perry, *Family Law in Europe*, 5th edition, Butterworths, 2002, p. 422.

根据《瑞士民法典》有关条款，离婚中最常见的理由是婚姻关系早已经破裂。具体列举了三个离婚的法定理由。（1）配偶双方共同申请离婚，双方已就离婚有关问题或者父母权达成了协议；（2）配偶双方分居四年后一方请求离婚；（3）在分居四年期限届满之前申请离婚，但是，存在不能归责于申请人的极端状况，致使申请人不能期待继续维持婚姻的。

在英国，根据《1973年婚姻诉讼法》第1条规定，因婚姻破裂而离婚，即婚姻当事人任何一方均有权以婚姻已经不可能挽回地破裂为由，向法院提出离婚申请。审理离婚案件时，法院确信存在下列一项或多项事实的，始得认定婚姻已经不可能挽回地破裂：（1）被告有通奸行为，且原告无法忍受与之共同生活的；（2）被告的行为使得期待原告与被告继续共同生活显得不合理的；（3）在提起离婚诉讼之前，被告遗弃原告已持续二年以上的；（4）在提起离婚诉讼之前，当事人双方已分居持续二年以上，且被告同意判决的；（5）在提起离婚诉讼之前，当事人双方已分居持续五年以上的。[1] 以分居五年为基础的单方离婚请求，在某些情形下，如果确认解除婚姻会导致被告极度的财政困境，法庭可以拒绝授予离婚判决。所谓极度困境，是指"对以分居五年为基础的单方离婚请求，如果具有下列情形之一，法庭可以驳回离婚申请：一是解除婚姻将使被告陷入极度财政困境或者其他极度痛苦之中；二是根据所有情况综合考虑，解除婚姻将是错误的"。[2]

（二）北美洲的法定离婚理由立法

1. 美国离婚法中的法定离婚事由

在美国离婚法中，最近四十余年来，过错离婚与无过错离婚混合并行。美国曾长期实行过错离婚。基于过错的离婚理由，包括通奸、残酷、[3] 遗弃。[4] 后来，渐渐延伸到精神错乱、酗酒、吸毒、精神暴力、被判重罪等一系列过错理由。[5] 过错离婚界定了什么行为可以接受，什么行为不被接受。

---

[1] 《英国婚姻家庭制定法选集》，蒋月等译，法律出版社2008年版，第57页。

[2] Rebecca Probert, *Cretney's Family Law*, 5th edition, Sweet & Maxwell, 2003, p. 61.

[3] 在美国家庭法中，残酷是指使配偶的生命、肢体、健康处于危险中。

[4] D. Kelly Weisberg, Susan Frilich Appleton, *Modern Family Law Cases and Materials*, Aspen Publishers, New York, 2006, pp. 494–510.

[5] Harry D. Krause, *Family Law*, 法律出版社1999年版，第338—344页。

该观点是建立在可疑的推断之上的,即违反婚姻特定义务会导致婚姻破裂,且此违反之受害人是完全无辜的;然而,"这种推断总是正确"。① 鉴于纯粹的过错离婚过于严格和专断,也易生伪证和串通离婚,过错离婚法被改革,"若干法律制度彻底删除了其离婚法中的过错元素"。②

到20世纪80年代,美国所有州均改革了单纯过错的离婚制度,而实行混合过错和无过错相结合。1970年,加利福尼亚率先实施无过错离婚法,规定"一般情形下,都应当认可,具有下列事由之一的,可以终止当事人婚姻或批准法定分居:因不可调和的困难已导致婚姻无可挽回地破裂;无可救药的疯狂"。③ 又规定,"不可调和的困难是指经法庭据以认定婚姻将不可继续之实质性理由,且该理由表明婚姻应当被终止"。"现在所有州都采纳了某些无过错离婚的形式",④ 但不是实行完全无过错离婚主义。事实上,仅有1/3州选择无过错离婚,大约30个州是在过错离婚制度中加入无过错离婚理由;在大多数州,过错至少作为无过错离婚的例外,仍然有效,并被要求辨明。⑤ 无过错离婚理由是概括性的,"婚姻关系无可挽回地破裂"、配偶双方有不可调和的矛盾势不两立,不能继续共同生活等。⑥ 无过错存在的情形下,单方要求离婚可以获准时,就有必要重新界定离婚的经济后果。⑦ "过错是确立离婚赡养、婚姻财产分割时考虑的因素之一,家庭法保留了对不能独立生活的配偶和子女的保护性条款"。⑧ 在离婚中,过错仍发挥着作用。针对过错,被告有权以对方具有相同过错、宽恕、纵容、共谋为由进行

---

① Harry D. Krause, et, *Family Law Cases, Comments, And Questions*, West Thomson Business, 2003, p. 571.

② Ibid..

③ See California Family Code 2310, 2311 (West 2004), Forerly California Civil Code 4506, 4507, transferred from D. Kelly Weisberg, Susan Frilich Appleton, *Modern Family Law Cases and Materials*, Aspen Publishers, New York, 2006, p. 520.

④ D. Kelly Weisberg, Susan Frilich Appleton, *Modern Family Law Cases and Materials*, Aspen Publishers, New York, 2006, p. 516.

⑤ Harry D. Krause, *Family Law*,法律出版社1999年版,第338页。

⑥ 夏吟兰:《美国现代婚姻家庭制度》,中国政法大学出版社1998年版,第162页。

⑦ Harry D. Krause, *Family Law*,法律出版社1999年版,第391页。

⑧ 夏吟兰:《美国现代婚姻家庭制度》,中国政法大学出版社1998年版,第155—158页。

抗辩,[①] 一旦抗辩成立,原告的离婚申请将不被批准。

美国未实行单一无过错离婚法,因为无过错离婚本身存在欠缺。"无过错离婚法从一开始就伴随着法律麻烦。其一是保障无过错离婚的证明法使得获准离婚变得太容易了";其二,分开生活和分离,无过错离婚使得离婚赡养费请求和判决遇到困难,因为它严重忽视了义务,抛弃了公平关注导致婚姻破裂的原因。[②] 韦斯伯格等人批评美国的离婚法改革,"围绕离婚的法律问题被设想得太过狭窄了。初期的改革太过于经常地把离婚作为大量私人争议对待,而没有将其恰当地界定为公共问题"[③]。"走出纯粹过错离婚制度,看来反映了立法者的几乎全面的认识,即禁止那些具有特定过错离婚理由的情形下的离婚,既不会为婚姻稳定提供支持,也不保障配偶之间的公平,这就是他们当初的想法。因此,离婚条款,既采纳了婚姻破裂理由,又加入了基于过错理由的分居"。[④]

2. 加拿大离婚法中的法定离婚事由

加拿大离婚法采用婚姻已经破裂为准许离婚的理由。根据 1985 年《加拿大离婚法》[⑤] 第 8 条规定,法院可以根据配偶一方或双方的申请,基于夫妻双方的婚姻已经破裂而准予离婚。只有具备下列情形之一的,才能认定一个婚姻已经破裂:(1)"在离婚诉讼之前夫妻双方已经分居至少一年,且在离婚诉讼开始之时仍处于分居状态";(2)作为离婚诉讼被告的配偶自举行婚礼之日起,"犯有通奸的"或者对配偶另一方施以身体的或精神的虐待以致无法忍受继续同居生活的。[⑥] 可见,加拿大离婚,既采纳无过错原则,又采纳有过错原则。而且,根据《加拿大离婚法》第 11 条规定,在援引前述第 (2) 种法定理由提起的离婚诉讼中,法院应当确信原告不存在宽恕或默

---

① D. Kelly Weisberg, Susan Frilich Appleton, *Modern Family Law Cases and Materials*, Aspen Publishers, New York, 2006, pp. 510 – 516.

② Ibid., pp. 522 – 523.

③ Ibid., p. 533.

④ Harry D. Krause, et., *Family Law Cases, Comments, and Questions*, West Thomson Business, 2003, p. 571.

⑤ 该法是 1985 年修订的,1986 年 6 月 1 日起生效。在其后二十余年时间里,该法有关条款又经历多次修订。

⑥ 《加拿大离婚法》,陈苇译,陈苇主编《加拿大家庭法汇编》,群众出版社 2006 年版,第 50 页。

许通奸；否则，应当驳回原告的离婚申请，但是，法院认为准许离婚更有利于公共利益的除外。一旦法院认定原告曾经对被告的行为表示宽恕或者默许的，即不构成法定离婚理由，且不得以此为由再次提起离婚诉讼。[1] 如果法院发现离婚申请中存在双方串谋的，离婚申请将被驳回。所谓"串谋"，是指申请离婚当事一方提出的旨在直接或间接逃避处罚而申请离婚的协议或通谋，并且包括任何捏造或隐瞒证据，欺骗法庭的合约、协议或安排，但不包括规定当事人之间分居、经济扶养、财产分割或监护该婚姻中任何子女的协议。[2]

（三）亚洲和大洋洲地区法定离婚理由立法考察

在日本，裁判离婚的原因是难以继续婚姻。但是，判断婚姻是否难以继续的事实，多数与配偶一方过错有关。根据《日本民法》第770条，"夫妻一方，以下列各项情形为限，可以提起离婚之诉：1. 配偶有不贞行为时；2. 被配偶恶意遗弃时；3. 配偶生死不明达三年以上时；配偶患强度精神病且无康复希望时；4. 有其他难以继续婚姻的重大事由时"。虽有前款第1项至第4项事由，但法院考虑有关情事，认为继续婚姻为相当时，可以驳回离婚请求。[3]

在澳大利亚，离婚申请，"应以婚姻关系已无可挽回地破裂为理由"。在因申请离婚而发生的诉讼中，离婚理由应当被确定，并且只有当法院确信双方在提交诉请离婚的申请之前，已经持续分居十二个月以上的，法院才可以作出离婚令。"当法院认为婚姻双方当事人有恢复同居的可能性时，不得作出离婚令"。[4] 分居是指婚姻当事人双方分开居住，即使他们居住在同一个住所内或者一方为另一方履行家庭义务。

在中国香港特别行政区，离婚理由立法采用概括主义和法定事实相结合，夫妻任何一方向法院申请离婚的唯一理由，是婚姻破裂到无可挽回的程度。依据《婚姻诉讼条例》第11条规定，法庭认定婚姻是否已破裂到达无

---

[1] 《加拿大离婚法》，陈苇译，陈苇主编《加拿大家庭法汇编》，群众出版社2006年版，第52页。
[2] 同上。
[3] 《日本民法》，曹为、王书江译，王书江校，法律出版社1986年版，第151页。
[4] 澳大利亚《1975年家庭法》第48条。陈苇主编：《澳大利亚家庭法》，群众出版社2006年版，第111页。

可挽回之程度，需要离婚申请人举证证明法定五种事实之一项或多项，始得宣告离婚。该条例第11A条规定："除非呈请人使聆讯离婚呈请的法院信纳下列一项或多于一项事实，否则法院不得裁定该宗婚姻已破裂至无可挽救：（a）答辩人曾与人通奸，而呈请人认为无法忍受与答辩人共同生活；（b）因答辩人的行为而无法合理期望呈请人与其共同生活；（c）婚姻双方在紧接呈请提出前，已分开居住最少连续一年，且答辩人同意由法院批出判令；（d）婚姻双方在紧接呈请提出前，已分开居住最少连续二年；（e）答辩人在紧接呈请提出前，已遗弃呈请人最少连续一年。"① 可见，香港的法定离婚理由，既有过错主义价值，又体现了无过错主义价值。

总体上，域外离婚法定离婚理由立法，都关注过错，且过错是原告行为或是被告行为，法律评价有明显不同。因为被告行为致使婚姻无法继续时，原告申请离婚容易获准，因为原告自身行为（包括过错）致使婚姻破裂时，其获准离婚申请的条件普遍高于前者。离婚理由立法这种"差别待遇"妥善地体现了法律的导向作用，值得我国借鉴。

三　不同意离婚是一项权利

离婚自由原则，通常被解释为婚姻当事人要求离婚的自由。我国现行离婚理由立法充分保障离婚申请人的离婚自由。然而，必须认识到，配偶另一方当事人有权不同意离婚。尽管多数离婚争议，以夫妻双方就离婚问题达成合意而结束，但是，必须注意，有相当数量的离婚，仅仅是婚姻当事人一方要求离婚，另一方坚决不同意离婚。② 只有客观认识到不同意离婚是一项权利，离婚法才能充分关注到被申请人的地位和境遇，为其提供平等的救济。

（一）夫妻一方请求离婚的自由与另一方不同意离婚的自由并存

在社会生活中，离婚自由权，犹如天空中雷声轰轰，又如闪电划过，听得到、看得见。按照离婚自由原则，在婚姻关系存续期间，在夫妻双方健在时，任何一方都有权请求离婚。特别是在无过错离婚法时代，只要"难以继

---

① 引自赔偿网：http://www.peichang.cn/2875w.html，访问日期：2009年5月18日。
② 如果夫妻双方同意离婚，依法通过行政程序登记离婚或者司法调解离婚，不是司法强制判离，不是本书讨论的问题。

续共同生活"，就可请求离婚。同时，不同意离婚权真实存在。当夫妻一方提出离婚要求时，只要夫妻另一方不想离婚，就可以说"不"，这其中不存在"协助对方实现离婚自由权"的义务。要求离婚的配偶可以请求对方接受其离婚请求，却无权要求对方"同意离婚"。从诞生离婚自由权之日起，就存在不同意离婚权；夫妻一方请求离婚的自由与另一方不同意离婚的自由是并存的。[1]

离婚自由，既是一项静态的抽象的权利，又是一项动态的行使中的权利。[2] 夫妻一方的权利之实现，往往以另一方权利受到限制为前提。离婚也不例外。特别是在离婚诉讼中，在被告不同意的情形下，法院裁判准许离婚，实在是支持了原告的离婚自由权，剥夺了被告不同意离婚权。

(二) 不同意离婚权的由来和表征

不同意离婚权，是婚姻自由的应有之义。婚姻自由与共诺婚相伴相生。男女当事人双方各自同意的，相互才能结为夫妻。换言之，在实行婚姻自由的时代或法律体系中，当事人是自愿走进婚姻之中，并承诺共同生活一辈子。然而，行进中途，夫妻一方不想继续了，提出离婚；另一方当然有权拒绝，要求对方继续履行结婚之初的承诺。

(三) 不同意离婚权是对离婚请求权的制约

离婚自由既受法律保护，又受法律约束。那么，该法律约束是指什么呢？离婚须经法定程序批准？批准离婚须符合法定条件？皆是，但不限于这些。除了前述约束外，应该还包括另一方的意愿。如果夫妻另一方同意离婚，则法定条件轻易能够满足，法定程序也将简单得多。反之，则不然，甚至永远难离婚。夫妻一方请求离婚的自由与另一方不同意离婚的自由并存。

婚姻法作为法律制度，应当公平地保护当事人双方的利益。婚姻当事人既享有请求离婚权，又享有不同意离婚权。当公权力基于某种考虑，支持一方的权利而中止另一方的权利时，为了公平，救济就是必不可少的。从根本上讲，离婚本身就是救济措施，是对个体婚姻制度的最大救济。但是，在某些情形下，离婚作为救济措施，仅仅救济了请求离婚一方，而对不同意离婚

---

[1] 张贤钰：《离婚自由与过错责任的法律调控》，《法商研究》1999年第4期。
[2] 同上。

一方却是伤害、利益剥夺。因此，随着离婚自由度升高、无过错离婚的实施，各国离婚法不得不设置更多救济，以尽可能维护双方利益的基本公平。

四　完善现行离婚理由立法：增设离婚抗辩或阻却离婚条款

在离婚自由原则下，想离婚一方获得了充分救济，但对于不同意离婚的当事人另一方，则无救济，似乎只有被迫接受离婚。这是否公平，应该说是存在疑虑的问题。必须认识到，另一方当事人有权不同意离婚。不同意离婚的当事人，如果又是无过错当事人，强制其离婚，无异于使其无端受到了离婚惩罚。特别是当不同意离婚当事人确有正当理由拒绝离婚时，法律同样应当给予适当救济。离婚抗辩制或者阻却离婚条款正是此类救济途径。

（一）立法有必要明文赋予法院必要时拒绝准许离婚的权力

当离婚是夫妻一方单方面的要求时，是否批准，必须充分考虑当事人双方的利益和公平。婚姻生活远比法律复杂。一方面，法律抽象出生活中的主要情形，适用于一切已婚者的生活，这虽然可以做到，但不见得适当，或者说，虽然适用于绝大多数人时，是公平的，但也有可能在特殊情况下，因为其过于整齐划一，欠缺弹性，而使得司法裁判失去公平；另一方面，若要立法抽象出能够适用于任何婚姻的具体离婚理由，也是不可能的。离婚法定理由采用绝对离婚理由主义的立法技术，必然遭遇到两难，也有可能在特殊情况下使得司法失去其应有的弹性和公平。故立法有必要增设阻却离婚事由，明文赋予法院必要时拒绝准许离婚的权力。

既然婚姻破裂作为离婚理由的合理性已被广泛接受，一旦婚姻的确已经破裂，夫妻一方仍不愿意被迫离婚的，若立法强制维持婚姻，也是勉为其难，但是，这不意味着国家就无可作为了。诚如美国学者对婚姻破裂离婚法的批评，"如果破裂是不公正的，被选择的任何事实用于证明婚姻破裂是肆意的，那么，真实地判断婚姻能否继续，唯在当事人自己。"[①] 国家可以通过特定情形下赋予配偶一方拒绝离婚的权利，或者赋予法院驳回离婚请求的

---

① Harry D. Krause, et., *Family Law Case, Comments, and Questions*, West Thomson Business, 2003, p. 572.

权利，实现配偶双方利益公平，保护未成年子女利益。

（二）不同法律传统的国家和地区离婚法普遍设立离婚抗辩或阻却离婚条款

国外立法常见采用阻却离婚理由立法，以缓和这一矛盾，克服制定法之专断。德国、法国、英国、日本立法都设置了缓和条款，阻却离婚理由，以缓和这一矛盾，克服制定法之专断。阻却离婚的事由，主要有两类：一是为了被告的重大利益考虑；二是为了未成年婚生子女的重大利益。特别是当申请人具有过错的情形下，阻却离婚制度为被申请人提供了公平救济。

1. 德国、法国和日本的离婚苛刻条款

《德国民法典》第1568条设立离婚之苛刻条款，"为婚生未成年子女的利益，如果且只要由于特殊原因而例外地有必要维持婚姻，或者如果且只要离婚由于非正常的情况而对拒绝离婚的被申请人会意味着较为严峻的苛刻，以致在考虑到申请人利益的情形下，也明显得例外地有必要维持婚姻的，即使婚姻已经破裂，也不应该离婚"。[①]

法国采纳破裂主义离婚原因的同时，也设置了缓和条款。《法国民法典》第238条第2款、第240条所设置的缓和条款与《德国民法典》第1568条苛刻条款内容基本相同。缓和条款的存在，不仅实现了双方利益在立法上的平衡，在实践中，也缓和了破裂主义的离婚模式可能造成的离婚过分自由而对被告的损害。

日本离婚法赋予法院特定情形下驳回已具备法定离婚事由的离婚申请之权力。《日本民法》第770条第2款规定，虽具有前款第1项至第4项规定的法定离婚事由，但法院考虑有关情事，认为继续婚姻为相当时，可以驳回离婚请求。

2. 英国和美国的离婚抗辩

英国赋权法院拒绝批准以分居满五年为由提起的离婚申请。《1973年婚姻诉讼法》第5条规定，"基于离婚将对被告造成严重困难而拒绝依五年分居作出离婚判决"。具体区分为下列两种情形：（1）申请人以分居五年为由提起离婚诉讼的，被告可以离婚判决将会给其造成严重的经济困难或其他困

[①] 《德国民法典》，陈卫佐译注，法律出版社2004年版，第414页。

难,且综合各种情形判决准许离婚将是错误的为由,反对法庭作出离婚判决。(2)被告根据本条规定反对作出离婚判决时,具有下列情形之一的,法庭应当驳回离婚请求:(a)法庭承认申请人有权以五年分居的事实支持其诉讼请求,但未认定本法第1条第2款所述任何事实;① (b)若除本条规定外,法庭将准予离婚的,则法庭应当综合考虑各种情形,包括婚姻当事人双方的品行、利益和任何子女或其他相关人的利益。经上述考虑,法庭认为解除婚姻会给被告造成严重经济困难或其他困难,且综合各种情形后认为作出离婚判决将是错误的。(c)根据本条的立法目的,困难应当包括如果不离婚情况下被告可能获得利益的机会损失"。②

美国法的离婚抗辩,如前所述,包括同等过错等。"原告的过错构成了被告过错的理由"。③ 对于这种以夫妻一方过错"抵销"另一方过错的法律实践,美国法律界也有批评声音,质疑其滋生"许多罪恶",例如,促进通奸,存在导致非婚生子女出生的危险,鼓励串通离婚等,④ 不过,离婚抗辩依然在实施中。

这些外国法经验,值得中国借鉴。我国现行法定离婚理由制度,为要求离婚的当事人一方提供了救济;对不愿离婚的当事人一方,却无救济。不同意离婚的当事人,如果属于无过错当事人,司法强制其离婚无异于使其无故受到了惩罚。

(三)我国离婚理由立法宜增设离婚抗辩

我国现行法定离婚理由立法的价值导向,值得商榷。这些法律条款,在某种离婚事由的适度上,有时候,竟然使过错得到了正面评价,甚至导致司

---

① 第1条第(2)款规定,"审理离婚案件时,法院确信存在下列一项或多项事实的,始得认定婚姻已经不可挽回地破裂:(a)被告通奸,且原告无法忍受与之继续共同生活的;(b)被告的行为使得期待原告与被告继续共同生活明显不合理的;(c)在提起离婚诉讼之前,被告遗弃原告已持续二年以上的;(d)在提起离婚诉讼之前,当事人双方分居已持续二年以上,且被告同意判决离婚的;(e)在提起离婚诉讼之前,当事人双方已连续分居五年以上的"。《英国婚姻家庭制定法选集》,蒋月等译,法律出版社2008年版,第57页。

② 《英国婚姻家庭制定法选集》,蒋月等译,法律出版社2008年版,第57页。

③ See Chastain v. Chastain, 559 S. W. 2d 933 (Tenn. 1977), transferred from Harry D. Krause, et., *Family Law Cases, Comments, and Questions*, West Thomson Business, 2003, p. 563.

④ Harry D. Krause, et., *Family Law Cases, Comments, and Questions*, West Thomson Business, 2003, pp. 563 – 564.

法适用的结果是"鼓励"了过错当事人，却使守法者、善良者付出了其本不应该付出的代价，或者说，它们更有利于过错当事人，不利于无过错当事人。如此立法，不值得警惕吗？为维持当事人之间利益平衡，公平的立法应当是，允许有过错的当事人请求离婚的同时，赋予无过错当事人另一方适当救济。在离婚自由原则之下，因为当事人有过错就不允许其离婚，已不合乎这个时代。然而，如果立法允许甚至鼓励当事人利用其过错牟利或"故意犯错"以达到离婚目的，则该立法同样有必要予以检讨。如果原告创造条件甚至自证其错，就可以获准离婚，则不能排除有当事人利用之。当事人故意犯错甚至在法庭上自证其错，就可以顺利达到其诉讼目的，如此立法是否值得检讨？之所以有当事人愿意以身试法，是因为离婚诉讼程序中，过错当事人为其过错支付的代价极小。故极有必要设立救济机制，以维护无过错配偶的权益，维护社会善良。当然，笔者无意鼓励诉讼当事人在法庭上作不实陈述。因此，有必要改革现行立法，借鉴外国法有关经验，增设若干新价值和新制度。回顾实行离婚制度以来，古今中外，与法定离婚理由相对应的，离婚抗辩始终是一种相匹配的离婚法律制度之一。增设离婚抗辩，使得法定离婚理由制度更加客观、合理、公正。

未来修法时，具备合理性的法定离婚事由之抗辩，可以包括下列三类：

1. 宽恕

这是指配偶一方原谅另一方已经发生的过错行为。作为抗辩事由的宽恕，是指一旦配偶一方原谅另一方的过错，导致该过错不再构成离婚事由。人们普遍接受下列观点：配偶一方知悉另一方有过错行为的情形下，继续与其保持性关系，就意味着宽恕。

为了鼓励夫妻和解，对于宽恕附加适当条件是合理的。当这些条件被违反或者未成就时，原过错可以被恢复成为离婚理由。如果配偶一方的过错被他方宽恕，该过错就永远不能作为离婚的理由，对于无过错配偶而言，和解意味着丧失此次离婚理由，和解的代价很大，这可能使得受害配偶不愿意作和解努力。因此，当尝试和解失败时，原过错作为离婚理由应当被允许继续有效。

2. 同意或纵容

纵容是指配偶一方积极创造机会促成另一方实施过错行为。最典型的性过错例子，是夫妻一方劝说本人的朋友或者雇用他人诱惑另一方发生通奸行为。诚如美国法院判词言及纵容行为时阐明的三个理由：其一，根据拉丁格言"心甘情愿非伤害"，当事人事先同意的，不可能受到伤害；其二，自身不干净的申请人没有资格获得公平救济；其三，有些州限制针对无辜当事人一方的离婚。纵容的当事人不是无辜当事人。①

3. 共谋

这主要是指婚姻当事人双方为了达到离婚目的，在与离婚有关事项上，串通合谋欺骗法庭。例如，当事人为规避债务清偿责任，串谋离婚的；当事人为了获得某种社会福利待遇而串谋离婚等。一旦法庭查证属实，应当驳回当事人的离婚申请。

五 完善登记离婚制度

为了公平地保护婚姻当事人双方利益，避免轻率地冲动离婚，有必要对现行登记离婚制度进行必要修正，使之克服"想离就离"的不足。

（一）完善登记离婚的条件

我国现行登记离婚制度，因其简便、快捷，既节省了大量时间、精力和金钱，又能够满足当事人对离婚秘而不言的要求，是绝大多数离婚当事人选择作为解除其婚姻关系的途径。因为按照该制度，只要当事人双方协商一致同意离婚，并就子女抚养、财产分割达成一致，即申请离婚；对于符合条件的离婚申请，登记机关将当场批准。然而，只要婚姻当事人双方意思表示一致就可以实现离婚的制度，因离婚条件过于宽松，易成为轻率离婚的方便之门。

鉴于登记离婚程序简单，欠缺监督，立法应当对选用该程序离婚的当事人，从婚姻存续期间、子女状况、财产等方面设定适当的限制要求，完善登记离婚条件。

（1）夫妻双方共同请求离婚。夫妻双方均要求离婚。

（2）结婚已满一年。自结婚之日起12个月内，当事人不得申请登记离

---

① Transferred from Kelly Weisberg, Susan Frilich Appleton, *Modern Family Law Cases and Materials*, Aspen Publishers, New York, 2006, pp. 515 – 516.

婚。当事人结婚头年，因为相互适应或者双方家庭交往而产生纠纷或冲突，是正常现象，当事人应当积极设法协调，而不是选择离婚"一走了之"。①

（3）当事人无须说明离婚原因。既然当事人双方已共同要求离婚，离婚原因的说明就变得不必要。即使法律要求当事人说明，当事人完全可能写明他们认可的"离婚原因"，而未必是实际导致婚姻破裂的原因。

（4）当事人对子女抚养达成一致，且所作安排无损子女利益。

（5）当事人就财产分割达成一致。

（二）完善协议离婚程序

夫妻一方请求离婚，另一方接受离婚。

应当增设考虑期，也可称"等候期"，当事人提交离婚申请后，登记官应给予当事人3个月的考虑期。若有正当理由需要提前获准登记离婚的，可以依据事实向登记机关申请缩短等候期。登记机关当场批准离婚的现行立法设计，使离婚过于随意而不够慎重。

若确认离婚协议对子女利益保护不足或者明显损害一方配偶利益的，登记机关有权拒绝批准离婚申请。

六　完善诉讼内的协议离婚

在诉讼过程中，当事人双方达成离婚协议而获准离婚，意味着当事人放弃上诉权、请求法庭重审的权利，因此，对于这类离婚，除当事人双方意思表示一致外，立法应当考虑设定适当条件，对其适用实行一定限制。

（一）排斥适用的条件

对于诉讼内的协议离婚，除婚姻当事人双方离婚、子女抚养、共同财产分割、债务分配不存在任何争议外，还应符合下列条件：

（1）婚姻存续时间未超过三年。婚姻是一项基本的法律制度。当事人结婚未满三年就请求离婚，结婚的承诺未免太失信于人。何况当代社会，人们交往方便、自由，性道德宽容，婚前同居普遍。如此环境下，结婚不足三

---

① 英国《1973年婚姻诉讼法》第3条规定，自结婚之日起算，结婚不满一年的，不得向法院提起离婚诉讼，但是在该期限届满之前基于特定事项发生而向法院提出请求离婚的，不受此限。参见《英国婚姻家庭制定法选集》，蒋月等译，法律出版社2008年版，第57—58页。中国香港特别行政区《婚姻诉讼条例》也有类似规定。

年就欲离婚，显得偏于宽松。

（2）当事人双方无未满十周岁的共同生育或收养的子女的，如果当事人有十周岁以下的未成年子女的，为了儿童利益考虑，离婚申请宜由法院裁判处理为妥，以避免当事人为了自己利益而置子女利益于不顾之情形发生。

（二）程序完善

法院没有充分理由确认批准离婚将对未成年子女或者作为被申请人的另一方配偶利益公平保护显然存在重大疑虑的，可拒绝批准离婚协议。

七　完善和解制度

我国离婚立法，除应继续坚持调解为法定必经程序外，还应借鉴域外离婚法经验，设立相关规定以鼓励夫妻和好。离婚作为解决婚姻冲突的最后手段，不应受立法鼓励。相反，婚姻立法对于已经发生离婚纠纷的夫妻双方，应当想方设法鼓励夫妻和解。

（一）域外离婚法鼓励夫妻和解的实践

鼓励和解，是指在离婚诉讼的任何阶段，只要法庭认为婚姻当事人有和解的合理可能的，就应当中止诉讼，促使双方作出和解努力。凡将一定分居期间作为法定离婚理由之一的国家，其立法不将婚姻当事人短暂地共同生活视为分居期间的中断，以鼓励夫妻和解。

《德国民法典》第1567条第2款规定，"配偶双方为和好而短暂地共同生活"，并不会使构成法定离婚事由之分居期间中断或者停止。[①] 英国有相同立法。英国《1973年婚姻诉讼法》第2条规定，"（1）婚姻当事人一方在知悉另一方有通奸行为的事实后，继续一起共同生活六个月以上或累计共同生活六个月以上的，不得基于本法第1条第2款第（a）项所述另一方有通奸行为之事实而提起离婚诉讼。（2）在不适用第1款的情形下，婚姻当事人一方在知悉另一方通奸事实后仍一起共同生活的，在原告基于该通奸事实提起的任何离婚诉讼中，决定第1条第2款第（a）项所述原告是否能够忍受与被告一起生活时，不应考虑此后当事人一起生活的事实。（3）在离婚诉讼中，原告声称被告的行为使得期望其与被告共同生活不合理，但自原告用

---

① 《德国民法典》，陈卫佐译注，法律出版社2004年版，第413页。

以支持其诉讼请求的最后事件,即法庭所支持原告之主张发生后,当事人双方仍在一起生活的,若该共同生活期间为六个月或少于六个月,则法庭在决定第1条第2款第（b）项所述原告是否能够忍受与被告一起生活时,不应考虑当事人双方一起生活的事实。(4)根据本法第1条第2款第（c）项之目的,法庭可以视遗弃一方遗弃不能的期间为遗弃持续期间,但庭前证据不能证明遗弃一方在有条件遗弃时会持续遗弃的除外。(5)基于第1条第2款规定之目的,在考虑被告遗弃原告的期间是否持续,或者考虑婚姻当事人双方分居的期间是否持续时,不应考虑当事人六个月以下或累计六个月以下的任何恢复同居之期间,但该恢复同居期间不得计入遗弃期间或分居期间。(6)根据本法第1条第2款第（d）项和第（e）项以及本条之目的,夫妻双方未居住于同一家庭的,应当视为分居。本条所称婚姻当事人双方同居应当理解为双方居住于同一家庭。(7)在原告依照第1条第2款第（d）项规定指称被告同意判决的情形下,法庭规则应当作出规定,以保证向被告提供信息,使其理解同意判决的后果以及表示同意判决必须采取的步骤"。

在澳大利亚,离婚诉讼中,如果婚姻当事人双方在某种情形下恢复同居,但在恢复同居后的三个月内再次分居,且持续至提出离婚申请之日的,同居之前和同居之后各自持续的两段时间,可以合并计算。同居期间不构成实质同居间断的,应视为分居的持续期间。[①]

加拿大离婚法对夫妻争取和好的努力同样给予肯定和鼓励。《加拿大离婚法》第8条第3款第（b）项规定,具有下列情形之一的,夫妻已经分居的期间将不会被认为中断或者终止："法院认为,如果不是因为夫妻任何一方丧失行为能力而无法产生继续分居之意图或者无法按其自己的意愿选择继续分居,分居就可能会继续下去";夫妻双方在90日期间内或累计90日内仅仅是为了和解这一主要目的而恢复的同居。该法第9条还规定,在离婚诉讼中代理当事人的律师,有职责提醒被代理人注意该法中促使夫妻双方和解为目标的规定,并且应与被代理人讨论夫妻双方和解的可能性,告知该方当事人其知晓的可能有助于夫妻达成和解的婚姻建议或指导性措施,但案件特

---

① 澳大利亚《1975年家庭法》第50条。陈苇主编:《澳大利亚家庭法》,群众出版社2006年版,第111页。

有的性质使得法院采取这种方式将明显不当的除外。① 该法第10条第1款至第3款规定，在离婚诉讼中，法院有职责在确信已不可能使当事配偶双方和解之后，才能考虑证据，但案件之性质使得法院采取这种方式将明显不当的除外。在离婚诉讼的任何阶段，如果法院根据案件的性质、证据或夫妻一方或双方的态度，认为当事夫妻有可能和解的，法院就应当延期审理该离婚诉讼，以便给当事人双方提供一个达成和解的机会，并且经当事夫妻双方同意或者由法院自由裁量，任命有婚姻咨询或指导经验或受过此类训练的人员，在特殊情形下可以任命其他任何合适人员帮助当事夫妻达成和解。经过14日后，应当事夫妻一方或双方申请，法院应恢复诉讼。为了保证当事人在和解过程中开诚布公，充分沟通、协商，第10条第4款和第5款还规定，由法院根据本条规定为促使夫妻和解而任命之人，任何诉讼中均不得或者不可被迫公开该夫妻向其作出的承认或者夫妻间私下通信的内容；在帮助离婚夫妻达成和解过程中所作的任何陈述、承认或者通信内容，在任何法律诉讼中均不得作为证据使用。②

(二) 完善我国离婚法上的法定调解程序及和解制度

凡申请离婚，均须接受调解，不论当事人是否愿意。立法应当增设规定，当事人的委托代理人须与委托人讨论和解的可能性。法庭应当主持当事人双方进行调解。

应增设鼓励和解规定。立法应当增设规定，确认配偶双方为了和好而短暂共同生活的，不导致分居期间的中断或停止。

也可以考虑对于结婚未满一年的离婚申请，设定特别条件。

第四节　完善对离婚时的救济制度

一　增设离婚扶养费请求权

离婚扶养费请求权，是指夫妻一方因在婚姻存续期间为配偶另一方、为

---

① 《加拿大离婚法》，陈苇译，陈苇主编《加拿大家庭法汇编》，群众出版社2006年版，第50—51页。

② 同上书，第51—52页。

家庭所作的付出及贡献，离婚时，有权向经济条件更好的配偶另一方请求获得定期给付款之权利。离婚时，若配偶一方离婚后将不能自行维持生计的，立法应赋予向另一方请求扶养费的权利。只要离婚配偶能依其收入或财产自行维持生计的，则不享有扶养请求权。

设立这种制度，是为了使离婚后果可以预先估计，降低配偶双方的焦虑，免除婚姻当事人全身心投入家庭生活的后顾之忧。改革开放以来，由于观念多元化，更由于经济条件改善，一部分家庭中，夫妻一方全职从事家事劳动，其中多数是"全职太太"，也有少数"全职丈夫"。对于他们，仅有离婚时夫妻共同财产分割是不公平的。

（一）关于离婚扶养费之争议

法律是否应当设立强制性的离婚扶养费给付制，在中外当代，都是有争议的问题。

美国当代家庭法及其实践围绕离婚扶养费的争议，是一个典型例子。立法者、法官、律师以及公众对于有关配偶扶养（扶养费或赡养费）的主要方面，意见已变得高度不一致，至少关于扶养费的基本原理、过错、金额/支持度、给付期间、变更或终止这五个基本问题上，就无共识。[①]

1. 关于配偶/前配偶扶养费支付的基本原理

为什么要强制一个成年人在一个特定期间或者甚至终身资助另一个人？过错，过去是、现在依然是离婚时受害人面对婚姻财产再分配的路径之一。在界定过错类型基础上，旧离婚立法认定婚姻关系中固有的义务。如果丈夫具有法定过错之一的，妻子或者受害人就被赋予通过赡养费和财产分割而实现全部利益。当代的伙伴关系离婚理论则相反，只关注夫妻之间理论上平等，认为婚姻终止时，夫妻对婚姻的贡献应当被视为是平等的。因此，"夫妻的积累应当在他们之间合理分配，而非必然属于持有该财产或者用其收入购置该财产的列名人"。照此，除了特殊情形外，没有配偶在婚后会成为依赖于另一方的经济不独立者。所以，按照伙伴关系模式，强制丈夫扶养其前妻，不仅对他是不公平的，而且是对妻子的一种攻击，即假设她离婚后将成

---

① David Westfall, *Family Law*, West Publishing Company, 1994, p. 849.

为无经济能力者。①大约从20世纪70年代开始，基于离婚经济的理论探讨，立法、案例和文化都讨论"赡养费补偿"（Reimbursement Alimony）、"人力资本"（Human Capital Theory）和"复原费"（Rehabilitative Alimony）理论。这些理论有一个共同核心，即扶养费的基本原理是妻子某种程度地分享丈夫离婚后的收入，尽管典型的无过错立法不鼓励这种结果。当代似有一种潮流，将妇女置于男性化的环境中予以评估，而不论是否将妇女视为受害人或者平等人。伙伴关系理论否定社会性别角色不同，是具有积极意义的，但是，这种理论脱离了男性是连续参与有酬劳动的力量之事实，使妇女面临受伤害的威胁。

（1）赡养费补偿论。赡养费补偿是早期无过错概念之一。根据该理论，法庭已要求其教育费用的部分或者全部是依靠妻子支持的丈夫，就该支出向其妻提供补偿或返还。如果存在有价值的财产，这种"补偿"也可以通过财产分配的方式来实现。该理论的意义在于，若离婚时无财产可分配，可通过"补偿"赡养费而分享到原配偶未来的收益。印第安纳州将赡养费补偿的范围仅限于经济贡献，包括学费、书费和实验费用。而按照较宽泛的观点，赡养费补偿应当包括租金、食品杂货、家庭维持费。补偿理论看似借用了市场中商业伙伴之间关系来阐释夫妻关系。然而，更多时候，配偶相互支持的情形是微妙的，特别是当丈夫的获益无法量化时，它就远远超出了赡养费补偿的范围。该理论是与伴侣关系离婚相一致的。②

（2）人力资本论。20世纪70年代后期到80年代初，美国出现了以"人力资本"来解释赡养费的观点，它同时认识到了妻子的直接经济贡献和人力资本投入两方面。一些经济学家认为，妻子资助学生丈夫的努力，如同在股票市场的投资；妻子被描绘成其丈夫的投资人，一旦他获得学位，该学位使他获得薪水，投资人/妻子理当享有其收益的一定比例。根据这种理论，首先，夫妻更像是合作投资者，由市场概念去调整，平等模型也无挑战。其次，用经济和商业术语来表示，女性实际上是被视为受害人，因为在"婚姻公司"投资的结果，不仅要关注丈夫的获得，而且应注意到妻子的历练损

---

① David Westfall, *Family Law*, West Publishing Company, 1994, p. 851.
② See David Westfall, *Family Law*, West Publishing Company, 1994, pp. 852–853.

失。这类观点持有者同意,配偶退出有酬劳动将使其赚钱能力产生折旧。这种理论模型之所以特别有吸引力,是因为它力图通过规范平等模式去理解作为受害人的妻子。当明确阐明妻子受伤害的观点时,按人力资本路径所理解的赡养费之原理,又回归到婚姻中妻子的投资上。①

人力资本理论不错,但其作用有限。只有小部分离婚妇女能够从中受惠。这是因为,其一,人力资本减少需要有必要的证据,而这将依赖于费用昂贵的专家证明。其二,资格问题再次意味着,这种模式对同意支付丈夫的教育费或者放弃业已开始的职业生涯而做了全职太太的人最有益。它似乎无力捕捉到采用女性主义生活方式所产生的无形影响。即使最大限度地按该理论来理解,也不可能像数学一样计算准确。它可以安抚那些对计算公式"具有亲和力"的司法人员,它可以证明对部分因离婚而遭受可怕损失的妻子的相当大的好处,仅此而已。该理论仅仅粗暴地解释或找到考虑我们社会中妇女普遍做出的劳动力妥协的措施,而且还仅仅考虑到了其中的很小一部分。②

(3)复原费论。按照这种理论,离婚时或者离婚后,丈夫应向妻子支付一定金钱,使妻子能够重新进入劳动力市场。该理论的核心要点是恢复妻子的经济独立。命令前夫在规定期间内向前妻支付一笔称为赡养费的金钱(有时可以减少),完全是能够做到的。妻子用这笔钱去接受培训,以便受雇佣而获得劳动收入。这种理论是将赡养费作为单纯面向受害人的核心概念。它认为,妇女因为家庭而向有酬劳动所作的妥协,使其受到了损害,因此,她有权基于其需求而请求一笔钱,以修复曾经受到的明显损害,使其有能力参与劳动力市场竞争。这种理论解释是三种主要有关赡养费基本原理解释论中较新的、流行最广泛的观点,它也处于发展之中。③

简言之,"离婚法应当尽力地追求一个公平、公正的结果,而不是仅仅反映业已存在的权力结构"。④ 美国各界对于赡养费原理的讨论远未结束,但是,这种争论不影响该国法律采纳离婚赡养费制度。

---

① See David Westfall, *Family Law*, West Publishing Company, 1994, pp. 853-854.
② Ibid., pp. 854-855.
③ Ibid., p. 856.
④ Ibid., p. 858.

2. 关于婚姻过错的相关性

决定离婚后的配偶是否承担支付赡养费义务、赡养费的范围时，婚姻过错是所有人都有共识的关联因素。许多州的制定法都反映了婚姻存续期间配偶的行为作为确定赡养费义务时的相关因素。甚至在无立法有此类明文规定的情形下，法庭基于对婚姻过错的认识，可以支持或否决赡养费。"无过错离婚不会必然消除过错在确定离婚后果中的作用"。① 只有6个州将赡养费限定在配偶无过错的情形下，即配偶有过错或者曾实施通奸②、遗弃等特定行为的，不得请求赡养费。③

3. 关于金额与当事人需求及资源的相关性

确定赡养费金额应以请求权人的合理需求为依据。美国最高法院法官多利·迈克尔强调，"为补偿权利人在以往岁月中作为主妇对家庭的贡献，凡授予赡养费，都不能超出使权利人有能力满足其合理需求的必要金额，立法不允许恢复原状或者给予赔偿"。④

"赡养费金额可以随大流或者依从许多裁判中的大拇指规则，而不是明确地基于公式计算"。⑤ 州的儿童抚养指南是经联邦授权制定的。故权威评论者指出，"既然儿童抚养指南是可行的，那么，赡养费指南也应可能是平等的，从而减少离婚时的不确定性和有关财政困难"。⑥

4. 关于期间

一般情形下，法庭命令的赡养费支付，是到不能独立生活的配偶死亡或者再婚，或者给付人死亡为止。甚至在给付义务人死亡以后，根据有关赡养费的授权条款，还可以从死者生前的年金、保险、信托中继续支付。⑦

---

① See David Westfall, *Family Law*, West Publishing Company, 1994, p. 878.
② 在以往的分居期间，妻子若有通奸行为的，不会被排除适用赡养费。
③ See David Westfall, *Family Law*, West Publishing Company, 1994, p. 878.
④ CLAPP v. Clapp, 653 A. 2d 72 (Vt. 1994). Transfered from Ira Mark Ellman, Paul M. Kurtz, et., *Family Law: Case, Text, Problems*, 4th edition, Matthew Bender & Company, Inc., 2004, p. 875.
⑤ See David Westfall, *Family Law*, West Publishing Company, 1994, p. 878.
⑥ Clark, The Role of Court and Legislature in the Growth of Family Law, 22, U. C. Davis L. Rev. 699 (1989), transferred from David Westfall, *Family Law*, West Publishing Company, 1994, pp. 878 – 879.
⑦ See David Westfall, *Family Law*, West Publishing Company, 1994, p. 888.

5. 赡养费的变更或终止

欲减少赡养费的当事人，必须证明其经济状况发生了不利变化，且该变化是其不可掌控的。如果给付义务人拒绝从事有酬工作从而导致其失业或收入减少，赡养费变更请求将不会被允许。

尽管争议大，但是，美国各州离婚法仍规定了离婚赡养费制度。"如同家庭法其他领域的情形，有关配偶分居或离婚期间的赡养费，通常是通过婚姻协议实现的，通过法庭裁决的是少数。然而，此类协议的条款趋向于就当事人期待通过争讼可能出现的结果作出变更级别之反应。因此，据报告，虽然法庭裁决配偶一方负法定义务赡养另一方的案件仅仅是这类案件中的小部分，但是，这些判决案件对协议的谈判发挥了很大影响。当事人私下达成的离婚赡养费协议条款常会被合并入法庭判决中。它们一旦被'并入'法庭判决，其效力是以藐视法庭的惩罚为后盾的，包括监禁、反对不履行支付义务方，以及无立法有相反规定的情形下，准许司法变更协议条款。相反，若赡养费协议未被并入法庭判决，则给付者仅承担合同义务，且这种合同义务是不会被授权变更的"。[①]

(二) 离婚扶养费之制度设计

1. 请求离婚扶养费的法定事由

凡具有下列情形之一的，离婚配偶一方有权请求受扶养：

(1) 照料或教育共同子女而不能期待其从事职业的。

(2) 因年老而不再能期待其从事职业的。

(3) 因疾病、体力或者脑力上的其他残疾或者衰弱而不能期待其从事职业的。

(4) 因不能谋得适当职业而无业的。

(5) 因适当职业所得收入不能达到其自我扶养需求的。

(6) 有其他重大原因。例如，不能期待离婚配偶一方从事职业，并且在考虑到双方利益的情况下，拒绝扶养会显失公平的。

2. 对行使离婚扶养费请求权的限制

为维护托付权利人照料或教育的共同子女的利益，对义务人提出请求也

---

① See David Westfall, *Family Law*, West Publishing Company, 1994, pp. 849-850.

会有重大不公平的,应当拒绝、减少或者在时间上限制扶养请求权。

具有下列情形之一的,行使受扶养请求权应当受到限制或阻却受养权:

(1) 婚姻存续期间较为短暂的,权利人因照料或者教育共同子女而请求扶养的期间与婚姻存续期间相同。

(2) 权利人对义务或者义务人的近亲属之一实施犯罪行为或者严重的故意违法行为。

(3) 权利人有意使自己陷于贫困的。

(4) 权利人有意地漠视义务人的重大财产利益的。

(5) 权利人在离婚前严重地违反其协助扶养家庭之义务的。

(6) 显然有重大原因且明显可归责于权利方面的,对义务人实施错误行为的。

3. 确定离婚扶养费的标准

扶养费标准,根据婚姻生活时的状况确定。扶养费计算考虑婚姻存续期间、家务料理和职业活动、适当的生活需要而定。照顾子女期间的扶养费,包括全部生活需要。

下列情形之一,也均属于生活需要:因疾病和需要照料而支出的适当保险费用;因年老和从事职业能力减弱而支出的保险费用;为弥补因婚姻耽误的教育而尽快接受相应的教育之费用(在对婚姻的期待中或者在婚姻存续期间没有接受或者辍学学校教育或职业教育的离婚配偶一方,为取得持续保证生计的适当职业而尽快地接受此种教育或者相当的教育,并且可期待成功地获得教育文凭的);离婚配偶为补偿因婚姻而发生的不利而接受进修或培训。

要求义务人给付扶养费,应根据其职业、财产状况,在考虑其所负其他义务的情况下,不妨害本人的适当生计。义务人只需在考虑到离婚配偶双方的需要、职业和财产状况的情况下,在扶养费给付合乎公平的限度内,履行给付义务。财产的基本部分的利用系不经济的,或者在考虑到双方经济状况的情况下有失公平的,义务人无须利用财产的基本部分履行给付义务。离婚配偶的扶养顺位先于新配偶。

二 健全离婚损害赔偿

要杜绝当事人不恰当地利用法定离婚理由条款,知法犯法,故意违法制造过错，以满足法定离婚条件，维护婚姻制度的正当性，公平保护配偶双方的利益，就必须设置对过错行为的矫正制度。离婚损害赔偿制度，正是适应无过错离婚法而生的救济机制，以避免无过错离婚的矫枉过正。

我国现行离婚损害赔偿尚不足以充分反映公平价值观。为了救济无过错配偶一方，《婚姻法》第46条建立了离婚损害赔偿制，凡是因为夫妻一方重婚、与他人同居、实施家庭暴力、虐待或遗弃家庭成员导致离婚的，无过错离婚当事人有权向过错当事人一方请求离婚损害赔偿。但是，实际上，离婚损害赔偿水平低，赔偿金额小，对受害人的意义是象征性的，对过错当事人的惩罚力度极小，没有足够的威慑力。作为评价当事人行为过错与否的制度，离婚损害赔偿在是非问题上起到了应有作用。然而，由于赔偿事由仅限于第46条规定的少数情形，特别是赔偿仅限于实际损失，不涉及惩罚，故赔偿标准低，金额小，既不足以安慰无过错配偶，更不足以威慑过错当事人。诚然，现行离婚损害赔偿事由范围偏窄，也有必要适当扩大离婚损害赔偿的过错事项。

建议设立惩罚性损害赔偿，以克制当事人为达离婚目的而实施法定事实的情形。婚姻作为一种个人生活模式，人们自愿进入其中，是为了寻求实现较高质量的生活。如果夫妻不堪继续同居，婚姻无法继续维持，尽快结束也是理所当然。同时，视婚姻为儿戏，过度追逐个人利益，轻易或者故意破坏婚姻的严重过错行为，应当受到法律否定，以牺牲配偶另一方人格尊严和人生重大利益为代价的极端个人主义行为者，应当为其行为承担应有"代价"。

应扩大离婚损害赔偿的适用范围。不仅配偶一方有过错导致离婚时，无过错一方有权请求离婚损害赔偿，而且原告无过错离婚时，只要被告不同意离婚的，司法强制判决准许离婚时，如果被告请求离婚损害赔偿的，也应酌情给予准许。如前所述，男女两性对婚姻的付出不尽相同，特别是从婚姻中获益的阶段性存在明显差异，而一旦婚姻解除，对男女两性未来生活的影响大不相同，妇女在婚姻市场的价值，随着年龄增长、婚姻经历、生育子女等情形呈下降趋势，而男性则不然。故婚姻机会成本对男女两性大不相同。

三 删除经济帮助制度

现行生活困难帮助制是指因离婚导致生活困难的当事人一方有权请求配

偶另一方给予经济帮助，具备经济帮助能力的另一方应当给予资助。该制度对于化解离婚时经济弱势方的顾虑的确具有显著价值。然而，考虑到社会保障制度的建立、离婚赡养费、婚姻住宅的特殊调整，基于公平原则，提议删除现行经济困难帮助制。

（一）离婚时不应该发生一方困难而另一方不困难之不公平情形

婚姻是一种非同寻常的关系，家庭更是非同寻常的制度。在其中，有些关系是经双方同意产生的，但像父母子女关系、姻亲关系等关系是非经同意就已缔结的。即使在自由婚时代，结婚须经双方同意，但离婚是并非须经双方一致同意的。结婚时，当事人考虑的主要是两个人之间的关系，然而，婚姻生活，实际上并不只关系到两个人，特别是当有了孩子。因此，离婚后果安排，必须充分使得所有婚姻义务之间相互协调，或者说，所有婚姻义务的设置，应当考虑到离婚的背景。按照公平原则，在离婚时不应该发生夫妻一方经济困难，另一方经济不困难的结果。换言之，如果一方经济困难，而另一方不困难，通常意味着离婚法律后果安排上不合理：或是财产分割不尽公平，或者其他制度欠缺。

当然，离婚当事人双方都陷于经济困难，是完全可能发生的。不过，按现行经济困难制，此种情形下，一方将无权向另一方请求经济帮助，即使申请主张该权利，也将不会获得法庭准许。

（二）居无定所问题应通过婚姻住所调整予以防范

夫妻离婚后，一家变成两家，的确会滋生出新的居住需求。若因此产生离婚后居住困难问题，应通过离婚时调整婚姻住所的途径给予解决。

离婚导致原夫妻一方陷入居无定所的困境，主要是基于下列三种情形：其一，离婚时，原婚姻住所之房屋归配偶一方占有、使用甚至处分；其二，作为婚姻住所的房屋是配偶一方的亲属所有或者拥有使用权的；其三，夫妻双方在婚姻期间均无稳定居所。不论前述哪一种情形，经济困难帮助制并非最佳解决方案。若作为婚姻住所的房屋是配偶一方婚前个人财产或者婚后个人特有财产或者依约而成为个人财产，在离婚时仍据之认定为该方配偶的个人财产，并且全部归其占有、使用、处分、收益，而不考虑将原配偶另一方从中迁出将导致其居无定所甚至无处可居，显然不符合婚姻作为共同体之利益分配的基本原则。如果作为婚姻住所的房屋是夫妻一方之亲友的财产，则该夫妻自合法入住之日起，当事人的居住权构成在该财产之上的负担，且该负担不能轻易解除。至于夫妻双方原本就无稳定居所，则是另一个问题，也不产生一方帮助另一方解决住房问题之可能。

（三）经济困难者应寻求社会保障支持

自从实行社会保障制度以后，经济困难以致生活难以为继者，应当有权寻求社会保障援助。工业化或者市场化社会中，个体遭遇经济困难的风险永远存在，且随着个人独立的发展，家庭帮助个体抗拒该风险的能力有明显弱化的趋势。正因如此，现代国家应建立社会保险制度，扶助陷入经济困境的个体渡过难关。

第十五章
完善夫妻财产制与家事劳动立法

经历了最近 30 余年经济社会快速发展，我国社会已经发生了重大变化。社会财富极大地增长，个人财产显著增多；价值观念多元化，个人生活方式多样化；社会人口阶层分化，不同群体之间差异呈现，贫富差距悬殊，等等。如果与婚姻财产关联起来，夫妻财产制作为直接确定切割个人财产、确定个人财产责任之规则，对其认识有着不尽相同的观点。如果将夫妻财产与现阶段事实上男女不平等关联起来，与城乡经济社会发展的差异性关联起来，与盛行的善良婚姻习俗关联起来，夫妻财产制改革中还存在若干问题，需要深入探讨。

第一节 夫妻财产制的定位与功能

一 婚姻财产的家庭角色与功能

夫妻财产制是规范夫妻相互之间财产关系的制度。中国固有法制中，采夫妻一体主义，妻无独立人格，也无财产能力，家产为全体家庭成员共有，故无专门的夫妻财产制。近代以来，法律确立夫妻人格独立及男女平等原则，继受欧陆法律影响，创设夫妻财产制。婚姻财产制的功能，主要是夫妻财产制在实际生活中所能发挥的作用和应该发挥的作用。

婚姻关系是一种特殊的社会关系，具有很强的伦理性，受到社会经济、政治、文化等多种因素的影响。

二 婚姻财产制的价值取向

夫妻财产制设计，应当以什么或哪些价值为依据？什么样的财产利益分配观是公平合理的？是否应当充分保护妇女权益？是否应当保护弱势者利益？最近数年间围绕夫妻财产问题的具有广泛社会影响的学术争议、社会论争显示，不同社会阶层、不同群体对同一个财产问题（例如房产）的认识存在明显差异。这些分歧可以归结为价值取向之争。

(一) 关于婚姻财产制价值取向之争

1. 个体婚姻与个人主义

这种观点主张，夫妻是两个独立个体，不仅人格独立，而且各自财产应当独立。近代社会以来，个体婚姻承认婚姻当事人各自的独立地位。这就意味着夫妻各自财产独立并非"异端邪念说"。夫妻一体主义的个体婚姻阶段，已经成为历史。男女结为夫妻，并不意味着必须奉献自己的财产与对方共有。没有经济独立，实际上将难以谈得上个人人格独立。

按照这种意见，承认夫妻双方各自财产独立，有助于促进男女平等的实现。夫妻财产共享，主要保护对象是妇女。如果妇女一味强调其有权利分享丈夫的财产利益，又怎能作为与男性平等之人，尽快地达成与男性平起平坐呢？从这个意义上讲，个人主义是与个体婚姻相适应的，应当承认每个人的利益，不能鼓励那种结婚就财产共有共享的思想。

2. 个体婚姻与共享主义

这种意见认为，婚姻虽已是个体婚姻，但个体婚姻的目的不是个人主义，而是要发挥 1+1 大于 2 的效果。

个体婚姻并非两个生意人之间的一单生意，当事人就像两个合伙的生意人。那种将夫妻双方视为市场中两个陌生人的观点，改变了婚姻的伦理、传统，鼓励夫妻之间斤斤计较，降低了夫妻间的感情温度，破坏了亲情。按照个人主义的观点，夫妻之间在婚前、结婚时、结婚后都要想着怎样在离婚时"自己不吃亏"，就得从一开始就精于算计、收集好证据。如此一来，婚姻生活还有多少温暖和爱情可言呢？结婚岂不是真成为"一个长长的痛苦过程"的开始？

夫妻各自经济独立是否完全可行？一方面，现实生活中，贫富差距客观存在，即使是相同社会阶层的人口，其个人、家庭的经济条件等也不会相同。夫妻各自经济独立的前提，是他们有独立的经济收入。婚姻自由鼓励不同社会阶层人口之间通婚。新规则却似乎更趋同于"门当户对"的价值观？

另一方面，新规则主张谁买房就归谁，这将引导男女各自购房自保。然而，夫妻人人购房，无论从个人经济能力、家庭经济条件看，还是从社会公共政策导向看，均并非合理，更非切实可行。

所有权转变为债权是否公平？当事人一方由所有权人被迫转变为债权人，由主动变为被动，对相关当事人一方利益保护是否公平，值得商榷。债务能够实现，共同清偿贷款的配偶另一方的利益是可以实现的。关键在于，债权的实现有赖于债务人积极履行债务。如果房产所有权人，不主动履行清偿义务，或者因为尚欠银行贷款等原因根本无清偿能力，或者就是主观上不愿将另一方应得财产返还给另一方，另一方将情何以堪？

"谁投资谁获益"是否偏重于有形投资而忽视了无形投资而过于绝对化？谁投资，谁获益，这原则无错。只有这样人们才更愿意投入，利益分配才基本公平。必须注意到，在婚姻家庭生活中，投资是多元的，既有物质的，又有情感的；既有金钱投入，也有时间投入；既有财产性收入，也有劳动性收入；既有人素质提升，也有人放弃职业发展机会；既要抚养孩子和赡养老人，又要在亲友之间互帮互助及礼尚往来。对婚姻家庭的投资，决不仅仅是不动产投资一项。夫妻之间不可能时时刻刻计算自己的份额、投资和回报率。如果房产利益分配中能够考虑得更周全些，就会更接近公平。

公正及相应的公正之事可以划分为两种类型：交换正义与分配正义。[①]无论是交换正义还是分配正义，夫妻财产制立法均应当立足于"公平、正义"，在此基础上，既尊重个人权利和责任，又体现婚姻家庭的特定价值，反映这类法律关系当事人之间利益共享的事实。

3. 个体婚姻与保护弱势

任何婚姻中，当事人双方之间都不可能是绝对"实力相当"的个体。如果婚姻离异，通常，在经济关系中占据主导地位的是男性，他将会更容易保持其优势。

确立夫妻财产制、制定财产分配规则时，既要坚持男女平等，又不能不客观地拔高妇女的地位。妇女的实际地位显著地低于男性，男女事实上没有

---

① ［古希腊］亚里士多德：《尼各马科伦理学》，苗力田译，中国社会科学出版社1999年版，第99—100页。

实现平等。现实中，仍是男强女弱、男尊女卑的结构。各行各业从业者的性别构成，特别是高层职业劳动者的性别比可以充分说明这一事实。对妇女而言，一日之内就要求每一位妇女立即实现经济独立，节奏是否快了？妇女是社会中最大的弱势群体，这是不争的社会现实。所以，保护妇女利益，特别照顾妇女才成为法律的基本原则之一。据《新民晚报》报道，《适用〈婚姻法〉解释（三）》公布后，确有不少女性对自己未来在婚姻中的权益感到担忧。另有网站调查显示，48%的女性会要求在男方的房产证上写上自己的姓名，但与此相反，有52%的男性表示不愿意在其房产证上添加女方的姓名。[1]

4. 个体婚姻与维护公平

既要维护有形财产分配公平，又要维护无形投入。投资房屋装修和购买家具等一方的利益如何保障？在实际生活中，部分地区受传统习惯影响，婚前或婚后男方买房，女方出资装修、买家用电器、家具，有时候女方负责出资买车。女方出资的这些财产，当初价值并不少，但它们都是非耐消耗品，都是贬值的。离婚时，如果不考虑这些实际情况，房产利益分配结果对妇女是不公平的。

无论夫妻财产制，还是人民法院裁判处理房产归属及其利益分配发生争议，均应特别注意保护妇女儿童利益原则。保护妇女利益、儿童利益是我国法律的基本原则。人民法院在《适用〈婚姻法〉解释（三）》有关规定，处理与有关婚姻的房产争议时，法官应当旗帜鲜明地维护妇女、儿童的权益。

（二）现阶段夫妻财产制应有之价值取向

法律作为社会规范之一，以正义公平为其最高指导原则，而调和社会生活上相对立的各种利益者。[2] 夫妻财产制立法作为财产利益分配规则，其价值取向应当遵从个体独立、自由，应当服从平等、公平、正义。

1. 保障男女平等与人格独立

夫妻财产制要保障人格独立，故应当确定夫妻各方的财产权利和义务，

---

[1] 《婚姻法新司法解释引热议 业内人士指其被误读》，《南方周末》，http://www.infzm.com.content/62295，访问日期：2011年9月8日。

[2] 潘维和：《中国近代民法史》，（台北）汉林出版社1982年版，第17页。

特别应赋权予经济弱势方,以保障其人格独立。经济独立是人格独立的基础和保障,夫妻财产制立法应当体现法律规范的引导性和预期性。当代有些夫妻财产制立法例赋权无独立经济收入的配偶享有定期从对方获得合理数额金钱以供其自由支配,主要是基于人格独立的考虑。

夫妻财产制应坚持和保障男女平等。夫妻作为婚姻关系当事人双方,作为家庭成员,他们之间是平等的,他们应当平等地承担婚姻家庭生活中各种责任。然而,事实上,一方面,受传统的观念和分工的影响,妇女群体在经济上明显弱于男性,多数婚姻家庭生活中,丈夫的收入高于妻子;另一方面,妇女总是承担着大多数家事劳动,投入社会劳动和社会交往的时间显著地少于男性,夫妻的经济财产状况常常有显著差异。当然,这不意味着男性对婚姻家庭的贡献大于妇女!夫妻财产制必须客观地评定婚姻双方各自的贡献,才能达到男女平等、夫妻平等的价值观。这也是现代夫妻财产制立法中赋予主要贡献于家庭生活的配偶一方在离婚时享有请求从另一方支付自己合理补偿的考虑。

2. 促进婚姻家庭共同生活和睦

夫妻财产制,作为婚姻家庭法上的制度,就必须考虑婚姻家庭的功能和这类生活的特殊利益。夫妻财产是婚姻家庭生活的物质基础,这必然限制财产所有者的个人财产自由。夫妻财产制立法既要关注财产所有者个体的意愿和利益,同时也应关注配偶另一方的个体利益和家庭的整体利益。这类立法应当平衡婚姻当事人双方各自的财产利益、共同利益以及家庭共同利益。

夫妻财产制应当促进婚姻家庭共同生活和睦。在婚姻家庭生活中,为了家庭生活效率最大化或者提高生活品质,家庭成员客观承担着不同分工。有些夫妻中,一方更多地承担料理家务、照顾子女或协助对方从事职业或行业,而另一方则更多地投入职业发展或者社会劳动。从事家务劳动的一方对于家庭的贡献不会小于从事社会劳动赚钱一方所作出的贡献,只有合理评价婚姻当事人双方对婚姻家庭的贡献,特别是承认和保障从事家务劳动配偶一方的利益,婚姻家庭才会更和谐。

3. 保护民事交易安全

在市场经济社会,婚姻当事人是市场交易主体之一,婚姻财产不可能不与市场交易发生一定联系。夫妻财产关系不仅涉及夫妻双方的财产利益,还涉及第三人利益和交易安全。因此，夫妻财产制应适应由社会经济发展引起日趋复杂的民事交易需要，既要保障婚姻当事人的利益，又要尊重涉及婚姻财产交易的第三人的正当利益。只有平衡好这两者关系，婚姻当事人才能从交易中获益，又不损害婚姻共同体利益，第三人才愿意与婚姻当事人达成交易，并从交易中获益。过度保护婚姻当事人利益或者过度保护交易第三人利益，既有失公平，又将最终损害当事群体自身利益。

第二节　完善夫妻财产制的对策

诚如个体婚姻与个体自由存在一定冲突，夫妻财产制与夫或妻的个人财产利益之间也不可能完全一致。对个体而言，任何一方都不可能享尽婚姻的好处，而不付出任何代价。既然双方自愿缔结婚姻，那么，在这个"大厦"内实行一定的财产利益共享是必不可少的。否则，就会产生对某一方严重不公平的结果。

一　增设夫妻财产制的通则

夫妻财产关系通则，也可称"一般规定"，阐明夫妻财产制的立法宗旨，是处理夫妻财产关系的基本准则。其立法内容是对夫妻财产制的一般性原则规定。包括但不限于：夫妻财产制约定与法定之效力、适用，夫妻财产分割的基本原则、对第三人利益保护等。

二　增设夫妻对共同财产的权利与义务

现行《婚姻法》虽规定夫妻对于共同财产有平等的处理权，但是，在共同财产积累和管理过程中，由于立法没有明确夫妻各自的管理责任，没有明定具体的权利和义务，实务中，常常发生"老实人吃亏"的现象，损害配偶一方应得共同财产的利益。立法必须尽快完善夫妻对共同财产的具体权利、义务规定。

（一）夫妻就其所得财产互负报告义务

为了保障夫或妻未来对于共同财产的平等分割请求权，应当加强共同财产管理责任，明定配偶互负所得报告义务。可以借鉴《瑞士民法》第170条的经验,规定若配偶一方拒绝向他方报告其财产状况,配偶他方有权请求法院裁定他们适用分别财产制,或者由法院查明财产状况,并告知配偶他方。

(二) 增设夫妻单方处分个人财产的适当限制

夫妻任何一方的个人财产或个人特有财产,虽所有权仅归属于配偶一方,但所有权人处于婚姻关系之中,其对个人财产的处置,可能事关婚姻共同生活。例如,配偶一方将其个人财产全部赠与他人,或者以其个人财产为他人债务清偿承担担保责任等,都将危及婚姻生活。因此,婚姻立法有必要适当限制夫妻一方对其个人财产的权利之行使,以公平保护配偶另一方的权利。

1. 限制夫妻一方个人财产的处分权

为了防止夫或妻随意处分个人财产,损害婚姻共同生活,或者不合理地增加配偶另一方的财产负担,有必要适当限制配偶处分其个人财产。可以借鉴《德国民法典》第1365条至1369条规定①和《瑞士民法典》第169条第1项规定,② 限制已婚者对其个人财产的处分。婚姻法应增补规定,夫妻一方须经另一方同意,始得就其个人全部财产,负担处分义务。夫妻一方未经他方同意而负担此义务的,须经另一方同意,始得履行其义务。配偶一方终止房屋租赁、让予住所或者对作为婚姻住所的房屋设置负担时,须征得配偶的同意,以免婚姻共同生活受侵害。同时,为了避免配偶一方无正当理由拒绝同意,宜同时规定,配偶另一方无正当理由拒绝同意或者因病或因故无法获知其意思时,配偶一方有权申请人民法院裁定,以取代他方配偶同意。

2. 赋予夫妻一方对于他方个人所有的居所和家庭生活用品享有使用权

为了维持婚姻共同生活,保障家庭和睦,婚姻法应当增设下列规定:婚姻关系存续期间,夫妻一方有权无偿使用他方个人所有的住所、家庭生活用

---

① 《德国民法典》第1365条至1369条规定"对全部财产的处分""合同的追认""单方面的法律行为""无效性的主张""家庭用具的处分"。参见《德国民法典》,陈卫佐译注,法律出版社2004年版,第382—383页。

② 《瑞士民法典》第169条第1项规定,"配偶一方未履行婚姻共同生活的义务,或其行为对他方有危险、污辱或损害时,他方可据此向法官提出诉请"。《瑞士民法典》,殷生根译,艾棠校,法律出版社1987年版,第39页。

品，他方不得拒绝。但夫妻一方处分属于另一方个人财产的，应征得财产所有权人同意。

立法对夫妻一方个人财产增设适当负担，旨在保护婚姻和家庭。

(三) 对配偶处分共同财产行为设定限制

在婚姻关系存续期间，为减少配偶他方对共同财产之所得而故意处分共同财产的，应将该财产追加计算，视为现存之共同财产。但为履行道德义务而实施的适当赠与，不在此限。

(四) 增设婚姻关系存续期间共同财产分割请求权

婚姻关系存续期间，如果夫妻双方协商一致，应当可以分割共同财产。如果夫妻协商不一致，应当可以请求司法裁判分割夫妻共同财产。

应明定夫妻之间因婚姻财产关系所生的请求权，自婚姻关系消灭之日起三年内不行使而消灭。此规定既为复杂夫妻财产关系的当事人先行解决离婚争议提供救济，又使得夫妻在婚姻关系终止后尽早确定彼此之间的财产关系。

三 增设财产垫付制

夫或妻以共同财产清偿个人债务的，共同财产减少部分应计入该配偶一方应得夫妻共同财产份额。

为了避免夫或妻以婚后所得清偿个人债务，侵害他方配偶未来共同财产分割请求权，立法宜增补规定，在夫妻共同财产关系消灭时，应将该共同财产减少部分纳入现存所得共同财产计算，从该方配偶应得夫妻共同财产份额中扣减。

四 增设宣告分别财产制

婚姻关系存续期间，夫妻一方行使请求分割共同财产之权利后，人民法院得依当事人一方的请求，宣告夫妻采用分别财产制。

具有下列情形之一的，夫妻任何一方均有权请求人民法院宣告改用分别财产制：[①]

---

① 此处参考了《瑞士民法典》第 183—185 条。《瑞士民法典》，殷生根译，艾棠校，法律出版社 1987 年版，第 42—43 页。

（1）夫妻一方未履行夫妻扶养或抚养子女的义务，且情节严重的；

（2）夫妻一方的个人债务超过其本人个人财产总额或夫妻共同财产总额的；

（3）一方有隐藏、转移、变卖、毁损、挥霍夫妻共同财产或者伪造夫妻共同债务等严重损害夫妻共同财产利益行为的；

（4）夫妻一方依法应同意另一方对夫妻共同财产的处分，却无故拒绝同意的。

增设宣告分别财产制，是为了保障婚姻当事人各自的正当利益，避免因夫妻一方恶意致使另一方生活难以为继，甚至使善意一方"无路可走"，避免夫妻一方与第三人串通严重损害另一方利益之恶意得逞。

五　增设调整家庭住所的特别条款

婚姻住所是婚姻当事人美满共同生活的基本条件，是婚姻法上重要的问题，立法应当给予规定。现行《婚姻法》虽有涉及婚姻住所的规定，但尚不全面，坚持男女平等也不彻底。因为立法仅允许男女约定成为对方家的家庭成员，并未明文允许当事人作其他约定。婚姻立法长期忽视对婚姻住所问题的规制，加之受妇从夫居的传统观念的影响，已婚妇女的居住权和迁徙自由受到了巨大负面影响。

（一）明定夫妻双方对婚姻住所享有平等商定权

基于男女双方平等原则，及尊重当事人意愿，未来婚姻法修订时，有必要规定男女双方享有平等商定婚姻住所的权利，婚姻住所由当事人双方协议确定；协议不成时，有权申请人民法院根据家庭情况和住所的功能而决定，以免任何一方遭受不平等待遇。

（二）对作为婚姻住所的房屋实行特别调整

工商业社会，住房，特别是城市房屋价格昂贵，多数夫妻通常仅有一处住所。基于传统观念，男方婚前购买或借款购买房屋的情形较常见，妇女婚后与夫共同偿还购房借款，放弃了单独购房的机会，或者失去了独立购房的能力。即使是男方婚前全资购买的房屋，婚姻共同生活期间，妻照顾房屋，对该房屋同样有所贡献。离婚时，对于房屋的增值，基于公平原则，非所有权人也应当享有利益分割的权利。

第三节　规范家庭生活费负担和家务劳动

一　增设家庭生活费用负担专门条款

男女结婚后共同生活，必然产生必要的共同生活开支。若夫妻一方无独立经济收入，则家庭生活费用负担对配偶双方有着极大不同；若夫妻育有子女，家庭生活负担必然增多。故婚姻家庭立法应当明文规定夫妻二人共同负担家庭开支，以维持共同生活的稳定，减少夫妻冲突可能。

家庭生活费用负担不同于扶养义务。虽然婚姻法规定了夫妻有相互扶养的义务、父母有抚养子女的权利和义务，然而，家庭开支，除了衣、食、住、行及医疗等需求外，还会有其他合理开支。例如正常的亲友交往。现行立法不干预家庭生活费用负担，任由当事人可以协商确定之态度，对强势方有利，不利于弱势方。既要保护处于经济弱势的家庭成员的利益，又要保护债权人。

对家庭生活费用负担实行立法规制，是域外法上常见的法例。《德国民法典》第 1357 条规定，"（1）配偶任何一方有权处理旨在适当满足家庭生活需求的、具有也有利于另一方的效力的事务。双方因此种事务而享有权利和承有义务，但根据情况得出不同结果的除外。（2）配偶一方可以限制或排除另一方处理具有有利于该方的效力的权利；没有限制或者排除的充足理由的，监护法院必须根据申请，取消该项限制或排除。该项限制或排除，只依照本法第 1412 条对第三人发生效力"。[1]《日本民法》第 760—761 条有相似规定，"夫妻应考虑各自资产、收入及其他有关情事，而分担婚姻费用"；"夫妻一方就日常家事同第三人实施了法律行为时，他方对由此而产生的债务负连带责任。但是，对第三人预告不负责任意旨者，不在此限"。[2] 美国许多州制定有《家庭开支法》（*Family Expense Act*），规定夫妻有相互支持的义务，夫妻二人都应支付家庭所需开支。[3] 中国台湾地区的亲属法同样有明

---

[1]《德国民法典》，陈卫佐注，法律出版社 2004 年版，第 378—379 页。
[2]《日本民法》，曹为、王书江译，王书江校，法律出版社 1986 年版，第 149 页。
[3] 参见纪欣《美国家事法》，（台北）五南图书出版有限公司 2009 年 3 月第 2 版，第 87 页。

文规定,"家庭生活费用,除法律或契约另有约定外,由夫妻各依其经济能力、家事劳动或其他情事分担。因前项所生之债务,由夫妻负连带责任"。①

实行家庭生活费用,应由夫妻双方依其财产能力、家事劳动或其他事务分担。既然当事人结为夫妻共同生活,理当相互支持、彼此合作,有钱出钱,有力出力,共同维持家庭和睦生活。因前项所生债务,由夫妻负连带责任。这既是对家事劳动价值的承认,又维护了交易安全。

二 立法应当明定夫妻双方共同承担家务劳动

凡家庭生活,总有家事劳动之必要。虽然夫妻地位平等,但没有立法明确双方应当分摊家事劳动,是否承担家事劳动成了婚姻当事人自由取舍的负担。妇女仍是家事劳动的主要承担者,且其付出之价值得不到应有承认和对待。未来立法应当改变,增设"夫妻双方应当平等承担家事劳动"之规定。

三 扩大经济补偿给付制的适用范围

现行经济补偿制,仅适用于分别财产制的夫妻,是明显不够的。即使实行夫妻共同财产制,离婚时有夫妻共同财产可以分割,体现的仅仅是对"过去"贡献的利益平衡,不能反映未来利益差异。因为夫妻一方因为长期较多地承担家事劳动,其失去了较多获得社会发展的机会,或丧失了较多提升社会发展能力的可能,将来谋生能力、赚钱能力均不如另一方。

只要夫妻一方所作贡献超过其应尽义务的,离婚时均有权向他方请求经济补偿。② 在现代社会生活中,"随着社会发展,社会分工越来越细,外出劳动是社会分工的需要,在家从事劳务劳动同样也是社会分工的需要,这两种劳动在性质上是一样的;在一对夫妻离婚时,他们各自的劳动都应该是家庭财产占有权的基础,因此,在双方解除婚约,分割家庭财产时,妇女应该和男子一样,平等地拥有自己的份额,尽管她未外出从事社会工作,而只是

---

① 中国台湾地区"民法"第1003条。参见戴炎辉、戴东雄、戴瑀如《亲属法》(2009年修订版),台湾大学法学院福利社2009年版,第129页。
② 陈苇:《完善我国夫妻财产制的立法构想》,《中国法学》2000年第1期。

在家里从事家务劳动"。① 因此，必须建立起与现代生活基本原则相吻合的法律制度。扩大经济补偿给付请求权的适用范围，正是基于此考虑，以维护家庭中弱势方利益。

无论男女，都期待一个健康的社会。两性实质上不平等，是长久历史积累所致，不可能通过几部婚姻法的修订就宣告完全扭转。然而，全社会实现事实上的两性平等，是由每个领域和方面的男女平等来构成的。只有婚姻法上真正实现了男女平等，婚姻家庭领域的两性平等与和谐才能实现。

---

① 刘庸安：《丹宁勋爵和他的法学思想》，丹宁勋爵《家庭故事》，刘庸安译，法律出版社2000年版，第15页。

结　语
历史对今天的启示

我国婚姻家庭法经过百年改革之后，如今又走到了另一个十字路口。向前直行？向左转？向右转？寻求答案，就必须回顾过去，看清我们走过的路；必须面向未来，思考今后的路怎么走！

在本研究行将结束之际，必须要问：对于今天的我们，20 世纪婚姻家庭法的历史意味着什么？答案是通过总结 20 世纪百年婚姻家庭立法史上取得的进步、存在的不足、所犯的错误，为 21 世纪建设和睦美好的婚姻家庭生活提供基本理论假设、完善制度设计的依据。

20 世纪中国婚姻家庭法百年中，起初 20 年里，通过实施不太情愿的、谨小慎微的立法改革，试图在保留中国家庭法传统和精神的基础上，学习和借鉴西方法律的某些知识和技艺，增加婚姻家庭制度的适应性。然而，这似乎算不上成功。从 20 世纪 30 年代开始，立法打破了原有顾虑，大刀阔斧地引入西方工业化国家的婚姻家庭价值观、制度，彻底切断了主要婚姻家庭传统与现代社会之间的联络，制定了初步现代化的婚姻家庭法，在制度层面上告别了悠久的中国固有法传统，而"走上了西方法的轨道"。[①] 但是，当时这种急风暴雨式的革新，因为脱离中国社会实际，导致法律高高在上，现实中的民众过自己的日子依旧遵循着传统。1950 年及以后的婚姻家庭立法，在破除封建婚姻家庭制度，建设婚姻自由、一夫一妻、男女平等的婚姻家庭关系上，取得了举世瞩目的成绩，尽管法律未受到应有重视，立法决策者深受战争时期社会管理思路的影响，对立法的规律性认识不深，立法研究不

[①] ［美］哈罗德·J. 伯尔曼：《法律与革命——西方法律传统的形成》，贺卫方等译，中国大百科全书出版社 1993 年版，译后记，第 819 页。

足，以致每个法案都过于简略，诸多应该予以规范的问题未能规范，该建立的制度长期缺位。西风东渐百年后，我国婚姻家庭的基本形式依旧，只是早已物是人非，生活在其中的人们头脑中装载的思想已全然不同于百年前，家庭成员之间、亲属之间的关系由不平等转向平等。中国的婚姻家庭法在主要价值观、结构安排、制度设置、行为导向、规范语言等主要方面，与西方工业化国家的婚姻家庭法，已无区别！

法律是规范社会生活的标准，也是社会发展经验的累积。未来，如果希望制定出的婚姻家庭法案获得大多数人满意，就有必要在立法前先行大规模的调查，弄清现实生活中需要立法改革解决的所有问题；应推动开展深入的学术研究，并认真倾听专业人士的意见和建议，做好立法评估；应广泛听取民众意见；更应当把法律置于其应有的适当位置，使婚姻家庭立法规范化、系统化。

人类，既是命运的产物，又是其创造者。人们受制于生存的环境和条件，受制于生产力发展水平，创造出与之相适应的社会生存机制，规范人们行为的约束机制，包括不同的经济模式、不同的法律制度、不同的生活方式等，服务并促进人们的生存和发展。

主要参考文献

一 著作

1. 陈苇:《中国婚姻家庭法立法研究》,群众出版社 2000 年版。
2. 陈苇主编:《改革开放三十年(1978—2008):中国婚姻家庭继承法研究之回顾与展望》,中国政法大学出版社 2010 年版。
3. 陈功:《家庭革命》,中国社会科学出版社 2000 年版。
4. 陈惠馨:《传统个人、家庭、婚姻与国家——中国法制史的研究与方法》,(台北)五南图书出版股份有限公司 2006 年版。
5. 曹全来:《国际化与本土化——中国近代法律体系的形成》,北京大学出版社 2005 年版。
6. 邓学仁:《亲属法之变革与展望》,(台北)月旦出版股份有限公司 1997 年版。
7. 邓正来:《中国法学向何处去——建构"中国法律理想图景"时代的论纲》,商务印书馆 2006 年版。
8. 戴炎辉、戴东雄、戴瑀如:《亲属法》(修订版),(台北)顺清文化事业有限公司 2009 年版。
9. 董正华编:《世界现代化进程十五讲》,北京大学出版社 2009 年版。
10. 法学教材编辑部《婚姻法教程》编写组:《婚姻法教程》(杨大文主编),法律出版社 1986 年第 2 版。
11. 季立刚:《民国商事立法研究》,复旦大学出版社 2006 年版。
12. 郭卫华:《性自主权研究——兼论对性侵犯之受害人的法律保护》,中国政法大学出版社 2006 年版。

13. 侯强：《社会转型与近代中国法制现代化（1840—1928）》，中国社会科学出版社 2005 年版。
14. 何勤华、李秀清：《外国法与中国法——20 世纪中国移植外国法反思》，中国政法大学出版社 2003 年版。
15. 何勤华主编：《法的移植与法的本土化》，法律出版社 2001 年版。
16. 金眉：《中国亲属法的近现代转型——从〈大清民律草案·亲属编〉到〈中华人民共和国婚姻法〉》，法律出版社 2010 年版。
17. 李贵连：《二十世纪的中国法学》，北京大学出版社 1998 年版。
18. 李银河、马忆南主编：《婚姻法修改论争》，光明日报出版社 1999 年版。
19. 李霞：《成年监护制度研究——以人权的视角》，中国政法大学出版社 2012 年版。
20. 李显冬：《从〈大清律例〉到〈民国民法典〉的转型——兼论中国古代固有民法的开放性体系》，中国人民公安大学出版社 2003 年版。
21. 刘宝驹：《社会变迁中的家庭：当代中国城市家庭研究》，巴蜀书社 2006 年版。
22. 刘旺洪主编：《比较法制现代化研究》，法律出版社 2009 年版。
23. 刘英、薛素珍主编：《中国婚姻家庭研究》，社会科学文献出版社 1987 年版。
24. 刘述先主编：《中国思潮与外来文化》（第三届国际汉学会议论文集·思想组），"中研院"中国文哲研究所 2002 年版。
25. 罗志渊：《近代中国法制演变研究》，（台北）正中书局 1976 年版。
26. 陆仰渊、方庆秋：《民国社会经济史》，中国经济出版社 1991 年版。
27. 钱乘旦主编：《世界现代化历程》（多卷本），江苏人民出版社 2010 年版。
28. 钱大群撰：《唐律疏议新注》，南京师范大学出版社 2007 年版。
29. 潘维和：《中国历次民律草案校释》，（台北）翰林出版社 1982 年版。
30. 潘维和编著：《中国近代民法史》，（台北）汉林出版社 1982 年版。
31. 全国妇联妇运史研究室编：《新民主主义革命时期：中国妇女运动史》（试用教材），未刊稿，1986 年。
32. 施沛生编：《中国民事习惯大全》（影印版），上海书店出版社 2002

年版。

33. 孙立平：《转型与断裂——改革以来中国社会结构的变迁》，清华大学出版社2004年版。
34. 孙立平：《现代化与社会转型》，北京大学出版社2005年版。
35. 王战平主编：《中国婚姻法讲义》，全国法院干部业余法律大学教材，北京市出版登记第86—033号，1986年。
36. 王洪：《婚姻家庭法热点问题研究》，重庆大学出版社2000年版。
37. 王歌雅：《中国近代的婚姻立法与婚俗改革》，法律出版社2011年版。
38. 王丽萍：《亲子法研究》，法律出版社2004年版。
39. 谢振民：《中华民国立法史》（上、下册），张知本校订，中国政法大学出版社2000年版。
40. 肖爱树：《20世纪中国婚姻制度研究》，知识产权出版社2005年版。
41. 瞿同祖：《中国法律与中国社会》，中华书局2003年第2版。
42. 徐道邻：《中国法制史论略》，（台北）正中书局1976年版。
43. 许莉：《〈中华民国民法·亲属〉研究》，法律出版社2009年版。
44. 夏吟兰：《离婚自由与限制论》，中国政法大学出版社2007年版。
45. 许启贤、黄晋凯主编：《传统文化与现代化》，中国人民大学出版社1987年版。
46. 西南政法学院民法教研室编：《婚姻家庭论文集》，未刊稿，1985年。
47. 杨大文主编：《婚姻法学自学教程》，北京大学出版社1989年版。
48. 杨幼炯：《近代中国立法史》，商务印书馆1936年版。
49. 杨鸿烈：《中国法律发达史》，商务印书馆1930年版。
50. 俞荣根、龙大轩、吕志兴：《中国传统法学述论——基于国学视角》，北京大学出版社2005年版。
51. 赵凤喈编著：《民法亲属编》，（台北）正中书局1970年第13版。
52. 赵立新等：《近代东亚的社会转型与法制变迁》，中国社会科学出版社2005年版。
53. 张志永：《婚姻制度从传统到现代的过渡》，中国社会科学出版社2006年版。
54. 张希坡：《中国婚姻立法史》，人民出版社2004年版。

55. 张晋藩总主编：《中国法制通史》（第1—10卷），法律出版社1999年版。

56. 张晋藩总主编：《中国民法通史》，福建人民出版社2003年版。

57. 张晋藩：《中国法律的传统与近代转型》，法律出版社1997年版。

58. 张晋藩主编：《20世纪中国法制的回顾与前瞻》，中国政法大学出版2002年版。

59. 张晋藩：《中国近代社会与法制文明》，中国政法大学出版社2003年版。

60. 张树、李秀领编著：《中国婚姻家庭的嬗变》，浙江人民出版社1990年版。

61. 张生：《中国近代民法法典化研究（1901—1949）》，中国政法大学出版社2004年版。

62. 张玉敏主编：《新中国民法典起草五十年回顾与展望》，法律出版社2010年版。

63. 张德美：《探索与抉择——晚清法律移植研究》，清华大学出版社2003年版。

64. 展恒举：《中国近代法制史》，（台北）商务印书馆1973年版。

65. 郑也夫：《代价论》，生活·读书·新知三联书店1995年版。

66. 郑祥福：《后现代主义》，（台北）扬智文化事业股份有限公司1999年版。

67. 郑永福、吕美颐：《中国妇女通史·民国卷》，杭州出版社2010年版。

68. 中国政法大学民法教研室：《婚姻家庭问题论文选编》（上、下），未刊稿，1983年。

69. 中国婚姻家庭研究会编：《婚姻家庭文集》，法律出版社1984年版。

70. 中国法学会婚姻法学研究会编：《中国法学会婚姻家庭法学研究会2011年年会暨婚姻家庭法百年回顾与展望论文集》，未刊稿，2011年。

71. 《民事习惯调查报告录》，胡旭晟、夏新华、李交发等点校，中国政法大学出版社2000年版。

二　译著

1. ［德］亚图·考夫曼：《类推与"事物本质"——兼论类型理论》，吴从周译，（台北）学林文化事业有限公司1999年版。
2. ［德］迪特尔·施瓦布：《德国家庭法》，王葆莳译，法律出版社2010年版。
3. ［法］孟德斯鸠：《论法的精神》，张雁深译，商务印书馆1982年版。
4. ［法］皮埃尔·勒鲁：《论平等》，王允道译，肖厚德校，商务印书馆1988年版。
5. ［法］摩莱里：《自然法典》，黄建华、姜亚洲译，商务印书馆1985年版。
6. ［英］巴克：《民族性》，王世宪译，（台北）商务印书馆1971年版。
7. ［美］莫顿·J. 霍维茨：《美国法的变迁（1780—1860）》，谢鸿飞译，中国政法大学出版社2004年版。
8. ［美］孟罗·斯密：《欧陆法律发达史》，姚梅镇等译，中国政法大学出版社1999年版。
9. ［美］麦龙·威纳尔主编：《现代化》，林清江译，（台北）商务印书馆1978年版第6版。
10. ［美］西里尔·E. 布莱克：《比较现代化》，杨豫、陈祖洲译，上海译文出版社1996年版。
11. ［美］埃米尔·涂尔干：《社会分工论》，渠东译，生活·读书·新知三联书店2005年版。
12. ［美］哈罗德·J. 伯尔曼：《法律与革命：西方法律传统的形成》，贺卫方、高鸿钧、张志铭、夏勇译，中国大百科全书出版社1993年版。
13. ［美］阿瑟·奥肯：《平等与效率》，王奔洲等译，华夏出版社1999年第2版。
14. ［美］斯塔夫里阿诺斯：《全球通史》（上、下册），董书慧、王昶、徐正源译，北京大学出版社2005年第7版。
15. ［日］滋贺秀三：《中国家族法原理》，张建国等译，法律出版社2003

年版。

16. ［日］栗生武夫：《婚姻法之近代化》，胡长清译，沈大明勘校，中国政法大学出版社 2003 年版。

三 外文著作

1. Allen M. Parkman, *No-Fault Divorce: What Went Wrong?*, Boulder, Westview Press 1992.
2. Andrew J. Cherlin, *Marriage, Divorce, Remarriage*, Rev. and enl. edition, Harvard University Press, 1982.
3. Carolyn Hamilton & Alison Perry, *Family Law in Europe*, 2nd edition, Butterworths, 2002.
4. D. Kelly Weisberg, Susan Frilich Appleton, *Modern Family Law Cases and Materials*, Aspen Publishers, New York, 2006.
5. Glenda Riley, *Divorce: An American Tradition*, Lincoln and London, University of Nebraska Press, 1991.
6. John Eekelaar & Thandabantu Nhlapo, *The Changing Family: International perspectives on Family Forms and Family Law*, London, Sweet & Maxwell, 2003.
7. J. Herbie Difonzo, *Beneath The Fault Line: The Popular and Legal Culture of Divorce in Twentieth-Century America*, Charlottesville, University Press of Virginia, 1997.
8. Katharine T. Bartlett, Angela P. Harris, Deborah L. Rhode, *Gender and Law: Theory, Doctrine, Commentary*, 3rd edition, New York, Aspen Law & Business, 2002.
9. Harry D. Krause, Linda D. Elrod, Marsha Garrison, J. Thomas Oldham, *Family Law, Cases, Comments and Questions*, Thomson West, 2003.
10. Marcia Mobilia Boumil, Stephen C. Hicks, *Women and the Law*, Littleton, Fred B. Rothman & Co., 1992.
11. Stephen M. Cretney, *Family Law in the Twentieth Century: A History*, London, Oxford, Oxford University Press, 2003.

12. Stephen M. Cretney, Judith M. Masson, Rebecca Bailey‐Harris, *Principles of Family Law*, 7th edition, London, Sweet & Maxwell, 2003.
13. Stephen D. Sugarman, Herma Hill Kay, *Divorce Reform at the Crossroads*, New Haven, Yale University Press, 1990.

四　论文

1. 陈苇：《关于建立我国婚姻无效制度的思考》，《法律科学》1996 年第 4 期。
2. 曹诗权：《中国婚姻家庭法的宏观定位》，《法商研究》1999 年第 4 期。
3. 陈明侠：《完善父母子女关系法律制度（纲要）》，《法商研究》1999 年第 4 期。
4. 冯乐坤：《收养法的不足与完善》，《西部法学评论》2008 年第 3 期。
5. 李诚：《对"感情确已破裂"的初步探讨》，中国婚姻家庭研究会编《婚姻家庭文集》，法律出版社 1984 年版。
6. 李秀清：《新中国婚姻法的成长与苏联模式的影响》，《法律科学》2002 年第 4 期。
7. 李刚：《南京国民政府〈民法·亲属编〉研究》，硕士学位论文，河南大学，2001 年。
8. 马忆南：《婚姻家庭法的弱者保护功能》，《法商研究》1999 年第 4 期。
9. 马忆南：《二十世纪之中国婚姻家庭法学》，《中外法学》1998 年 4 月。
10. 马忆南：《中国婚姻家庭法的传统与现代化——写在婚姻法修改之际》，《北京大学学报》（哲学社会科学版）2001 年第 1 期。
11. 焦淑敏：《论离婚自由权》，硕士学位论文，中国社会科学院研究生院，2000 年。
12. 蒋月：《配偶身份权的内涵与类型界定》，《法商研究》1999 年第 4 期。
13. 陶毅：《反家庭暴力立法刍议》，《东南学术》2001 年第 2 期。
14. 王歌雅：《域外法影响下的中国婚姻法改革》，《比较法研究》2007 年第 5 期。
15. 王新宇：《民国时期婚姻法近代化研究》，博士学位论文，中国政法大学，2005年。

16. 伍治良：《中国民法现代化研究》，博士学位论文，武汉大学，2004年。
17. 夏吟兰：《21世纪中国婚姻法学展望》，《法商研究》1999年第4期。
18. 杨怀英：《正确理解婚姻法第25条的精神》，西南政法学院民法教研室编《婚姻家庭论文集》，未刊稿，1985年。
19. 杨大文等：《新中国婚姻家庭法学的发展及我们的思考》，《中国法学》1998年第6期。
20. 杨大文：《新婚姻家庭法的立法模式和体系结构》，《法商研究》1999年第4期。
21. 周由强：《当代中国婚姻法治的变迁（1949—2003）》，博士学位论文，中共中央党校，2004年。
22. 周永坤：《中国古代类法治文化及其现代意义》，《东吴法律学报》第十四卷第二期（2003年12月）。
23. 张贤钰：《离婚自由与过错责任的法律调控》，《法商研究》1999年第4期。

五　法律、法规及规范性文件

1. 《中华苏维埃共和国婚姻条例》（1931）
2. 《中华民国民法·亲属编》（1930）
3. 《中华人民共和国婚姻法》（1950）
4. 《中华人民共和国婚姻法》（1980）
5. 《中华人民共和国收养法》（1991）
6. 《中华人民共和国婚姻法》（2001年修正案）
7. 《中华人民共和国未成年人保护法》（1991年，2006年修正案）
8. 多吉才让：《关于〈中华人民共和国收养法（修订草案）〉的说明》，1998年。
9. 李忠芳主编：《外国婚姻家庭法汇编》，群众出版社2000年版。
10. 张绪武：《全国人大法律委员会关于〈中华人民共和国收养法（修订草案）〉审议结果的报告》，1998年10月27日。

11. 金鉴:《关于〈中华人民共和国收养法(草案)〉的说明》,1999年。
12. 王胜明、孔礼海主编:《〈中华人民共和国婚姻法〉修改立法资料选》,法律出版社2001年版。
13. 武新宇:《关于〈中华人民共和国婚姻法修改(草案)〉和〈中华人民共和国国籍法(草案)〉的说明》,1980年。
14. 《中华人民共和国婚姻法(修正草案)》征求全民意见稿,2001年。
15. 全国人大常务委员会法工委研究室编:《中华人民共和国婚姻法实用问答》,中国物价出版社2001年版。
16. 胡康生主编:《中华人民共和国婚姻法释义》,法律出版社2001年版。
17. 中国人民大学法律系民法教研室、资料室编:《中华人民共和国婚姻法资料选编(一)》,1982年。
18. 西南政法学院民法教研室编:《中华人民共和国婚姻法教学参考资料》(第一辑),1984年。
19. "中华民国史法律志编纂委员会":《中华民国史法律志(初稿)》,(台北)"国史馆"1994年版。
20. 陈苇主编:《加拿大家庭法汇编》,群众出版社2006年版。
21. 《澳大利亚家庭法》(2008年修正案),陈苇等译,群众出版社2009年版。
22. 《德国民法典》,陈卫佐译注,法律出版社2004年版。
23. 《瑞士民法典》,殷生根译,艾棠校,法律出版社1987年版。
24. 《英国婚姻家庭制定法选集》,蒋月等译,法律出版社2008年版。

索　引

A

1926年《民国民律草案》　145,218
1930年《民法》　248-258,261,262
1950年《婚姻法》　47,61,62,127,147,
　149,171,264,265,268,270-272,276,
　278-280,287-290,295,296,298,
　299,301-304,306,307,311,312,
　314-316,323-325,327-329,331,
　334-338,344,345,350,384,393,410,
　418,419,423,445,470,472,474,475,
　574,575,612
1980年《婚姻法》　61,62,71,127,150,
　276,302,312,314,321,324,328,329-
　331,335,337,338,340,342,344,345,
　346,347,348,350,378,379,381,383,
　384,386,393,396,405,410,412,413,
　415,416,421,426,428,436,438,442,
　447,448,453,459,470,605-607,613
1991年《收养法》　349,352,365,366,
　370,373,374
1998年《收养法修正案》　349,353,
　366,373

2001年《婚姻法修正案》　47,65,128,
　150,302,313,365,378,388,396,575,
　576,587,606
案情观察制　544

B

帮助期限　433
包办婚姻　84,86,146,158,165,222,
　314,315,317,330,594
包办强迫　56,74,105,119,159,222,
　287,288,290,293,302,308,330,384,
　595,597,599
保护军婚　300,301,382,428-430
保障人权　133,471,532
报告义务　645
被收养人知情权　365,374,375
变通或补充规定　339,340
不同意离婚权　621

C

财产垫付制　647
财产关系　59,64,70,107,125,126,

196,209,214,225,247,262,271,272,296,329,332,340,345,349,350,364,370,392,396,412-414,424,431,435,453,454,478,486,640,644,645,647
财产权利 101,126,346,478,479,643
长幼有序 91
成婚年龄 207,235,239,304

D

大家庭生活 82,84,112
《大清民律草案》 70,71,105,141,144-146,192-207,209,211-213,215-221,226,237,655
《大清现行刑律》 70,71,183,184
代孕母亲 580-582
登记离婚 274,465,620,626,627

E

儿童福利法 76,591
儿童评估令 542
儿童权利 70-72,76,123,124,133,134,139,140,445,495,563,564,568,570,571,574,576,583,591

F

法定婚龄 249,304,305,325,331,340,342,346,355,394,395,450,451,477
法律婚 71,164,209

法律现代化 1,37-43,45-47,54,68,107
法学理论 19,60,154,271,437,612
非婚生子女 122,228,242,257,275,279,280,285,286,289,299,345,347,396,475,493,494,519,581,585,588,624
非婚同居 58,67,124,134,135,177,403,493,495-498,523,598-601
分割请求权 480,645,647
封建思想 311,314,315,322-324,328
封建性 213,227
夫妻半平等 71,209
夫妻财产制 59,71,72,76,210,211,225,227,228,235,240-242,253,255,257,261,262,278,296,332,346,347,379,381,412-415,447,453,454,472,479,480,501,640,642-645,650-651
夫妻感情破裂 333,334,342,343,347,401,410,416,419-421,423,424,447,456-458,463,465,473,605-610,612,613
夫妻人身关系 210,213,214,253,260,262,340,345,397,398,410
夫妻同居 103,224,382,400,407,409-411,609
夫妻约定财产制 332,413-415,453,454
夫妻忠实 309,402-405,407,448
夫权 44,70,80-82,84,91,106,114,115,198,202,209,212-214,224,225,

245,254,259-262,287,406

夫为妻纲　82,84,100,103,156,214,215

父母职责　375,445,572,577

妇女地位　153,254,316

妇女解放运动　154,156,272,273,278,279

妇女运动　63,74,133,152-160,163,197,233,265,278,279,655

G

改革开放　27,36,37,42,61,63,79,109,116,143,148,168,301,321,322,324,328,329,335,340,344,348,378,382,405,437,448,449,473,499,631,654

感情破裂　62,306-308,310,325-327,334,335,343,344,382,415-427,455,456,464,605,607,608,612,613

革命根据地　62,272,273,275,277,278,301,303,383,384,410,418,428

个人主义　14,19,26,56,82,102,104,145,153,176,188,192,201,202,211,213,221,226,229,235,242,243,247,251,347,422,501,599,637,641

个人自由　14,19,110,134,157,495,502,503,603

工业革命　3,7,10-12,14,160-162,496

公权力干预　72,75,136,514,524,525,527,561

国际新趋势　72,233

国家政权　74,143

H

和解　87,167,273,278,285,375,424,507,601,625,628-630

核心家庭　110,112-114,121,176,177,474,591

互不妨害令　137,520,532,539-541,551

互助　68,104,105,212,229,258,486,498,499,594,642

婚生子女　122,228,257,279,280,285,286,289,299,338,345,347,361,396,493,494,581-588,623,624

婚生子女推定　345,347,475,583,584

婚姻半自主　71,207,214

婚姻自主　56,59,165,195,199,211,232,244,247,348,594,595

J

计划生育　110,114,118,130,131,162,318,319,321,324,325,329-332,337,340,342,346,350-353,355,370,449,459,497

计算方法　206,226,236,237,386,387

家产　49,84,92,94-97,99,101,102,205,206,221,640

家长权　44，71，81，82，84，91，92，95，145，202-204，213，242，245，247，257，443，444，566，574

家长专制　82，84，99，104，106，243，324

家事劳动　72，76，81，435，459，473，480，631，640，644，650

家庭暴力　47，71，72，75，134-137，141，388-390，437，447，448，456，458，462-465，469-473，514-540，542，544-561，571，572，576-579，593，607，609，611，637，660

家庭暴力的界定　388，514，518，523，524，537，538

家庭暴力防治法　72，75，137，141，388，471，514，519，520，521，523

家庭暴力防治法的立法模式　72，532

家庭暴力防治法的性质　72，528

家庭暴力防治中心　553，554，559

家庭暴力构成　536

家庭暴力类型　515

家庭暴力数据库　554

家庭暴力主体　522

家庭法与家庭政策　71，75，485

家庭扶养　72，75，460，510-512

家庭关系　20，44，62，70，73-75，84，91，92，98-100，104，114，177，203，260，277，278，285，304，310，312，314，342，344，345，356，365，381，383，384，402，422，427，439，485，486，493，494，518，519，522，525，534，555，566

家庭结构　72，83，84，110，112，116，120，152，316，475，496，512，569

家庭类型　112，176

家庭民主　116，232，494

家庭赡养　128-130，330，512

家庭生活费　210，246，256，257，649

家庭生活权　71，72，75，489，493，494

家庭制度　38，47，56-63，65，70-72，74，75，80，82，91，98，99，103-105，108，110，119，143，149，157，171，192，202，211，222，232，233，243，244，246，259，261，269，270，273-275，278，293，294，301-303，306，307，312，316，323，329，384，474，487，501，510，512，551，562，570，577，591，617，652

家庭住所　137，541，550，551，648

家制　90，94，95，99，192-194，201-206，219-221，223，226，227，229，235，242-247，255-257

家制本位　235

家属主义　201，202，213，221，226

价值取向　20，22，45，46，53，56，72，120，142，175，226，228，258，280，301，304，342，352，420，485，488，497，500，531，565，586，606，640，641，643

结婚程序　76，603

结婚自由权　120，260，602

紧急保护令　532，539，542-544

禁止骚扰令　539，542

禁止同姓为婚　86，202

经济补偿给付制　650

经济补偿请求权　447，459，472，478

经济模式　142,653
旧法统　268
军婚的特殊保护　430,478

K

科技革命　55,74,160,161,162
扩大禁婚亲　331,342

L

离婚扶养费　76,430-435,630,631,635,636
离婚后扶养费　400,431,433,434
离婚抗辩　622-625
离婚请求权　176,209,252,259,347,459,605,608,621
离婚损害赔偿　47,76,128,252,253,382,405,436-440,447,462-465,470,473,606,636,637
离婚障碍　67,76
离婚自由　64,66,76,119,120,124,165,251,274,276,279-281,283-285,289,291-293,305,309,317,325,327,328,333,336,409,425,426,428-430,435,436,439,457,458,460,466,478,597,598,601,605,610,620-622,625,656,660,661
立法背景　62,66,73,183,218,220,228,264,314,316,349
立法不足　303,365

立法模式　72,73,271,272,312,379,383,385,395,445,514,532,535,538,539,661
立法任务　322,323
立法思想　268
立法体例　63,64,188,189,303
立法原则　146,229,231,234,235,242,419,606
领事裁判权　34,145,146,183,199,219
六法全书　147,263,264,268

M

买卖婚姻　222,226,274,276,293,295,314,315,317,324,330
民法法典化　145,217,220,233,657
民法立法例　263
民事改革　191
民刑分立　71,183,188,189
民主政治　13,14,16,32,83,122

N

男女平等　47,56,58,61,66,70,75,81,101,105,111,115,120,134,138,152-157,159,160,165,171,195,197,198,209,211-213,215,221,224,229,232-234,238,242,244,245,247,250,253-255,259,260,262,272-276,278,279,287-289,302,304,324,329,340,347,410,414,436,447,471,472,

477,478,500－503,505－509,587, 597,640－644,648,651,652

男尊女卑　56,74,81,100,103,105, 115,116,152,154,155,159,164,197, 213,214,234,259,270,284,287,288, 293,302,323,501,505,643

P

配偶权　124,382,396－403

Q

妾　70,86－89,99,101,112,155,164, 187,189,190,203,205,211,212,214, 215,224,232,235,242,244,250,251, 253,254,262,274,276,288,299, 312,405

亲等计算法　226

亲等制　199,206,211,245,387

亲权与公权　576

亲属独立　258

亲属法　57,59－61,64－66,71,103, 105,125,132,170,192,198,211,213, 215,216,218,219,221,224,226,227, 229,236－247,255,257－260,262, 263,316,385,397,444,584,588－590, 594,649,650,654,655

亲属范围　199,206－208,235－237, 245,340

亲属分类　206,213,235,236,238,244, 245,259,260

亲属关系　81,90,104,105,108,111, 112,126,127,206,208,213,236,237, 243,245,246,278,304,312,338,344, 345,361,362,364,374,383,385－387, 391,450,451,474,476,485,486,519, 520,522,523,529,569

亲属关系通则　382,386,387,447,474

亲属通婚限制　235

亲属制度　90,104,105,312,345,381, 386,388,487

权利平等　135,157,159,267,288, 325,504

R

人工生殖技术　345,476,579－581

人工授精子女　581

人伦秩序　105

S

丧服制　89－91,206

社会保障　58,72,75,114,117,118, 120,130,139,150,435,466,486,496, 510,512,513,610,638,639

社会救助　72,130,470,514,537

社会养老　72,128－132

社会主义法制　148,322

涉外收养　350,359,360,370,371

身份关系　58,99,119,125,126,223,

248,356,364,392,422,431,435,444,461,486,584

生活困难帮助　128,341,433,447,465－467,637

市场经济　13－16,36,103,130,143,150,168,382,412,453,454,460,644

事实婚姻　315,328,390－393,449,477,519

试管婴儿　580－582

试收养期　376

收养程序　350,366,367,370,373－375

收养调查　374,375

收养解除　353,364

收养人的资格　359

收养条件　354,356－358,362,366－368,373,374,376

收养效力　361

收养制度　170,338,339,351,352,374

受害人庇护所　560

寺院法　206,211,226,237,238,245

苏联　61,62,71,147,168,176,239,252,267,271,272,660

诉讼内的协议离婚　627

T

调解离婚　620

探望权　446,447,467－470,474,476,576,587－590

特定关系　514,515,518,523,524,527

特殊照顾　274,287,297,341

同居共财　94,95,99

同性结合　58,67,68,124,134,135,177,493,498－500,598,600,602,603

W

外来法律文化　45,233

外来文化　2,5,10,21,22,28,30－32,42,176,184,198,655

完善建议　374

唯成分论　317

文化革新　74,150

X

西方民法学　220

西风东渐　653

西化　27－29,31,37,47,52,53,57,75,171,227,259

现代化　1－15,19,21－33,35－43,45－47,51,53－58,64－66,68－71,73,75,77,79,80,90,94,95,99,102,103,107,117,147－152,171,175－178,190,192,203－206,216,217,220,226,245－247,255－257,319－321,485,652,654－656,658,660,661

现代性　1－4,8,13,14,21－23,29,31,173

限制丈夫请求离婚权　341

孝　91,94,95,97,98,100,105,110,128,129,166

形式平等与结果平等　508,509
性别平等　70,75,76,135,153,154,
　159,160,233,261,304,346,477,500,
　506,508 - 510
性权利　66,71,72,75,397,401,402,
　412,489,491 - 493,506,567
姓氏　122,235,238,239,253,289,304,
　346,361,397
修法宗旨　200
宣告分别财产制　647,648

Y

一夫一妻　56,66,70,87,88,101,112,
　124,159,171,186,212,222,224,250,
　269,275,276,278,288,299,302,312,
　324,329,404,436,449,473,497,652
隐私权　72,76,124,492,603

Z

占有令　532,539 - 542

正当理由　62,137,149,225,249,253,
　254,261,276,283,284,306,307,309,
　310,326 - 328,409 - 412,419,433,
　463,495,541,546,551,585,586,604,
　612 - 614,622,627,646
政治动向　143,144
专制　17,32,33,43 - 45,81,84,99,
　114,150,151,163,164,185,196,197,
　216,222,316
资产阶级思想　307 - 311,322 - 324
自主自由　56,70,74,119,595
宗法　44,79 - 81,86,90,91,99,105,
　114,118,146,157,163,166,189,198,
　203,206,207,209,211 - 213,220,221,
　226,227,229,235,236,245,260,292
宗亲　90,206,207,213,227,235 - 237,
　239,245,247
阻却离婚条款　76,622,623
尊卑有别　91

图书在版编目(CIP)数据

20世纪婚姻家庭法：从传统到现代化/蒋月著.—北京：中国社会科学出版社，2015.4
（国家哲学社会科学成果文库）
ISBN 978-7-5161-5595-0

Ⅰ.①2… Ⅱ.①蒋… Ⅲ.①婚姻法—研究—中国—20世纪 Ⅳ.①D923.904

中国版本图书馆CIP数据核字（2015）第037468号

出 版 人	赵剑英
责任编辑	许 琳　孔继萍
责任校对	王佳玉
封面设计	肖 辉　郭蕾蕾　孙婷筠
责任印制	戴 宽

出　　版	中国社会科学出版社
社　　址	北京鼓楼西大街甲158号（邮编100720）
网　　址	http://www.csspw.cn
	中文域名：中国社科网　010-64070619
发 行 部	010-84083685
门 市 部	010-84029450
经　　销	新华书店及其他书店

印刷装订	环球印刷（北京）有限公司
版　　次	2015年4月第1版
印　　次	2015年4月第1次印刷

开　　本	710×1000　1/16
印　　张	43.75
字　　数	695千字
定　　价	138.00元

凡购买中国社会科学出版社图书，如有质量问题请与本社联系调换
电话：010-84083683
版权所有　侵权必究